读书‖明理

明理文丛

有组织犯罪的防制对策

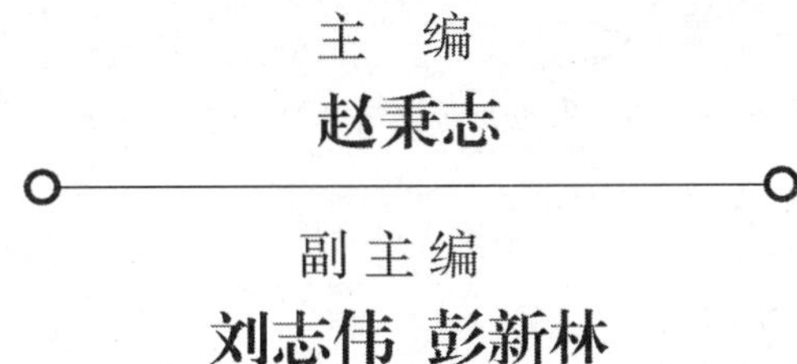

主　编
赵秉志

副主编
刘志伟　彭新林

清华大学出版社
北　京

图书在版编目(CIP)数据

有组织犯罪的防制对策 / 赵秉志主编. —北京：清华大学出版社，2017
(明理文丛)
ISBN 978-7-302-48822-4

Ⅰ. ①有…　Ⅱ. ①赵…　Ⅲ. ①犯罪集团－预防犯罪－研究－中国　Ⅳ. ①D924.114

中国版本图书馆 CIP 数据核字(2017)第 273110 号

责任编辑：朱玉霞
封面设计：汉风唐韵
责任校对：宋玉莲
责任印制：杨　艳

出版发行：清华大学出版社
网　　址：http://www.tup.com.cn，http://www.wqbook.com
地　　址：北京清华大学学研大厦 A 座　　邮　　编：100084
社 总 机：010-62770175　　邮　　购：010-62786544
投稿与读者服务：010-62776969，c-service@tup.tsinghua.edu.cn
质量反馈：010-62772015，zhiliang@tup.tsinghua.edu.cn

印 装 者：三河市铭诚印务有限公司
经　　销：全国新华书店
开　　本：170mm×240mm　印　张：28.25　　字　　数：473 千字
版　　次：2018 年 1 月第 1 版　　印　　次：2018 年 1 月第 1 次印刷
定　　价：79.00 元

产品编号：077015-01

前　　言

虽然香港、澳门地区已回归祖国，但由于香港曾长期实行英国法律制度、澳门曾长期实行葡萄牙法律制度以及港澳回归祖国后实行“一国两制”的原因，两个特区形成了与中国内地不同的法律制度。就刑事法律而言，三地立法背景不同，法律内容相异，运行机制有别，因而在解决跨法域刑事法律问题方面存在诸多法律障碍。对此，内地与港澳特区的法律理论界与实务界都给予了充分的重视，并在十余年来进行了深入的研究。为了促进各法域刑事法律的研究与完善，探求各法域刑事合作的渠道与途径，建立稳定、高效的刑事司法合作机制，以有效惩治和预防跨法域犯罪，北京师范大学刑事法律科学研究院与香港大学法律学院、澳门大学法学院共同商定发起“中国区际刑事法论坛”，每年举办一届，作为刑事理论界乃至司法实务界交流和沟通的学术平台，充分、全面地研讨三法域刑事法理论与实务问题。该论坛自 2008 年起已分别由北师大刑科院、香港大学法律学院和澳门大学法学院分别在深圳、香港、澳门成功举办了三届，产生了相当广泛的影响。为了使论坛更具有代表性、取得更丰硕的成果、产生更加广泛的影响，保障论坛今后能够更加顺利举办并进一步发扬光大，经北京师范大学刑事法律科学研究院、香港大学法律学院、澳门大学法学院三方同意，吸收长期热心并积极推动海峡两岸刑事法理论与实务交流的台湾辅仁大学法律学院加入该论坛，成为合作方和承办方之一，论坛的名称相应地更改为“两岸四地刑事法论坛”。该论坛自 2008 年 12 月创立以来，已成功举办了七届，开展了一系列工作，取得了丰硕的成果，产生了广泛而良好的影响，已成为了海峡两岸及港澳地区刑事法学界、法律界综合性、高质量的交流平台。

2015 年 10 月 24 日、25 日，“第八届两岸四地刑事法论坛”在江西南昌隆重举行，主题为“有组织犯罪的防制对策”。有组织犯罪被认为是世界三大犯罪灾难之一，对各个国家都产生了很大的威胁。随着社会经济的发展，全球化的推进，信息化的加剧，有组织犯罪也出现了很多新的问题，亟须研究如何进行治理与防控。除此之外，海峡两岸及港澳地区在打击有组织犯罪中所取得的许多经验也值得探讨、研究和发掘。因而本届论坛紧扣当前刑事司法领域的热点难点，以“有组织犯罪的防制对策”作为主题，集中研讨新形势下有组织犯罪的防治策略、立法规制、司法适用等问题，可谓因时而谋、应势而动，具有十分重要的意义。

本届论坛由北京师范大学刑事法律科学研究院主办，江西省高级人民法院研究室、南昌大学法学院承办，香港大学法律学院、台湾辅仁大学法律学院、澳门检察律政协会、澳门刑事法研究会、江西求真沃德律师事务所共同协办，来自香港特区、澳门特区、台湾地区、内地的法律实务部门和高等院校的近100名专家学者参加了会议。在两天的时间里，与会专家学者围绕“有组织犯罪的防制对策”的主题，对有组织犯罪的防治策略、有组织犯罪的立法规制、有组织犯罪的司法适用问题进行了广泛和深入的研讨，在不少问题上达成了共识，取得了良好的效果。《法制日报》《人民法院报》《检察日报》分别对会议进行了报道。

为了将这次论坛的研究成果推广到社会，取得更好的社会效益，我们延续过去的做法，将与会专家学者提交论坛的28篇论文分“有组织犯罪的防治策略”“有组织犯罪的立法规制”和“有组织犯罪的司法适用”三编编辑出版。在编辑过程中，我们根据内地有关的出版要求和惯例对港澳台地区专家学者之论文有关的用语和表述做了适当的技术处理，但对各位代表在论坛上发表论文或者修正补充后再次提交之论文的观点未作任何改动。北师大刑科院刘志伟教授和彭新林副教授协助我做了大部分的编务工作。

本论坛的成功举办，是论坛各主办方、承办方、协助方和与会的各位专家学者同心协力与大力支持的结果，本书得以出版且装帧精美，端赖于鼎力支持北师大刑科院学术事业的清华大学出版社和编辑同仁的辛勤而卓有成效的劳动，对此我们深表敬意和谢忱！

北京师范大学刑事法律科学研究院院长

中国刑法学研究会会长

赵秉志教授

2017年5月25日

目　录

第一编　有组织犯罪的防制策略

第二编　有组织犯罪的立法规制

第三编 有组织犯罪的司法适用

第一编　有组织犯罪的防制策略

犯罪组织介入儿少性剥削的刑事法对策

张丽卿*

一、前言

中国台湾地区于1995年制订"儿童及少年性交易防制条例"(现称:"儿童及少年性剥削防制条例")后,历经数次修正。关于儿少性剥削的现象,因犯罪组织的介入,而显得更加复杂。犯罪组织从儿少性剥削中牟取暴利,不只侵害儿少身心的健全发展,同时也伤害社会治安,危害人民幸福至巨。

"性剥削"一词,早年多被视为一种双方合意的"性交易"。近年来,社会逐渐意识到,儿童与少年从事性活动的背后,往往都有极为复杂与不平等的关系。法律如果一再忽视表面没有强制性质的剥削行为,恐怕对于儿童与少年身心健全之保障将会产生漏洞。对于儿少性剥削犯罪的处罚与规制,必须同时着重犯罪组织的抗制,方能收到事倍功半的效果。

近年来,台湾地区儿童与少年性剥削犯罪有组织化的明显趋势,不法组织不断透过因特网、金钱利诱,甚至是暴力或毒品控制等手段,从事儿少的性剥削。此外,以儿少性剥削为营利之事业,也容易成为跨国性的犯罪组织,透过各国人蛇集

---

* 台湾高雄大学法学院教授,台湾地区刑事法学会理事长。

团的分工合作，使犯罪更为隐蔽，侦查也相对困难。

台湾地区目前对于抗制儿少性剥削犯罪手段，主要规范于儿童及少年性剥削防制条例。本文就儿少性剥削组织犯罪的现况进行说明，特别是犯罪组织介入后所产生的现象；同时，介绍台湾地区目前对于儿童与少年性剥削犯罪的处罚规定，并从抗制组织犯罪的政策角度思考，提出必要的立法修正与犯罪侦查上的具体建议。希望对于两岸在抗制儿少性剥削的组织犯罪议题，有一些帮助。

二、儿少性剥削的犯罪组织化趋势

据台湾地区励馨基金会 2015 年 8 月公布的儿少性剥削调查资料发现，性剥削年龄以 15 岁到 18 岁最多；其进入性产业主要原因是金钱需求(61%)，其次是因为被骗，或被胁迫(26%)；且很多是透过网络媒介，包括实时通信软件、交友网站或性产业网站，甚至是游戏、音乐网站等[1]。由此可以发现，对于儿少的性剥削类型，也从过去的强逼、诱拐型，逐渐转型成为儿少为了物质享受的自愿提供型。

儿童与少年的心智不成熟，思虑通常有欠周详，可能一时糊涂而犯错，所以必须保护儿少的身心健康，这是世界人权理念的共识[2]，但不法分子对儿少进行性剥削的情形，却未随之改变，反而变本加厉。特别是，犯罪组织利用网络设备、跨国合作等方式，结合人口贩运等手法，使儿少性剥削的情形日益严重。以下针对儿少性剥削的情况，及说明犯罪组织投入儿少性剥削后，所带来的影响。

(一) 对于儿童及少年的性剥削

关于"性剥削(sexual exploition)"的讨论，早期重在雏妓问题上。性剥削往

---

〔1〕 自由时报，儿少性剥削　网络成主要媒介，http://news.ltn.com.tw/news/life/paper/910093 (最后浏览日：2015.09.11)

〔2〕 对于儿童权利保护已成为世界各国的趋势，在 1992 年联合国公约确立了《儿童权利公约》(*UN Convention on the Right of the Child*)第 1 条明文规范适用该公约之年龄为未满 18 岁；亦即，满 18 岁者则不适用该公约之保障，同时在以下条文也确立儿童权 (Kinderrechte)的概念，并且列举各个条文保障儿童权利。例如，第 2 条禁止对于儿童的歧视(Achtung der Kindersrechte，Diskriminierungsverbot)、第 3 条儿童最佳利益原则(Wohl des Kindes)、第 6 条生命权(Recht auf Leben)、第 12 条顾及儿童自由意思与意见发展(Berücksichtigung des Kinderswillens)、第 7、第 8、第 23～29 条则为对于儿童的公共照护，例如，生活条件(Lebensbedingung)、衣食照料(Ernährung und Kleidung)、具有基本人性尊严的居住地区(eine meschenwürdige Wohnung)、国籍权(persönliche Identität)以及社会安全(soziale Sicherheit)等。Vgl. Sabine Pfaff，Kinderrechte in Theorie und Praxis：Die Umsetzung der UN-Kinderrechtskonvention in Costa Rica，2010，S. 8.

往被归纳为青少年“自愿型”的偏差行为。20世纪90年代左右，当时遭性剥削的少女，常被警察以“取缔”“查获”而非“保护”的形式带到警局，被认定是“行为偏差”，依当时“少年事件处理法”第3条规定，视为经常出入不当场所的“少年虞犯”。一旦被归纳为自愿的剥削类型时，司法的处遇上就会被负面标签化，而不利于儿少的健全成长〔3〕。

2015年2月初，台湾地区的儿童及少年性交易防制条例有最新的修法，将条文名称与相关规定中的“性交易”一词，统一修正为“性剥削”。如此将不再受性交易概念下的自愿性影响，希望透过法规的正名，将凡是未成年的儿童及少年，皆视为需要保障维护之权利主体〔4〕。

依据“儿少性剥削条例”第2条的规定，所谓性剥削指：(1)使儿童或少年为有对价之性交或猥亵行为。(2)利用儿童或少年为性交、猥亵之行为，以供人观览。(3)拍摄、制造儿童或少年为性交或猥亵行为之图画、照片、影片、影带、光盘、电子信号或其他物品。(4)利用儿童或少年从事坐台陪酒或涉及色情之伴游、伴唱、伴舞等侍应工作。新“法”的规定，已经呼应1992年《联合国儿童权利公约》第34条，关于儿童性剥削禁止的规范。

性剥削对儿少而言，无论是身体及心灵都有很大的伤害。对儿童来说，身体发育尚未健全，若有性行为，时常会使身体机能产生严重伤害；例如，生殖器官疼痛或瘙痒、走路或坐下均有困难、在衣物上有撕裂的痕迹或血迹、外生殖器部位(如肛门、阴道、会阴等)及口腔或喉咙有瘀伤、肿胀或流血等情形、排尿或排便疼痛、经医师诊断生殖器官血肿、身体不舒服或腹部疼痛、其他身体部位莫名的疼痛、怀孕或者性病〔5〕。而且，因为儿童正学习如何建立自我，且属于封闭式的学习阶段〔6〕，对于任何外界的学习知识，会反映出依样画葫芦之效果，其理在于儿童无法辨认价值，若对于儿童予以性剥削，则在其心灵的发展将造成严重影响，甚

〔3〕 丁映君、王淑芬、朱玉欣等：《儿童及少年性交易防制工作手册》，9页以下，台北，“内政部儿童局”，2012。

〔4〕 参照施慧玲：《论我国儿童少年性剥削防治立法》，载《中正大学法学集》(刊2卷)，57页，1999。

〔5〕 曾仁美：《儿童青少年性侵害受害者之辅导》，http://drr.lib.ksu.edu.tw/bitstream/987654321/3814/7/.pdf，最后浏览日：2015-09-11。

〔6〕 张春兴，现代心理学(重修版)，东华书局，2012，273页。

至对于性产生不健康的认知，更可能导致儿童反过来认同对其性剥削者的价值观[7]。

此外，虽然少年的身体逐渐成熟，正常的性行为较无影响身心问题，但若以青少年为工作进行性剥削，将不利于青少年对于性的正常认知，则可能又出现社会偏差行为[8]。曾有性创伤的受害者，在心理上会有忧郁、焦虑、愤怒、自卑、羞愧、疏离、冷漠等问题，在青年方面可能会有逃家、药瘾或者酒瘾、性滥交以及反社会的偏差行为，甚至出现卖淫的行为。

（二）犯罪组织介入儿少性剥削

儿少性剥削，与组织犯罪、人口贩运等有密切关系。犯罪组织一旦投入儿少性剥削的市场，问题会更加复杂。依据台湾地区的“组织犯罪防制条例”第 2 条规定，犯罪组织是指“三人以上，有内部管理结构，以犯罪为宗旨或以其成员从事犯罪活动，具有集团性、常习性及胁迫性或暴力性之组织。”犯罪组织计划性的进行儿少性剥削，藉此获利；与此同时，更会涉及人口贩运的问题。

台湾地区常见的是，犯罪组织可能透过外籍劳工来台工作的机会，逼迫其从事性交易，也可能透过诈骗出国方式，再辗转去色情工作场所，这些显然已成为跨国的有组织犯罪。此外，在海峡两岸及港澳地区之间，也有犯罪组织合作进行儿少性剥削的模式。例如，目前大陆警方破获超过 400 人的卖淫集团，该非法集团透过分工，包含物色失足妇女、联系与接送，分工细密；他们将这些女子透过自由行等方式送至台港澳，再经手于台港澳的人蛇集团，分配到各处的声色场所从事色情交易[9]；同时利用毒品、暴力或强逼签立债务契约等手段予以控制[10]。

儿少性剥削的同时，也包含人口贩运的问题。从前的人口贩运，主要是非洲人口被以奴隶方式被贩卖到欧美。时至今日，国际上则出现了所谓的“现代型奴

---

〔7〕 陈慧美：《性剥削问题的本质与处遇——儿童及少年性交易防制工作的省思》，载《社会发展季刊》，2000(91)，317 页。

〔8〕 卢映洁：《两小无猜是原罪？——刑法第 227 条之与幼年人性交猥亵罪及相关条文的修正研议》，载《月旦法学杂志》，2008(1)，222～224 页。

〔9〕 中时电子报：揽失足女入台　人蛇集团分工细密，参见 http://www.chinatimes.com/newspapers/20150922000944-260301，最后浏览日：2015-09-24。

〔10〕 例如，台湾地区台中市发生集团式应召站，杨嫌以 K 他命控制当时仍未成年的少女卖淫，少女每次卖淫仅得 200 元。另外，其同伙吴姓及林姓马夫因不忍而想脱离该组织，结果被杨嫌找人关起来殴打，并拿枪恐吓逼迫签下 30 万元本票，参见，自由时报：《中部》应召站毒控少女　揍马夫逼签本票，参见 http://news.ltn.com.tw/news/local/paper/885076(最后浏览日：2015-09-24)

隶(Modern slavery)”的贩运,主要以人口贩运性剥削以及劳动剥削为主,如强迫劳动、被迫或诈骗卖淫、把自己劳力作为偿还债务、强迫儿童性交易等[11]。世界各国为了禁止人口贩运的犯罪行为,都制定了相对应的管制及刑罚,台湾地区对于人口贩运问题相当重视,制定有“人口贩运防制法”以管制人口贩运[12]。

台湾地区的人口贩运问题颇为严重,依据“行政院”“移民署”的统计资料[13],人口贩运事件又多与劳动剥削及性剥削有关[14]。例如,2008 年查缉人口贩运案件有 99 件,其中 59 件为性剥削;2009 年查缉人口贩运案件有 88 件,其中 42 件为性剥削;2010 年查缉人口贩运案件有 123 件,其中 46 件为性剥削;2011 年查缉人口贩运案件有 126 件,其中 53 件为性剥削;2012 年查缉人口总共有 148 件,其中 62 件为性剥削;2013 年查缉人口贩运案件有 166 件,其中 82 件为性剥削。以最新的 2014 年查缉人口贩运案件的数据可知,总数仍有 138 件,其中 87 件为性剥削,足见台湾地区的现代型奴隶问题极为严重,尤其性剥削是大宗,其中当然也包含不少的儿少性剥削,甚至仍有许多犯罪黑数未被发现[15]。

儿少的性剥削问题,同样也存在于人口组织贩运的问题。其实,性剥削一直都是人口贩运犯罪的一部分,对于儿少的性剥削与贩运,多是透过黑道等不法组织,利用经营公司等模式,开设应召站、网络聊天室等,吸收不良分子,以媒介、招募,提供金援、K 他命等手段,先行诱骗未成年少女上钩后,进一步再以暴力、胁迫等方式,限制其人身自由来揽客卖淫,过程中尚有组织成员负责监控,确保受害少女不会逃离[16]。

综上,儿少性剥削因犯罪组织的加入而变得更形复杂,不只是产生跨国或跨

---

〔11〕 Siddharth Kara, Sex Trafficking: Inside the Business of Modern Slavery, Columbia University Press, 2009, pp. 5-6.

〔12〕 林雍升:《从国际刑法观点检视我国人口贩运法制》,载《台湾国际法季刊》,2011(9),91 页以下。

〔13〕 依“行政院”2006 年 11 月颁定之“行政院防制人口贩运行动计划”指出人口贩运为:“以买卖或质押人口、性剥削、劳力剥削或摘取器官等为目的,而以强暴、胁迫、恐吓、监控、药剂、催眠术、诈术、不当债务约束或其他强制方法,组织、招募、运送、转运、藏匿、媒介、收容国内外人口或使之隐蔽之行为”。

〔14〕 详参《“移民署”2013 年人口贩运防治成效报告》, https://www. immigration. gov. tw/public/Data/ 451317524 071. pdf,最后浏览日:2015-09-11。

〔15〕 2014 资料请参照“移民署”网站, https://www. immigration. gov. tw/ct. asp? xItem = 1092421&ctNode=29712&mp=1,最后浏览日:2015-09-11。

〔16〕 中时电子报, http://www. chinatimes. com/newspapers/20131121000891-260106,最后浏览日:2015-09-11。

区合作，犯罪组织更透过暴力胁迫或毒品引诱等方式，威逼儿少从事性交易，甚至于出现人口贩运的现代奴隶问题。

三、对于儿少性剥削的刑法管制

1995年，为了解决雏妓与儿少买卖问题，台湾地区制定儿童及“少年性交易防制条例”。为了因应社会变迁，曾有6次部分条文的修正。2015年，参照《联合国儿童权利公约》以及“大法官释宪623号”解释，认为“性交易”一词有暗示双方是在平等关系上自主的从事交换，而忽略其中一方是儿童或少年时，有年龄、身心发展、经济、社会身份、权力等各方面的不平等关系，于是整部法规着眼于“儿少性剥削”的角度修法，并将名称更改为“儿童及少年性剥削防制条例”。这次修“法”不仅对于儿少性剥削保护范围扩大，还强化主管机关职责、增订被害人安置需经专业评估、违法行为处罚的多元化以及加重刑责。

该“条例”虽说能与国际接轨，但细究其内容，并非全然完备，须进一步探究。基本上，儿少性剥削类型，从刑法管制的观点，可分为三类：一是“促使儿少从事性交易”；二是“对儿少情色信息的散播”；三是“对儿少买卖质押与贩运”。值得注意的是，在性剥削类型中，对于利用儿童或少年从事坐台陪酒或涉及色情之伴游、伴唱、伴舞等侍应工作部分，仅处以行政罚，故此部分不予论述。

如前所述，儿少性剥削与组织犯罪的关系密切，若要消灭儿少性剥削，不能回避犯罪组织的影响。以下从犯罪组织成员，若介入该等从事儿少性剥削行为所可能成立的犯罪及处罚。

（一）促使儿少从事性活动罪

犯罪组织成员违反儿少的意愿，使之从事性交或猥亵行为，主要依照“儿少性剥削条例”第33条规定处罚。该条规定行为人若以强暴、胁迫、恐吓、监控、药剂、催眠术或其他违反儿少本人意愿的方法，使儿少为有对价之性交或猥亵行为者，应受刑罚制裁。此等行为，可能另外构成“刑法”第221条强制性交罪，或对未满14岁人性交的加重强制性交罪（“刑法”第222条第1项第2款）。惟“儿少性剥削条例”第33条属于特别法，应当优先适用。

如果该犯罪组织出于营利的目的，则依该“条例”第33条第2项规定处罚；如果行为人是中间媒介、交付、收受、运送或藏匿，受被害儿童及少年隐避者，又或者组织成员属于交付、收受、运送、藏匿行为之媒介者，则分别是依“儿少性剥削条例”第 33 条第 3 项与第 4 项处罚。

组织成员也很容易与儿少成立性交行为，此时依该“条例”第 31 条第 1 项规定，与未满 16 岁之人为有对价之性交或猥亵行为者，应论以“合意性交或猥亵罪[17]”（“刑法”第 227 条）。但必须注意的是，台湾地区“最高法院”99 年第 7 次刑庭决议[18]，对于未满 7 岁的幼童为合意性交者，解释上自始不具合意能力，直接论以“刑法”第 222 条的加重强制性交罪。另外，该“条例”第 31 条第 2 项特别规定，成年人与 16 岁以上未满 18 岁之人为有对价之性交或猥亵行为者，仍须处罚。另外，同“法”第 3 项则揭示了本条的世界法原则，规定台湾地区民众在台湾地区领域外犯上述罪行，不问犯罪地的法律有无处罚规定，均依该“条例”处罚[19]。

由于儿少的身体不成熟，对性事不能理解，因此该“条例”第 32 条禁止行为人对儿童引诱、容留、招募、媒介、协助或以他法，进而使儿童或少年为有对价之性交或猥亵行为。若行为人系以诈术犯之，亦同。若意图盈利而犯该罪者，则加重处罚。虽台湾地区“刑法”第 233 条亦规定引诱容留媒介未满 16 岁男女性交或猥亵罪，但“儿少年性剥削条例”第 32 条属于特别刑法，仍应优先适用。若犯罪组织成员系媒介、交付、收受、运送、藏匿被害人或使之隐避者，也受刑罚制裁。

（二）制播儿少情色信息罪

犯罪组织成员除了以违反意愿方式使儿少从事性交与猥亵者外，亦可能从事拍摄儿少情色影片，并藉此牟利。故为了保护儿少，法律禁止制作、散布涉及儿少的情色录音、录像。对于儿少性剥削行为可能来自于强逼其性交供人观赏，例如，现代科技发达，用以当场的视讯方式供人观览。该“条例”第 35 条，禁止行为人以强暴、胁迫、药剂、诈术、催眠术或其他违反本人意愿的方法，使儿童或少年为性交、猥亵之行为，并且供人观览，违者处刑；若意图盈利犯而犯之者，应加重其刑至二分之一。另外，若行为人系招募、引诱、容留、媒介、协助、利用或以他法，使儿少为性交、猥亵之行为以供人观览，同样构成犯罪。

---

〔17〕 关于合意性交猥亵罪的详细说明，参照林东茂：《刑法综览》，载《一品》，2015(8)，2～76 页。

〔18〕 对于 99 年第 7 次刑庭决议之批评，参照高金桂：《强制性交罪的强制力行使》，载《月旦法学杂志》（第 189 卷），2011(2)，25 页 1 以下。另外亦可参照卢映洁：《刑法分则新论》，载《新学林》，2015(7)，375 页。

〔19〕 本法适用的详细说明，可参照王皇玉：《台湾对于性交易行为的管制与处罚》，载《台湾法学公法特刊》，2010(8)，7 页以下。

若拍摄儿少性交属于非自愿型者，则可依该“条例”第36条第3项处罚；同时，此行为侵害儿少身体隐私法益[20]，依台湾地区“刑法”第315条之1第2款，无故以录音、照相、录像或电磁纪录窃录他人非公开之活动、言论、谈话或身体隐私部位者，亦构成犯罪。惟两罪保护法益不同，属于想象竞合，从一重处断。相反的，若拍摄儿少性交属于自愿型者，则依该“条例”第36条第1项论处；同条第3项则规定，若招募、引诱、容留、媒介、协助或以他法，使儿童或少年被拍摄、制造性交或猥亵行为之图画、照片、影片、影带、光盘、电子信号或其他物品，构成犯罪；且有意图盈利的情形，加重其刑至二分之一；又若有不遂者，亦处罚之。

散播儿少性剥削信息者，如贩卖儿少性交或猥亵行为之信息，则可依该“条例”第38条处罚。若遭查获前述物品者，不问属于行为人与否，均没收之。此外，“刑法”第235条也禁止犯罪组织成员散布、播送或贩卖猥亵之文字、图画、声音、影像或其他物品，或公然陈列，或以他法供人观览、听闻者。惟“儿少性剥削条例”第38条是“刑法”第235条的特别规定，基于法条竞合，优先适用儿少年性剥削条例。另外，“儿童及少年性剥削防制条例”第40条禁止犯罪组织成员以宣传品、出版品、广播、电视、电信、因特网或其他方法，进而散布、传送、刊登或张贴足以引诱、媒介、暗示或其他使儿童或少年遭受有对价之性交或猥亵行为、利用儿童或少年为性交、猥亵之行为，以供人观览又或者是为了拍摄或制造儿少性交或猥亵行为之图画、照片、影片、影带、光盘、电子信号或其他物品；意图盈利而为之者，加重处罚。

（三）买卖质押贩运儿少罪

对于儿少的买卖质押以及贩运式的性剥削，更与犯罪组织关系密切，而且常与人口贩运有关；人口贩运之事，非常人能为，背后需要强大的组织力量为后盾，并与其他国家或地区的犯罪组织合作。在台湾地区，对于儿童及少年的质押与贩卖，源于早期贫困的社会环境，父母有庞大的经济压力，一来无法养儿育女，二来卖儿女可以赚取生活存费用，因此过去针对此类层出不穷的社会事件规范。

现在，为防止人蛇集团猖獗，透过法律保障人类的基本生存价值，也为了防制人口贩运集团从中获利，并使得儿少性交易问题无法获得解决，于是规定儿童买卖及质押的刑事处罚规定于“儿少性剥削条例”第34条。台湾地区“刑法”第296

---

[20] 林山田：《刑法各论（上）》，278页，台北，元照，2006。

条之1第1项，也处罚买卖质押人口[21]；惟“儿少性剥削条例”第34条属于特别法，应优先适用。

许多儿童及少年心智尚未成熟，并且时常遭受诈骗，故“儿童及少年性剥削防制条例”第34条第1项后段规定，行为人若以诈术犯之者，亦以本项论处。另外，若系以强暴、胁迫、恐吓、监控、药剂、催眠术或其他违反本人意愿之方法，而犯该罪者，应加重其刑至二分之一。

台湾地区存在跨国际性人蛇集团，对于儿少可能利用不当债务关系或在其不知以及难以求助情形下使人为性交易，这可能构成“人口贩运防制条例”第31条之罪，亦即，行为人意图营利，而利用不当债务约束或儿少不能、不知或难以求助之处境，使儿少从事性交易之罪。

四、抗制儿少性剥削犯罪组织化的对策

人类社会中，黑暗的儿少情色市场，具有很大的获利空间，这是犯罪组织介入的最大诱因。在抗制手段上，也就有必要将之纳入思量。虽然台湾地区已制定儿少性剥削“条例”，藉此应对儿少性剥削行为，但仍无法有效阻止前仆后继的不肖业者或犯罪组织。故对于与儿少性剥削的犯罪组织的应对，必须先从刑事立法政策的脉络出发，再从法规范的调整与组织犯罪之抗制角度，分别检讨对于儿少性剥削刑事规范的妥适性。尤其，如何有效打击与儿少性剥削有关的组织犯罪，更须加以关照。

（一）以保护儿少身心健康为法益核心

法益保障是当代刑法维护的核心价值，无论是法规范释义，或刑事政策的探讨，无不藉由法益的保护作为思考的起点。

关于儿少性剥削的法益保护，台湾地区的“刑法”与“儿少性剥削防制条例”中，不乏针对媒介未成年人从事性交或猥亵活动的处罚。关于性犯罪的刑事规范，台湾地区“刑法”大致区分为性自主与性风俗（善良风俗）的保障。前者规定于第16章妨害性自主罪章，以使他人违反意愿的性交或猥亵行为类型为构成要件（“刑法”第221条以下）；后者则是规定于第16章之1的妨害风化罪章，禁止引诱

---

〔21〕 关于买卖质押人口罪，可参照甘添贵：《刑法各论（上）》，113页以下，台北，三民，2010。

媒介性交易等盈利行为，如俗称的应召站等色情行业[22]。

其中，和青少年相关者，为第227条“与未成年合意性交罪”，该条主要处罚行为人与未满14岁或16岁以下之男女从事性交猥亵活动。本规定立法初期的争议是，条文中未有强制或其他违反意愿的明文，因此是否有侵害未成年人的性自主法益，有不同看法：其一，将本罪归类于“意愿无意义”类型[23]，认为本罪是专门针对未成年人身心健全法益所设的保障规范；其二，是较折中的看法认为，未成年人的性自主与身心健全应同时为本罪的保障法益[24]。

然而，无论采取何种说法，从构成要件可知，以未成年人为性交对象者，就该当本罪。立法者似乎是以16岁为年龄门槛，一律以年龄来“拟制”，将未满16岁者，皆视为欠缺性自主与自决能力的被害客体。但台湾地区“刑法”的法定成年为18岁，对于16岁以上未满18岁者即无法适用本罪规定。所幸，此漏洞的填补，于“儿少性剥削条例”第31条第2项有规定，行为人与16岁以上18岁以下者为对价之性交或猥亵行为者之刑事制裁。这显示立法者有意选择设立专法来维护未成年人的身心健康。

此外，早期儿少与他人从事对价关系的性活动时，被外界视为一种有碍社会善良风俗的“自愿性行为”，所以常以未成年人为取缔与训诫对象，施以生活辅导、保护管束与感化教育等处遇，被贴上“非行”的负面标签。伴随着儿少福利团体与国际儿童组织的倡导，立法观点也随之调整从“保护”观点来形塑未成年人于规范中的主体性地位[25]。故台湾地区在“儿少性剥削条例”创设后，无论性活动动机是出于自愿或被迫，皆非所问。取而代之者，是利用儿少性剥削的社会现象，将未成年人身心健全的维护，纳为刑法规范系统中的重要法益。

“大法官”释字623号解释也明确指出：“儿童及少年之心智发展未臻成熟，与其为性交易行为，系对儿童及少年之性剥削。性剥削之经验，往往对儿童及少年产生永久且难以平复之心理上或生理上伤害，对社会亦有深远之负面影响。从

---

〔22〕 黄惠婷：《性刑法防制儿童及少年性侵害之修法研究》，载《警大法学论丛》，2013(24)，113页以下。

〔23〕 卢映洁：《“意不意愿”很重要吗？——评高雄地方法院99年诉字第422号判决暨“最高法院”99年第7次刑庭决议》，载《月旦法学杂志》，2010(186)，165页以下。

〔24〕 李佳玟：《违反罪刑法定的正义》，载《台湾法学杂志》，2010(160)，1页以下。

〔25〕 李丽芬：《论“儿少性交易”为何应正名为“儿少性剥削”》，载《社会发展季刊》，2012(139)，282页以下。

而，保护儿童及少年免于从事任何非法之性活动，乃普世价值之基本人权[26]，为重大公益，‘国家’应有采取适当管制措施之义务，以保护儿童及少年之身心健康与健全成长。”且进一步阐明“儿少性剥削条例”第1条的立法意旨为“防制儿童及少年遭受任何形式之性剥削，保护其身心健全发展。”因此，保护儿童及少年免于因任何非法性活动而遭致性剥削，是为普世价值之基本人权，应是国家以法律保护的重要法益。

综上，儿少性剥削问题，无法单纯依照普通刑法解决；刑事政策上，应赋予法益保障的实质内涵。这也是释字689号解释强调的，行政当局对于未成年人的身心健康，应存有“客观的保护义务”。毕竟性剥削背后的权力结构，可能是从父母家庭、性交易产业、应酬文化以及父权社会体制等影响的效应。若单纯以性自主法益的角度来检视，难保司法单位会忽视未成年人的弱势地位；因此应以儿少身心健康法益为出发，以维护儿童身心健全发展，同时免于身心灵的伤害为方向，无论是否出于自愿，凡有碍其身心发展的性剥削都是刑事规制的对象。

（二）补足儿少性剥削刑事立法的漏洞

基于风险社会下刑事政策的考虑，为求法益保障的周延，保护儿少健全身心发展的法益，有必要从源头来杜绝风险，思考如何建构一个确保儿少身心健康发展的安全环境。

1. 增定不当债务拘束儿少罪，杜绝儿少人口贩运之性剥削

人口贩运是一个浩大的工程，通常能够进行人口贩运的，多半是犯罪组织；由于人口贩运与色情市场密切相关，儿少性剥削就是其中之一。就规范面而言，依“人口贩运防制条例”第2条之规定，针对未成年人的“人口贩运”是指，意图使未满18岁之人从事性交易、劳动与报酬显不相当之工作或摘取其器官，而招募、买卖、质押、运送、交付、收受、藏匿、隐避、媒介、容留未满18岁之人，或使未满18岁之人从事性交易、劳动与报酬显不相当之工作或摘取其器官[27]。

因此，对于性剥削为目的的人口贩运犯罪，台湾地区的“人口贩运防制条例”第31条规定：“意图盈利，利用不当债务约束或他人不能、不知或难以求助之处

---

〔26〕 参照联合国1989年11月20日通过、1990年9月2日生效之“儿童权利公约”第19条及第34条。

〔27〕 关于“台湾地区人口贩运防制条例”的刑事处罚，详细说明可参照张明伟：《人口贩运犯罪之规范检讨》，载《辅仁法学》，2011(42)，1页以下。

境，使人从事性交易者，处六月以上五年以下有期徒刑，得并科新台币 300 万元以下罚金。”然该规定除未考虑受害者可能是未成年人的情况外，也非属提前消弭风险的法律设计。另外，本罪立法的主要考虑是，实务常见人口贩运集团以各种名目不断增加被害人所负债务，并以此不当债务形成被害人心理约束，迫使其以性服务偿债而遭不当之剥削。因此，一旦未成年者陷入本罪的被害情境，也仅能待实际发生剥削情事后，才得以本罪既遂相绳。

不过，从保障未成年人身心健全的思考出发，当人蛇集团与当地业者合作，以合法掩饰非法的“债务捆绑”手段，逼迫儿少性剥削活动时，究竟该如何有效规制，即生疑义。“儿少性剥削条例”第 34 条规定，行为人若意图使儿童或少年为有对价之性交或猥亵行为，而利用买卖、质押或以他法，为他人人身之交付或收受者。由于买卖与质押人口，是指买方与卖方将未成年人视为交易物品藉以牟利，处罚者为后续造成未能年人置于他人实力支配之下的行为。相对来说，“人口贩运防制条例”第 31 条则是未成年人囿于社会经验不足，成为签具契约而承担不当债务之一方，进而置于他人实力支配之下。

换言之，虽是已经趋近于违反他人意愿的心理压迫与约束，但仍是一种经过未成年者自身的“利益权衡”后，两者间形成合意关系的约定，而无法直接适用“儿少性剥削条例”第 34 条买卖质押人口罪，或第 33 条以违反意愿之方法使未成年人从事性交或猥亵行为罪之处罚规定。

由于此种游走法律边缘的债务捆绑贩运手段，很受不法集团分子青睐。尤其，特种行业组织往往经营得道，一旦利用大量资金的投入邀约，很快就会成为未成年人陷入性剥削困境的元凶。因此，基于防患未然的思考，对于犯罪组织经营贩运模式的打击，有必要参考“人口贩运防治条例”第 31 条之处罚规定，在儿童及少年性剥削专法中制定相应规范。亦即，基于维护儿少身心健康法益与风险控管的政策导向，宜于“儿少性剥削条例”第 34 条买卖质押人口罪之后，新增第 34 条之 1 的“儿少性剥削不当债务拘束罪”，同时考虑法益前置化保障的风险控管精神，可将本条作为危险犯之设计为：“意图盈利，利用不当债务约束儿童与少年或陷于不能、不知或难以求助之处境者，处六月以上五年以下有期徒刑，得并科新台币 300 万元以下罚金。”用以解决此等不法犯罪之一再滋生。

2. 创设儿少性剥削的法人处罚，并没收其不法利得

儿少性剥削犯罪，逐渐趋向组织化的分工经营。黑道与帮派渗入，利用暴力控制而实行犯罪外。为了躲避追缉，甚至透过企业化经营作为掩护，例如，以法人公司行号作为合法掩饰非法的方式，成为一种犯罪企业的组合，或利用出资吸金，赚取更多不法利益。不过，台湾地区"儿童及少年性剥削防制条例"并未对于这类法人犯罪有相应规范，可能造成特定法人仍可取得不法利得，甚至仅以一人为代罪羔羊来承担所有刑事责任，其余股东仍继续获取不法利益。因此，有必要思考如何在儿少性剥削防制专法中创设法人的制裁规定，共同防治儿少性剥削组织化与法人化的问题。

尤其，近年来法人犯罪问题崛起，以大型法人的犯罪为主。如日月光排放废水所造成的污染、味全馊水油事件以及大统混合油事件[28]。这类案件所侵害法益很重大，只有以行政处罚相应，不足以达到威吓之效。此外，也造成法人东山再起成立，另立一家公司继续挂羊头卖狗肉。因此面对不同犯罪问题，刑法规制的态度也应有所转变，刑法也是一种预防社会被侵害的重要工具[29]。对于法人应当采取特别预防的思考，法人犯罪操于幕后非单一特定的支配集体或企业文化，故也应当让法人得以承担刑事责任。

虽然，儿少性剥削犯罪组织若有违犯"人口贩运防治条例"，可依照"人口贩运防治条例"第 39 条之规定处罚法人。亦即，"若法人之代表人、法人或自然人之代理人、受雇人或其他从业人员，因执行业务犯人口贩运罪者，对该法人或自然人科以各该人口贩运罪所定罚金。但法人之代表人或自然人对于违反之发生，已尽力为防止行为者，则得以免罚。"该规定属于两罚制的规定，对于人口贩运的组织所成立法人可加以处罚，可以有效遏止该等公司再次成立，甚至于预防该组织转换另外一种形式再次崛起。

不过，"儿少性剥削防制条例"并未有类此法人犯罪的规范，且性剥削犯罪有多种面向，并非仅有人口贩运，故对于从事儿少性剥削犯罪组织，其所成立的公司法人将无法有效遏止，应当参照"人口贩运防治条例"第 39 条，将法人犯罪规范于"儿少性剥削防制条例"之中。增设规定如："若法人之代表人、法人或自然人之代理人、受雇人或其他从业人员，因执行业务犯'儿少性剥削防制条例'第 31 条至第 40 条者，对该法人或自然人科以各该条所定之罚金。但法人之代表人或自然人

---

〔28〕 参照张丽卿：《妨害食品安全刑事责任之探讨》，载《东海大学法学研究》，2014(42)，94 页以下。

〔29〕 王皇玉：《法人刑事责任之研究》，载《辅仁法学》，2013(46)，29 页。

对于违反之发生，已尽力为防止行为者，不在此限。”如此，方能有效制止儿少性剥削犯罪之组织，并能配合“组织犯罪防制条例”第7条规定之财产没收程序[30]，没收其不法利得。

（三）加强打击儿少性剥削的组织犯罪

对儿少性剥削可能带来的财富，成为犯罪组织觊觎的“发财管道”，让犯罪组织加入儿少性剥削，或对儿少色情业者要求保护费等，皆直接或间接扩大儿少性剥削的现象。如何打击犯罪组织在儿少性剥削犯罪的助力，不可忽略。

1. 组织犯罪定义的新诠释

“儿少性剥削条例”中的刑事制裁规定，多着眼于个别业者的具体不法行为。例如，为促成未成年人提供性服务，而有引诱、容留、协助或媒介等行为。然而，从消弭性剥削风险的政策思考，近年来，随着情色市场国际化的趋势，逐渐凸显出不法分子透过集团化、组织化的经营模式藉此牟利，才是造成儿童及少年遭不当性剥削现象的主要原因。

目前，台湾地区不乏黑道与跨国人蛇集团合作，或是以经营网络事业为手段，实际却是利用债务捆绑、毒品控制或网络传播邀约信息等方式，利用未成年人思虑未周或经济弱势达到剥削目的。这些不法活动的背后运作，通常有集团组织化的分工模式。典型案例是，时常会有黑道帮派，吸收校园内未成年学生为集团成员，以住宿游玩等媒介手段引诱在学之逃家少女坐台陪酒、提供性服务，藉此牟利。此种帮派组织分工细腻，除有负责驱车接送少女卖淫者外（俗称马夫），另有负责监控少女行动之成员[31]。透过分工，各司其职，除能有效掌控受剥削对象外，也能降低遭受司法人员查缉之风险。

“儿少性剥削防制条例”制定之初，没有考虑如何规制组织犯罪。传统组织犯罪是相对较为狭义的概念。从学理的角度观察，经常会将组织犯罪定位为运用暴力威胁为手段工具，追求利益极大化的“暴力集团”。因此，“组织犯罪条例”主要

---

〔30〕“组织犯罪防制条例”第7条规定：“犯第3条之罪者，其参加之组织所有之财产，除应发还被害人者外，应予追缴、没收。如全部或一部分不能没收者，追征其价额。对于参加组织后取得之财产，未能证明合法来源者，除应发还被害人者外，应予追缴、没收。如全部或一部分不能没收者，追征其价额。”第3条之罪指：“发起、主持、操纵或指挥犯罪组织者，处3年以上10年以下有期徒刑，得并科新台币一亿元以下罚金；参与者，处六月以上五年以下有期徒刑，得并科新台币一千万元以下罚金。”

〔31〕天眼日报：台东县警察局破获儿少性交易、组织犯罪集团，http://www.tynews.com.tw/news.phpaction=show&nid=20652，最后浏览日期：2015-10-02。

以帮派暴力犯罪为规范对象。本“条例”第2条规定，犯罪组织是指三人以上，有内部管理结构，而以犯罪为宗旨或以其成员从事犯罪活动，具有集团性、常习性及胁迫性或暴力性的组织。换言之，目前法律认定，成立组织犯罪的前提，须有特定数额的组织成员（三人以上）来持续运作（常习性），同时犯罪内容必须带有暴力、胁迫等强制性特征。

随着时代的转变，犯罪型态也越趋多样化。其中重要的成因是，组织犯罪集团慢慢意识到，为求利益，必须扬弃传统的暴力经营模式，朝向国际化、科技化与分工多样化的方向发展，以求更加技巧性的规避司法调查。不法集团逐渐淡化暴力色彩，也反映在对未成年人性剥削的经营型态中。诸如，“人口贩运防制条例”制定时，特别立法处罚业者利用债务捆绑的方式，对被害人进行剥削。主要原因是，有别于强暴胁迫行为，债务问题本身就附加了民事契约自由的合法外观，若无立法介入定性为犯罪，恐怕会成为法益保护的漏洞。

基于儿少性剥削组织犯罪严重化之趋势，对于集团成员企图利用非暴力手段来技巧性规避的问题，有必要对于台湾地区目前的组织犯罪条例进行调整。传统组织犯罪以暴力手段支撑经营的模式，渐趋没落，取而待之的是透过组织化的分工，以谋取最大利润为目的，运用各种游走法律边缘的利诱技巧达到剥削他人之目的。因此，为求风险控管与法益维护的必要性，宜扩充解释“组织犯罪条例”第2条规定，将组织犯罪重新定义为：组织犯罪是指三人以上，有内部管理结构，以犯罪为宗旨或以其成员从事犯罪活动，具有集团性、常习性及胁迫性或暴力性，“或以剥削他人为目的”之犯罪组织。也藉此呼应目前台湾地区打击儿童与少年人口贩运的政策决心。

2. 侦办儿少性剥削组织犯罪的新利器

组织犯罪是具有目的性的集团犯罪活动，为了追求利益，可能利用类似公司经营的手段，透过暴力控制使他人屈服，或透过政治力量的介入，进而赚取更多不法利益。不仅如此，透过组织犯罪的合作，可以降低犯罪后遭诉追风险，也能在较短时间内，取得更高的经济利益。换言之，多数成员在组织内皆具有专业上的身份与分工。再者，组织犯罪的运作，可能是利用合法商业活动，或合法成立公司的设立，作为不法行为的屏障；另外，犯罪组织会强调内部成员的纪律，严禁消息走漏，如此使得犯罪组织的动向十分隐秘，这可能也是导致司法人员查缉困难的主要原因。

目前台湾地区对于打击组织犯罪主要是采取,搜集多重信息来源,透过被害人报案、通信监察(监听)以及网民提供数据等,侦破组织犯罪[32]。然而,近年来,由于科技设备日新月异,犯罪组织应对与规避政府侦查的手段更是多元,导致检警侦办组织犯罪案件困难。例如,集团成员都会设想犯罪过程可能遭遇检警监听,故沟通时必会使用暗语、暗号。再者,台湾地区证人保护规范不足,无论是被害人、证人或网民等,由于冒着生命的危险提供线索,想要透过他们出面指认或提供关键性证据,都相当困难。组织犯罪的隐蔽特征,以及现代犯罪者的自我防卫意识,都将导致侦查工作的举步维艰。

尤其,对于儿少性剥削之犯罪,举凡利用暴力、枪支、毒品以及不良债务等方式迫其就范,或同时制作色情信息、从事性交易等牟取利益,背后往往都会有一个庞大的交易市场与纪律严明的组织,如透过合法公司的设立从事儿少非法性剥削之营利活动,使得侦办更加困难。因此必须创设侦办儿少性剥削手段的新利器。

首先,儿少性剥削组织犯罪的侦查与防治策略,应考虑以"被害人的角度"为主要线索的脉络,警方可以透过与学校合作方式,强化法治概念倡导,强化家庭与学校关系,减少儿少进入非法组织从事不法行为[33]。而且,对于受性剥削之儿少进行感化以及有犯罪前科者作密切连结与监控,以此作为追查组织犯罪方向;另外也可利用网络警察于网络上,诱使企图招募、媒介儿少性交易活动工作者等,皆是能有效打击儿少性剥削组织化犯罪的手段。同时,应定期扫荡区域内部的特种行业,方能全面性的达到抗治儿少性剥削组织犯罪的目标。

其次,可以参考德国的"在线搜索[34](Online-Durchsuchung)",以秘密方法侵入组织犯罪的计算机科技等方法,进而取得组织犯罪之犯罪数据[35],如 App、E-mail、Skype 等。虽然,德国在线搜索的合法性备受质疑,实务判决曾经认为,该行为属秘密侵害他人领域,侵害搜索程序应保障的在场权[36];但是,德国宪法

---

〔32〕 周文勇:《我国组织犯罪次文化与警察机关防制对策》,载《警政工作研讨会论文集》,2007(12),200 页以下。

〔33〕 同上书,210 页以下。

〔34〕 Werner Beulke, Strafprozessrecht, 12. Aufl., 2012, Rn. 253c.

〔35〕 Constantin Eikel, "Online-Durchsuchungen" durch Polizei- und Sicherheitsbehörden im Spiegel des Verfassungsrechts, 2011, S. 1.

〔36〕 BGH, MMR 2007, 174.

法院并未反对国家针对反恐或组织犯罪等进行预防性的在线搜索〔37〕。

由于儿少性剥削的犯罪组织，具有侦查不易以及监听不易等问题，或许未来可审慎探讨，立法授权侦查机关实施在线搜索的权利。立法上也应持续提供证人与网民相应的保护措施，故修正"证人保护法"，并加强公务员之保密员责任等，也是当务之急。

最后，涉及儿少性剥削的犯罪组织，往往具有跨国性特征，故应持续强化台湾地区与各国打击儿少性剥削犯罪的"司法互助"。台湾地区的"组织犯罪防制条例"第 15 条规定："为防制国际性之组织犯罪活动，政府或其授权之机构依互惠原则，得与外国政府、机构或国际组织签订防制组织犯罪之合作条约或其他国际协议。"此如国际法上的引渡协议等〔38〕。尤其，儿少性剥削的犯罪组织，往往横跨大陆与台湾地区，故对于两岸签订打击犯罪约定的模式〔39〕，宜有台湾地区与大陆间的信息共通以及证据数据等相互协助管道，以作为台湾地区与亚太地区在组织犯罪打击合作上的参考。

五、结语

组织犯罪介入儿童与少年的性剥削，似乎属于普世的问题，台湾地区亦然。被剥削的儿少，通常有家庭问题或其他困境，犯罪组织因此有机可乘，先以利诱，继之以其他手段控制，如毒品或暴力。被剥削的儿少即使觉醒，企图挣脱控制，也很难成功。组织犯罪有上下阶层的分工关系，纵然被破获，通常是场面上的人物遭到法办，不易从根刨除。斩草不除根，春风吹又生，如何有效对抗组织犯罪，才是保护儿少免受性剥削的根本策略。

本文首先说明台湾地区儿少性剥削的现象，并指出这现象背后有组织犯罪的阴影。其次，介绍台湾地区的儿少性剥削的法律规范，这主要是"儿童及少年性剥削防制条例"，从前称为"儿童及少年性交易防制条例"。法律名称的改变与内容

〔37〕 Vgl. BverfGE 120,274.

〔38〕 其实国际法上引渡还是有其难度，尤其必须达到双方可罚性要件，此也造成被追诉者可以依照实体法上的不同，加以对控被接受引渡。因此，签定相对应之合约则可以避免国际法上引渡之问题，如《欧盟逮捕令法》，则可以对于特定犯罪，类如：恐怖攻击、人口贩运、贪污等进行双便可罚性协商，以达到可以做引渡之筹码。Vgl，Rohlff，Europäischer Haftbefehl，2003，S. 41.

〔39〕 陈文琪：《两岸刑事司法互助有关人员遣返的法制架构》，载《月旦法学杂志》，2012(10)，219 页以下。

的增修，主要是呼应联合国保护儿童公约的要求，同时也配合“大法官”对于“宪法”的解释，当然也为了响应保护儿童的社会意识。

本“条例”以保障儿童及少年身心健全，免于剥削侵害的立法。因此，本“条例”的刑事处罚规定中所保护法益的特质，应兼含个人（身心健全）与社会法益（国家客观保护义务）的性质，方能有效对应儿少性剥削背后的复杂成因，并对于少数青少年“自愿卖淫”的行为，亦以身心健康法益维护的立场，对剥削者或其犯罪组织进行刑事处罚。

不过，本“条例”用以对抗背后的组织犯罪，应当不足。台湾地区虽另有对抗人口贩运的“特别法”，但仅能应付性剥削的人口移转与贩运。关于儿少性剥削组织犯罪的对抗，应当以风险控管作为主要的法政策方向，此如，新增第 34 条之一的“儿少性剥削不当债务拘束罪”以及“法人犯罪”的相关处罚规定。当然对于组织犯罪的有效控制，仍然要考虑最根本的“组织犯罪防制条例”。

关于组织犯罪，依照前述条例，定义为三人以上的有组织分工的“暴力性”团体。但是，从事儿少性剥削的组织，不必然有暴力性，而可能是巧妙地利用与支配，所以，“组织犯罪防制条例”用以对抗儿少的性剥削犯罪组织，就会有缺漏。根本的做法，就是要改变组织犯罪的立法定义，刑事司法机关才能师出有名。

最后，针对儿少性剥削组织犯罪的侦查策略，除应持续强化被害人线索的掌控外，亦可考虑透过立法授权，赋与侦查机关“在线搜索 ”的强制处分权，深入取得犯罪组织的不法信息。同时，完善证人指证与网民相应的保护措施，修正“证人保护法”加强公务员之保密员责任等，也是当务之急。至于，针对儿少性剥削的跨国性犯罪组织，应强化台湾地区与各国打击儿少性剥削犯罪的“司法互助”，共同保障儿童及少年之身心健全。

我国黑社会(性质)组织犯罪的现状与预防

——以第三次全国性“打黑除恶”专项斗争的11个典型案件为样本

石经海[*]　周　鑫[**]

一、我国黑社会(性质)组织犯罪的当前特点

黑社会(性质)组织犯罪,是国际社会公认的最为严重的有组织犯罪形态,与贩毒、恐怖主义活动一并,被联合国大会宣布为“世界三大犯罪灾难”。在我国,综观各犯罪态势,涉黑组织犯罪可以说是其中发展最快、给社会经济发展和民众生活秩序破坏最大的一种恶性犯罪。这种犯罪自20世纪90年代中期以来在我国就一直处于持续高峰期。虽然经历多次全国性“严打”整治斗争和“打黑除恶”专项斗争后,其发展势头在很大程度上得到遏制,但这些因社会转型期的诸多问题而滋生、发展的“毒瘤”,还难以在短期内彻底肃清,且在社会综合治理防控系统还没有很好地建立起来的情况下,在每一次“严打”或专项斗争后,又会出现循环式发展,并成为严重影响社会安定与发展和法治国家建设的“毒瘤”。因此,要全面建设法治国家,尚需通过创新社会管理,有效防控黑社会(性质)组织犯罪。从第三次全国性打黑除恶专项斗争的典型案件来看,当前中国大陆黑社会性质组织犯

* 西南政法大学教授、博士生导师

** 西南政法大学业硕士研究生。

罪表现出如下几个突出特点。

(一)在组织目的上仍以获取经济利益为终极目标,并有一定的政治利益需求

首先,从实施的违法犯罪活动来看,当前的涉黑组织仍以获取巨额经济利益为终极目标。虽然以获取经济利益为目的的组织不一定就是黑社会(性质)组织,但黑社会(性质)组织一定具有如此组织目的[1]。这一点,从涉黑案件的违法犯罪的类别及其内在关系就得以表明。

据我们对第三次全国性打黑除恶专项斗争的11起典型案件的统计,这些案件共涉及40个罪名[2]。这些罪名大致可分为直接为获取经济利益的经济类和为寻求保护、逃避打击的保护类两大类,分别占总罪名数的45%和55%[3]。对于经济类,其出现频率高的罪名依次是非法经营罪、强迫交易罪、开设赌场罪和组织卖淫罪;对于保护类,具体又可分为暴力保护和"保护伞"保护两小类,前者出现频率高的罪名依次是故意伤害罪、非法拘禁罪、故意杀人罪、寻衅滋事罪及各种涉枪犯罪,后者出现频率高的罪名是行贿罪。另外,还有诸多分属以上类别的殴打他人、敲诈勒索、暴力收债、行贿等尚未构成犯罪的一般违法行为。探究以上违法犯罪的内在关系,不难发现这里的所谓保护类违法犯罪,只不过是涉黑组织获取巨额经济利益的非法保护手段而已:既以暴力(软暴力)为手段保护其非法经营活动得以实现和发展("以暴护黑"),又通过寻求"保护伞"保护其违法犯罪活动不受查处和打击("以政护黑"),从而形成"以暴护黑"与"以政护黑"的"双重"保护。

以上"双重"保护,从以上11个案件的情况来看,确实也都获取了巨额经济利益。据判决书显示,它们的非法获利额分别为张某庆组织为50多万元、李某强组织为近500万元、黄某新组织为近1000万元、黄某益组织为近4000万元、宁某飞组织为4000多万元、唐某村组织为近6000万元、章某军组织为近7000万元、令某天组织为1亿元左右、程某鸣组织为1亿多元、程某坤组织为1.424亿元、母某

[1] 从组织的结构特征上看,是否具有如此目的,是黑社会(性质)组织区别于其他有组织犯罪的关键所在。如恐怖组织犯罪,以获取政治利益为主要目的;邪教组织犯罪,以获取政治利益和经济利益为主要目的。

[2] 其中,个案所涉罪名最少为9项,最多为15项。选择罪名统计为1个罪名。

[3] 绑架罪、抢劫罪、强迫交易罪、敲诈勒索罪等直接以暴力(软暴力)获取经济利益的统计为经济类。

刚组织为近 1.7 亿元。[4]

其次,在巨额经济利益的追求中,逐渐向政治领域渗透。主要表现在两个方面:一是通过寻求"保护伞"的非法保护,使国家打击黄赌毒等的政策落不到实处和使黑社会(性质)组织的违法犯罪活动得不到打击。在以上 11 个案件中,除了张某庆组织尚没有查出"保护伞"外,其他 10 个组织均有国家工作人员作为组织成员或以包庇、纵容方式充当"保护伞"。如"黑老大"黄某益虽然早就被列入了涉黑名单,但因寻求了分管黑恶案件公安干警孙某清等的保护,并因拉拢了税务局干部陈某平一起为其组织领导者,而使其涉黑组织长期得不到打击。又如唐某村组织因求了市交警总队总队长陈某刚等重量级公安干警的保护,并因其"黑老大"唐某村曾就是在职警察,而其提供非法保护等涉黑活动得以猖獗。还如以从事民营公共交通为主业的李某强组织,也因寻求了公路运输管理人员和政府信访工作人员的非法保护,而不仅其组织不仅得以形成和发展,而且还使政府的很多政策措施得不到贯彻落实。二是通过获取人大代表、政协委员、工商联领导等光环,作为其"以政护黑、以黑取利"的"护身符"和"开路虎",并由此实现其走入上层社会的欲望。例如,"黑老大"李某强是 G 市第三届人民代表大会代表、政协 G 市某区第十二届委员会常务委员、G 市某区工商联主席、中国道路运输协会出租与租赁协会常务理事、G 市道路运输商会(协会)常务副会长;"黑老大"程某鸣是 G 市某区第十六届人大代表;"黑老大"宁某飞是某区娱乐协会会长;等等。以上"政治"光环,不仅满足了他们走上了上层社会的欲望,而且从他们所从事的违法犯罪活动来看,还大大方便了他们获取更多的非法经济利益。

(二) 在获利途径上主要以合法公司为依托,在暴利行业从事非法经营活动

当前的黑社会(性质)组织,其获取巨额经济利益,主要不是通过"打砸抢"的传统方式,而是主要通过在暴利行业以其注册的合法公司企业为掩护或依托,[5]

---

〔4〕 以上经济利益,均是这些黑社会(性质)组织获取的"收益",而不是它们的经营额。对于从事需投入资金从事非法经营活动的黑社会(性质)组织来说,它们的非法经营额要远远大于这些"收益"。

〔5〕 实践中常把黑社会(性质)组织所依托的公司企业与黑社会(性质)组织本身混为一谈。实际上黑社会(性质)组织所依托的合法公司、企业,只是其借以进行非法经营活动的平台,是其获取经济利益和壮大经济实力的手段。认识这一点,是准确认定黑社会(性质)组织、保护黑社会(性质)组织所依托的公司企业的合法权益的关键。这也意味着,那些在这些公司企业中依法从事注册范围内事务的职工,不能认定为参加了黑社会(性质)组织和是涉黑组织成员,只有那些在其中从事了组织策划下的一定违法犯罪活动(如三次违法活动,1 次犯罪活动)的职工,才能认定为参加了黑社会(性质)组织和是涉黑组织的成员。

从事非法经营、强迫交易、开设赌场、组织卖淫、贩卖毒品等非法经营活动。以上11个案件的涉黑组织，它们所从事的主要经营活动都无一例外地是以注册合法公司为掩护或依托而开展的。例如，李某强组织以某强实业（集团）有限公司、某强实业（集团）强劲运输有限公司为依托，主要从事公共交通运输的非法经营活动；毋某刚组织以××财务咨询有限公司、××夜总会为依托，主要从事“地下钱庄”、开设赌场等的非法经营活动；令某天组织以××食品有限公司、××食品有限公司为依托，主要从事生猪收购、猪肉销售等的非法经营活动；唐某村组织以××实业有限公司（总公司）、××商务信息咨询有限公司、××典当有限公司等为依托，主要从事发放高利贷、商务调查、商账追讨、婚情调查等的非法经营活动；程某鸣组织以××酒店有限公司××俱乐部为依托，主要从事组织卖淫等的非法经营活动；程某坤组织以××财务咨询有限公司等为依托，主要从事“地下钱庄”的非法经营活动；黄某新组织以××运输有限公司和××食品有限责任公司为依托，主要从事运输、猪肉销售等的非法经营活动；黄某益组织以××典当有限公司为依托，主要从事“地下钱庄”的非法经营活动；宁某飞组织以××夜总会为依托，主要从事组织卖淫、开设赌场等的非法经营活动；章某军组织以G城××文化娱乐有限公司及其××国际商务会所为依托，主要从事开设赌场、组织卖淫等的非法经营活动；张某庆组织以××财务咨询有限公司为依托，主要从事“地下钱庄”的非法经营活动。

从以上公司性质及其所从事的主要非法经营活动来看，当前黑社会（性质）组织所疯狂扩张的经济领域，主要是那些能够获取暴利的金融业[6]、娱乐业[7]、屠宰业[8]和运输业[9]等地上行业或地下行业[10]。这里的“地上行业”，是指经营的本是正当业务的行业，如生猪屠宰、猪肉销售、民营公共运输、建筑垃圾的除渣和运输等。从事这些行业者，因其在经营中，为获取暴利，有组织地实施了故意伤害、敲诈勒索、聚众斗殴、寻衅滋事、非法拘禁、强迫交易、恶意集访等违法犯罪活

---

〔6〕 主要是从事放高利贷（俗称“地下钱庄”或“放水”）的非法经营活动。

〔7〕 主要是从事开设赌场、组织到澳门赌博、组织卖淫等的非法经营活动。

〔8〕 主要是通过非法垄断当地生猪收购和猪肉销售市场，获取经济利益。

〔9〕 主要是通过非法垄断公共交通运输和土建运输，获取经济利益。

〔10〕 除此之外，它们还通过贩毒、诈骗、敲诈勒索、提供非法保护等获利，但这些已不是它们的主体获利方式。

动,并在一定区域或行业形成了非法控制或重大影响,从而走上了涉黑犯罪道路。这里的"地下行业",是指长期有组织地以"挂羊头卖狗肉"的方式从事法律禁止经营的不正当行业如放高利贷、开设赌场、组织卖淫等。从事这些行业者,因其长期从事非法经营活动并在一定区域或行业形成了非法控制或重大影响,从而走上了涉黑犯罪道路。

(三)在人员结构上其成员主要是文化素质较低的闲散青壮年,"黑老大"并有一些共同特点

第一,纠集的成员大多文化素质较低。在11个案件的291名被判刑人员中,初中以下文化的为166人,占所有涉案人员的57.04%;高中及中专文化的为83人,占所有涉案人员的28.52%;大学(包括大专和本科,下同)及研究生文化的为42人,占所有涉案人员的14.43%。其中,有7个案件超半数涉案人员的文化程度为初中以下,只有4个案件超半数涉案人员的文化程度为高中以上。

第二,纠集的成员主要是闲散人员(无业者、闲散的农民、失业的工人等无业闲散者)。据统计,在这11个案件的291名犯罪人中,闲散人员共有160人,占涉案人数总数的54.98%。其中,有6个案件,闲散人员占涉案人数的七成以上。

第三,纠集的成员中有很大一部分人为刑释解教人员[11]。在以上11个案件中,除宁某飞案外,其他都有一定数量的刑释解教人员。据统计,在这11个案件的291名犯罪人中,参与实施犯罪的刑释解教人员共有77人,占被判刑人总数的26.46%。其中,母某刚案的刑释解教人员比例最高,达50%;其次是程某鸣案和黄某新案,分别是45.45%和40.91%。另外,在这11个涉黑组织的15名"黑老大"中,有6人是刑满释放人员或负案犯,比例高达40%;以上77名刑释解教人员中,有17人被认定为组织的骨干成员,占刑释解教人员总数的38.64%。

第四,纠集的成员主要是"70后"和"80后"的青壮年。在11个案件的291名被判刑人员中,"70后"和"80后"为176人,占所有涉案人员数的60.48%。而且,除两个案件以"70前"为主体外,其他9个案件均以"70后"和"80后"为主体,其中,母某刚案为88.24%,张某庆案为77.78%,唐某村案为77.50%,宁某飞案为77.42%。

---

〔11〕 主要是刑满释放人员,也有少数为解除劳教的人员。另为了论述方便,在成为涉黑组织成员前的负案犯也纳入这种人员。这些人员,大部分是无业者,只有少部分人有职业。

第五,“黑老大”的形成往往具有一些共同特点。主要表现在:一是在年龄上一般长于其他成员。如上所述,在这 11 个案件中,涉案人员主要为“70 后”和“80 后”甚至是“90 后”的青壮年,而这 11 个案件的 15 名“黑老大”,除 3 名为“70 后”的以外,其余 12 名均是“60 后”甚至是“50 后”的。二是大多有丰富的社会阅历。如从事过具有优势地位的工作或蹲过监狱。这些社会阅历会使得他们在“黑白”两道都能获得支持。这一方面表现为有“不务正业”的闲散人员的支持和他们因“臭味相投”而被笼络;另一方面他们往往可以通过行贿等手段拉拢国家工作人员充当“保护伞”。以上 15 名“黑老大”中,不仅都得到了众多闲散人员的支持,而其中 90%以上的“黑老大”都得到了“保护伞”的非法保护。这是“黑老大”使黑社会(性质)组织坐大成势的重要条件。一方面没有“黑”道人员(不务正业的闲散人员)的支持,无以为黑社会(性质)组织乃至黑恶势力;另一方面没有“白”道人员(“保护伞”)的支持,难以在社会治安总体良好的主流社会中生存和发展。三是有能力在一定行业获取巨额经济利益。在这 11 个案件中,这 15 名“黑老大”均具有不同程度的在金融业、娱乐业、运输业和屠宰业等行业获取巨额经济利益的能力,并依其获利能力而决定其组织领导地位。如张某庆、母某刚、黄某益和程某鸣等被推认为“黑老大”,就在很大程度上都是由于他们的经济能力。四是具有组织领导涉黑组织的组织协调能力,特别是既要“凶狠”,又要细致入微地关心和关照其骨干成员。

(四)在组织关系即对内笼络控制成员的方式上表现出明显的“家规”性

在当前,黑社会(性质)组织笼络控制其成员的方式,并不是成熟黑社会组织所具有的“帮规”,而是处于“家长”地位的组织领导者所立下的“家规”。综观第三次全国性打黑除恶专项斗争的 11 个典型涉黑组织,其组织关系的“家规”性突出表现在如下两个方面。

第一,各种类型的黑社会(性质)组织都直接使用“家规”笼络控制成员。除了以由亲属为主体成立的家族性公司所依托的组织(简称“家族性公司依托”型组织)如李某强组织、令某天组织外,那些以非家族性公司为依托的组织(简称“非家族性公司依托”型组织)或因所谓朋友关系而纠集在一起的普通黑社会(性质)组织(简称“成员纠集”型组织)也都如此。如在作为“成员纠集”型组织的张某庆组织中,“黑老大”张某庆要求其成员对其安排的事不能互相打听,对通信不通畅、办事不力的组织成员进行责骂。在“非家族性公司依托”型组织中,如在黄某益组织中,“黑老大”黄某益要求其组织成员要“义”字当头、大家的“面子”要争,对“大哥”要尊重、要听从“大哥”的召唤、遇事须请示报告、遇到“打打杀杀”的事情大家要齐心、当兄弟亲戚朋友有事相求时也要帮忙;在黄某新组织中,“黑老大”黄某新要求组织成员必须忠心,有事汇报等纪律及疏远或开除违反规定和侵犯组织利益的组织成员;在唐某村组织中,“黑老大”唐某村要求组织成员“要忠诚、要听招呼、要懂事、不惹事、不怕事”,对组织的决定,“不求之,不问之”,否则就给予“三刀六洞”的处置。

第二,其他笼络控制成员的方式,在实质上也都具有“家规”性。当前的涉黑组织,除了直接使用“家规”笼络控制成员外,还采用感情联络和公司制度的方式笼络控制成员。对于这两种方式,虽然它们不是通常意义上的“家规”,但从其均是处于“家长”地位的“黑老大”所决定或制订这个本质特性来看,也都具有“家规”性。综观这 11 个案件,无论是“家族性公司依托”型组织,还是“非家族性公司依托”型组织或“成员纠集”型组织,都是如此。如以侨力桑拿俱乐部为依托从事组织卖淫的宁某飞组织,从形式上是按公司的规章约束管理成员,但作为该组织的“黑老大”的宁某飞,对于其成员具有绝对权力,不仅人事安排都是由他说了算,而且公司的其他重大事项如在遇到组织卖淫等非法经营活动被查处或受查处时,都由他出面解决,从而表现出宁某飞在整个公司运行中所处的“家长”地位以及宁某飞所立“公司制度”的实质上的“家规”性。对于联络感情的约束控制方式,如组织负责成员的日常消费开支,给表现较好者的物质奖励,不时让组织成员聚集在一起吃、住、吸毒、嫖娼,给经济困难者以帮助等,既因成员由此感到组织领导者“讲义气”,追随他有保障,而使之成为约束控制成员的方式,又因这些“感情联络”方式也是“黑老大”的意志体现而在实质上也具有“家规”的性质。

(五)在非法控制即对外形成非法控制或重大影响的手段上把策动群体事件作为新的手段

当前的黑社会(性质)组织并不是传统的主要以“打打杀杀”为形成非法控制或重大影响的手段,而是采用施用暴力(包括“打打杀杀”的简单暴力或那些具有胁迫性的软暴力)、寻求“保护伞”和策动群体事件等多种手段。其中,策动群体事件,是当前黑社会(性质)组织形成非法控制或重大影响的新的特点和趋势。

如前所述,当前中国大陆黑社会(性质)组织的违法犯罪活动,大致可分为直接为获取经济利益的经济类和为寻求保护、逃避打击的保护类两种类型。从以上涉案违法犯罪类别及其内在关系来看,当前的黑社会(性质)组织主要以暴力手段、“保护伞”和群体事件为手段以形成组织的非法控制或重大影响。在这里，依所使用的以上手段的不同，大致可把当前的黑社会(性质)组织分为“简单暴力”型、“暴力＋保护伞”型和“暴力＋保护伞＋群体事件”型三种类型。

“简单暴力”型，主要依靠简单的“打打杀杀”的违法犯罪活动，在一定区域或行业形成非法控制和获取巨额经济利益，如张某庆组织，它主要是通过组织故意伤害、敲诈勒索、非法拘禁等暴力性活动，对某街道某片区的渣场进行非法控制，对当地土建工程经营者及群众形成心理强制，获取巨额非法经济利益。

“暴力＋保护伞”型，既依靠暴力或软暴力[12]的违法犯罪活动，又依靠“保护伞”的非法保护，在一定区域或行业形成非法控制和获取巨额经济利益。这是黑社会(性质)组织存在的主要形式，当前的绝大部分黑社会(性质)组织都属于这种类型。

“暴力＋保护伞＋群体事件”型，既依靠暴力或软暴力的违法犯罪活动，又依靠“保护伞”的非法保护，还适时策动群体性事件以对政府或同行等施压，以在一定区域或行业形成非法控制和获取巨额经济利益。这是当前威力最大、危害最深的一种黑社会(性质)组织。如李某强组织，多年来围绕运输业，除了有组织地实施故意伤害、寻衅滋事、寻求“保护伞”等违法犯罪活动外，还通过组织、策划车主及家属到市区县委、县政府信访办上访，在上访、集访中高喊口号，挂出横幅，拦截公务用车，堵塞交通，阻碍民警执行公务等，向政府或同行施压，迫使政府或同行让步，甚至召集其他几家民营公司共同组建“共创公司”，[13]以对抗政府执法和达到其非法目的。其他涉黑组织如唐某村组织，也有如此策动或利用群体事件的行为表现。如此以此为形成非法控制或重大影响的手段，不仅容易动摇政府的决策和执法，而且还直接带来社会的不安定。

综合以上各涉黑组织，它们在非法控制特征上并有如下两个突出特点：一是“暴力”的共同性，即无论什么层级的黑社会(性质)组织，都无一例外地以暴力(软暴力)为其发展壮大的基本手段。对此，理论上称之为“有组织暴力”。这种暴力，“不仅可以给他们带来金钱和财富，还可以带来权力和声望”[14]。二是利用“群体

---

〔12〕 指不直接对行为对象的人身所使用的“暴力”。

〔13〕 约定公司董事因执行公司事务、执行董事会决议的行为被公安机关追究刑事责任或被拘留，其他董事须每人补助被追究者200万元作为补偿。

〔14〕 何秉松：《中国大陆黑社会(性质)犯罪研究》(第一卷)，437页，北京，中国法制出版社，2002。

事件”的趋势性,即虽然以其为形成非法控制的手段尚不普遍,但已有为越来越多的涉黑势力所利用的迹象。如此两个特点决定了,在以上三种类型的黑社会(性质)组织中,“简单暴力”型因其简单暴力性而是一种易于暴露和易于受政府打击的张扬型和短命型的犯罪组织;后两种黑社会(性质)组织,虽然也因使用了暴力(软暴力)而具有张扬性,但因有“保护伞”的非法保护和群体事件的迷惑性而难以受打击和能够长期存在并得到发展。

(六) 在社会危害性上已严重动摇当地的经济、政治和社会生活基础

俗语云:“基础不牢,地动山摇。”黑社会(性质)组织之所以要严厉打击,其重要原因就是它严重动摇了主流社会的社会基础。社会基础是社会发展的根本或起点。社会基础的动摇主要表现为正常而有规律的社会活动秩序受到破坏,使社会的经济、政治、生活等活动处于无序和紊乱状态。从以上 11 个典型案件的情况来看,当地的经济、政治和生活等秩序因受到这些涉黑组织的严重破坏而在很大程度上处于无序或紊乱的状态。

首先,黑社会(性质)组织已严重破坏当地的经济秩序。如前所述,黑社会(性质)组织以巨额经济利益的追求为终极目标,当前的黑社会(性质)组织向经济领域的扩张已多方位、深层次地表现在能够获取暴利的几乎所有行业和经济领域,从而使当地的经济秩序遭到严重破坏。从第三次全国性打黑除恶专项斗争的 11 个案件来看,它们除了在娱乐业、屠宰业和运输业等行业中从事开设赌场、非法垄断和扰乱当地生猪收购和猪肉销售市场、非法垄断和扰乱公共交通运输市场等非法经营活动外,还在金融业从事放高利贷(“地下钱庄”“放水”)的非法经营活动。这个源于旧社会赌场的“放水”,被这些黑社会(性质)组织引用到当今的建筑、房地产、娱乐以及其他需要大额资金的行业。可因其“利滚利”的计息方式和黑社会的讨债方式,使得那些借贷的公司企业及个人等借贷者,在几个月间就折腾得岌岌可危甚至倾家荡产。如程某坤涉黑组织以其注册成立的 G 城××财务咨询有限公司、G 城立信投资有限公司及入股加入的 G 城国恒投资有限公司等为依托,主要以本市房地产行业为对象,通过行贿张某、毛某、谢某、杜某等重要公职人员以及故意伤害、非法拘禁等手段,长期进行有组织地发放高利贷、强立债权、强占股权、操纵双方代理、串通拍卖土地等违法犯罪活动,涉案资金共计人民币 4.872 亿元,非法获利 1.240 4 亿元,不仅严重扰乱了当地的金融秩序和危害了当地的金融安全,而且还严重扰乱了本市房地产行业的正常经营并对当地民间借贷市场形成重大影响。另外，黑社会(性质)组织还强行向一些公司、企业、个体户等收取保护费，敛取他人财物。如唐某村组织将收取保护费包装成“VIP”服务，[15]主要替会员处理不便出面亲自解决的事务或账务问题，如窃听、跟踪、处理情人纠缠、解决三角债务等事项，大肆实施各类违法犯罪活动，既严重侵犯了公民、公司企业的人身财产权利，而且还严重破坏了当地的生活和生产经营秩序。据不完全统计，自2009年6月开展打黑除恶专项斗争以来，G城的黑社会(性质)组织控制的“黑色资金”达人民币300亿元以上，并形成了“以商养黑、以黑富商”的地下黑色经济链条。如此巨大的黑色资金数额和如此牢固的黑色经济链条，使得G城“直辖十年”的经济发展背后蕴含着很大的经济泡沫和潜在危机。

其次，黑社会(性质)组织已严重破坏当地的政治秩序。黑恶势力坐大成势后，为实现其团伙利益最大化，还动辄策动群体性事件，迫使竞争对手甚至政府满足其不正当要求。如前述李某强组织，为了使某强公司擅自开通营运的鱼沙线能获得相关的营运手续，组织车主及家属到G市人民政府进行集访；组织数十名特钢厂生活服务车经营者到G市××区人民政府上访闹事，给××区人民政府施压；组织××线车主及家属等60余人到G市交委、市委信访办上访闹事，并对××县领导乘坐的车辆进行围攻、拦堵、踢、砸等。李某强组织的如此动辄策动群体事件和借助群体力量的做法，不仅挤压了竞争对手和对抗了正常的客运管理秩序，而且使得政府的决策、政策、威信等受到严重破坏。

最后，黑社会(性质)组织已严重破坏当地的生活秩序。为了实现非法控制或重大影响，黑社会(性质)组织成员往往滥杀滥伤无辜，以显示自己心狠手辣和震慑人民群众，造成群众敢怒不敢言，严重破坏当地人民群众的生活秩序。如令某天组织为了树立和巩固其在当地垄断控制生猪收购市场的恶名，其成员将没有服从的生猪收购户潘某活活打死，从此以后，在令某天的经营地域范围内，再无人敢与之抗争。张某庆组织以其非法持有枪支弹药和管制刀具等，长期在G市××区等地打打杀杀，使当地群众都不敢惹他，在受到他们欺负时，也不敢报警。这不仅使当地群众的生命健康权利和安全受到严重威胁，而且也使当地民众的基本生活秩序遭到严重破坏。程某鸣、章某军等组织通过以“去必赌、赌必输、输必贷”的办法组织内地私营企业主等到澳门赌博的非法获利方式，使这些企业主们债台高

[15] 其中钻石级会员年费8万元、铂金级5万元、黄金级2万元、一般级1万元。

筑、倾家荡产、走投无路。

二、我国黑社会性质组织犯罪的主要成因

(一)市场经济的多元化价值观冲突,特别是满足需要方式的异化,为涉黑犯罪的滋生蔓延提供了精神动力

随着市场经济的建立和发展,一方面,社会生产力得到大力发展,社会财富有了很大增加;另一方面,一些人在金钱万能、贪图享乐、个人主义等利益观、人生观和价值观的支配下,发生满足需要方式的异化,"这不仅表现为不择手段地获取物质利益,而且表现在在获取一定物质利益的情况下,还要追求政治上的'涂金'甚至政治权力的满足"〔16〕。如"黑老大"李某强、令某天和黄某新,不是满足于他们所从事的民营公共交通运输、土建运输、屠宰等正当业务经营,而是以暴力、胁迫、寻求"保护伞"等非法手段形成一定区域、行业的非法控制或重大影响,进行非法经营活动,获取巨额经济利益。"黑老大"母某刚不是满足其做摩托车生意而成为亿万富翁,而后试图通过放高利贷、开设赌场、组织卖淫等非法经营活动,获取巨额非法经济利益,从而走上涉黑犯罪道路。而且,这些"黑老大"们,如李某强、程某鸣、宁某飞等,在巨额经济利益得到一定程度满足后,在功利化和权欲的驱使下,还努力去获取一些如协会会长、政协委员甚至人大代表等政治头衔或准政治头衔,以利于在主流社会更多地获取经济利益和更好地获取社会地位。因此,要建立防治涉黑犯罪长效机制,就应当有针对地进行社会主义利益观、人生观、价值观教育,以在一定程度上防控满足需要方式的异化而为涉黑犯罪滋生蔓延提供精神动力。

(二)社会控制乏力,特别是基层行政执法和行业治理不力,为涉黑犯罪的滋生蔓延提供了机遇

当前,我国社会正发生着重大的社会转型,在市场化、工业化、城镇化、信息化的过程中,一些社会管理方式尤其是基层政府的执法和行业治理的方式不能适应不断变化的社会需要,导致社会控制乏力,特别是基层行政执法和行业治理不力。在一定意义上,黑社会(性质)组织的发展壮大都是行政执法和行业治理不力的积

---

〔16〕 西南政法大学课题组:《防治黑社会性质组织犯罪的长效机制建设研究报告》,载《现代法学》,2010(5),180页。

极或消极作用的结果。前者主要是行政执法者或行业治理者故意包庇或纵容甚至直接参加黑社会(性质)组织以使其发展壮大。这是当前黑社会(性质)组织发展壮大的主要形式。所有被查出有“保护伞”的组织,都属于这种情形。后者主要是由于行政执法者或行业治理者对工作不负责任或行政执法不当而过失放纵黑社会(性质)组织的发展壮大。也就是,那些没有官员故意充当“保护伞”的黑社会(性质)组织,其发展壮大也往往是行政执法者或行业治理者不负责任或行政执法、行业治理的不当所作用的结果。这种没有“保护伞”的黑社会(性质)组织在现实中虽然是少数,但也是客观存在的。例如,G 城的张某庆组织,在其霸占他人渣场、强要他人渣场一半股份和强迫土石方工程项目负责人和运渣车驾驶员在其霸占的渣场高价倒渣时,基层执法组织早就接到反映,可没有采取任何有效的处置措施;对于其以在水煮鱼里吃到苍蝇为由敲诈店主 10 万元事件,公安机关也只是在中间充当“和事佬”轻描淡写地对事件予以处理。黑社会(性质)组织的发展壮大与行政执法和行业治理的以上关系表明,黑社会(性质)组织主要出现在基层行政执法或行业治理存在严重问题的地区,也就是那些官员充当“保护伞”已成风气或那些基层执法者或行业治理者对黑恶势力听之任之的地区。G 城的一些地方,之所以黑社会(性质)组织猖獗,在很大程度上是由于这些地方的基层行政执法或行业治理曾经存在严重问题。基层行政执法或行业治理存在严重问题,其结果必然促使黑社会(性质)组织在“以黑护商、以商养黑”“以政护黑、以黑取利”等模式下恶性发展。因此,要建立防治涉黑犯罪长效机制,就必须加强基层行政执法和行业监管等方面的社会控制能力。

(三) 社会帮扶制度的不完善,为涉黑犯罪的滋生蔓延提供了人员来源

如前所述,黑社会(性质)组织的主要人员来源为闲散人员。这些人走上涉黑犯罪道路,既有制度上也有管理上的原因。在制度上,主要是因为社会帮扶制度的不完善;在管理上,主要是由于以上所述的基层行政管理不力。就社会帮扶制度而言,失业人员、闲散农民、流动人员、刑释解教人员等闲散人员,都需要一定的社会帮扶,让他们有正当事情可做,让他们得到社会的帮助和感受社会的温暖,从而远离不良“亚文化”的影响,构筑阻隔让他们走上涉黑犯罪道路的客观环境和条件。然而,由于受很多客观条件的限制,我们关于包括社会帮扶制度在内的社会保障体系还没有很好地建立起来,其结果,不仅导致失业人员、闲散农民、流动人员、刑释解教人员等闲散人员,因无正当事情可做并缺乏社会关爱而几乎被隔绝

在主流社会之外,而且这些处于社会底层的人们,在黑社会(性质)组织的利诱下和在不良“亚文化”的作用下,容易“臭味相投”地聚集在一起,以求通过有组织的暴力获取中上层社会成员所具有的财富、权力和社会地位,进而成为黑社会(性质)组织的主要人员来源。因此,要建立防控黑社会(性质)组织犯罪的长效机制,就必须构建完善的社会帮扶制度,在很大程度上净化滋生黑社会(性质)组织人员来源的不良环境。

在社会帮扶制度的构建中,刑满释放人员的社会化问题,是其中的重点问题。这种人的一定时期与社会隔绝的监狱生活,使得他们无法重新融入社会。一方面他们自己心理的阴影和自卑使得他们不想或不能同社会成员打成一片;另一方面因他们的罪恶背景而使得社会成员有意或无意地远离他们。如此社会隔离,使得他们无法在社会上正常地工作和生活,而往往是破罐子破摔,进一步跌入更严重犯罪的深渊。

(四)“亚文化”的不良影响,为中国大陆社会性质组织犯罪的滋生蔓延提供了凝聚力支持

理论上的研究表明,我国当今的涉黑组织在很大程度上是“对传统民间帮会、旧有黑社会组织的继承和对国际成熟状态的黑社会犯罪方式的模仿”[17]。就G城而言,G城便利的交通条件,加上其独特的市井文化,形成了“具有以方言艺术和茶馆文化为主体的、以天地会等民间秘密结社内部的江湖义气为核心的‘亚文化’”。如此“文化”,提倡侠义与互助共济,重视宗法观念。从形式上看,它崇尚“平等”与“共济”,但实际上其崇尚的是森严的等级制、家长制,以及通过有组织的“暴力”获取上层社会所具有的财富、权力和社会地位的生活方式[18]。正如美国犯罪学家莫顿(Merton)所指出:“平淡的个体常规犯罪不能导致辉煌的经济成就”,只有“采用复杂的、计划好的、有技巧的、有组织的犯罪”,[19]才能实现其对巨额财富的追求。因此,从犯罪学视角看,如此“文化”实际上是一种以所谓“哥们儿义气”而拉帮结派和进行违法犯罪活动的“亚文化”。

---

〔17〕 西南政法大学课题组:《防治黑社会性质组织犯罪的长效机制建设研究报告》,载《现代法学》,2010(5)。

〔18〕 何秉松:《中国大陆黑社会(性质)犯罪研究(第一卷)》,436页,北京,中国法制出版社,2002。

〔19〕 李文燕、柯良栋:《黑社会性质犯罪防治对策研究》,258页,北京,中国人民公安大学出版社,2006。

“亚文化”的不良影响，主要是“为涉黑犯罪的滋生蔓延提供了很强的精神力量，使得互不相识的社会边缘人物紧紧地聚集在一起”[20]。在一定意义上，对于那些以“家规”维系组织存在的涉黑组织，其凝聚力在很大程度上是靠“亚文化”来实现的。其中，培养组织成员的“义气”观，并由此在组织内部形成“要忠诚、要听招呼、要懂事、不惹事、不怕事”等文化氛围，使只要是组织中的一员就要受到这种“义气”的软约束，从而实现对其成员的持续控制。同时，“黑老大”通过物质上的“小恩小惠”，以及经常聚集在一起吃喝玩乐等方式，以不断巩固和强化“有福同享、有难同当”等“亚文化精神”，也对凝聚组织成员起到相当大的作用。另外，诸如“事不关己，高高挂起”“多一事，不如少一事”等不良“亚文化”，也导致民众不愿参与到“打黑除恶”的行动中。然而，“打黑除恶”毕竟是一项长期而又艰难的工作，没有民众的积极参与，难以实现对黑社会性质组织的“打早”“打小”。第三次全国性“打黑除恶”之所以取得如此成绩，在很大程度上是由于其通过多种便捷有效的方式，挤压以上不良“亚文化”的影响，而发动民众积极参与其中。因此，要建立防治中国大陆社会性质组织犯罪长效机制，就必须弘扬主流文化，防控“袍哥文化”等不良“亚文化”为中国大陆社会（性质）组织犯罪的滋生蔓延提供凝聚力支持。

（五）国家工作人员充当“保护伞”，为中国大陆社会（性质）组织犯罪的滋生蔓延提供了权力堡垒

哪里涉黑势力猖獗，哪里就有严重的腐败现象。国家工作人员充当“保护伞”与黑社会（性质）组织犯罪的发展壮大的这个因果关系，主要表现在，黑社会（性质）组织凭借其非法形成的强大经济实力，极力拉拢、腐蚀、控制某些党性不强、意志薄弱的国家工作人员，形成“官—黑”共生模式：一方面，涉黑组织为了生存、发展及其保护其非法经营活动，总想尽一切办法寻求官员充当“保护伞”；另一方面，一些蜕化、变质官员，在金钱、人情甚至女色等的诱惑或作用下，直接或间接利用手中的权力包庇、纵容“涉黑”犯罪。如此“共生模式”，使得黑社会（性质）组织能够形成或得到发展乃至长期存在。据G市人民检察院发布的数据，2009年专项斗争中已立案查办的涉嫌包庇纵容黑社会（性质）组织犯罪，充当黑恶势力“保护

[20] 西南政法大学课题组：《防治黑社会性质组织犯罪的长效机制建设研究报告》，载《现代法学》，2010(5)，181页。

伞”的国家工作人员共33人。其中,公安机关工作人员21人(64%),党政机关工作人员4人(12%),税务系统工作人员1人(3%),交通系统工作人员2人(6%),国家安全机关工作人员1人(3%),司法行政机关工作人员1人(3%),检察机关工作人员1人(3%),审判机关工作人员2人(6%)[21]。上述数据表明,国家工作人员尤其是公安队伍的公权力的严重滥用,是黑社会(性质)组织犯罪猖獗的重要缘由。如果说黑恶势力的产生是基于基层行政执法的不力和社会管理的漏洞,那么黑恶势力发展壮大为涉黑性质犯罪组织并长期存在,在很大程度上是因为国家工作人员充当“保护伞”的包庇、纵容。第三次全国性打黑除恶的情况表明,几乎都有重大黑社会(性质)组织都有“保护伞”,甚至有几个黑社会(性质)组织受共同“保护伞”保护;而且,黑社会(性质)组织的犯罪能量越大,其“保护伞”的级别也越高,甚至有的还是负有查处涉黑犯罪职责的领导或责任人。因此,将打黑与反腐有机结合在一起,深挖黑社会(性质)组织幕后的“保护伞”,是建立防治黑社会(性质)组织犯罪的关键所在。这一点,早就为许多国家打击涉黑等有组织犯罪的基本战略。[22] 第三次全国性打黑除恶专项斗争此次“打黑除恶”专项斗争之所以能够取得重大成效并为世人所瞩目,其重要原因就是深挖并打掉了一批“保护伞”。

(六)法律制度的不完善与治理对策的不科学,使涉黑违法犯罪得不到有效遏制并出现循环式发展

完善的法律制度和科学的治理对策是社会有序运行、健康发展的基本规则所在。而相反,法律制度的不完善和治理对策的不科学,必然会因基本规则的瑕疵而出现社会运行无序和难以健康发展问题,并带来一系列重要不良后果。其中,黑社会(性质)组织的滋生和发展壮大,在很大程度上就是这个社会健康运行失范的结果和表现。这里的法律制度不完善,包括行政立法、经济立法和刑事立法等的不完善。如我国现行刑法没有按罪责刑相适应原则对组织领导者和积极参加者设置不同的法定刑,没有规定摧毁黑社会(性质)组织经济基础的财产刑,没有考虑犯罪主体(国家机关工作人员)的特殊性而对包庇、纵容黑社会(性质)组织罪设置不同于窝藏、包庇罪等不同的法定刑;我国现行刑事诉讼法律没有针对涉黑

---

〔21〕 来源于G市人民检察院为2010年4月27日“涉黑性质犯罪与法律控制”理论研讨会所提交的《G市检察机关“打黑除恶”情况汇编》。

〔22〕 冯树梁:《中国预防犯罪方略》,847页,北京,法律出版社,1994。

性质犯罪特别规定污点证人制度以及监听、刑事特情侦查、卧底侦查、诱惑侦查、秘密录音录像、秘密搜查等秘密取证制度。如此等等的立法不完善，在很大程度上会带来行业治理、基层行政执法、对罪犯的打击和对刑释解教等闲散人员的帮扶等的不力。这里的治理对策的不科学，主要是指没有很好地贯彻社会治安综合治理政策、宽严相济和“打早打小”等政策，从而使“打黑除恶”成为阶段性的工作，致使专项工作结束以后，那些没有被打击的黑恶分子或者那些被刑释解教的涉黑人员，很快又组成新的黑恶团伙，肆无忌惮地实施违法犯罪活动，从而使黑恶势力得不到长久遏制并出现循环式发展。因此，要建立防治中国大陆社会(性质)组织犯罪长效机制，就必须完善相关立法制度与治理对策。

三、防控中国大陆黑社会性质组织犯罪的主要对策

基于以上分析，要建设法治社会，尚需通过创新社会管理，有效施行社会综合治理，预防和化解社会矛盾，其中，最关键的是有效贯彻“打早打小”的防控对策和宽严相济的刑事政策、坚持打黑与反腐相结合的治本措施和营造积极健康的城乡新文化氛围。

(一)坚持社会综合治理，是有效防控中国大陆黑社会性质组织犯罪的基本对策

对于涉黑组织犯罪在内的涉黑组织犯罪，“严打”式的集中打击，都只是治标不治本的权宜之计。如果说当今中国的涉黑组织犯罪主要是改革开放的产物的话，则纵观改革开放后的打黑斗争，除了 1983 年 8 月至 1986 年年底的“严打”斗争、1994 年 7 月至 1995 年 2 月的“严打”整治斗争、1996 年 4 月至 8 月的“严打”斗争、1996 年 12 月至 1997 年 2 月的“冬季行动”、2001 年 4 月至 2002 年 12 月的全国“严打”整治斗争、2002 年 3 月至 2003 年 4 月的继续深化“严打”整治斗争外，已有两次全国性的打黑专项斗争，即 2000 年 12 月至 2001 年 10 月的全国打黑除恶专项斗争和 2006 年 2 月至 2009 年 7 月的全国打黑除恶专项斗争。然而，这些“严打”斗争和打黑专项斗争，虽然均取得了阶段性的重大成果，但终究还是没有较好地解决涉黑组织犯罪及社会治安问题。一方面，一些地方的团伙被打掉后迅速出现了替代者，一些黑恶分子刑释后又组成新的团伙，变本加厉违法作恶；另一方面中国大陆社会(性质)组织犯罪往往也会根据经济和社会的发展，出现许多新的趋势。因此，要“治本”性地防控恶黑势力，必须建立打防结合的长效机制。但

专项斗争只是“严打”式打黑模式,同样不是防控涉黑组织犯罪的长效对策。要真正铲除涉黑组织犯罪滋生蔓延的土壤和条件,使社会健康正常地发展,使城乡居民安居乐业,就必须寻找和构建防控涉黑组织犯罪的长效对策。

从理论上看,防控涉黑组织犯罪对策,应是“加强社会治安综合治理,打防结合,预防为主”。其中,关键在于“宜早不宜迟,宜小不宜大,宜攻不宜守,宜宽不宜严,露头就打”,即坚持“打早打小”的防控对策,以预防和化解社会矛盾和将涉黑组织犯罪解决在萌芽状态。一方面,对涉黑组织犯罪,一经发现,就重拳出击、斩草除根;另一方面,要建立常态化的制度体系,始终形成对涉黑组织犯罪的常态打击,包括完善相关立法制度与治理对策。

以上“打早打小”对策,具体表现在:在刑事司法上,严格按刑法的规定,实事求是地对待和处理涉黑势力,其中,对于符合刑法关于黑社会性质组织犯罪规定的,按黑社会性质组织犯罪予以定罪处罚;对于不符合刑法关于黑社会性质组织犯罪规定但符合一般共同犯罪规定的,按一般共同犯罪规定定罪处罚;对于只符合有组织犯罪以外的单个犯罪规定的,按单个犯罪定罪处罚;对于既不符合有组织犯罪规定,也不符合单个犯罪规定的,不予定罪处罚。在行政执法上,严格依法有效处置行业管理中的各种不良现象,采取严格措施避免和打击各种积极或消极包庇、纵容、放纵不良现象发展转化为涉黑组织犯罪。基于法治社会建设的理念,行政执法意义上的“打早打小”比刑事司法意义上的“打早打小”更为重要,并由此决定了,要有效地防控涉黑组织犯罪,就必须使各行政执法机关严格依法有效执法,贯彻“零忍让”观念,防止在自己职责范围内极包庇、纵容、放纵不良现象的存在和涉黑组织犯罪的形成。

同时,既然社会控制乏力,特别是基层行政执法和行业治理不力,为中国大陆社会(性质)组织犯罪的滋生蔓延提供了机遇,既然社会帮扶制度的不完善,为中国大陆社会(性质)组织犯罪的滋生蔓延提供了人员来源,那么要有效防控涉黑组织犯罪,就必须加强城乡基层行政执法和行业监管等方面的社会控制能力,必须构建完善的社会帮扶制度,以净化滋生涉黑组织人员来源的不良环境。在社会帮扶制度的构建中,刑满释放人员的社会化问题,是其中的重点问题。这种人的一定时期与社会隔绝的监狱生活,使得他们无法重新融入社会。一方面他们自己心理的阴影和自卑使他们不想或不能同社会成员打成一片;另一方面因他们的罪恶背景而使社会成员有意或无意地远离他们。如此社会隔离,使他们无法在社会上正常地工作和生活，而往往是破罐子破摔，进一步跌入更严重犯罪的深渊。

（二）正确和有效贯彻宽严相济的刑事政策，是预防和化解社会矛盾并防控中国大陆黑社会（性质）组织犯罪的政策措施

宽严相济刑事政策是我国的基本刑事政策，其实质是通过对不同犯罪分子处理上的区别对待，缩小刑法打击面，把刑罚打击的“好钢”用在真正需要用刑罚打击的犯罪分子的“刀刃”上，从而减少社会对立面，促进社会和谐稳定。如此政策，是我国刑事立法、司法都必须遵循的基本指导思想，对如何制定和适用刑事立法、对如何预防和化解社会矛盾，均有着非常重要的现实意义。虽然在理论上对如何理解宽严相济刑事政策有争议，但在司法上完全可把它理解为，在罪刑法定、罪责刑相适应和刑法面前人人平等等刑法基本原则下，对具体犯罪和犯罪人区别对待、宽严结合，以实现打击犯罪与构建和谐的有机统一。据此，对于严厉打击涉黑组织犯罪来说，这并不是一味“严”，而是当宽则宽、当严则严、宽严相济。其中，对于那些在涉黑组织犯罪中起主要作用、人身危险性较大的组织者、领导者、骨干成员等，应严厉打击，决不手软；但对那些因好奇、无知、胁迫、诱骗、义气等在组织中不起主要作用、人身危险性相对较小者，应“宽”地予以处理。在这里，对人身危险性较小者尽可能地适用非监禁刑，是防控轻微涉黑者再次走上违法犯罪道路和分化瓦解黑社会性质组织的重要对策。在这 11 个案件中，有很多组织成员就是曾经有轻微犯罪而被判处短期自由刑后，因难以重新融入社会而被张某庆等纠集的。而相反，对于这些人，用宽大的政策和刑罚予以处罚，使他们在社会工作和生活中接受教育、改造，因始终没有脱离社会而有利于他们走上正常的工作和生活道路。

（三）坚持打黑与反腐相结合，是预防和化解社会矛盾并防控中国大陆黑社会（性质）组织犯罪的治本措施

既然国家工作人员充当“保护伞”，为中国大陆社会（性质）组织犯罪的滋生蔓延提供了权力堡垒要有效，那么要有效防控涉黑组织犯罪，将打黑与反腐有机地结合在一起，深挖涉黑组织幕后的“保护伞”，是建立防控中国大陆黑社会（性质）组织犯罪机制的关键所在。这一点，早就为许多国家打击涉黑等有组织犯罪的基本战略。从世界各国及我国各省市的打击黑社会（性质）组织犯罪的经验来看，不反腐的“打黑”是不彻底的。“保护伞”既是腐败的突出表现，也是涉黑组织犯罪发展壮大的重要影响因素。第三次全国性打黑除恶专项斗争的第三次“打黑除恶”

专项斗争之所以能够取得重大成效并为世人所瞩目,其重要原因就是将“打黑”与“反腐”有机地结合在一起,深挖黑社会性质组织幕后的“保护伞”。

对于如何实现“打黑”与“反腐”相结合,从第三次全国性打黑除恶的经验来看,关键是坚持“四心”,即决心、民心、信心和责任心。首先是党政和法律部门要真正有决心“打黑”和“反腐”;其次是在“打黑”和“反腐”中要注重调动民众的参与和积极性,赢得民心的支持;再次是在贯彻“打黑”与“反腐”的决策时,要选拔敢打、能打、善打的“打黑”与“反腐”队伍,只有这样才能把“打黑”和“反腐”有效地贯彻下去,才能获得有效“打黑”与“反腐”的信心;最后是对于所有“打黑”与“反腐”工作人员,包括各种行政执法人员和司法工作人员,都要有责任心对待自己的职责。应当说,以上“四心”,是构筑防控涉黑组织犯罪的坚强堡垒。

(四)弘扬社会正气和营造积极健康的地方文化氛围,是预防和化解社会矛盾并防控中国大陆黑社会(性质)组织犯罪的文化措施

既然市场经济的多元化价值观冲突,特别是满足需要方式的异化,为中国大陆黑社会(性质)组织犯罪的滋生蔓延提供了精神动力,以及“亚文化”的不良影响,为中国大陆黑社会(性质)组织犯罪的滋生蔓延提供了凝聚力支持,那么要有效防控涉黑组织犯罪,就必须弘扬主流文化和有针对地进行社会主义利益观、人生观、价值观教育,以在一定程度上防控满足需要方式的异化而为涉黑犯罪滋生蔓延提供精神动力和凝聚力支持。毕竟,防控涉黑组织犯罪,是一项长期而又艰难的工作,没有民众的积极参与,是难以实现对涉黑组织的“打早打小”。第三次全国性打黑除恶之所以取得如此成绩,在很大程度上是由于其通过多种便捷有效方式,挤压以上不良“亚文化”的影响,而发动民众积极参与其中。不可否认,某些“亚文化”是地方文化长期发展的产物,带有深厚的地域根基,不可主观废弃,何况,它也有很多可进行正确引导而发挥积极作用的方面,如崇尚孝敬父母,不排外,提倡侠义与互助共济,提倡“有饭大家同吃,有难大家同当”等,都是具有积极意义和充分弘扬的方面。但同时,我们也必须正视其消极方面,如整天休闲娱乐、不求上进、到处以“哥们义气”拉帮结派,在派别内等级森严、形同主仆等,也确实为涉黑组织犯罪的滋生和发展壮大提供了温床。对此,应采取社会管理创新措施,进行正确引导和改造,以营造积极上进的城乡新文化。

我国打黑除恶工作的法治检视和思考

彭新林*　王天保**

一、我国黑恶势力犯罪的演变与发展

（一）中华人民共和国成立前：黑恶势力犯罪的产生和形成

在1949年中华人民共和国成立以前，帮会和黑社会组织就一直存在过。早在清代，就有天地会、哥老会和青帮三大帮会组织。天地会是洪二和尚郑开于乾隆二十六年（1761年）在福建云霄高溪观音亭所创立；哥老会由啯噜逐渐演化而成，啯噜最早是雍正末、乾隆初进入四川的外省移民和四川本省游民所结成的武装抢劫集团；青帮由咸同年间漕运水手行帮演变而成，而且与秘密教门罗教有着密切关系。[1] 民国初年，帮会势力一度恶性膨胀，如最为著名的以黄金荣、杜月笙和张啸林为首的青帮三大亨，尽管当时还仅仅是外国殖民者手下豢养的打手，在国内政治舞台上还没有形成气候，但其帮会组织已具备了黑社会组织的结构和特点，成为上海滩最大的黑帮。上海青帮利用黑白两道的地位，攀附洋人、勾结官

---

* 北京师范大学刑科院中国刑法研究所副所长、副教授，中国刑法学研究会副秘书长。

** 北京师范大学刑事法律科学研究院硕士生。

〔1〕 参见秦宝琦：《江湖300年：从帮会到黑社会》，1～2页，北京，中国社会科学出版社，2011。

僚政客，广收门徒，不断扩充势力，不仅大肆从事鸦片走私，经营赌场、妓院，而且也经营合法工商业、金融业，并且把触角伸入了演艺界。在蒋介石发动的“四一二”政变中，以三大亨为首的上海青帮投靠国民党当局，成为反共的打手，为国民党当局反共立下了汗马功劳，成了国民党政府的统治基础，“四一二”事变可以说是上海青帮从旧式帮会向黑社会蜕变完成的标志。[2] 一言以蔽之，经过清末民初的风风雨雨和民国时期的打打杀杀、政治投机，上海青帮终于从一个下层群众的帮会组织逐步完成了向黑社会组织的蜕变。至于上海青帮三大亨最后不同的人生结局，黄金荣愿意悔过却难以自新，杜月笙晚年凄凉客死香港，张啸林暴毙在军统枪口下，这是后话。

（二）中华人民共和国成立后至20世纪70年代：黑恶势力犯罪基本绝迹

中华人民共和国成立初期，建立了工会、农会等劳动者的组织，帮助广大穷苦百姓解决就业和生活问题。帮会以往那种互助和抗暴的功能已经失去了作用，帮会的组织也就不再有存在的理由，因此人民政府便命令帮会和黑社会组织自行解散，对于有罪恶的帮会头子则予以惩处；对于一般帮会成员，则帮助他们解决生计问题，使之重新回到劳动人民当中。一般的帮会和黑社会的头子失去了群众基础，成了光杆司令，也就无法同共产党和人民政府相抗衡，只好接受改造，重新做人，成为自食其力的劳动者。[3] 应当说，中华人民共和国成立前的帮会和黑社会组织的一般成员，原本也是底层社会的穷苦大众，由于他们的生存权利和基本利益的不得保障，才被迫铤而走险，走上和主流社会相悖离或对立的道路。正是考虑到这一点，中华人民共和国成立后，人民政府对帮会和黑社会组织采取的基本政策是令其自行解散，对一般成员进行改造，使其成为自食其力的劳动者；而对顽固不化、血债累累的黑恶势力头子则坚决予以镇压。早在1949年中华人民共和国成立前夕，毛泽东主席带领部属“赴京赶考”进驻北平，看到妓院林立、黑道猖獗、满目疮痍，怒不可遏，对时任公安部部长兼北京市公安局长的罗瑞卿说：“新中国决不允许娼妓遍地，黑道横行！”不久，北京市各界人民代表大会就通过了“立即封闭一切妓院”的决议。罗瑞卿在1949年11月12日北京市公安局集体办公会议上宣布：“为了彻底消灭城市的封建势力，解放妇女，我们对妓院必须坚决封闭

〔2〕 参见秦宝琦：《江湖300年：从帮会到黑社会》，第1章，北京，中国社会科学出版社，2011。

〔3〕 参见辛华：《上海青帮三大亨的结局》，载《牛城晚报》，2011-03-09。

取缔,并依法惩办那些罪大恶极或有较多血债的妓院老板。"[4]同年 11 月 22 日凌晨,北京市一夜之间关闭了全市 224 家妓院,集中拘留了 400 多名老板,收容了 1268 名妓女。解救出来的妓女,政府给她们检查身体、治病,组织学习生产技术,让她们掌握谋生之道,很多人都去了纺织厂工作。中华人民共和国成立初期,全国各地还结合当时的清匪反霸、镇压反革命运动,对于黑恶势力犯罪采取了严厉而坚决的打击政策与镇压措施,以帮会为代表的黑恶势力组织遭到毁灭性打击,社会治安明显好转,人民群众拍手称快,取得了良好的政治和社会效果。例如,1951 年 5 月 18 日至 20 日北京市政府召开各界人民代表、政协委员联席会议,对市公安局提交的恶霸案卷进行审查,一致同意对天桥恶霸张德泉、福德成、孙永珍、林文华等恶霸处以死刑。当北京市公安局宣读"三霸一虎"(东霸天张德泉、西霸天福德成、南霸天孙永珍、林家五虎之一林文华)残害 14 条人命的罪状时,"枪毙三霸一虎 ""为死难同胞报仇"口号响彻会场。[5] 可以说,中华人民共和国成立初期人民政府对帮会和黑社会组织的正确政策以及对黑恶势力的严厉打击,不仅使全国反对黑社会势力的斗争取得了决定性胜利,而且对于正确解决人民内部矛盾、维护当时的社会稳定,使人民群众建立起对新政权的信心,均起到了非常重要的作用。可以说,在很大程度上,直接换来了 20 世纪 50 年代至 70 年代黑恶势力犯罪组织的基本绝迹。

(三)改革开放以后至 20 世纪 90 年代初期:黑恶势力犯罪死灰复燃

自 20 世纪 80 年代初期以来,国家实行改革开放的政策,随着经济体制改革的推进和社会的转型,境内诱发犯罪的因素大量增长,境外的黑社会势力也开始渗透到中国境内,到 20 世纪 80 年代中后期出现了流氓恶势力逐渐演化成黑社会性质组织这样的犯罪现象,黑恶势力犯罪在中国社会死灰复燃,呈现故态复萌的趋势。特别是 1983 年"严打"之前,以流氓集团犯罪为主的黑恶势力组织犯罪形式,为黑犯罪性质组织犯罪在中国内地的死灰复燃奠定了基础。如 1983 年 6 月 16 日发生了一起新中国罕见的特大凶杀案,8 名犯罪分子连续作案 10 多个小时,他们杀死的 27 名无辜群众上至 75 岁下至 2 岁,其中男性 19 人,女性 8 人。多名女青年被强奸、轮奸。这一团伙还犯有抢劫罪、爆炸罪。同年 7 月 17 日,时任公

---

〔4〕 参见周海滨:《长子罗箭回忆父亲:"打黑"公安部部长罗瑞卿》,载《中国经济周刊》,2009-11-27。

〔5〕 参见董世贵:《北京 12 小时封闭妓院　毛泽东:决不允许娼妓遍地》,载《大地》,2009 年 10 月 24 日。

安部长刘复之在北戴河向邓小平汇报了严重的治安状况，邓小平当即指出：对于当前各种严重的刑事犯罪要严厉打击，要从重从快。[6] 1983 年 8 月 25 日，中共中央发出《关于严厉打击刑事犯罪的决定》，提出从现在起，在三年内组织三次战役。于是，声势浩大的"严打"斗争在全国拉开帷幕。虽然经过 1983 年"严打"，但这一时期已经复活的黑恶势力犯罪的基础没有得到根本性的根除。在这一时期，比较典型的黑恶势力犯罪案件，当属"东北乔四集团案"，[7]乔四集团不仅是当时哈尔滨黑恶势力的龙头，也是东北最大的黑恶势力团体，他们有着 20 多个分舵、上千名打手，到处烧杀抢掠、收保护费和强奸妇女，当时人们说乔四是"夜夜做新郎"，可谓横行一时。多行不义必自毙，乔四集团的罪恶行径终于惊动了中央领导，乔四手下的 19 个主要人物先后落入法网，包括乔四在内的 14 名犯罪集团骨干于 1991 年 6 月被判处死刑立即执行。随着乔四的处决，20 世纪 80 年代中后期哈尔滨乃至东北最大的黑恶势力犯罪集团结束了。

（四）20 世纪 90 年代初至 21 世纪初期：黑恶势力犯罪开始猖獗

20 世纪 90 年代后，我国正处在经济转轨、社会转型时期，各项制度新旧交替之际，许多黑恶势力组织如雨后春笋般涌现，有的组织帮规严酷、有一定经济势力，在一些城市和乡村称霸一方，无恶不作，残害群众，严重危害社会治安，人民群众对此深恶痛绝。与过去相比，这一时期的黑恶势力蔓延四处、发展加快，活动更加猖獗，成为当时影响我国社会治安的一个突出问题。这一阶段，比较有代表性的黑恶势力犯罪案件当推一度轰动全国的"沈阳刘涌黑社会性质组织案"。刘涌从 1995 年年末至 2000 年 7 月初被沈阳警方打掉，在四年半时间里，纠集一批有前科劣迹的人员充当打手，勾结一些基层民警和个别腐败分子入伙作"保护伞"，购买大量枪支弹药和管制刀具，以打、砸、砍、杀等暴力手段滥伤无辜，暴敛钱财，严重影响了人民群众生命安全和社会稳定。以刘涌为首的带有黑社会性质的犯罪集团，作案 47 起，致死致伤 42 人，其中死亡 1 人，重伤 16 人，其中刘涌参与和单独作案 32 起，造成 1 人死亡、多人伤残及巨额财产损失等严重后果。[8] 2002 年 4 月 17 日，刘涌被辽宁省铁岭市中级人民法院以组织、领导黑社会性质组织罪

---

〔6〕 参见"83 年严打记忆：中国最严厉的一次严打"，http://news.ifeng.com/history/1/jishi/200901/0121_2663_979164.shtml

〔7〕 参见元坤编著：《中国二十年重案追踪》，2～17 页，西安，中国长安出版社，2011。

〔8〕 参见最高人民法院（2003）刑提字第 5 号《刑事判决书》。

等多项罪名一审判处死刑，后又“一波三折”，辽宁省高级人民法院终审改判刘涌为死缓，最高人民法院依照审判监督程序对刘涌一案提起再审后，又重新判处刘涌死刑立即执行。

（五）21世纪初期至今：黑恶势力犯罪仍处在活跃期

当前，我国正处于人民内部矛盾凸显、刑事犯罪高发、对敌斗争复杂的时期，虽然经过多年的专项打击，滋生、发展黑恶势力的土壤和环境仍然存在，黑恶势力犯罪活动仍然处于活跃期的基本态势没有改变，尤其是近年来黑恶势力犯罪的发展出现了一些新特点、新情况，犯罪的破坏性不断加大，犯罪分子逃避法律制裁的行为方式不断变换，对经济、社会生活秩序和基层政权建设都构成了严重威胁。在实践中，黑恶势力组织犯罪手段更加隐蔽，向政治领域渗透明显，如通过进行社会公益活动等，为其头目获得一定的政治地位，使其以民意代表的身份得以直接插手或者干扰地方政治和经济管理实务；组织化程度进一步提高，“企业化”“公司化”趋势显著，往往以公司、企业掩盖黑恶组织，用合法幌子掩盖非法手段，用公司利润掩盖非法暴利；犯罪的国际化趋势日益明显，跨境跨区域勾连聚合，境外黑社会组织渗透活动严重；黑恶势力千方百计拉拢、腐蚀国家工作人员为其犯罪行为提供保护，政黑勾结进一步紧密，一些黑恶势力之所以能“坐大成势”，横行十多年乃至数十年，就是因为黑恶势力组织与“保护伞”形成了利益同盟关系。这一时期比较有代表性的黑恶势力犯罪案件，如宋留根组织、领导黑社会性质组织案，以宋留根为首的黑社会组织犯罪团伙，是新中国成立以来河南省最大的黑社会性质组织团伙，该团伙采取杀人、绑架、伤害、敲诈勒索、非法拘禁、赌博、组织卖淫等犯罪手段，疯狂作案200余起，杀死15人，打伤打残100余人，年均牟取暴利3000万元。警方已收缴团伙成员用于作案的枪支有10余支，子弹2400余发，汽车61辆，追缴、冻结黑金赃款近1000万元。[9] 2005年4月25日，宋留根因犯组织、领导黑社会性质组织罪等多项罪名，被河南省许昌市中级人民法院押赴刑场，执行枪决。

二、全国“打黑除恶”专项斗争的开展

黑恶势力犯罪活动直接侵害人民群众生命财产安全，破坏社会治安稳定，扰

---

〔9〕 参见马洪涛等：《河南最大黑社会组织头目宋留根庭审目击》，载中央电视台经济频道《经济半小时》，2005年1月22日。

乱社会经济秩序，腐蚀党政司法干部，败坏党风、政风和社会风气，阻碍改革开放和经济建设的顺利进行，是影响人民群众安居乐业的一大祸患。因此，必须坚决地开展打黑除恶斗争，遏制其滋生蔓延的态势。党中央和国务院历来高度重视对黑恶势力犯罪问题，要求各级党委、政府和政法机关从维护社会稳定的高度，坚决铲除黑恶势力，维护社会治安大局稳定。

早在改革开放初期，当时国家的治安形势比较严峻，人们渴望国民经济的腾飞，渴望社会治安根本好转的愿望是强烈的，当时的国家领导人也希望通过类似于解放初期"镇反运动"等方式，使中国的社会治安恢复到五六十年代的"路不拾遗，夜不闭户"的状态。另外，王志刚北京火车站爆炸案、姚锦云天安门广场驱车杀人案、廊坊王云龙驱车杀人事件、冯大兴盗窃杀人案、承德李煦等流氓结伙轮奸少女案等大案要案震动中央领导。1983 年 7 月 19 日，邓小平同志在北戴河同公安部部长刘复之谈话中，明确指出："刑事案件、恶性案件大幅度增加，这种情况很不得人心。为什么不可以组织一次、二次、三次严厉打击刑事犯罪活动的战役？"8 月 25 日，中共中央发出《关于严厉打击刑事犯罪活动的决定》，提出从现在起，在三年内组织三个战役。公安机关也提出"三年为期实现社会治安的根本好转"的口号。由此拉开了全国严厉打击刑事犯罪的"三大战役"的序幕。[10] 在"严打"过程中，公安机关对黑恶势力犯罪采取了"打早打小，露头就打"的方针，打掉了一批死灰复燃、影响恶劣的黑恶势力犯罪组织，取得了初步成效，在一定程度上遏制了黑恶势力犯罪故态复萌的势头。

及至 20 世纪 90 年代初，随着改革开放力度加大，商品经济大潮奔涌的影响，一些犯罪团伙、黑恶势力犯罪活动开始猖獗，全国治安形势依然相当严峻，刑事犯罪和其他治安问题有增无减，不少地方人民群众缺乏安全感。1991 年 1 月 15 日，中央政法委员会在山东烟台召开了全国社会治安综合治理工作会议；同年 2 月 19 日，党中央、国务院做出了《关于加强社会治安综合治理的决定》，明确指出要"依法严厉打击严重危害社会治安的刑事犯罪分子，及时查处、取缔'六害'活动，坚决防止境外黑社会势力和丑恶现象侵入。"同年 11 月召开的第 18 次全国公安会议，也明确将"坚持打击流氓犯罪团伙和严重暴力犯罪集团，绝不能使黑社会

〔10〕 参见张荆：《北京社会治安六十年》，第 1 章，北京，科学出版社，2008。

组织和境外的犯罪集团在我国存在和发展”[11]作为 20 世纪 90 年代公安工作的基本任务。时任公安部部长陶泗驹在该次会议上更是强调:“公安机关要特别注意打击犯罪团伙和黑社会组织,绝不能让他们形成气候!”[12]在中央领导的高度重视和公安部的正确部署下,全国公安机关相继侦破了一大批黑社会性质组织,如成功打掉了东北“乔四”黑恶势力集团、吉林省梁旭东黑恶势力集团等一批影响巨大的黑恶势力犯罪组织。这一时期,为了适应打击黑恶势力犯罪的需要,1997 年我国刑法修订时首次[13]在立法中设专条(第 294 条)规定了三个黑社会性质组织犯罪的罪名,分别是“组织、领导、参加黑社会性质组织罪”“入境发展黑社会性质组织罪”和“包庇、纵容黑社会性质组织罪”,为公安司法机关打击黑恶势力犯罪提供了明确的法律依据。20 世纪 90 年代的“打黑除恶”,是当时社会治安综合治理以及严厉打击刑事犯罪活动的重要组成部分,陆续摧毁了一大批黑恶势力,查处了一批黑恶势力背后的“保护伞”,打击了境外黑社会组织渗透活动,取得了丰硕成果。

至 21 世纪初,由于我国市场经济体制和社会防范管理机制还不健全,以及组织结构、利益关系的深刻调整,加之境外黑恶势力的渗透等多种因素的影响和诱发,黑恶势力犯罪并没有得到有效根除,仍在不断滋生蔓延,并且日益向经济、政治等领域渗透。正是在这种情况下,中央酝酿在全国范围内开展首次“打黑除恶”专项斗争。2000 年 11 月 19 日,公安部向党中央、国务院提交了《公安机关关于开展全国“打黑除恶”专项斗争有关工作情况的报告》。党中央、国务院对公安部的报告高度重视,很快做出决策:“针对当前我国一些地方黑社会性质组织和黑恶势力违法犯罪活动猖獗的情况,公安部要从 2000 年 12 月到 2001 年 10 月,组织全国公安机关开展一场‘打黑除恶’专项斗争,集中打击黑恶势力的违法犯罪活动。”公安部也迅速成立了“全国公安机关‘打黑除恶’专项斗争领导小组”,各省、自治区、直辖市公安厅、局也成立专项斗争领导小组,全力以赴搞好专项斗争。[14]

---

〔11〕 参见李琼编著:《打黑除恶——中国大力开展扫荡黑社会斗争》,16 页,长春,吉林出版集团有限责任公司,2010。

〔12〕 同上书,17 页。

〔13〕 我国 1979 年刑法没有“黑社会性质组织”这个概念,也未明确规定黑社会性质组织犯罪的罪名,当然这与当时黑恶势力犯罪的基本绝迹以及社会治安形势是密切相关的。

〔14〕 参见于滨:《决不让黑恶势力在中国坐大——公安部“打黑除恶”专项斗争综述》,载《瞭望新闻周刊》,2003(26)。

同年 12 月 4 日，最高人民法院及时出台了《关于审理黑社会性质组织犯罪的案件具体应用法律若干问题的解释》，对《刑法》第 294 条规定的有关内容进行了详细解释，为依法惩治黑社会性质组织的犯罪活动，更好地认定、审理黑社会性质组织犯罪案件提供了有力武器。至此，全国范围内首次"打黑除恶"专项斗争拉开帷幕。

2001 年 4 月，中央召开全国社会治安工作会议，决定将"打黑除恶"专项斗争并入为期两年的"严打"惩治斗争，并将专项斗争的时间延长两年（至 2003 年 4 月）。自 2001 年开展以"打黑除恶"为龙头的"严打"整治斗争以来，全国公安机关掀起了更为猛烈的打黑除恶风暴，两年来先后摧毁了河北省李建设、山西省宋魁祥、辽宁省刘涌、河南省宋留根等一批黑社会性质组织，铲除了一大批"街霸""村霸""市霸"等黑恶势力。同时，对境外黑社会组织渗透活动也给予了有力打击，香港张子强、澳门叶成坚等一批黑恶势力犯罪集团在境内覆灭，一批境外黑社会组织入境渗透人员被查处，打黑除恶工作取得了很大成绩。据公安部的统计显示，在这次专项斗争中，600 余个多年以来霸占一方、拉拢腐蚀党政干部、无恶不作、民愤极大的公安部挂牌督办的黑社会性质组织被摧毁，1 万多个街霸、村霸、菜霸、市霸等黑恶势力被打掉；各地公安机关摧毁的黑恶势力盘踞的高利润、高回报行业和场所，共收缴没收的黑社会性质组织资产价值达 5.3 亿元人民币，查封的黑社会性质组织开办的经济实体 646 个、经营的赌场 909 个，以及霸占的集贸市场 301 个、建筑工程 144 个、矿山 154 个。[15] 由上可以看出，两年多时间的全国首次"打黑除恶"专项工作，取得了辉煌战绩，沉重打击了黑恶势力的嚣张气焰，有效遏制了黑恶势力犯罪在我国的滋生蔓延势头，为保持社会和谐稳定发挥了重要作用。另外，特别值得一提的是，为解决实践中司法机关对"黑社会性质组织"认定的分歧，应最高人民检察院的要求，全国人大常委会于 2002 年 4 月对《刑法》第 294 条第 1 款规定中"黑社会性质的组织"的含义做出了立法解释，明确了认定"黑社会性质组织"必须具备的四个特征。以此为契机，全国"打黑除恶"工作的开展以及法制保障都进入了一个良性发展的阶段。

前文已述，21 世纪初期两年多的"打黑除恶"专项斗争，取得了很大成绩，有效遏制了黑恶势力犯罪在我国的滋生蔓延势头。当前，我国已进入改革发展的关

---

〔15〕 参见于滨：《决不让黑恶势力在中国坐大——公安部"打黑除恶"专项斗争综述》，载《瞭望新闻周刊》，2003(26)。

键时期，经济体制深刻变革，社会结构深刻变动，利益格局深刻调整，思想观念深刻变化。在这样的历史条件下，黑恶势力犯罪也出现了一些新的变化和特点，黑恶势力犯罪仍然比较活跃的基本态势尚未改变，特别是受国际金融危机的影响，各种社会消极因素和矛盾明显增多，在一定程度上也助长了黑恶势力的滋生和发展。在这种情况下，继续深入推进"打黑除恶"专项斗争就非常必要。基于此，2006年2月22日，中央政法委在京召开全国"打黑除恶"专项斗争电视电话会议，再次部署开展打黑除恶专项斗争。时任中共中央政治局常委、中央政法委书记罗干出席会议并在讲话时强调，要在以胡锦涛同志为总书记的党中央坚强领导下，全面落实科学发展观，在全国范围内有重点地开展"打黑除恶"专项斗争，依法严惩黑恶势力犯罪，建立健全打黑除恶长效工作机制，推进各项社会治安工作，实现社会治安持续稳定，为"十一五"规划的顺利实施、为全面建设小康社会创造良好的社会环境。〔16〕 自2006年2月中央政法委部署开展全国"打黑除恶"专项斗争以来，各地区、各有关部门认真贯彻落实罗干同志在全国打黑除恶专项斗争电视电话会议上的重要讲话精神和中央政法委《关于进一步深化全国打黑除恶专项斗争的工作意见》，精心组织，周密安排，向黑恶势力发起凌厉攻势，取得了明显成效。截至2009年7月，全国公安机关共侦办涉黑案件1221起，打掉恶势力12850个，抓获犯罪嫌疑人8.7万多名，破获各类刑事案件10万余起，缴获各类枪支2500多支；检察机关公诉涉黑案件1000起；人民法院宣判涉黑案件689起，有力地震慑了黑恶势力犯罪。〔17〕 2009年7月15日，最高人民法院、最高人民检察院、公安部还在北京联合召开了办理黑社会性质组织犯罪案件座谈会，会议总结了各级人民法院、人民检察院和公安机关办理黑社会性质组织犯罪案件所取得的经验，分析了当前依法严惩黑社会性质组织犯罪面临的严峻形势，研究了办理黑社会性质组织犯罪案件遇到的适用法律问题，就人民法院、人民检察院和公安机关正确适用法律，严厉打击黑社会性质组织犯罪形成了具体意见，〔18〕并将《最高人民法院、最高人民检察院、公安部办理黑社会性质组织犯罪案件座谈会纪要》下发。上述《座谈会纪要》的印发，有助于公安司法机关正确理解和适用刑法、立法

---

〔16〕 参见邹声文：《罗干出席全国打黑除恶专项斗争电视电话会议》，新华社，2006-02-22。

〔17〕 参见"孟建柱：保持主动进攻高压态势　纵深推进打黑除恶"，新华社，2009-07-08。

〔18〕 参见最高人民法院、最高人民检察院、公安部关于印发《最高人民法院　最高人民检察院　公安部办理黑社会性质组织犯罪案件座谈会纪要》的通知（法〔2009〕382号）

解释、司法解释关于黑社会性质组织犯罪的规定，依法及时、准确、有力地惩治黑社会性质组织犯罪，有力配合了全国“打黑除恶”专项斗争的纵深推进。2010年10月15日，为了进一步规范法院系统的打黑除恶工作，确保黑恶势力犯罪案件的审判工作取得更好的法律效果和社会效果，最高人民法院还下发了《关于人民法院深入推进打黑除恶专项斗争的工作意见》，对今后一个时期人民法院的打黑除恶工作做出了有针对性的部署。2011年2月25日，第11届全国人民代表大会常务委员会第19次会议通过的《刑法修正案(八)》，又对1997年《刑法》的49个条文进行了修改、补充和完善，其中将2002年全国人大常委会对“黑社会性质组织”的法律解释纳入了刑法，即对“黑社会性质组织”的特征在法律上做出明确规定。同时，增加规定了财产刑，加强了对黑恶势力犯罪的打击力度。由此可见，近些年来，中央关于“打黑除恶”的专项斗争力度是大的，成绩也是有目共睹的，一直保持着对黑恶势力主动进攻的高压态势，纵深推进打黑除恶。

这里特别值得一提的是，自2009年6月以来，重庆市掀起的疾风骤雨般的“打黑除恶”风暴，在全国先声夺人，关注度最高，社会影响最大，质疑和非议也最多。据重庆市公安局、重庆市人民检察院发布的数据显示，自2009年6月重庆开展打黑除恶专项斗争以来，截至2010年1月，该市共抓获涉黑涉恶人员3 193人，有14个涉黑涉恶团伙受到致命打击，67名黑恶团伙首犯和骨干分子被抓捕，12名厅官涉黑落马，冻结、扣押、查封涉案资产达21.746亿元。〔19〕另据重庆市高级人民法院日前发布的“白皮书”显示，自2009年6月以来，重庆全市法院一审受理以“涉黑”罪名起诉案件41件687人，公安部挂牌督办案件10件281人；二审受理23件478人。截至2010年3月31日，一审审结30件，占同期一审刑事案件审结数的0.16%，判处罪犯520人，占同期判处罪犯数的2%；二审审结13件219人。2009年6月至2010年3月，一审审结数相当于2007年、2008年两年结案数，“涉黑”案件数量大幅上涨。〔20〕涉案人数之多，涉案金额之大，涉案面积之广，可谓“盛况”空前。重庆高调打黑除恶，特别是重庆市公安局原副局长、司法局原

〔19〕 参见“打黑成果”，载《长江日报》，2010年1月25日；田文生：《重庆“打黑”打掉12名“厅官”》，载《中国青年报》，2010年1月7日；朱薇：《重庆打黑：抓获涉黑分子3193名 查扣21亿元涉案资产》，载《重庆时报》，2010年1月19日。

〔20〕 参见重庆市高级人民法院：《重庆的“涉黑”案件审判》(白皮书)。

局长文强[21]的落马，一再引发民意井喷。在较长一段时间内，重庆"打黑除恶"风暴成为公共空间广泛热议的话题，重庆也成为中国乃至全球舆论的焦点。

三、深入开展"打黑除恶"专项斗争的意义

我国自21世纪初开始的全国范围内的两轮"打黑除恶"专项斗争，铲除了一大批黑恶势力组织，有力地震慑了黑恶犯罪分子，取得了重大成果，为促进转型期社会的和谐稳定做出了重要贡献。深入推进"打黑除恶"专项斗争的意义，主要体现在以下几个方面。

（一）顺民心、合民意，是坚持以人为本、落实科学发展观的具体体现

当前我国黑恶势力犯罪正处于活跃期，危害十分严重。黑恶势力往往集多种犯罪于一身，显著特点是靠暴力、威胁或者其他手段树立淫威，为非作恶，称霸一方，欺压、残害群众，有组织地多次进行违法犯罪活动。黑恶势力犯罪严重破坏社会治安秩序，危害人民群众的生命财产安全，影响群众安全感，人民群众对此深恶痛绝。打黑除恶可以说顺民心、合民意，是人民群众的强烈要求，亦与人民群众的切身利益息息相关。全国范围内开展的声势浩大的"打黑除恶"专项斗争，成功侦破了一大批黑恶势力犯罪案件，依法打掉了一批黑恶势力，清除了隐藏在政法队伍中的害群之马，取得了有目共睹的成绩。这无疑狠狠打击了黑恶势力的嚣张气焰，有力地维护了当地社会治安秩序的稳定，人民群众是拍手称快的。如2009年10月9日，重庆市长寿区农民易大德在《重庆商报》花10万元刊登整版彩色广告："铲除黑恶势力，得民心顺民意，向奋战在打黑除恶一线的人们致敬。"[22]这就在相当程度上反映了老百姓强烈要求打黑除恶的普遍心声，人民群众是衷心拥护打黑除恶的。此外，打黑除恶也是坚持以人为本、贯彻落实科学发展观的具体体现。以人为本是科学发展观的核心，坚持以人为本，就要始终把实现好、维护好、发展好最广大人民的根本利益作为党和国家一切工作的出发点和落脚点，尊重人民主体地位，发挥人民首创精神，保障人民各项权益，走共同富裕道路，促进人的全面发展，做到发展为了人民、发展依靠人民、发展成果由人民共享。开展"打黑

---

〔21〕 2010年4月14日，重庆市第五中级人民法院判处文强死刑，剥夺政治权利终身，并处没收个人全部财产；同年5月21日，重庆市高级人民法院对文强案二审公开宣判，依法驳回文强的上诉，维持原判。经最高人民法院核准，2010年7月7日文强在重庆被执行死刑。

〔22〕 参见"重庆市民花10万元刊登整版广告：向打黑致敬"，载《新京报》，2009年10月16日。

除恶”专项斗争是人民群众广泛支持的正义之举，正是坚持以人为本，实现好、维护好、发展好最广大人民的根本利益的重要举措。只有权为民所用、情为民所系、利为民所谋，把老百姓的切身利益放在心上，不惧风险、不怕艰难，持续深入地推进“打黑除恶”专项斗争，最大限度地铲除黑恶势力犯罪滋生蔓延的土壤和条件，切实维护人民群众切实利益，才能让群众喝彩，才能更好地体现以人为本的科学发展观。

（二）维护社会主义市场经济秩序、创造良好发展环境的迫切需要

从实践中的情况看，黑恶势力多数靠非法敛财起家、具备一定经济实力后，以商养黑，以黑护商，主要盘踞在建筑、运输、商品批发等各类市场，歌舞、洗浴等娱乐休闲场所和餐饮业，有的还渗透到能源、文化等领域，欺行霸市，强取豪夺，采取非法手段攫取巨额经济利益，积极扩张经济实力。如吉林省打掉的桑粤春黑社会性质组织采用非法手段骗取银行贷款2亿元人民币，其中1.7亿元被挥霍。又如辽宁省打掉的以刘涌为首的黑社会性质组织，创办的嘉阳集团涉足商贸、服装、餐饮、娱乐、房地产等行业，下属公司26家，员工2500人，资产7亿元人民币，〔23〕而这些资产主要是通过非法掠夺和暴力聚财获得。通过专项斗争打掉黑恶势力组织，摧毁黑恶势力的经济基础，查封黑恶势力的经济实体和场所，收缴没收黑恶势力的资产，坚决遏制其向经济领域扩张，不仅有助于从源头上铲除黑恶势力滋生、发展的土壤和条件，而且对于优化市场经济环境、维护公平、竞争、法治的市场规则，服务经济又好又快发展，促进改革开放和市场经济建设的顺利进行，具有重要意义。

（三）维护社会治安大局稳定、建设和谐社会的必然要求

当前我国正处于社会矛盾的凸显期和刑事犯罪的高发期，滋生、发展黑恶势力的土壤和环境仍然存在，虽然经过多年的专项打击，但黑恶势力犯罪处于活跃期的基本态势没有改变，分布范围广，涉足领域多，滋生发展快。许多黑恶势力集多种犯罪于一身，涉及故意杀人、故意伤害、寻衅滋事、敲诈勒索、聚众斗殴等多种犯罪，与“黄赌毒枪”合流的趋势也很明显，严重影响社会治安秩序的稳定。特别是近年来，各种社会消极因素和人民内部矛盾明显增多，而且矛盾的关联性、聚合性、复杂性、敏感性和对抗性明显增强，这也在一定程度上助长了黑恶势力的滋生

---

〔23〕 参见宗合:《从小混混到黑道老大　刘涌“发家”史》，载《华商报》，2002年04月18日。

和发展。很多群体性事件和突发性事件的发生，就有黑恶势力介入或者在背后推波助澜，有的甚至就是由黑恶势力团伙直接制造、操控，意图要挟政府，谋求经济利益最大化。如果不有效打击和消除黑恶势力，老百姓就难以过上安定日子，就难以维护社会治安大局的稳定，更遑论和谐社会的建设。因此，必须持续深入地推进"打黑除恶"专项斗争，坚决维护良好的社会治安环境，将打黑除恶工作当作一项长效性的工作来抓，从而为建设和谐社会提供坚实保障。目前，全国纵深推进的"打黑除恶"专项斗争，是中央为了维护社会治安稳定、促进和谐社会建设而做出的一项重要决策，对于遏制刑事犯罪高发态势、提高人民群众安全感，维护社会主义市场经济秩序、创造良好发展环境，加强政权建设、巩固党的执政基础，都具有十分重大的意义。

（四）深入开展反腐败斗争、巩固党的执政基础的重要举措

应当说，黑恶势力与腐败官员往往是一丘之貉，都是政商勾结、权钱交易的行径，都是一荣俱荣、一损俱损的既得利益链条，都让人民群众深恶痛绝。当前，黑恶势力之所以坐大成势，屡打不止，对抗打击能力增强，出现明显的"割韭菜"现象，其中一个很重要的原因就是背后有国家工作人员充当"保护伞"。黑恶势力与"保护伞" 就好比是两株相互依存的毒草，黑恶势力背后如果没有国家工作人员"撑腰"，就不可能坐大成势。如辽宁省打掉的刘涌黑社会性质组织就牵扯出沈阳市人民检察院原检察长刘实、沈阳市原中级人民法院副院长焦玫瑰、和平区劳动局原副局长高明贤等一批"保护伞"。这些腐败官员，一些是利用职务或身份形成的地位和影响，指使或斡旋有关职能部门予以包庇，更多的则是直接利用职务之便，赤裸裸地滥用职权、玩忽职守、徇私舞弊。他们收受或索取黑恶势力各种方式的贿赂，沦为黑恶势力的政治靠山，为黑恶势力实施犯罪提供着有利的外部环境。政商勾结、以黑养商、以红护黑、沆瀣一气，形成强大的利益集团，成为一种新的"无间道"，严重损害党的执政形象，削弱党的执政基础。可见，打黑除恶有利于深入开展反腐败斗争，揪出政法队伍中的"害群之马"，从而更好地维护党的执政形象，巩固党的执政基础，是坚决防止黑恶势力向政治领域渗透，进而巩固党的执政地位的战略决策。打黑除恶不仅是一个维护社会治安的问题，也是一个重要的政治问题，实践充分证明，要深入开展反腐败斗争，就必须把"打黑除恶"专项斗争摆在更加突出的位置，自觉地把打黑除恶与加强政权建设结合起来、与反腐败斗争结合起来、与加强政法队伍建设结合起来，狠狠地打击黑恶势力的"保护伞"，坚决防止黑恶势力的滋生蔓延。

四、当前我国打黑除恶工作存在的问题

当前全国打黑除恶工作，总的来说取得了明显成效，并向纵深推进，但也还存在少数不适应和被动的地方，打黑除恶工作还面临一些问题。择其要者如下。

（一）少数地区和部门对打黑除恶工作认识不到位、重视不够

中央开展“打黑除恶”专项斗争的力度是大的，绝大多数地区和部门能够认真贯彻中央部署，对打黑除恶工作立场坚定、态度坚决，充分认识到黑恶势力的严重危害性以及打击的必要性，始终保持着对黑恶势力犯罪严打的高压态势。但也有少数地区和部门的领导干部对黑恶势力的严重危害性认识不高、估计不足、重视不够，担心影响投资环境，害怕打黑除恶阻力大，搞不好收不了场；有的地区甚至掩盖黑恶势力真相，不愿承认本地有黑恶势力，对开展“打黑除恶”专项斗争敷衍应付，没有打掉真正的黑恶势力，更没有把打黑除恶作为控制社会治安大局的重要举措来抓，作为促进社会和谐、确保重要战略机遇期社会稳定的一件大事来抓。“谈黑色变”和“无黑可打”的现象还在一定程度上存在。这些地区的黑恶势力往往猖獗，群众对此反映特别强烈。不难想象，如果不深入开展“打黑除恶”专项斗争，不铲除黑恶势力，任由黑恶势力横行，政府在群众中就会丧失基本的威信，甚至会激化社会矛盾，引发新的社会问题，也难以体现以人为本、执政为民的要求；而且不坚持“打早打小”，不将黑恶势力消灭在萌芽状态、低级层次，黑恶势力一旦坐大成势，就更难打掉，更谈何“斩草除根”。因此各地区和部门应当保持清醒的头脑，要充分认识到黑恶势力的严重危害性，坚持“打早打小，露头就打”，以高度的责任感和紧迫感推进“打黑除恶”专项斗争，铲除黑恶势力滋生的土壤和条件，确保打黑除恶取得实效。

（二）个别地区打黑除恶没有完全遵守法治原则

黑恶势力为非作歹，祸国殃民，向来为广大民众所深恶痛绝，司法机关也一直保持了严打态势，这无疑是民心所向，维护社会安定、群众利益的必要举措。但打黑除恶的目的终究是维护法治秩序，守护公平正义，倘若偏离法治的轨道，用“黑打”的思维和方式来“打黑”，本身就是对法治秩序的一种破坏，不但不可避免地造

成错打、误伤，而且也让公平法治蒙羞。[24] 应当说，在“打黑除恶”专项斗争中，广大政法机关能够坚持实事求是、严格依法办案，做到不枉不纵、不偏不倚，没有偏离法治的轨道，得到了社会的普遍认可。但确实有个别地方的“打黑除恶”专项斗争，虽然声势浩大，成绩不容抹杀，也大体上遵守了法治原则，为全国打黑除恶工作的立法、司法实践提供了一些经验，但还存在不少不尽人意的地方，并没有做到完全遵守法治原则，有些做法甚至在一定程度上与法治精神背道而驰，因而非议和质疑不断。其实，法治既是打黑除恶应当遵守的底线，也是其取得胜利的根本保障。只有善于运用法治思维和法治方式推进“打黑除恶”专项斗争，以法治武器对抗黑恶势力，以常态化的打黑除恶机制取代运动式的打黑除恶风暴，才能有效消弭“黑打”的质疑，才能切实保障好人权，才能推动法律权威的确立，进而带动全社会普遍形成法治思维和法治方式。毕竟，现代法治思维、方式的养成以及法治的进步和发展，并非可以一蹴而就，而是需要我们不断地去关注、去维护、去历练乃至去引导，从而内生于一个国度、一个社会。

（三）相关法律法规尚有不完备之处，执法认识和标准还不够统一，影响了打黑除恶的“稳、准、狠”

虽然《刑法修正案（八）》对涉黑犯罪的条文进行了修改完善，将全国人大常委会关于“黑社会性质组织”的立法解释纳入了《刑法》，并补充规定了财产刑，增强了对涉黑犯罪的打击力度。但对于何为“恶势力”，什么是“保护伞”等，缺乏明确的界定；对恶势力犯罪也没有专门的条文规定，因此司法实践中公安司法机关对“恶势力”和“保护伞”的认定，存在一定的困惑。此外，虽然法律明确界定了“黑社会性质组织”的定义和特征，但由于各地公安司法机关执法的认识以及黑恶势力犯罪证据、犯罪事实要求不一致，把握标准不一样，往往表现在具体个案的定罪量刑上存在很大分歧，其结果要么是造成一些黑恶势力犯罪案件被降格处理、黑恶势力头目被重罪轻判，严重影响了对黑恶势力犯罪的打击力度；要么是一般的犯罪团伙或者共同犯罪被错误定性为黑社会性质组织，从而犯轻罪而被重判，未能做到罪责刑相适应。还有的公检法三机关对某些黑恶势力犯罪案件的定性分歧很大，导致使用强制措施、证人保护措施等方面要求过严，给侦查取证工作以及证人保护工作带来了一定困难，难以起到“稳、准、狠”的打击效果。

---

〔24〕 参见范子军：《“打黑”成“黑打”让法治蒙羞》，载《大江时评》，2013 年 5 月 7 日。

（四）打黑除恶的长效工作机制还未完全建立起来

在实践中，有不少地方的打黑除恶，通常是一阵风，“紧一阵、松一阵”的运动式执法比较明显，打黑除恶工作还未实现常态化，打黑除恶以及有效预防黑恶势力滋生的社会环境和长效机制未能建立起来，严重影响了打黑除恶的效果。诚如有学者指出，打黑除恶工作常态化的核心在于打黑除恶工作机制法治化。那就是为打黑除恶工作量体裁衣，精心打造，规定一整套规章制度，并且将责任落实到人，在这基础上，将这些规章制度通过法定的程序上升为法律，使得打黑除恶工作不因领导人的改变而改变，不因领导人的看法和注意力的改变而改变。这样，才能保证黑恶势力一露头就被打，而且，领导人不断变更，而打黑除恶工作却能始终长抓不懈，保持高压态势。[25] 诚然，根据一个时期的社会治安形势，以及黑恶势力犯罪的新动向、新变化，采取“专项斗争”的形式对黑恶势力犯罪进行集中重拳出击是非常必要的，短期内也收到了立竿见影的效果，广大人民群众是拍手称快的。不过，时刻保持对黑恶势力的高度警惕，坚持“打早打小，露头就打”，建立健全打黑除恶的长效机制，实现常态化的打黑除恶，注重铲除黑恶势力滋生的土壤和条件，将黑恶势力消灭在萌芽、初级状态，对实现社会治安大局的持续稳定和国家的长治久安，具有更为深远的意义，也才是治本之策。

五、推进打黑除恶工作法治化的思考

无可否认，全国“打黑除恶”专项斗争打掉了一大批黑恶势力，清除了政法队伍中的害群之马，成绩有目共睹、可圈可点。不过，自重庆市在全国掀起声势浩大的“打黑除恶”风暴以来，质疑和非议声就不绝于耳，伴随着重庆打黑除恶的整个过程。特别是 2009 年 12 月“李庄案”发生以来，网上质疑声更是一浪高过一浪，有的对打黑初衷提出质疑，有的对打黑方式进行批评，有的对司法程序提出诘问，还有的对人权保障表示担忧，这些声音渐渐汇聚，不断进入媒体和公众视野，成为打黑除恶过程中不得不面对的问题。这其实涉及打黑除恶的法治化问题。立足于刑事法治建设的视角，要深入推进“打黑除恶”专项斗争，就必须确保打黑除恶在法治的轨道上运行，使其经得起法律和历史的检验。详言之，应当强调以下几点。

---

〔25〕 杨涛：《法治化是打黑除恶常态化的保障》，载《法制日报》，2013 年 7 月 22 日。

(一) 打黑除恶应当依法进行,不能运动化和扩大化

打黑除恶如果不依法进行,不恪守法治原则,而通过搞政治运动或者群众运动的方式进行,那么,势必会导致打黑的扩大化甚至变成人们所担忧的“黑打”,这必然也会破坏法制,不利于法治秩序的确立,有悖于依法治国、建设社会主义法治国家的根本要求。例如,2009 年 6 月重庆掀起的“打黑除恶”风暴,声势不可谓不浩大,不仅重庆市委成立了“打黑除恶”专项斗争领导小组,而且政法各部门、纪检监察、组织、宣传、工商、税务、银行等均参与联动,公安机关组织了 14 个专案组重点突破;该市“打黑除恶”专项斗争进入全面攻坚阶段后,打黑除恶专项行动由最初的 14 个专案组发展到了 200 个,参战干警由 3000 人增加到了 7000 人。〔26〕另据有关媒体报道,无论是大学教授、企业家、医生、警察、街道办人员凡是被预设为“知情者”,均逐一谈话,要求知情必报。重庆某高校的法学教授王力也指出:“这次重庆的除黑行动,其声势之浩大,参与人之众多前所未有。大量人员(包括我自己)被谈话盘查。打黑已经不仅仅是公安部门所有的责任,而更像是一个‘全民运动’,每个人都参与其中,发动群众,利用可以利用的一切力量,这是我们多年来惯有的做法。”〔27〕无怪乎有不少媒体质疑重庆打黑除恶具有运动化和扩大化的趋向。在我们看来,立足于长远,打黑除恶应当常态化、制度化,应着力探索和建立打黑除恶工作的长效机制,坚决不能搞那种以人画线、上挂下联、层层检查、人人过关以及号召检举揭发的政治运动模式。以政治运动或者群众运动的方式打黑除恶,不仅不能从根本上解决问题,反而会带来一系列严重后果。十年“文革”这一血的教训应当记取,不能重蹈大搞“群众运动”的覆辙。打黑除恶应当遵循社会主义法制原则,在法治的轨道上运行,这不仅是现代法治的基本要求,也是从我国国情和法治文明发展需要出发得出的正确结论。当然,深入开展“打黑除恶”专项斗争不搞群众运动或者政治运动,并不等于不走群众路线,不发动和不依靠群众。事实上,这两者并不矛盾。一方面,打黑除恶要真正取得实效,就必须广泛发动和依靠群众,鼓励群众踊跃向警方提供打黑线索,在社会上营造出对黑恶势力“人人喊打”的强大声势和良好氛围;但另一方面,又不能搞“群众运动”或者“政治运动”,只有这样,才能保证打黑除恶斗争健康有序地进行,始终不偏离社会主义法

---

〔26〕 参见“重庆 67 名黑恶团伙首犯落网　1544 人被捕”,载《重庆晚报》,2009-08-17。

〔27〕 参见谢文轩:《重庆打黑“幕后”》,载《南都周刊》,2009-08-31。

治的轨道。

(二)在打黑除恶过程中,要善于尊重少数人合理的意见

据媒体披露的时任重庆市主要领导估计,网上95%的人对重庆打黑给予很大的支持,少数人质疑的声音,恐怕不足5%;而且质疑的声音中,有的是不了解情况,有的是善意的,还有极个别的是涉及了有联系的人、触及了其本身的利益,所以对这些不足5%的质疑杂声不必介意。[28] 从政治的角度讲,上述观点可能是无可厚非的;但从法治的角度看,公众、媒体和学界对重庆打黑除恶质疑的所谓不足5%的某些符合法治精神的声音,也许恰恰是弥足珍贵的。姑且不说网上是否有95%的人支持重庆打黑除恶或者说网上的声音是否真实代表了人民群众的意见?就算网上有95%的人对重庆打黑除恶给予支持或者说网上的声音代表了广大群众的意见,这也只能说明重庆开展"打黑除恶"专项斗争有着广泛的民意基础,而不代表重庆的"打黑除恶"工作就不存在问题,不存在法治上的缺失。比如,"打黑除恶"专项斗争中打掉的"黑老大",也许会有超过95%甚至100%的人认为该杀,但我们的法院并不能因为有这么多人支持而不考虑其犯罪事实和情节,就径行判处他们死刑立即执行。否则,无异于主观擅断、出入人罪。罪有多大、刑事责任有多重,就判多重的刑,这是法治社会的基本要求。恰恰最为令人担忧的,倒不是"打黑除恶"专项斗争在法治上有多少缺失,而是人们对这种法治缺失竟那么包容。从法治的高度审视打黑除恶,善于尊重少数人的意见,恰是公权力自我约束、理性和审慎行使的客观要求。不能因为"打黑除恶"专项斗争有群众支持,就放松对公权力的警惕、制约和监督,就对存在的问题视而不见。在法治已成为时代主旋律的今天,我们更没有理由说,为了确保能打掉一些黑恶势力,就必须给权力横冲直撞的自由。在打黑除恶的过程中,善于尊重少数人合理的意见,无疑是一种社会进步,是社会理性和法治意识的重要体现。

(三)打黑除恶的同时应当注意切实保障人权,不能忽视程序正义

在打黑除恶过程中,公安、司法机关既要尊重和保障被害人以及其他广大群众等多数人的权利,也要尊重和保障犯罪嫌疑人和被告人等少数人应有的人权。公民犯了罪,应当受到法律的制裁,但是犯罪嫌疑人、被告人也应当享有作为一个公民、一个人所应有的权利。特别是在他们丧失了人身自由的情况下,就更应该

---

〔28〕 参见《95%网民支持重庆打黑　五六百起命案还未破》,载《京华时报》,2010-03-07。

注意保障其应有的权利。对于他们权利的剥夺和限制,必须经过严格的正当的法律程序。在任何情况下,不能剥夺犯罪嫌疑人、被告人的人格尊严;即使对于罪行极其严重论罪当杀的犯罪分子,也是“可杀而不可辱”,应当切实保障其人权。

司法程序公正是法治的生命线,打黑除恶不能忽视程序正义。要把涉黑案件办成经得起法律和历史检验的铁案,显然不能在法律程序上有明显瑕疵。而从重庆市办理的不少涉黑案件看,据有关媒体报道,律师难以会见当事人、案卷不允许复印、行政力量干预司法等不同程度地存在,而这些显然不利于充分保障犯罪嫌疑人、被告人的辩护权,忽视了程序正义的价值。其实,不管是什么样的涉黑案件,追究被告人的刑事责任都应当经过正当的法律程序,只有确保案件事实清楚,证据确实、充分,才能定案。任何忽视甚至对抗程序正义的做法都是不符合现代法治精神的,也是经不起历史检验的。如辩护律师受托为涉黑案件被告人辩护,本是履行其法律职责、维护被告人合法权益的客观要求,这也是一个法治社会最起码的社会规则。然而,在重庆涉黑案件审理中,律师赵长青、周立太等人因为给涉黑案件中的“黑社会”头目辩护,遭到网民群情激奋的炮轰和人身攻击,被辱骂为“黑社会的狗头军师”。强大的舆论氛围和外部压力,对于辩护律师辩护工作的有效开展,难免会有一定的负面影响,这也涉及程序正义的维护。再如,被称为重庆“打黑除恶”专项斗争中插曲的“李庄案”,被告人李庄从刑拘到开审总共只有18天,效率之高,被律师界称为“重庆速度”。“李庄案”经媒体披露报道后,引发社会广泛关注,各种声音也从未止息。刑辩律师执业风险、程序正义、人权保障、媒体报道与司法独立等话题,不断进入媒体和公众视野。在重庆打黑除恶被高度关注的背景下,“李庄案”持续发酵,其引发的连锁反应不断显现:律师群体激烈反弹,老百姓对抓“黑律师”普遍叫好,法学学者们开始反思,网络空间则继续热议不断。在“李庄案”审理过程中,最高人民法院于2009年12月23日下发了《关于人民法院接受新闻媒体舆论监督的若干规定》(以下简称《若干规定》),其中第9条第2项明确规定,新闻媒体如果对正在审理的案件报道严重失实或者恶意进行倾向性报道,损害司法权威,违反法律规定的,将依法追究相应责任。此《若干规定》是否是针对有关媒体对“李庄案”的倾向性报道而出台,给人留下了无限联想的空间。反观“李庄案”,从大的方面来说,该案定案证据是否真的达到了确实、充分的证明标准,程序正义是否得到了有效的维护,社会反应是否符合现代法治精神等问题,确实都值得我们深入反思。

六、构建打黑除恶长效机制的几点建议

打黑除恶是一项长期、艰巨、复杂的任务，要铲除黑恶势力，必须坚持标本兼治，积极探索构建打黑除恶的长效机制。我们认为，当前打黑除恶长效机制的构建，尤其要抓好以下几个结合。

（一）要把坚持打黑除恶与反腐败斗争结合起来

一般讲，黑恶势力之所以能够坐大成势，根本原因在于有“保护伞”的庇护。“保护伞”越多越大，黑恶势力就越猖獗。如果只打击黑恶势力本身而不涉及“保护伞”，或者对“保护伞”心慈手软，包庇纵容，那也很难从根本上铲除黑恶势力。〔29〕从各地打黑除恶的实际情况看，几乎每一个黑恶势力的背后，都有一个甚至多个“潜伏”在党政机关、司法机关中的腐败为子充当其“保护伞”。黑恶势力用金钱美色、贵重物品等收买这些腐败分子，腐败分子则庇护黑恶势力，政黑勾结，沆瀣一气，相互之间存在利益同盟关系。例如，重庆“打黑除恶”专项斗争中打掉的以黎强为首的黑恶势力，就以金钱美色铺就了多条利益输送链条，其终端通向重庆多个政府部门，其中手握营运指标和非法营运查处权的运管部门更是其“主攻对象”。沙坪坝区运管所原所长肖庆隆，放任渝强公司 17 辆黑车非法营运，帮助黎强获得 249 万余元非法利益。他还给黎强介绍生意，帮助其收购 70 辆生活服务车。黎强则许诺肖庆隆“入干股”共同经营，分两次给肖庆隆银行账户上转款 48 万元。黎强曾当众叫嚣：“随便你们到哪里去告，到处都是我的‘兄弟伙’。”〔30〕可以想象，背后没有强大的“保护伞”，没有为其提供庇护的腐败分子，黑恶势力是不会有如此嚣张气焰的。因此要深挖彻查黑恶势力背后的“保护伞”，坚持把打黑除恶与反腐败斗争紧密结合起来。对于国家工作人员充当黑恶势力“保护伞”的，应当坚决查处，决不能姑息养奸。纪检监察机关和政法委要加强对深挖“保护伞”工作的组织、协调和监督，确保查处腐败分子与案件侦办工作同步进行。检察机关要加大案件侦破力度，进一步畅通群众控告、投诉、举报的渠道，广泛收集黑恶势力犯罪及其“保护伞”职务犯罪案件线索，对于充当黑恶势力“保护伞”的职务犯罪线索，要抓住不放、一查到底。

---

〔29〕 参见胡云腾：《谈谈重庆“打黑”的特点》，载《红旗文稿》，2011-11-14。

〔30〕 参见王晓磊、朱薇：《重庆黑恶势力坐大轨迹：与保护伞形成利益链条》，载《法制日报》，2009-11-02。

(二)要把专政机关的重拳出击与社会治安综合治理结合起来

通过深入开展“打黑除恶”专项斗争，以雷霆万钧之势掀起严打黑恶势力犯罪的风暴，形成对黑恶势力犯罪主动进攻、积极防范的态势，把打黑除恶作为推动和带动对其他刑事犯罪打击的首要工作来抓，发现一起，及时打掉一起，减少和挤压黑恶势力对社会的危害和坐大成势的空间，可以起到“快刀斩乱麻”的显著效果，从而实现“打早打小，除恶务尽”的目标。与此同时，应当进一步加强源头预防、综合治理。毕竟，黑恶势力的滋生蔓延，有着复杂的政治、经济、文化等各方面的社会根源，单靠“严打”并不能铲除黑恶势力犯罪滋生蔓延的土壤和条件，难以从源头上遏制黑恶势力犯罪的发生。故而应当把专政机关的重拳出击与综合治理有机结合起来，将打黑除恶纳入社会治安综合治理总体规划，以打黑除恶带动各类突出治安问题的解决，从源头抓起，从基层基础抓起，“坚持源头预防、多管齐下，在打击、防范、教育、管理、建设、改造等环节上狠下功夫，综合运用政治的、经济的、行政的、法律的、文化的、教育的等多种手段，对黑恶势力犯罪问题进行综合治理，最大限度地铲除黑恶势力犯罪滋生蔓延的土壤和条件”，[31]从源头上防范黑恶势力犯罪，推动平安中国建设向纵深发展，实现社会治安大局的持续稳定。

(三)要把健全相关法律法规与完善工作机制结合起来

健全相关法律法规是推进打黑除恶工作法治化，确保打黑除恶顺利进行并取得实效的根本保障。因此要针对打黑除恶过程中遇到的种种执法难题和新情况、新问题，加强调查研究，明确“恶势力”“保护伞”等范畴的内容，及时提出立法或者司法解释的建议，解决制约“黑社会性质组织”认定、黑恶势力犯罪案件证据标准等方面的法律瓶颈问题，从而逐步统一执法尺度，确保打黑除恶有法可依、有章可循。要认真总结各地区、各部门打黑除恶的工作经验，将行之有效的做法和成功的经验及时制度化、规范化，推广运用到打黑除恶工作之中。

同时，也要着力完善打黑除恶工作机制，进一步夯实工作基础，注意把健全相关法律法规与完善工作机制结合起来。要继续加强党委的组织领导，发挥各级打黑除恶专项斗争领导小组的协调、指导作用，完善各部门联席会议制度，加强沟通和协调。要认真贯彻中央有关文件精神，将打黑除恶工作作为综合治理考核、平安建设考核和干部政绩考核的重要内容，对领导不力或工作不到位致使黑恶势力

---

〔31〕 参见中央政法委：《关于深入推进打黑除恶专项斗争的工作意见》(2009年7月)。

坐大成势、长期得不到打击处理的地方，坚决实施“一票否决”，并严格追究责任。要坚持和完善领导包案、挂牌督办、备案审查、信息收集反馈和责任追究等工作责任制，加强督促检查，提高打黑除恶的工作实效。要探索建立公安、检察、法院、纪检、海关、工商、税务、质监、建设、国土、金融等职能部门的执法信息互连互通和资源共享的协作机制，特别是要充分利用公安部建立的“打黑除恶”信息管理系统和数据库，及时摸清掌握黑恶势力的活动情况、主要罪行和违法犯罪证据，真正形成预防和打击黑恶势力犯罪的合力。要加强打黑除恶的专业化队伍建设，进一步充实力量，重视业务培训，培养一支熟悉黑恶势力犯罪特点规律和办案技能的精兵队伍，全面提高打黑除恶工作的专业化水平。

打击有组织犯罪的策略与法制架构

——以跨境执法合作阻绝有组织犯罪的经济来源为主要思考

陈建宇*

一、前言

“打击有组织犯罪(Organized Crime)”已成为国际社会的重要议题。此由美国国务卿 William Burns 于 2011 年 7 月 25 日宣示奥巴马政府的打击跨国有组织犯罪新战略[1],及英国在 2013 年成立“国家打击犯罪调查局”(the National Crime Agency,NCA),负责打击贩毒集团、贪污、网络犯罪及性侵犯儿童等有组织犯罪[2],即可明了。

究其原因,现代的有组织犯罪,其目的往往就在攫取利益。除以所攫取的不法利益维系组织营运外,对外尚在拓展组织的规模。为顺利取得、保有及利用其不法利益,有组织犯罪的过程,常伴随着不法利益的汇洗隐匿——洗钱(money

---

* 台湾地区“法务部”调部办事检察官。

〔1〕 新闻报道:美国宣布进一步打击跨国有组织犯罪的新战略,请见 http://iipdigital. usembassy. gov/st/chinese/article/2011/07/20110726162234x0. 8078991. html#axzz3lxaAB1OA,最后访问日期:2015-09-28。

〔2〕 新闻报道:英国“FBI”开始运作 打击有组织犯罪,请见:http://www. bbc. com/zhongwen/trad/uk/2013/10/131007_uk_new_crime_agency,最后访问日期:2015-09-28。

laundering)。其结果是,一国经济秩序及金融体系因此紊乱,甚至影响他国的经济秩序。复因交通便利、科技进步及全球化结果,犯罪集团中的人、物及利得有跨境移动或相互结合倾向,使前述负面影响急速加剧。从速有效地打击有组织犯罪,已显其迫切之必要性。

历来针对打击有组织犯罪的方针,有诸多面向的讨论。但近年来广为人注意者,厥为"跨境执法合作阻绝有组织犯罪的经济来源"。[3] 本文以此为主要思考方向,提出打击有组织犯罪的策略,并举数例佐证策略的实效性。又在提出策略前,拟先立于上揭思考角度,略述现代有组织犯罪的特性。再者,有良善的打击策略,若乏完善的法制架构也不易付诸实现,故本文拟再介绍台湾地区现有及未来打击有组织犯罪的相关法制架构。

为使讨论聚焦,本文参考《联合国打击跨国有组织犯罪公约》第 2 条(a)项,及联合国毒品和犯罪问题办公室提出的"打击有组织犯罪示范立法条文"第 3 条(e)项,对"有组织犯罪"定义如下:"由三人或多人所组成,于一定时期内存在,为实施一项或多项重大犯罪(包括军火、毒品走私、人口贩运等),以直接或间接获得金钱或其他物质利益,而一致行动的有组织结构的集团。"[4]

二、打击有组织犯罪的策略

(一)有组织犯罪的现代特性

理论界对于有组织犯罪的特性已论述甚详[5],在此不赘述。但从实务观点,

---

〔3〕 例如,林辉煌:《建构有效打击利得犯罪法制——美国"民事没收充公"制度之借镜》,载《法学丛刊》(第 57 卷第 2 期),1~28 页;《锁定犯罪财产·打击利得犯罪——精进策略、完备法制、交流合作》(第八届国际检察官协会亚太暨中东地区年会演讲稿),载《司法新声》(第 102 期),93~102 页;陈文琪:《追讨犯罪不法所得——没收制度之法制建构》,载《检察新论》(第 12 期),2~15 页;林宗志:《论犯罪资产之没收与保全——以第三人正当权利保障为中心》,载《辅仁法学》(第 48 期),187~256 页。

〔4〕 台湾地区法制上对"有组织犯罪"的概念,莫不以"组织犯罪防制条例"第 2 条定义:"本条例所称犯罪组织,系指三人以上,有内部管理结构,以犯罪为宗旨或以其成员从事犯罪活动,具有集团性、常习性及胁迫性或暴力性之组织"为理解的内容。实务上则多以"帮派(俗称'黑社会''黑帮'或'团伙')"为组织犯罪防制条例之适用对象。但从全球观点而言,Organized Crime 原不以"帮派"为限,亦不以"帮派"为外在的形态组织;有时常现"多角化"形态,而与其他重大犯罪,如毒品走私,或人口贩卖等重叠或结合。

〔5〕 例如李杰清教授[剥夺组织犯罪所得之研究——台湾地区及日本组织犯罪现象与对策之比较(第 1 版),43~57 页,台北,元照出版公司,2001]举出数个现代型帮派的实例及其特征。又如谢立功教授[《两岸跨境犯罪及其对策》,载《刑事政策与犯罪研究论文集(七)》,176~177 页,台北,"法务部"司法官学院,2005]也指出相关特性。

有组织犯罪具下列现代特性,此与打击有组织犯罪的策略甚具关联,而与各国有渐趋一致之态势,必须先予以指明:

第一,有组织集团经营某种不法事业,常与境外集团合流;相关经营或事务数据多在境外,司法机关不容易于第一时间取得。打击有组织犯罪的效率因此降低。以有组织集团经营运动赛事签赌为例,实务经验反映,有组织集团为避免司法机关查缉,辄透过因特网将签赌网站设在境外;或境内签赌网站为境外签赌网站的下线网站,使境内有组织集团成为境外集团的下线共犯。司法机关发动查缉前,往往不易取得境外犯罪资料(如境外成员数据、资金流动轨迹等信息),或与境外司法单位同步打击。故不能彻底瓦解有组织集团。

第二,有组织犯罪的某数种类型,其共犯和被害人常具跨境移动性。人口贩运(trafficking in persons)即是典型跨境犯罪〔6〕。实务案例显示,人口贩运集团建立起一种非正式网络,或专门从事在台湾地区无证移民人口贩运,为各类型雇主提供劳工;或先在母国诱拐被害人,再贩运来台湾地区。集团的被害人在犯罪过程中在不同境域内移动,使其真实身份及行踪不易被掌握,司法机关查缉的难度因此增加。司法机关发动查缉后,集团常有共犯往境外逃窜,也是常见现象。

第三,有组织犯罪的犯罪过程,集团为逃避查缉,其交付犯罪工具或利得的地点有时选在境外。渐成常态。又所攫取的犯罪利得,亦不必然汇入或者留在境内享用;常见透过洗钱手法汇至境外,用以支应或维系集团的运作,或者以海外置产方式转变其利得形态,都使追回赃物(款)日益困难。有组织犯罪中的走私毒品(drug trafficking),为最显著的类型。〔7〕除有前两点所述"境外共犯合作"及"人员跨境移动"的特性外,如何清查其买、卖方资金来源,乃至于其间的不法利得,每每是查缉上的难点。

基于上述有组织犯罪的现代特性,司法机关为有效打击,即应将情资交换、调查取证——包括金钱流向的信息整合等,及罪赃追偿——包括不法利得的没收、

---

〔6〕 这里所指人口贩运,依"行政院"2006年11月8日颁定之"行政院防制人口贩运行动计划"第2点第1项,其定义为:"以买卖或质押人口、性剥削、劳力剥削或摘取器官等为目的,而以强暴、胁迫、恐吓、监控、药剂、催眠术、诈术、不当债务约束或其他强制方法,组织、招募、运送、转运、藏匿、媒介、收容国内外人口或使之隐蔽之行为"。人口贩运本质上系由多种犯罪类型归纳出来的犯罪"类型",并非单一的犯罪罪名。

〔7〕 以台湾地区走私毒品犯罪的主要型态而论,不论是货柜及邮包走私、渔船走私、旅客夹带,或利用某些交通管道走私毒品,就交付毒品的角度而言,都是跨境交付毒品。请见李宛凌:《两岸合作打击毒品犯罪实务现况及改进意见》,载《2011年两岸检察实务研讨会论文集》,366～367页。

资产追回(asset recovery)及罪赃返还等,列为策略的重点;另在考虑境内反制策略外,尚应考虑到跨境执法合作(law enforcement cooperation)[8]。

(二) 打击有组织犯罪的境内反制策略

1. 加强扫荡不法勾当以断绝组织财源

现代型有组织犯罪,为取得财源以维系其组织存在,常从事贩毒、走私、贩卖枪械、职业赌场及色情行业的不法勾当,甚至介入重大公共工程围标。为彻底瓦解犯罪组织,对组织成员予以剥夺自由的惩罚,并对犯罪工具加以没收,固然是基本的打击方法,但最佳方式即是切断组织的经济来源。如果没有经济来源,犯罪组织多无从维系。

"最高法院检察署"为彻底扫除犯罪组织,所明列的扫黑执行方法即具体指出:"加强扫荡贩毒、走私、贩卖枪械、职业赌场及色情行业及介入重大公共工程围标等不法勾当,以断绝犯罪组织财源。"而这项策略的效益可由下述实例证明。

在一则有组织犯罪经营运动签赌站暴力追债案件中,集团首脑经营上游签赌站,下游则有十余处签注站,依组织规定,必须按时上缴签赌金额对账;如各签注站无法按时上缴签赌金时,组织高层即找合作的暴力讨债集团追债;同样,下层赌客若无法偿付赌资逃跑时,下游签注站要全权负责追讨。该运动签赌站经营一年半,签赌金额高达新台币 18 亿元。[9] 案经检察官侦办,扣得集团所有供经营职业运动赌博所用的计算机主机、账册。该集团无法再经营运动签赌站,因此解散。

在另一则有组织犯罪经营地下钱庄案件[10]中,犯罪集团以茶行及当铺为掩护,对外经营放款业务(即俗称地下钱庄);如借款人未能及时偿还借款及利息,则集团成员将施以言词恐吓及暴力逼债。该案因此造成 3 名借款人自杀身亡。[11] 案经检察官侦办,查扣其经营对外放款联络所用的移动电话、计算机设备及本票、

---

〔8〕 "最高法院检察署"早已将跨两岸港澳或跨国性之犯罪组织列为打击对象。相关文件说明:许多帮派组织利用两岸港澳法域不同,互不协助之空窗现象,与日本、菲律宾及中国大陆等地帮派组织结合,进行有计划之犯罪,必须强力扫荡,避免犯罪国际化。请见 https://www.moj.gov.tw/ct.asp?xItem=27911&ctNode=11600&mp=001,最后访问日期:2015-09-28。

〔9〕 新闻报道:赌金 18 亿运动签赌站暴力追债,《中国时报》2007 年 11 月 8 日,请见 https://www.ptt.cc/man/BaseballNEWS/DB8C/DFBD/DE33/M.1194589827.A.835.html,最后访问日期:2015-09-28。

〔10〕 请见台湾地区"高等法院"高雄分院 99 年度上诉字第 825 号刑事判决。

〔11〕 新闻报道:暴力吸血,讨债逼死 3 人。请见 http://news.ltn.com.tw/news/society/paper/209436,最后访问日期:2015-09-28。

账户、账册及资金，该集团就此瓦解。

又在一则贩毒暴力犯罪组织案件[12]中，集团之首专门吸收未成年的青少年，除聚众飙车扰乱社会治安外，尚唆使旗下成员对外贩卖毒品；遇有毒品债务未获满意解决时，即率众持枪及刀械暴力相向，甚至借机强索财物。[13] 经检察官侦办，查扣集团所有的武士刀、毒品及本票借据等物，集团之首入监执行，集团成员无从依附，犯罪组织也无法再继续。

2. 没收不法利得使有组织犯罪失能

为有效遏阻有组织犯罪，除断绝其组织经济来源外，更重要在剥夺犯罪过程中其所取得的不法利得；务必使犯罪集团成员在获释后，仍无法坐享其犯罪成果。有组织犯罪因此无利可图，甚至赔本，自然难以维系。

台湾地区早已意识到这项策略的重要。自 2011 年 6 月起，"法务部"在台湾地区北、中、南三地成立查扣犯罪所得专责机构，建立跨"部"会联系机制，整合金融信息，对于重大贪渎、毒品、经济犯罪等被告，在侦查中即先扣押其犯罪所得，防止其脱产或过户，并于必要时实时变价，保全财产价值。[14]

实务上数则案例也体现这项策略的效益。在一则非法吸金并涉洗钱案件中，集团首脑及丰厚利息为诱因，办理心灵讲座鼓吹被害人存款，吸金 181 亿元。案经检察官侦办，查扣现金 4 亿元、2000 多万元黄金及上亿元古董、象牙及玛瑙等物。[15] 在另一则跨国诈欺集团案件中，集团首脑经营长达 7 年，每年诈骗达 1 亿元。案经检察官侦办，查扣现金 1 亿 2700 余万元，更进而扣得供取款犯罪所用之 BMW 轿车，及以犯罪所得转购的兰博基尼跑车各 1 辆。以上案例不但使有组织犯罪失能，更确保被害人日后求偿的基础。

---

〔12〕 即台湾地区高雄地方法院 2012 年度诉字第 222 号刑事判决事实。

〔13〕 新闻报道：破获何××为首贩毒暴力犯罪组织集团，请见 http://news.e2.com.tw/utf-8/2012-4/3636011.htm，最后访问日期：2015-09-28。

〔14〕 请参考林辉煌：《前揭演讲稿》，94 页。"法务部"更于 2011 年 12 月 16 日订定"检察机关办理刑事案件侦查中扣押物变价应行注意事项"，俾实务操作有所依据。该注意事项之立法总说明中即提到："为顺应国际发展趋势及因应台湾地区现实所发生不符公益之案例，彻底剥夺不法所得，断绝犯罪人之利基，进而杜绝犯罪诱因，本部积极推动查扣犯罪所得之相关政策。"

〔15〕 新闻报道：非法吸金骗百亿　红富海案主嫌求刑 10 年，请见 http://www.justlaw.com.tw/News01.php?id=5755，最后访问日期：2015-09-28。

(三)打击有组织犯罪的跨境合作策略

1. 加强境内外之情资交换及调查取证

现代有组织犯罪既有前述跨境移动或合流趋势,则仅仅虑及境内反制策略,自然未尽完足。为精确掌握犯罪集团中金钱与财物流向的信息,以成功阻绝有组织犯罪的经济来源,则加强境内、外之情资交换及调查取证有其必要。

以两岸间一则分尸断臂案之情资交换及调查取证为例。2014 年 5 月,金门县海岸发现人体右手断臂 1 支,经金门地方法院检察署完成无名尸相验程序。嗣大陆公安部于 6 月通报"法务部",关于福建省厦门市、漳州市之公安机关在所辖海滩发现不明人体尸块,很可能是一起分尸命案,协请我方查明被害人否为台湾地区人士。"法务部"接获大陆方请求及所提供之尸块 DNA 数据,函请金门地检署协办。

经"法务部"法医研究所比对,确认与断臂 DNA 相符,随即回复大陆公安部。大陆公安机关循线追查后,发现系大陆籍女子于 2013 年 4 月间遭其大陆籍男友勒死后分尸。案经厦门市人民检察院以杀人罪对被告提起公诉,基于该手臂系杀人案之重要物证,大陆最高人民检察院于 2014 年 6 月间,向"法务部"提出移交证物即该断臂之司法互助请求。经双方联系安排,2014 年 8 月 4 日大陆最高人民检察院指派福建省及厦门市检察机关人员前往金门,由"法务部"及金门地检署移交前述手臂,完成调查取证程序,使该刑事案件之追诉程序得以顺利进行。

再以两岸联手调查诈欺案件为例。在与浙江公安联手破获电信诈骗集团("1011"项目)中,浙江省公安厅查缉某假冒大陆公安之诈欺案件,发现有一分工严密的两岸诈骗集团分布大陆 20 余省,大陆民众被骗金额不计其数。为克服侦查瓶颈,大陆公安部循两岸司法互助协议合作协查机制,协请我方刑事警察局合作侦办。双方于 2010 年 6 月 21 日同步就诈骗集团分设于两岸之 99 处据点展开大规模的拘捕、搜索行动,逮捕嫌犯计 218 人(台湾地区嫌犯 76 人、大陆嫌犯 142 人),顺利侦破当时治安史上重大且规模完整之两岸诈骗集团。

另在与福建公安联手击溃电信诈骗集团("0810"项目)项目中,两岸警方于 2010 年 8 月 10 日在福建省宁德市召开会议,共同侦办电信诈骗项目,就非法电信商、诈骗话务平台、洗钱管道、假冒公务机关诈骗机房及网络购物诈骗集团等多面交换情资,整合双方打击犯罪力量,透过合作侦查及部署,于 2010 年 8 月 25 日破获两岸诈欺集团,共查获 572 名嫌犯。

前开跨境相互协助调查结果，对境内打击犯罪有其卓著成效。据刑事警察局统计，2011 年“1011”项目破获后，台湾地区诈骗案降幅达 45%，“0810”项目查获后降幅更达 52%，2011 年“0310”专案后降幅达 26%。显见在两岸共同合作努力下，已有效瓦解诈骗集团，并吓阻其跨境从事诈欺犯罪。[16]

2. 促进境内外之罪赃移交及追偿

为防止有组织犯罪者利用法制差异追查困难而坐享犯罪利益，不同法域间得依协议相互请求他方冻结、查扣己方流入对方境内之犯罪资产，再移交原犯罪资产或变价所得，使犯罪者无法藏匿犯罪资产于境外而享有不法所得，并可追回填补被害人损害。

两岸间有数则实例。2009 年，13 名台湾地区人士及 4 名大陆籍人士合组诈欺集团，在浙江省杭州某大楼房内，雇用两岸人员，冒充户政及检警人员，拨打电话联络台湾地区被害人，诓骗被害人涉嫌洗钱犯罪，要求被害人将银行资金交给地检署保管。待被害人陷入骗局，再联系在台湾地区的车手集团向被害人领取现金。嗣主嫌等人经逮捕，复经大陆法院以诈骗罪判处无期徒刑等不同刑期。于本案中，台湾地区民众 17 人获返还被骗之款项共 1100 余万元。

另邱姓男子等诈欺集团成员，自 2012 年 3 月陆续在中国台湾地区、菲律宾等地成立诈骗机房，设定诈骗话务系统，将“您有刑事传票尚未领取，如须咨询请按‘9’”之诈骗语音封包传送大陆地区民众，待回复电话至境外诈欺机房，即由成员冒充大陆法院强制执行处、公安厅、经济犯罪调查科等人员，向民众谎称其涉案，须至金融机构操作自动柜员机设定认定密码等，骗取大陆民众款项。本案中，大陆民众 4 人获返还被骗之款项共 30 万元。

又陈姓与李姓男子组成之两岸诈欺集团成员，自 2009 年 1 月间起，陆续在台中市潭子区、西屯区等地成立诈欺机房及转账机房。“诈欺机房”内成员分别冒充为中国电信公司、大陆公安局警官及大陆金管会主任、检察官，向大陆民众表示其涉嫌洗钱案，使被害人误信并将款项汇入犯罪集团指定之银行账户，再由“转账机房”成员委托泰国之车手集团，在泰国以大陆金联卡提领诈骗所得后，透过地下汇

[16] 以上案例取自“法务部”“两岸共同打击犯罪及司法互助 6 周年成果展”展览内容，请见 http://www.moj.gov.tw/lp.asp?ctNode=40605&CtUnit=16263&BaseDSD=7&mp=001，最后访问日期：2015-09-28。

兑业者将犯罪所得汇回台湾地区，本案中，大陆民众1人获返还被骗之款项32万元。[17]

三、打击有组织犯罪的法制架构——与两岸港澳相关者

(一) 目前打击有组织犯罪的法制架构

1. “组织犯罪防制条例”

台湾地区为防制组织犯罪，自1996年起即定有“组织犯罪防制条例”。当时立法已考虑到“阻绝有组织犯罪的经济来源”。此观该“条例”第7条即可知：“犯第3条之罪（即发起、主持、操纵、指挥或参与犯罪组织）者，其参加之组织所有之财产，除应发还被害人者外，应予追缴、没收。如全部或一部分不能没收者，追征其价额。（第1项）犯第3条之罪（即发起、主持、操纵、指挥或参与犯罪组织）者，对于参加组织后取得之财产，未能证明合法来源者，除应发还被害人者外，应予追缴、没收。如全部或一部分不能没收者，追征其价额。（第2项）为保全前二项之追缴、没收或追征，检察官于必要时得扣押其财产。（第3项）”

此外，此部立法亦早已考虑“跨域合作”而有第15条规定：“为防制国际性之组织犯罪活动，政府或其授权之机构依互惠原则，得与外国政府、机构或国际组织签订防制组织犯罪之合作条约或其他国际协议。”

2. “洗钱防制法”

为防制洗钱，追查重大犯罪，台湾地区于2009年制定“洗钱防制法”。其中，将“组织犯罪防制条例”第3条第1项、第2项后段、第4条、第6条之罪，列为“重大犯罪”范畴（第3条第1项第1款）。与阻绝有组织犯罪的经济来源相关者，则系该法第14条第1项及第2项规定：“犯第11条之罪者，其因犯罪所得财物或财产上利益，除应发还被害人或第三人者外，不问属于犯人与否，没收之。如全部或一部不能没收时，追征其价额或以其财产抵偿之。（第1项）为保全前项财物或财产上利益追征或财产之抵偿，必要时，得酌量扣押其财产。（第2项）”与“组织犯罪防制条例”同样考虑到跨境执法合作，“洗钱防制法”更缜密规范：“对于外国政府、机构或国际组织依第16条所签订之条约或协议或基于互惠原则，请求台湾地

〔17〕 以上案例取自“法务部”“两岸共同打击犯罪及司法互助6周年成果展”展览内容，请见：http://www.moj.gov.tw/lp.asp?ctNode=40605&CtUnit=16263&BaseDSD=7&mp=001，最后访问日期：2015-09-28。

区协助之案件，如所涉之犯罪行为符第 3 条所列之罪，虽非台湾地区侦查或审判中者，亦得准用前二项之规定。（第 14 条第 3 项）""外国政府、机构或国际组织依第 16 条所签订之条约或协议或基于互惠原则协助台湾地区执行没收犯罪所得财物或财产上利益者，'法务部'得将该没收财产之全部或一部拨交该外国政府、机构或国际组织。（第 15 条第 2 项）""为防制国际洗钱活动，政府依互惠原则，得与外国政府、机构或国际组织签订防制洗钱之合作条约或其他国际书面协议。（第 16 条第 1 项）对于外国政府、机构或国际组织请求台湾地区协助之案件，除条约或协议另有规定者外，得基于互惠原则，提供第 7 条、第 8 条、第 10 条受理申报或通报之资料及其调查结果。（第 16 条第 2 项）"。

3. "外国法院委托事件协助法"

对于外国法院委托诉讼事件，台湾地区早于 1963 年定有"外国法院委托事件协助法"。其中除对"文书送达"部分有如下规定："法院受托送达民事或刑事诉讼上之文件，依民事或刑事诉讼法关于送达之规定办理（第 5 条第 1 项）"外，对于"调查取证"部分亦定有"法院受托调查民事或刑事诉讼上之证据，依委托本旨，按照民事或刑事诉讼法关于调查证据之规定办理之（第 6 条第 1 项）"。

4.《海峡两岸共同打击犯罪及司法互助协议》及"法务部"制定的相关作业要点

为保障海峡两岸人民权益，维护两岸交流秩序，两岸于 2009 年签订《海峡两岸共同打击犯罪及司法互助协议》。[18] 其中与本文相关者为：

1. 第 5 条："双方同意交换涉及犯罪有关情资，协助缉捕、遣返刑事犯与刑事嫌疑犯，并于必要时合作协查、侦办。"

2. 第 8 条："双方同意依己方规定相互协助调查取证，包括取得证言及陈述；提供书证、物证及视听数据；确定关系人所在或确认其身份；勘验、鉴定、检查、访视、调查；搜索及扣押等。受请求方在不违反己方规定前提下，应尽量依请求方要求之形式提供协助。受请求方协助取得相关证据资料，应及时移交请求方。但受请求方已进行侦查、起诉或审判程序者，不在此限。"

3. 第 9 条："双方同意在不违反己方规定范围内，就犯罪所得移交或变价移交事宜给予协助。"

---

〔18〕 关于两岸司法互助相关协议及规范、内容及其适用，进一步可见陈文琪：《开启两岸司法互助之新纪元——简介海峡两岸共同打击犯罪及司法互助协议》，载颜大和、倪英达主编：《海峡两检察实务研究——强化检察职能对犯罪之追诉处罚》（第 1 版），377～396 页，北京，中国检察出版社，2011。

“法务部”为妥适执行上开协议事宜，进而订定相关作业规定如下：

1. “海峡两岸犯罪情资交换作业要点”。相关规定为：

“检察机关、经授权之司法警察机关或其他机关，因下列情形，得提供犯罪情资予大陆地区主管机关：

（一）大陆地区主管机关请求提供。

（二）于预防或侦（调）查犯罪有帮助时。

依前项规定提供犯罪情资时，须审酌下列事项作为是否提供协助之依据：

（一）有助于打击犯罪目的之达成。

（二）无碍台湾地区安全与社会公共秩序、善良风俗之维护。

（三）不违背台湾地区相关法令之规定。

（四）确保台湾地区相关调查、侦查、审理或执行程序进行不受干扰或中断。（第 5 点）”及“大陆地区主管机关主动提供犯罪情资予‘法务部’后，由‘法务部’依该情资内容、性质，转交检察机关、司法警察机关或其他机关处理。（第 12 点）”

2. “海峡两岸调查取证及罪赃移交作业要点”。相关规定为：

“有下列情形之一，检察机关认有请求大陆地区主管部门协助之必要者，应检附请求书（如附件一）及相关数据，函请‘法务部’转向大陆地区主管部门提出协助之请求：

（一）取得证言及陈述。

（二）提供书证、物证及视听数据。

（三）确认关系人所在或确认其身份。

（四）勘验、鉴定、检查、访视或调查。

（五）搜索及扣押。

（六）犯罪所得移交或变价移交。

（七）其他调查取证事项。

前项之请求于紧急情况下，得以电话、口头、传真、电子邮件或其他适当方式，向‘法务部’提出。但应于三日内补提书面请求书以资确认。（第 2 点）”及“检察机关就受请求协助事项之执行方式如下：

（一）受请求代为取得证言或陈述

1. 检察官应即依据刑事诉讼法相关规定讯问证人。

2. 证人如引用大陆地区法律主张有拒绝证言之事由时，检察官仍应尽力取得相关证言。

（二）受请求促使台湾地区人民至大陆地区作证

大陆地区主管部门请求促使台湾地区人民至大陆地区作证时，检察官应即征询该受请求作证者之意愿，并将有关响应陈报‘法务部’转知大陆地区主管部门。征询不得施用任何强制力，并应尊重该证人之意愿。

（三）受请求协助大陆地区指定人员至台湾地区参与调查取证

1. 如请求书内载明拟指定人员于讯问时在场者，应事先将讯问之时间通知大陆地区主管部门并陈报‘法务部’。

2. 在场之大陆地区指定人员不得直接讯问。但得请求检察官代为讯问并进行记录。

3. 如请求书内载明拟指定人员至台湾地区参与讯问以外之调查取证程序，应事先将同意参与之部分及其限制通知大陆地区主管部门并陈报‘法务部’。

（四）受请求提供书证、物证及视听数据

1. 大陆地区主管部门请求提供政府机关所持有得公开之书证、物证及视听资料，检察官应即函请相关政府机关提供该书证、物证及视听数据，并告知其使用目的。

2. 大陆地区主管部门请求提供非政府机关所持有之书证、物证及视听资料，除不符合台湾地区法令规定外，检察官应于取得后尽速提供。

（五）受请求勘验、检查或鉴定

1. 大陆地区主管部门请求勘验、检查或鉴定，检察官应依据刑事诉讼法相关规定进行。

2. 检察机关协助执行完毕，应填写结果通报书检附勘验笔录或鉴定报告书，报请‘法务部’转送大陆地区主管部门。

（六）受请求搜索及扣押

1. 大陆地区主管部门提出搜索特定人、处所，或扣押及移交物证之请求者，检察官应先行审核请求书所述之犯罪事实，依台湾地区‘法律’之规定亦构成犯罪时，始得‘依刑事诉讼法’规定向法院声请搜索票，指挥检察事务官、司法警察官或司法警察执行。

2. 检察机关应将扣押物报请‘法务部’转送大陆地区主管部门。

（七）受请求移交或变价移交犯罪所得

1. 大陆地区主管部门提出移交或变价移交犯罪所得之请求，应符合下列要

件，检察官始得移交

(1)请求书所述之犯罪事实，依台湾地区法律也构成犯罪。

(2)请求移交或变价移交之犯罪所得未经台湾地区法院宣告没收。

(3)对犯罪所得，在台湾地区并无得主张权利之人，或经得主张权利之人同意。

2. 检察官认大陆地区主管部门请求移交或变价移交方式有变更之必要，得经'法务部'征询大陆地区主管部门意见后变更之。

3. 协助执行之检察机关，应将执行结果报请'法务部'转送大陆地区主管部门。如全部或一部不能执行，应将其事由报请'法务部'转知大陆地区主管部门。

4. '法务部'就请求移交之犯罪所得，经大陆地区主管部门同意，得移交一部。"(第12点规定)

(二) 未来打击有组织犯罪的法制架构

1.《联合国打击跨国有组织犯罪公约施行法(草案)》

联合国大会于2000年11月15日通过《联合国打击跨国有组织犯罪公约(*United Nations Convention against Transnational Organized Crime*)》(以下简称"本公约")，并于2003年9月29日生效。本公约之制定目的，在指导并提供各国政府打击跨国有组织犯罪的法制和政策，内容包括对跨国犯罪的预防、情资交换、定罪与法制、被判刑人移送、被害人及证人保护、国际合作及不法资产追回等执行机制，促使世界各国共同努力打击跨国有组织犯罪。就本公约，总计至今共有197个缔约国，足见本公约为国际社会所广泛接受。

为与各国政府共同打击跨国有组织犯罪，并与全球打击跨国犯罪趋势及国际法制接轨，台湾地区决定将《联合国打击跨国有组织犯罪公约》"内国法化"。目前"法务部"已拟具"联合国打击跨国有组织犯罪公约施行法(草案)"，经"行政院"送请"立法院"审议。[19] 该草案之要点如下：

(1) 明定该公约之规定具有台湾规章之效力；涉及国际法义务之履行，应本于互惠原则。(草案第2条)

(2) 适用该公约规定，应参照联合国打击跨国有组织犯罪公约实施立法指南

〔19〕"行政院"于2014年11月27日通过拟加入《联合国打击跨国有组织犯罪公约施行法》草案，并函请"立法院"审议。

及公约缔约方会议之相关决议；有关打击跨国有组织犯罪案件之法律适用与解释，应以符合该公约规定为原则。（草案第3条）

（3）各级政府机关行使职权，应符合该公约之规定，并应筹划、推动及执行该公约规定事项；政府应与各国政府及相关国际组织共同合作，以落实公约所建立之打击跨国有组织犯罪法律架构。（草案第4条及第5条）

（4）法令与行政措施有不符该公约规定者，各级政府机关应于该法施行后3年内完成法令之制（订）定、修正或废止，及行政措施之改进。（草案第6条）

待本“公约施行法”通过立法后，即可健全预防及打击跨国有组织犯罪体系；在加强国际合作之下，并可确保刑事定罪与执行，及追回不法资产，具体保障民众权益。

2.“国际刑事司法互助法（草案）”

由于国际交通便捷，经济活动发达且复杂化，人员、金钱或物品的跨境流动已成常态，跨国刑事犯罪乃日益迅速增加。为避免犯罪者利用各地之地理距离或法制差异，以逃避刑事追诉，形成打击犯罪的漏洞〔20〕；复鉴于中国台湾地区原有之“外国法院委托事件协助法”规范之事项，仅及于“文书送达”及“调查取证”，已不能负荷刑事司法互助事项烦琐而细腻之实务运作需求；再者，若透过司法互助法之立法，将司法合作之要件、程序及格式制度化、法制化，无论对请求方及受请求方，都相对地明确而可预期，将可保持司法合作的稳定发展〔21〕，乃有“国际刑事司法互助法”之研议制定。

查“国际刑事司法互助法”草案，除明定本法为执行刑事司法互助事项之准据法外，与本文相关之要点可叙述如下：

（1）刑事司法互助之协助事项包括调查取证、送达文书、搜索、扣押、禁止财产处分财产、执行没收、追征或追缴之裁判或命令、犯罪财产之返还及其他不违反台湾地区规章之协助等。（草案第6条）

（2）明定请求方之人员经“法务部”同意，得于中国台湾地区执行请求时在场；又中国台湾地区协助询问、讯问时，如有必要，得由请求方之人员再请求补充询问、讯问。（草案第18条）

---

〔20〕 请见“国际刑事司法互助法草案总说明”。

〔21〕 请见陈文琪：《国际刑事司法互助的法制建构——催生我“国际刑事司法互助法”》，载《第70届司法节学术研讨会论文》，4页，2015。

(3) 请求方为调查之便利，请求安排人员至中国台湾地区领域外之指定地点作证时之相关限制及请求方应保证之事项。(草案第19条)

(4) 中国台湾地区依请求方之请求提供物证或书证，得要求请求方保证使用完毕立即或于指定期限内返还。(草案第20条)

(5) 于请求协助搜索、扣押、禁止财产处分财产或为其他必要之处分时，其所涉行为须符合双重可罚之原则。(草案第22条)

(6) 助执行请求方法院确定裁判或命令与犯罪有关之没收、追征或追缴裁判或命令应具备之条件及其检附之数据。(草案第23条)

(7) 请求协助执行没收、追征、追缴，须先向中国台湾地区法院声请裁定许可执行。(草案第24条)

(8) 受理协助执行没收、追征、追缴之请求后，声请裁定许可执行之管辖法院。(草案第25条)

(9) 法院为许可执行没收、追征、追缴之裁定前，得请相关当事人到庭陈述意见。(草案第26条)

(10) 法院为许可执行没收、追征、追缴或驳回声请之裁定及其救济程序。(草案第27条)

(11) 中国台湾地区请求询问、讯问时，得请求以远距讯问为之；如有必要，得请求再为补充询问、讯问。(草案第30条)

(12) 中国台湾地区提出请求时得保证之事项及豁免前来中国台湾地区提供协助人员之义务或责任。(草案第37条)

(13) 明定跨国合作执行没收、追征、追缴犯罪所得后之犯罪资产分享方式。(草案第32条)

(14) 中国台湾地区与大陆地区间之刑事司法互助准用本法规定。(草案第33条)

(15) 中国台湾地区与香港及澳门间之刑事司法互助准用本法规定。(草案第34条)

四、结论及今后的课题

现今有组织犯罪之目的及手段多与攫取利益相关。因此，本文认为“阻绝有组织犯罪的经济来源”为最根本的打击方法。又因现今有组织犯罪具跨境移动及合流特性，故本文认为“跨境执法合作”为最佳的打击模式。提出相关策略，并介绍台湾地区的法制架构。惟就实际运作而言，至少有下列课题尚待厘清。在此并予指明：

第一，各法域内法制架构的落差应予调和，以免此等落差成为打击有组织犯罪的阻隔。举远距视讯跨境取证为例，在需跨境取得证人证词时，是否容许利用视讯设备——此方式有其便利性并可提升办案效率，但属穿透式的执法且涉及司法权的延伸行使——直接讯问证人〔22〕？是否在条约协议架构下或个案在互惠基础上，进行调查取证之联系与安排，而将视讯讯问结果评价为有证据能力？〔23〕

第二，司法互助基本原则应有其适用上的坚持与松绑。例如，国际间进行刑事司法互助，通常基于双方存在的条约或协议关系。惟一味强调“条约前置主义”，有时限缩合作的对象而使司法互助受局限。故是否宜放宽“条约前置”的要求〔24〕，而依现行国际司法互助的惯例及双方互惠的原则？又在互惠原则〔25〕下，是否应将互惠承诺列为互助请求需载明之事项？〔26〕尚有待各方共同思考、解决。

〔22〕《联合国打击跨国有组织犯罪公约》第 18 条第 17 项、《联合国反贪腐公约》第 46 条第 18 项均有远距视讯跨境取证之相关规定。

〔23〕国际间多透过司法互助解决，即在条约协议架构下，或个案在互惠基础上，进行调查取证之联系与安排，因此，在律定的司法互助管道经双方同意进行之视讯讯问结果，实宜认有证据能力。请见陈文琪：《前揭司法节学术研讨会论文》，35～36 页。

〔24〕在无条约协议关系时，依现行国际司法互助之惯例，本于双方互惠之原则提供协助，较有利于推动合作。请见陈文琪：《前揭司法节学术研讨会论文》，32 页。

〔25〕所谓互惠原则，系基于平等地位，请求方承诺将来受请求方如遇有相同或类似案件须请求提供协助时，亦当为同等之协助。

〔26〕基于中国台湾地区在表达合作意愿时能兼顾对等性及区域利益，在立法上宜以“互惠原则”进行司法互助；若请求方欠缺互惠之承诺，此点应列为得拒绝提供协助之理由。请见陈文琪：《前揭司法节学术研讨会论文》，33 页。

涉毒恐怖犯罪危害与新兴防制趋势

黄秋龙*

一、前言

涉毒恐怖主义(narcoterrorism)在1983年首度使用时,系指贩毒者使用暴力影响政府或阻挠政府取缔毒品买卖之行为,尤其是中南美洲。至今则包括恐怖组织利用毒品贩运来筹措资金、发展组织甚至衍生出跨境犯罪。[1] 防制涉毒恐怖犯罪指涉之实体范围,除了具有跨越公私部门藩篱的跨界特性之外,在理论范畴上还涵括由机关执法合作,转向执法安全(law enforcement security)领域,以及公私部门伙伴关系跨域治理趋势。[2] 例如,涉毒恐怖主义行为、结果或目的,具有异地、离散之特性,经常使得不同国家或部门,对其行为样态之掌握与分析程度互不相同,不仅造成跨领域、跨境合作的困难,也导致犯罪现象管辖权模糊,让罪

---

* 台湾地区"法务部"调查局两岸情势研析处科长、元智大学社会暨政策科学系兼任副教授。

〔1〕 Amy Zalman,"Types of Terrorism: A Guide to Different Types of Terrorism," last visited September 21,2015,http://terrorism. about. com/od/whatisterroris1/tp/DefiningTerrorism. htm.

〔2〕 John R. Wagley,"Transnational Organized Crime: Principal Threats and U. S. Responses," (March 20,2006),last visited September 21,2015,p. 13,"The Library of Congress",https://www. fas. org/sgp/crs/natsec/RL33335. pdf.

犯有机可乘。所以,即使在地的帮派、有组织、洗钱、毒品犯罪,都可能因而升高为全境性质或向区域、全球扩散之现象。然而,此现象未必有组织联系,却因犯罪之相互模仿、外溢,导致危害范畴乃涉及共同安全领域。在面临此新兴危害下,期望借鉴新兴防制趋势,了解解决问题的技术性机转,进而为两岸暨港澳地区共同打击跨境犯罪,创新既有合作措施的能量。

二、问题范畴与研究概念架构

(一) 问题范畴

当前恐怖主义衍生成同时具有暴力危害、构成心理威胁,甚至侵害跨境管辖的抽象与实体法益之现象,亦即对于恐怖犯罪之理解,不能仅只局限于暴力与物理层次,而且需要更进一步理解其暴力属性。包括为何其行动能离散化运作,相对的,有些部分又组织性强度,甚至产生跨境威胁的高风险危害。概括而言,恐怖犯罪可视为犯罪型暴力(criminal insurgency),不仅足以产生跨境影响力,甚至在全球扩张其非法利益。[3] 而今,恐怖袭击不再局限于组织规模与全球化程度,而是恐怖袭击更易于受到在地(local)不满情绪诱发,并应用全球(global)暴力袭击模式,进行"全球性在地型袭击"(glocal attack)。此新兴危害情势,已超越传统执法范围,指涉跨境合作与全球治理之共同安全观范畴。新兴涉毒恐怖犯罪,不仅难于与恐怖分子运动、暴乱、组织犯罪区分,而且彼此的策略与建构资源也已越加相似,其之所以对区域安全角成更严重的危害,乃因为随着其活动路径与区域之差异,而会有不同的易变行为样态,然却经常让人忽视,仅将其等视为一般犯罪案件处理。加以公部门分工过细、本位主义、专业偏执与信息落差的问题,不仅成为反恐政策漏洞,更让恐怖主义有恃无恐而强化恐怖犯罪心理,有利于转向涉毒恐怖主义发展。

"全球性在地型袭击"的新兴危害,因其组织性强度与威胁风险高,不仅对生命、财产构成实体危害,更威胁社会心理安定与高阶抽象法益。然而,使在地治安机关,难以充分应对该犯罪型暴力之原因,还涉及"全球性在地型袭击",会选择易地袭击,进而在远程发展组织、输送非法利益;甚至,利用当地社会组织与结构关

---

[3] Michael L. Burgoyne, "The effectiveness of counterinsurgency principles against criminal insurgency: the right tool for the job," *Small Wars Journal*, February 11, 2012, pp. 2-3.

系,与官员形成共谋贪腐(collusive corruption)。[4] 因此,犯罪型暴力已从犯罪防制实务层面,指涉到共同安全范畴;相对的,各机关的执法合作,也将转向执法安全的跨域治理领域。换言之,两岸暨港澳地区合作打击涉毒恐怖主义衍生之犯罪型暴力,虽具有克服彼此法制体系上差异,可就个案进行协商处理等合作。然而,当涉毒恐怖犯罪涉及共同安全范畴时,在现行可运作机转前提下,为防制涉毒恐怖犯罪不同的动机、社会组织与结构关系,是否存在指涉跨部门合作、多领域整合的可能,确实值得探索。

(二)研究目的

本文研究目的是先就执法合作之组织障碍、结构困境进行检视,再从跨部门合作、多领域整合,论述制度创新(institutional innovation)与合作动力。制度创新并非取代有形之制度结构,而是在既定条件不变下,进而创新可供政策应用的立论。同理,也可以在不与有形的典章制度产生冲突,且不增加人力、经费条件下,以调整信息透明度、知识应用架构与创造新颖情境(novel situation),使制度的有形能力,得以在心智结构、行为模式与集体表征上,创新制度的应用空间。

(三)研究概念架构

新兴涉毒恐怖犯罪值得重视与研究,乃在于非法鸦片经济(Illegal opiate-economy)与暴力行动,已与跨境有组织犯罪复合为新兴危害,并成为共同安全的重要研究议题。[5] 从而,新兴的毒品犯罪防制政策,已同时可从毒品供需关系角度、恐怖势力社会结构条件以及反恐力度,整合分析毒品犯罪情势。事实上,新兴涉毒恐怖犯罪与阿富汗毒品卡斯特(Afghan narco-castels)的发展趋势密切相关,不仅将毒品种植、提炼、贩运与通信、洗钱复合为完整的产业流程,而且持续冲击阿富汗内部与周边安全。[6] 同时,也让人们惊觉到,应对易变的涉毒恐怖犯罪,

---

〔4〕 John P. Sullivan, "Criminal insurgency: narcocultura, social banditry, and information operations," *Small War Journal*, December 3, 2012, p. 2.

〔5〕 Rani D. Mullen, "Afghanistan in 2008: state building at the precipice," *Asian Survey*, Vol. 49, Issue 1, 2009, p. 35.

〔6〕 United Nations Office on Drugs and Crime, *Addiction, Crime and Insurgency: The transnational threat of Afghan opium*, p. 17; Bureau of International Narcotics and Law Enforcement Affairs, "2009 International Narcotics Control Strategy Report: Country Reports—Afghanistan through Comoros," (February 27, 2009), last visited September 21, 2015, pp. 1-2, "United Nations Office on Drugs and Crime", http://www.state.gov/p/inl/rls/nrcrpt/2009/vol1/116520.htm.

侦查、审判机关必然要与其他部门进行跨界合作与共同安全政策倡议。换言之，其内涵应针对刑事政策与共同安全需求，能在心理与态度上有所改变创新。此亦系整合论犯罪学（Integrative criminology）制度创新的重要内涵，不仅能对防制与研究涉毒恐怖犯罪，在心理与态度上有所改变创新，其带给人们在犯罪学与刑罚学上更重要的启迪，乃在于善加应用跨学科典范（Interdisciplinary paradigm）研究方法，跨越使用传统、单一理论或研究途径的研究脱离实际的困境。

在整合论犯罪学看来，传统、单一的犯罪学理论或研究途径，主要着重犯罪行为样态与犯罪活动，犯罪处罚与犯罪控制，或者侧重犯罪、正义与社会控制的关系。然而，复合型犯罪，却存在不同的层次动机、社会组织与结构关系，必须对其间的交互或互动关系的形式以及运作概念之要素（Formalistic and consist of conceptualizing the reciprocal or interactive relations），要有更具创新的认识架构。[7] 显然，应用整合犯罪学概念，不仅契合本文研究主题与所涉及的问题范畴，而且有助于提升人们对涉毒恐怖犯罪，指涉复合不同层次动机、社会组织与结构关系的犯罪特性；更有意义的则是，基于这整合模式的研究途径，将有助于跨部门合作、多领域整合的制度创新。

因此，本文以涉毒恐怖犯罪情势以及刑事政策应用的概念为出发，研究概念架构（Conceptual framework）包括：

（一）描述涉毒恐怖犯罪发展与危害问题；

（二）说明涉毒恐怖犯罪复合不同层次动机、社会组织与结构关系的犯罪特性；

（三）解释认识涉毒恐怖犯罪与防制整合行动之间，出现相互迭合的趋势；

（四）提出研究价值：藉上揭防制整合的新兴趋势，解释其刑事政策意涵与应用价值，期望藉此趋势研究，能对防制恐怖主义持以务实态度，并有助于提升吾人在刑事政策的影响力与贡献度。

三、涉毒恐怖犯罪发展与危害问题

（一）涉毒恐怖犯罪发展

中亚所处地缘连接东半球的安全情势，尤其美国于 2001 年在阿富汗发动反

---

〔7〕 Gregg Barak，“Integrative theories，integrating criminologies，” last visited September 21，2015，“critcrim. org”，http://critcrim. org/critpapers/barak_integrative. htm.

恐怖主义军事行动后，更使该区域的问题扩及全球，与国际权力平衡及安全情势产生联系，而且也牵动到国家与非国家行动者在该区域的复杂冲突与利益。与中国大陆相邻的中亚情势，之所以越加引人注目，不仅是因国际恐怖主义、民族分裂主义、宗教极端主义"三股势力"上的政治、民族、文化冲突问题；其实，中亚各国在脱离苏联后，内部羸弱的政治、经济与法制因素，更加重问题冲突的程度，甚至衍生跨境的复合型犯罪。阿富汗在美国反恐军事行动后，因重建经济、法制因素不足，伴随兴起非法鸦片经济，成为新兴的跨境安全威胁。新兴毒品经济不仅难于与恐怖分子运动、暴乱、组织犯罪区分，而且彼此的策略与建构资源也已越加相似，其之所以对区域安全角成更严重的危害，乃因为随着其活动路径与区域之差异，而会有不同的易变行为样态，然却经常让人忽视，仅将其等视为一般犯罪案件处理。

由于中亚各国与阿富汗及周边国家在市场经济与法制体系缺乏健全而善良治理的条件，从而诱发出非法鸦片经济。各类行动者为控制鸦片路线与地域，乃竞相持有、贩运武力，甚至在境外衍生出分配网络的组织犯罪，进而成为跨境危害，影响包括中国大陆与周边国家之政治稳定。这些利益不仅助长阿富汗官员贪腐，也是塔利班(Taliban)与暴乱团体借机制造与阿富汗政府、多国部队冲突。更藉以保护或胁迫农民种植罂粟，从中谋取的利益，除再组建发动突袭、暴乱行动，也从事提炼贩运鸦片、海洛因，进口先驱化学物质(Precursor chemicals)[8]与武器、人口贩运及洗钱犯罪。显然，阿富汗问题已将中亚情势复合成恐怖运动一暴乱一毒品犯罪的相互循环流程。[9]

据美国国务院国际反毒品暨执法事务局(Bureau of International Narcotics

---

〔8〕 先驱化学物质，系指可流供制造毒品之原料，依其特性分为两类，一类系指参与反应并成为毒品之化学结构一部分者；另一类则为参与反应或未参与反应并不成为毒品之化学结构一部分者。目前在阿富汗常见之毒品先驱化学物质包括：醋酸酐/乙酸(Acetic anhydride)、氯化铵(Ammonium chloride)、盐酸(Hydrochloric acid)、丙酮(Acetone)、酸橙(Lime)、碳酸氢钠/小苏打(Sodium bicarbonate)。United Nations Office on Drugs and Crime，"World Drug Report 2014，"(June 2014)，last visited September 21，2015，p. 101，"United Nations Office on Drugs and Crime"，https://www.unodc.org/documents/wdr2014/World_Drug_Report_2014_web.pdf.

〔9〕 United Nations Office on Drugs and Crime，"Addiction，Crime and Insurgency：The transnational threat of Afghan opium，"(October 2009)，last visited September 21，2015，p. 101，"United Nations Office on Drugs and Crime"，http://www.unodc.org/documents/data-and-analysis/Afghanistan/Afghan_Opium_Trade_2009_web.pdf.

and Law Enforcement Affairs)估计,仅2008年塔利班与反政府武力,因保护罂粟种植获利约5000万美元至7000万美元(以下同);其余各地军阀、毒贩、暴乱团体因毒品制造与贩运所得则约两亿至四亿美元。[10] 再者,联合国毒品控制暨犯罪预防办公室(United Nations Office on Drugs and Crime)报告指出,虽然美国多年来投入约76亿美元,在阿富汗与盟国进行反毒行动,阿富汗2014年罂粟种植面积却扩大到22.4万公顷,较2013年多出7%。依此估算其鸦片产值,达8.5亿美元,占阿富汗国内生产毛额4%。然而,对照2002年塔利班被美国推翻时,罂粟种植面积仅7.4万公顷。[11]

可见,阿富汗毒品扩溢危害伴随着涉毒恐怖犯罪发展,甚至成为国际政治隐忧,不仅令人质疑反毒行动的效能与持续性,而且随着国际维和部队撤出阿富汗之后,恐将导致罂粟种植、毒品贩运扩大。同时,也涉及阿富汗内部治理因素,因为政治不稳定因素、农民收入不足,转而广种罂粟或从事毒品贩运牟利,甚至成为塔利班与国际恐怖主义势力扩张之经济来源。[12] 显然,涉毒恐怖犯罪发展之所以衍生为新兴危害,正系经由不同层次动机、社会组织与结构关系,相互复合运作的结果,若仅用传统或单一的犯罪学理论或研究途径,将难以了解其间的交互或互动关系的形式,以及运作概念之要素。

(二)涉毒恐怖犯罪发展出新兴危害

阿富汗鸦片、海洛因贩运,之所以发展出新兴危害,一方面,肇因于地缘运作之要素;再者,伴随着贪腐问题。首先,涉毒恐怖犯罪地缘运作之要素,存在着与外部、周边国家相互作用的复合条件。因为,与阿富汗跨境相比邻的普什图族(Pashtuns)、俾路支(Baluchi),不仅成为最直接又高隐秘的毒品贩运联结关系,而且主要的毒品转运国或目的地——巴基斯坦、伊朗、中亚地区、波斯湾,都由此源

---

〔10〕 Bureau of International Narcotics and Law Enforcement Affairs, "2009 International Narcotics Control Strategy Report (INCSR): Country Reports—Afghanistan through Comoros," (February 27, 2009) p. 1, last visited May 7, 2015, "Bureau of International Narcotics and Law Enforcement Affairs", http://www.state.gov/p/inl/rls/nrcrpt/2009/vol1/116520.htm.

〔11〕 Bureau of International Narcotics and Law Enforcement Affairs, "2014 International Narcotics Control Strategy Report (INCSR): Country Report, Afghanistan," (2014), last visited May 7, 2015, "Bureau of International Narcotics and Law Enforcement Affairs", http://www.state.gov/j/inl/rls/nrcrpt/2014/vol1/222838.htm.

〔12〕 Bureau of International Narcotics and Law Enforcement Affairs, "2014 International Narcotics Control Strategy Report (INCSR): Country Report, Afghanistan."

族(Diaporas)网络与“哈瓦拉”(Hawala)隐秘组织,而进一步衍生成物资走私、人口、武器贩运跨境有组织犯罪。尤其,年约650亿美元以上的毒品非法交易,其中90%~95%更透过源族网络与企业经营方式,转换成合法资产。[13]

其次,阿富汗出境检查站,由于官员贪腐,毒品缉获率仅1%。出境检查问题,在阿富汗与巴基斯坦边境更为严重。因为,两国高山峻岭边境有长达110公里未设置官方检查站,而部族与前塔利班政权同为普什图族,从而使该区阿富汗南部边境赫尔曼德省(Hilmand),成为植栽鸦片罂粟最大产区与提供最大宗贩运海洛因途径,更有助于植栽劳力流动与提供机动性海洛因工场。而邻近塔吉克斯坦(Tajikistan)、乌兹别克斯坦(Uzbekistan)的北方省巴德赫尚(Badakshan)、塔哈尔(Takhar),则加上地理崎岖、隐秘因素,更有助于毒品贩运。[14] 可见,未来防制涉毒恐怖犯罪之新兴危害,必然是跨部门且涉及多领域的整合,包括市场组织结构关系,以及毒品供应链动力要素等。证诸联合国毒品控制暨犯罪预防办公室在“2015世界毒品年度报告”(World Drug Report 2015)即呼吁,未来不仅只是缉毒执法层面合作,有关毒品价格,市场规模、价值、组织,以及毒品供应链动力要素等,都将是防制毒品犯罪的新兴趋势。[15]

(三)涉毒恐怖犯罪衍生毒品贩运路线与特殊模式

与阿富汗仅局部相邻的中国大陆,也成为阿富汗涉毒恐怖犯罪的外部条件。原因之一是彼此间有长达76公里的无人设施国界,而且边境向来存在着完备小型路径,有利于毒品贩运。其次,中国大陆对物资相对匮乏的中亚国家发挥替代效果,成为提供阿富汗各类金属、生活必需品的重要途径。最后,更关键的先驱化学物质,在新疆缉获发现,80%以上朝向阿富汗贩运;由于阿富汗缺乏制造海洛因所需之醋酸酐(Acetic anhydride),而在巴基斯坦楠格哈尔省(Nangarhar)查获之醋酸酐,也几乎系准备转运阿富汗。犯罪组织甚至利用中国大陆与巴基斯坦自由

---

〔13〕 United Nations Office on Drugs and Crime, *Addiction, Crime and Insurgency: The transnational threat of Afghan opium*, pp. 7 & 18-20.

〔14〕 United Nations Office on Drugs and Crime, *Addiction, Crime and Insurgency: The transnational threat of Afghan opium*, p. 61; Bureau of International Narcotics and Law Enforcement Affairs, 2009 *International Narcotics Control Strategy Report: Country Reports—Afghanistan through Comoros*, p. 9.

〔15〕 United Nations Office on Drugs and Crime, "World Drug Report 2015," (May 2015), last visited September 21, 2015, p. 38, "United Nations Office on Drugs and Crime", https://www.unodc.org/documents/wdr2015/World_Drug_Report_2015.pdf.

贸易的途径，透过海、空运，将相关物资与先驱化学物质辗转进入阿富汗。[16]

阿富汗毒品之新兴危害，不仅因为其植栽鸦片罂粟与毒品之贩运，其中关键而常被忽略的是制成毒品的先驱化学物质，以及如何分散毒品制造工场。由于，阿富汗需要进口先驱化学物质，并将制造、加工场地分散，以规避被缉获风险。由于阿富汗政府本身禁、缉毒恪责能力不足，边境执法人员检验、采证先驱化学物质，在专业知识与设施上都显得落后。而阿富汗毒品先驱化学物质乙酸（Acetic anhydride）、氯化铵（Ammonium chloride）、盐酸（Hydrochloric acid）、丙酮（Acetone）、酸橙（Lime）、碳酸氢钠/小苏打（Sodium bicarbonate），年需求量约一万吨，本身即具有一定危险性且体积庞大，运输成本高、获利率较低，因此需要较完善的运输条件。[17] 从而，铁、公路系统不仅有利于先驱化学物质贩运，加以现有陆上点状检查职能，显难以应对幅员广阔、沿线绵长的挑战。

先驱化学物质不同于传统毒品贩运模式，而系直接应用便捷运输交通工具，甚至利用多种伪装欺瞒形式交互应用。例如，贩运者已企业化经营，掩饰成油品或贸易商，再以机油包装或货柜运输伪装先驱化学物质，甚至变造文件欺瞒官员。因此，先驱化学物质可以透过贸易形式，进行远程买卖规避风险。在实际案例中，即曾缉获从韩国假冒纺织品进口方式，运送先驱化学物质。值得注意的是，鸦片制剂与先驱化学物质之贩运者及路线，几乎是重叠的，甚至出现在一地卸下先驱化学物质，同车再装载鸦片制剂回程之现象。[18] 先驱化学物质对毒品防制的危害，不仅将出现新兴替代化学物质，以规避法令管制；而且，地下化学工厂的泛滥以及贩运手段，都将考验跨境执法合作的效能。[19]

可见，涉毒恐怖犯罪衍生毒品贩运路线与特殊模式，不仅其犯罪行为样态与犯罪活动，具有不同层次动机，也难以由单一部门或措施，达成犯罪处罚、社会控制效果。事实上，涉毒恐怖犯罪之特殊性，还取决于与当地的社会组织与结构关系，显然存在一定的互动关系形式，以及运作概念之要素。

---

〔16〕 United Nations Office on Drugs and Crime, *Addiction, Crime and Insurgency: The transnational threat of Afghan opium*, p. 73.

〔17〕 同上书，p. 67.

〔18〕 同上书，pp. 68 & 74-75.

〔19〕 United Nations Office on Drugs and Crime, "World Drug Report 2014," p. 93.

四、涉毒恐怖犯罪的互动形式与运作概念要素

近年来，新兴涉毒恐怖主义之所以引人注目，可从阿富汗毒品向中亚、南亚、东南亚、非洲等地之贩运路线。对照路线所经过的地区，吾人可以发现，其间的暴力恐怖活动，武器、人口贩运与洗钱等跨境有组织犯罪，几乎与阿富汗毒品贩运路线相互重叠。显然，涉毒恐怖犯罪应已与当地社会组织与结构关系，存在一定的互动关系形式，以及运作概念之要素。

（一）暴力恐怖活动之心理鼓舞与掩护作用相互关联

暴力恐怖活动与当地社会组织与结构关系，通常先利用因特网技术进行人员吸收。例如，暴恐组织在网络上发布些思想宣传视讯，却未必采取聊天互动，导致安全机关网络监控难度提高。此外，则藉由非法传教、地下讲经，在形成传播点后，进而利用诈诱拐骗式聚会手法、口耳相传等传统形式，对周边人进行“洗脑”，来发展组织影响力。其等常用“圣战殉教进天堂”“真理召唤”等理论进行宣传，煽动人们在“战场”实现雄心壮志。由于，“伊拉克与黎凡特伊斯兰国”新兴恐怖组织(The Islamic State of Iraq and the Levant，ISIL[ISIS]，简称伊斯兰国，ISIS)崛起，显然已对中国暴恐组织形成心理鼓舞作用，让它们觉得有用武之地，所以偷渡前往伊拉克、叙利亚等地，加入“圣战”的兴致乃更为高昂。从而，导致“迁徙圣战”屡见不鲜。

（二）涉毒恐怖犯罪低罪恶感且无被害者

新兴涉毒恐怖犯罪，不仅难于与恐怖分子运动、暴力危害、有组织犯罪区分，而且彼此的策略与建构资源已越加相似。其实，所谓涉毒恐怖犯罪，即系指贩毒者使用暴力，影响政府或阻挠政府取缔毒品买卖之行为，它已明显有别于一般的毒品犯罪行为样态与犯罪活动。即使，涉毒恐怖主义原发展自中南美洲地区，而今，该地区毒品贩运已进入中国澳门，甚至辗转进入中国大陆、台湾地区、香港地区。涉毒恐怖犯罪最主要之危害，乃在于恐怖组织利用毒品贩运，筹措资金、发展组织甚至衍生出来的跨境犯罪。[20] 阿富汗与远程中南美洲涉毒恐怖犯罪，不仅经常与跨境犯罪相复合，而且所衍生出的犯罪型暴力，都将对两岸暨港澳地区共

〔20〕 Amy Zalman，“Types of Terrorism：a guide to different types of terrorism.”

同安全构成新兴危害。换言之,吾人若欲提高刑事政策的影响力与贡献度,应用整合论犯罪学概念架构,论述涉毒恐怖主义与跨境犯罪相互复合的新兴情势,显然是务实的可行途径。

涉毒恐怖主义复合跨境犯罪的新兴情势,不仅对应着恐怖组织离散化之趋势,也使得涉毒恐怖犯罪更为分流化与隐匿,从而转移、淡化信奉伊斯兰教教义者,种植鸦片罂粟、贩运毒品之罪恶感。同时,又得以调整使用爆炸之传统恐怖袭击手段的消极、血腥观感,进而吸引组织外部之同情、支持。再者,涉毒恐怖犯罪虽非对生命财产造成明显而立即之危害,且其等行为与被害者间并无明确因果关系。然而,却凸显毒品对远程与周边之高强度危害,包括威胁人员身体健康、诱发地下非法经济,甚至造成官员贪腐与袭击执法人员。涉毒恐怖犯罪将令人改变对跨境有组织犯罪之传统认识,亦即过去以为该犯罪具有制式阶层组织、自鄙为社会边陲群体,人们通常都将之视为公部门执法问题,在防制犯罪上缺乏社会参与空间与效能感。而今,涉毒恐怖犯罪不仅会应用科技改变组织模式,且自视为上层社经人士足以对政治、法律、经济政策产生影响,进而经营慈善事业、传播媒体以左右视听。[21] 甚至合法企业渗透,从事大规模武器与战略资源买卖。[22]

质言之,涉毒恐怖主义复合跨境犯罪的新兴情势一涉毒恐怖犯罪,因上揭社会组织与结构关系,不仅伴随低罪恶感、造成无被害者现象,更衍生为特定的互动关系形式,以及运作概念之要素。甚至,防制涉毒恐怖犯罪,已非单一国家、部门所能充分应对,抑或只作为反毒、移民等片面刑事政策议题所能包括。相对的,应该对涉毒恐怖犯罪新兴危害,出于整合论犯罪学更具创新的认识架构,将更有助于防制危害扩溢之合作。

(三)呈现涉毒恐怖主义复合跨境犯罪新兴情势

土耳其军队,于 2015 年 4 月 10 日,曾在边境逮捕 134 名涉嫌非法入境的外国公民,其中包括 6 名中国公民。此系土耳其近期来第三次在边境截获中国公

〔21〕 Moisés Naím, "Mafia state: organized crime take office," *Foreign Affairs*, Vol. 91, No. 3, May/ June 2012, p. 109.

〔22〕 Jeanne Giraldo and Harold Trinkunas, "Transnational crime," in Alan Collins eds., *Contemporary security studies* (Oxford: Oxford University Press, 2010), p. 431.

民，加上前两次拦截，已截获至少 23 名中国公民，据信他们企图前往叙利亚加入新兴恐怖组织“伊斯兰国”。越来越多的迹象显示，新疆“东伊运”等“三股势力”与“伊斯兰国”逐渐出现合流趋势。其等加入“伊斯兰国”有两种途径，一是赴叙利亚和伊拉克直接加入“伊斯兰国”；二是到东南亚参加“伊斯兰国”在当地的分支。“迁徙圣战”之所以选择东南亚，显然系因新疆边防管控相对严密，乃转而由中国西南边境广西或云南等地偷渡出境。〔23〕

在相当长时间内，亚太地区几乎是远离“伊斯兰国”的威胁，但从上揭情势演变看来，“伊斯兰国”对亚太区域安全的威胁却已渐成现实。但随着公安部门加大反恐力度，“迁徙圣战”为掩人耳目，不仅已由传统的固定偷渡路径，转变为多途径“存在不同性质的偷渡犯罪”，分散到土耳其、叙利亚、印度尼西亚以及吉尔吉斯斯坦。而且，就整合论犯罪学概念看来，“迁徙圣战”所需要的经费、资源与人力，更有赖组织性跨境犯罪来维系。显然，应用合法企业渗透（infiltration of legal business）复合毒品贩运的模式，最有利于“迁徙圣战”之运作。

而今，就在今(2015)年 8 月 17 日，泰国曼谷巴吞旺县知名景点四面佛，发生爆炸恐怖袭击事件，才让人们惊觉恐怖主义复合跨境犯罪的现实，已无地缘远近之分别。事实上，与其追查此案是否与国际恐怖组织有直接关联，毋宁检视其危害情势与防制趋势。因为，吾人得了解并警惕暴力恐怖行动，既能离散化运作；相对的，有些部分又组织性强度，甚至产生跨境威胁的高风险危害，重点是如何在全球扩张其非法利益。故而，此案涉嫌人，具有何种跨境犯罪样态与活动特性，不仅可以推论其等不同的层次动机、社会组织与结构关系；同时，也可发现其间的交互或互动关系的形式，以及运作概念之要素。故而，考察这些动机、结构关系以及运作要素，显然以毒品贩运与跨境犯罪最具效能，不仅犯罪低罪恶感且无被害者，又能发挥心理鼓舞与掩护作用。依此推论，东南亚不仅会持续出现如菲律宾恐怖组织宣布效忠“伊斯兰国”之现象，也让“伊斯兰国”易于招募“圣战士”。甚至，被强势社会所压迫的缅甸罗兴亚人、马来西亚与菲律宾的摩洛人、泰国南部的伊斯兰社群等，亦可能成为“圣战士”生力军。值得警惕的是，当其与中国暴力恐怖活动

〔23〕“土耳其截获 23 名中国籍 ISIS 成员”(2015 年 4 月 14 日)，2015 年 9 月 21 日下载，大公网 http://news.takungpao.com/world/roll/2015-04/2971632.html.

产生联系时，也将较中东、中亚恐怖分子来得更易于掩饰。

五、涉毒恐怖犯罪的新兴防制趋势

由上揭“存在不同性质的偷渡犯罪”之新兴情势看来，可推论出暴力恐怖犯罪组织、“迁徙圣战”与涉毒恐怖主义之间，同时存在着扩溢路径与彼此活动所在区域，具有相互关联的特性。从而，吾人不仅可合理推论东亚地区，正面临中亚、西亚涉毒恐怖主义危害；同时，也验证本文概念架构，说明涉毒恐怖犯罪已与当地社会组织与结构关系，存在一定的互动关系形式，以及运作概念之要素。因为，涉毒恐怖犯罪将决定恐怖袭击动机与能力。从而，认识涉毒恐怖犯罪之新兴情势，其运作概念之要素，以及组织与结构关系，无非就是涉毒恐怖主义复合跨境犯罪的过程。换言之，藉由更具创新的认识架构，了解涉毒恐怖犯罪，将有助于提升吾人在反恐刑事政策的影响力与贡献度。

概括而言，整合论犯罪学并非刑事政策上全新的发明，其内涵是针对当吾人面临跨部门合作、多领域整合之需求时，能在心理与态度上带来认识架构的制度创新。然而，整合论犯罪学概念架构，能否成为涉毒恐怖犯罪的新兴防制趋势，还系乎人们得有意识且系统性的学习整合方式，改进各部门过于分工缺乏整合的漏洞，才有助于各种不同反恐职能的部门，导引出新颖且更具效能的策略与战略，甚至实现全新的神气活现(divine)防制行动。[24]

而今，随着各种不同层次的反恐合作机制加大，固然有助于摧毁恐怖核心组织，而公安部门缺乏整合的反恐漏洞，却强化恐怖主义犯罪心理。相对的，若得进一步认识涉毒恐怖主义复合跨境犯罪，了解其原生、扩溢与远程等各种不同易变行为样态，其实也就意味着创新反恐战略的认识高度。不仅将因此改变原有的本位主义或片面认知，而且原本的消极、守势反恐态势，也将转向积极防御，发挥整合与主动防制效能。事实上，整合论犯罪学并非凭空出现，其内涵只在于心理与态度上，能对防制涉毒恐怖犯罪需求，有所改变创新而已。换言之，当各部门之间更具创新的认识架构，不仅将决定防制涉毒恐怖犯罪的合作效能，也证明本文所提整合论犯罪学研究架构，对创新刑事政策应用价值，有一定效度。

---

〔24〕 Anthony Vinci，“Waiting to Win：from Deterrence to Deferrence in the War on Terror，” pp. 10-11.

显而易见，涉毒恐怖犯罪已超越传统执法合作范围，指涉跨域合作与全球治理之执法安全范畴。在执法合作上创新整合论认识，将有助于认同、接受彼此合作的必要。事实上，整合论并非要专门耗费成立特别机构，或组织重整却又叠床架屋，而是为促进打击跨境犯罪、反恐怖主义、领土安全，衍生出有效交换信息与情报的技术与解决问题的机转或方案。整合论甚至为机关或部门间创新合作空间，它不仅是由部门整合的制式执法合作观念，朝向创新执法安全领域之递移，而且也经由合作打击犯罪，创新共同安全意识，进而优化公私部门跨域合作空间。

两岸暨港澳地区防制涉毒恐怖犯罪，也可彰显犯罪防制与安全政策的关联性，并有助于创新全球反恐话语权之应用。因为，在地的暴力恐怖活动，经常是与全球或区域跨境犯罪相复合。若两岸暨港澳地区进一步应用共同安全意识，论述帮派犯罪、有组织犯罪、恐怖主义、暴力犯罪与未来犯罪防制行动研究，不仅有利于与全球反恐行动进一步整合，也有助于情报、执法、侦查、审判部门检视本身职能的特殊贡献，捐弃既有包袱、成见与自利心态，进而为跨部门合作、多领域整合创新范畴，却不减损各自原本权能。

六、结论

研究发现，应用整合犯罪学概念，不仅有助于人们了解涉毒恐怖犯罪所涉及的问题范畴，认识其所复合的不同层次动机、社会组织与结构关系之犯罪特性；更有意义的则是，基于这整合模式的研究途径，将有助于跨部门合作、多领域整合的制度创新。

目前全球对恐怖主义并无一致之定义，固然有其现实因素，但却不能阻止防制恐怖主义之合作。相对的，即使台湾地区仍非恐怖主义直接袭击之目标，若因不了解恐怖主义新兴情势，不仅可能使得反恐刑事政策或亚太区域安全上出现漏洞，甚至让台湾地区因而被边缘化。质言之，当吾人认知到一般的毒品、人口、武器贩运或洗钱犯罪案件，已系涉毒恐怖犯罪的远程或易变行为样态时，也就意谓其扩溢危害已成为共同现象，该所谓的犯罪现象，显然应成为区域或全球的共同安全议题。

暴力恐怖活动、“迁徙圣战”与涉毒恐怖主义之间，同时存在着扩溢路径以及彼此活动所在区域相互关联之特性。然而,在其等路径与区域中,却有不同的易变行为样态,若仍将其片面的视为一般犯罪案件,势必限缩反恐合作与善良治理效能,从而加剧涉毒恐怖犯罪趁机坐大。可见,未来反恐合作效能,还系于如何从整合智谋上防制涉毒恐怖犯罪,以有效防制其危害扩大。故而,论述新兴涉毒恐怖犯罪情势,事实上就是一种防制整合策略,不仅有助于缩减反恐合作的认知差距与障碍,更可促进军事安全、情报执法与犯罪侦查不同部门之间的共同安全观,进而体会本身职能与共同安全之互利内涵,发挥各自影响力与贡献度。

电信诈骗犯罪境内防治体系之构建

邹菲菲*

“在我国，通常认为，电信诈骗犯罪是指犯罪分子为了非法占有他人的财物，通过现代通信技术手段向他人发送各种虚假语音书面信息，使对方在轻信虚假信息后通过各种方式自愿将其财物交付给犯罪分子的行为。”[1]

电信诈骗犯罪的社会危害日益严重，随着金融、网络和通信技术的迅猛发展，电信诈骗的犯罪形态也由低级转为高级，不仅以组织结构完整的有组织犯罪的形态出现，而且运用更多的科技支持，并在犯罪行为地域分布上更多的选择跨境犯罪，采用犯罪集团窝点在境外，犯罪各环节行为人在境内，境外指挥，境内执行的模式。其作案技术含量更高、组织更加严密、分工更加明确。与普通诈骗犯罪相比，电信诈骗犯罪在发生的场域，侵害的法益与犯罪形态上都有其特殊性，本文结合近期电信诈骗犯罪的相关数据，对现行法律规定存在的不足以及缺乏一个整体电信诈骗防控机制的现状进行分析，建议构建完整的电信诈骗犯罪的防治体系。

---

* 澳门大学法学院博士生。

〔1〕 谢连燊：《电信诈骗的防控体系研究》，载《法制与社会》，2011(5)。

一、电信诈骗犯罪的外部环境和特点

(一) 外部环境

1. 通信行业迅猛发展

随着通信网络技术的蓬勃发展,人们已迈入信息技术时代,在信息的传递和交换方式上发生了巨大变化。电话、手机、短信、电子邮件、视频等各种现代化的通信工具,使人与人之间的沟通不再受到距离的限制。工信部数据显示,“截至2015年3月,我国移动电话用户总数达到12.9亿户,普及率达94.6部/百人,全国共有10个省份移动电话普及率超过100部/百人,分别为北京、广东、上海、浙江、福建、内蒙古、江苏、辽宁、宁夏、海南,其中前5省(区、市)移动电话普及率均突破110部/百人。移动宽带用户总数达到6.4亿户,较上年末提高4个百分点。3G用户加速向4G用户转换,4G用户持续爆发式增长,3月净增2388万户,总数达到1.62亿户,占移动电话用户的比重达到12.5%。互联网宽带接入用户净增137.2万户,总数达到2.04亿户。移动互联网用户规模近9亿。宽带基础设施日益完善,光纤宽带网络加速建设。”〔2〕

2. 银行卡的普及应用和电子商务的迅猛发展

银行卡以其方便、快捷、安全等优点成为人们消费支付的重要手段,并由此形成了完善的全球性信用卡计算机网络支付与结算系统,为电子商务中的网上支付提供了重要手段。“截至第一季度末,全国银行卡在用发卡数量49.99亿张,较上季度末新增0.63亿张,环比增长1.28%。全国人均持有银行卡3.69张,其中,人均持有信用卡0.31张。第一季度,全国共发生银行卡交易177.79亿笔,金额151.84万亿元。第一季度,全国银行机构共处理电子支付业务227.39亿笔,金额772.54万亿元。其中,网上支付业务71.24亿笔,金额602.93万亿元,同比分别增长12.79%和109.53%;电话支付业务0.49亿笔,金额2.87万亿元,金额同比增长132.20%;移动支付业务13.76亿笔,金额39.78万亿元,同比分别增长108.85%和921.49%。”〔3〕

---

〔2〕《2015年3月通信业经济运行情况》,中华人民共和国工业和信息化部网站,网址:http://www.miit.gov.cn/n11293472/n11293832/n11294132/n12858447/16548851.html,最后访问日期:2015年8月29日。

〔3〕 中国人民银行《2015年第一季度支付体系运行总体情况》。

银行卡的普及应用，使我国社会进入电子货币时代，随着银行卡网络在境内外的不断延伸和完善，资金的流动与提取不再受到传统时空的限制，变得更加快速便捷，网上银行和网络支付迅速发展起来。“据中国电子商务研究中心监测数据显示，2014 年我国网上银行个人客户数达到 9.09 亿户，新增 1.5 亿户，同比增加 19.71%；交易笔数达 608.46 亿笔，同比增加 21.59%；交易总额达 1 248.93 万亿元，同比增加 17.05%。”[4]全球上网用户呈级数增长趋势，快捷、低成本的特点为电子商务的发展提供了应用条件。“据全国工业和信息化工作会议披露，在过去的 2014 年，电子商务交易额超过 12 万亿元，增幅达到 20%，电商将替代传统零售行业说法也在不断地被验证，高速增长让传统零售行业感到咄咄逼人。”[5]越来越多的人参与到电子商务中，并选择网上交易，这也就意味着电信诈骗犯罪分子的潜在犯罪对象日益增多。

3. 个人信息保护法的缺位

随着互联网渗透到人们工作生活的各个领域，个人信息通过网络平台也进行着大规模的传输，当人们为了办理银行卡、会员卡、网上购物、求职应聘、物业登记等事务录入个人信息时，那些存储进数据库的个人信息就有了潜在的危险。一些不法分子以偷盗或交易个人信息牟利。社会上出现了大量兜售房主信息、股民信息、商务人士信息、车主信息、电信用户信息、患者信息的现象，并形成了一个新兴的产业。比如，个人在办理购房、购车、住院等手续之后，相关信息被有关机构或其工作人员卖给房屋中介、保险公司、母婴用品企业、广告公司等。银行信用卡客户数据泄露现象也颇为严重，一条条包括姓名、电话、地址等完整隐私的信用卡开户数据，在网络上公开贩卖。在微信及一些电子商务平台，“销售行业资料群”也大量存在，非法买卖个人信息已成新兴产业。我国法律中对于个人信息的保护并没有形成体系，最直接的是《中华人民共和国刑法修正案（七）》对 253 条增加了部分规定。[6] 除此之外，虽然在《宪法》《民法通则》《侵权责任法》等法律规范对个

[4] 中国电子商务研究中心网站金融数据，网址：http://b2b.toocle.com/detail--6245694.html.

[5] 2015 年中国电子商务门户大会网站金融数据，网址：http://www.cnindustry.org.

[6] 《中华人民共和国刑法修正案（七）》第 7 条：“国家机关或者金融、电信、交通、教育、医疗等单位的工作人员，违反国家规定，将本单位在履行职责或者提供服务过程中获得的公民个人信息，出售或者非法提供给他人，情节严重的，处三年以下有期徒刑或者拘役，并处或者单处罚金。窃取或者以其他方法非法获取上述信息，情节严重的，依照前款的规定处罚。单位触犯前两款罪的，对单位判处罚金，并对其直接负责的主管人员和其他直接责任人员，依照各该款的规定处罚。”

人信息的保护有所规定，但这些规定往往是很零散的，只能从有关人权、人格尊严保护方面寻得依据，缺乏系统性的专门立法。对于网络化背景下个人信息保护的原则、信息主体所享有的权利、个人信息在被损害时的责任认定等都还没有明确的规定，缺乏追责惩罚性条款，造成法律适用上的障碍，为电信诈骗犯罪分子以他人身份信息办理身份证、开设银行账户、获取潜在受害人个人信息资料提供了有利条件。

（二）电信诈骗犯罪的特点

1. 犯罪行为跨境跨区域趋势明显

计算机通信网络的广域网（WAN）可以连接多个城市或国家，或横跨几个洲并能提供远距离通信，形成国际性的远程网络。计算机通信网络的空间跨越性显著扩大了犯罪者的犯罪能力，犯罪分子利用便利的通信网络，逐渐形成跨境跨区域的有组织犯罪集团。

“2015 年 4 月、5 月，广东省公安厅组织深圳、珠海、江门市公安机关，与印度尼西亚、越南警方成功合作，连续侦破两起特大跨境电信诈骗系列案，涉案金额高达 7000 多万元。”[7]这两起大案的犯罪窝点分别设在印度尼西亚巴厘岛和越南胡志明市。为了躲避中国警方的追捕，越来越多的犯罪集团选择跨境跨区域作案，犯罪组织内各环节分散在不同区域，为案件的侦破带来更大挑战。

2. 犯罪组织分工专业化、运营公司化

电信诈骗犯罪的各个环节呈现出了越来越强的专业化趋势，犯罪行为具有明确分工，以公司化形式运作。“从目前已破获的案件来看，跨境电信诈骗团伙一般分为投资层、经理层和操作层三个层面，在操作层面又分为发短信或拨打电话、接听电话、开设银行账户、取款、培训等若干独立单元；在单元内部仍有细分，如取款组、资金调拨组及监察组等，通过明确、细致的分工，犯罪团伙通过多个环节共同实施诈骗。”[8]越大规模的电信诈骗团伙，其团伙成员的专业化程度越高。团伙整体往往具有完善的犯罪机制和流程，单就其诈骗所用借口而言，就是由专门的策划人员精心设计的。有专门负责写“剧本”的编剧，有专门提供技术支持和维护的技术人员，还有专门为新入行的犯罪人员进行培训的培训人员。

---

〔7〕《广东侦破 7000 万跨境电信诈骗案　网络诈骗一年翻一倍》，载《羊城晚报》，2015-06-02。

〔8〕王世卿，杨富云：《新技术条件下我国跨境有组织经济犯罪研究——以电信诈骗和银行卡犯罪为视角》，载《中国人民公安大学学报》（社会科学版），2012(4)。

3. 犯罪手段非接触性、隐蔽性强

非接触性一方面指电信诈骗行为人与受害人之间不发生直接接触，即犯罪行为人通过电话、短信、微信、QQ 等各种媒介与受害人联系，并伪造电话号码、身份等特征，使受害人在未见到行为人的情况下就被骗走钱财；另一方面是指“电信诈骗流程的各环节在时间、空间上高度分离，互不认识或不见面，甚至分处于多个国家和地区，各个环节之间按照‘第三方’的指令或通过电信联通信息，司法机关难以进行全面打击处理，难以做到连根铲除。”〔9〕

4. 犯罪集团组织机动性强

电信诈骗犯罪集团中各环节独立性较强，犯罪人员可以固定服务于一个犯罪组织，也可以同时为几个诈骗团伙服务，而且有些环节还采用服务外包方式完成，给案件侦破带来很大困难。“去年 7 月，武汉警方曾远赴柬埔寨，侦破武汉首例远程控制操作转账电信诈骗案，抓捕 80 名犯罪嫌疑人归案，涉案金额达 1700 万元。在这起案件中，犯罪链条复杂，犯罪团伙中设有指挥组、技术组、话务组、剧本编制组等，取款则外包通过层层转账完成。在柬埔寨案件中，警方派了 30 人去银行查账，半个多月才查清资金流向。而在这起堪称成功的跨国追捕案例中，也未能将躲在中国台湾地区的主犯抓回。在警方已经破获的案件中，抓获最多的往往是取款人，但是取款人可能和作案人根本不认识，只不过是雇用关系。”〔10〕可见，犯罪集团可适时解散或合并，各操作小组相互独立又可随意组合，而最易被抓获的取款人大多并不了解整个犯罪集团的情况，甚至不知在为谁取款。

5. 作案手段技术含量不断提高，作案手法不断翻新

通过 2004 年以来多起电信诈骗案件进行分析后发现，电信诈骗的犯罪手段不断更新：从 2004 年的发送中奖信息、发短信获话费，2005 年的短信通知信用卡被盗刷，2006 年的信用卡异地消费，2007 年的以购房购车退税方式诈骗以及“猜猜我是谁”方式诈骗，2008 年的“电话欠费、安全账户、资金保全、退税、退款、补贴、节目中奖、冒充老师医生、炒股投资、放贷、网络购物出问题、冒充公检法等国家行政机关工作人员”等名目相继出现，2009 年出现“房东汇款短信”形式诈骗，同年，公安部组织开展“打击电信诈骗犯罪专项行动”，电信诈骗犯罪分子的气焰

〔9〕 吴照美、许昆：《两岸跨境电信诈骗犯罪的演变规律与打击机制的完善》，载《青海社会科学》，2014（4）。

〔10〕 郝洪、程远州：《电信诈骗新招：短信链接藏木马　假冒网站搞“通缉”》，人民日报，2015-05-04。

并没有被熄灭，而是开始向国外、境外转移并改进了技术，作案手段更具有隐蔽性和迷惑性。如2010年出现“邮包藏毒”名目的电信诈骗，2011年出现冒充部队采购、冒称社保卡被透支的诈骗方式，2012年“网银升级”电信诈骗露头，2013年伪造的“网上通缉令”开始出现，2014年出现专门盗取手机银行动态验证码的木马软件，以及“到我办公室来一趟”的诈骗方式，2015年更是出现了扫描二维码植入木马程序进行诈骗的新方法。纵观电信诈骗犯罪手段的变化，纯电话诈骗案件所占比例有所下降，网络诈骗所占比例进一步增大，有持续蔓延趋势。

二、现有法律关于电信诈骗犯罪的规定及其不足

（一）现行法律规定

关于电信诈骗犯罪我国主要在刑法中做出规定，但现行刑法并未对电信诈骗犯罪规定单独罪名。从现有规定看，电信诈骗犯罪行为可能触犯的罪名主要有诈骗罪、妨害信用卡管理罪、招摇撞骗罪、非法获取公民个人信息罪、黑社会性质组织犯罪等罪名。针对目前电信诈骗犯罪使用高科技手段，还可能触犯《刑法》第287条规定：利用计算机实施金融诈骗盗窃贪污挪用公款窃取国家秘密或者其他犯罪的，依照本法有关规定罪处罚。但这条规定中的犯罪行为只是利用计算机网络诈骗犯罪众多手段中的一小部分，面对新技术时代所有的利用信息化网络化的设备实施的新型犯罪，在司法实践中，难免会导致出现无法可依的状况，而对于实施电信诈骗行为同时触犯多个罪名的情况，通常以牵连犯或法条竞合进行定罪处罚。

2011年，最高人民法院、最高人民检察院针对电信诈骗行为查处难取证难，诈骗数额难以查清的情况，出台了《最高人民法院、最高人民检察院关于办理诈骗刑事案件具体应用法律若干问题的解释》，对电信诈骗罪的定罪量刑标准做出了以下规定：(1)诈骗公私财物价值3000元至10000元以上、30000元至100000元以上、500000元以上的，应当分别认定为《刑法》第266条规定的“数额较大”“数额巨大”“数额特别巨大”；(2)利用发送短信、拨打电话、互联网等电信技术手段对不特定多数人实施诈骗，诈骗数额难以查证，但发送诈骗信息5000条以上的，拨打诈骗电话500人次以上的，或者诈骗手段恶劣危害严重的，以诈骗罪（未遂）定罪处罚；(3)明知他人实施诈骗犯罪，为其提供信用卡、手机卡、通信工具、通信传输通道、网络技术支持、费用结算等帮助的，以共同犯罪论处。

(二)从刑罚的根据来看现行法律规定之不足

如同盖好房子需要打好地基一样,建立一座成熟而又理性的刑罚理论大厦无疑也需要坚实牢固的根基,这根基就是刑罚的根据。

1. 从报应主义理论出发,现有刑罚不足以体现立法、司法之公正

根据现有法律规定,电信诈骗行为主要以普通诈骗罪定罪处罚,但较之普通诈骗罪,电信诈骗犯罪具有显著的特殊性。

第一,电信诈骗犯罪侵犯多重法益。其对财产法益的侵害是显而易见的,同时,电信诈骗犯罪主要通过通信网络在信息空间大量传播虚假信息来实行诈骗,侵害了信息法益。"信息法益是存在于信息空间中具有信息本质特征包含有人类创造性劳动的信息资源以及与之相关的权利,由于受到法律的保护而形成的权益,从整体上可划分为财产性法益和权利性法益。"〔11〕电信诈骗犯罪侵犯到多项信息法益。比如,公民的信息安宁权与信息环境权,"信息安宁权是信息社会的主体在信息化的生活中不被外界不必要因素干扰的权利,它依赖于其他的一切信息关系人不非法介入主体有序生活为保障,而电信诈骗犯罪所发送发布的各种垃圾信息充斥着信息空间,使人们的信息生活不胜其扰。"〔12〕电信诈骗的泛滥使人们日渐失去了对信息空间的信任,导致人们不敢回拨陌生电话,不敢接收陌生电子邮件,不敢阅读陌生号码发送的手机彩信等。"在一起医保卡盗刷案件中,浦东法院刑庭副庭长肖波通知被告人家属代缴罚金,可家属就是不相信这是法院打来的电话。"〔13〕长此以往,信息空间存在的基石将被动摇。另外,电信诈骗犯罪行为中会建立大量诈骗网站,无疑是对电信资源的侵害。

第二,电信诈骗的行为对象是不特定的多数人。犯罪分子通常使用短信群发机、邮件群发器等工具向不特定多数人发送欺诈信息,或购买大量公民电话号码逐一拨打,受害人遍布各个行业并分散于不同区域。较之普通诈骗犯罪,电信诈骗涉案范围更广,社会危害性更大。

第三,电信诈骗犯罪是典型的有组织犯罪,且其犯罪组织比其他犯罪组织更为复杂,表现为三个方面:一是涉案窝点多;二是犯罪嫌疑人数量大;三是公安机关追踪难度大。犯罪集团各环节相对独立,也可以说电信诈骗犯罪是由多个犯罪

---

〔11〕 黄德胜:《信息犯罪研究》,吉林大学博士学位论文,2010。

〔12〕 葛磊:《电信诈骗罪立法问题研究》,载《河北法学》,2012(2)。

〔13〕 李鹏飞:《电信"骗术"起底:击中痛点和弱点》,载《人民法院报》(第六版),2015-03-30。

组织纠合在一起，相对独立运作，相互利用谋利。犯罪团伙一般采用远程的、非接触性的方式作案，而且这类犯罪会借助于模拟号码、境外服务器、虚假信息开户等手段，反侦查能力强，公安机关追踪难度大。

根据报应理论，刑罚的对象是已然的犯罪行为，刑罚的意义和本质在于报应犯罪行为所造成的恶害，用刑罚所施加于犯罪人的痛苦来均衡犯罪行为的恶害和犯罪人的罪责，以实现社会正义的要求。它强调，设定刑罚量的依据是犯罪行为对社会造成的客观危害和体现于犯罪行为的主观罪责，刑罚的轻重应当与犯罪行为的严重性和罪犯主观罪责的大小相对称。然而，诈骗罪在立法时并未考虑到电信诈骗行为所侵犯的法益类型、行为类型之特殊性以及社会危害的严重性等特征。“尽管司法解释规定，对电信诈骗犯罪应酌情从严惩处，但这只是在司法实践层面因立法欠缺，不得已而适用诈骗罪这一兜底罪名的办法，诈骗罪的刑法条文本身并不能完全体现出国家对电信诈骗行为的否定评价。因此，适用诈骗罪的罪刑规定，难以体现出罪刑相适应和区别对待的原则，有违刑法公正。”〔14〕

2. 从功利主义理论出发，现有刑罚不利于防控电信诈骗犯罪

与报应主义相对立，功利主义从未然之罪中去寻求刑罚的合理限度，关注的是刑罚权行使的社会功利性，它认为，无论刑罚对已然之罪的事后报应多么公正，都不可能弥补犯罪所造成的伤害或恢复犯罪行为发生前的原状，强调刑罚作为社会防卫手段的必要性和合目的性，主张刑罚的目的是预防犯罪防卫社会，是实现国家预防犯罪目的必不可少的手段。

第一，电信诈骗犯罪预期刑罚成本不足以抗衡犯罪收益，难达预防犯罪的目的。电信诈骗犯罪破案率低，犯罪金额不易认定，且赃款追回难度大。犯罪分子诈骗得手后，资金迅速通过地下黑钱庄转移到境外，这就牵涉到司法协助等方面的实际问题，如果案件涉多米尼加这类未与我国建交的地区，协调打击就很困难。即使赃款没有转移到境外，犯罪团伙通过网络转账，短短几分钟内就可以把巨额赃款分散转移，分头再取，追赃困难重重。“电信诈骗案件武汉警方破案率1%～2%，能够追回的资金更是寥寥无几。每年大量的涉案资金被转移到了台湾地区，但是台湾地区没有和大陆建立打击电信诈骗、退还钱款的工作机制。而仅发生在境内的电信诈骗案件上海警方的破案率只维持在10%～20%之间，跨国

〔14〕 葛磊：《电信诈骗罪立法问题研究》，载《河北法学》，2012(2)。

案件破案率更低。"[15]这些情况,在一定程度上降低了刑罚的确定性。刑罚的确定性与刑罚的严厉程度应成反比,如贝卡利亚所说:"如果让人们看到他们的犯罪可能受到宽恕,或者刑罚并不一定是犯罪的必然结果,那么就会煽惑起犯罪不受处罚的幻想。"[16]当刑罚确定性降低时,现有法律规定的刑罚就显得过轻了,犯罪分子对刑罚成本的预期较低,而犯罪收益巨大。"如果有10%的利润,资本就保证到处被使用;如果有20%的利润,资本就会蠢蠢欲动;如果有50%的利润,资本就会冒险;如果有100%的利润,资本就敢于冒绞首的危险;如果有300%的利润,资本就敢于践踏人间一切的法律。"[17]所以,较低的刑罚成本预期无法抵抗巨大的利益诱惑,难以达到预防犯罪的目的。

第二,现有法律规定刑罚配置单一,难以适应电信诈骗集团的犯罪成员配置,预防犯罪效果甚微。未成年人参与电信诈骗犯罪的案件越来越多,"上海市浦东新区人民法院对2014年以来审结的18件电信诈骗案做了分析,在18件电信诈骗案中,有7件被告人全部为未成年人。而2014年以来,浦东法院审理的各类未成年人涉诈骗罪案件一共才9件。"[18]而刑法中诈骗罪的规定并未针对未成年人做出特别规定,根据刑法规定,未满16周岁的未成年人实施诈骗行为不承担刑事责任,而其父母或监护人又难以对其进行有效的教育监管,所以,现有法律很难预防未成年人参与电信诈骗犯罪或者再次犯罪。

第三,犯罪集团组织结构机动性导致共犯的认定困难重重,不利于预防犯罪。司法解释关于共犯的规定,前提是明知他人实施诈骗犯罪。但是在电信诈骗犯罪中,犯罪成员之间往往单线联系,互不熟悉。从近年的司法实践看,在警方已经破获的案件中,抓获最多的往往是取款人,但是取款人可能和做案人根本不认识,只不过是雇用关系,这些被抓获的人员到案后往往以对案件事实不知情为由进行辩解,公安机关难以取得有效证据证明其与主犯有犯意联络,从而难以认定其有共同的犯罪故意,而主犯往往身处境外,难以归案。这种情况助长了犯罪集团的犯罪分子有恃无恐的心理态度,难以达到预防犯罪的效果。

---

〔15〕 郝洪、程远州:《电信诈骗新招:短信链接藏木马　假冒网站搞"通缉"》,人民日报,2015-05-04。

〔16〕 [意]贝卡利亚:《论犯罪与刑罚》,60页,北京,中国大百科全书出版社,1993。

〔17〕 邓林格:《公会与罢工》,36页,伦敦版,1960。

〔18〕 李鹏飞:《电信"骗术"起底:击中痛点和弱点》,载《人民法院报》(第六版),2015-03-30。

三、电信诈骗犯罪防治的域外考察

一些发达国家从 20 世纪 60 年代起，就已经开始对电信诈骗犯罪进行广泛研究，世界上很多国家也已经实行手机实名制，很多国家禁止国际 IP 线路随意买卖，这在一定程度上遏制了此类犯罪的发展。这对我国防治电信诈骗犯罪有着很好的借鉴意义。

美国于 19 世纪 60 年代末颁布了《综合犯罪控制与城区街道法》和《霍布斯反诈骗法》。美国联邦贸易委员会还制定了《联邦贸易委员会邮购或电话订购商品规则》《信用卡诚实记账法案》《电子资金转账法案》以及其他规章。规定了美国的手机用户采取实名制等措施。不仅如此，美国对公民个人信息的保护也做出了法律规定。美国于 1997 年公布的《全球电子商务框架报告》鲜明地彰显出了国家对于个人信息隐私保护实行行业自律的态度。该报告指出，美国政府对私人企业制定保护个人隐私政策的行为提供鼓励。1998 年美国以"在线隐私联盟"为渠道来进行公众隐私指引及指导，要求联盟内的成员必须落实联盟所发布的在线隐私保护政策，并依靠合法的渠道对个人信息进行搜索，联盟以对个人信息的优先保护为前提，要求任何公民信息在需要被使用之前必须征得对方的同意，以免个人资料遭受侵害，造成损失。

欧洲的许多国家用立法形式直接赋予手机用户短信息选择权。例如，欧盟国家在 2002 年就制定了《个人数据处理和隐私权保护指令》(2002/58/EC)，其中明确规定，手机用户享有信息的选择权，有权拒绝那些未经要求而提供的信息。

英国 1984 年正式颁布了《数据保护法》，该项法规有五篇四十三条，还有另外四个附件。这项法律制定了有关个人信息保护的八项原则，分别从信息获取途径、获取目的、持有信息期限、信息持有者的义务等方面做出了严格的规定，旨在保护个人信息不受非法侵害。

德国于 1977 年制定实施的《联邦数据保护法》采用了统一立法的模式，对个人信息进行统一、规范的法律保护。并于 2003 年通过了《联邦反垃圾邮件法案》。它规定，向用户推销商品和服务的手机短信均要征得用户的书面同意，从当晚 21 时至次日 8 时发送的广告须再次征得用户同意，如果发送非正常信息(如诈骗信息)，将追究刑事责任。德国的手机号码实行入网登记实名制，各运营商必须签订杜绝滥发行为协议。德国政府和监察部门也成立了一个"联邦手机短信处理中心”,负责处理有关违规者及解答普遍用户的问题。

瑞典于1973年制定了《数据法》和《瑞典资料库条例》,它们详细规定了有关数据资料在使用、收集和保管等方面的具体措施。瑞典的《个人信息法案》也明确对个人资料保护进行了具体的规定。

在亚洲的日本、韩国都明确禁止使用任意显号软件。日本的移动通信运营商曾动用270亿日元,引进新技术和新设备,使用户可以自动屏蔽那些一天内发送量超过200次的短信。此外,该公司还引进了用户可以自行在手机上设定短信地址的技术,使发信人无法按照电话号码向手机用户发送短信。

韩国早在2001年就开始采取一户一网、机号一体的手机号码入网登记制,并规定广告商在发布手机短信广告时,必须注明“广告”字样和发送者的单位、电话及手机号码,取得良好的效果。并且制定了《电子商务基本法》以确保个人信息在互联网背景下得以安全存在和使用。

四、我国电信诈骗犯罪的防治体系之构建

任何一种新型犯罪的产生都会引发法律缺失的探讨,都会引发人们向法律寻求解决方案的高潮。法律作为社会秩序调控的重要手段,应随社会发展与时俱进,然而只修改立法就足以防控犯罪了吗?一个法律完善的国家就不会有犯罪发生了吗?显然答案是否定的。因为法律不是社会调控的唯一手段,完善的法律制度最大限度地保障人们的行为有法可依,法律确定性高,但面对作案手段隐蔽又快速更新的电信诈骗行为,即使修改了立法,犯罪行为的侦破难、赃款追回难的现状也难以得到改善。所以,电信诈骗犯罪的防治不只是修改立法那么简单,需要社会其他层面的配合,需要削弱人们对刑法的完全依赖,建立一个完整的防治体系。笔者对境内防治体系的构建提出如下建议:

(一)刑法层面建议增设电信诈骗罪

关于电信诈骗罪,学者们阐述了不同的观点,提供了各种解决方案,主要观点有三种:一是建议增设电信诈骗罪的条文;二是不增设电信诈骗罪,降低诈骗罪的立案标准,加重刑罚力度;三是不改变立法,对电信诈骗行为适用诈骗罪法律条文规制。

笔者认为,应将电信诈骗犯罪从诈骗罪中分离出来,在刑法中增设电信诈骗罪。

(1) 将其定义为"通过计算机信息网络、电信设备等媒介传播虚假信息,诈骗公私财物的行为"。由于电信诈骗犯罪侵害多重法益,所以不论最终是否骗得财物,都造成了法益的侵害。不规定以非法占有为目的,降低入罪门槛,并相对于诈骗罪提高法定刑,优化配置自由刑与财产刑,提高罚金数额。

(2) 针对特殊身份的人,增设资格刑。由于电信诈骗犯罪中提供技术支持的人员专业化程度较高,有些犯罪行为人具有高级电信工程人员资格或者电信工程人员资格,所以针对可能存在的特殊身份之人,加设特别规定,如具有高级电信工程人员资格或者电信工程人员资格之人参与电信诈骗犯罪,以后不得再从事电信行业。这样有助于消除犯罪行为人犯罪的土壤,在一定程度上起到预防犯罪的目的。

(3) 增设电信运营商和银行为损害赔偿主体。早在 2013 年 5 月,工信部就向电信、移动、联通下发了关于在国际通信业务出入口局拦截改号电话的通知,并要求对网络设备条件进行升级改造,有效拦截。这表明运营商有义务、有能力对来自境外的改号电话实施拦截。2014 年 4 月,一位老人杨先生因被电信诈骗向法院提起诉讼,被告为广州电信公司,老人起诉广州电信公司来电显示服务存在巨大的安全漏洞。该案中,老人接到从"邮政局"打来的电话,便稀里糊涂被诈骗了 48 万元。2015 年 7 月,广州天河区法院对这起通信信息诈骗案做出一审判决,运营商没有按照约定准确显示来电号码,使得犯罪嫌疑人诈骗得手,应承担部分赔偿责任,判决广州电信公司赔偿杨先生损失 1 万元。虽然仅赔偿 1 万元,未能挽回杨先生的全部损失,也对运营商威慑力不大,但作为国内首例运营商为电信诈骗担责的案例,意义深远。这起案件的判决给运营商等部门履行安全监管、源头防范通信信息诈骗敲响了警钟。笔者建议,增设电信运营商和银行为赔偿责任主体,如电信运营商和银行等部门不切实履行安全监管责任,如出现未能履行源头拦截网络改号电话的义务,未能有效审查开户人身份信息等情况,应承担部分赔偿责任。

(4) 为犯罪组织提供取款、存款等辅助性工作的行为人,除有合理的理由,主观方面推定为知道或应该知道他人实施诈骗犯罪而提供帮助,以共同犯罪论处。

(二) 加快制定《个人信息保护法》

在个人数据资料保护方面,可以借鉴美国、英国等一些国家制定专门法律的经验,加快我国《个人信息保护法》的制定。美国联邦政府主张采取自律模式,欧洲国家则采取了国家立法主导的模式。笔者认为,我国应采取国家立法主导的模式进行规制。一方面针对政府部门公务人员,对利用公权力获得公民个人信息的公务人员故意或过失泄露的情况进行规制;另一方面针对金融、电信、教育、医疗等服务类行业的从业人员,对此类从业机构及其从业人员将在从业中获得的个人信息故意或过失泄露的情况进行规制。

(三)完善相关行业规范,加强电信运营商和银行的监管机制建设

如前所述,电信运营商有义务对来自境外的改号电话实施拦截,也应该对电信网络中存在的各种群呼群叫、群发短信等异常数据传输行为负有实时监控并限制的责任。而实践中电信诈骗犯罪的泛滥,不能不说电信运营商存在一定的监管不力之责。建议完善行业规范,对专业技术人员加强守法意识培训,避免技术人才误入歧途,并有效地督促电信运营商改进监管技术,实现有效监管。

电信诈骗犯罪人利用银行监管机制的漏洞,冒用他人信息或使用虚假身份证开设账户办理银行卡,在一定程度上造成了银行卡监管的混乱,公安机关难以追踪取证。而且,在公安机关冻结涉案银行卡过程中,由于银行设置的程序较为烦琐,各机构之间没能建立良好的联动机制,推延了冻结时间,为犯罪分子转移赃款提供了有利条件。建议完善银行业监管机制,对开户人进行有效身份审查,并制定紧急情况下冻结银行卡的简易程序。

(四)加大预防电信诈骗的宣传力度

媒体应积极宣传电信诈骗的预防知识,可采取公检法、银行、电信、媒体等部门相结合的方式,将近期侦破的电信诈骗案件在媒体上向大众告知,揭露犯罪分子做案手段、常见类型,受害人特征等。同时,呼吁人们加强对个人信息的保护,避免因身份证复印件的使用不当、填个人信息领取免费礼品、注册一些非正规商户的会员卡等行为泄露个人信息。并告知大众如果遭遇电信诈骗应如何以最快速度减少或避免经济损失。教育大众提高警惕,全民防范。

风险社会下澳门有组织犯罪之演变发展与防控对策

文立彬*

一、澳门有组织犯罪之演变与刑事立法之沿革

澳门和世界其他国家或地区一样，有组织犯罪的演变与当地的历史背景、社会情形和经济状况密切相关。所不同的是，澳门的有组织犯罪大多涉及争夺赌场利益。澳门有组织犯罪的起源可追溯至鸦片战争时期，在鸦片战争后澳门成了鸦片走私的转运站，而负责上落货的当地华人为了争夺利益和底盘就逐渐形成了各种组织，澳门有组织犯罪由此萌芽。由于公权力介入不足，间接助长了澳门有组织犯罪的发展势头。进入 19 世纪 70 年代末，澳门有组织犯罪依附着“黄赌毒”行业的发展逐渐发展壮大，造成有组织犯罪案件急剧上升，“14K”“水房”“胜义”“友联”成了澳门当时最大及最有组织的黑社会。澳门当时适用 1886 年《葡萄牙刑法典》，该部刑法典对澳门歹徒组织的实施行为和适用刑罚之间存在严重的不相称性，故有必要更新立法以加重刑罚。就此，澳葡当局在 1978 年 1 月通过了《歹徒组织法》(第 1/78/M 号法律)，试图遏制频发的有组织犯罪，但由于打击面过于狭

* 澳门科技大学博士生。

窄等原因，该部单行刑法未能完全发挥其应有作用。到了 19 世纪 90 代，很多香港的黑社会在香港回归前后跑到澳门的赌场进行放高利贷、操纵卖淫等活动，使得澳门本来就严峻的有组织犯罪活动变得更为复杂。为此，澳门立法会首先是参照了《葡萄牙刑法典》和《德国刑法典》，在 1995 年通过了新的《澳门刑法典》并在第 218 条规定了犯罪集团罪，该罪名与《葡萄牙刑法典》第 299 条之犯罪集团罪(Associacao criiminosa)基本相同，但澳门的刑罚较重；其次，澳门立法会于 1997 年重新制定并颁布了《有组织犯罪法律制度》(第 6/97/M 号法律)，规定了 9 个罪名，[1]同时废止了之前施行了近 20 年的《歹徒组织法》。《有组织犯罪法律制度》较之《歹徒组织法》，主要更新了两方面，其一是将黑社会的目的确定为“取得不法利益的好处”，替代了旧法规定的“以犯罪为目的”；其二是将黑社会组织的犯罪类型由原来的 12 种扩充至 21 种，扩大了刑法规制的范畴。实际上，《有组织犯罪法律制度》并非纯粹的刑事实体法，在其 43 个条文中，关于刑事诉讼程序的规定亦占有很大比例，因此该法属于综合性法律。

目前，澳门反有组织犯罪的刑事立法主要由《澳门刑法典》《有组织犯罪法律制度》《预防及遏止清洗黑钱犯罪》(第 2/2006 号法律)和《打击贩卖人口犯罪》(第 6/2008 号法律)构成。这几部刑事法律均未界定“有组织犯罪”之概念，而仅给出“黑社会”的法律定义。实际上，澳门的立法者无意或尽量回避将有组织犯罪和黑社会罪作严格的区分。换言之，有组织犯罪等同于黑社会罪。[2] 澳门在回归后，经过警方和各政府部门对有组织犯罪的严厉打击，现在澳门的有组织犯罪已得到控制，大部分的黑社会头目因黑社会罪被判入狱或已移民海外。同时，澳门目前有组织犯罪的发展趋势是操纵卖淫、贩卖毒品、非法读博、跨境贩运枪支和走私犯罪，且渗透政界和警界的犯罪活动十分少见。[3] 根据澳门检察院网站提供的统计数据，澳门检察院 2001 年至 2013 年间以有组织犯罪/黑社会罪起诉的案件数，从 2001 年的 10 件，经历 2009 年的 38 件，到 2013 年的 30 件，年均起诉量维持在

---

[1] 《有组织犯罪法律制度》(第 6/97/M 号法律)规定的 9 个罪名分别是：黑社会罪、以保护为名的勒索罪、自称黑社会罪、不当扣留他人证件罪、操纵卖淫罪、在公共场所可处罚的行为罪、联群的不法赌博罪、易燃或腐蚀性物质或物料罪和违反司法保密罪。

[2] 根据《有组织犯罪法》之规定，黑社会的定义以列举犯罪组织实施行为的方式做出。所谓黑社会，是指为取得不法利益或好处所成立的所有组织，而其存在是以协议、协定或其他途径表现出来的。

[3] 粤港澳三地警方正式启动“雷霆 15”联合打击有组织跨境犯罪专项行动，http://www.gdga.gov.cn/jwzx/jsyw/201506/t20150617_740905.html.

25件左右，呈现出整体数量稳定、局部波动式发展的情形。这表明澳门已经根据自身情况建立起了一套反有组织犯罪的法律防控体系并取得一定成效，但澳门刑事法律存在的立法恣意、罪名重叠和财产刑缺乏严重制约着澳门反有组织犯罪刑事防控体系效能的发挥。

二、风险社会视野下有组织犯罪之理性剖析

（一）风险社会的安全取向与刑法积极一般预防机能之契合

"风险社会并非具体某个国家或地区的历史状态而是当前人类社会的客观反映。"〔4〕自"风险社会"由德国学者乌尔里希·贝克首次系统性提出以理解和反思现代性社会，原本属于社会学范畴的风险社会理论，随着20世纪德国学者普里维特将此理论运用并发展于刑法学领域，该理论发展至今已经成为一种独立的刑法范式，即风险社会理论为刑事立法的发展开辟了一条新的路径——对传统刑法进行体系性的反思，在此逻辑下，刑法通过立法转变以积极应对风险社会下新型犯罪的挑战。上述有组织犯罪的发展态势正说明了包括澳门正处于风险社会背景下，科技的高度发展推动国家经济繁荣的同时也孕育了新型犯罪的土壤，而有组织犯罪恰为其例。故以风险社会理论来分析和化解当前严峻的有组织犯罪现状具有积极意义。在风险社会中，"风险"首先具有人为性，即人为制造的风险，显著区别于诸如地震、洪水等的传统风险；其次是国际性，指风险往往跨域国境，波及全球，如有组织犯罪由港澳台向内地进行渗透；再次为现代性，即风险与社会发展密切关联，如有组织犯罪者往往利用科技手段实现相互勾结；还有是危害性，即风险的威胁巨大，一旦发生则难以挽救；最后是不确定性，即风险处于难以控制的状态，一方面难以预警，另一方面补救困难。有组织犯罪属于风险社会背景下滋生的新型犯罪，故其具有上述风险之特性。因此面对人为制造的风险，施加刑罚的目的是为了避免这种危险行为给社会公众带来更大风险，以维护社会的长治久安。可知，风险社会的安全取向与刑法的保护防机能具有高度的契合性。强调刑法的保护机能，尤其是积极的一般预防机能，理由在于任何社会的良好运行都必须以安全秩序为基础。刑法作为风险社会下的一项社会行为规范，刑法应有所转变，从消极的、事后的规制手段向积极的、事前的规制方式演化，从而最大程度的

〔4〕[德]乌尔里希·贝克：《世界风险社会》，吴英姿等译，102页，南京，南京大学出版社，2004。

把控风险及保障安全。

（二）有组织犯罪法律属性之分析

第一，牟利性犯罪，且以获取垄断性经济利益为最终目的。犯罪经济学认为，人的犯罪行为同其他行为一样，都是理性选择的结果和表现，而效用的最大化是经济人意识的最大特点。只有以有组织犯罪这种形式才有可能实现利润最大化的经济目标。[5] 换言之，只有有效地将犯罪成员组织起来，通过既分工又合作的运作方式，才能实现犯罪能量的高效聚集和合理发散，既达到组织效能的最大化，也达到犯罪收益的最大化。与其他犯罪“打一枪换一个地方”的方式不同，有组织犯罪者通过在一定区域或行业内形成非法控制的手段，对资源进行垄断，进而获取垄断性的非法经济利益。有组织犯罪获取非法巨额利润的行业，主要包括走私毒品、操纵卖淫或者介入经济纠纷，收取保护费等。在积累足够的资本后，如今的有组织犯罪与以往不同的是，正逐步向合法领域渗透，一方面是为了逃避打击，另一方面是谋求利益最大化。其发展途径可归纳为：以合法企业的身份为掩护，引诱社会闲散人员为打手，采用压制性手段强买强卖、驱逐对手，实现对本地区或本行业的经济活动的控制，达到经济利益最大化的最终目的。在风险社会的语境之中，强调风险控制和安全诉求，而有组织犯罪在侵蚀澳门现行制度之余还常常引发诸多下游犯罪，因此一方面将有组织犯罪纳入刑法范畴具有正当性，另一方面将遏制经济来源作为反有组织犯罪的工作重点具有合理性。

第二，暴力性犯罪，且以实施软暴力为发展趋势。暴力无非是有组织犯罪谋取经济利益和扩张势力的基本手段，也是该组织内控制成员和维持组织存在的必要方式。但随着有组织犯罪的演化，获取非法利益和强化势力范围的途径呈现多元化发展，即有组织犯罪者除了采取原始暴力外，更倾向于采用集体心理威慑、合法领域渗透和寻求政治保护伞的方式达到牟利目的，这同时使得有组织犯罪的隐蔽性日益增强。虽然说有组织犯罪仍具有显著的暴力性特点，但采用直接暴力的行为方式注定是短命的，一方面由于法律的严峻打击，另一方面手段的多样化更易于达成犯罪目的，进而促使有组织犯罪在行为方式上由采用原始暴力转变为实施软暴力。软暴力具有多种样态，如言语威胁、动作恐吓、跟踪纠缠、出场摆阵等。即便在必须要使用原始暴力的场合，组织者常常要求打手们把握分寸，做到伤而

---

〔5〕 宋浩波：《犯罪经济学》，23 页，北京，中国公安大学出版社，2002。

不重、重而不死。这种有组织犯罪的发展态势，既能造成社会心理上的威慑，达到打击对方、扩张势力、牟取暴利的目的，又增加了司法机关及时侦破和有效打击的难度。因此，有必要针对有组织犯罪这一特征设置特殊的追诉方式。

第三，组织性犯罪，且在组织内部有细致而明确的分工。在牟取暴利的共同动机支配下，有组织犯罪成员之间已经形成了有序的层级，有明显的头目和从属之分，这使得组织犯罪行为的计划性和协同性进一步增强，法益侵害性亦由此加重。在这样的犯罪组织结构中，外围成员具有高度的流动性，核心成员规模较小且隐匿性强，使其借助于各种通信工具指挥犯罪、谋取暴利，同时躲避打击。从区域性的视角考察，有组织犯罪正朝着区域化、国际化的方向发展。澳门黑社会正不断地向内地发展成员，不断催生两地犯罪组织进行跨区域的犯罪，如近年来频频发生的贩卖毒品案件、网络诈骗案件及跨境暴力催讨赌债案件等。就此，粤港澳的警方每年都会开展一次"雷霆"行为，针对有组织犯罪展开缜密侦查和严厉打击，这对于打击区域性有组织犯罪无疑具有积极作用。我们应该看到，有组织犯罪不同于个人犯罪和共同犯罪，就犯罪心理而言，"有组织犯罪不论其组织规模大小，都不是一个独立的心理实体而是一种表现为犯罪组织的价值、态度以及适合于有组织犯罪的气氛、倾向或集团的行为定式。"[6]有组织犯罪成员的心理特点可归纳为：心理兼容，关系融洽，配合默契。有组织犯罪活动被警方破获时，成员之间往往相互袒护，攻守同盟。因此，在澳门刑事法律的发展路径规划中，如何有效预防和打击有组织犯罪成了一个需要体系性思考的问题。

三、澳门反有组织犯罪刑事立法之瓶颈

在澳门刑法领域，特殊刑法[7]作为刑法典的补充，占据着重要的地位。有学者则直接指出："研究澳门刑法，如果只知《澳门刑法典》，不知澳门特别刑法，则谈不上对澳门刑法的了解。尤其是在罪名问题上，如果以为只要知道《澳门刑法典》分则规定的罪名就知道澳门有多少种犯罪，更是大错特错。为此，要知道澳门刑法所规定的犯罪，离开了特别刑法无异于鼠目寸光。"[8]可知，研究澳门反有组织

〔6〕 莫洪宪：《澳门有组织犯罪研究》，23 页，武汉，武汉大学出版社，2005。

〔7〕 所谓"特殊刑法"，是指刑法典以外的一切包含刑事责任的法律规范，包括"单行刑法"和"附属刑法"。

〔8〕 赵国强：《澳门刑法研究》，174 页，广州，广东人民出版社，2012。

犯罪的刑事立法必须立足于刑法典和附属刑法的基础上。通过研究,澳门反有组织犯罪刑事立法目前主要存在以下三个方面的缺陷。

(一) 立法恣意性

从反有组织犯罪的刑事立法模式考察,澳门与多数大陆法系国家或地区一样,采取刑法典与单行刑法结合的立法模式,即在适用刑法典一般规定的同时,另外制定单行刑法对有组织犯罪做出专门规定。如德国制定了《有组织犯罪法》、日本出台了《暴力集团对策法》、台湾地区颁行了"组织犯罪防止条例"。澳门反有组织犯罪立法以《有组织犯罪法律制度》为主体,并补充适用其他刑事法律,一方面突出澳门针对自身的有组织犯罪特点做出规定;另一方面凸显了立法者治理有组织犯罪之决心和打击犯罪之重点。该种立法模式的优势在于能及时有效的补充刑法典的缺漏,而弊端在于单行刑法具有较强的时机性,因此在立法时往往与其他法律之间缺乏协调性,此外过多的单行刑法亦给司法实践造成诸多困扰。如相较于《澳门刑法典》分则规定的 185 个罪名,澳门特别刑法竟规定了 200 多个罪名,罪名数量已经显然超过了《澳门刑法典》分则规定的罪名,无不让人感到惊讶。澳门作为具有制定法传统的地区,理应重视刑法典之法典地位和导向机能,却因受政治环境、立法观念、立法技术和立法管理等诸多因素的影响,造成了澳门刑法罪名繁多,其中不少罪名具有重叠或冲突关系。此外,澳门刑法中的附加刑种类繁多且各自为政,这在大陆法系国家或地区的刑法中亦是很少见的。以《有组织犯罪法律制度》为例,单是附加刑就规定了 11 种,同样是禁止从事公共职务的附加刑,《澳门刑法典》总则规定的期限为 2 年至 5 年,而《有组织犯罪法律制度》规定的期限是 10 年至 12 年;又如,《澳门刑法典》总则只规定了"普通累犯"制度,而《有组织犯罪法律制度》却规定了"特别累犯制度"。[9] 综上,《澳门刑法典》总则的导向性地位被未得到立法者的重视,作为最为严肃的刑法都难以找到一个标准尺度,印证了澳门刑事立法存在恣意性。

(二) 罪名重叠性

第一,《有组织犯罪法律制度》以列举犯罪组织实施行为的方式对"黑社会罪"的范围进行了规定,而《澳门刑法典》规定了"犯罪集团罪",该罪是以实施犯罪为

[9] 即构成黑社会罪,以保护为名的勒索罪以及违反司法保密罪的,即使超逾 5 年后再犯,亦不妨碍视为累犯。

目的，或活动是为实施犯罪的团体。“犯罪集团罪”较之“黑社会罪”，行为方式的范围更广，即犯罪集团罪的行为方式不仅涵盖且超出了黑社会罪的 21 种。可知，黑社会组织系犯罪集团中的一种特定类型，二罪在规制范围上具有包含和被包含的关系。从刑罚幅度来看，黑社会罪的法定刑较重于犯罪集团罪。因此，黑社会罪为特殊法及重法，在发生竞合时，应适用黑社会罪。然而，在预防犯罪和打击犯罪层面，刑法典具有单行刑法所不具有的总则性作用和导向性机能，同时为了避免立法的恣意性，有必要将单行刑法中的部分罪名适时的移植刑法典之中，从而维护制定法地区的法典作用和刑法权威。考虑到黑社会罪和犯罪集团罪具有的规制范围重叠关系，进而将“黑社会罪”纳入“犯罪集团罪”之中，即在《澳门刑法典》第 288 条犯罪集团罪中增加一款：涉及黑社会犯罪的，处……

第二，《有组织犯罪法律制度》规定的“以保护为名的勒索罪”与《澳门刑法典》规定的“勒索罪”在行为方式上基本重合，即二罪均采用暴力，或以重大恶害向威胁等手段，对他人进行勒索的行为，二罪不同在于前罪实施的勒索行为要以“黑社会名义或借用黑社会名称”做出。同样的行为方式，却因勒索的理由不同，进而增设新罪名，这无疑是导致澳门刑法罪名繁多的一个缩影。考虑到“以保护为名的勒索罪”和“勒索罪”具有的重叠关系，建议将“以保护为名的勒索罪”纳入《澳门刑法典》第 215 条勒索罪之中。

第三，《有组织犯罪法律制度》规定的“操纵卖淫罪”与《澳门刑法典》规定的“淫媒罪”具有重叠关系。详言之，二罪均是对组织卖淫的行为进行规制，本质差异在于“淫媒罪”要求行为乘人之危，卖淫者多因被迫或无奈而卖淫，而“操纵卖淫罪”不以卖淫者的被迫为要件。从澳门司法实践来看，一些涉案女子参与卖淫活动的确出于自愿，将在这类个案中实施“淫媒”行为的人认定为淫媒罪是不适当的，而操纵卖淫罪可以相对较低的刑罚追究这类卖淫活动中实施淫媒行为的人的刑事责任。[10] 值得注意的是，尽管操纵卖淫罪不要求犯罪主体为黑社会成员或声称为黑社会成员，但操纵卖淫却属于《有组织犯罪法律制度》第 2 条列明的黑社会组织实施的犯罪，这就造成了刑事立法与现实需求的脱节。如个人或两人操纵自愿从事卖淫服务的女性进行卖淫活动，首先因缺乏乘人之危的要件，不构成淫

---

〔10〕 构成操纵卖淫罪的，处 1 年至 3 年徒刑。构成淫媒罪的有两档法定刑，第一档属于基本刑，处 1 年至 5 年徒刑，第二档属于加重刑，处 2 年至 8 年徒刑。

媒罪，其次因不符合行为主体条件，不构成操纵卖淫罪；[11]又如，行为人以黑社会的形式实施淫媒行为，过程中对卖淫女性实施暴力、胁迫等行为，虽然行为方式符合淫媒罪的要求，但因行为主体属于黑社会则可能被判处刑罚较轻的操纵卖淫罪，这涉嫌违反罪责刑相适应的刑法基本原则。如何优化“操纵卖淫罪”和“淫媒罪”成了当下澳门刑事法律发展需要解决的现实问题。考虑到二罪的规制范围上具有的颇多重合性，建议将“操纵卖淫罪”纳入“淫媒罪”之中。值得注意的是，《澳门刑法典》第 163 条和第 164 条分别规定了淫媒罪和加重淫媒罪，二罪的区别在于加重淫媒罪的行为方式是“使用暴力、严重胁迫、奸计或欺诈策略，又或利用被害人精神上之无能力”，换言之是行为人主观恶性和人身危险性更大。因此，“操纵卖淫罪”纳入《澳门刑法典》后的罪状是，第 163 条淫媒罪增加一款：不以强迫卖淫的，处……。对于操纵卖淫过程中以暴力迫使他人卖淫的，按《澳门刑法典》第 164 条加重淫媒罪处罚。

第四，《有组织犯罪法律制度》规定的“违反司法保密罪”与《澳门刑法典》规定的“违反司法保密罪”具有重叠和竞合关系。二罪的差异在于前罪保密的内容是“黑社会犯罪的实施和行为或刑事诉讼行为之内容”，后罪的保密是“刑事诉讼行为之内容”，行为方式均为泄露或发布司法保密内容。可知，二罪罪状具有法条竞合关系，前罪为特殊法和重法，竞合时应优先适用。鉴于上述罪名间关系，建议将《有组织犯罪法律制度》中的“违反司法保密罪”纳入《澳门刑法典》中的“违反司法保密罪”，在该条文中增加一款：不正当让人知悉有关黑社会犯罪的实施和行为的，处……

综上，《有组织犯罪法律制度》和《澳门刑法典》规定的罪名之间多具有重叠或交叉关系，造成法条竞合的常态。从理论上看，法条竞合的出现不应当是无限制的，只有当某种利益需要特殊保护时，立法者才使用法条竞合的立法方式。并且上述法条竞合关系完全可以安全刑法典的规定予以处罚。再者，大量存在的法条竞合情况，会导致刑事立法体系的臃肿，进而严重损害刑法规范的整体性和严谨性。

---

〔11〕 根据《有组织犯罪法律制度》的规定，构成黑社会罪的行为主体必须是黑社会，其行为主体要求三人或多人所组成。因此个人组织的犯罪或两人组织实施的犯罪均不满足黑社会罪的主体要求。根据《有组织犯罪法律制度》第 1 条第 1 款第 d）项的规定，操纵卖淫、淫媒及做未成年人之淫媒，概视为黑社会。

（三）财产刑缺乏性

前述谈及有组织犯罪的发展基础和最终目的在于资金，若是不断绝、不收缴有组织犯罪的资金，仅仅依靠较重的自由刑和较泛的附加刑，则难以有效预防和沉重打击有组织犯罪。然而作为澳门反组织犯罪主要立法的《有组织犯罪法律制度》并没有规定财产刑，这无异于留给有组织犯罪一扇后门。香港与澳门为邻且两地均为《联合国打击跨国有组织犯罪公约》的缔结成员，香港通过颁行《有组织及严重罪刑条例》，授予法庭可以针对一些罪刑在法定最高刑之上判处加重刑罚的权力，如可以没收自该人被起诉日期之前 6 年的所有犯罪所得，拒不缴纳的，按照数额多少，可以再其原判刑期基础上增加 12 个月到 10 年不等的刑罚；再如将清洗黑钱定为刑事罪行，最高可判处 14 年监禁及罚款 500 万元。从香港司法实践情况看，没收有组织犯罪的非法所得，这对于有效打击有组织犯罪的非法收入来源、遏制有组织犯罪的势力扩张起到了立竿见影的作用。因此，澳门有必要在反有组织犯罪刑事防控体系中增加财产刑的条款，如在《澳门刑法典》分则中具体规定可适用没收财产刑的罪名。

四、澳门反有组犯罪刑事防控体系之完善路径

有组织犯罪固然对社会治安造成破坏，若我们的认识仅停留于此，而忽略了有组织犯罪对澳门现行制度的侵蚀，对民主社会核心价值的损害，则会导致我们对反有组织犯罪刑事立法政策的失误及行为的缓慢。当有组织犯罪者公然以身试法时，他们遵循的是为大部分民众所厌恶的行为准则：公权力是可以收买的，犯罪是获得财富的捷径，诚实与道德只是束缚傻瓜的工具。[12] 正是有组织犯罪具有如此严重的法益侵害性，会给社会带来如此负面的道德侵蚀，我们有必要通过多元化手段推动澳门反有组织犯罪刑事防控体系的完善。

（一）强调《澳门刑法典》之法典地位和导向机能

在大陆法系刑事立法领域，刑法典总则对刑法典分则以及特别刑法所具有的导向性机能是普遍认可的，同属于大陆法系的澳门理应遵循该种基本的刑事立法规制。然而，从上述分析中不难看出，《澳门刑法典》总则的规定与特别刑法的条

〔12〕 张远煌：《美国惩治有组织犯罪的法治实践及其对我国的借鉴与启示》，载《山东警察学院学报》，2011(1)。

款存在脱节状况。对此情形，在查阅相关资料的基础上，我们认为可从两方面进行完善。首先，通过修改《澳门刑法典》总则的规定以弥补其与特别刑法之间的衔接问题。例如《有组织犯罪法律制度》规定了“特别累犯”制度，可对《澳门刑法典》总则关于累犯的规定作相应修改，其实只要在累犯规定之后加上一个“法律有特别规定者除外”的但述即可。〔13〕 对于特别刑法可否做出与刑法典总则不同规定的问题，从大陆法系刑法理论进行考察，我们对此持肯定态度且认为，问题的关键是要获得刑法典总则的授权。这种授权可以是在刑法典总则作一次性的总体性授权，如《意大利刑法典》第 16 条规定，“本法典的规定，除相应法律有特别规定外，也适用于由其他刑事法律调整的范围”；也可以在规定具体制度时作特别授权，如按照《澳门刑法典》第 10 条之规定，“仅自然人方负刑事责任，但另有规定者除外”，这说明授权特别刑法可以设置法人犯罪的条款。〔14〕 其次，应适时将特别刑法的内容纳入《澳门刑法典》之中。上述论及澳门特别刑法的恣意设置，导致了罪名众多且附加刑繁杂的局面，进而有必要加强特别刑法的整理汇编工作，将具有重叠或交叉关系的罪名纳入刑法典之中。如《有组织犯罪法律制度》中的“黑社会罪”“以保护为名的勒索罪”“操纵卖淫罪”和“违反司法保密罪”等，可基于罪名之间的重叠或交叉关系纳入《澳门刑法典》之中。再者，在澳门今后制定新的特别刑法时，立法者有必要做到统筹兼顾。无论是设置罪名还是新的法定刑，皆应当注意与《澳门刑法典》保持协调，并且还应恪守刑法的谦抑性，避免刑罚权的恣意使用。总之，《澳门刑法典》之法典地位和导向机能必须值得现实的尊重，进而才能确保澳门刑事立法之统一性和严谨性，这对于澳门反有组织犯罪之立法完善具有基础性作用和体系性保障。

（二）反有组织犯罪刑法规制半径之优化

有组织犯罪属于个人犯罪和共同犯罪演变后的高级形态，其具有的犯罪特征值得我们重视。在立法层面应严密法网，在追诉制度层面应制定针对性的法律条款，以此为司法实践提供有效的制度支持。从风险社会的视角出发，有组织犯罪依托科技手段，提升了实施犯罪跨域性和隐蔽性，从而增加了其行为与结果的危害性和不确定性，因此刑法在防卫社会和保障人权这两大价值取向上应偏向于维

---

〔13〕 赵国强：《澳门刑法概说（犯罪通论）》，51 页，北京，社会科学文献出版社，2012。

〔14〕 《澳门刑法典》总则并没有规定法人犯罪的概念及相关处罚制度，但不少特别刑法都规定了具体的法人犯罪制度。

护社会利益的需求。

首先，从制度规划层面考察，严密刑事法网应体现由近及远、逐步推进的特点。即先强化和完善有组织犯罪的刑事诉讼程序和司法制度，而后将刑法规制的范围延伸至与有组织犯罪关联度极高的洗钱犯罪和腐败犯罪，从而使犯有组织犯罪刑事防控体系日趋完善。其次，从司法实践层面来看，如何有效打击和预防有组织犯罪，关键点还不在于配置严厉的刑罚，而是表现于对反有组织犯罪设置特别的追诉制度。以反有组织犯罪立法较早的美国为例，美国在反有组织犯罪实践中遇到的最大阻碍是获取证据的困难。这是由有组织犯罪的特点所决定的，因而具有普遍性。对此，若不更新理念，坚持以传统的追诉手段和证明方式打击有组织犯罪，由于打击手段与打击对象存在的不对称，往往导致成效甚微。刑事追诉的本质是为了防卫社会、保障人权而不得不采取的“以暴制暴”的策略。现代法治社会为了平衡社会利益的维护和个人权利的保障，对刑事追诉设置了诸多限制以防止刑罚权的恣意运用。然而，在刑事追诉屡陷泥沼的情形下，再严厉的刑罚也只能沦为摆设。此结论的得出，也是美国在经历长时间的挫折后才最终认识到的。澳门目前已通过《有组织犯罪法律制度》确立了污点证人和卧底证人制度，这对于证人的身份和人身安全起到了保护作用，但生活安置方面仍然缺乏制度保障，导致证人作证后依然存在较大生计担忧，同时这将对证人身份保密制度和人身安全保护制度造成负面影响。〔15〕 因此，确立与有组织犯罪特点相适应的特殊的定罪制度和司法制度，是澳门反有组织犯罪刑事防控体系的应然路径。

(三) 加强澳门与内地反有组织犯罪刑事防控体系之构建

有组织犯罪正朝着区域化、国际化的方向发展，相较于澳门而言，中国内地具有市场需求广阔、资源储备丰富且市场经济管理滞后的特征，加剧了澳门黑社会组织向内地进行渗透活动，同时内地有组织犯罪亦常与澳门黑社会进行勾结，如实施跨境操纵卖淫、贩卖毒品、网络诈骗、暴力催讨赌债等犯罪行为，这正说明了有组织犯罪在澳门与内地间的往来频繁，进而有必要加强澳门与内地反有组织犯罪的协调与合作。上述目标的实现，可以从以下三方面逐步推进：首先是确定两地反有组织犯罪的规制范围。由于澳门与内地在有组织犯罪的法律概念上规定不同，而两地都是《联合国打击跨国有组织犯罪公约》的缔约成员，因此可以该公

〔15〕 赵国玲、于小川：《澳门有组织犯罪研究》，载《人民检察》，2011(6)。

约为合作基础，确定两地反有组织犯罪的具体范围；其次是建立反跨境有组织犯罪的情报中心，因为及时、准确的情报是两地警方共同实施打击有组织犯罪的基础。一方面跨境有组织犯罪分工明确、隐蔽性强，另一方面两地不同刑事制度常常导致情报交流的滞后，这间接地促进了跨境有组织犯罪的发展，进而两地应积极建立以收集和交流有组织犯罪情报为基础的反有组织犯罪情报中心。最后是成立反跨境有组织犯罪的协作机构，依托情报中心的优势，两地通过反跨境有组织犯罪的协作机构协调制订统一的行动计划、协调个案的合作与处理，以期实现反有组织犯罪刑事追诉的及时和有效。

中国内地和澳门两地有组织犯罪的新趋势及预防

——以电信诈骗犯罪为例

刘思佳*

自2014年以来，澳门电话诈骗案件呈现急剧上升之趋势，仅2015年上半年就有超过100宗电话诈骗个案向司法警察局求助，迄今已造成逾1000万澳门元的财产损失，而其中一半以上的损失属于"冒充内地国家机关工作人员"的电话诈骗[1]，因而打击跨境电信诈骗犯罪成了上半年度澳门司法警察局工作的重中之重。作为隐秘程度高、调查难度大、分工组织严密的新型有组织犯罪，电信诈骗受害人往往缺乏辨别意识，甚至一时头脑发热，在犯罪分子的恐吓引诱下，转账汇款或者泄露银行机密资料，导致账户往往在几分钟内便被洗劫一空，给受害人及其家庭带来沉重的经济损失，也给社会带来不安定因素。

---

* 澳门大学法学院博士生。

〔1〕 数据来源：澳门司法警察局 http://www.pj.gov.mo/NEW/news_2015.htm，最后访问日期：2015年8月20日。

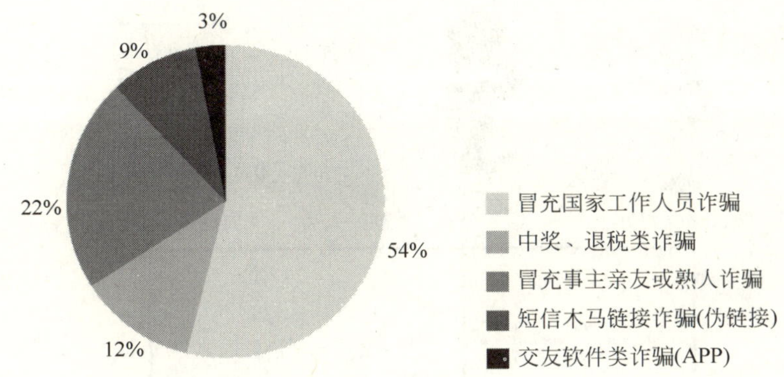

一、澳门地区电信诈骗的类型

以司法警察局最新公布的案件为例，犯罪分子往往假冒"国家工作人员"尤其是"内地国家机关工作人员"，利用澳门市民对内地情况的不了解以及盲目相信对方身份，令诈骗分子屡屡得逞、钱财尽失。

例 1 假冒邮局、公安等国家工作人员行骗（如图 1）

（1）骗徒 A 假扮珠海市某邮政局职员致电事主，讹称有一份由上海市某公安局寄予事主的急件，要求事主提供个人资料以便核对，并提供一个该公安局的电话号码予事主查询；

（2）事主收到该公安局的来电，骗徒 B 假扮公安局警员表示事主的身份资料可能已被人盗用，建议事主将其所有内地银行账户内的存款转至某银行储存；

（3）事主按骗徒指示在珠海某银行开设新储蓄账户，并将所有存款转移至新账户内；

（4）骗徒 B 又指示事主到某宾馆，透过宾馆的互联网登入某网站，再将银行发出的外置密码认证工具（内地称为"网银盾"）插入电脑及输入银行账户资料；

（5）事主完成骗徒 B 的指示后，发现其内地银行账户内的款项全数被转走。

而另一类型则是"熟人作案"，骗徒预先掌握部分事主个人信息，然后借口亲友在外地出事、遭遇绑架或者急需资金协助，要求汇款，趁机诈骗。此种类型在 2013 年至 2014 年较为常见。

例 2 "熟人作案型"诈骗

（1）骗徒 A 致电事主家中固网电话，讹称其子女在上学或上班期间被人掳走，或因替友人作担保借贷不还而被禁锢，要求事主交出赎金。

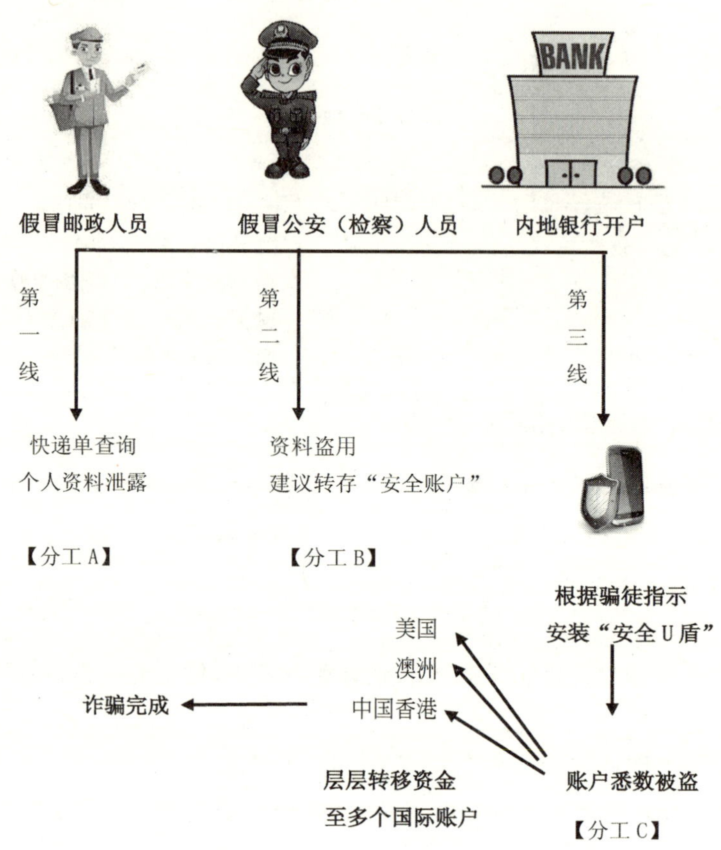

图1　假冒国家工作人员电信诈骗全过程图

(2) 骗徒B假扮事主家人，以沙哑声音假装求救。

(3) 骗徒要求事主讲出自己的手提电话号码，并即时致电要求事主接听，目的为阻止事主使用手提电话联络家人或报警。

(4) 骗徒要求事主不可挂线及报警，并以事主家人的安全作威胁。

(5) 情急下事主信以为真，将款项按骗徒指示交付。

二、澳门地区电信诈骗的特征以及与有组织犯罪的联系

“电信诈骗”是指利用通信工具（电话、声讯台）或者互联网（APP软件、网络电信）借助公共通信网络拨打不特定人手机、固定电话或发送虚假信息，对被害人实施诈骗的犯罪行为。澳门地区电信诈骗猖獗已成为社会公害。司法警察局、澳

门电信管理局以及多家电信运营商代表于2015年8月11日召开联席座谈会议，共同商讨打击电信诈骗对策。但是在多个层面来看，联动打击对策，尤其针对跨境有组织犯罪仍然面临极大的困境，追击效果大打折扣：

（一）跨境电信诈骗组织严密、分工明确

作为当前有组织犯罪的高级形态，整个电信诈骗组织网络极为严密，呈“宝塔状”，一环扣一环，高端决策人员一般躲在境外（国外），遥控指挥内地负责人在陆港澳地区的组织和指挥活动。在“电信诈骗产业链”上，有的团伙专门负责设计“诈骗方案”；有的团队负责提供技术支持，比如跨境虚拟号码，或者变声伪装；有的专门负责将赃款进行国际转账，设置数十个子账户和数百个子子账户进行消化分流，令侦查人员无处下手；有的团伙甚至专负责假扮“演员”，安抚受害人，甚至与警方周旋。所有上述步骤均有专门人员分工，各司其职，不相交叉。

（二）智能化、科技化程度高，更新换代迅速

电信诈骗犯罪分子从早期的群发短信，到后来的互联网语音聊天系统，以及到现在的无线转接、任意显号、语音变声、APP木马植入等，犯罪手段的科技含量越来越高，演变速度也越来越快。现阶段的电信诈骗不再局限于老年人，年轻人甚至明星、艺人，经验老到的公司职员也屡受其害。由于“桥段剧本”更新迅速，流程设计极为精细，甚至各个环节均有岗前培训操作，所以准备工作相当到位。比如，伪装成检察机关工作人员的骗犯，会专门熟悉内地检察系统拘留、逮捕流程，如何“发布通缉令”，如何“下达监视居住指令”，以达到以假乱真的程度，甚至会专门网页制作“网上追逃系统”发布受害人信息，使得受害人产生恐惧心理，从而间接使得受害人信服，主动转移手中财产。

（三）作案隐蔽、反侦查能力极强

尽管组织分工严密，但是电信诈骗组织内部实行单线联系，个单元独立作案，各自单位仅存在纵向往来，彼此互不认识、互不联系。为逃避警方追查，犯罪分子用来层层分账的电子账户往往是冒用其他人的废弃卡，或者冒用他人身份信息注册账户，甚至雇用他人单独课设账户；子子账户，环环相扣，紧密互联但又无从追根溯源，极力掩饰自己的身份。一旦发现有成员落网，则迅速销户，更换手机号码，阻碍警方侦查，反侦查能力极强且警惕性高。比如，澳门司法警察局最近查获的“2014·9·26特大电信诈骗案”中，台湾地区主犯A在台北，遥控内地团伙成员B向港澳地区打电话行骗，最后让嫌疑人C在东南亚地区取钱，并将所有赃款

再汇往美国和澳洲[2]，最终致使大部分受害人钱财流往海外，手段极其隐蔽复杂，追踪极难。

（四）与有组织犯罪形态的联系

有组织犯罪目前是联合国公认的一种最高级犯罪形态，联合国大会宣称其为“世界三大犯罪灾难之一”，由于各国（地区）针对有组织犯罪的认知不同，有组织犯罪所能涵盖的犯罪种类和数目也大大超出了传统的犯罪学定义。2000 年 11 月 15 日通过的《联合国打击跨国有组织犯罪公约》（*U. N. Convention Against Transnational Organized Crime*）将“有组织犯罪集团”定义为“由三人或多人所组成的、在一定时期内存在的、为了实施一项或多项严重犯罪或根据本公约确立的犯罪以直接或间接获得金钱或其他物质利益而一致行动的有组织结构的集团”[3]。其中“严重犯罪”系指“构成可受到最高刑至少四年的剥夺自由或更严厉处罚的犯罪的行为[4]”。因此可见，公约本身对于有组织犯罪的形态没有明确的定义，而将其规制留给了国内法。

参考《澳门有组织犯罪法》，该单行法规也只是列举性地针对有组织犯罪进行了立法归类，回避了“何为有组织犯罪？其与一般犯罪的边界在哪些地方”这一重要问题[5]。而且《澳门有组织犯罪法》虽然名为专门规定有组织犯罪的单行法律，但实际上立法者考虑到有组织犯罪是一种极为复杂的犯罪现象，因此列举性地指出部分犯罪可以代表有组织犯罪，如犯罪集团罪、黑社会罪、恐怖组织罪、恐怖主义罪和贩毒集团罪。

中国内地现行法律中没有类似《澳门有组织犯罪法》的单行刑事法规，只是在《刑法》第 294 条对黑社会性质有组织犯罪的罪与罚做出明确规定。根据内地最高人民法院关于执行《刑法》确定罪名的规定（法释〔1997〕9 号），上述条文规定的有组织犯罪包括三个罪名：(1)组织、领导、参加黑社会性质组织罪；(2)入境发展

〔2〕 参见新华网“澳门宣布与大陆及港台警方合作侦破特大跨境电信诈骗案”http://news.xinhuanet.com/photo/2014-09/26/c_127039950.htm(2015 年 9 月 1 日访问有效)。

〔3〕 参见《联合国打击跨国有组织犯罪公约》第 2 条第 1 款。

〔4〕 参见《联合国打击跨国有组织犯罪公约》第 2 条第 2 款。

〔5〕 《澳门有组织犯罪法》主要规定了十项罪名。这些罪名包括：a. 黑社会罪(第 2 条)；b. 以保护为名的勒索罪(第 3 条)；c. 自称黑社会罪(第 4 条)；d. 不当扣留他人证件罪(第 6 条)；e. 国际性贩卖人口罪(第 7 条)；f. 操纵卖淫罪(第 8 条)；g. 在公共场所骚扰他人罪(第 9 条)；h. 不法资产或物品的转移、转移或掩饰罪(第 10 条)；i. 联群不法赌博罪(第 11 条)；j. 违反司法保密罪(第 13 条)。

黑社会组织罪;(3)包庇、纵容黑社会性质组织罪。此外,一般认为,内地《刑法》第120条规定的组织、领导、参加恐怖组织罪,第300条规定的组织、利用会道门、邪教组织罪亦属有组织犯罪[6]。

正是由于有组织犯罪的开放性和多元性,笔者认为:有组织犯罪形态不应拘泥于传统黑社会犯罪、恐怖活动犯罪等形式,在目前有组织犯罪形态没有统一的学术定论下,应充分考虑新型有组织犯罪模式对当今社会的影响,将一些新型犯罪纳入进来,如电子敲诈、电信诈骗、快速洗钱、网络黑客犯罪等。尤其是经济、金融领域。随着现代通信技术和互联网的发展和普及,高性能的电信网络和金融服务使不同区域间犯罪组织相互勾结联手作案的可能性空前加强,传统的实施暴力犯罪的组织纷纷向经济犯罪领域渗透。针对跨境电信诈骗的犯罪特点和趋势,我们应当适时将其定义为跨境有组织犯罪活动,纳入跨境有组织经济犯罪活动的一个分支。这不仅符合传统有组织犯罪领域"严重犯罪"和"集团"的定义,更与当前全球经济犯罪的特点息息相关。

因此,综合以上定义,笔者认为:跨境电信诈骗属于综合性经济犯罪和有组织经济犯罪,代表着当今跨境有组织犯罪的最新趋势和预防重心。

三、如何理解电信诈骗中的"跨境"?

"跨境"(Cross-boarder),顾名思义,是指超越国境或者边境,资金、信息或者人员通过多种途径在短时间内双向或者单向流动。尤其是在决定人们通信方式、经济活动方式的通信行业、金融和互联网行业发生巨大变化的条件下,"跨境"更成为新型社交的代名词。

从通信的角度看,在当今互联网通信高度发达的时代,通信行业高速发展,区际和国际长途电信使人与人之间的沟通不再受距离的限制,同时手机、APP、微信、QQ、Skype、电子邮件等各种即时辅助工具的出现亦使得聊天方式发生天翻地覆的变化。据澳门统计及普查局数据显示:2014年全澳流动电话在网人数已经达到了1856453部,而最新数字2015年7月更是高达1857818部(包括储值卡用户)[7],这对于仅仅60万人口的澳门小城来说,用户潜力是巨大的;而内地电信

---

〔6〕 王牧、张凌、赵国玲编:《中国有组织犯罪实证研究》,68页,北京,中国检察出版社,2014。

〔7〕 参见澳门统计及普查局网站常用指标栏目,http://www.dsec.gov.mo,最后访问日期2015年9月1日。

用户更是不胜枚举，早在 2012 年 2 月，内地电话用户总数已达 12.91 亿户，其中固话电话用户 28428.7 万户；移动电话用户突破 10 亿户大关，达 100692.3 万户[8]，如此众多的用户基数，为跨境电信诈骗提供了充足的数量基础。

而从银行卡和互联网金融的角度看，金融机构电子化技术的高速发展，使得无论内地还是澳门，都已经全面进入以银行卡为主要载体的电子货币时代。信用卡、借记卡已经成为主要用于消费信用、转账结算、存取现金、跨境交易的支付工具，截至 2014 年第一季度末，中国内地信用卡已经累计发行超过 4 亿张，达到 4.14 亿张，环比增长 5.83%，大致相当于每一个内地家庭都拥有一张信用卡，银行卡跨行支付系统联网商户超过 600 万户，社会银行卡渗透率达到 45.5%[9]。而澳门作为中国银联首要渗透的海外地区，基本过半商户可以受理银联卡，甚至不包括通过赌场和地下钱庄进行的 POS 机交易。繁荣的银行卡交易在境内外的不断延伸，使得资金的流动和提取也变得更加便捷迅速，不再受到传统时空的限制。

借助于上述有利条件，电信诈骗活动得以顺利跨越边境障碍，通过境内外呼出诈骗电话或者发送短信，对澳门本地民众施骗，诱骗被害人操作自己的银行卡，将卡内存款转入诈骗账户中。得手后，嫌疑人利用便捷的电子金融和银行卡渠道，在极短的时间内将赃款迅速化整为零，转出境外，实现诈骗目的。

四、跨境电信诈骗的运作机制

跨境电信诈骗犯罪与传统的诈骗罪相比，有着更为突出的技术特征，比如，完全避开与受害人的直接接触，也即“非接触”性，从而堵塞了侦查机关通过调查被害人着手推进案侦工作的路径。有鉴于此，探索跨境电信诈骗的运作机制，必须通过更加科学的路径分析“人”“财”“物”的分流模式，“抽丝剥茧”，为系统掌握有组织犯罪打下坚实基础。所以，从针对性的角度出发，探索犯罪主体流、信息流和资金流这三条线来认识案件、搜集证据是科学和有效的途径。

但是由于电信诈骗的特殊性，“犯罪主体流”呈现断层的特点，各个犯罪主体之间互不联系，导致追踪困难，定位容易出错。因此，警方需要从“现金流”和“信

---

〔8〕 参见《中华人民共和国 2013 年国民经济与社会发展统计公报》，2013 年 6 月国务院印发。

〔9〕 参见中国银联风险管理部《2014 年度银行卡欺诈风险报告》。

息流”出发，逆向回溯才有可能“顺藤摸瓜”，揪出犯罪嫌疑人，打通搜集证据的各个“关节”。

（一）跨境信息流视角

在跨境电信诈骗犯罪中（如图2），设在内地的终端网将包含各种诈骗信息的信号通过互联网传输到设在内地的相应的软交换平台，软交换平台再通过互联网连接到澳门境内的中继网关，信号再借由各种网络电话软件和服务以某个号码的形式接到澳门地区诈骗对象的电话上，最终使其显示为内地某个国家机关的号码。

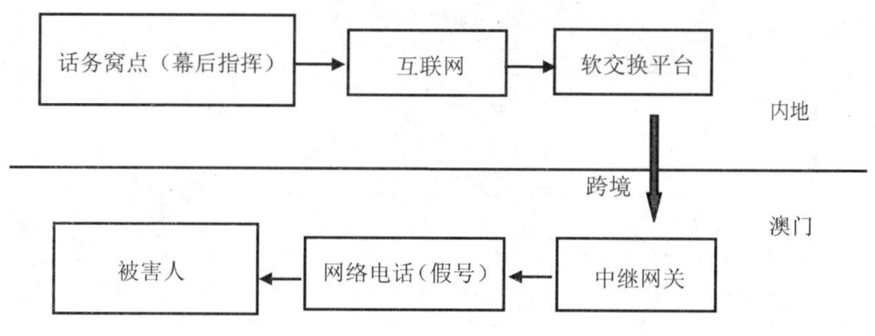

图2　跨境电信诈骗信息流图

从被害人接到的电信信息看，他可能认为是在同国内某一机关单位的工作人员交流，而实际上与他对话的人是远在境外某一窝点的诈骗团伙中的“话务员”，显示的号码为虚假号码〔10〕。这一正向的信息流流程可以在一定程度上说明犯罪分子借助先进的互联网技术和计算机技术达到最大限度切断与被害人物理联系的目的，且懂得伪装和反侦查。

（二）跨境资金流视角

诈骗犯罪是典型的侵犯财产利益的犯罪，在一般的诈骗案件侦查中，赃物普遍具有重要的侦查价值和法律意义。在电信诈骗犯罪中，被害人被骗的财物是单一且特定的资金。因此，在整个诈骗过程中，涉案资金流实际上是一条将被害人与诈骗犯罪主体相连接的重要路径，同时资金流的趋向也可成为破案的关键渠道。

---

〔10〕　在绝大部分诈骗犯罪中，通过技术手段，被害人电话上显示的号码均为犯罪分子通过任意显号软件修饰过的伪号码，且多为国内公检法机关的办公电话。由于这一号码在我国的114查询平台中可以获知，这也更增强了被害人对虚构的事实的信任度。

在所破获的陆澳跨境电信诈骗案件中（如图 3），被害人的资金通常会被诱骗至所谓的“安全账户”（内地账户）中即一级卡，一旦得手，犯罪团伙在极短的时间内通过网上远程跨行跨区域的操控将资金分散到二级卡、三级卡等，当最低一级银行卡中的金额在 1 万元以内时，专业的取款人员会在中国台湾地区或者东南亚等地的 ATM 机上迅速兑现[11]，短期内实现诈骗所得款项的跨境迅速转移，也即“大量现金不过夜”的特点。甚至有的诈骗团伙还会将资金汇总到一个或若干个海外账户，并通过地下钱庄等渠道进行洗钱活动，对金融秩序构成极大威胁。

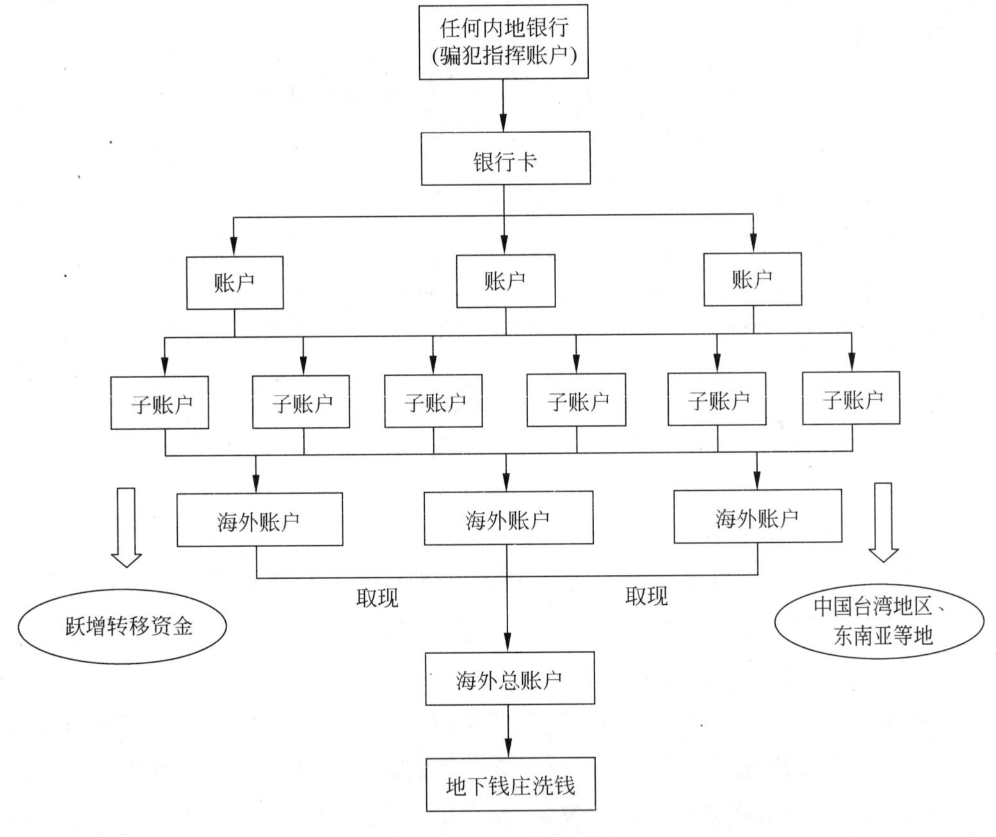

图 3　跨境电信诈骗现金流图

[11] 中国银联要求境外取现每日单笔不超过 1 万元人民币。

五、从电信诈骗案件体现出两地有组织犯罪新趋势和难点

(一) 调查取证难

跨境电信诈骗中,工作任务量最大、实施难度最高的便是跨境调查取证问题。其投入的人力物力之多、利用的技术侦查手段之复杂,堪称史上之最。以“2014・9・26特大电信诈骗案”为例,该团伙成员涉及海峡两岸及港澳地区,开立账户高达400多个,遍布澳门12家银行、香港20家银行,内地18家银行,涉案金额高达4亿港元,同时与澳门赌场和地下钱庄有着千丝万缕的联系,这给警方前期调查和取证工作带来极大难度,由于内地与香港、澳门至今尚未签署《刑事司法互助协议》[12],这也给海峡两岸及港澳地区警方联手带来巨大困难。

从线索追查的角度来看,在侦办电信诈骗案件中,主要由通过电话号码和汇款账户两条线索进行查证。一方面,诈骗电话、短信源头号码频繁变换,难于锁定;另一方面,犯罪分子指定的汇款账户多使用假身份证开设,或是雇用其他无关人员在内地开设多个银行账户,涉案线索高度分散,使打击对象确定工作难上加难。

从证据的固定角度来看,内地与澳门之间至今只达成了《关于内地与澳门特别行政区法院就民商事案件相互委托送达司法文书和调取证据的安排》[13],而且仅局限在民商事领域,两地之间刑事调查取证仍处于空白阶段,无法单独派员跨境取证。而且由于两地法律制度不同,银行之间的信息交换机制不畅,都会导致证据链的形成面临较大风险。比如实践中,警方在银行调取账户信息时,需要逐一核对涉案账户,调取大量涉案资金来往记录、视频监控等物证书证,不仅任务量大,而且周期较长,两地警方能否获得境外批准进行调查取证更是未知数,这些因素都对于证据的落实与固定不利。

(二)“跨境抓捕难”

跨境电信诈骗涉及境内外勾结作案等多个环节,犯罪分子流动性强、反侦察

---

〔12〕 目前海峡两岸及港澳地区只有大陆与台湾地区于2009年4月28日签订有《海峡两岸共同打击犯罪及司法互助协议》,而香港与内地,澳门与内地,以及港澳之间都尚未达成任何刑事司法互助协议,海峡两岸及港澳地区的刑事司法互助联动机制尚处于起步阶段。

〔13〕 该《安排》只局限于民商事案件的跨境调查取证,排除了刑事案件的适用。目前只有内地2000年通过的《公安部关于加强对内地公安机关赴港澳调查取证工作管理的通知》对相关调查取证程序予以了单方面的规定。

能力强。目前在各项抓获的电信诈骗犯罪中，大多数落网成员多是处于底层或者中间的“马仔”以及实施人员，他们主要负责拨打诈骗电话、开设银行账户，以及转账分流等活动，且往往分散各地，互无联系，只是按分工负责各个环节，对上层组织者和遥控者知之甚少。

至于境外抓捕，由于一些核心人物藏匿在中国台湾地区或者东南亚、美国等地，平时仅通过电话通知、支付佣金等形式指挥境内人员从事违法犯罪活动，他们相互之间多是单线联系，很难将作案分子一网打尽；而且由于引渡等问题程序烦琐，即使成功抓捕，能否移送国内又存在多种可能，因此，跨境抓捕更需要建立联动打击机制。

（三）“赃款追回难”

跨境电信犯罪分子一旦诈骗得手，就会以最快的速度转移赃款到境外，想追赃难上加难。即使赃款还来不及转移到海外，但是经过多级网络的层层分流，子账户甚至子子账户的密集细分，赃款早已分散到不同地区的卡上了，如果在境外已经提款，追赃成功的可能性微乎其微。

从银行审批的程序来看，目前任何国家、地区的银行在接到警方或法院的冻结命令之前都无权予以冻结，也即强制措施的“令状主义”；但是警方在接到报案，最后查到账户资金走向之前往往需要时间，这就给了犯罪分子可乘之机。实践中，往往警方已经查到了取款账户，但是由于时间过长、审批手续烦琐、跨境联络机制不畅等诸多原因，账款还是被不法分子转走了。

六、跨境有组织犯罪之预防

当前，中国内地和澳门两地跨境有组织经济犯罪的严重化、普遍化、多样化，严重影响两地人民生活和社会的稳定。因此，研究打击和预防范跨境有组织经济犯罪的对策，成为目前两地警方的当务之急。

基于以上分析，对于这些以澳门地区受害人为目标的、犯罪的源头在内地、受害人群相对集中的跨境经济犯罪，打击与防范的策略是“打防结合，以防为主”：

（一）警方侦察能力亟待提升，需要构建更加专业侦查队伍

跨境电信诈骗具有超越时间和空间的特点，其特色是“闪电战”“信息战”，分工明确、收工迅速。因此，警方在办案时需要加强各个警种（刑侦、网监、治安等）的相互协作，建立多警种联动作战机制；内地与澳门警方更需要加强区际协作，针

对电信诈骗案件，建立统一的网上信息共享平台，建立跨境警务联动机制，实现远程信息共享，在两地尚未签署《区际刑事司法协助协议》前，落实好区际代为取证、抓捕工作，实现真正的资源共享、信息互通、整体作战。

在技术侦查方面和网络跟踪上，运用科学方法，全面及时有效取证。针对电子信息证据易篡改、易删除、易消失等特点，利用技术侦查手段全面、及时地发现、提取、固定受害人通信设备中的电子信息、电信部门通信运行系统中的电子信息、银行系统中的资金流转信息、账户信息等。对于VOIP任意显号技术服务器等通信技术〔14〕，要全力跟踪、坚决予以查处，从源头上减少、遏制电信诈骗犯罪。

（二）强化与电信、银行等部门深度合作，提升跨行业联合防控工作机制

跨境有组织经济犯罪涉及金融、电信、互联网等行业，单靠某一地区、某一部门无法及时有效地打击和防范此类犯罪，因此当务之急应尽快建立由警方、商业银行、银联、各大通信运营商在内的负责联合打击与防控工作机制。该联合工作机制应确定固定的联系人员和联系方式，确保信息能够直接快速的传递，尤其是涉及相关涉案银行或手机账户信息的查询、冻结等，提升跨境打击效率；陆澳两地各部门还要定期召开联席工作会议，一方面分析和交流犯罪趋势；另一方面及时将各单位在工作中发现的犯罪线索进行集中报送和移交。

针对目前两地金融机构协助查询、扣划、冻结等规定的严重滞后，跟不上打击跨境有组织经济犯罪形势需要的现状，建议金融主管部门尽快修改相关规定，在接获内地或澳门警方查询、冻结请求后，可以给予"特殊情况、特殊处理"，同时迅速通知其他金融机构予以协助，防止再次转移资金和损失扩大化，最大程度保护受害人利益。

（三）大力提升金融部门反洗钱等下游犯罪的阻截能力，建立"可疑报告机制"

目前，电信诈骗犯罪的下游犯罪主要是洗钱犯罪及伪造金融票证等犯罪，这些下游犯罪的存在和蔓延是电信诈骗与银行卡犯罪屡打不绝的重要原因，也是这些犯罪团伙赖以生存的产业链。因此，金融部门尤其要加强针对洗钱活动的监管力度，增强洗钱犯罪等下游犯罪的阻截能力，将下游犯罪纳入跨境经济犯罪打击合作机制的范畴之中。

---

〔14〕 胡向阳，刘祥伟，彭魏：《电信诈骗防控对策研究》，载《中国人民公安大学学报》（社会科学版），2010(2)，90～98页。

尤其是针对短时间内有大量异常的资金入账、小额分头转账或多次查询余额、试密码的异常账户行为，金融机构应建立“可疑报告机制”，通过风险监控系统加强监测，进行碰撞比对、分析，在发现可疑线索后及时提供警方侦查，使犯罪行为在第一时间就能被发觉，从而争取打击和防范犯罪的先机。

（四）社区预防工作和澳门居民“反诈骗能力”亟待加强

电信诈骗属于可防性案件，防范电信诈骗案件，治本之策还是不遗余力地加大防范宣传，而源头在于社区。社区预防（community prevention），是指从社区的角度，在社区范围内进行的犯罪预防。电信诈骗的社区预防和一般的犯罪预防侧重点有所不同，其预防重心在于通过广泛的宣传提醒社区群众认识电信诈骗这种犯罪形式，了解电信诈骗的特点、方式和方法，帮助居民防止受骗上当。

结合澳门“熟人社会”的特点，社会工作局及司法警察局工作人员需要深入社区，因人施策、多方宣传，调动群众的关注度和参与程度，通过实例讲解、专家讲座等深入提升居民的“反诈骗能力”。同时结合多媒体，以报纸、电视、电台、互联网广告、手机等多种宣传方式和通信工具为载体，进行防范宣传。强化群众直观感受，消除当事人心理困惑。

第二编　有组织犯罪的立法规制

我国惩治有组织犯罪的立法演进及其前瞻

——以黑社会性质组织犯罪为视角

赵秉志[*] 张伟珂[**]

一、前言

关于有组织犯罪的概念学界可谓众说纷纭。有学者认为，根据《联合国打击跨国有组织犯罪公约》规定的基本精神，有组织犯罪应当是指三人以上组成的，具有比较稳定的组织结构，以追求经济利益为基本目标，在一定时期内采取暴力、威胁、贿赂或者其他手段实施的犯罪活动。参照我国刑法典的规定，主要包括一般的集团犯罪和黑社会性质组织犯罪。〔1〕 也有学者认为，有组织犯罪应有广义和狭义之分，即一般的有组织犯罪概念和典型的有组织犯罪概念。所谓广义的即犯罪学意义上的有组织犯罪，是指三人以上故意实施的一切有组织的共同犯罪或犯罪集团。包括一定组织行为的结伙性犯罪和团伙性犯罪，也包括有一定组织形式的集团性犯罪，还包括有一定组织机构的黑社会性质的犯罪。狭义的即刑法学意义上的有组织犯罪概念，是指由故意犯罪者操纵、控制或直接指挥和参与的，人数

* 北京师范大学刑事法律科学研究院院长、教授、博士生导师。

** 中国人民公安大学讲师。

〔1〕 参见张远煌主编:《犯罪学》，155页，北京，中国人民大学出版社，2007。

众多的犯罪分子的结合或几个犯罪集团的联合体，具有严密而稳定的组织结构，有一套能逃避社会控制和法律制裁的防护体系，通过暴力、恐怖等犯罪手段，以达到追求垄断，谋取经济利益，并对政治和社会问题施加影响的目的。〔2〕按照这种观点，除了黑社会性质组织犯罪以外，恐怖活动组织犯罪也应当属于有组织犯罪的范畴。而恐怖活动组织犯罪的立法也是近年来我国刑事立法的重点所在。尤其是 2015 年 8 月 29 日全国人大常委会通过的《刑法修正案（九）》适应恐怖活动犯罪的新变化，加强对恐怖活动组织的惩治力度，从多个方面对恐怖活动（组织）犯罪的刑事立法进行了完善，比如引入了“恐怖主义”“极端主义”的概念，通过增设多种新罪、修改罪状等方式严密了犯罪体系，完善刑罚配置，增设财产刑，并且根据行为人在恐怖组织中的地位和作用，分别配置了并处没收财产、并处罚金和选处罚金的不同刑罚，从而为更有效地打击恐怖主义奠定了刑法基础。因此，对有组织犯罪的研究当然可以将恐怖活动犯罪尤其是恐怖犯罪组织及其惩治纳入。然而，一般认为，在我国，有组织犯罪的典型表现形式乃是黑社会性质组织犯罪。因此，本文关于有组织犯罪刑法立法的研究，将以黑社会性质组织犯罪的相关规定为基本对象；而在立法演进的考察中，亦兼顾对非典型的有组织犯罪即一般的集团犯罪的立法介述。

随着社会经济转型步伐的加快，我国惩治和防范有组织犯罪的形势越发严峻。一方面，从发展趋势来看，我国有组织犯罪依然“呈现出数量上日益增多，质量上由黑社会性质组织向典型的黑社会组织演化，活动区域趋于跨国跨地区性发展的特点；在组织架构上，呈现出组织化程度越来越高、组成人员越来越多，职业化、智能化和现代化趋势愈加强化的基本特征”。〔3〕另一方面，就发展模式而言，有组织犯罪中的“保护伞”特征更加明显，越来越多的黑社会（性质）组织通过向政界渗透，寻求官方保护，“以黑代政”“以政养黑”的现象亦较为普遍；而在产生形态层面，传统的帮派拉伙式组织形式逐渐被企业化运作的新型有组织犯罪模式所取代。可以说，我国惩治和防范有组织犯罪的社会形势并没有因为 1997 年修订刑法典时增设有关黑社会（性质）组织犯罪的新罪名而有明显好转，也没有因为连续不断的“打黑除恶”专项斗争而有显著改观。究其原因，既受社会经济迅速发展的

---

〔2〕 参见康树华：《当代有组织犯罪与防治对策》，14～15 页，北京，中国方正出版社，1997。

〔3〕 参见赵秉志、于志刚：《论中国新刑法典对有组织犯罪的惩治》，载《法商研究》，1999(1)。

特定时代背景的影响,也与刑法立法状况相关。尤其是面对有组织犯罪所呈现出的新特点,面对打击和预防有组织犯罪的新形势,传统的立法思维已难以适应司法实践的丰富多样性;而我们也需要认真反思刑法立法的相关内容,以根据有组织犯罪形势的新变化,调整有关刑法立法,实现法律规范对不法行为的有效惩治。

二、我国惩治有组织犯罪的立法演进

中华人民共和国成立至今,伴随着我国社会有组织犯罪由盛转衰再到重新出现并快速发展的变化,惩治有组织犯罪的相关立法也经历了从无到有、从粗到细的历史过程。

(一)我国有组织犯罪刑法立法的孕育

虽然在 1997 年刑法典生效之前,我国并没有系统的惩治有组织犯罪的刑法立法;但是在中华人民共和国成立后起草的多份刑法草案中,对非典型的有组织犯罪即一般的集团犯罪有所规定,这些草案的相关规定为以后的有组织犯罪的刑法立法奠定了基础。如早在 1950 年 7 月 25 日,在中央人民政府法制委员会刑法大纲起草委员会拟订的《刑法大纲草案》中,其总则第 2 章第 15 条即规定有"犯罪组织"这一共同犯罪形式,其分则第 4 章第 39 条和第 5 章第 58 条则分别规定了组织或参加武装匪帮行为,利用、操纵、收买武装土匪、封建会门,或迷信团体行为,以及执持枪械,结合大帮行为的刑事责任。[4] 虽然我国立法者当时并没有明确犯罪组织的特征,但是已经将其作为共同犯罪的一种特殊形式。由此,该规定可以视为刑法发展过程中关于有组织犯罪刑法立法的萌芽。中国立法工作机关于 1954 年下半年开始主持起草刑法,在之后的多部刑法草案中有进一步的相关规定,如 1962 年 12 月的《刑法草案(初稿)》(第 27 次稿),以"犯罪集团"之名代替了"犯罪组织"的称谓,不但在总则第 23 条对犯罪集团的组织者和领导者的处罚做了原则性规定,而且在分则第 181 条对流氓集团的首要分子的处罚做了具体规定。[5] 尤其需要注意的是,在我国刑法立法史上占有重要地位的 1963 年 10 月 9

---

〔4〕 参见高铭暄、赵秉志编:《新中国刑法立法文献资料总览》(第 2 版),75 页、78 页,北京,中国人民公安大学出版社,2015。

〔5〕 同上书,132 页、140 页。

日拟订出的《刑法草案(修正稿)》(第 33 次稿)〔6〕中仍沿袭了该条款，其第 23 条第 1 款规定："组织、领导犯罪集团进行犯罪活动的或者在共同犯罪中其主要作用的，是主犯。"〔7〕此后的历次刑法草案也多沿用这一规定，直到 1979 年 7 月 1 日五届全国人大二次会议通过的《中华人民共和国第一部刑法典》第 23 条第 1 款仍然做了同样的表述。而此期间有关有组织犯罪的立法亦一直停留"犯罪集团"的表述上。

1979 年刑法典是中华人民共和国成立后的第一部刑法典，其创制和通过标志着我国当代刑法体系的基本形成。〔8〕此后，自 1988 年将修改刑法典的工作提上国家立法工作日程，至 1997 年间研拟了多个刑法典修订草案。其中对于有组织犯罪立法影响较大的修正草案是：(1)全国人大常委会法制工作委员会刑法修改小组在 1993 年 11 月 21 日形成的《刑法分则条文汇集》。其第 20 章第 11 条流氓罪的条文中增加了"结为团伙，称霸一方，欺压群众的"表述。〔9〕这一表述与后来 1997 年刑法典关于黑社会性质组织犯罪的罪状描述已具有一定的相似性。(2)1996 年 8 月 8 日全国人大常委会法制工作委员会形成的《刑法分则修改草稿》第 6 章第 2 条规定，对组织犯罪集团，以非法手段控制社会经济组织或者试图控制国家机关的立法、行政活动的，应对组织者、领导者或者其罪恶重大者处以刑罚。〔10〕从该罪状的表述来看，这是刑法立法过程中首次以叙明罪状的形式对那些在组织结构、非法控制方式等方面具有独特性的犯罪集团，在定罪量刑方面予以单独规定；更为重要的是，该条第 2 款明确规定了"犯本条规定之罪，与境外黑社会组织相勾结的，从重处罚"，从而在刑法草案中首次使用了"黑社会组织"的表述，表明立法者已经注意到黑社会组织与犯罪集团在社会危害性程度上的差异。因此，该条款可以称为典型有组织犯罪立法的雏形。(3)1996 年 12 月 20 日全

---

〔6〕 之所以说《刑法草案(修正稿)》(第 33 次稿)在刑法立法史上占有重要地位，一方面是因为该刑法草案曾经中共中央政治局常委审查通过；另一方面在于该刑法草案相对较为成熟，是 1979 年刑法典的蓝本。

〔7〕 参见高铭暄、赵秉志编：《新中国刑法立法文献资料总览》(第 2 版)，152 页，北京，中国人民公安大学出版社，2015。

〔8〕 参见赵秉志：《当代中国刑法体系的形成与完善》，载《河南大学学报》，2010(6)。

〔9〕 参见高铭暄、赵秉志编：《新中国刑法立法文献资料总览》(第 2 版)，392 页，北京，中国人民公安大学出版社，2015。

〔10〕 参见高铭暄、赵秉志编：《新中国刑法立法文献资料总览》(第 2 版)，468 页，北京，中国人民公安大学出版社，2015。

国人大常委会法制工作委员会印发的《刑法(修订草案)》,在总则第27条明确了犯罪集团的含义,即三人以上为共同实施犯罪而组成的较为稳定的犯罪组织,并在分则第6章第266条分3款设置组织、领导、参加黑社会性质组织犯罪,入境发展黑社会组织犯罪两种行为方式以及数罪并罚的量刑原则,[11]对有组织犯罪的惩治做出了更为系统的规定。此刑法修订稿经三次审议,在1997年2月17日全国人大常委会第二十四次会议上讨论的《刑法修改稿》中,又将犯罪集团概念中的"稳定的犯罪组织"改为"固定的犯罪组织",同时在分则第290条增加了包庇、纵容黑社会性质组织罪。[12] 从而为1997年刑法典中有组织犯罪的创制奠定了基础。

(二)我国有组织犯罪立法的创制

1997年3月14日在第八届全国人大五次会议上新刑法典获得通过,是当代中国刑法体系发展历程中具有里程碑意义的事件。尽管在总体上其基本延续了我国1979年刑法典的体系,但是在具体设计上显然更为完备。[13] 就我国有组织犯罪立法方面而言,新刑法典弥补了1979年旧刑法典的缺陷,初步创立了有关有组织犯罪的刑法立法体系。

具体来看,除了在总则中明确了犯罪集团的概念及其刑事责任认定的原则性之外,在分则中,从五个方面加强了对有组织犯罪的刑法惩治:一是明确并强化对组织、领导、参加黑社会性质组织行为的惩治,在《刑法》第294条第1款增设了组织、领导、参加黑社会性质组织罪,并根据行为人所实施的犯罪行为的轻重、主观罪过的差异等规定了三个档次的法定刑;二是在第294条第2款增设入境发展黑社会组织罪,旨在严厉打击境外黑社会组织的成员利用该组织的名义到我国境内实施发展成员的行为,从而防范我国的黑社会性质组织犯罪与境外黑社会组织犯罪相互勾结,形成跨境的有组织犯罪;三是在第294条第4款增设了包庇、纵容黑社会性质组织罪,以严厉惩治违法犯罪的国家工作人员,加大对"保护伞"的惩治力度;四是在第294条第3款明确了罪数形态上涉黑犯罪数罪并罚的原则,即触犯组织、领导、参加黑社会性质组织罪或入境发展黑社会组织罪,同时又有其他犯

---

[11] 参见高铭暄、赵秉志编:《新中国刑法立法文献资料总览》(第2版),535页,北京,中国人民公安大学出版社,2015。

[12] 同上书,650页。

[13] 参见赵秉志:《当代中国刑法体系的形成与完善》,载《河南大学学报》,2010(6)。

罪行为的,应当数罪并罚而不是择一重罪处罚,亦体现了严厉打击有组织犯罪的刑事政策;五是在第191条增设洗钱罪,将黑社会性质组织犯罪作为洗钱罪的上游犯罪之一,从而为依法严厉打击有组织犯罪中扰乱金融管理秩序的行为提供法律依据,有利于阻断有组织犯罪的经济来源,进而铲除其物质基础。

(三)我国有组织犯罪立法的发展

随着1997年刑法典的颁行,我国依法惩治和防范有组织犯罪进入新的历史时期。在此后迄今的近20年时间里,根据犯罪形势的变化,国家最高司法机关和国家立法机关又相继通过司法解释、立法解释和刑法修正案促进惩治有组织犯罪之立法的发展。

1. 以法律解释的形式完善有关黑社会性质组织犯罪的立法

1997年刑法典虽然描述了黑社会性质组织犯罪的基本表现形态,但并没有对黑社会性质组织的构成特征做出具体的规定,由此造成司法机关无法准确区分黑社会性质组织犯罪与其他集团犯罪。为了更好地指导司法实践,2000年12月5日最高人民法院发布了《关于审理黑社会性质组织犯罪的案件具体应用法律若干问题的解释》,其主要内容就是从组织特征、经济特征、"保护伞"特征和客观危害特征四个方面详细列举了黑社会性质组织的基本特征。[14] 2002年4月28日,为了解决最高司法机关之间对"保护伞"应否是黑社会性质组织的必备特征等问题所存在的分歧,九届全国人大常委会二十七次会议通过了《关于〈中华人民共和国刑法〉第二百九十四条第一款的解释》,以立法解释的形式对黑社会性质组织的含义予以阐释,明确了其组织特征、经济特征、行为特征和非法控制特征。[15] 从其内容来

---

〔14〕 该解释第1条规定:《刑法》第294条规定的"黑社会性质的组织",一般应具备以下特征:(1)组织结构比较紧密,人数较多,有比较明确的组织者、领导者,骨干成员基本固定,有较为严格的组织纪律;(2)通过违法犯罪活动或者其他手段获取经济利益,具有一定的经济实力;(3)通过贿赂、威胁等手段,引诱、逼迫国家工作人员参加黑社会性质组织活动,或者为其提供非法保护;(4)在一定区域或者行业范围内,以暴力、威胁、滋扰等手段,大肆进行敲诈勒索、欺行霸市、聚众斗殴、寻衅滋事、故意伤害等违法犯罪活动,严重破坏经济、社会生活秩序。

〔15〕 该解释认为,《刑法》第294条第1款规定的"黑社会性质的组织"应当同时具备以下特征:(1)形成较稳定的犯罪组织,人数较多,有明确的组织者、领导者,骨干成员基本固定;(2)有组织地通过违法犯罪活动或者其他手段获取经济利益,具有一定的经济实力,以支持该组织的活动;(3)以暴力、威胁或者其他手段,有组织地多次进行违法犯罪活动,为非作恶,欺压、残害群众;(4)通过实施违法犯罪活动,或者利用国家工作人员的包庇或者纵容,称霸一方,在一定区域或者行业内,形成非法控制或者重大影响,严重破坏经济、社会生活秩序。

看，这两个解释的最大区别，在于司法解释将“保护伞”作为黑社会性质组织犯罪的一个必备特征，而立法解释则将“保护伞”特征作为黑社会性质组织犯罪的一个选择性要素而非必备要素，从而降低了该罪的入罪门槛，扩大了其适用范围。

2. *以刑法修正案的形式完善有关黑社会性质组织犯罪立法*

为了进一步加大对黑社会性质组织等犯罪的惩治，2011 年 2 月 25 日全国人大常委会通过的《刑法修正案（八）》从五个方面对有关黑社会性质组织犯罪立法进行了完善：一是将全国人大常委会所做的黑社会性质组织特征的立法解释纳入刑法典中，从而在法律上明确了黑社会性质组织的特征；二是在刑罚方面，提高法定刑并增加了可以并处罚金、没收财产的规定，加大对相关犯罪的惩治力度；三是将包庇、纵容黑社会性质组织罪的基本法定刑由“三年以下有期徒刑、拘役或者剥夺政治权利”提高为“五年以下有期徒刑”，加大了对“保护伞”的打击力度；四是扩大特殊累犯的范围，将黑社会性质的组织犯罪纳入其中；五是调整、完善黑社会性质组织相关联犯罪的行为类型、入罪门槛并提高法定刑，主要涉及敲诈勒索罪、强迫交易罪和寻衅滋事罪。[16]

通览我国有组织犯罪的立法演进，可见其呈现出刑法立法与司法实践相互影响和彼此促进的鲜明特色。具体来讲，可以从以下两个方面加以概括：(1)有组织犯罪刑法立法的孕育时期远远长于其创制、发展期，时间长达近半个世纪。这主要有两个方面的原因：一是受犯罪形势的客观影响。中华人民共和国成立以后，针对匪患严重，敌对势力猖獗的状况，中央人民政府通过查禁烟毒、取缔娼妓等整顿措施，摧毁了有组织犯罪赖以生存的经济来源和物质基础，而土地改革、清匪除霸、镇压反革命运动等则从根本上清除了以帮会组织为代表的黑社会犯罪组织。[17] 经过这一系列的严厉打击，在中华人民共和国成立后直至 20 世纪 80 年代实行改革开放政策前夕的 30 年时间里，有组织犯罪几乎销声匿迹。直到改革开放以后，在国内外各种因素的影响下，才又出现了大量的团伙犯罪，黑社会性质组织犯罪也悄然而生，并进一步由黑社会性质组织犯罪向黑社会组织犯罪逐渐发展。因此，关于涉黑犯罪的立法直到 20 世纪 90 年代以后才出现在刑法修改草案

---

〔16〕 参见赵秉志：《〈刑法修正案（八）〉热点问题研讨》，载《刑法论丛》（第 24 卷），38～39 页，北京，法律出版社，2010。

〔17〕 参见何秉松：《中国有组织犯罪研究：中国大陆黑社会（性质）犯罪研究》（第 1 卷），76～88 页，北京，群众出版社，2009。

中。二是受立法者主观认识的局限，立法前瞻性不足。比如在 1979 年到 1997 年间，中国共通过了 25 部单行刑法对较为严重的犯罪行为予以严厉惩治，但是由于主观认识上尚未对有组织犯罪的现状和发展规律有充分认识，因此对于严重危害社会秩序的黑社会(性质)组织犯罪并没有制定相应规范进行规制，只能以团伙犯罪或流氓集团之名进行打击，从而使刑法立法严重滞后于犯罪形势的发展，在一定程度上导致了 20 世纪 80 年代末到 90 年代出现大量的涉黑犯罪。(2)我国有组织犯罪立法的演变，向我们清晰地呈现了刑法规范从司法实践经验上升到刑法立法的发展脉络。这一方面表明中国立法的科学性、规范化程度有了较大提高，初步形成了以刑法典第 294 条和其他关联条款为主体，以刑法修正案和相关法律解释等法律文件为补充的有组织犯罪之立法惩治体系，从而为惩治和预防国内有组织犯罪并防范跨国有组织犯罪提供了必要的法律依据；另一方面也凸显出立法发展过程中过多地注重对司法实践经验的总结，根据每一阶段打击犯罪的实际需要，从经验中发现立法的不足和缺陷并予以完善。但是，也正是由于立法者过于关注从经验中挖掘法律的“生命”，把积极地、及时地回应司法实践的需求作为立法工作的目标，而较少对犯罪预防、犯罪趋势做实证性分析，所以相关法律规范并未能充分而有效地应对有组织犯罪的发展趋势。

三、我国惩治有组织犯罪的现行立法评析

自 1997 年刑法典实施以来，现行刑法立法在惩治和预防有组织犯罪方面扮演了重要角色，司法机关严厉处罚了一大批严重破坏公共秩序、威胁社会治安稳定的黑社会(性质)组织及其成员；同时，相关的立法规范对于遏制境外黑社会组织与境内犯罪组织的联系和结合发挥了积极的作用。但是，也要注意到，当前正处于社会矛盾的凸显期和刑事犯罪的高发期，滋生、发展黑恶势力的土壤和环境仍然存在。虽然经过多年的专项打击，但黑恶势力犯罪处于活跃期的基本态势并没有改变。[18] 在此情况下，全面回顾、理性审视有组织犯罪现行刑法惩治体系的相关规定，根据国内外有组织犯罪出现的新情况、新问题，结合国际公约提出的新要求，客观评价其积极之处并予以坚持，发现其不足之处以待改进，对于有组织犯罪的严厉惩治和有效预防十分必要。基于此，下面对我国惩治有组织犯罪的先行

〔18〕 参见赵秉志、彭新林：《关于重庆“打黑除恶”的法理思考》，载《山东警察学院学报》，2011(1)。

刑法立法从宏观和微观两个层面予以简要评析。

(一)关于宏观层面的立法评析

在宏观上,我国惩治有组织犯罪的刑法立法表现出以下特征:

在立法体例上,我国关于有组织犯罪的刑法立法采取的是分布式立法,而非制定专门的反有组织犯罪法。从刑法典规定来看,主要包括总则中的犯罪集团条款,分则中的组织、领导、参加黑社会性质组织罪,入境发展黑社会组织罪,包庇、纵容黑社会性质组织罪以及其他诸如洗钱罪、寻衅滋事罪等关联犯罪条款。从刑法立法进程来看,不管是1979年刑法典中的集团犯罪,还是1997年刑法典中的有组织犯罪,我国一贯采取的是纳入刑法典中由多个条文规定的分布式的立法模式。这样的选择与立法者对有组织犯罪的认识密切相关。在1979年刑法典创制时,由于当时的立法者认为我国基本不存在有组织犯罪,司法机关也往往将其视为严重的共同犯罪加以惩处,因此认为不需要制定专门的立法加以调整;而在1997年刑法典修订以后,立法者采取了单一刑法典的立法模式,放弃了单行刑法和附属刑法等其他立法形式,所以也不可能对有组织犯罪采取专门立法。另外,受司法实践的影响,当时立法者对有组织犯罪的认识尚不全面。这样一来,不管从犯罪种类还是条文设计考虑,都不会制定专门的反有组织犯罪立法。当然,从域外相关立法情况来看,关于立法体例的选择也没有统一的做法。既有国家将有组织犯罪的立法规定于刑法典之中,如法国、奥地利、俄罗斯、泰国等国;也有国家以专门立法的形式惩治有组织犯罪,如1982年意大利制定的《黑手党犯罪斗争紧急处置法》《黑手党型犯罪对策统一法律》,1970年美国政府通过的《有组织犯罪控制法》,此外,德国、日本以及中国的香港地区也采取了专门立法的模式。[19] 而究竟哪种立法模式更有利于打击有组织犯罪,还有待于结合各国各地区反有组织

〔19〕 意大利关于有组织犯罪的专门刑法文件较多,从1956年到1990年共颁布了16个打击控制黑手党的刑事法律文件,其中包括打击非法勾结贩毒的法律。相比之下,日本近年来也一直加大对有组织犯罪的惩治力度,1992年10月颁布了《麻药二法》(《毒品及精神药物取缔法等的部分修改法》《修改关于在国际合作之下防止助长与管制药品相关的非法行为的毒品以及精神药物取缔等特例法令的法律》)。1991年、1993年、1995年三年,日本立法者三次修改了《枪炮持有取缔法》,如在罪名当中增加了走私手枪等武器预备罪(31条第12项)(1991年),1999年,日本通过了三部预防有组织犯罪的重要法律:电话窃听法、刑事诉讼法部分修改法、打击有组织犯罪及控制犯罪所得法。参见莫洪宪:《国际社会反有组织犯罪立法概况》,载《中国刑事法杂志》,1998(3);[日]白取佑司:《日本近期预防有组织犯罪立法及其问题》,王鲲译,载《国家检察官学院学报》,2009(6)。

犯罪的实践和需要做深入考察。

在立法技术上，我国关于有组织犯罪的刑法立法可谓经验立法有余而科学立法不足。言之前者，即立法过于注重实践需要；谓之后者，乃立法缺乏前瞻性。在现代法治社会里，立法越来越趋向于被视为一门具有科学性的技术。立法科学性是立法规范化、文明化并最终获得公众认同的必然要求。而在理论层面，"立法如果依科学性而为之就应立足于法律制定中的自然意义，而非单单关注立法的人为环境和其他以人的因素为核心的非理性的东西。经验立法除了过分关注了立法中的人文因素外，还在于其以人们对法律涉及事物的先前认识为唯一的、绝对的依据，考虑的是人们在调适某一事态中的历史进路，而不是这一事态本身所具有的由自然因素决定的情势。"〔20〕而我国刑法立法的相关修改与完善多与特定时期打黑除恶的需要有关。〔21〕惩治有组织犯罪立法也恰恰是基于"适应与犯罪做斗争的实际需要，有必要对刑法进行修订、补充、完善"〔22〕而做出的，从而导致立法中过于注重立法经验而缺少对犯罪发展的自然规律的把握。比如在1997年修订刑法典时，立法者受"在中国，明显、典型的黑社会犯罪还没有出现，但带有黑社会性质的犯罪集团已经出现"〔23〕观念影响，仅仅在刑法典中规定了三种有关黑社会性质组织的犯罪，因而导致在此后十多年间无法有效地充分打击新出现的其他严重有组织犯罪类型。事实上，从犯罪集团发展的规律来看，有组织犯罪在短时间内是不可能被消灭的，且极有可能再向更高级、更多样化的犯罪形态发展。它们一方面自己不断总结经验与教训，加强成员的选择与组织管理，同时也不断借鉴中国旧社会青、红帮的经验和注意吸收国外黑社会的管理方式，甚至模仿学习现代化国家组织及现代公司企业的管理方式。按照这一"规律"，以目前的立法状况，将来我国刑事司法对"明显的、典型的黑社会犯罪"的惩治就难免无法可依。〔24〕因此，这种立法技术固然可以在短时期满足司法实践的需求，但是从长远来看则难以适应犯罪形势的发展变化。

---

〔20〕 参见关保英：《科学立法科学性之解读》，载《社会科学》，2007(3)。

〔21〕 参见于改之：《中国关于有组织犯罪的立法与司法完善》，载《法学论坛》，2004(5)。

〔22〕 参见高铭暄、赵秉志编：《新中国刑法立法文献资料总览》(第2版)，773页，北京，中国人民公安大学出版社，2015。

〔23〕 同上书，776页。

〔24〕 参见田宏杰：《试论中国"反黑"刑事立法的完善》，载《法律科学》，2001(5)。

在立法视野上，我国关于有组织犯罪的刑法立法过于注重国内犯罪状况而忽视了国际犯罪形势的变化。随着全球经济一体化进程的加快，区域人口流动、文化交流的频率较以前也有较大提升，随之而来对立法的要求就是要有更为宽阔的视野，甚至需要以全球化的视角来确保法律的权威性和公信力。而我国惩治有组织犯罪的刑法立法恰恰对这一点有所忽略，即立法的全球化视野不足。以 2003 年 8 月由全国人大常委会批准并生效的《联合国打击跨国有组织犯罪公约》（以下简称《公约》）为例，其一方面将法人作为有组织犯罪的主体纳入其中，规定了刑事没收程序，并变通了刑事司法协助的一些国际原则，反映了国际社会严厉打击有组织犯罪的主张；另一方面加强了对被害人的权利救济，彰显了国际社会一直呼吁的人权保障理念。而《公约》的这两个方面在我国惩治有组织犯罪立法中并未有充分体现，即使 2011 年通过并实施的《刑法修正案（八）》也未能关注这一点。可以说，我国刑法立法中所规定的情形与签署的联合国《公约》相比，显然存在犯罪网络不够严密、人权保障不够全面的现实问题。而这恰恰背离了刑法立法的全球化趋势。“立法视野的全球化既表现在立法的整体格局上，也表现在一些具体的行为规则制定上。”〔25〕也许我们在立法的整体格局上没有太大的瑕疵，但是在具体的行为规则上，恐怕可以说我国的有组织犯罪立法距离前述的《公约》的要求还有很长的路要走。

（二）关于微观层面的立法评析

我国 1997 年刑法典所规定的刑事惩治措施为有组织犯罪立法的进一步完善，搭建了良好的法治平台。但需要强调的是，这里仍然存在一些应当引起我们关注的、有待于补充、健全的地方。

刑事制裁范围不完整。从我国近几年被依法惩治的有组织犯罪情况来看，黑社会性质组织向黑社会组织发展的趋势已经出现，境内外有组织犯罪相互来往、勾结的趋势也十分突出。在此情况下，我国现行刑法典的规定显然不能满足司法实践的需要，将黑社会（性质）组织犯罪的处罚范围仅限定为三类行为（即组织、领导、参加黑社会性质组织的行为，入境发展黑社会组织的行为，以及包庇、纵容黑社会性质组织的行为），导致刑事制裁范围存在漏洞。我们认为，在区分黑社会性质组织与黑社会组织的前提下，刑事制裁范围的不完整性主要表现在：一是对于

---

〔25〕 参见关保英：《科学立法科学性之解读》，载《社会科学》，2007(3)。

司法实践中存在的少数黑社会组织的组织者、领导者和参加者的处罚不力；二是对到境外实施组织、领导、参加黑社会组织行为的中国公民予以处罚的根据不够明确；三是对于包庇、纵容入境发展黑社会组织的境外成员之国家工作人员的处罚根据不够明确。

刑事制裁对象不完整。根据《刑法》第30条的规定，法律规定为单位犯罪的，应当负刑事责任。而从刑法典分则第294条的规定来看，有关黑社会性质组织犯罪的三种罪名都是纯正的自然人犯罪，不能成立单位犯罪，即犯罪主体只能是自然人，法人不能构成本罪。显然，我国刑法典关于有组织犯罪的犯罪主体未涵盖单位的规定没有充分反映社会发展的情势，在刑事制裁对象上是不完整的。在司法实践中，“随着形势的发展，有组织犯罪组织内部不断分工细化，有些犯罪组织出资并创立或控制公司，为其犯罪行为做掩饰；有些犯罪组织逐步采取‘公司法人’式的管理形式，犯罪组织与合法企业有时亦难以准确区分；一些单位、法人以合法经营为掩护，从事走私、制假、售假、侵犯知识产权、偷税、诈骗等犯罪活动。”〔26〕法人参与有组织犯罪已不足为奇。事实上，国际社会也早已经注意到这一状况，不但有些国家已经立法将法人作为涉黑犯罪的犯罪主体，而且在联合国《公约》中也明确要求各国政府严厉惩治参与有组织犯罪的法人。就此而言，对于有组织犯罪主体未涵盖单位的规定不仅不利于惩治国内犯罪，而且也未能与《公约》的规定充分衔接。

刑罚种类配置不完整。在我国1997年刑法典中，涉嫌黑社会性质组织犯罪的刑罚配置主要涉及主刑中的有期徒刑、拘役和管制，以及附加刑中的资格刑，而缺少了财产刑的相关规定。但是，“从现实来看，犯罪现象和犯罪人的情况是复杂多样的，而作为对犯罪反应的刑罚方法也应该与这种复杂多样性相适应，从而以保证所选刑种不仅与犯罪的社会危害性相适应，而且也与犯罪人的各种具体的情状相适应。”〔27〕而附加刑以其适用灵活、针对性强的特点，成为实现刑罚个别化、满足特殊预防需要的有效方式。尤其是财产刑的配置，对于以获取经济利益为目的的犯罪而言，其对财产权的直接剥夺可以对犯罪行为形成较大威慑，同时也可以限制甚至剥夺犯罪分子的再犯能力。但遗憾的是，我国关于惩治有组织犯罪立法在附加刑

〔26〕 参见于改之：《中国关于有组织犯罪的立法与司法完善》，载《法学论坛》，2004(5)。

〔27〕 参见王俊平：《资格刑适用范围之比较》，载《河南师范大学学报》(哲学社会科学版)，2002(6)。

配置方面始终存在不足。虽然《刑法修正案(八)》第 43 条为黑社会(性质)组织的有关犯罪配置了财产刑,弥补了《刑法》第 294 条的不足,但是仍没有将剥夺政治权利适用到所有涉黑犯罪中,其刑罚配置依然不完整。而从域外的立法例来看,涉黑犯罪宜全面配置资格刑。如澳门《有组织犯罪法》规定,对于有组织犯罪,法庭鉴于事实的严重性及针对行为人的公民品德,可对犯罪人科处在一定时间内中止政治权利、禁止从事公共职务或某种职业、禁止进入某些场所或地点、禁止在专营公司担任职务等;意大利在惩治有组织犯罪立法也做了相似的规定。[28]

配套制度不完整。所谓配套制度,主要是指在明确有组织犯罪的犯罪定性与刑罚措施之外,其他有助于打击有组织犯罪的相关措施。从我国现行刑法典的规定来看,惩治有组织犯罪的相关配套制度还有待进一步完善。比如,《公约》规定了针对有组织犯罪的独立刑事没收制度,但是,我国并没有相应制度的存在。其没收规定依附于对行为人的刑事诉讼程序或者行政处罚程序,只有在解决人的责任之后,才能对物相关财物和物品予以没收。而一旦犯罪嫌疑人死亡或潜逃,我国检察机关就不能对其提起公诉,法院亦不能缺席审判,没收就无从谈起。[29] 所以我国的刑事没收制度难以满足司法实践的需要。同时,法律规定的没收对象过于狭窄,而可以没收的赃款赃物的范围也不明确。所有这些,都不利于我国与其他缔约国在没收事宜上开展国际合作。[30]

四、我国惩治有组织犯罪的刑法立法前瞻

我国惩治有组织犯罪之刑法立法的逐步完善和司法实践的不断丰富,一方面

---

〔28〕 参见卢建平、郭理蓉:《有组织犯罪的刑事责任与刑罚问题研究》,载《法学论坛》,2003(5)。

〔29〕 2012 年 3 月 14 日通过并于 2013 年 1 月 1 日起生效的新《刑事诉讼法》增补了内容新颖的第 3 章犯罪嫌疑人、被告人逃匿、死亡案件违法所得的没收程序,其第 280 条规定:"对于贪污贿赂犯罪、恐怖活动犯罪等重大犯罪案件,犯罪嫌疑人、被告人逃匿,在通缉一年后不能到案,或者犯罪嫌疑人、被告人死亡,依照刑法规定应当追缴其违法所得及其他涉案财产的,人民检察院可以向人民法院提出没收违法所得的申请。"据了解,这一独立的刑事没收制度即违法所得没收程序的设立,主要是为了满足惩治恐怖活动犯罪的国家刑事司法协助和严重腐败犯罪之追逃追赃的需要,立法者当时并没有考虑黑社会性质组织犯罪也可以适用此一违法所得没收程序。学理上,对黑社会性质组织犯罪是否可以解释属于新《刑事诉讼法》第 280 条之"……重大犯罪案件"而适用此一独立的违法所得没收程序,学者们的认识和主张并不一致。

〔30〕 参见赵秉志、杨诚主编:《〈联合国打击跨国有组织犯罪公约〉与中国的贯彻研究》,118 页,北京,中国人民公安大学出版社,2009。

表明我国打击有组织犯罪之司法网络更加严密;另一方面也反映了中央政府坚决惩治有组织犯罪的决心和信心。可以预测的是,伴随着有组织犯罪国际化的进一步加强,我国越发需要有针对性地加强与其他国家的刑事合作。在此背景下,如何健全刑法立法,建构科学、规范的刑法规范体系,完善相关犯罪惩治措施,是重要的现实问题。我们认为,完善相关刑法立法需要坚持两个基本方向:一是要以现阶段犯罪状况为基础,审慎并科学预测犯罪趋势,从而保证立法的前瞻性和规范性;二是以加强打击有组织犯罪的国际合作为目标,将国内立法与国际公约相衔接。鉴于此,考虑到我国有组织犯罪实际状况和《公约》的有关规定,我国今后对有组织犯罪的立法规划应当从以下两个方面注意若干重要问题。

(一) 关于立法技术层面

首先,建议保持现有的立法模式基本不变。是采用分布式立法还是制定专门的反有组织犯罪法,学界存在较大的分歧。我们认为,对惩治有组织犯罪采取哪一种立法模式取决于两个因素:即一个国家一定时期内惩治相关犯罪的需要及其刑法立法的基本体例。晚近十多年来我国的司法实践已经充分证明,分布式的立法模式并未影响打击有组织犯罪的有效性,将相关规定统一纳入刑法典中,有利于社会公众对有组织犯罪和关联犯罪的法律规定予以全面了解,也便于司法机关在具体案件中予以适用。[31] 毕竟,对于一些关联犯罪如寻衅滋事罪而言,并非有组织犯罪中独立的犯罪类型,而是广泛存在于危害社会秩序的行为之中,统一规定在刑法典中便于灵活适用该类关联犯罪条款。另外,1997 年刑法典实施以后,关于犯罪和刑罚的修改主要通过刑法修正案方式进行,以保证刑法体例的协调和统一。如果采用专门立法的模式规定有组织犯罪的定罪量刑问题,势必打破我国现行的刑法典体例,也会浪费立法资源。因此,我国现阶段对有组织犯罪采用刑法典中的分布式立法的模式更为合适。

其次,立法的科学性取决于立法方法和立法视野,需要引起立法者的高度关注。法律的生命并不是仅仅来源于既往的司法实践,也特别需要运用合理的实证分析和逻辑推理,准确把握法律规范的发展趋势,使立法具有前瞻性,以此来保证立法的稳定和权威。而这一点对于有组织犯罪立法而言更为重要。如就目前的

---

〔31〕 参见杜邈:《反恐刑法立法研究》,224 页,北京,法律出版社,2008。

形势来看，我国有组织犯罪正朝着严重化和高度组织化的方向发展，数量上也在增多，而其活动区域已出现了区域跨、国际化的发展趋势。[32] 在此背景下，相关刑法立法的目标就不能仅仅立足于惩治国内黑社会性质组织犯罪，也应当将打击跨国有组织犯罪纳入我国的法治视野，以此健全国内立法并协调国际合作。这就要求立法者必须以全球化的视野，依托于严谨的犯罪统计分析，准确把握有组织犯罪的发展趋势，建构针对性强、结构严密的有组织犯罪惩治体系。唯有如此，才能保证我国刑法立法不会在急速变化的犯罪形势面前疲于不断修改。

(二)关于刑法规范层面

以宏观层面的立法技术为基础，根据惩治犯罪的需要，我国有必要对现有的惩治有组织犯罪的刑法规范进行相应的调整和补充。

1. 刑法典总则部分

首先，应当考虑对罪行严重的有组织犯罪的组织者、领导者禁用假释。基于社会防卫的需要，考虑到犯罪行为的客观危害性和犯罪人的人身危险性，《刑法修正案(八)》增加了放火、爆炸、投放危险物质或者有组织的暴力性犯罪被判处 10 年以上有期徒刑、无期徒刑的犯罪分子不得假释的规定。[33] 不过，这次刑法修正并没有将组织、领导黑社会性质组织的犯罪分子纳入该范围之中。我们认为，现阶段刑法规范应当考虑将被判处 10 年以上有期徒刑、无期徒刑的有组织犯罪的组织者和领导者一并纳入不得假释的范围。主要理由在于：(1)伴随有组织犯罪快速发展的趋势，对有组织犯罪应坚持从严打击的刑事政策。这不仅体现在刑罚适用时从严，也应包括刑罚执行中的从严。[34] “刑罚执行从严”的要求之一就是较普通的刑事犯罪分子而言，应该对严重刑事犯罪分子的假释采取更为严格的限制条件甚至规定不得假释。根据我国刑法典第 294 条的规定，黑社会性质组织“称霸一方，在一定区域或者行业内，形成非法控制或重大影响，严重破坏经济、社会生活秩序”，这就决定其形成到发展应该存在相对较长的时间，从而也决定了其社会影响之深远可能超越其他严重暴力性犯罪。其不仅表现为犯罪行为所造成的客观危害，更重要的是也反映了组织者、领导者严重的人身危害性和主观恶性，

[32] 参见谢勇、王燕飞主编：《有组织犯罪研究》，151 页，北京，中国检察出版社，2005。

[33] 参见赵秉志主编：《〈刑法修正案(八)〉理解与适用》，139 页，北京，中国法制出版社，2011。

[34] 参见卢建平、郭理蓉：《有组织犯罪的刑事责任与刑罚问题研究》，载《法学论坛》，2003(5)。

因此,基于严厉惩治有组织犯罪并加强社会防卫的立场,将其纳入刑法典规定的不得假释的范围是必要的。(2)有利于与《刑法修正案(八)》之“不得假释”的情形相协调。从罪责刑相一致的协调性上看,《刑法修正案(八)》所列举的“不得假释”的范围过于狭窄。由于黑社会性质组织犯罪经常实施的寻衅滋事、强迫交易、敲诈勒索、组织卖淫等犯罪行为并不属于严重的“有组织的暴力性犯罪”,因此,可能会有相当数量的黑社会性质组织犯罪类型的组织者、领导者即使被判处 10 年以上有期徒刑或无期徒刑,也不能适用“不得假释”的规定。这样一来,势必造成有组织犯罪刑罚惩治和刑罚执行的失衡。基于上述分析,在立法上将被判处 10 年以上有期徒刑、无期徒刑的有组织犯罪的组织者和领导者纳入不得假释的范围是必要的。

其次,需要确立针对有组织犯罪的刑事没收制度。这不仅是基于我国打击有组织犯罪的现实需要,而且也是履行《公约》所赋予的法定义务的合理要求。根据《公约》第 12 条规定,缔约国应在本国法律制度的范围内尽最大可能采取必要措施,以便能够没收和扣押属于该《公约》所涵盖犯罪的犯罪所得或价值与其相当的财产以及用于或拟用于该《公约》所涵盖犯罪的财产、设备或其他工具。但是,我国并没有建立真正意义上的独立于审判程序之外的针对黑社会性质组织犯罪的刑事没收制度,从而在黑社会性质组织犯罪之犯罪嫌疑人、被告人外逃、死亡的情况下,就无法没收、追缴其违法所得。基于此,我们认为,针对有组织犯罪尤其是黑社会性组织犯罪,应考虑改变目前仅仅把没收财产作为一种刑罚种类加以适用的制度,尽快建立针对相关犯罪所得或者相关违法行为所得的、独立的财产没收制度。具体来说,该制度应当包括以下内容:(1)适用对象是根据一定证据或合理怀疑认为来源于相关犯罪或者违法行为的财产;(2)财产的合法归属和性质由持有人和权利主张人证明;(3)所作裁决在通过专门的司法审查后,由审判法官独立做出;(4)没收裁决不以定罪为条件,并可以适用于刑事诉讼的任何阶段。[35] 当然,应当注意的是,鉴于我国既往司法实务中尤其是重庆前几年在那个“打黑”特殊时期,对黑社会性质组织犯罪及其财产性的滥用,对黑社会性质组织犯罪设立违法所得没收程序时要予以科学的设计,要规定明确的、合理的、具有限制性的适

---

〔35〕 参见赵秉志、杨诚主编:《〈联合国打击跨国有组织犯罪公约〉与中国的贯彻研究》,118 页,北京,中国人民公安大学出版社,2009。

用条件，以防止此一程序被滥用。

最后，在《刑法修正案（八）》通过之前，有学者曾主张针对有组织犯罪设立特别自首制度，以鼓励犯罪集团的内部成员积极与司法机关合作，从而节省司法资源，也可以有效地避免由于证据不足而放纵核心犯罪人。[36] 我们认为，鉴于《刑法修正案（八）》已经将坦白作为一个法定量刑情节予以规定，那么，有组织犯罪之犯罪分子在任何时候都可以通过坦白制度获得从轻、减轻处罚，这样，设立特别自首制度的客观基础已经丧失，因而已没有必要在刑法典总则中再设立针对有组织犯罪的特别自首制度。

2. 刑法典分则部分

我国 1997 刑法典分则中有关有组织犯罪的立法规定在其颁行的 10 多年的"打黑除恶"实践中发挥了积极功效，但是，也引发了刑法学界和司法实务界的一些争议。我们认为，从健全相关规范的角度看，有一些重要问题值得深入探讨。

首先，关于我国刑法典中"黑社会性质组织"的称谓是否需要修改为"黑社会组织"的问题，学者之间尚未达成共识。[37] 我们认为，从犯罪惩治的实际情况来看，在相当长的一段时期内尚无必要改变现行刑法典中"黑社会性质组织"之称谓为"黑社会组织"。其原因主要在于：(1)从发展程度看，黑社会组织犯罪是比黑社会性质组织犯罪更高一级的有组织犯罪形态，在构成特征、社会危害程度上都有更高的标准。这也决定了其从形成到发展需要经历较长的时间，但是如果我们一直贯彻现阶段严厉打击涉黑犯罪的刑事政策，对黑社会性质组织进行及时惩治，黑社会组织的生存土壤和发展空间将受到极大的压缩。那么，在可以预测的一段时间内，黑社会组织犯罪难以成为中国有组织犯罪的典型形态（当然，不排除极少数黑社会组织犯罪的出现[38]）。而在立法上，刑法典分则应当将具有严重社会危害性且普遍存在的行为作为犯罪予以惩治，将不具有代表性的黑社会组织犯罪单独规定在刑法典中显然不符合这一要求。所以，目前尚没有必要从立法上设置专

〔36〕 参见于志刚：《中国刑法中有组织犯罪的制裁体系及其完善》，载《中州学刊》，2010(5)。

〔37〕 例如有观点认为，应当打破境内境外的界限，将 294 条的罪名修改为"组织、领导、参加黑社会组织罪"和"包庇、纵容黑社会组织罪"，以求立法的统一。参见卢建平：《中国有组织犯罪相关概念特征的重新审视》，载《国家检察官学院学报》，2009(6)。

〔38〕 由于黑社会组织犯罪是黑社会性质组织犯罪的高级形态，因此，黑社会组织犯罪的特征在一定程度上也符合黑社会性质组织犯罪的构成特征。因此，对于这部分极少数的黑社会组织犯罪，可以援引组织、领导、参加黑社会性质组织罪予以惩处。

门的黑社会组织犯罪之罪名。(2)从犯罪惩治情况来看,我国现阶段甚至以后较长时期内"打黑除恶"所面临的主要问题,不是黑社会性质组织犯罪的罪名设置能否满足司法实践的需要,而是如何防范"打黑除恶"运动化、扩大化,避免人权保障遭受肆意侵犯的问题。如果以黑社会组织替代黑社会性质组织,提高司法认定的标准,一方面,会导致现阶段大量的黑社会性质组织犯罪行为因不符合构成特征而不能适用分则中的相应条款,使司法机关只能以"犯罪集团"来追究该类行为的刑事责任,从而降低打击的力度,不利于犯罪惩治和预防;另一方面,在与社会现实严重脱节的高标准和严厉惩治的刑事政策刺激下,势必进一步导致打黑扩大化,从而破坏法制,不利于法治秩序的确立。[39] 基于以上分析,我们认为,在相当长的时期内,我国仍应当保持黑社会性质组织的称谓不变。当然,如果今后发展到一定时期,黑社会组织犯罪成为我国社会中典型的有组织犯罪,那么进行适当的立法调整也是必要的。但是,届时是采取黑社会性质组织与黑社会组织并列的立法模式,还是以黑社会组织之名称取代黑社会性质组织之表述,尚有待于深入研究。

其次,规范表述黑社会性质组织的基本特征,并扩大犯罪惩治的范围。黑社会性质组织的基本特征一直是我国刑法理论界和实务界争论的焦点,尤其对保护伞特征和经济特征的表述。我们认为,应将"保护伞"作为黑社会性质组织犯罪的必备特征。因为无论是从我国"打黑除恶"的司法实践经验来看,还是从国际社会的立法和司法经验看,"保护伞"都是黑社会性质组织产生、存在和发展的必要条件;对于经济特征的表述,我们认为应当改为"较强的经济实力"。因为从提高打击黑社会性质组织犯罪的针对性和有效性的角度,将其限制在"较强的经济实力"的范围内,可以集中司法资源重点打击严重危害社会秩序,影响经济发展的有组织犯罪,而"一定的经济实力"之表述过于模糊,不能很好地区分黑社会性质组织犯罪与其他经济犯罪集团的界限。同时,从司法实践中也可以发现,较强的经济实力正是黑社会性质组织的重要特征,也是"打黑"的司法经验。因此,我们认为,应当提高黑社会性质组织认定中的经济门槛。[40] 另外,根据《刑法》第 294 条的

---

〔39〕 参见赵秉志、彭新林:《关于重庆"打黑除恶"的法理思考》,载《山东警察学院学报》,2011(1)。

〔40〕 参见赵秉志主编:《〈刑法修正案(八)〉热点问题研讨》,载《刑法论丛》(第 24 卷),41 页,北京,法律出版社,2010。

规定，法定的黑社会性质组织犯罪只有组织、领导、参加黑社会性质组织3种类型，根据《公约》第5条的规定，缔约国应当将所有明知是黑社会组织仍然参与或者与黑社会组织有关的犯罪活动规定为犯罪。[41] 显然，我国关于黑社会性质组织犯罪的犯罪种类尚显狭窄。比如，基于《公约》的基本要求和适应打击跨国有组织犯罪的现实需要，应当将我国公民在境外组织、领导、参加黑社会组织的行为明确作为犯罪来处理，这样可以与其他黑社会组织犯罪一起构建完整的刑事司法网络，满足刑事立法和刑事司法的要求。

再次，应将单位作为黑社会性质组织犯罪的主体，并完善单位犯罪的刑事责任。根据《公约》第10条的规定，各缔约国均应采取符合其法律原则的必要措施，确立法人参与和实施公约所规定的犯罪时应承担的责任。在不违反缔约国法律原则的情况下，法人责任可包括刑事、民事或行政责任。法人责任不应影响实施犯罪的自然人的刑事责任。《公约》强调指出，各缔约国均应特别确保使参与和实施犯罪的法人受到有效、适度和劝阻性的刑事或非刑事制裁，包括金钱制裁。据此，《公约》关于法人责任主要包括三个方面的内容：(1)法人可以成为有组织犯罪的刑事责任主体；(2)法人责任的实现方式包括刑事、民事或行政责任；(3)法人责任与自然人责任相互分离，互不影响。以此为基础分析我国的黑社会性质组织犯罪可以发现，《刑法》中关于单位刑事责任的规定存在两点不足：一是黑社会性质组织犯罪只能由自然人构成，单位不能成为该类犯罪的犯罪主体；二是就单位犯罪的双罚制而言，单位责任影响着实施此种犯罪自然人的刑事责任。可以说，《刑法》的规定不仅与《公约》的要求不相一致，而且也不符合司法实践的现状。我们认为应该将单位规定为有组织犯罪的主体，并合理设定其刑事责任。具体来讲，从长远看，应该改变现有立法模式，对单位犯罪的范围按照《公约》的要求重新进行设计，规定单位实施的危害行为只要构成犯罪的，都应负刑事责任；同时对单位犯罪双罚制进行调整，使单位的刑事责任不影响自然人刑事责任的承担，并删除

---

[41] 联合国《打击跨国有组织犯罪公约》第5条规定，各缔约国均应采取必要的立法和其他措施，将下列故意行为规定为刑事犯罪，即明知有组织犯罪集团的目标和一般犯罪活动或其实施有关犯罪的目的而积极参与下述活动的行为：(1)有组织犯罪集团的犯罪活动；(2)明知其本人的参与将有助于实现上述犯罪目标的该有组织犯罪集团的其他活动。除此之外，还应当将组织、指挥、协助、教唆、促使或参谋实施涉及有组织犯罪集团的严重犯罪的行为规定为刑事犯罪。

“单位犯前款罪”的处罚条款之规定，从而与《公约》要求保持一致。[42]

最后，应当调整相关的法定刑设置。一方面，应该协调组织、领导、参加黑社会性质组织罪与入境发展黑社会组织罪的法定刑幅度。根据我国《刑法》第 294 条的规定，组织、领导黑社会性质组织的起刑点是 7 年有期徒刑，而入境发展黑社会组织的起刑点在“情节严重”的情况下才是 5 年。理论上一般认为黑社会组织的社会危害性要大于黑社会性质组织，那么两种行为的起刑点就应该是前者高于后者，但现有规定却正好相反，使境外人员发展黑社会组织的量刑可能在同等条件下低于境内人员发展黑社会性质组织的量刑，这显然有违刑罚公正，因此应予调整。另一方面，有关国家机关需根据黑社会性质组织犯罪[43]的不同情况注重剥夺政治权利的附加适用并予以合理裁量。根据我国《刑法》第 56 条、第 57 条的规定，对于危害国家安全犯罪、判处死刑和无期徒刑的犯罪分子应当附加剥夺政治权利，而对于严重破坏社会秩序的犯罪分子，则是“可以”适用剥夺政治权利。据此，剥夺政治权利并不是黑社会性质组织犯罪的当然法律后果，即使行为人是黑社会性质组织犯罪的组织者、领导者。而这显然不能满足惩治与预防黑社会性质组织犯罪的现实需要。我们认为，对于黑社会性质组织犯罪而言，应注重剥夺政治权利的适用。具体来讲，对于触犯包庇、纵容黑社会性质组织罪的国家工作人员，因其犯罪行为在实质上是滥用了国家赋予行为人参与国家和社会管理的政治权利，故剥夺该类犯罪人的政治权利对于实现刑罚一般预防和特殊预防的效果十分重要。因此，在立法上可以规定对包庇、纵容黑社会性质组织的犯罪分子应当附加剥夺政治权利。而在组织、领导、参加黑社会性质组织犯罪中，司法机关在刑罚裁量时应注意根据具体案情有针对性对犯罪人处以剥夺政治权利。即如果组织者和领导者通过国家工作人员身份，利用国家公权力扩大影响力，为实施犯罪活动提供便利的，那么司法机关在对被告人量刑时应当注重适用剥夺政治权利。这不仅体现了国家对该类严重犯罪人的政治否定，而且满足刑罚个别化的要求，有利于防止犯罪人再犯。

---

〔42〕 参见赵秉志、杨诚主编:《〈联合国打击跨国有组织犯罪公约〉与中国的贯彻研究》，112～113 页，北京，中国人民公安大学出版社，2009。

〔43〕 这里的黑社会性质组织犯罪包括《刑法》第 294 条的组织、领导、参见黑社会性质组织罪和包庇、纵容黑社会性质组织罪两种。

五、结语

经济的全球化，国家边界的开放，贸易壁垒的减少，国家对经济控制的减弱，这些社会变革和经济、科技发展在给全人类带来许多好处的同时，也启动了一条生产罪恶的流水线——跨国有组织犯罪集团。[44] 可以说，改革开放以后我国有组织犯罪的发展历史已经向我们表明，有组织犯罪绝不是一个国家能够独自解决的问题。国际化的有组织犯罪集团之出现更是各国所面临的共同挑战。而在惩治与防范有组织犯罪的链条上，刑法立法仅仅是其中较为关键的一环，而绝非全部。因此，打击有组织犯罪之立法体系的建构，不仅需要完善的刑法立法，而且需要刑事立法与非刑事立法诸如反洗钱法等法律规范的相互配合，需要国内立法与国际公约的相互协调。在严峻的有组织犯罪形势面前，我们要突破仅仅通过刑法措施控制跨国犯罪的传统模式，综合运用刑事、金融、行政等多种措施控制跨国有组织犯罪，将控制跨国犯罪的国际合作从单一的国际刑事合作发展为刑事、行政、金融等多重合作机制，从而形成控制跨国犯罪的国际合作的综合性法律机制，[45] 树立立足国内防控并加强国际协作的全球化视野，有效地推动国际间的交流与合作，这才是打击有组织犯罪的有效途径。

---

〔44〕 参见廖敏文：《国际合作：打击跨国有组织犯罪之基石》，载《中国人民公安大学学报》，2004(1)。

〔45〕 参见莫洪宪、胡隽：《论〈联合国打击跨国有组织犯罪公约〉与中国刑事司法理念之转变》，载《犯罪研究》，2004(5)。

“预防性”反恐刑事立法及其法治思考

莫洪宪 [*]　何荣功 [**]

避免可能产生的风险是常见的人类理性的一部分。“9·11”事件发生后，众多美国公民出于安全考虑不再乘坐飞机，而是使用汽车出行。然而，统计数据显示，更高的交通流量和因此所导致的诸多交通事故在道路上造成的死亡人数却远大于“9·11”事件中被劫持的客机上死亡的乘客数量。该事实表明，对于巨大危险的不理智回应可能导致严重的间接损害。〔1〕面对日益严峻的恐怖主义危险，世界各国的刑事政策都明显呈现严酷化的趋势。预防性刑法在反恐等领域的兴起本意在于预防恐怖风险以维护国家与社会安全，但我们如何避免、减少和平衡预防性反恐立法对法治国和公民基本权利的损害，这是国家在做出立法抉择时必须要慎重考虑的问题。笔者无意否定预防性反恐刑事立法出现的正当性，只是希望从另一个层面思考其在理论和实践中已经或可能出现的极端化问题。

一、转向“预防性”的反恐刑事立法及其问题核心

在以启蒙思想为根基的近世刑法的理论蓝图中，刑法的功能呈现出复合悖论

---

*　**　武汉大学法学院副教授，法学博士。

〔1〕 参见[德]乌尔里希·齐白：《全球风险社会与信息社会中的刑法》，周遵友、江溯等译，198 页，北京，中国法制出版社，2012。

性:它不仅要保护国家免受罪犯侵害,而且要保护罪犯免遭国家侵害;它不仅要保护公民免遭犯罪人侵害,而且也要保护公民免遭检察官侵害,成为公民反对法官专断和法官错误的大宪章。[2] 正是在这个意义上,近代刑法被看作既是“市民自由的大宪章”,也是“犯罪人的大宪章”。另外,由于刑罚是和平时期国家对公民使用的最严厉和最极端的制裁手段,所以,基本上只有针对现实上造成损害的不法行为,国家才会启动刑罚权。

但晚近20多年来,在世界范围内,传统刑法面临现代社会的问题时,正在悄然发生根本立场的转换。作为社会政策之最后手段的刑事政策和作为刑事政策最后手段的刑法,在当前已经被要求作为解决社会问题和调整社会问题的最优先手段来考虑。[3] 比如,在素有崇尚哲学理性和恪守法治原则的德国,面临有组织犯罪和恐怖主义活动的威胁,刑法的目的正在明显地转向预防与安全,国家在犯罪发生之前,在针对某个行为人特定犯罪的嫌疑具体化之前就已经开始介入。德国学者乌尔里希·齐白将德国刑法模式这种转换的表现描述为以下五个方面:(1)在刑事实体法领域,刑事问责移至犯罪行为开展之前的时点;(2)在刑事程序法领域,预防性监控措施的拓展,法律保障标准的降低,特别权力的创设;(3)私人在刑事诉讼之前以及之外的合作义务的增加;(4)作为新型“安全格局”之一部分出现的机构之间以及国家之间行动队的成立;(5)在刑法和行政法中导入新措施,以便针对“推定危险者”的自由限制。[4] 在意大利,刑法也呈现同样的趋势,刑法调整的重心由侧重于已然造成的侵害科加“处罚”的传统逐渐转变为“预防”作为整体的人民或社会造成进一步的损害,随之相伴的是大量的预备行为犯罪化。[5] 在英国和美国的刑事立法中,这种趋向亦同样的突出。理论界将这种以预防为导向的刑法思想和法规范前置化现象称为“预防性刑法”,以别于传统的事后干预性刑法。

在反恐领域预防性刑法表现得最为明显,归纳起来,主要有两种模式:“极端

---

〔2〕 参见[德]拉德布鲁赫:《法学导论》,米健译,141页,北京,商务印书馆,2013。

〔3〕 参见[韩]金日秀:《风险刑法、敌人刑法和爱的刑法》,郑军男译,载《吉林大学社会科学学报》2015年第1期,第21页。

〔4〕 参见[德]乌尔里希·齐白:《全球风险社会与信息社会中的刑法》,周遵友、江溯等译,167页,北京,中国法制出版社,2012。

〔5〕 参见[意]弗朗西斯科·维加诺:《意大利反恐斗争与预备行为犯罪化——一个批判性反思》,吴沈括译,载《法学评论》,2015(5)。

的预防模式"与"温和的预防模式"。前者在刑法之外,国家以战争的形式推进,这种模式主要为"9·11"事件之后的美国采用。"9·11"事件严重挑战了美国的全球霸权地位和国家安全。事件发生后,美国政府立即宣布了对恐怖主义战争的强硬立场,并在伊拉克和阿富汗得以实践。在美国本土,同样将恐怖分子视为敌人,适用准军事化手段包括特殊引渡措施、军事当局的拘留、军事机构的审判等。[6]与美国相比,大部分国家或地区虽然在反恐的问题或多或少呈现出采取军事化打击的倾向,但在是否使用战争应对恐怖主义的问题上,保持了相对的克制态度。

在反恐的问题上国家究竟采取何种战略与刑事政策,换句话说,反恐对一国而言,究竟是意味着国家对恐怖主义的一场正义战争,还是在刑法的框架内以犯罪治理思维看待,根本上取决于该国对待恐怖主义的政治宽容度和其面临恐怖主义的威胁程度。而在思想层面,与国家在宪法和法律体系中如何定位恐怖主义活动和恐怖分子的法律地位有关。如果认为恐怖分子是应当加以消灭和排斥的敌人,则会采取战争化的手段应对;如果坚持认为恐怖分子仍然是整体国家秩序应当包容和争取复归的市民,则会在法治整体秩序内采取相对节制的反恐手段。

二、预防性刑法在我国:规范上的表现

我国有根深蒂固的"以刑治国"的传统,现实社会也明显存在刑法不适当干预社会生活的问题,特别是近几年随着"风险刑法观""民生刑法观"等提出,以及国家在刑法立法思想上强调刑法对社会生活的引领作用,[7]我国的社会治理中明显出现了刑法过度化的问题,[8]但整体上我国的刑法还是作为事后的保障法的体系地位存在的。只是最近随着《中华人民共和国反恐怖主义法》和《刑法修正案(九)》的制定和颁布,在反恐刑事政策和立法上,明显出现了"以预防为导向"政策与法规范体系,可以从以下主要方面得以表现。

1.《反恐怖主义法(草案)》(以下简称《草案》)与反恐预防战略的确立

《草案》第3条规定:"国家将反恐怖主义纳入国家安全战略,综合运用政治、

---

〔6〕 Andrew Ashworth and Lucia Zedner, Preventive Justice, Oxford University Press, 2014, p. 175.

〔7〕 参见李适之2014年10月27日在第十二届全国人民代表大会常务委员会第十一次会议上《关于〈中华人民共和国刑法修正案(九)(草案)〉的说明》。

〔8〕 参见何荣功:《社会治理"过度刑法化"的法哲学批判》,载《中外法学》,2015(2)。

经济、法律、文化、教育、宣传、科技、外交、军事等手段，充分调动一切力量和资源，严密防范和严厉惩治恐怖活动，查处取缔一切恐怖活动组织，坚决反对和禁止恐怖主义和极端主义思想，最大限度预防、降低和消除恐怖主义危险和危害。"第7条规定："反恐怖主义工作应当坚持防范为主、惩防结合，先发制敌、保持主动的原则，重在防范恐怖主义思想的形成和传播、恐怖活动组织的形成和扩大，力争将恐怖活动消灭在预谋阶段和行动之前。"《草案》在确立预防为主的反恐战略的同时，明确了肯定了军事手段在打击恐怖主义中的合法地位。而且，"先发制敌"这种明显具有敌我和军事化色彩的表述，实际上已清晰表明国家正式在法律上承认了军事化手段反恐的正当性。

2.《刑法修正案(九)》与预防性刑法的具体体现

有关恐怖主义犯罪的修改是刚刚通过的《刑法修正案(九)》的最大亮点，修正案的规定明显表达着预防性刑事立法的基本立场。

第一，大量新概念的引入。《刑法修正案(九)》在反恐方面的重大修改就是大量引入了新的概念，比如"恐怖主义""极端主义""宣扬恐怖主义、极端主义的图书、音频视频资料或者其他物品""宣扬恐怖主义、极端主义服饰、标志""恐怖主义、极端主义犯罪行为"。刑法作为禁止规范，新概念和新类型行为的引入，导致的是恐怖主义犯罪处罚范围的扩大化。

第二，预备行为处罚的常态化。大陆法系的传统刑法以处罚既遂犯为原则，以处罚未遂犯为例外和处罚预备犯为例外的例外。我国《刑法》第22条明确肯定了处罚犯罪预备是刑法的一般原则，这是我国刑法的重要特色之一。但在司法实践中，因为证据认定上的难题和《刑法》总则第13条但书的规定，犯罪的预备行为并非是一概处罚的，[9]《刑法》第22条的规定实际上更多具有的是象征意义。面对恐怖主义威胁，"97刑法"第120条规定组织、领导、参加恐怖组织罪，其中的组织、领导、参加行为，本质上就是恐怖活动的预备行为。《刑法修正案(九)》更是将大幅度推进预备行为实行行为化，《刑法》第120条之二将"为实施恐怖活动准备凶器、危险物品或者其他工具的""组织恐怖活动培训或者积极参加恐怖活动培训的""为实施恐怖活动与境外恐怖活动组织或者人员联络的"以及"为实施恐怖活动进行策划或者其他准备的"等性质上属于预备性的行为进行了专门规定。另

〔9〕 参见马克昌主编：《犯罪通论》，434页，武汉，武汉大学出版社，1999。

外，《刑法》第120条之三规定的宣扬恐怖主义、极端主义罪、煽动实施恐怖活动罪，第120条之五的强制穿戴宣扬恐怖主义、极端主义服饰、标识罪以及第120条之六的非法持有宣扬恐怖主义、极端主义的物品罪，这些条款甚至超越了刑法对预备行为的干预。刑法在恐怖主义犯罪上介入时点的空前扩张，表现出了与《草案》确立的"先发制敌"遥相呼应的政治立场。

第三，公民合作义务的增加。在近代经典刑法理论看来，包括刑罚在内的一切惩罚都是与人性尊严和人的自由相违背的，所以，任何对公民的惩罚必须具有正当性根据。自密尔以来，这一正当性根据被确定为"伤害原则"。对此，密尔写道："对于文明群体中的任一成员，所以能够施用一种权力以反其意志而不失为正当，唯一的目的只是要防止对他人的危害。""……还有许多积极性的对他人有益的行动，要强迫他人去做，也算是正当的：例如到一个法庭上作证；……当然，要在后一种情况下施行强制，比在前一种情况下更加需要谨慎。一个人做了祸害他人的事，要责他为此负责，这是规则；至于他不去防止祸害，要责他为此负责，那比较说来就是例外了。"〔10〕在刑法上，后一种例外的情况被称为不作为犯，该场合例外处罚的理由限定于行为人对于"祸害的不发生"具有保证人义务。在我国刑法理论上，保证人义务长期限于法定义务、约定和自愿承担的义务以及先行行为引起的义务，刑法只是在极其例外的情况下才承认公民的积极义务，比如"97刑法"第311条规定的拒绝提供间谍犯罪证据罪。"修九"将公民的积极义务扩张至打击恐怖主义犯罪，将《刑法》第311条修改为："明知他人有间谍犯罪或者恐怖主义、极端主义犯罪行为，在司法机关向其调查有关情况、收集有关证据时，拒绝提供，情节严重的，处3年以下有期徒刑、拘役或者管制。"

3. 刑事程序上的特别措施

新修订的《刑事诉讼法》对恐怖主义犯罪的侦查或犯罪人的权利保障方法，也做出了有别于普通犯罪的规定。比如第148条第1款规定："公安机关在立案后，对于危害国家安全犯罪、恐怖活动犯罪、黑社会性质的组织犯罪、重大毒品犯罪或者其他严重危害社会的犯罪案件，根据侦查犯罪的需要，经过严格的批准手续，可以采取技术侦查措施。"第37条第3款规定："危害国家安全犯罪、恐怖活动犯罪、特别重大贿赂犯罪案件，在侦查期间辩护律师会见在押的犯罪嫌疑人，应当经侦

---

〔10〕 参见［英］约翰·密尔：《论自由》，许宝骙译，10～13页，北京，商务印书馆，2014。

查机关许可。上述案件,侦查机关应当事先通知看守所。"

立法是国家专业和理性的活动,任何条款的设置都不会是立法者一时的"头脑风暴",其中反映着国家法价值观的抉择。无论是刑法处罚范围的前置化,还是公民积极义务的扩张,本质上都是希望国家在打击恐怖主义犯罪上取得更加优势地位。即便在民主社会,刑法处罚范围的决定性因素仍然是政治机会、权力以及与此联系的一国政治文化。〔11〕反恐刑事立法立场变化根本上反映的是国家对恐怖犯罪政治容忍度的日渐收紧。

三、"预防性"反恐立法的正当性与实践法治风险

(一)关于"敌人刑法"

在今日社会讨论反恐刑事政策,"敌人刑法"的概念我们是无法绕开的问题。"敌人刑法"是德国刑法学者 Guenter Jakobs 于 20 世纪 80 年代提出的概念,是与市民刑法对应的范畴。Jakobs 提出"敌人刑法一市民刑法"的范畴构造是其规范适用理论思维的延续。Jakobs 认为传统刑法将法益保护界定为刑法的目的,是错误的,刑法的目的应该是保护规范适用。如果行为人不能够或者顽固地不愿意理解这种刑罚所宣称的意义,那么刑罚的这一层否定宣称的含义即无法得到施展。市民刑法通过对规范违反者处以刑罚以保障规范的适用,其前提是被处罚的行为人可以被视为一个具有认识规范和按照规范命令而行为的潜在能力的人。如果行为人不具有这种能力,而是体现了某种持久违反规范的危险特质,成为社会危险的来源,那么这时候市民刑法就不再适用,取而代之应该对他适用敌人刑法。〔12〕在 Jakobs 看来,恐怖分子属于"根本性的偏离者,对于具有人格之人所应为之行为不给予保证,因此,他不能被当作一个市民予以对待,他是必须被征讨的敌人。这场战争乃是为了市民的正当权利,即对于安全的权利而战,与刑罚有所不同,遭到制裁之人并无权利,而是作为一个敌人被排除。"〔13〕

社会因人们之间的合作而存在。文明社会中,人们必须能假定其他人不会故

---

〔11〕 Andrew Ashworth,Principles of Criminal Law(6th Edition),Oxford University Press,2009,p. 39.

〔12〕 参见王莹:《法治国的洁癖——对话 Jakobs"敌人刑法"理论》,载《中外法学》,2011(1),127~129页。

〔13〕 参见[德]雅科布斯:《市民刑法与敌人刑法》,徐育安译,载许玉秀主编:《刑事法之基础与界限——洪福增教授纪念专辑》,39 页,台北,学林文化事业公司,2003。

意侵犯我们，必须能假定那些从事某种行为的人在起行为中将适当注意以免给其他人带来遭到损害的不合理危险。[14] 在这个意义上，恐怖主义活动的确构成了对人类文明的根本性破坏。但是否因此就有必要将现实社会的人区分“市民与敌人”，该问题涉及法治国的根本立场与底线问题，国家必须慎重对待，该问题笔者将在后文回答。

（二）预防性刑法：安全与人权的妥协

相对于极端的敌人刑法而言，在温和预防模式下，恐怖分子仍然作为市民社会中成员看待的。但即便如此，学者们立足于法治国立场，出于对国家权力扩张和以刑罚处罚领域前置化以及刑事程序法上强制处分手段强化可能对法治国人权保障威胁的忧虑，仍然表达了相当警惕的立场。意大利著名刑法学家弗朗西斯科·维加诺指出，着重于预防的刑法必然会诉诸侵犯个人隐私的侦查手段（通信窃听、便衣警察等）以搜集证据证明存在预备行为，即使预备行为仍然远离潜在被害人的“领域”。不可避免的是，这一模式会将更多的权重放在个人犯罪意图而非侵害被害人利益的外在行为。……另一方面，从传统刑法模式过渡到预防模式的过程中，传统上赋予刑罚的功能也产生了显著的改变：刑事干预的焦点不再是威慑（人们断定对愿意牺牲性命的恐怖分子而言，威慑影响不大），也不是对侵害（尚未造成）的报应，甚至也不是改造罪犯（人们断定对于认为自己在与科处刑罚的国家进行战争的个人，改造是徒劳的），而是着眼于及时打击危险个体——首先必须阻止其侵害社会。在此图景下，与其说根本角色定位在于惩罚，不如说是在于审前防护，这一功能倾向于从单纯服务于审判需要的手段转变成为保护社会免遭危险个人攻击的真正前哨。[15] 齐白（Ulrich Sieber）教授写道：“安全保障的思想在刑法中是被允许的。但是，倘若刑法纯粹以预防为导向，这种思想就会有模糊刑法之界限的危险。”[16]

国际社会也表达了对预防性刑法的关注。2009 年 9 月 20 日在土耳其伊斯坦布尔召开的第十八届国际刑法学大会上，学者们在专题决议中呼吁：“各国刑事

---

〔14〕 参见[美]罗斯科·庞德：《通过法律的社会控制》，沈宗灵译，8 页，北京，商务印书馆，2008。

〔15〕 参见[意]弗朗西斯科·维加诺：《意大利反恐斗争与预备行为犯罪化——一个批判性反思》，吴沈括译，载《法学评论》，2015(5)。

〔16〕 参见[德]乌尔里希·齐白：《全球风险社会与信息社会中的刑法》，周遵友、江溯等译，205 页，北京，中国法制出版社，2012。

法制演进中呈现的将预备行为及参与行为犯罪化之范围的不断扩张受到了特别的关注;这一趋势——固然可以归因为防治有组织犯罪、恐怖主义等严重犯罪之必需——隐含了损害一系列基本价值的巨大风险。""抗制恐怖主义以及有组织犯罪的合法性不能成为扩张适用例外规则的托词。因此,在刑法演进中必须避免任何形式的专制倾向,同时保证刑法根本原则的实现,特别是法律主义、个人责任、最后手段、比例原则以及人权与基本自由。"〔17〕该呼吁虽然没有法律效力,但呼吁本身反映出国际社会学者对当前反恐措施偏离法治原则危险性的思想忧虑。

任何法律现象都是社会性存在。人们之所以要创造出一定的法律命题,是因为现实的社会生活提出了这种要求,如果现实中并不存在这种要求,就不可能为保障其实现而提出法律命题。〔18〕法律作为人类高度内在型和自发的价值体系存在,与时转则治,与世宜则有功,我们不能固守 18 世纪的精神来解决 21 世纪的社会问题。在这个意义上,预防性刑法的出现具有现实依据。

首先,客观地讲,以启蒙运动为契机构建的传统刑法理论,面对现代社会的恐怖主义犯罪时,的确存在尴尬之处。比如刑罚目的这个刑法学上的最根本问题,虽然当前刑法理论上仍然存在激烈的争议,但无论我们是将刑罚的目的理解为报应,还是犯罪预防(包括一般预防和特殊预防),在恐怖主义犯罪中都难以认为有存在的空间。恐怖犯罪导致的社会危害结果,是恐怖分子无法承受的报应。恐怖活动中的犯罪分子往往根本不考虑自己的生命安全,特别是哪些出于宗教动机的犯罪人事实上愿意牺牲自己的生命,刑法无从谈起对其可能产生特殊预防效果或威慑。而对于一般社会公众而言,由于其基本不具有实施恐怖犯罪的可能性,一般预防的必要性也是不存在。

其次,从现代国家存在的正当性而言,国家只有在保护社会、保障市民安全和促进社会福利,才具有存在的根据。在社会危害性方面,恐怖主义活动导致对国家和公共安全的威胁是传统犯罪不可比拟的。基于政治、民族和宗教动机的恐怖主义,不再限于对公民个人的危险,还可以导致政治风险,甚至可以威胁到国家安全。他们成功地利用了对手的技术设施以及资源进行技术通信,招募同伙,组织训练,募集资金,甚至获取武器。恐怖主义犯罪不仅导致重大的物质损失,还通过

〔17〕 参见吴沈括:《扩张中的犯罪预备及参与形式——围绕第十八届国际刑法学大会第一专题的展开》,载《四川警察学院学报》2010 年第 4 期,第 31 页。

〔18〕 参见[日]川岛武宜:《现代化与法》,申政武等译,221 页,北京,中国政法大学出版社,2004。

其传达的信息和形象，实现远大得多的心理和政治目标：恐怖暴力散步恐惧和恐怖，通过媒体的宣传扩大声势，刺痛社会之敏感的经济与政治体系，旨在使其屈服于政治讹诈。〔19〕一种犯罪，其对国家和社会的威胁和导致灾难的可能性越大，国家权力介入预防的必要性就越高，这就是世界各国为何普遍将恐怖犯罪中的预备行为、帮助行为和关联行为规定为犯罪的根本原因。〔20〕所以，尽管预防性刑法采用的各种措施有严重侵犯人权的风险，但出于国家和社会安全的考虑，做出以人权换取安全的价值抉择，也是国家不得已的选择。

（三）实践法治风险

固然预防刑法出现是社会需求的结果，但其与其他社会预防性措施不同的是，刑法中预防是以惩罚为代价的，带来的是刑罚权的干预，所以，预防必须是有节制和限度的，特别是为了避免国家权力以预防目的为借口过度干预公民自由，国家对公民自由的限制和剥夺还是尽可能要坚持“绝对必要原则”“最小限制原则”以及“实体性证据原则”。〔21〕而在这方面，《刑法修正案（九）》的有些条款如《刑法》第120条之五的强制穿戴宣扬恐怖主义、极端主义服饰、标识罪以及《刑法》第120条之六的非法持有宣扬恐怖主义、极端主义的物品罪的设置，面临正当性的难题，因为这些条款更侧重的是国家对该类行为的管制，难以认为是基于风险预防。“修（九）”以及刑事诉讼法在反恐方面新增的罪名与干预措施，毫无疑问是国家出于维护国家和社会安全的美好动机而为，但在法治社会，仍然有常识的人都会明白，滥用是权力的本性，当人们被赋予权力时，他们就会倾向专横，法律从一开始就设法压抑这种倾向。〔22〕这就需要司法机关慎重把握法律的规定，避免善良的立法动机在实践中被扭曲。

1. 警惕“反恐”中过度使用军事化手段

在《反恐怖主义法》制定和“草案”发布之前，实践中并不乏使用军事手段打击恐怖主义犯罪。“草案”明确肯定了军事手段的合法性，从法治立场看，是值得肯定的。如前指出，国家在立法层面将军事手段引入反恐，意味着国家在法律层面

---

〔19〕参见[德]乌尔里希·齐白：《全球风险社会与信息社会中的刑法》，周遵友、江溯等译，165页，北京，中国法制出版社，2012。

〔20〕Andrew Ashworth and Lucia Zedner, Preventive Justice, Oxford University Press, 2014, p. 180.

〔21〕Andrew Ashworth and Lucia Zedner, Preventive Justice, Oxford University Press, 2014, p. 195.

〔22〕参见[美]罗斯科·庞德：《通过法律的社会控制》，沈宗灵译，48页，北京，商务印书馆，2008。

确立了以战争对待恐怖主义活动的基本立场。但战争对战争的任何一方都是灾难性的存在,特别是战争本质上与法治及法治所倡导的人性尊严难以认为是相容的。所以,即便立法肯定了使用军事手段打击恐怖主义活动的合法性,但在反恐实践中国家务必须坚持十分矜持和谦抑的立场,尽可能地将军事手段严格限制在针对哪些事关国家或社会重大安全的恐怖犯罪领域。

2. 避免"借口打人"

面临日益增长的恐怖主义、极端主义的威胁,实践中很容易产生对恐怖主义和极端主义的泛化性理解与认识。过去,有时地方出于维稳的需要,有的是因为未能科学把握恐怖主义、极端主义的真实含义,把一些本属于一般性的危害公共安全的案件理解为恐怖主义犯罪。有的案件本属于一般性危害公共安全的案件,但一旦发生在特定的地区或特定时期,则被界定为恐怖活动。而今"修(九)"和刑事诉讼法在反恐问题上的新规定,为国家打击恐怖主义犯罪提供了便利,换句话说,一旦将实践中的案件定性为恐怖主义犯罪,国家机关将对在侦查上取得更大的权力便利,在这种情况下,"借口打人"的风险就更高,这是个需要警惕的问题。

3. 要慎重把握恐怖主义和极端主义的内涵与外延

"法律必须内容明确,这意味着:依据法律对所发动的政府强制力的制约是明确的,我等吾民互相之间谁的、多大程度利益得到确保也是明确的。"[23]刑法概念的不明确是刑事法治最大的"敌人",因为不明确的条款不仅阻碍了国民预测的可能性,而且还为国家刑罚权的滥用提供了法律依据。无论是避免上文所讲的"借口打人",还是自觉性维护法治,国家都应当对恐怖主义或极端主义犯罪做出明确界定。在国外的反恐实践中,有的国家对恐怖主义的界定是十分慎重的,比如在俄罗斯,对于何为恐怖组织,由联邦最高法院界定。我国公安和国家安全机关内部曾有恐怖组织的名单,但只限于系统内部参考,其科学性也存在疑问。目前对于恐怖主义概念的界定只能散见于我国参加的国际或地区性公约,比如《上海合作组织打击恐怖主义、分裂主义和极端主义上海公约》规定,"恐怖主义"是指:(1)为本公约附件(以下简称"附件")所列条约之一所认定并经其定义为犯罪的任何行为;(2)致使平民或武装冲突情况下未积极参与军事行动的任何其他人员死亡或对其造成重大人身伤害、对物质目标造成重大损失的任何其他行为,以及

---

〔23〕 参见[日]川岛武宜:《现代化与法》,申政武等译,150页,北京,中国政法大学出版社,2004。

组织、策划、共谋、教唆上述活动的行为,而此类行为因其性质或背景可认定为恐吓居民、破坏公共安全或强制政权机关或国际组织以实施或不实施某种行为,并且是依各方国内法应追究刑事责任的任何行为。《公约》虽然对恐怖主义含义做了阐述,但明显面临实践操作性难题。在我国,刑法概念不明确而导致滥用的问题我们是有深刻教训的,关于黑社会性质组织的认定,过去曾经出现过极度泛化的问题(尤其是在个别地区)。有些办案机关不正确理解宽严相济刑事政策在对黑社会性质组织中的运用,提出了"蝌蚪也是青蛙"的认定思路,导致黑社会性质组织在有些地方出现"漫天飞舞"的局面。如果全国人大常委会或"两高"不尽早对"恐怖主义""极端主义"的含义和特征进行明确界定,实践中泛化性理解同样是难以避免的。

四、超越"惩罚与预防":一个"刑法之上"初步反思

恐怖主义犯罪是个刑法问题,更是个社会问题。刑法学大师李斯特很早就指出,对于任何犯罪而言,如果我们不从犯罪的真实的、外在的表现形式和内在原因上对犯罪进行科学的研究,那么,有目的地利用刑罚——与犯罪做斗争的武器——充其量只不过是一句空话。[24] 可以毫不夸张地认为,"9·11"事件及紧随其后的各国日益严厉的反恐政策与立法,在很大程度上颠覆了近代特别是"二战"后国际社会刑事政策与刑法发展的基调与方向。但事实是:恐怖主义活动并没有因为国家采取反恐战争和大量预防性刑法措施的导入而呈现降低或平稳的趋势。对于包括恐怖主义在内的任何犯罪的治理,绝非只是意味着无穷无尽的惩罚,国家应当从犯罪中寻求人类自我完善与救赎的途径。眼下恐怖主义犯罪对人类社会秩序造成的史无前例的挑战和困扰,为我们认识反省人类自身的局限和国家刑事政策科学制定提供了契机。具体到我国而言,站在刑法之上思考以下三个方面问题,可能是必要和有益的。

(一)我国如何面对现代化进程中出现的规范有效性难题

规范的有效性问题曾经是美国社会面临的重要问题。著名法学家德沃金在《认真对待权利》的"中文版序言"中对我国现代化进程中将会面临法律有效性曾有过预测:"法律有效性的这些问题是中国在继续其社会和经济发展过程中必将

[24] [德]李斯特:《德国刑法教科书》,徐久生译,13页,北京,法律出版社,2000。

越来越多地碰到的问题。""中国当前正处在一个社会和经济迅速变革的时期。这一变革带来了对于新的法律的巨大需求。而法律迅速发展的时期必然对维护法律的有效性提出特殊的挑战。在这样的时期内,法律发展必须要在维持现存的法律和政治实践的一致性与调整和适应由这种社会与经济的迅速变化所急剧产生的新的环境之间找到一个平衡。如果法律未能充分维持其与过去的一致性,那么它将失去其完整性。并且,在这样的情况下,将打乱重要的、已经确立了的社会和商业期待。对于依靠法律来保护他们的利益的人们来说,这使法律看起来不那么可靠,不那么公平,也会削弱社会对法律的尊重。如果没有这种尊重,法律,这一正常情况下引导社会和经济发展最有效力的手段,就将失去它对这一发展的影响。另外,如果法律不能充分解决由社会和经济迅速变化所带来的新型争端,人们就会不再把法律当作社会组织的一个工具而加以依赖。他们将寻求其他方法来解决他们的争端。他们将通过腐败的方式,例如政治恐吓或肉体威胁来解决他们的争端。一旦如此,法律将日益成为与社会和经济生活无关的事情,政府也会再次失去它引导该社会的社会与经济发展最有效的手段。"〔25〕

法律意味着有效力的秩序,如果法律失去效力,它将形同虚设。犯罪表现出来的是对现行规范和法秩序的违反,实际上是对法的有效性的挑战,不同类型犯罪只不过是对规范有效性挑战的程度有别而已,恐怖主义活动属于其中最极端和野蛮的一种。这就告诉我们,面对恐怖主义威胁,国家在诉诸刑罚惩罚以解燃眉之急外,必须从战略的层面理性思考如何保证法律规范的有效力问题。对于恐怖分子,固然可以通过法律的严厉制裁来维护社会规则和合作。但亦如川岛武宜所言,任何的"社会规范是整合性的,具有固有的统一的方法。或者是巫术和迷信的力量,或者是宗教的力量,或者是习俗的公众的意见,或者是政治的社会力量,或者是自主的精神的反省力,都具有其规范的时效性,并且这些规范通过各种方法相互结合和统一,在这个社会里什么规范怎样地互相结合和统一,反映了这个社会的构造和性格。"〔26〕我们在通过刑法对恐怖主义进行严厉打击的同时,国家有必要从社会规范的整体和整合性上去考虑如何避免恐怖主义滋生,维护既有社会规范的有效性,这恐怕才是更具有基础意义的反恐之策。回头反思恐怖活动产生

〔25〕 [美]罗纳德·德沃金:《认真对待权利》,信春鹰、吴玉章译,中文版序言,2页,上海,上海三联书店,2008。

〔26〕 参见[日]川岛武宜:《现代化与法》,申政武等译,43页,北京,中国政法大学出版社,2004。

的原因，它是否与具有不同文化、传统、意识形态、宗教、生活方式以及价值标准的国家与人群之间的直接交往所伴生的强烈不平等有关呢？[27] 是否与现代性导致的日益隔阂和分裂的社会有关呢？这恐怕是世界各国（包括我国）在制定反恐政策时需要考虑的因素。

（二）值得警惕的面向幽暗方向发展的刑事政策

在学术界，基本上有这样一个基本共识，即“二战”后轻刑化和人道化是国际社会刑事政策发展的基本方向，但这种状况随着风险社会和信息社会的到来在过去20年内出现了明显的逆转。对此，美国著名犯罪学家大卫·加兰（David Garland）写道：“在20世纪的中间那几十年，刑事司法体系是广泛之团结计划的一部分。它对犯罪的计划性反映也就是福利国家对贫穷与缺乏之计划性反应的一部分。那时的刑事司法体系是由社会民主的政治所形塑，而它的理想也就是一个包容的福利国家社会的再整合思想。如果它的实行远落后于理想——的确常常如此——则实行层面至少会被依照理想的标准而加以批判，并且朝向缩小这段差距的方向来改革。今天，福利国家制度仍然扮演了一个支持经济与社会生活的角色，正如同刑罚—福利制度也仍然支撑着刑事司法。然而，该一团结方案已不再主导着政策的修辞或决策的逻辑。团结的崇高理想已被更基本的安全、节约与控制等必要性所侵蚀。犯罪控制与刑事司法已经脱离较宽广的社会正义与社会重建等主题。其社会功能已经变得较为反动而缺乏企图心，不外是对那处于消费自由世界外的人们重新控制。如果说刑罚—福利制度传达是20世纪现代主义的骄傲与理想主义，今天的犯罪政策则表现出一个较为幽暗而缺乏宽容的信息。”[28]

这段文字是加兰在《控制的文化——当代社会的犯罪与社会秩序》中对20世纪80年代之后20年间欧美刑事政策转变的基本归结。其实，在该书出版后的近10年，面对风险社会和信息社会的发展，加兰所言的“幽暗而缺乏宽容的讯息”的刑事政策在反恐和打击有组织犯罪等领域得到了更进步一步的加强。强化刑法对社会生活的控制和干预，是我国近些年刑事立法的一个基本特点。笔者并不否

---

〔27〕 参见吴沈括：《扩张中的犯罪预备及参与形式——围绕第十八届国际刑法学大会第一专题的展开》，载《四川警察学院学报》，2010（4），31页。

〔28〕 David Garland：《控制的文化——当代社会的犯罪与社会秩序》，265页，北京，巨流图书有限公司，2006。

认刑法的社会保护机能，但我们绝不能忘记刑法功能是双面性的，特别是我国缺乏启蒙运动的洗礼和完善民主制度，且法治国正处于成长阶段，过分强调刑法对社会生活的干预，即有可能在社会上形成阻碍刑事法治发展的政治力量。"幽暗而缺乏宽容"刑事政策的真正风险在于消解法治国根基。在我国法治国尚没有建立的情况下，我们能够承受得起如此对法治的解构之重吗？

（三）我们对恐怖主义有无保持理解和宽容的必要？恐怖分子在法体系上是否有必要以"敌人"对待？

文化学者周国平曾言："一个人对于人性有了足够的理解，他看人包括看自己的眼光就会变得既深刻又宽容。"法学大家拉德布鲁赫针对刑法的未来指出："将来的刑法是否可以取得成效，取决于刑事法官能否将歌德在'马哈德，大地之主'中所说的话铭记于心：他应受惩罚，他应宽恕；他必须以人性度之。"[29]历史告诉我们，"文明有赖于摒弃专横的、固执的自作主张，而代之以理性"。[30] 国家对任何犯罪的治理，都必须持以理性的态度，国家若过于情绪化的思维容易导致公共政策的偏私。人类之所以如此严厉谴责恐怖主义犯罪和采取高强度的不惜危及人权保障的预防性和管制性措施，根本上源于人们对恐怖犯罪所造成危害的恐惧。理解与宽容被视为文明社会中人性的美德，那么，人类在对待恐怖主义的问题上是否仍有必要坚守理解与宽容呢？美国学者凯斯·R.桑斯坦在系统研究人的恐惧形成的机理后得出了具有个性化的结论，他写道："就其本质而言，恐惧具有选择性。一些人害怕飞行而不是驾驶。其他人害怕药物而不是避免与药物相关的风险。我们可能害怕运动不足的风险，但忽视过度日晒的风险。我们可能害怕恐怖主义的危险，但忽视吸烟的风险……如果预防原则似乎提供明确的指导，它只是因为，人类认知和社会影响使某些危险在背景中突出出来。例如，当某个事件是'可见'时，在它容易引起注意这一意义上，比起需要，人们倾向于更为焦虑。对于最容易见到的风险，他们可能采取过度的预防措施。而如果某个特定风险没有相关的生动案例，人们可能无所畏惧，从而使自己暴露在真正的危险之中。"[31]

---

〔29〕 参见[德]拉德布鲁赫：《法学导论》，米健译，145页，北京，商务印书馆，2013。

〔30〕 参见[美]罗斯科·庞德：《通过法律的社会控制》，沈宗灵译，15页，北京，商务印书馆，2008。

〔31〕 [美]凯斯·R.桑斯坦：《恐惧的规则——超越预防原则》，王爱民译，210页，北京，北京大学出版社，2011。

笔者丝毫不否认恐怖主义犯罪已经成为全球公害，也不否认对人类正义和国际国内秩序造成的巨大威胁。但问题在于：(1)眼下国际社会对恐怖主义的恐惧是否有凯斯·R.桑斯坦所言的选择性问题？以及是否存在媒体的注意力集中在一个或几个事件上，从而导致公众的恐惧感可能与现实非常不相称呢？如前指出，"9·11"事件对于国家社会反恐政策的转向具有标志性意义，但它的发生是否与美国外交政策的失败存在密切关联？另外，世界范围反恐刑事政策转向是否在一定意义可以理解为是美国失败的外交政策的代价呢？(2)常言道："如果没有第一次的原谅，哪来的第二次背叛"。从事理上讲，任何事物只要有了第一次，接下来就无法阻止会出现第二次，第三次，等等。如果我们因为恐怖主义活动的危险严重而发动对其战争，并将恐怖分子视为敌人排斥在市民和法治秩序之外，那么，是否将来会有第二个敌人？下一个被视为"敌人"的又将是何物？比如，眼下我国的腐败问题已经蔓延为社会性问题和体制性问题，已威胁到党和国家的生死存亡。我们是否在将来的某一天也可以将腐败分子视为敌人对待？又如毒品滥用和犯罪日益猖獗也已成为我国严峻的社会问题，而且可以预见未来的情况会更加恶化，那么，我们是否在将来也能将毒品犯罪分子视为敌人呢？

对于Jakobs"敌人刑法"的观念，韩国学者金日秀教授给与了极具思想高度的批判，他写道："今天，敌人刑法作为刑法理论登场正是始于对法与爱的理解的欠缺"。"犯罪是对爱的否定，刑罚是对此否定的否定，即爱的恢复"。"罚尽管一方面向人的罪恶本性宣泄着强烈的愤怒，但其愤怒本身却不是'罚'的目的。相反，刑罚的任务在于，洗刷因犯罪而变得肮脏的人的本性之残渣，挖掘隐藏的爱的潜在力，进而唤起对于罪的羞耻心。我们不应抛弃刑罚能够使人获得人格的确信。因此，应该将罪的恐怖和刑罚的恐惧所呈现的强制与恐怖的刑法改变为爱与希望的刑法。这才是刑法的未来音律。""敌人刑法观具有颠覆或终结启蒙主义或人道主义刑法发展方向的危险，在这点上其是现代刑法理论中最具争议和方向性倒退危险的刑法观。……我们必须预测与法治国家刑法原则相矛盾的国家刑罚权战争工具化的危险，甚至需要时刻保持高度警觉。"[32]我国文化学者叶匡政对于以暴制暴的法律施行模式也提出了反思性的意见："在现代社会，军队、法院、警察都

〔32〕 参见[韩]金日秀：《风险刑法、敌人刑法和爱的刑法》，郑军男译，载《吉林大学社会科学学报》，2015(1)，25、27、29页。

是合法暴力的使用者，这些执法者如果在执法时不注意暴力的实施边界，损害的不仅是法律的正义，还会将一种暴力心理传导给民众。暴力对人的损害是双向的，施暴者与受害者同样会受到心灵的损害。如果执法机构常常需要依靠暴力来维持社会稳定，其结果往往造成社会的不稳定。因为暴力执法的覆盖面越大，被暴力扭曲人格的民众也会越多，一个社会的理性空间只会越小，最终损害的是整个社会的稳定。所以真正稳定的社会，绝不可能依靠暴力维持，而是需要民众有对国家法治权威发自内心的认同，这才是一个社会稳定真正坚实的基础。”〔33〕

恐怖主义犯罪属于典型的仇恨型犯罪。对于人类何以产生仇恨，周国平先生这样写道：“人与人之间，部落与部落之间，种族与种族之间，国家与国家之间，为什么会仇恨？因为利益的争夺，观念的差异，隔膜，误会，等等。一句话，因为狭隘。一切仇恨都溯源于人的局限，都证明了人的局限。”〔34〕暴力可以认为是人性中故有的基因，即便人类发展演化到今天，仍然无法完全避免，这也说明人类还需要自我反省与进化。恐怖主义以极端暴力形式反抗既有法秩序，无疑体现的是人性中最愚昧和野蛮劣根性。国家作为理性的存在，须在最大的限度内克制暴力的使用。因为即便我们打赢了反恐战争，如果我们不能解决规范的有效性问题和随着现代刑法发展而导致的社会问题，如果社会不能整体性提升文明程度，那么，随之而来的将会无穷无尽的其他各类型战争。在一个日益分裂、隔阂和厮杀型的社会氛围中，我们不可能建立一个具有人性尊严的法治社会。

基于以上思考，笔者的初步结论是：(1)正所谓“人间正道是沧桑”，任何事物都具有正反两面性，人类社会发展往往伴随着代价。正如离婚是婚姻制度的代价一样，除非离婚现象已经从根本上颠覆了人类的婚姻制度，否则，我们是没有必要废除婚姻制度。恐怖犯罪也可以认为是人类进步特别是现代性的代价。为了人类的自由和尊严，恐怖犯罪这件麻烦事是我们需要承受的。未来国家治理恐怖主义犯罪，一方面需要我们保持理性、冷静和忍耐之心；另一方面，我们也需要转换思路，寻找政治智慧。庞德指出，“在我们生活的地上世界里，如果法律在今天是社会控制的主要手段，那么它需要宗教、道德和教育的支持；而如果它不能再得到有组织的宗教和家庭支持的话，那么它就更加需要这些方面的支持了。”〔35〕我国

〔33〕 叶匡政：《恶性暴力背后的文化沉思》，http://blog.ifeng.com/article/5202750.html.

〔34〕 参见周国平：《周国平语录》，220页，上海，上海人民出版社，2011。

〔35〕 参见[美]罗斯科·庞德：《通过法律的社会控制》，沈宗灵译，30页，北京，商务印书馆，2008。

未来社会治理体系的现代化也需要从整体社会规范的角度推进，法虽然是社会治理之“端”，但法律的效力需要整体社会规范的支持。面临社会问题时，国家绝不能将目光仅仅聚焦于法律特备是刑法的打击之上。(2)人作为群体性和社会性存在，最重要动机是希望得到周围人的接受和尊重，[36]若将某类群体以另类对待，这种歧视和偏见性的做法将阻断他们与社会的融合与团结，极其容易引起更大规模的仇恨与报复。在这个意义上，建立在将恐怖分子排斥于市民之外观念上的“敌人刑法”，存在导致将恐怖分子与现实社会绝对性和永久性对立的风险，这是一种危险的思考和解决问题的方法。

---

〔36〕 参见[美]戴维·米勒:《政治哲学与幸福根基》，李里峰译，25页，北京，译林出版社，2013。

澳门《有组织犯罪法》之立法完善

——以刑法典与特别刑法之立法协调为视角

赵国强*

早在澳门回归前，鉴于澳门经济的博彩特色以及存在黑社会的现实状况，澳葡政府于1978年制定并颁布了第1/78/M号法律《核准管制黑社会的刑事制度》（也有人将该法律称为《歹徒组织法》）。但一直到临近澳门回归，黑社会性质的犯罪行为并未受到遏制，有组织的暴力案件不断发生，致使澳门民众在心理上受到冲击，也有损澳门的外在形象，因此，为加强对黑社会犯罪势力的打击，当时的澳门立法会又制定并颁布了第6/97/M号法律《有组织犯罪法》，同时废除了原来的《核准管制黑社会的刑事制度》；澳门回归后，《有组织犯罪法》作为原有法律得以保留，并被采用为澳门特别行政区的法律。在《有组织犯罪法》中，原来规定了10个罪名，后经2006年和2008年两次修订，删除了其中两个罪名，[1]现剩8个罪名，这8个罪名分别为："黑社会罪"（第2条），"以保护为名的勒索罪"（第3条），"自称黑社会罪"（第4条），"不当扣留他人证件罪"（第6条），"操纵卖淫罪"（第8

* 澳门大学法学院教授，澳门刑事法研究会名誉会长。

〔1〕《有组织犯罪法》第10条规定的"不法资产或物品的转换或掩饰罪"被第2/2006号法律《预防及遏止清洗黑钱犯罪》废止，第7条规定的"国际性贩卖人口罪"被第6/2008号法律《打击贩卖人口犯罪》废止。

条),"在公共场所可处罚的行为罪"(第 9 条),"联群的不法赌博罪"(第 11 条),"违反司法保密罪"(第 13 条)。

很显然,《有组织犯罪法》从制定到今天已过去了 18 年,尤其是经历了澳门回归这一历史巨变,故其滞后性是不言而喻的。然而,本文并非旨在对《有组织犯罪法》作全面的审视与检讨,本文的目的仅仅是从立法协调的角度,就《有组织犯罪法》规定的三个具体罪名来探讨澳门《刑法典》与《有组织犯罪法》之间的相互关系,并在比较分析基础上提出若干修订意见。

一、"犯罪集团罪"与"黑社会罪"

"犯罪集团罪"是澳门《刑法典》第 288 条规定的罪名,而"黑社会罪"是《有组织犯罪法》第 2 条规定的罪名。本文认为,从澳门现行的刑事立法体系以及两个罪名的相互关系考察,对这两个罪名有必要作以下两个方面的立法协调:

(一) 立法方式的协调

所谓立法方式的协调,就是指在立法上完全可以将这两个罪名放在一起规定,具体而言,就是将澳门《刑法典》分则第 288 条规定的"犯罪集团罪"移入《有组织犯罪法》中规定,同时删除"黑社会罪",这样立法的主要理据如下:

1. 符合澳门现行的刑事立法体系

就刑法表现形式而言,成文法国家或地区的刑法渊源都会包括刑法典、单行刑事法律和附属刑法(即非刑事法律中的刑法规范)三种表现形式,刑法典被称为普通刑法,而单行刑事法律和附属刑法则被合称为特别刑法。在有些国家或地区如在中国内地,具体罪名都统一规定在刑法典之中,特别刑法通常不会规定具体的罪名,但澳门则不然。在澳门现行的刑事立法体系中,特别刑法不仅可以规定具体罪名,[2]而且由特别刑法所规定的具体罪名的数量已达到与澳门《刑法典》分则"平分秋色"的程度。由此可见,将澳门《刑法典》分则所规定的某个罪名移入特别刑法中规定,根本不会触动或改变澳门原有的刑事立法体系。

2. 符合《有组织犯罪法》的立法宗旨

在《有组织犯罪法》中,立法者虽然没有对"有组织犯罪"给出定义,而只是规

---

〔2〕 在澳门,由特别刑法规定的具体罪名,大部分都是澳门《刑法典》分则所没有规定的罪名,也有少部分是重复已为澳门《刑法典》分则所包容的罪名,故会与澳门《刑法典》分则规定的相关罪名形成法条竞合关系。

定了“黑社会”的法律概念，但我们完全可以推断，“有组织犯罪”就是指“犯罪集团”“黑社会”组织充其量只是“犯罪集团”的一种表现形式，对此，《联合国打击跨国有组织犯罪公约》第2条明确规定，“有组织犯罪”就是指“有组织犯罪集团”。由此可见，“犯罪集团”既然就是一种有组织的犯罪，那么，将澳门《刑法典》分则第288条规定的“犯罪集团罪”移入《有组织犯罪法》中规定，当然不会与《有组织犯罪法》旨在打击有组织犯罪的立法意图相冲突，而且可以将“犯罪集团”与“黑社会”这两个法律概念更紧密地汇合在“有组织犯罪”的法律概念之中。

本文认为，将澳门《刑法典》分则第288条规定的“犯罪集团罪”移入“有组织犯罪法”中规定，对于整个《有组织犯罪法》的修订还会具有更重要的指引性作用。因为现行的《有组织犯罪法》的侧重点仍然是放在黑社会性质的犯罪集团方面，这种立法旨意显然是很狭窄的。如果我们将“犯罪集团罪”移入“有组织犯罪法”中规定，那么，立法者就可以从刑事政策上对有组织的犯罪集团而不仅仅是“黑社会”作整体考虑，并采取相应的立法措施，这样的话，《有组织犯罪法》才会真正成为一部打击所有犯罪集团的单行刑事法律。

3. 符合立法先例

事实上，在澳门的刑事立法中，根据特别刑法的立法宗旨，将澳门《刑法典》分则规定的某个罪名移入相关特别刑法中规定已不乏先例。比如，澳门立法会在2006年制定的第3/2006号法律《预防及遏止恐怖主义犯罪》中，考虑到该单行刑事法律的立法宗旨就是要加强打击一切形式的恐怖活动，所以就将澳门《刑法典》分则第289条规定的“恐怖组织罪”和第290条规定的“恐怖主义罪”一起移入《预防及遏止恐怖主义犯罪》中同其他与恐怖活动相关的罪名放在一起规定。又比如，澳门立法会在2009年制定的第11/2009号法律《打击电脑犯罪法》中，考虑到该单行刑事法律的立法宗旨就是要加强打击一切利用计算机技术实施的犯罪，所以就将澳门《刑法典》分则第213条规定的“资讯诈骗罪”移入《打击电脑犯罪法》中同其他与计算机有关的犯罪放在一起规定，并将具体罪名改为“电脑诈骗罪”。[3]

(二) 立法内涵的协调

所谓立法内涵的协调，就是指将澳门《刑法典》分则第288条规定的“犯罪集团

---

〔3〕 因“资讯诈骗罪”实际上就是指利用计算机处理资料的过程或利用计算机程序实施的具有欺骗性质的犯罪。

团罪”一旦移入《有组织犯罪法》中规定，究竟与原来的“黑社会”定义应当如何协调。本文认为，这种内涵上的协调可以遵循以下原则进行：

1. 统一订立“有组织犯罪集团”的法律定义

根据澳门《刑法典》分则第288条规定，所谓“犯罪集团”，就是指“以实施犯罪为目的，或活动系为着实施犯罪之团体、组织或集团”，凡发起、创立、领导、指挥以及参加这种团体、组织或集团的，都会构成“犯罪集团罪”。而根据《有组织犯罪法》第1条规定，所谓“黑社会”，就是指“为取得不法利益或好处所成立”的且其存在“是以协议或协定或其他途径表现出来”的所有组织，为了给这样的组织贴上“黑社会”的标签，立法者还罗列出21种具体犯罪行为，明确规定这样的组织一旦实施其中一项或多项罪行的，更会符合“黑社会”的定义，凡发起、创立、参加或支持“黑社会”组织，甚至自称属于“黑社会”组织的，都会构成“黑社会罪”或“自称黑社会罪”。

本文认为，一旦将“犯罪集团罪”移入《有组织犯罪法》中规定，立法者应将澳门《刑法典》分则第288条规定的“犯罪集团”概念以及《有组织犯罪法》第1条规定的“黑社会”概念进行整合，并参考相关国际公约规定或其他国家或地区的立法经验，统一使用“有组织犯罪集团”这一法律概念，并在《有组织犯罪法》中做出明确规定。比如，参考《联合国打击跨国有组织犯罪公约》第2条规定，我们可在《有组织犯罪法》中将“有组织犯罪集团”界定为：为实施一项或多项犯罪并从中获取不法利益或好处，由三人或多人在一定时期内组成，且其存在是以协议或协定或其他途径表现出来的所有具有组织结构的集团，均视为有组织犯罪集团。这样，《有组织犯罪法》所要打击的对象并非仅仅是指“黑社会”，而是针对所有的“有组织犯罪集团”，凡发起、创立、领导、指挥或参加“有组织犯罪集团”的行为，都会构成“有组织犯罪集团罪”。

2. 加重黑社会性质犯罪集团的刑罚

一旦在《有组织犯罪法》中确立了“有组织犯罪集团”的法律概念，原来所规定的“黑社会”定义自然就没有意义了，可以删除，尤其是对犯罪行为的罗列，更是没有必要。但是，考虑到具有黑社会性质的“有组织犯罪集团”的危害性，我们可以考虑将发起、创立、领导、指挥或参加具有黑社会性质的“有组织犯罪集团”的行为作为“有组织犯罪集团罪”的加重条款，适当地加重刑罚，这样就可以删除《有组织犯罪法》第2条关于“黑社会罪”的规定。

本文还认为,《有组织犯罪法》第 4 条规定的“自称黑社会罪”可以删除。因为自称黑社会的人,其“自称”要使人相信具有恐吓性或胁迫性方能构成“自称黑社会罪”,而澳门《刑法典》分则第 147 条、第 148 条和第 149 条已分别规定了“恐吓罪”“胁迫罪”和“严重胁迫罪”,其法定刑与“自称黑社会罪”相当,故对自称属于黑社会且具有恐吓性和胁迫性的行为,完全可以按照澳门《刑法典》分则规定的“恐吓罪”“胁迫罪”或“严重胁迫罪”定罪量刑,并不会造成无法定罪和罪刑失衡的效果。

二、“勒索罪”与“以保护为名的勒索罪”

“勒索罪”是澳门《刑法典》分则第 215 条规定的罪名;而“以保护为名的勒索罪”是《有组织犯罪法》第 3 条规定的罪名。毫无疑问,这两个罪名都涉及勒索行为,明显属于包容性质的法条竞合关系,“勒索罪”是大法条即普通法条,“以保护为名的勒索罪”是小法条即特别法条,当黑社会成员以保护为名实施勒索行为时,尽管可以同时构成“勒索罪”和“以保护为名的勒索罪”,但作为包容性质的法条竞合关系只能定一罪,而且须按照“特别法条优于普通法条”的法律适用原则定“以保护为名的勒索罪”。

但是,如果我们对“勒索罪”和“以保护为名的勒索罪”的法定刑进行分析后就会发现,两罪之间的法定刑是不协调的。因为,根据澳门《刑法典》分则第 215 条规定,“勒索罪”的法定刑分为三档:第一档(第 1 款)是一般情况下的“勒索罪”,法定刑是 2 年至 8 年徒刑。第 2 档(第 2 款 a 项)是加重的“勒索罪”,即当勒索行为符合四种情况的,法定刑提升为 3 年至 15 年徒刑,这四种加重情况分别是:勒索数额属相当巨额的情况;犯罪时携带显露或暗藏之武器的情况;勒索者身为旨在重复犯侵犯财产罪之集团成员,且属由该集团最少一名成员协助进行勒索的情况;勒索行为使他人生命产生危险,或最少系有过失而严重伤害他人身体完整性的情况。第三档(第 2 款 b 项)是致人死亡的“勒索罪”,即当勒索行为引致他人死亡的,法定刑则提升为 10 年至 20 年徒刑。问题是,根据《有组织犯罪法》第 3 条规定,除第 4 款数罪并罚外,其余第 1 款、第 2 款和第 3 款规定的“以保护为名的勒索罪”不管在什么情况下,法定刑均为 2 年至 10 年徒刑。由此可见,就法定刑而言,澳门《刑法典》分则第 215 条规定的“勒索罪”明显要重于《有组织犯罪法》第 3 条规定的“以保护为名的勒索罪”。

这种法定刑方面的差异，必然会给司法实践带来困惑。我们不妨设想几种情况，比如，黑社会成员以保护为名向某店主勒索了20万元，属数额相当巨额；[4]还比如，黑社会成员暗藏了武器以保护为名向某店主勒索；又比如，黑社会成员以保护为名向某店主勒索并过失引致该店主死亡。试想，在这些情况下，法官应当如何适用法律呢？

首先，如果法官按照包容性质的法条竞合关系定罪，那就必须按特别法条即"以保护为名的勒索罪"定罪量刑，但最多只能判10年徒刑，这显然是不合理的。因为在这些情况下，勒索者如果不是黑社会成员的，就必然会按普通法条"勒索罪"定罪量刑，法官最高就能判15年或20年徒刑。所以，如果按"以保护为名的勒索罪"定罪的话，就会使人产生一个疑问，即在同样情况下，难道黑社会成员以保护为名对他人进行勒索的危害性比一般人实施的勒索行为要轻？答案当然是否定的，既然不是，为什么要轻判呢？这种轻判无疑违反了重罪重罚、轻罪轻罚、罚当其罪的罪刑相称原则。

其次，如果法官认为在这些情况下不应当轻判，就会按普通法条即"勒索罪"定罪量刑，这样的话，罪刑是相称了，理论却被搞乱了。因为在包容性质的法条竞合关系下，"特别法条优于普通法条"的法律适用原则是得到学界认可，也是被司法实践普遍采纳的，只有在交叉重合的法条竞合关系中，才能采用"重法条优于轻法条"的法律适用原则。因此，既然"勒索罪"与"以保护为名的勒索罪"之间构成包容性质的法条竞合关系，理论上就不能采用"重法条优于轻法条"的法律适用原则定"勒索罪"，而应当采用"特别法条优于普通法条"的法律适用原则定"以保护为名的勒索罪"，否则，就是破坏了法条竞合关系下基本的定罪原则。

本文认为，之所以会造成上述定罪方面的困惑，根源就在于立法上的不协调。按道理说，澳门《刑法典》在1996年1月1日就开始生效，而《有组织犯罪法》制定于1997年，既然《有组织犯罪法》在后，为什么制定时立法者就没有考虑到这些问题呢？是疏忽了还是根本不知道。由此本文认为，对这种明显不合理的立法，再也不能拖延下去，应当即刻着手纠正，而最佳纠正的办法就是在《有组织犯罪法》中直接删除第3条，即删除"以保护为名的勒索罪"，因为对此类勒索行为完全可以按澳门《刑法典》分则第215条规定的"勒索罪"定罪处罚。

---

〔4〕 根据澳门《刑法典》分则第196条规定，超过澳门币15万元就属数额相当巨额。

三、“淫媒罪”与“操纵卖淫罪”

“淫媒罪”是澳门《刑法典》分则第 163 条规定的罪名，而“操纵卖淫罪”是《有组织犯罪法》第 8 条规定的罪名。本文认为，这两个罪名之间的不协调主要表现为两者都分别与社会现实状况不符，故有重新整合之必要。

(一)“淫媒罪”与社会现实

根据澳门《刑法典》分则第 163 条规定，所谓“淫媒罪”，就是指“乘他人被遗弃或陷于困厄之状况，促成、帮助或便利他人从事卖淫或为重要性欲行为，并以此为生活方式或意图营利”的行为，构成“淫媒罪”的，可处 1 年至 5 年徒刑。从第 163 条规定来看，要构成“淫媒罪”，除主观上须具有贪利意图外，客观上则必须符合两个条件：一是要有“淫媒”的行为，即客观上对他人从事卖淫或为重要性欲行为要起到“促成、帮助或便利”的作用；二是被淫媒的对象必须属于“被遗弃或陷于困厄之状况”的人，若被淫媒的对象是自愿从事卖淫或为重要性欲行为的，就不能构成“淫媒罪”。

本文认为，“淫媒罪”将被淫媒的对象限定为“被遗弃或陷于困厄之状况”的人，这是不符合实际情况的。因为从澳门社会卖淫的实际情况来看，大多数卖淫者其实并非属于“被遗弃或陷于困厄之状况”者，而是出于各种原因(主要还是为图利)自愿卖淫，所以，对于那些出于图利目的而促成、帮助或便利自愿卖淫者卖淫的人，尤其是对以收取“入会费”或“保护费”的形式操纵卖淫的犯罪团伙，就无法按照澳门《刑法典》分则第 163 条规定的“淫媒罪”定罪处罚。正因为如此，在澳门的司法实践中，以对帮助卖淫的行为按“淫媒罪”定罪的案例少之又少。

(二)“操纵卖淫罪”与社会现实

根据《有组织犯罪法》第 8 条规定，“凡诱使、引诱，或诱导他人卖淫者，即使与其本人有协定，又或操纵他人卖淫者，即使经其本人同意”，都可构成“操纵卖淫罪”，其法定刑为 1 年至 3 年徒刑；此外，“不论有报酬否，凡为卖淫者招揽顾客，或以任何方式助长或方便卖淫”的，也可构成“操纵卖淫罪”，其法定刑为 3 年以下徒刑。

如上所述，由于澳门《刑法典》分则第 163 条规定的“淫媒罪”对被淫媒的对象有限制，致使对那些为自愿卖淫者提供帮助或便利而从中牟利的人就无法按“淫媒罪”定罪处罚，因此，澳门法院对此类行为实际上都是按《有组织犯罪法》第 8 条规定的“操纵卖淫罪”定罪处罚。但本文认为，这样定罪也是不符合实际情况的。因为在司法实践中，为自愿卖淫者提供帮助或便利而从中牟利的主体既有受犯罪集团操纵的情况，如以收取“保护费”为名帮助或便利他人卖淫，但也有一般的共同犯罪性质的帮助情况，如夫妻合作以收取“肉金”的方式帮助或便利他人卖淫，甚至还有个人帮助或便利他人卖淫的情况。如果不区分犯罪集团、一般共同犯罪或个人犯罪，将所有为自愿卖淫者提供帮助或便利而从中牟利的行为一概按《有组织犯罪法》第 8 条规定的“操纵卖淫罪”定罪处罚，显然不符合罪刑法定原则。本文认为，既然“操纵卖淫罪”被规定在《有组织犯罪法》中，那就表明该等犯罪只能由黑社会性质的组织来实施，一般的共同犯罪或个人是不能构成“操纵卖淫罪”的，否则就属于对《有组织犯罪法》做了不合理的扩张解释，而不合理的扩张解释的实质就是类推解释，类推解释是被澳门《刑法典》明文禁止的，〔5〕故不符合罪刑法定原则。由此可见，如果我们仅仅出于不能对为自愿卖淫者提供帮助或便利的人按“淫媒罪”定罪的考虑，就甘冒违反罪刑法定原则的风险，这实在不是好的解决办法。〔6〕

（三）“淫媒罪”与“操纵卖淫罪”之整合

综上所述，无论是澳门《刑法典》分则第 163 条规定的“淫媒罪”，还是《有组织犯罪法》第 8 条规定的“操纵卖淫罪”，都存在着与社会现实脱节的问题。本文认为，要解决这一立法与现实脱节的问题，最佳途径就是将两罪整合成一个罪名，并放在澳门《刑法典》分则中作统一规定，其罪名仍叫“淫媒罪”。新的“淫媒罪”可分为两款，第 1 款为“淫媒罪”的基本构成要件，第 2 款为“淫媒罪”的加重构成要件。具体条款设置如下：

第一百六十三条　（淫媒）

一、促成、帮助或便利他人从事卖淫或为重要性欲行为，并以此为生活方式或意图营利者，处最高四年徒刑。

---

〔5〕 根据澳门《刑法典》第 1 条第 3 款规定，不容许以类推将一事实定为犯罪。

〔6〕 澳门法院之所以这样定罪，乃是因为澳门终审法院曾在第 36/2007 号判决书中表达了这样一种观点：“确实，第 6/97/M 号法律之标题为‘有组织犯罪法’，而且其第 2 条至第 13 条涉及在有组织犯罪范畴内所实施的罪行。但该法律也包含与有组织犯罪没有必然联系的其他刑法和刑事诉讼规定。尤其是：不当扣留证件的罪行（第 6 条）、国际性贩卖人口的罪行（第 7 条）、操纵卖淫的罪行（第 8 条）、联群不法赌博的罪行（第 11 条）”。但本文并不认同这种观点。

二、在符合上款所规定之情况下，若卖淫者或为重要性欲行为者属被遗弃或陷于困厄之状况的，则处一年至五年徒刑。

本文之所以对新的"淫媒罪"做出这样的条款设计，立法理据如下：

1. 参考相关国家或地区立法例

从一些国家或地区关于淫媒类犯罪的立法来看，将被淫媒的对象限定为属"被遗弃或陷于困厄之状况"者的立法例是很少见的。关于这一点，我们不妨以与澳门法律有渊源关系的葡萄牙《刑法典》以及澳门周边地区如香港地区的《刑事罪行条例》和台湾地区的"刑法典"为例加以说明。

比如，在 1998 年修订葡萄牙《刑法典》之前，葡萄牙《刑法典》分则第 170 条第 1 款关于"淫媒罪"的规定与澳门《刑法典》分则第 163 条规定一样，被淫媒的对象也被限定为是"被遗弃或陷于困厄之状况"者(其实当然是澳门《刑法典》参照了当时的葡萄牙《刑法典》)。但通过 1998 年对葡萄牙《刑法典》的修订，葡萄牙立法者则在"淫媒罪"中删除了上述限制性规定，[7]只要客观上"促成、帮助或便利他人从事卖淫或为重要性欲行为"，主观上是"以此为职业或意图营利"，就可以构成"淫媒罪"。[8] 还比如，根据台湾地区"刑法"第 231 条规定，只要出于营利目的，意图使男女与他人为性交或猥亵之行为，而做出引诱、容留或媒介行为的，就会构成"图利使人为性交或猥亵罪"。再比如，根据香港地区《刑事罪行条例》第 200 章关于性犯罪的规定，导致他人卖淫、依靠他人卖淫收入为生、经营卖淫场所、出租处所以供卖淫场所，都会构成刑事罪行，且对卖淫者来说，也没有类似于"被遗弃或陷于困厄之状况"的限定性条件。法国《刑法典》第 225-5 条规定的"淫媒牟利罪"，同样没有对卖淫者设置任何限制性条件。

参考上述立法例，本文认为，删除澳门《刑法典》分则第 163 条中关于"被遗弃

---

〔7〕 我们从翻译过来的葡萄牙学者如迪雅士教授撰写的著作中发现，当时确也有部分葡萄牙学者对删除"被遗弃或陷于困厄之状况"的限制性规定持不同观点，主要理由是删除这种限制性规定后，"淫媒罪"就成了"无被害人"的犯罪，其侵害的法益就是与性有关的社会公德，超越了个人的性自主权法益，而对性方面的社会公德法益，刑法不应贸然介入。但很显然，这种观点非属主流观点，故没有被葡萄牙立法者采纳。

〔8〕 在 2007 对葡萄牙《刑法典》进行修订时，立法者对"淫媒罪"(变为第 169 条)又做了相应的修改，其修改主要是两个方面：第一，在第 1 款规定的非属加重的"淫媒罪"中，只规定了促成、帮助或便利他人"从事卖淫"，却删除了"为重要性欲行为"。第二，在第 2 款规定的加重的"淫媒罪"中，增加了"滥用家庭因关系、监护或保护关系、等级依赖关系、经济依赖关系、工作依赖关系而产生的权力"实施"淫媒"的加重情节(在澳门《刑法典》中，这一加重情节是由第 171 条第 1 款规定的)。

或陷于困厄之状况”的限制性规定，不仅符合澳门社会目前存在的卖淫实际情况，有利于遏制非法的卖淫现象，而且也可以与国际上关于淫媒类犯罪的立法接轨。

2. 保留主观要件的必要性

当我们将《有组织犯罪法》第 8 条规定的“操纵卖淫罪”整合到澳门《刑法典》分则中规定时，可能会产生这样一个疑问，即从《有组织犯罪法》第 8 条第 1 款规定来看，“操纵卖淫罪”似乎并不要求主观要件，只要客观上是“诱使、引诱或诱导他人卖淫”，或“操纵他人卖淫”，就可以构成“操纵卖淫罪”，法律上并没有明确规定行为人主观上要“以此为生活方式或意图营利”。但本文认为，当时的立法者之所以在《有组织犯罪法》中对“操纵卖淫罪”作这种只强调客观、不强调主观的规定，主要原因在于：首先，这一罪名本来就是一种专门为黑社会性质的犯罪团伙规定的罪名，故促成、帮助或便利卖淫并不是一般的“淫媒”问题，而是具有“操纵”的性质，这一点从“操纵卖淫罪”罪名的表述就可以得到充分的佐证。其次，既然是黑社会性质的犯罪团伙“操纵”他人卖淫，其主观意图当然是为了牟利，因为对黑社会来说，“黄、赌、毒”是其从事的最主要的“业务”，所以，只要黑社会性质的犯罪团伙用各种方式“操纵”了卖淫，主观上就必然具有牟利的性质，故立法上是否对牟利目的做出规定无关紧要。由此可见，在“操纵卖淫罪”的基本构成要件上，尽管立法上没有规定行为人主观上要有牟利的目的，但实际上对黑社会性质的犯罪团伙“操纵”卖淫来说，这种主观目的是不言而喻的。正因为如此，我们不能因为立法上没有规定主观牟利目的，就得出“操纵卖淫罪”不要求主观牟利的结论，这样的结论显然不符合立法原意，正确的结论应当是：构成“操纵卖淫罪”，主观上同样要求具有牟利的目的，这种主观目的与其犯罪主体只能是黑社会性质的犯罪团伙是紧密联系在一起的，不可分割。

当然，从《有组织犯罪法》第 8 条第 2 款规定来看，“为卖淫者招揽顾客，或以任何方式助长或方便卖淫者”的，“不论有报酬否”，都足以构成“操纵卖淫罪”，唯法定最低刑降为 1 个月，法定最高刑仍为 3 年徒刑。此规定似乎完全抛开了主观要件的限制。但本文认为，这一款规定不仅不符合刑法的谦抑性原则，使刑法不必要地介入无牟利性质的帮助卖淫行为之中，而且也不符合其他国家或地区关于淫媒类犯罪主观上必须要有牟利目的的立法通例，故实应删除。

3. 排除违反罪刑法定原则之嫌

如上所述，目前在澳门的司法实践中，鉴于对为自愿卖淫者提供帮助或便利的行为无法按澳门《刑法典》分则第163条规定的“淫媒罪”定罪处罚，故法院对此类行为一律都按《有组织犯罪法》第8条规定的“操纵卖淫罪”定罪处罚，不论其犯罪主体是否属有组织犯罪者。这样一来，对非有组织犯罪者来说，按“操纵卖淫罪”定罪就有悖于罪刑法定原则，故自然会受到违反罪刑法定原则的质疑。如果我们将“淫媒罪”和“操纵卖淫罪”整合，统一规定在澳门《刑法典》分则之中，那么，其适用的范围就不仅可以包括有组织的犯罪集团，而且当然也可以包括一般的共同犯罪以至单个人犯罪，这样，就不会再存在违反罪刑法定原则的问题了。

4. 关于法定刑的设置

首先，将“淫媒罪”和“操纵卖淫罪”整合后，本文之所以在新的“淫媒罪”第1款基本构成要件中将法定刑设置为4年而非3年徒刑，主要考虑到以下两点：

第一，与其他国家或地区的立法例相比。从一些国家或地区的刑法关于淫媒类犯罪的规定来看，其法定刑通常都会高于3年徒刑。比如，根据葡萄牙《刑法典》分则第169条第1款规定，构成一般“淫媒罪”的，法定刑是6个月至5年徒刑；根据台湾地区“刑法典”分则第231条规定，构成“图利使人为性交或猥亵罪”的，法定刑是5年以下徒刑；根据法国《刑法典》分则第225-5条规定，构成“淫媒牟利罪”的，法定刑是7年以下监禁；根据香港地区《刑法罪行条例》第200章规定，对导致卖淫、依靠他人卖淫收入为生、经营卖淫场所、出租处所以供卖淫场所等具淫媒性质的行为，其法定刑最高可达7年或10年监禁。因此，将符合基本构成要件的“淫媒罪”的法定刑设置为最高4年徒刑，并没有超出其他国家或地区刑法关于淫媒类犯罪的法定最高刑。

第二，考虑到实际惩罚的需要。根据《有组织犯罪法》第8条规定，“操纵卖淫罪”的最高刑只能是3年徒刑。从罪刑相称原则考察，这种只能由黑社会性质的犯罪团伙才能构成的“操纵”卖淫的犯罪最高只有3年徒刑，显属偏低，阻吓性不足。除此之外，也有澳门的执法机关认为，因为“操纵卖淫罪”最高刑不超过3年徒刑，法官就不会按照澳门《刑事诉讼法典》第172条规定批准电话监听；而且，对于非集团式的卖淫，也不属于澳门《刑事诉讼法典》第172条规定的其他情况，故取证困难。

由上可知，如果我们将符合基本构成要件的“淫媒罪”的法定最高刑适当提高至4年徒刑，一方面可体现罪刑相称原则；另一方面也可适用澳门《刑事诉讼法典》第172条关于批准电话监听的规定，有利于侦办此类案件，有效打击淫媒类犯罪。

其次，将“淫媒罪”和“操纵卖淫罪”整合后，本文之所以在新的“淫媒罪”条文中设置加重条款，并将加重后的法定刑仍设置为1年至5年徒刑，主要考虑到以下两点：

第一，从侵害的法益考察。就行为侵害的法益而言，以图利目的而促成、帮助或便利他人卖淫或为重要性欲行为，其侵害的法益其实并非是性自主权，而是与性有关的社会公德或者是社会公共秩序，故有葡国学者将其称为“无被害人”的犯罪，其目的是“捍卫性道德及真诚至胜的一般社会利益”。但如果是“乘他人被遗弃或陷于困厄之状况”而实施“淫媒”行为，则“淫媒”行为侵害的法益就不再仅仅是性道德和相关的社会公共秩序，而是涉及了个人的性自主权法益，因为该等“淫媒”行为不仅有了被害人，而且也具有了向被害人胁迫施压的性质，所以其危害程度显然要大于第1款所规定的“淫媒罪”。正因为如此，就有必要加重该等“淫媒”行为的法定刑，以体现罪刑相称原则。

第二，从刑罚的协调性考察。本文之所以建议将加重后的法定刑仍然保留原来的1年至5年徒刑，主要是考虑到这样做不会破坏澳门《刑法典》分则第五章“侵犯性自由及性自决罪”原有的内在刑罚的协调性。因为当初立法者之所以将“乘他人被遗弃或陷于困厄之状况”而实施的“淫媒罪”的法定刑设置为1年至5年徒刑，显然已充分考虑到整个性犯罪法定刑之间的协调，如果我们加以改变，势必会破坏原有的性犯罪法定刑之间的协调，故不宜改动。

澳门《有组织犯罪法》中的罪名解析

方　泉*

有组织犯罪或犯罪集团是共同犯罪的极端形式。随着有组织犯罪造成的危害日益严重，各国/地区亦愈加重视有关刑事立法。2003 年 9 月 29 日，联合国制定的《联合国打击跨国有组织犯罪公约》(以下简称《公约》)生效，《公约》确立了通过促进国际合作，更加有效地预防和打击跨国有组织犯罪的宗旨，要求缔约国应采取必要的立法和其他措施，将参加有组织犯罪集团、洗钱、腐败和妨碍司法等行为定为刑事犯罪。

一、立法沿革与罪名概况

回归前，澳门在相应领域的刑事立法为澳葡政府于 1978 年制定颁布的第 1/78/M号法律《核准管制黑社会的刑事制度》。随着回归临近，澳门黑社会犯罪抬头，对澳门治安及平稳过渡造成威胁。为此，澳门立法会于 1997 年制定通过了第 6/97/M 号法律《有组织犯罪法律制度》(以下简称《有组织犯罪法》)，作为打击有组织犯罪，尤其是黑社会犯罪的法律依据。此后，为配合《公约》要求，第2/2006

* 澳门科技大学法学院教授，澳门刑事法研究会理事长。

号法律《预防及遏止清洗黑钱犯罪》及第 6/2008 号法律《打击贩卖人口犯罪》又先后对《有组织犯罪法》中有关清洗黑钱、贩卖人口的条款加以补充修改。

澳门的特别刑法，包括单行刑法和附属刑法在内，是刑法渊源中极为重要的组成部分，当中创设的罪名总量已经超过《刑法典》中的罪名数量，粗略计算，至少有 230 个之多。由于澳门法律庞杂，目前尚缺乏全面系统的清理，《刑法典》与特别刑法之间、特别刑法与特别刑法之间均不同程度地存在法条关系不明的情形。作为单行刑法，《有组织犯罪法》对罪名的设立有三种方式：一是规定有黑社会罪、以保护为名的勒索罪、自称黑社会罪、不当扣留证件罪、操纵卖淫罪、在公共场合做出可处罚行为罪、联群的不法赌博罪 7 个创设性罪名；二是规定有违反司法保密罪，与《刑法典》相关条文形成竞合关系；三是规定有与卖淫有关的违令罪、与扣押有关的违令罪、作虚假之当事人陈述或声明罪，以及涉及易燃或腐蚀性物质或物料有关行为的援引性条文。为此，解析当中的罪名，明确法条之间的竞合或补充关系，对于适用、评价及日后完善相关立法而言均十分必要。

二、创设性罪名解析

（一）黑社会罪

《有组织犯罪法》第 2 条规定，发起、创立、参见或支持黑社会的行为，构成黑社会罪。本罪处罚的主体为黑社会组织的发起者、创立者、参加或支持者，其行为方式分别为：一是发起或创立黑社会的行为；二是参加或支持黑社会的行为；当中尤其包括提供武器、弹药、犯罪工具、保管及集会地点；筹款、要求或给予金钱或帮助招募新成员，特别是引诱或做出宣传者；保管黑社会册籍、册籍或账册的节录部分、会员名单或黑社会仪式专用的服饰；参加黑社会所举行的会议或仪式者；或使用黑社会特有的暗语或任何性质的暗号者。本罪的主观方面为故意。构成本罪的，处 5 年至 12 年徒刑。对于执行黑社会任何级别的领导或指挥职务，尤其是使用此等职务的暗语、暗号或代号者，处 8 年至 15 年徒刑。招募、引诱、宣传或索款行为的对象为 18 岁以下的未成年人，则刑罚上下限加重三分之一，即处 6 年 8 个月至 16 年徒刑。倘以上各类罪行由公务员做出，有关刑罚上下限加重三分之一。

1. 黑社会的概念

《公约》第 2 条规定，“有组织犯罪集团”系指由三人或多人所组成的、在一定时期内存在的、为了实施一项或多项严重犯罪或根据本公约确立的犯罪以直接或间接获得金钱或其他物质利益而一致行动的有组织结构的集团。不过，除法律名称外，本法并未采用“有组织犯罪集团”一词及就“有组织犯罪”给出定义，而仅给出“黑社会”的法律定义。在各罪名中，除黑社会罪、以保护为名的勒索罪、自称黑社会罪直接涉及黑社会或以黑社会的名义实施外，本法其他罪名或罪状均未直接提及“黑社会”。这一差异给本法的使用先天地带来问题，即其他罪名是否需要以黑社会名义实施，或者犯罪主体须为黑社会成员？后文将述及。

本法对黑社会的定义以列举犯罪组织实施行为的方式做出。所谓“黑社会”，是指为取得不法利益或好处所成立的所有组织，而其存在是以协议或其他途径表现出来，特别是从事下列一项或多项罪行者，一概被视为黑社会：a)杀人及侵犯他人身体完整性；b)剥夺他人行动自由、绑架及国际性贩卖人口；c)威胁、胁迫及以保护为名而勒索；d)操纵卖淫、淫媒及作未成年人之淫媒；e)犯罪性暴利；f)盗窃、抢掠及损毁财物；g)引诱及协助非法移民；h)不法经营博彩、彩票或互相博彩及联群的不法赌博；i)与动物竞跑有关的不法行为；j)供给博彩而取得暴利的行为；k)入口、出口、购买、出售、制造、使用、携带及藏有违禁武器及弹药、爆炸性或燃烧性物质或适合从事澳门《刑法典》第 264 条(造成火警、爆炸及其他特别危险行为)及第 265 条(释放核能)所指罪行的任何装置或制品的行为；l)选举及选民登记的不法行为；m)炒卖运输凭证；n)伪造货币、债权证券、信用卡、身份及旅行证件；o)行贿；p)勒索文件；q)不当扣留身份及旅行证件；r)滥用担保卡或信用卡；s)在许可地点以外从事外贸活动；t)清洗黑钱；u)非法拥有能收听或干扰警务或保安部队及机构通信内容的技术工具。以上所指黑社会的存在，不需有会址或固定地点开会；成员无须互相认识和定期开会；不需要具号令、领导或级别组织以产生完整性和推动力，也不需要有书面协议规范其组成或活动或负担或利润的分配。

2. 本罪与犯罪集团罪的区分

澳门《刑法典》第 288 条规定，发起或创立以实施犯罪为目的，或活动系为着实施犯罪之团体、组织或集团者，处 3 年至 10 年徒刑。参加该等团体、组织或集团者，或对其给予支持，尤其系提供武器、弹药、犯罪工具、保卫或集会地方者，又或对招募新成员提供任何帮助者，处相同刑罚。领导或指挥犯罪团体、组织或集团者，处 5 年至 12 年徒刑。可见，《刑法典》中的犯罪集团是指以实施犯罪为目的，或活动系为着实施犯罪的团体、组织或集团。而本法所规定的黑社会组织显然是犯罪集团的一种特定类型。其实施的犯罪活动仅限于上述本法所列举之犯罪。从法定刑上看，本罪的法定刑整体上比犯罪集团罪更重，因此，本罪为特殊法及重法。发生竞合时，应适用本法。

以澳门终审法院第 29/2011 号刑事诉讼程序上诉案为例。[1]嫌犯甲等人在澳门形成一团伙，表面经营娱乐场贵宾厅的博彩业务，同时秘密进行犯罪行为，如高利贷、以暴力追讨债务、杀人及非法入境等。甲为该团伙的主要头目，本身也是香港某黑社会成员。该组织包括第一线成员若干人及第二线成员若干人。某日在一火锅店，因琐事，在甲的指令下，其成员以利器将被害人杀死后肢解并抛尸。法院裁定当中数名正犯构成本法所规定之黑社会罪、《刑法典》第 129 条第 1 款和第 2 款 c 项规定之加重杀人罪、《刑法典》第 283 条第 1 款 a 项和 b 项规定之侵犯已死之人应受之尊重罪，以及《刑法典》第 262 条第 3 款规定之不当持有利器罪，数罪并罚。当中有被告人上诉不构成黑社会罪，而应改处犯罪集团罪（处刑较轻）。终审法院认为，根据第 6/97/M 号法律第 1 条的规定，所有为取得不法利益或好处而成立的组织，且其存在是通过协议或协议，特别是通过实施杀人、伤害身体完整性、供赌博的高利贷等罪行而表现出来的，均视为黑社会。黑社会的存在并不需要有会址或固定地点聚会，或成员之间互相认识。与此相对，犯罪集团罪所处罚的是以实施其他罪行为目的或活动的组织或团体的创立人或成员。终审法院维持了原审判决。

（二）以保护为名的勒索罪

《有组织犯罪法》第 3 条规定，为取得财产或其他利益，凡以黑社会名义或借用黑社会名称，透过对人身或财产进行报复的威胁而进行勒索的行为，构成以保护为名的勒索罪。本罪即通常所称之"收保护费"的行为。其客观前提为以黑社会名义，或借用黑社会名称实施。易言之，无论行为人是否确为黑社会成员，或是否为黑社会组织，在此前提下实施的勒索行为，即构成本罪。勒索行为包括两类：一是为取得财产或其他利益，以黑社会名义或借用黑社会名义，向他人提出保护其人身或财产的行为；二是以黑社会名义或借用黑社会名称，透过对人身或财产进行报复的威胁，为就业、开张或从事营利业务而索取回报的行为。本罪的主观

---

[1] 澳门终审法院第 29/2011 号刑事诉讼程序上诉案裁判书，http://www.court.gov.mo。

要件为故意，其目的在于取得财产或其他利益。勒索行为以威胁形成精神强制，使得他人非属意志自由的情形下处分财产，使行为人不法受益，侵犯了他人人身及财产法益，而以黑社会名义做出更危及公共安全，行为当属不法。

1. 行为的认定

行为人在实施包含报复的威胁、报酬的索取或借用属黑社会名称等行为时，即使并非以明示的方式进行，但足以使受害人领会的，亦构成本罪。司法实践中，一些行为人在实施勒索行为时，并未以明确的语言宣示，而是以类似“潜规则”或“老规矩”示意，如露出带有特定黑社会标志的文身或服饰等，亦符合借用黑社会名义的客观要件。至于是否足以使他人产生恐惧心理而对他人形成精神强制，则需要似乎具体情况，斟酌行为人与被害人的身份背景、性格、体格、时机。场所、方法等要素进行综合判断。而威胁与取得不法利益之间须具备因果联系，〔2〕即被害人支付利益是在行为人威胁所形成的精神强制下对自己财产做出的处分，行为人获益恰与此形成对等关系。〔3〕此外，一般而言，敲诈勒索犯罪包括勒索以形成胁迫，以及获得交付。行为人不单只实施勒索行为，还需被害人因恐惧而交付财产等利益，方为勒索得手。若被害人并未交付利益，或已交付利益而行为人未能取得占有，均应视为未遂。〔4〕因此，本罪为结果犯。

2. 本罪与勒索罪的竞合关系

《澳门刑法典》第215条规定，意图为自己或第三人不正当得利，而以暴力或以重大恶害相威胁等手段，强迫他人做出使该人或别人有所损失之财产处分的行为构成勒索罪，处2年至8年徒刑。其威胁手段如符合加重盗窃罪或抢劫罪的部分情节所指之要件，处3年至15年徒刑；如以抢劫为威胁而引致他人死亡，行为人处10年至20年徒刑。可见，本罪的客观前提为以黑社会名义或借用黑社会名称实施勒索行为，而勒索罪无此客观要件的要求。本罪与勒索罪为法条竞合关系。有学者认为，若行为人以黑社会收保护费名义勒索得巨额财产或有其他严重

---

〔2〕 参见曾淑瑜编：《图解知识六法刑法分则编》（二版一刷），655页，台北，新学林出版股份有限公司，2011。

〔3〕 林山田：《刑法各罪论》（上册），356页，北京，北京大学出版社，2012。

〔4〕 参见[日]大谷实：《日本刑法各论》，黎宏译，207页，北京，法律出版社，2003。

情节，却并无加重法定刑与之对应，会造成重罪轻判的情况。[5]作为规定更具危害性的行为的特殊法，却并未表现为重法，这个问题确实值得重视，应择机修订。当然，从实际司法效果来看，本罪的法定刑虽较勒索罪为低，但由于对报复行为的并罚规定，[6]则根据澳门《刑法典》第 71 条对犯罪竞合并罚的限制加重原则，本罪与若实施的报复行为的并罚时，在无更重处罚时，其刑罚下限为 2 年徒刑，上限为 20 年徒刑。可见，处罚并不比勒索罪——即使是其加重刑罚——为轻。

3. 本罪与敲诈勒索非法入境者、非法逗留者罪不存在竞合关系

第 6/2004 号法律《非法入境、非法逗留及驱逐出境的法律》第 17 条规定，以揭发他人处于非法入境或非法逗留情况相威胁，直接或透过居中人为本人或第三人取得财产利益或物质利益的行为，构成敲诈勒索非法入境者、非法逗留者罪，可处 2 年至 8 年徒刑。该罪威胁的内容是他人身处非法入境或非法逗留的状态，本罪则是以黑社会收保护费的形式为客观前提，以他人人身或财产为威胁。两罪虽均以威胁对他人形成精神强制而不法获利，但因为威胁的内容及客观前提要件不同，并不存在法条竞合关系。由于黑社会的特定危害性，本罪的法定刑上限高于敲诈勒索非法入境者、非法逗留者罪，具有合理性。

（三）自称黑社会罪

《有组织犯罪法》第 4 条规定，自称属黑社会或与黑社会或其成员有关系的，构成自称黑社会罪。本罪的客观行为为自称属黑社会成员，或者自称与黑社会、黑社会成员有关系。所谓自称，即自行宣布，无论是在公开或私下场合，无论明示或暗示，无论是否已语言表达。当然，要构成本罪的“自称”，并非随口一说或信口玩笑，而须达到法律规定的效果，方可被认定为本罪所称之“自称”，即行为人的“自称”有理由使他人相信行为人确属黑社会或与黑社会有关系，令他人产生恐惧或不安或影响他人的自决自由，特别是使他人被迫作为或不作为或容忍某种活动。实践中常见的情形如展示黑社会组织的标志、展示与黑社会的密切关系等。

---

〔5〕 参见赵国强：《刑法各论》（上），476 页，北京，社会科学文献出版社，2013。若此处非指报复行为并罚的情况，则的确应予考虑。

〔6〕 本法规定，若将做出威胁是提到的报复行为确实施行时，倘未能对行为人处以较重刑罚时，则处 2 年至 10 年徒刑，与本罪所设刑罚并罚之。例如，行为人以伤害被害人为威胁，而在勒索不成或勒索到手的财物不能满意时，对被害人实施了伤害行为，则行为人既构成伤害罪，亦构成本罪。此时，对伤害行为的处罚，在无更重处罚的法例时，处 2 年至 10 年徒刑，然后再与本罪之 2 年至 10 年徒刑并罚，则最高刑可至 20 年徒刑。

本罪虽然仅为"自称",但以损及他人意志自由及造成他人恐惧不安,亦存在实施其他犯罪的隐患,从对法益的保护及对黑社会犯罪预防上看,本罪的设立是必要的。本罪虽然只是本罪为行为犯,只要符合上述对自称的要求,不需要实施其他犯罪行为或实现其他犯罪结果,即可构成本罪。

1. 本罪与严重胁迫罪的关系

本条第 2 款规定,若在自称黑社会过程中有胁迫行为,且胁迫行为符合《刑法典》第 149 条严重胁迫罪中"以实施可处以最高限度超逾 3 年徒刑之犯罪相威胁"的要件,则对行为人处 3 年至 5 年徒刑。实际上,在本条第 1 款的基本罪状描述中,并未出现"胁迫"一词,但有对胁迫作用及实质效果的描述,即"令他人产生恐惧或不安或影响他人的自决自由,特别是使他人被迫作为或不作为或容忍某种活动"。第 2 款指向的造成此种恐惧不安的原因行为,若在"自称"中包含威胁,且以实施最高刑超逾 3 年犯罪相威胁,则加重处罚为 3 年至 5 年徒刑。可见二罪见存在交叉竞合的关系,以重法处罚。

2. 本罪与以保护为名的勒索罪的关系

由于本条第 2 款提到"胁迫",而以保护为名的勒索罪中也包含威胁。但本罪的要件行为是"自称",而后者的要件行为是"勒索"。本罪在自称过程中往往包含胁迫,但并不以获得不法利益回报为目的,而是使他人被迫作为或不作为或容忍某种活动;而后者则必定包含威胁,且以索取不法利益回报为目的。二者并不存在竞合关系。

(四) 不当扣留证件罪

本法第 6 条规定,意图取得不法利益或造成损害或强迫他人,而扣留他人的身份证件或旅游证件的,构成不当扣留证件罪。本罪的客观要件为扣留他人身份证件或旅行证件而不交出的行为。本罪的主观要件为故意,并以为自己或他人取得不法利益、对他人造成损害,或强迫他人作为、不作为或容忍某种活动。在涉及黑社会的犯罪中,往往会出现扣留他人,尤其是非本澳居民身份证件或旅行证件的行为,尤其是操纵卖淫者常常扣留卖淫者的身份证件以实现对其卖淫活动的控制。本罪对于预防和惩治相关犯罪是必要的。

澳门《刑法典》第 251 条规定,意图造成他人或本地区有所损失,或意图为自己或他人获得不正当利益,而使用发给予他人之身份证明文件,或是将身份证明文件交予并非获发该文件之人的行为,构成使用他人之身份证明文件罪,处最高

3 年徒刑或科罚金。该罪包含两种行为，即冒用他人的身份证明文件，以及将自己的身份证明文件交予他人使用。本罪可视为使用他人之身份证明文件罪的预备行为，二者并非竞合关系。

（五）操纵卖淫罪

《有组织犯罪法》第 8 条规定，诱使、引诱、诱导、操纵、助长或方便他人卖淫的，构成操纵卖淫罪。本罪的行为方式包括三类：一是诱使、引诱或诱导他人卖淫，即使行为人与卖淫者之间有协议；即行为人怂恿、欺骗本无意卖淫的人产生卖淫的意图。二是操纵他人卖淫，即使经卖淫者本人同意；即对他人——即使属同意者——的卖淫行为作时间、地点、对象等方面的安排。三是为卖淫者招揽顾客，或以任何方式助长或方便卖淫者，无论行为人是否为招揽或方便行为获得报酬。本罪的主观要件为故意。从本罪的罪状描述来看，并不要求行为人以黑社会的名义或组成黑社会犯罪集团实施操纵卖淫的行为。但反过来，操纵卖淫行为是界定黑社会组织的行为特征之一。以诱使或操纵卖淫构成本罪的，处 1 年至 3 年徒刑。以招揽顾客或方便卖淫者构成本罪的，处最高 3 年徒刑。本罪的犯罪未遂亦得处罚。

1. 本罪与淫媒罪等相关罪名的关系

在本罪出现之前，《刑法典》已有关于淫媒行为的罪名。第 163 条、第 164 条规定，乘他人被遗弃或陷于困厄之状况，促成、帮助或便利他人从事卖淫或为重要性欲行为，并以此为生活方式或意图营利的，构成淫媒罪，处 1 年至 5 年徒刑；如行为人使用暴力、严重威胁、奸计或欺诈计策，又或利用被害人精神上之无能力，实施淫媒行为，则处 2 年至 8 年徒刑。第 170 条规定，促成、帮助或便利未成年人从事卖淫或为重要性欲行为的，构成做未成年人之淫媒罪，处 1 年至 5 年徒刑。如使用暴力、严重威胁、奸计或欺诈计策，或行为人以此为生活方式或意图营利而为之，或利用被害人精神上之无能力，又或被害人未满 14 岁，则处 2 年至 10 年徒刑。上述淫媒罪均要求行为人乘人之危，卖淫者多因被迫或无奈而卖淫，本罪则不以卖淫者的被迫为要件。这是两罪最大的区别。

现实案件中，一些涉案女子参与卖淫活动的确出于自愿，包括一些合法逗留本澳的境外女性自愿从事或参与卖淫活动，将在这类个案中实施“淫媒”行为的人认定为上述淫媒罪是不适当的，而本罪正可以相对较低的刑罚追究这类卖淫活动中实施淫媒行为的人的刑事责任。另外，本罪的设立虽貌似填补了《刑法典》中淫媒罪留下的法律空白，但由于其身处《有组织犯罪法》中，所以，本罪只是填补了一部分空白，及行为人以黑社会犯罪的形式实施的非属淫媒罪所列罪状的行为，易言之，尽管本罪并不要求犯罪主体为黑社会成员或声称为黑社会成员，但操纵卖淫却属本法第 2 条列明的黑社会组织实施的犯罪，因此，仅当以犯罪集团的刑事实施操纵卖淫之行为，方可成立本罪，且应同时构成操纵卖淫罪和黑社会罪；而以单独犯或一般共同犯罪形式实施的操纵卖淫的行为则成为法律适用的空白。这也是前述本法第 2 条对“黑社会”的定义及其与本法其余罪名关系模糊之处的又一症状。在本澳的司法实践中，司法官则并不认为以单独犯或一般共犯形式实施的操纵卖淫行为不能构成本罪，但这在是否有违罪刑法定原则方面留有很大的疑问。

2. 司法实践中的问题

在司法实践中，法院往往未能清楚地处理上述各罪名间的关系，包括针对行为人以黑社会的形式实施淫媒行为的认定。如在澳门终审法院 2013 年 11 月 20 日审理的第 61/2013 号案件中，[7]十余名嫌犯组成集团，以带领内地女子前往珠海及澳门游玩或介绍其在澳门工作为借口，将被害女子诱骗至澳门，并以暴力及威胁对其家人不利等手段，强迫其在澳门的桑拿和夜总会等场所向客人提供性服务，并提取该等女子卖淫所得的金钱，从中赚取不法利益。初级法院判决被告人构成多项由操纵卖淫罪及多项由第 6/2008 号法律《打击贩卖人口犯罪》所规定之贩卖人口罪。终审法院维持了初审法院的判决。但在经各级法院认定的案件事实中，行为人在操控他人卖淫的过程中多次使用暴力及威胁手段，这恰恰符合淫媒罪对有关犯罪手段的要求，却被认定为处刑较轻的操纵卖淫罪。此外，本案行为人以犯罪集团的形式操纵卖淫，且该集团的成立就是为着迫使该等受害女子卖淫，则无论该等行为被认定为操纵卖淫罪或淫媒罪，还应另外构成犯罪集团罪（前提是本罪被认定为淫媒罪）或本法第 2 条 d 项规定之黑社会罪（即按法院的现有判决），法院的审理亦忽略这部分行为的认定。需要注意的是，除操纵卖淫外，本法亦将淫媒列为其犯罪行为之一。简言之，上述案件中的行为人以暴力及威胁手段强迫其诱骗来澳门的女子卖淫，根据本法本条、第 2 条 d 项，《澳门刑法典》第 163 条、第 164 条，以及《打击贩卖人口法律》第 2 条（即《刑法典》第 153-A 条）的规定，其行为应当认定为淫媒罪、黑社会罪及贩卖人口罪，三罪并罚。

---

〔7〕 参见澳门终审法院第 61/2013 号刑事诉讼程序上诉案件裁判书，http://www.court.gov.mo.

(六)在公共场合做出可处罚行为罪

本法第9条规定,在公共地方或公众可进入的地方,即使是专用的地方,做出可触发行为的,构成在公共场合做出可处罚行为罪。

本罪的行为方式包括:缠扰或侵扰他人;展露足以令某人产生安全受威胁的恐惧或不安的态度;或在无合理解释下,不论是否以隐藏方式、扣留、索求或强迫交出金钱或其他有价物。即通常所说寻衅滋扰、强拿硬要、惹是生非之类的行为。构成本罪要求在公共场合或公共可进入的地方做出上述行为。本罪并不直接与《刑法典》中的罪名相关,但若在私人地方,如他人住宅内实施上述行为则并不构成本罪,但可能构成其他罪名,如《刑法典》中的侵犯住所罪、勒索罪等。

(七)联群的不法赌博罪

《有组织犯罪法》第11条规定,连手操纵幸运博彩的行为,构成联群的不法赌博罪。本罪的行为要件在于以控制、引导或其他方式操纵幸运博彩,包括操纵其结果或奖金、彩金或等同物的派发,或从中诈骗财物利益。且本罪须连手实施,易言之,本罪的犯罪主体有多人,属于必要共犯。本罪的主观要件为故意。

本罪与《不法赌博法》的有关罪名须予区分。本罪与不法经营赌博罪、在许可地方内不法经营赌博罪的区别在于,该两罪是指在许可或不许可的地方不法经营赌场的行为,本罪的要件行为则在于多人连手操控。若在不法经营赌场的过程中与多人连手操控赌博结果或奖金的派发,则应两罪并罚。本罪与胁迫做出赌博罪的区别在于,后者的要件行为胁迫,即以恶害为威胁,迫使他人投注,而本罪在于以控制或引导的方式操纵赌博的结果或奖金的派发,如果当中亦胁迫的手段强制他人投注,则应构成两罪,应予并罚。本罪与欺诈性赌博罪存在交叉竞合的关系,连手以欺诈的手段进行操控的情形中,既可构成本罪,亦符合欺诈性赌博罪的罪状,两罪法定刑相同,此时,本罪为特殊法。本罪与不法组织彩票或互相赌博罪的区分则在于后者的要件行为为对互相博彩活动的组织。

此外,本罪与《刑法典》中的诈骗罪亦有法条竞合关系,发生竞合时,应适用本罪的规定。

三、竞合性的特别罪名

(一)违反司法保密罪

本法第13条规定,不正当让人知悉有关黑社会犯罪的实施和行为,或有关刑事诉讼程序的全部或部分内容的行为，构成违反司法保密罪。本罪所针对的应予保密的内容包括两类，一是本法律所规定及处罚的罪行的刑事诉讼程序的事实或行为而受司法保密的全部或部分内容；二是不容许旁听诉讼过程的刑事诉讼程序的事实或行为的全部或部分内容。本罪的主观要件为故意。

本法特别规定，对于一些诉讼参与人的身份应予保密，尤其是第 26 条第 2 款及第 28 条第 4 款所指诉讼参与人的身份。其中，第 26 条第 2 款所指诉讼参与人包括有理由相信其害怕受到报复或以任何方式表示不能在审判中作供的被害人、证人、辅助人、民事当事人或鉴定人。第 28 条第 4 款所指诉讼参与人是指参与或辅助特殊侦查行为的公务员或第三者。若因泄露或发布该等人士的身份而构成本罪，行为人处 2 年至 8 年徒刑。此外，对这两类受保护的诉讼参与人的身份，即使经最后裁判确定，包括归档，亦应维持为期 10 年的司法保密。倘泄露或发布是由包括在职业保密范围的人士做出，则法院着令作供免除其保密义务。

（二）与《刑法典》中的违反司法保密罪的关系

《刑法典》第 335 条规定，不正当让人知悉因司法保密而不应泄露之刑事诉讼行为之全部或部分内容者，或不正当让人知悉不容许一般公众旁听诉讼过程之刑事诉讼行为之全部或部分内容者，如规范该诉讼之法律不对该情况规定另一刑罚，则处最高 2 年徒刑，或科最高澳门币 240 元罚金。可见，本罪虽与《刑法典》中的违反司法保密罪罪名相同，但实则为该罪的特殊法，二者为法条竞合关系，本罪为特殊法，且为重法，发生竞合，当适用本罪的规定。

四、援引性条文

（一）违令罪

1. 与卖淫有关的违令罪

卖淫行为在澳门并非犯罪。本法第 35 条规定，为取得金钱报酬或其他经济利益而在公共地方或公众可进入的地方，引诱或建议他人进行性行为的，科澳门币 5000 元罚款。行为人为非本地居民，治安警察厅厅长有权下令将其驱逐出本地区。被驱逐出境的非本地居民在两年期限内再次入境的，构成《澳门刑法典》第 312 条规定的违令罪，处最高 1 年徒刑或科澳门币 120 元罚金。

另据第 6/2004 号法律《非法入境、非法逗留及驱逐出境的法律》第 12 条规定，被命令驱逐出境的人士，在被驱逐出境后，禁止于驱逐令中所定的期间内进入澳门特别行政区。该法第21条规定，违反禁止入境命令而入境的行为，即构成非法再入境罪，最高处1年徒刑。本罪与非法再入境罪的要件行为均为违反有权限机关做出的禁止入境的命令。但本罪要求行为人因实施卖淫行为而被下令驱逐出境，非法再入境罪则无此要件要求。而按照违令罪的规定，本罪的法定刑为1年徒刑或科澳门币120元罚金，即可选科罚金。而非法再入境罪的刑罚仅有徒刑，无法易科，相比较下，本罪略轻，形成竞合时，应适用本条规定。

2. 与扣押有关的违令罪

《有组织犯罪法》第31条规定，倘属本法律规定及处罚的罪行，嫌犯必须据实回答司法当局向其提出有关其经济及财政状况、来自职业活动的收益及本身资产的问题，否则可构成《澳门刑法典》第312条规定的违令罪或第323条规定的作虚假之当事人陈述或声明罪。违令罪是指不服从由有权限之当局或公务员依规则通知及发出之应当服从之正当命令或命令状的行为。实施黑社会犯罪的嫌犯若拒绝回答司法当局的问题，或者拒绝执行司法当局据此发出的有关命令，则构成违令罪，处最高1年徒刑，或科最高澳门币120元罚金。

（二）作虚假之当事人陈述或声明罪

作虚假之当事人陈述或声明罪是指，在作当事人陈述时，在宣誓后且已被警告如作虚假陈述将面对之刑事后果后，就应陈述之事实作虚假声明的行为。承前所述，按照本法第31条的规定，实施黑社会犯罪的嫌犯若在回答司法当局向其提出的问题时，就其经济状况、职业活动的收益及自身资产做出虚假陈述或声明，则构成作虚假之当事人陈述或声明罪，处最高3年徒刑或科罚金。

（三）涉及易燃或腐蚀性物质或物料的行为

本法第12条规定，若实施与黑社会犯罪有关的行为时涉及易燃或腐蚀性物质或物料，则构成《刑法典》中的禁用武器及爆炸性质物质罪，造成火警、爆炸及其他特别危险罪的犯罪预备，或释放核能罪的犯罪预备。

《刑法典》第262条规定，不符合法定条件，或违反有权限当局之规定，输入、制造、藏有、购买、出售以任何方式让与或取得、运输、分发、持有、使用或随身携带禁用武器、爆炸装置或爆炸性物质、足以产生核爆之装置或物质、放射性装置或物质、又或适合用作制造有毒或令人窒息之气体之装置或物质的，构成禁用武器及爆炸性质物质罪，可科处2年至8年徒刑；如牵涉可用作喷射有毒、令人窒息或腐蚀性之物质之装置，行为人处最高3年徒刑。

《刑法典》第 266 条规定，为造成火警、爆炸及其他特别危险或凭借释放核能造成危险而实施的预备行为，包括制造、隐藏、为自己或他人取得、交付、持有或输入爆炸性物质、足以产生核爆之物质、放射性物质、适合用作制造有毒或令人窒息之气体之物质，或实行该等犯罪所必需之器械等，即构成造成火警、爆炸及其他特别危险罪的犯罪预备，或释放核能罪的犯罪预备，处 2 年至 8 年徒刑。若行为人实施上述有关黑社会的犯罪时，涉及易燃或腐蚀性的物质或物料，则适用《刑法典》第 262 条、第 266 条的规定。此处，本法对于“涉及”的方式并无确切描述，但按《刑法典》第 262 条、第 266 条的规定，应指输入、制造、藏有、购买、出售、让与、取得、运输、分发、持有、使用或随身携带等方式。

总而言之，《有组织犯罪法》中设立罪名的方式在澳门特别刑法立法中较为典型。由于澳门在刑事立法方面比较依赖于特别刑法，造成现有特别刑法数量众多，条文庞杂，缺乏清理，《刑法典》与特别刑法之间以及特别刑法之间都在一定程度上存在法条关系不明的情形，解析罪名之适用十分必要。同时，现状也对今后特别刑法设立罪名提出了应予检讨之处，篇幅所限，本文不展开，但原则是应当尊重《刑法典》的统辖地位，掌握现有罪名体系，明确保护法益的规范目的，不滥用特别刑法的立法模式而以必要为限，方可有效利用立法资源，避免立法冗余，减少刑法渊源之间法条关系不明的情形，避免对司法工作造成障碍。

浅析澳门打击黑社会操控卖淫活动的法例及其可完善之处

黄玉叶*

一、概述

赌博自1847年在澳门已开始合法化。回归前，澳门博彩业仅由一间公司专营，随着回归后赌权开放，博彩业在澳门的发展一日千里，且已走向国际化。尽管博彩业在澳门已根深蒂固，且是重要经济支柱，但无可否认，它也是双刃剑，是三大公害之一。历来“黄”“赌”“毒”是有组织犯罪集团滋生的温床，而博彩业的发展无疑为该等组织提供了特定的生存环境，为澳门治安带来潜在威胁，难免对民生造成困扰。因此，在1978年，澳葡政府便开始制定单行法律，打击黑社会活动。

由于篇幅有限，本文仅在此选择简述澳门对其中一害“黄”的处理方式，并分析相关法例在打击黑社会操控卖淫活动方面的力度，以及其可完善之处。

二、澳门对色情活动的处理方式

三害中的“黄”泛指一切色情活动。早于1978年7月，亦即在打击黑社会活动的单行法律生效后约半年，澳门立法会便通过第10/78/M号法律《关于色情及

* 澳门立法会顾问。

猥亵物品的公开贩卖、陈列及展出》,并于同月 14 日起生效。

该法律规定,除领有特别准照的场所,凡“内容涉及色情或猥亵的广告、通告、布告、秩序表、手抄品、图画、图片、图样、印画、徽章、唱片、照片、幻灯片、影片等,禁止在窗橱、墙壁或其他公众地方标贴或陈列、摆卖或贩卖、展出、派发或以其他方式作宣扬”;同时亦规定色情影片的放映时间。违法者可被科处 6 个月监禁及同刑期罚款。

至于“色情”的定义,该法律第 2 条第 1 款规定凡上述“物品或工具,其上言词、描述或形象有损公德或有伤风化者,即视为色情或猥亵物品或工具。”第 2 款则以举例列举方式指出以下两种情况尤其视作色情:

(1) 性行为的表演或描述,或性器官的暴露但只以涉及淫亵方面为限;

(2) 透过视觉及/或听觉上过分刺激的技术,而对性变态或性态作图利的利用。

此外,该法律的序言讲述了当时立法的原因:“对于在本地区以任何方式利用色情图利情事,舆论曾显著地加以抨击。因此,虽然该等事情未至惊人程度,但有必要依据道德及风化的定义,及在不妨碍现行法例原则下,立即予以管制。”从序言的内容,可得知该项法律是为响应当时的社会舆论而出台的,并藉刑事规范的介入,加以管制色情物品的泛滥。

至于在 1978 年 2 月 4 日公布并于同月生效的第 1/78/M 号法律《歹徒组织》,其第二条关于黑社会定义中,便突显“诱良为娼及经营娼妓活动”是黑社会惯常的行为之一。虽然当时适用于澳门的《1886 年葡国刑法典》已将“淫媒”(俗称“扯皮条”列为犯罪),但不足以打击当时黑社会操控卖淫的活动。该项法律序言指出:“本地理区域的典型歹徒组织,在澳门称为‘黑社会’者,其活动在当地有复炽趋势,控制着从事娼妓、毒品、勒索及其他非法活动的下层社会。现行刑法已订有该等犯罪行为的相应刑罚,但由于认为该等刑罚事实上与设法雷厉取缔的结伙犯罪行为的严重性不相称,因此现在特别加重之。”

尽管当时澳门已立法打击黑社会操控卖淫的活动,但对于卖淫,以及被社会普遍视为可能诱发或促成性交易的场所例如夜总会、桑拿浴室、按摩院等的经营活动不列作犯罪,不过就立例加以规管该等场所的活动。

第 30/85/M 号法令及第 8/87/M 号法令分别规定经营夜总会、桑拿浴室、按摩院等场所必须申领行政准照,而且禁止未满 18 岁的人士进入。当然,按照上述法令的规定，该等场所经营的业务并不包括任何性交易活动。该两项法令其后几经修订，但均没实质改变规管该等场所的方式。时至今日，该等行业的活动分别受第16/96/M号法令及47/98/M法令规范，而经营相关场所仍需申领行政准照，同时亦是不允许未满18岁的人士进入。

澳门首部自行立法的《刑法典》于1996年1月1日生效，继续将“淫媒”订为犯罪。其中第163条（淫媒）规定：“乘他人被遗弃或陷于困厄之状况，促成、帮助或便利他人从事卖淫或为重要性欲行为，并以此为生活方式或意图营利者，处1年至5年徒刑。”第164条（加重淫媒罪）规定：“在上条所指之情况下，如行为人使用暴力、严重威胁、奸计或欺诈计策，又或利用被害人精神上之无能力，则处2年至8年徒刑。”

至于第1/78/M号法律《歹徒组织》，于1997年被第6/97/M号法律《有组织犯罪法》废止，并取而代之作为打击黑社会犯罪的法律，沿用至今。该法律虽名为有组织犯罪法，其实质就是针对黑社会犯罪；该法律先后经第2/2006号法律《预防及遏止清洗黑钱犯罪》、第6/2008号法律《打击贩卖人口犯罪》及第9/2013号法律修改。

与之前的第1/78/M号法律《歹徒组织》相比，整体而言，第6/97/M号法律《有组织犯罪法》在刑事实体和程序方面均有加强，例如，针对黑社会惯常做出的刑事不法行为加重刑罚以及将新的行为列为犯罪，对累犯制定更严厉的制度，引入污点证人和卧底的规定，针对属黑社会的犯罪规定应向嫌犯实施羁押措施等[1]。

关于黑社会涉及卖淫的活动，在第一条定义中，加入了“国际性贩卖人口”，并将第1/78/M号法律所规定的“诱良为娼及经营娼妓活动、诱骗及腐化未成年人”改为“操纵卖淫、淫媒及作未成年人之淫媒”。由于在1996年生效的《刑法典》有关淫媒的规定并不能针对当时澳门的实况，所以立法会“行政、教育及安全委员会”参考关于贩卖人口的国际公约（当年有关公约并不适用于澳门）制定操控卖淫的条文，同时因应黑社会特有的情况设定国际贩卖人口罪。不过该项法律关于操控卖淫的条文并没取代《刑法典》的相关规定，后者继续适用于其所针对的事实。

---

〔1〕 请参阅《单行刑事法律录编——有组织犯罪法》，225～241页，澳门特别行政区立法会，2002。

此外,在第 6/97/M 号法律《有组织犯罪法》中,立法者首次将卖淫活动列为不法行为,但并非犯罪,仅属行政违法,科以罚款。相关内容编入法律的第三章 - 补充规定内,全文如下:

第三十五条(卖淫)

一、凡在公共地方或公众可进入的地方,引诱或建议他人进行性行为,目的为取得金钱报酬或其他经济利益者,科五千元罚款。

二、将被科处上款所指罚款的非本地居民驱逐出本地区。

三、被实施上款所指措施的非本地居民在两年期限内再次入境,犯违令罪。

四、治安警察厅厅长有权限施行第一款所规定的处分及下令第二款所规定的驱逐。

上述条文的规定显然并非仅针对由黑社会操控的卖淫活动,又或是非属黑社会成员但参与黑社会安排的卖淫,而是针对所有的卖淫活动。对于引入这一条文,当时的立法会议员冯志强认为不公平,他在立法会讨论法案时指出:"旅游人士来澳门,在公共场所走动,如果认识一些新朋友,有了某种行为,不能算作有组织犯罪。性欲是正常人之一个重要的需要,故认为要删除该项条文。此外,这是属于个人的违法行为,不应列入有组织犯罪行为。"[2]

从立法会的会议录,我们或可了解当时立法的原因。在 1997 年 6 月 13 日立法会的全体上,埃尔维斯议员于介绍法案[3]新文本时指出:"……当委员会制定这一条文的时候,主要针对本地区现行的情况。近数年,本地区卖淫活动从过去集中于一些特定的场所而蔓延至一些公共街道或公共场所,因而对本地区居民产生影响。事实上,这种情况十分猖獗。……一直以来,在本地区进行卖淫是无罪的,世界各地的取向亦然。但是,卖淫活动却困扰澳门,警察驱之不绝,卖淫者却又持合法逗留证件,遣返之又有困难。为此,拟订了禁止卖淫的法规,为避免法院因此积案,因此决定采取行政措施,规定由治安警察厅厅长执法,可取消违法者逗留澳门的权利,并将之遣返来源地,这一机制类似非法移民的规定。与此同时,若多次触犯有关法律者,更可予以刑事处分。……"[4]

该法律于 1997 年 7 月 30 日在《政府公报》公布,并根据《澳门组织章程》第 73

---

〔2〕 请参阅《单行刑事法律录编——有组织犯罪法》,第 127 页,澳门特别行政区立法会,2002。

〔3〕 该法案的提案人是埃尔维斯、高开贤、廖玉麟、吴国昌、罗立文议员。

〔4〕 请参阅《单行刑事法律录编 ——有组织犯罪法》,121 页、122 页,澳门特别行政区立法会,2002。

条的规定，在公布后的第5天开始生效。

回归后，澳门特区政府为了解决第6/97/M号法律《有组织犯罪法》所规定关于国际性贩卖人口的犯罪不足之处，并为履行适用于澳门特区的国际文书所规定的国际义务，制定了《打击贩卖人口犯罪》法案。该法案于2008年6月12日通过，并于同月24日起生效。

第6/2008号法律《打击贩卖人口犯罪》扩大贩卖人口犯罪的适用范围，使贩卖人口的目的不仅限于卖淫，亦包括以性剥削为目的而进行的其他活动，而且也涵盖从外地贩卖人口到澳门的行为；此外，也加重相关刑罚，由原来的处2年至8年徒刑，提高至处3年至12年徒刑。该项法律的实施，无疑有助进一步打击黑社会进行的跨国贩卖人口及藉此操控的卖淫活动。

综上所述，迄今澳门特区在立法方面，已因应博彩业发展而伴随的色情活动进行管制，除打击黑社会在本地操控卖淫的行为及跨国贩卖人口的活动外，亦禁止卖淫活动。不过，针对卖淫活动，仅以行政处罚，且不区分该等卖淫活动是个别抑或由黑社会安排，只要卖淫者非属黑社会成员，均被科以罚款而无须负刑责。此外，夜总会、迪斯科、歌舞厅、桑拿浴室、按摩院等场所，必须依法申领行政准照方可经营，且不许未满18岁的人士进入该等场所。

三、相关法例在执行上存在的问题及可完善之处

（一）“撒溪钱”引起的法律争议

本文所指的“撒溪钱”并非民间习俗向亡魂散发的冥纸，而是印有年轻女子相片的卡片（或单张）。根据澳门报章报道，该类卡片由起初的逐张派，到近年由“师奶”及其后由旅客以“撒溪钱”方式大量散发在地上，已成为不法分子的惯常拉客方式。同时，亦由旅游区进入小区，引起社会关注，而个别立法议员也先后提出书面质询，要求特区严厉执法和修法，以遏止这类困扰民生的不法行为。

尽管自2013年开始，警方引用第10/78/M号法律《关于色情及猥亵物品的公开贩卖、陈列及展出》的规定，将派发这类卡片的人士拘捕。然而，在法院审理个案中，由于不同法官对该法律所规定的“色情”的定义不同理解，以致同类案件出现“有罪”或“无罪”的判决，从而让不法分子有机可乘。

终审法院办公室于2014年4月24日发出新闻稿，阐述了中级法院法官的不同观点，现将部分内容转录如下，这将有助我们了解彼等在法律上争议之处：

据统计，近来经中级法院审理的涉及在公共地方派发色情卡片的案件共有8宗。……参与案件审理的4名中级法院法官中，分别各有2名法官持相同观点。

持有罪观点的法官认为，判案的关键在于涉案咭片是否符合第10/78/M号法律第2条第1款就色情所下的法律定义。如符合的话，嫌犯便罪成，反之便不构成犯罪。按照此第1款的法律定义的行文，凡第1条所指的物品或工具，其上言词、描述或形象有损公德或有伤风化者，即视为色情或猥亵物品或工具。据此，涉案咭片上的内容即使并不带有第2条第2款a和b项所列举的任一明显属色情例子的情事，仍有可能符合第2条第1款的"色情"定义。从已被扣押的咭片的内容可见，涉案咭片均印有身穿比基尼式泳衣的年轻女子的相片，也印有联络电话号码，且更印有"按摩""24小时上酒店服务""本公司汇集中国、日本、韩国、非洲、欧美等多国靓女任君选择"的字眼。已实质构成了一个有关以电召方式于任何时间由年轻女子上酒店、并身穿泳衣提供按摩服务的广告。我们深信，在澳门社会一般大众的眼里，提供正派按摩服务的女士是不会身穿泳衣向客人提供服务，故此，涉案咭片上的广告信息实在涉及有损风化的不正派按摩服务。涉案咭片因而理应被视为受上述法律第2条第1款的法定定义所涵盖的物品。凡于公众地方实质散发带有涉及符合上指第2条第1款法定"色情"定义的内容的印刷品者，均须承担第4条第1款所规定的刑罚。

持无罪观点的法官则认为，派发色情卡片的行为不符合第10/78/M号法律第2条第1款所描述的情况。这些"传单"(肯定)可以被认为是"不合适的""令人不舒服的"甚至是"令人反感的"(因为上面甚至宣称有来自不同国家的18岁到25岁的"按摩技师"可供选择)。然而，并不能因此便认为它们属于上述法律第2条第1款所指的"有损公德或有伤风化"的"色情"或"猥亵"传单，其并没有严重到已经构成第2条第1款所描述的情形的程度。我们认为，只有在相关的"图片"从外观上看具有明确的性成分，足以"严重"及带有(某种)"强度"地伤害("侵犯")社会大众在"性道德方面的一般情感"的情况下，才满足第2条第1款的规定。当然，我们并不是说以上的这些观点就是完全正确的，又或者第10/78/M号法律作为一个"80年代"的法律已经"过时"了，在今时今日我们对于"色情"应持容忍的态度。……我们并不是说应该放弃"惩戒"色情。只是说，看待生活中的任何事物都要有正确的角度、态度、限度，不能偏激、冲动。

诚如前述，"派发色情卡片"是不法分子的惯常拉客方式，若能有效遏止，必然可在一定程度上,堵塞黑社会在操控卖淫活动中的客源。然而,该项在30多年前制定的法律,其对"色情"的定义是与社会成员的道德伦理观念挂钩。当年立法会在立法讨论时,主席宋玉生曾指出:"所谓'有伤风化'并非指令某些人或某个人感到羞耻的事,而是指社会上普罗大众皆视之为耻的事;至于'有损公德',也是指违背了社会上一般人的伦理观念的情事,而两者标准则会随时代与社会的不同而变化。"

30年多后的今天,我们无可否认澳门社会成员的道德理观念是有别于1987年。再者,当人们每天似乎习以为常地接受或忍受澳门个别报章刊登"身穿比基尼式泳衣的年轻女子"照片宣传夜总会、桑拿浴室等场所的业务广告时,可能已被理解为该等照片并非"有损公德或有伤风化"。也许有人质疑,为何只刑控"派发色情卡片"的人士,而不处理刊登同类"画面"广告的报章负责人?这是否不公平?当然,面对犯罪,是不存在"违反公平原则"的问题,但前提是,相关行为是否构成犯罪?

面对中级人民法院存在有罪与无罪的裁决,虽然或可透过司法手段寻求具强制性的统一司法见解,也就是透过现行《澳门刑事诉讼法典》第419条的规定向终审法院提出上诉,但我们始终不能预计终审法院的裁判结果!因此,尽快完善现行法律规定,以打击以"派发色情卡片"寻找卖淫客源,才是较稳妥的解决方法。

"派发色情卡片"可以是简单的派发色情物品的行为,亦可以是为卖淫活动招揽顾客尤其是由黑社会安排的活动。针对后者,单纯修订第10/78/M号法律不足以惩治,因为该等行为较诸前者的不法性较高。因此,有需要完善现行第6/97/M号法律《有组织犯罪法》的惩处机制。

目前该法律针对操纵卖淫的行为是以犯罪论处,其第8条规定如下:

一、凡诱使、引诱,或诱导他人卖淫者,即使与其本人有协议,又或操纵他人卖淫者,即使经其本人同意,处1年至3年徒刑。

二、不论有报酬否,凡为卖淫者招揽顾客,或以任何方式助长或方便卖淫者,处最高3年徒刑。

三、犯罪未遂,处罚之。

尽管派色情单张的行为有可能是由黑社会为招揽卖淫顾客而安排的活动,即使该条文的罪状没要求行为人必须是黑社会成员,但因派发色情单张者一般与卖淫者毫不相识,且相关卡片亦未标明是"卖淫"活动,如此,单凭派发色情单张的行为，实难根据上述条文向彼等科处较单纯派色情单张更重的刑罚。所以，有需要针对那些尽管不知但仍采取放任方式而不理会是否为黑社会招揽卖淫顾客而派发色情单张者科处较第10/78/M号法律所规定更重的刑罚，从而阻遏黑社会藉此方式招揽卖淫顾客。

此外，由于"派发色情卡片"部分表面上是招揽路人光顾夜总会、桑拿浴室、按摩院等场所，但其本质却为犯罪团伙甚至黑社会操控的卖淫活动招揽顾客，所以，除有需要修订第10/78/M号法律及第6/97/M号法律外，亦有需要审视监管该等场所的法例是否存在不足之处。

（二）现行法例对夜总会、桑拿浴室、按摩院等场所的监管力度

诚如前述，夜总会、桑拿浴室、按摩院等场所亦可能成为诱发或促成性交易的场所，尽管该等场所的经营可透过申请行政准照而合法地进行。然而，该等法例对于放任不管地让他人在场所内进行卖淫活动等行为是没有相应的处罚。

虽然第47/98/M号法令规定对于场所经营者经营有别于相关准照许可的活动，其准照可被废止[5]，但若非经营者经营该等卖淫活动，则不能废止其准照。所以，有需要完善规管该等场所的法例，对放任不理地让他人在场所内"长期"进行卖淫活动或作为招揽卖淫顾客的场所加以取缔（透过废止行政准照），并对其经营者[6]追究刑事责任，因为彼等行为助长黑社会操控的卖淫活动。

虽然《澳门刑法典》第26条第1款已规定："对他人故意做出之事实，故意以任何方式提供物质上或精神上之帮助者，以从犯处罚之。"不过，由于该等经营者是获发行政准照进行经营相关场所，只是在经营过程中，以消极方式（不理会方式）而非主动向黑社会提供"卖淫场所"，故很难援引从犯的规定将他们入罪。此外，根据《澳门刑事诉讼法典》第227条的规定，彼等亦无检举犯罪的义务。

事实上，除了上述场所外，亦有不少涉及黑社会操控的卖淫活动在酒店范围内进行，例如今年第一季度破获的"沙圈"案[7]、由韩国帮会操控的卖淫活动等，便是在酒店内发生。所以，为加强打击由黑社会操控的卖淫活动，也宜检讨现行规管酒店的法例尤其是第16/96/M号法令，对酒店的经营活动做出较严谨的要求，并对于长期被黑社会利用作为卖淫或招揽卖淫活动的酒店或公寓加以取缔，

〔5〕 请参阅及第47/98/M号法令第16条。

〔6〕 包括自然人及法人。

〔7〕 请参阅澳门日报于2015年1月13日的新闻报道。

以及对抱着放任不理的态度而让黑社会有机可乘的经营者追究刑事责任。

(三) 应否将黑社会操控的卖淫刑事化

本文之前已提及卖淫在澳门虽属不法行为,但并非犯罪,而是行政上的违法行为。按第6/97/M号法律《有组织犯罪法》的规定,仅被科处罚款澳门币5000元。在澳门法制中,对于行政上的违法行为,不可科处剥夺或限制人身自由的处罚[8]。由于没有剥夺自由刑,阻吓力有限。此外,根据今年九月当局公布粤澳连手破获的卖淫集团的案情透露,由犯罪集团安排来澳卖淫的女子每人每次性服务肉金1500港元,集团抽取三成,每日约有五个客人[9]。换言之,卖淫的女子一天的收入已超出可被罚的款项。这显然对于个别自愿参与犯罪集团安排来澳卖淫的女子而言,做出违法行为的成本是不高的。

今年4月,澳门曾有议员在施政辩论中促请保安司打击小区卖淫以净化小区,而保安司司长黄少泽当时承认,要完全堵截小区卖淫并不容易,因为"一楼一凤"卖淫并非犯罪,根据法律只是行政违法,震慑不了卖淫者。至于未来是否将有关行为刑事化,需要寻求社会共识。

当然"一楼一凤"的卖淫活动与黑社会操控的卖淫活动的性质和规模均有不同,但也不排除后者会以此方式运作。对于"卖淫"应否刑事化,一直是国际社会争论的议题,而今年8月11日,国际特赦组织投票通过支持性交易无罪化的政策,随即招来左翼媒体和国际女权组织的强烈批评。

卖淫、嫖娼现象在人类社会发展过程中似乎从未根绝过,古今中外亦然。"卖淫应否刑事化",世界各国立法存在不同对策,既有合法化、刑事化或行政处罚。不过,毋庸置疑,针对黑社会操控的卖淫活动,则是各国打击的对象。所以,本文在此并不打算探讨"卖淫应否刑事化",而是提出应否将自愿参与黑社会操控的卖淫刑事化的问题。

根据《联合国打击跨国有组织犯罪公约》第五条第一款(a)(ii)项b有以下规定:

第5条　参加有组织犯罪集团行为的刑事定罪

1. 各缔约国均应采取必要的立法和其他措施,将下列故意行为规定为刑事

[8] 请参阅第52/99/M号法令《订定行政上之违法行为之一般制度及程序》第六条。

[9] 请参阅《澳门日报》于2015年9月24日的新闻报道。

犯罪：

（a）下列任何一种或两种有别于未遂或既遂的犯罪的行为：

（i）……；

（ii）明知有组织犯罪集团的目标和一般犯罪活动或其实施有关犯罪的意图而积极参与下述活动的行为：

a. 有组织犯罪集团的犯罪活动；

b. 明知其本人的参与将有助于实现上述犯罪目标的该有组织犯罪集团的其他活动；

（b）……

因此，尽管卖淫行为本身在澳门并非犯罪，但若卖淫者故意参与黑社会安排的活动，即使彼等不是黑社会成员，他们的参与无疑有助黑社会操控的卖淫活动的发展，对社会造成危害，行为的不法性甚高。

自 2002 年赌权开放以来，澳门特区已成为享誉国际的赌城，每年招徕大量赌客之余，亦吸引不少外国游客，这对黑社会而言，是“客源丰富”的市场。例如据当局公布今年 9 月，珠海和澳门警方联手侦破两个跨境组织妇女卖淫犯罪集团案件中，涉案集团成员带十多名内地妇女过境澳门期间，通过路边招嫖、派卡片等方式卖淫。在这群妇女中，究竟有多少妇女是自愿抑或被强迫来澳？

由于卖淫属非法，澳门特区政府并没有也不可能就现时在澳门从事卖淫的人士进行统计，不过根据澳门防治艾滋病委员会在 2011 年发表该会与香港中文大学合作进行的《澳门女性性工作者工作情况及健康风险评估》研究报告，相关机构曾向 491 名不同国籍及年龄，在澳门从事性工作的女性以匿名方式进行调查〔10〕。接受调查者包括 113 名驻足于街头（俗称企街），以及在宾馆接客的中国籍女性，378 名在夜场工作的外籍性工作者，包括越、泰和俄罗斯籍女性。调查发现：性工作者主要是透过两个途径进入澳门工作，中国籍性工作者多是透过为期两周的旅游签证进入澳门，而外籍性工作者是透过三个月的工作签证进入澳门。为数不少的中国籍性工作者是在街头“兜客”，而绝大部分的外籍性工作者则是在各式娱乐场所包括桑拿、夜总会等场所工作。〔11〕从该报告中，我们粗略得知数年前澳门从

〔10〕 有关调查在 2009 年进行。

〔11〕 请参阅正报于 2012 年 2 月 24 日的专题报道。

事卖淫工作者并非本地居民。

另根据保安司向传媒发布的罪案情况，今年上半年成为淫媒罪案中受害的内地女性有 152 人，但当局截获怀疑从事卖淫活动有 456 人，且全部为内地人。由此可反映，当中有多少是被迫从事卖淫活动！由于当局发布的资料中，并无指出有关卖淫活动有多少宗是黑社会操控，也许其相对于其他罪案的数字较低而没有特别列出，但从上半年的新闻报道，警方破获涉及由犯罪组织操控的卖淫活动既有本地的黑社会，亦有来自中国内地和韩国。

尽管有关犯罪较其他犯罪的比率低，但仍经常发生，且已属跨境性质。此外，根据澳门特区警察总局于今年 9 月 23 日公布关于为期三个月的粤港澳警方联合开展的“雷霆一五”行动结果，在总数破获的 985 宗案件中，也包括操控妇女卖淫个案。所以，对于黑社会操控卖淫活动的情况实不容忽视。

四、结论

为有效打击黑社会操控卖淫活动，有需要修改现行《有组织犯罪法》，将自愿参与由黑社会安排的卖淫刑事化，以提高违法行为的成本，增加阻吓作用，从而遏止该等不法活动的发展。

同时，亦应透过完善规管酒店、公寓、桑拿浴室、夜总会等场所的法例，订定严格的经营要件，以防该等场所变成“淫窟”，并将个别长期用做“淫窟”的酒店、公寓、桑拿浴室、夜总会等场所取缔，而对于经营者以放任不理态度让相关场所长期作为“淫窟”的行为订为犯罪，追究彼等的刑事责任。

此外，也有需要修订第 10/78/M 号法律《关于色情及猥亵物品的公开贩卖、陈列及展出》，完善相关规范，俾能更有效执法，遏止“派发色情卡片”的行为，从而减少犯罪团伙及黑社会招揽卖淫顾客的途径，亦可消除该等活动对居民造成的困扰。

恐怖主义犯罪刑法立法的发展与完善

利子平* 石聚航**

一、恐怖主义犯罪刑法立法的梳理

我国恐怖主义犯罪刑法立法起步较晚。从立法源流来看,有关恐怖组织犯罪的立法草案,最早见之于1988年11月16日的刑法修改稿。[1]但是,由于当时我国对恐怖组织尚缺乏应有的认识,最高人民法院提出,"'恐怖组织'指什么样的组织,不明确"[2]。最高人民检察院也建议,"恐怖组织概念不清,可不列入。"[3]因此,此后的刑法修改稿本未再规定有关恐怖组织的犯罪。直到1996年底,"有的部门提出,现在已经出现有组织进行恐怖活动的犯罪,危害很大。为了有力地打

* 南昌大学法学院教授、博士生导师。

** 南京师范大学法学院刑法学专业博士研究生。

〔1〕 该稿第101条规定:"参加外国或者境外地区的间谍、特务、恐怖组织的,处1年以上7年以下有期徒刑。参加间谍、特务、恐怖组织,并犯有本章其他罪行的,分别依照各该条规定从重处罚。""策动、勾引、收买他人参加间谍、特务、恐怖组织或者从事间谍、特务、恐怖活动的,依照前款规定处罚。"

〔2〕 参见最高人民法院刑法修改小组:《关于刑法分则修改的若干问题(草稿)》(1989年3月),载高铭暄、赵秉志编:《新中国刑法立法文献资料总览》(下),2265页,北京,中国人民公安大学出版社,1998。

〔3〕 参见最高人民检察院刑法修改小组:《修改刑法研究报告》(1989年10月12日),载高铭暄、赵秉志编:《新中国刑法立法文献资料总览》(下),2545页,北京,中国人民公安大学出版社,1998。

击这种犯罪，应在刑法中做出相应规定。”〔4〕有鉴于此，1997 年 2 月 17 日的《中华人民共和国刑法(修订草案)》(修改稿)第 121 条首次规定了组织、领导、积极参加恐怖组织罪：“组织、领导恐怖活动组织的，对首要分子，处 3 年以上 10 年以下有期徒刑；其他积极参加的，处 3 年以下有期徒刑、拘役或者管制。”“犯前款罪并实施杀人、爆炸、绑架等犯罪的，依照数罪并罚的规定处罚。”经审议，1997 年 3 月 14 日通过《中华人民共和国刑法》第 120 条扩大了恐怖组织犯罪的成立范围，将“其他参加的”也纳入了本罪的处罚范围，从而使罪名相应地演变为组织、领导、参加恐怖组织罪。

2001 年美国“9 · 11”事件后，鉴于恐怖主义对和平与安全的威胁日趋严重，为了惩治恐怖活动犯罪，保障国家和人民生命、财产安全，维护社会秩序，全国人大常委会 2001 年 12 月 29 日通过了《刑法修正案(三)》，对刑法做了补充修改：一是加重了对组织、领导恐怖组织罪的处罚，将组织、领导恐怖活动组织的刑罚，由“处 3 年以上 10 年以下有期徒刑”提高到“处 10 年以上有期徒刑或者无期徒刑”〔5〕；二是增设了资助恐怖活动罪、投放虚假危险物质罪和编造、故意传播虚假恐怖信息罪，进一步严密了刑事法网；三是扩大了洗钱罪的范围，将为恐怖活动犯罪洗钱的行为增列为洗钱罪的上游犯罪；四是修改了与恐怖活动犯罪密切相关的犯罪的构成要件，以便更好地应对恐怖活动犯罪。〔6〕

为了加大对恐怖活动犯罪的惩处力度，全国人大常委会 2011 年 2 月 25 日通过的《刑法修正案(八)》将恐怖活动犯罪分子列入了特殊累犯的范围。

值得关注的是，为了加强反恐怖工作，全国人大常委会 2011 年 10 月 29 日专

---

〔4〕 参见全国人大常委会副委员长王汉斌 1997 年 2 月 19 日在八届全国人大常委会二十四次会议上所做的《关于〈中华人民共和国刑法(修订草案)〉修改意见的汇报》。

〔5〕 “按照刑罚总则第 26 条的规定：‘对组织、领导犯罪集团的首要分子，按照集团所犯的全部罪行处罚。’恐怖组织实施杀人、爆炸、绑架等犯罪的，依照数罪并罚的规定处罚，对其组织、领导恐怖活动组织的犯罪分子，最高法定刑为死刑。”参见全国人大常委会法制工作委员会副主任胡康生 2001 年 12 月 24 日在九届全国人大常委会二十五次会议上所做的《关于〈中华人民共和国刑法修正案(三)(草案)〉的说明》。

〔6〕 主要是：(1)为了使《刑法》第 114 条、第 115 条的规定能够更明确地包括邮寄炭疽病芽孢菌等恐怖犯罪活动，将其中的“投毒”改为“投放毒害性、放射性、传染病病原体等物质”。(2)为了惩治非法制造、买卖、运输、储存以及盗窃、抢夺、抢劫毒害性、放射性、传染病病原体等物质的恐怖性犯罪，将《刑法》第 125 条第 2 款中的“非法买卖、运输核材料”改为“非法制造、买卖、运输、储存毒害性、放射性、传染病病原体等物质”；同时，在《刑法》第 127 条中增加了“盗窃、抢夺毒害性、放射性、传染病病原体等物质”和“抢劫毒害性、放射性、传染病病原体等物质”的规定。

门通过了《关于加强反恐怖工作有关问题的决定》，强调“国家反对一切形式的恐怖主义，坚决依法取缔恐怖活动组织，严密防范、严厉惩治恐怖活动”，并对“恐怖活动”“恐怖组织”和“恐怖活动人员”做了界定，对涉及有关恐怖活动组织及恐怖活动人员的资金或者其他资产规定了冻结措施，为系统开展反恐怖工作提供了相应的法律依据。

“针对近年来暴力恐怖犯罪出现的新情况、新特点，总结同这类犯罪做斗争的经验”〔7〕，全国人大常委会 2015 年 8 月 29 日通过的《刑法修正案（九）》又对刑法做了以下修改补充：(1)对组织、领导、参加恐怖组织罪增加规定财产刑；(2)将资助恐怖活动培训的行为增加规定为犯罪，并明确对为恐怖活动组织、实施恐怖活动或者恐怖活动培训招募、运送人员的，追究刑事责任；(3)将为实施恐怖活动而准备凶器或者危险物品，组织或者积极参加恐怖活动培训，与境外恐怖活动组织、人员联系，以及为实施恐怖活动进行策划或者其他准备等行为明确规定为犯罪；(4)将以制作、散发资料或者其他物品，或者通过讲授、发布信息等方式宣扬恐怖主义、极端主义，或者煽动实施恐怖活动的行为增加规定犯罪；(5)将利用极端主义煽动、胁迫群众破坏国家法律确立的婚姻、司法、教育、社会管理等制度实施的行为增加规定犯罪；(6)将以暴力、胁迫等方式强制他人在公共场所穿着、佩戴宣扬恐怖主义、极端主义服饰、标志的行为增加规定为犯罪；(7)将非法持有宣扬恐怖主义、极端主义图书、音频视频资料或者其他物品，情节严重的行为增加规定为犯罪；(8)将拒不提供恐怖主义、极端主义犯罪证据，情节严重的行为增加规定为犯罪；(9)对为参加恐怖活动组织、接受恐怖活动培训或者实施恐怖活动，偷越国(边)境的，提高了法定刑。通过上述立法，我国已经形成了较为完备的恐怖主义犯罪刑法治理体系。

综观我国恐怖主义犯罪的刑法立法，主要具有以下四个方面的特点。

（一）行为类型多样化

从 1997 年《刑法》仅规制组织、领导、参加恐怖组织行为，到 2001 年《刑法修正案（三）》增加规制资助恐怖活动行为、投放虚假危险物质行为和编造、故意传播虚假恐怖信息行为，再到 2015 年《刑法修正案（九）》增加规制策划、准备实

---

〔7〕 参见全国人大常委会法制工作委员会主任李适时 2014 年 10 月 27 日在十二届全国人大常委会十一次会议上所做的《关于〈中华人民共和国刑法修正案（九）（草案）〉的说明》。

施恐怖活动行为、宣扬恐怖主义、极端主义行为、煽动实施恐怖活动行为、利用极端主义破坏法律实施行为、强制穿着、佩戴恐怖主义服饰、标志行为、非法持有宣扬恐怖主义、极端主义物品行为和拒不提供恐怖主义、极端主义犯罪证据行为等，行为类型日趋丰富。行为类型的多样化，有利于增强惩治恐怖主义犯罪的针对性。

（二）刑罚处罚前置化

从上述恐怖主义犯罪刑法立法的发展轨迹，可以清楚地发现一个基本特点，即刑罚处罚的前置化。无论是组织、领导、参加行为，还是资助行为、准备行为、宣扬行为、煽动行为、持有行为等，究其本质都属于预备行为，而非实行行为。刑法将恐怖主义犯罪的预备行为实行化，通过截断犯罪构成，将处罚的基点提前，以期遏制恐怖主义犯罪的萌芽状态，防范其犯罪行为的进一步升级。刑罚处罚的前置化，进一步"强化了法益保护前置的理念"〔8〕。

（三）刑事政策法律化

恐怖主义犯罪是性质极其严重的犯罪，必须"严密防范、严厉惩治"。但是，在惩治恐怖主义犯罪时，仍需针对不同的情况，实行区别对待。例如，恐怖活动组织的组织者、领导者与积极参加者、其他参加者的社会危害性和人身危险性就不能等量其观。有学者提出，"就现阶段而言，必须尽可能快地在立法上确立宽严相济刑事政策，通过完善立法、司法解释，进行刑罚制度改革，调整有关的诉讼程序，以满足司法实践旺盛的规范需求。"〔9〕尽管宽严相济刑事政策尚未上升到法律层面，但在惩治恐怖主义犯罪的立法过程中却得到了有力的贯彻。例如，《刑法修正案（三）》将"组织、领导恐怖活动组织"与"积极参加"分开加以规定，并配置轻重不同的法定刑，就充分体现了宽严相济的刑事政策。通过对社会危害性和人身危险性不同的恐怖主义犯罪分子实行区别对待，不仅有利于更好地体现罪刑相适应原则。做到罚当其罪，而且还有利于内耗恐怖主义犯罪的势力，分化瓦解其组织的力量，这对于有效防范和惩治恐怖主义犯罪具有十分重要的意义。

（四）刑罚种类多元化

我国恐怖主义犯罪的刑罚配置经历了一个不断完善的发展过程。1997 年

---

〔8〕 参见赵秉志、杜邈：《刑法修正案（九）：法益保护前置织密反恐法网》，载《检察日报》（第 3 版），2015。

〔9〕 卢建平、翁小平：《论宽严相济刑事政策的法典化》，载《人民检察》，2010(17)，14 页。

《刑法》对组织、领导、参加恐怖组织罪配置的刑种较为单一，仅配置了有期徒刑、拘役和管制三种自由刑。到了 2001 年，《刑法修正案（三）》根据犯罪的具体情况分别配置了不同的刑种：对组织、领导、参加恐怖组织罪增加规定了无期徒刑和剥夺政治权利两种刑罚；对资助恐怖活动罪既配置了有期徒刑、拘役和管制三种自由刑，又配置了剥夺政治权利这一资格刑，还配置了罚金和没收财产两种财产刑；而对投放虚假危险物质罪和编造、故意传播虚假恐怖信息罪则仅配置了有期徒刑、拘役和管制三种自由刑。可以说，《刑法修正案（三）》在刑罚的配置上并不太规范和统一。因此，2015 年《刑法修正案（九）》对恐怖主义犯罪的刑罚配置进行了完善，主要是对组织、领导、参加恐怖组织罪增加规定了财产刑，〔10〕并对新增设的恐怖主义犯罪统一配置了财产刑。财产刑在恐怖主义犯罪中的广泛适用，不仅丰富了恐怖主义犯罪的刑罚体系，而且也为今后惩治其他有组织犯罪提供了可资借鉴的立法例。

二、恐怖主义犯罪刑法立法的缺陷

从总体上看，恐怖主义犯罪的刑法立法取得了长足的进步，但是，由于受立法理念、技术等方面的制约，现行立法仍然存在以下几个方面的缺陷：

（一）恐怖主义犯罪中的核心术语不明确

1997 年《刑法》首次对“恐怖活动组织”做了规定，《刑法修正案（三）》又规定了“恐怖活动”，《刑法修正案（九）》在上述基础上还规定了“恐怖主义”，上述范畴均是恐怖主义犯罪中的核心术语。尽管全国人大常委会《关于加强反恐怖工作有关问题的决定》对“恐怖活动”“恐怖组织”和“恐怖活动人员”做了界定，但是，无论是刑法立法、立法解释还是司法解释，均未对“恐怖主义”的含义加以界定。这就容易导致：(1)司法定罪标准的虚无。例如，行为人扬言“要去学校制造惨案”“制造一起轰动全国的新闻”“我要杀死她全家”等内容的信息，并分几次将上述信息发送到广州市公安局 110 报警台。法院经审理认定行为人所扬言的上述信息为虚假恐怖信息，因而认定行为人构成编造、故意传播虚假恐怖信息罪。〔11〕 就行为人扬言的前两项内容而言，构成虚假恐怖信息自无争议，但是将行为人扬言要杀

〔10〕 参见全国人大常委会法制工作委员会主任李适时 2014 年 10 月 27 日在十二届全国人大常委会十一次会议上所做的《关于〈中华人民共和国刑法修正案（九）（草案）〉的说明》。

〔11〕 广东省广州市中级人民(2010)穗中法刑一终字第 465 号刑事裁定书。

害特定人的内容也一并认定为虚假恐怖信息，则难免存在疑问。因为，就其内容而言，犯罪对象是特定的；就其后果而言，会造成特定的潜在受害人出现恐慌，但却未必会对社会公众造成恐慌。(2)司法适用的混乱。从刑法的规定来看，既然分别规定了“恐怖活动组织”“恐怖活动”“恐怖主义”，就意味着上述刑法用语的含义并不相同，其社会危害也有所区别。然而，如果不在刑法上明确界定上述术语的含义及其界限，就难免会产生歧义。例如，有学者认为，“孤立的、单个人的恐怖活动不能称为恐怖主义犯罪，恐怖主义犯罪的性质决定了，其不仅是必要的共同犯罪，而且是有组织犯罪，因而恐怖主义犯罪的主体只能是组织或者团体，而不能是个人；而恐怖犯罪则是任意的共同犯罪，其既可以由个人单独实施，也可以由两人以上共同故意实施完成。并且，即使是采取共同犯罪的形式，也只属于一般的共同犯罪，并不存在严密的恐怖主义犯罪组织。”[12]在司法实践中，由于刑法并未明确界定上述术语的含义，也很容易导致司法适用上的混乱。例如，在公共交通工具上实施自焚的行为，究竟应当认定为是恐怖活动还是恐怖主义，根据现行刑法恐怕就难以认定。此外，如果多人实施的恐怖活动，究竟是恐怖组织，还是恐怖活动，抑或恐怖主义，也难免会出现定性上的争议。特别是，“行政执法部门与司法机关之间，不同司法机关之间往往对法律条文的理解不一，在对特定犯罪的认定上存在分歧，难以形成合力，客观上也削弱了打击恐怖主义的力度。因此，如何解决法律理解与适用上的模糊局面，成为司法机关办理涉恐犯罪案件中的难点。”[13]

(二)恐怖主义犯罪罪名适用上的缺位和错位

尽管历经多次修改，刑法关于恐怖主义犯罪的罪名日渐体系化，但在具体的罪名适用上仍然存在部分恐怖主义犯罪适用普通罪名的立法缺位和错位。例如，行为人脱离了恐怖组织之后，仍然借用其在恐怖组织的“影响”而实施暴力犯罪的，显然不能以《刑法》第120条组织、领导、参加恐怖组织罪论处，而只能按照普通犯罪定罪处罚。换言之，刑法对此类单独实施恐怖主义犯罪的行为，尚无专门的规定。此外，行为人参加恐怖组织后，实施了其他犯罪活动，按照《刑法》第120条的规定，应当以参加恐怖组织罪和具体实施的罪名实行数罪并罚。因为我国的

---

〔12〕 田宏杰:《恐怖主义犯罪的界定》,载《法律科学》,2003(6),37页。

〔13〕 赵秉志、杜邈:《中国惩治恐怖主义犯罪的刑事司法对策》,载《北京师范大学学报》(社会科学版),2008(5),104页。

"恐怖主义犯罪罪名体系可以分为专属罪名和相关罪名两类。专属罪名由组织、领导、参加恐怖组织罪和资助恐怖活动罪构成。相关罪名则是以组织、领导、参加恐怖组织罪为结合点,由分散在我国刑法各章节的爆炸罪、故意杀人罪、故意伤害罪、故意毁坏财物罪等罪名组成松散的罪名体系。"〔14〕但问题在于,行为人参加恐怖主义组织后实施的恐怖活动与普通的暴力犯罪相比,在性质上有根本的区别。正如有学者指出,"即刑法中并无恐怖活动犯罪的本体,有的只是恐怖活动犯罪的关联犯罪。因此,司法实践中对恐怖活动犯罪在具体罪名确定上,可能只是一般传统的犯罪罪名,如放火、决水、爆炸罪等,而这些普通犯罪罪名,无法客观全面反映具有恐怖活动性质的犯罪,甚至在具体刑罚适用上不能体现罪刑相适应。"〔15〕行为人利用恐怖组织的力量和强势实施暴力犯罪,仅就行为而言,与普通的暴力犯罪相比,其危害要严重得多,而在现行刑法中却只能将其评价为普通的暴力犯罪,因而难免会出现量刑畸轻畸重的结果。

(三)恐怖主义犯罪刑罚配置上的不协调

《刑法修正案(九)》虽然注重财产刑的运用,但对财产刑的协调问题却未引起应有的重视。因此,在对恐怖主义犯罪新规定的罚金中,也出现了不协调的情况,主要表现在:(1)在并处罚金的规定中,第 120 条规定"可以并处罚金",而其他条款均规定"并处罚金";(2)在最高刑同为 3 年以下有期徒刑的规定中,第 120 条规定"可以并处罚金",第 120 条之四、第 120 条之五规定"并处罚金",而第 120 条之六则规定"并处或者单处罚金"。此外,《刑法修正案(九)》还不当地遗漏了对投放虚假危险物质罪和编造、故意传播虚假恐怖信息罪配置罚金,致使恐怖主义犯罪的财产刑配置在整体上出现了不协调的现象。

(四)资助恐怖活动罪的范围过于狭窄

尽管《刑法修正案(九)》将资助恐怖活动罪的范围从物质资助拓展到包括资助恐怖活动培训等资助行为。但在网络时代下,网络恐怖活动已经成为一种新型的犯罪。例如,行为人明知是恐怖活动犯罪而为其提供网络技术支持的行为,按照现行刑法的规定,无法认定为资助恐怖活动罪,其可能适用的罪名只有《刑法修正案(九)》增设的第 287 条之二,即"明知他人利用信息网络实施犯罪,为其犯罪

---

〔14〕 田刚:《我国恐怖主义犯罪的实证分析和未来刑法之应对》,载《法商研究》,2015(5),39 页。

〔15〕 龚培华:《恐怖活动犯罪的理解与认定》,载《犯罪研究》,2009(1),12 页。

提供互联网接入、服务器托管、网络存储、通信传输等技术支持，或者提供广告推广、支付结算等帮助，情节严重的，处3年以下有期徒刑或者拘役，并处或者单处罚金。”但问题在于，从犯罪性质来看，为恐怖活动犯罪提供网络技术支持，与为一般的犯罪提供网络技术支持相比，其社会危害性显然要大得多。如果按照《刑法》第287条之二的规定定罪处罚，最高刑只能判处3年有期徒刑；而按照《刑法》第120条之一资助恐怖活动组织罪定罪处罚，在基本犯的情况下，最高刑可以判处5年有期徒刑，在加重犯的场合，则可以判处15年有期徒刑。显然，现行刑法未将提供网络技术支持规定为资助行为，是不应有的疏漏。

三、恐怖主义犯罪刑法立法的完善

（一）尽快制定反恐怖主义法，形成多格局的反恐怖法律体系

毋庸讳言，刑法在惩治恐怖主义犯罪中具有极其重要的作用。但是，过度地依赖刑法则未必能够收到良好的效果。因为：(1)反恐的核心问题并不在于刑法适用，对恐怖主义犯罪追究刑事责任仅仅是反恐法律体系中的最后环节。刑法在惩治恐怖主义犯罪中仍然是扮演着“保障法”的角色，不能为了迎合反恐的需要而改变刑法在法律体系中的这种谦抑角色。(2)治理恐怖主义犯罪是系统工程，不仅需要刑法和刑事诉讼法，还需要包括诸如恐怖组织的认定、对恐怖组织及恐怖活动人员资金或者其他资产的冻结、金融保险机构等对恐怖融资风险的评估、合理确定客户恐怖风险等级等专业性的问题，以及反恐怖的国际合作等问题。也就是说，反恐既是法律问题，更是专业性问题。而对上述专业领域的问题，是不可能依靠刑法加以解决的。

尽管全国人大常委会2011年10月29日通过了《关于加强反恐怖工作有关问题的决定》，但是，除了对恐怖活动、恐怖活动组织、恐怖活动人员做了界定之外，其余条款均是原则性的规定。况且，该决定仅有8个条文，在内容上也多是原则性、倡导性的规定。因此，“中国应加快通过一部全方位、多维度的反恐怖法，使其在整个国家反恐法律体系中发挥核心作用，以此带动不同行业、不同领域相关立法的完善，正式确立‘以专门反恐怖法为主导，诸法配合’的反恐立法格局。”[16]

确立上述反恐立法格局，具有以下几个方面的优势：(1)有助于维护刑法典的

---

〔16〕 赵秉志：《中国恐怖活动犯罪的防治对策》，载《光明日报》(第11版)，2014。

稳定性。刑法立法可以采取相对类型化的规定，而不必对具体的恐怖主义犯罪做出过于详尽的规定。在罪状表述上也多可以采取空白罪状等立法模式，以增强刑法中恐怖主义犯罪构成要件的包容性，避免对刑法典的频繁修改。(2)有助于解决实践中关于恐怖主义犯罪认定模式的冲突问题。在实践中，我国的法院和公安部都有权对恐怖组织、恐怖活动进行认定，即我国在事实上采取了司法认定和行政认定并存的双轨制。但是，我国并未通过立法明确这两种认定的范围、后果及相互衔接等问题，从而引发了刑事司法中的困惑：即在认定组织、领导、参加恐怖活动组织罪或资助恐怖活动罪时，可否直接依据公安部的认定结果，还是必须由法院自行认定？这就不可避免地给反恐怖工作带来矛盾与困惑，影响到刑事司法活动的开展。〔17〕(3)有助于平息理论上和实践中对恐怖主义犯罪认定的歧义。例如，在反恐怖主义法中明确了诸如恐怖活动、恐怖组织、恐怖主义等概念的内涵和外延，就可以为司法认定提供明确的依据。(4)有助于进一步加强反恐怖的国际合作。从世界范围来看，美国、英国、加拿大等在“9·11”事件之后分别制定了各自的反恐法；俄罗斯先是在其刑法典中规定了恐怖行为和劫持人质的犯罪，1998年通过了第一部反恐怖主义的专门立法《打击恐怖主义法》，2002年又通过了《打击极端主义活动法》，并于2005年对该法进行了修订。古巴于2001年颁布《禁止恐怖主义法》，印度在2002年通过了《预防恐怖主义法》，斯里兰卡有《制止恐怖主义爆炸法》等。〔18〕在已有专门反恐法的国家中，有相当一部分是中国的邻国，国内外恐怖主义势力相互勾结，共同实施恐怖活动的行为已经引起人们的高度关注。在国际合作中，中国不可能仅仅依据刑法典和粗疏的《关于加强反恐怖工作有关问题的决定》来实现共同惩治恐怖主义犯罪的目的。为减少国家间反恐之间的法律壁垒，有必要制定一部统一的反恐怖主义法。(5)有助于防止立法权的旁落。如前所述，治理恐怖主义犯罪是专业性特别强的系统工程，如果立法机关不及时地制定统一的反恐怖主义法，就有可能导致立法权旁落到行政权中。在《关于加强反恐怖工作有关问题的决定》的草案说明中，就已经隐约透露了这种趋势：“考虑到反恐怖工作牵涉面广、情况复杂，许多工作还

〔17〕 参见赵秉志、杜邈：《中国惩治恐怖主义犯罪的刑事司法对策》，载《北京师范大学学报》(社会科学版)，2008(5)，104～105页。

〔18〕 参见朱丽欣：《反恐怖主义犯罪的国际合作及中国立法的完善》，载《国家检察官学院学报》，2009(12)，26页。

需要不断总结经验，适时进行调整和细化，为适应反恐怖工作的需要，草案规定：恐怖活动组织及恐怖活动人员名单认定的具体办法，由国务院制定；涉及恐怖活动的资产冻结的具体办法，由国务院反洗钱行政主管部门会同国务院公安部门、国家安全部门制定。”〔19〕

（二）优化恐怖主义犯罪的罪名体系，形成严密的刑事法网

总体而言，我国恐怖主义犯罪刑法立法的体系性还有待于进一步改进，恐怖主义犯罪在现行刑法中散见于危害公共安全罪、妨碍社会管理秩序罪之中，恐怖主义犯罪类的规定尚未建立，难以满足实践中惩治恐怖主义犯罪的规范需求。此外，现行刑法惩治恐怖主义犯罪的刑法规定还存在专业性不强的问题。为此，需要从以下几个方面加以完善：(1)调整恐怖主义犯罪的刑法分则体系，即在现有刑法关于恐怖主义犯罪的基础上，将相关罪名予以整合优化，并在分则中增设“恐怖主义行为罪”等专门罪名，使其与普通刑事犯罪区别开来。〔20〕但是，笔者并不赞同将其单独设为一章，而应在危害公共安全罪一章中单独设立一节。与此同时，还需要根据行为类型和法益类型对本章中的其他罪名予以优化。这是因为，恐怖主义犯罪归根结底侵害的是社会的公共安全。因此，上述对其体系地位的修改，符合其罪质的基本要求。(2)及时修改现行刑法中相关罪名的罪状，适度扩大恐怖主义犯罪的范围。例如，在资助恐怖活动罪中，宜将资助的对象拓展到包括技术支持、服务提供等非经济性的资助。(3)在现有刑法的基础上增设新的罪名。一是增设实施恐怖活动罪。如前所述，我国对仅仅实施恐怖主义的犯罪行为尚未专业化，而是按照普通犯罪论处。而“实施恐怖活动罪是恐怖活动犯罪的基本罪名，也恰恰是中国刑法缺失的一个罪名。恐怖活动毕竟有鲜明的特色，在犯罪手段的恐怖性和制造社会恐慌之目的性方面都有别于普通刑事犯罪。”〔21〕二是根据恐怖犯罪的不同领域增设相关罪名。例如，近些年来，海上恐怖主义活动频发，犯罪分子通过对港口或者交通要道进行攻击，致使海上交通中断，海洋运输遭受巨

---

〔19〕 参见公安部常务副部长杨焕宁2011年10月24日在第十一届全国人民代表大会常务委员会第二十三次会议上所做的《关于〈关于加强反恐怖工作有关问题的决定(草案)〉的说明》。

〔20〕 参见赵秉志、杜邈：《中国惩治恐怖主义犯罪的刑事司法对策》，载《北京师范大学学报》(社会科学版)，2008(5)，105页。

〔21〕 于志刚、郭旨龙：《网络恐怖活动犯罪与中国法律应对》，载《河南大学学报》(社会科学版)，2015(1)，19页。

大损失。为此，根据海上恐怖活动犯罪的情况，可以考虑增设“海上恐怖活动罪”等相关罪名，将破坏海上设施、扰乱海上资源利用、实施海上劫持、阻碍海上生产作业、威胁海上旅游、阻碍海上军警执法执勤等公务活动、妨害海上管理秩序等的行为规定为犯罪。具体相关罪名如“海上恐怖活动罪”“危及大陆架固定平台安全罪”“危害海上航行安全罪”“海盗罪”“破坏海上、港口设施罪”“窝藏、包庇海上恐怖活动犯罪分子”“拒绝提供恐怖犯罪证据罪”“煽动海上恐怖活动罪”“威胁政府或国际组织罪”“运输武器装备罪”等。〔22〕同样地，在核利用中，可以增设诸如破坏核设施罪、煽动破坏核设施罪等相关罪名；在网络恐怖主义犯罪中，也可以根据其具体的行为类型，规定相应的网络恐怖主义犯罪罪名。由此，既可以在诸如海洋、核电领域形成相对集中的恐怖主义犯罪规定，也可以充实作为属概念的恐怖主义犯罪的内涵，从而形成恐怖主义犯罪较为完善的罪名体系。

（三）协调恐怖主义犯罪的处刑规定，确保刑罚体系科学和谐统一

现行恐怖主义犯罪处刑规定不协调的现象，突出表现在财产刑的配置方面。为此，宜从以下几个方面加以完善：(1)在投放虚假危险物质罪和编造、故意传播虚假恐怖信息罪中增加罚金的规定；(2)对犯罪性质或者情节较轻的恐怖主义犯罪，统一配置“可以并处或者单处罚金”。因为，“可以”具有一定的灵活性，而“单处”则提供了更多的适用可能性，有利于实践中根据案件的不同情况实行区别对待，以最大限度地分化瓦解恐怖活动人员。并且，统一配置“可以并处或者单处罚金”，还能保持刑法罚金规定的科学和谐统一。(3)删去恐怖主义犯罪中未配置无期徒刑法定刑量刑档次中的没收财产，以与没收财产的性质相适应。

（四）建立恐怖主义犯罪的出罪机制，充分体现宽严相济刑事政策

恐怖主义犯罪虽然是性质极为严重的犯罪，但并不意味着对所有恐怖主义犯罪的都必须“严厉惩治”。因为，现行刑法对于恐怖主义犯罪的入罪门槛较低，多是行为犯或抽象危险犯，并不要求发生具体的危害结果。在实践中，不排除行为人因家庭原因、年龄较小、生活无助等因素受到蛊惑，从而实施情节显著轻微的恐

〔22〕 参见赵桂民：《关于海上恐怖活动犯罪的立法建议》，载《法制日报》(第 3 版)，2014。

怖活动行为。[23] 因此，综合行为人的犯罪动机、手段和后果来考虑，如果犯罪行为情节显著轻微危害不大的，也可以不作为恐怖主义犯罪处理。[24] 如此，既保证了刑法分则关于恐怖主义犯罪的规定与刑法总则的协调，也有助于实现个案正义。

---

〔23〕 最高人民法院、最高人民检察院、公安部2014年9月9日发布的《关于办理暴力恐怖和宗教极端刑事案件适用法律若干问题的意见》规定："对情节轻微、危害不大、未造成严重后果，且认罪悔罪的初犯、偶犯，受裹胁蒙蔽参与犯罪、在犯罪中作用较小，以及其他犯罪轻微不需要判处刑罚的，可以依法免予刑事处罚。"

〔24〕 参见杜邈：《恐怖活动犯罪的司法认定》，载《国家检察官学院学报》，2014(7)，22页。

恐怖活动犯罪刑事立法述评
——以《刑法修正案(九)》为重点的思考*

王志祥**　刘　婷***

目前,恐怖活动在世界范围内呈现快速蔓延的趋势,严重威胁着世界和平、经济发展和人类安全,被称为"21世纪的政治瘟疫"和"一场永无休止的世界大战"。〔1〕我国也面临着恐怖活动犯罪的现实威胁。在"宗教极端""民族分裂"和"国际恐怖"三股势力的煽动下,以"东突"为代表的恐怖活动组织多次在新疆等地策划和实施了一系列暴力恐怖袭击,例如,乌鲁木齐"7·5"骚乱、"4·30"乌鲁木齐火车南站暴恐案、"5·22"乌鲁木齐爆炸案等,以及北京"10·28"金水桥事件和"3·1"昆明火车站暴力恐怖案件等。这些暴力恐怖袭击案件的发生,表明我国已经不可避免地成为恐怖活动的重灾区。这些暴力恐怖袭击活动具有三个主要特点:一是以新疆为中心向国内其他地区蔓延;二是恐怖活动犯罪呈持续高发状态,恐怖手段趋向于多样化;三是以恐怖活动组织为主要的犯罪组织形态,并与国外

---

* 本文系教育部"新世纪优秀人才支持计划"资助项目(NCET-13-0062)和中央高校基本科研业务费专项资金资助项目"风险社会视野下的刑法修改宏观问题研究"(2012WZD11)的阶段性成果。

** 北京师范大学刑事法律科学研究院外国刑法与比较刑法研究所所长、教授、博士生导师,法学博士。

*** 北京师范大学刑事法律科学研究院刑法专业硕士研究生。

〔1〕 参见江献军、李晓莉:《恐怖活动犯罪防控策略之研究》,载张凌、袁林主编:《国家治理现代化与犯罪防控——中国犯罪学学会年会论文集(2014年)》,669页,北京,中国检察出版社,2004。

恐怖势力相勾结。因此,反恐斗争具有全面性、长期性和复杂性。如何有效开展反恐斗争,是我国当下面临的重大理论和实践课题。美国"9·11"恐怖袭击事件之后,国际组织和区域性组织针对反恐斗争相继通过出台许多公约和决议,加大对各国和地区的反恐指导力度。由此,新一轮的反恐刑事立法浪潮得以掀起,依法反恐成为国际社会开展反恐斗争的主要手段。刑法对维护国家安全、社会稳定和人民群众生命财产安全具有重要作用,是预防和打击恐怖主义犯罪不可缺少的法律武器。[2] 反恐斗争应当走上法治化和规范化的轨道。基于此,应完善恐怖活动犯罪的刑事立法,从而为恐怖活动犯罪的治理提供法律保障,有利于推动反恐斗争顺利开展。

一、国际反恐刑事立法的趋势

预防和打击恐怖主义犯罪一直是国际社会重点关注的问题。国际社会对恐怖主义犯罪的立法伴随着恐怖主义犯罪的演变不断向前推进,这不仅表现在联合国等国际组织不断通过惩治恐怖主义犯罪、加强国际合作的公约和决议,区域性组织立足于本地区恐怖主义犯罪的实际情况,相继制定区域性反恐合作的立法,还体现在世界各国和地区在国际性、区域性反恐立法指导下,为有效打击国内恐怖主义犯罪而进行的相关立法活动。

(一)国际组织的反恐立法趋势

就国际组织针对恐怖主义犯罪的立法实践来看,联合国等国际组织在恐怖主义犯罪立法方面相继通过了 13 项反恐公约,从而全面构建起国际反恐合作的法律框架。根据公约的内容和特征,可以将国际组织的反恐立法分为两个阶段:即 20 世纪 60—90 年代的反恐立法和 20 世纪 90 年代至今的反恐立法。20 世纪 60—90 年代的恐怖主义犯罪立法集中对一些严重危害国家和社会安全的具体行为予以犯罪化,采取"一罪行一公约"的立法模式,即针对特定领域恐怖主义犯罪所表现的严重或惯常行为、对特定人群实施的恐怖行为、进行恐怖活动所涉及的特定手段行为等(如劫持航空器和危害航空安全行为、劫持人质行为、危害大陆架固定平台安全行为、危害海上航行安全行为)进行单一的立法。[3] "从 20 世纪 90

〔2〕 参见赵秉志、杜邈:《论刑法在反恐怖斗争中的功能和局限》,载《政治与法律》,2009(11)。

〔3〕 参见王燕飞:《恐怖主义犯罪立法比较研究》,18 页,北京,中国人民公安大学出版社,2007。

年代开始，随着经济全球化的发展，随着国际格局的变化，国际社会在控制国际恐怖主义方面的国际法律合作取得了新的进展。这些新的进展突出表现在1998年的《制止恐怖主义爆炸事件的国际公约》和1999年的《制止向恐怖主义提供资助的国际公约》，它们将控制恐怖主义犯罪的国际合作推上一个新台阶，对控制恐怖主义犯罪的国际合作提出了许多新措施。"[4]早期的国际反恐公约侧重惩治恐怖主义犯罪的实行犯，犯罪参与、犯罪未遂、共犯等行为并未作为一项单独的犯罪进行特别规定，而是要求国内刑法规定为犯罪并予以惩处。而上述两个公约开始强调惩治非实行犯，恐怖爆炸和资助恐怖主义的罪行范围不仅包括直接实施恐怖爆炸和资助恐怖主义的实行行为，还包括意图实施行为、共犯参与行为，以及实行行为的组织、指使、协助行为。就向恐怖主义提供资助的行为范围而言，不仅包括蓄意资助的帮助行为，而且还包括策划和培训恐怖分子的预备行为。可见，随着恐怖主义犯罪的演变，国际组织的立法也做出了相应调整，即不仅惩治恐怖主义犯罪的实行行为，而且对恐怖主义犯罪的帮助行为和预备行为进行预防和打击，恐怖主义犯罪的刑事法网由此得以不断严密。

(二) 区域性组织的反恐立法趋势

区域性组织的反恐立法也呈现出新的发展趋势。区域性反恐公约主要有1971年《美洲防恐公约》、1977年欧洲理事会通过的《惩治恐怖主义的欧洲公约》、1987年东南亚联盟国家通过的《惩治恐怖主义活动公约》、1999年非洲统一组织成员国通过的《预防和打击恐怖主义活动公约》以及2001年上海合作组织通过的《打击恐怖主义、分裂主义和极端主义上海公约》等。近年来，区域性恐怖主义犯罪的立法修改也逐渐将打击重心前置，强调对恐怖主义犯罪的预备行为、帮助行为和煽动行为进行预防和惩治，加强对恐怖主义犯罪的全方位打击，以力求从源头上遏制恐怖主义犯罪的蔓延，减轻恐怖主义犯罪造成的危害后果。例如，2005年欧洲理事会通过的《防止恐怖主义公约》，规定缔约国应将公然煽动实施恐怖主义、为恐怖主义征募人员、为恐怖主义培训以及其帮助、指挥、共谋、胁从行为在国内法中规定为刑事犯罪。[5] 2007年欧洲理事会颁布的《预防恐怖主义公约》规定接受实施恐怖活动的训练等行为也应被治罪(即使他没有加入恐怖组织)。

---

〔4〕 邵沙平：《控制恐怖主义犯罪与国际法律合作——历史、现状及发展趋向》，载《求索》，2002(1)。

〔5〕 参见张颖军：《从2005年欧洲理事会〈防止恐怖主义公约〉看打击恐怖主义的国际法新动向》，载《检察日报》(第4版)，2005。

(三)相关国家的反恐立法趋势

世界各国和地区基本上均通过了恐怖主义犯罪的相关立法。2001年"9·11"恐怖袭击事件之后,世界各国和地区纷纷对恐怖主义犯罪进行了立法完善。2002年,俄罗斯通过的第97528-3号联邦法对刑法典进行修正和增补。其中增补的第205-1条规定了参与恐怖主义性质罪行或以其他方式协助此类犯罪的刑事责任,并且对以建立、领导恐怖组织,为恐怖组织招募成员、供应武器和培训人员进行恐怖主义性质的犯罪、资助恐怖组织等行为增设惩罚。[6] 德国早在1979年通过刑法修订增设第129a条,将为恐怖组织招募成员或为其宣传规定为单独的犯罪,由此从恐怖主义犯罪的准备阶段就开始实体法上的介入。2009年通过的《追诉严重危害国家利益暴力行为的预备行为法》是恐怖主义预备行为犯罪化的又一体现,其中涉及严重危害国家利益暴力行为的预备行为犯罪化(《德国刑法典》第89a条)、为犯罪行为传授犯罪方法(第89b条)、指导实施严重威胁国家的暴力犯罪(第91条)。并且,第89a条第2款限定了可罚的犯罪预备行为的范围。其中包括:为恐怖主义分子提供恐怖活动技能训练和参与恐怖活动技能训练;生产、自制、转让或保管武器或特定物品;出于制造犯罪活动需要的武器、物质及前期预备的目的,自制或保管对犯罪行为起根本作用的物品或基本物质;为恐怖袭击提供资金。[7] 加拿大《2001年反恐怖主义法》第83.02-03条对资助恐怖主义的行为进行了规定,第83.18-3条对参加、帮助、指使和窝藏恐怖主义活动的行为进行规制,其中"参加或帮助恐怖主义组织活动"包括:提供、接受或招募人员接受培训;为了恐怖主义组织的利益,在恐怖主义组织的指导下,协助恐怖主义组织提供或要求提供某种技巧或特长;招募人员以帮助实施或实施恐怖主义犯罪;为了恐怖主义组织的利益,在恐怖主义组织的指导下或协助恐怖主义组织进入或滞留在任何国家;并且响应恐怖主义组织中任何人的指示,使自己能够便利或者实施恐怖主义犯罪。英国2006年出台的《反恐怖主义法》将任何鼓励和美化恐怖主义行为、接受和参加恐怖主义训练的行为都予以犯罪化;任何书店、网站散布极端主义资料以及任何策划、实施准备恐怖主义行动的,都以犯罪论处。

---

〔6〕 参见杜邈:《反恐刑法立法研究》,84页,北京,法律出版社,2009。

〔7〕 参见[德]帕特里克·M.平他斯克:《全球化时代下与恐怖主义不同表现形式入罪化问题相关的德国刑事实体法规范》,载何秉松主编:《后拉登时代国际反恐斗争的基本态势和战略》,235页,北京,中国民主法制出版社,2012。

由此可见，国际反恐公约以及各国反恐刑事立法在打击恐怖主义犯罪方面已经出现了三个重要的变化趋势：一是恐怖主义犯罪的打击范围由实行犯扩大到非实行犯；二是从作为犯扩大到不作为犯；三是从实害犯扩大到危险犯。[8] 首先，早期的国际反恐公约和各国反恐刑法只单纯惩治直接实施劫持航空器、劫持人质、危害航空安全、实施恐怖爆炸等行为的行为人，预备行为和帮助行为一般不作为犯罪处理。但随着恐怖主义手段和方式的变化，尤其是"9·11"恐怖袭击事件给全世界带来的强烈冲击，国际反恐公约和各国刑事立法逐渐倾向于采用惩罚恐怖主义犯罪的预备行为和帮助行为作为优化打击恐怖主义犯罪效果的手段，即主张刑法介入范围的延伸和刑事责任的提前，将恐怖主义犯罪的策划、指使、资助、窝藏、协助、煽动、培训等非实行行为予以犯罪化。这主要是考虑到这些非实行行为本身就具有严重的危害性，恐怖主义分子实施预备和帮助行为已经表明了其意图参与恐怖活动的动机，并且能够增强恐怖组织或其他恐怖分子的犯罪能力，具有极大的社会安全隐患，而如果要等到实行行为开始才予以介入，将会造成难以弥补的损害。其次，早期的反恐公约和反恐刑法在对恐怖主义犯罪的认定上要求是作为犯，即行为人必须在客观上具体实施了恐怖主义行为。根据新的反恐公约和反恐刑法规定，不作为犯罪也可以成为恐怖主义犯罪的类型。这主要是考虑到某些情况下，不作为会导致恐怖主义犯罪结果的扩大，例如"鼓励或容忍针对另一国家个人或财产的暴力行为，其性质是在知名人士、人群、公众或群体的精神上制造恐怖、恐惧和不安全感。"[9]最后，在风险社会下，为预防风险转化成现实危害，刑法立法模式由结果本位逐渐转向行为本位，偏重对具有现实危险性的行为进行预防和打击。例如，就各国反恐刑法中普遍予以规制的"建立或成立、领导或参加恐怖活动组织等行为"而言，因为恐怖组织本身就具有严重的危害性，其成立和存续的目的就是实施特定的恐怖主义活动，行为人建立、参加或支持该类恐怖活动组织，表明其主观上具有实施恐怖主义活动的动机，即使客观上还未在恐怖活动组织的指导下实施任何恐怖活动，也可以直接推断出其本身就有较大的人身危险性和主观恶性，对社会安全具有抽象的危险。因此，各国刑事立法通常将成立或

---

〔8〕 参见刘华：《当代恐怖主义犯罪研究》，载陈兴良主编：《刑事法评论》(第12卷)，597～598页，北京，中国政法大学出版社，2003。

〔9〕 赵秉志、王秀梅：《国际恐怖主义犯罪及其惩治理念》，载《江海学刊》，2002(4)。

参加恐怖活动组织的行为认定为恐怖主义犯罪。再例如，传播恐怖主义相关内容、散布虚假恐怖信息等行为，即使行为本身不会造成危害后果，但也对社会公共安全造成了严重威胁，也被认定为恐怖主义犯罪。

二、我国反恐刑事立法评析

在我国，恐怖活动犯罪首次被纳入刑法处罚的范围，系 1997 年颁布的《中华人民共和国刑法》(以下简称《刑法》)，其第 120 条以专条规定了"组织、领导、参加恐怖组织罪"。2001 年"9·11"恐怖袭击事件之后，反恐上升为一个全球化问题。为加大惩治恐怖主义犯罪的力度，我国迅速加入了《制止恐怖主义爆炸事件的国际公约》和《制止向恐怖主义提供资助的国际公约》，并且还签署了《打击恐怖主义、分裂主义和极端主义上海公约》。然而，1997 年《刑法》难以适应新形势下惩治国内外恐怖主义犯罪的实际需要，难以实现与国际反恐公约的有效对接，无法为全面打击恐怖主义犯罪提供法律保障。2001 年 12 月 29 日，全国人大常委会通过的《刑法修正案(三)》，完善了我国惩治恐怖主义犯罪的刑事立法，其首先对组织、领导、参加恐怖组织罪进行了修正，区分了"组织、领导"和"积极参加"恐怖活动组织的行为，为前者配置较重的法定刑，将原来的"3 年以上 10 年以下有期徒刑"提高到"10 年以上有期徒刑或无期徒刑"；其次，增设了资助恐怖活动罪，这是对《制止向恐怖主义提供资助的国际公约》的回应；再次，明确或增设了有关危险物质的犯罪，例如将投毒罪修改为投放危险物质罪，将非法买卖、运输核材料罪拓展为非法制造、买卖、运输、储存危险物质罪，增设投放虚假危险物质罪和编造、故意散播虚假恐怖信息罪等；最后，将恐怖活动犯罪规定为洗钱罪的上游犯罪。2011 年全国人大常委会通过的《关于加强反恐怖工作有关问题的决定》(以下简称《决定》)对恐怖活动和恐怖活动组织、恐怖活动人员的基础性概念进行了界定，明确了反恐工作的领导机构和组织力量，确立了恐怖活动组织和人员名单的认定和公布制度，并完善了涉恐资产的冻结制度。

近年来，"东突"恐怖活动分子愈加猖獗，在我国新疆等地制造多起暴力恐怖袭击事件，给经济发展、社会秩序和人民生命安全带来了严重后果。据有关部门统计，2013 年共发生 10 起典型的恐怖主义犯罪，共造成 64 人死亡，110 人受伤。2014 年共发生 9 起典型的恐怖主义犯罪，共造成 112 人死亡，170 人受伤。2014

年恐怖主义犯罪的死亡人数增加了75%,受伤人数增加了55%。[10] 恐怖活动犯罪导致的危害结果比以往更加严重,恐怖活动手段也愈加复杂化和多样化。种种迹象表明,加大对恐怖活动犯罪的打击力度,遏制恐怖活动犯罪的滋生和蔓延,刻不容缓。恐怖活动分子往往采取杀人、爆炸、投放危险物质、劫持人质等行为,借此制造社会恐慌来达到泄愤、分裂国家、引起关注、打击政府等目的,由此对国家安全、社会经济秩序和生命财产安全构成重大的现实危险。与普通刑事犯罪相比,其社会危害性更加严重,是刑事立法长久以来重点惩治的对象。从国外来看,近20年来,随着犯罪的大幅度增长,尤其是出于反恐的需要,西方的刑事政策也有所调整,开始了从"轻轻重重,以轻为主"向"轻轻重重,以重为主"转向。[11] 因此,严厉打击恐怖活动犯罪应该说是反恐刑事政策的基本走向。就我国反恐的刑事政策而言,《决定》第1条规定:"国家反对一切形式的恐怖主义,坚决依法取缔恐怖活动组织,严密防范、严厉惩治恐怖活动。"因此,"严密防范、严厉惩治"是我国惩治恐怖活动犯罪的基本政策,这也是坚持宽严相济刑事政策下对恐怖活动犯罪予以严厉打击的具体体现。"严密防范"具体指严密恐怖活动犯罪的法网和注重恐怖活动犯罪的预防,"严厉惩治"则是指为恐怖活动犯罪配置法定刑中较重的刑种和刑度。

然而,在《中华人民共和国刑法修正案(九)》(以下简称《刑法修正案(九)》)通过之前,与国外反恐刑事立法相比,我国刑法分则中规定的专门惩治恐怖活动犯罪的罪名屈指可数,恐怖活动犯罪的法网不够严密,对涉及恐怖活动犯罪行为的罪名和法定刑设置存在疏漏。由此,刑法难以充分发挥预防和惩治恐怖活动犯罪的功能,大量的恐怖活动分子得以逃脱刑法的制裁。基于此,2015年8月29日全国人大常委会通过的《刑法修正案(九)》坚持从严打击恐怖活动犯罪的立场,结合我国当前恐怖活动犯罪的新特征和司法实践的经验,借鉴国内外的反恐立法,对惩治恐怖活动犯罪的刑事立法进行了较大幅度的修正,其中涉及对刑法分则原有罪名的修正和恐怖活动犯罪的增设。一方面,《刑法修正案(九)》对组织、领导、参加恐怖活动组织罪和资助恐怖活动组织罪进行了修正。对于恐怖活动组织的组织者和领导者,增设"并处没收财产"的规定;对于积极参加者,增设"并处罚金"

〔10〕 参见尹俊杰:《恐怖主义犯罪刑事立法的缺陷及完善——以〈刑法修正案九〉草案为中心》,载《法制博览》,2015(5)。

〔11〕 参见陈兴良:《宽严相济刑事政策研究》,载《法学杂志》,2006(1)。

的规定；而对其他参加者，增设“可以并处罚金”的规定。同时，拓展了资助恐怖组织罪的行为方式，将资助恐怖活动培训和为恐怖活动组织、实施恐怖活动或者恐怖活动培训招募、运送人员的行为纳入刑法的规制范围。另一方面，《刑法修正案（九）》针对恐怖活动犯罪增设了5个涉恐罪名，将恐怖活动犯罪的外围行为，例如策划、准备、宣扬、煽动等行为以个罪进行单独规定，并为之配置较重的法定刑，以扩大刑法对恐怖活动犯罪的处罚范围。可以说，《刑法修正案（九）》在较大程度上完善了惩治恐怖活动犯罪的罪名体系，为打击恐怖活动犯罪提供了有力的法律武器。同时，就修正案的立法内容来看，“双严”的反恐政策也得到了贯彻。

其一，《刑法修正案（九）》贯彻了“严密防范”的反恐刑事政策，这具体表现为刑事法网的严密化。一方面，法网的严密集中体现在新增设的5个涉恐罪名上，这5个罪名分别是：（1）准备实施恐怖活动罪（第120条之2）；（2）宣扬恐怖主义、极端主义、煽动实施恐怖活动罪（第120条之3）；（3）利用极端主义煽动、胁迫群众破坏法律实施罪（第120条之4）；（4）强制穿戴宣扬恐怖主义、极端主义服饰、标志罪（第120条之5）；（5）非法持有宣扬恐怖主义、极端主义物品罪（第120条之6）。在《刑法修正案（九）》通过之前，刑法对上述行为并没有进行明确的规定。因而，司法实践中，或者按照组织、参加、领导恐怖活动组织罪和资助恐怖活动组织罪的共犯处理，或者按照《治安管理处罚法》等行政法规进行处罚。然而，随着恐怖活动组织的发展壮大，恐怖活动方式趋向多样化和复杂化，恐怖活动犯罪的特征已发生重大变化，不再局限于一时一地，人们对恐怖活动犯罪带来的危害后果具有直观、真切的感受，恐怖活动已经成为社会安全的一颗不定时炸弹，任何涉及恐怖活动犯罪的行为都会使人们直接预料到生命财产安全将受到严重的现实威胁。随着风险社会时代伴随而来的各种风险的频繁出现，民众对风险控制的需求也自然升高，立法者以法益保护前置化、抽象化、严厉化等立法技术有效规制风险，也就成为现代各国刑事政策的基本选择。〔12〕上述涉及恐怖活动犯罪的5种外围行为，本质上具有协助恐怖活动，制造恐怖气氛，煽动恐怖犯罪，破坏社会法制，增加恐惧心理，传播恐怖主义和极端主义思想等社会危害性，而受众的不确定性将导致恐怖活动的潜在危害性和不可控性进一步扩大。对此，在反恐刑法上已经具有相关实践。比如，就准备实施恐怖活动的行为，多巴哥《2005年反恐法》就

〔12〕 参见姜涛：《风险社会之下经济刑法的基本转型》，载《现代法学》，2010(4)。

规定，“行为人明知地提供爆炸或者其他致命装置，以达到实施或便利实施恐怖主义行为之目的，即构成犯罪。”在惩治煽动恐怖主义行为方面，联合国安理会在2005年9月14日通过的第1624(2005)号决议，认定煽动恐怖主义的行为同蓄意资助、策划、培训等行为一样违反了联合国的宗旨和原则，要求各国采取一切必要和适当的措施，制止煽动基于极端主义和不容忍的恐怖行为。英国《2000年反恐法》规定了“煽动恐怖主义行为罪”。同时，在持有与恐怖主义相关物品方面，澳大利亚《1995年刑法典》规定了“持有同恐怖主义行为相关物品罪”。〔13〕出于上述考虑，《刑法修正案(九)》将5种涉恐行为纳入犯罪圈，严密了恐怖活动犯罪的刑事法网，以对恐怖活动犯罪带来的现实风险加以控制。另一方面，法网的严密还体现为提高个罪的严密程度。此次恐怖活动犯罪刑事立法的修改注重事先预防，主要表现为将恐怖活动犯罪的预备行为和帮助行为予以入罪化。按照西方的刑法理论，预备犯通常不具有可罚性，帮助犯属于从犯，应当与主犯适用相同的罪名。〔14〕我国《刑法》总则规定对预备犯和帮助犯进行处罚，但是对预备犯的处罚较轻，对帮助犯的认定也需要对实行犯具有实质性支持和推动作用。只有当预备和帮助行为的社会危害性突破了公众对其比照实行犯处罚的包容程度，才有可能单独分离出来，上升为实行行为。《刑法修正案(九)》对预备行为的入罪化主要体现在第120条之2规定的准备实施恐怖活动罪，其客观行为包括为实施恐怖活动准备武器、危险物品或者其他工具，组织恐怖活动培训或者积极参加恐怖活动培训，为实施恐怖活动与境外恐怖活动组织或人员联系，为实施恐怖活动进行策划或者其他准备等行为。这些恐怖活动犯罪的预备行为具有明显的恐怖主义动机，应当将其遏制在恐怖活动着手之前。而资助恐怖组织罪的罪行范围不再局限于向恐怖活动组织或单独的恐怖分子提供物质支持，还包括资助恐怖活动培训、为恐怖活动组织、实施恐怖活动或者恐怖活动培训招募、运送人员的行为。其中的主要原因在于，同资助恐怖活动组织或者实施恐怖活动的个人一样，上述行为在本质上也属于恐怖活动的帮助行为。在现实情况中，恐怖活动方式呈现复杂化和高科技化。恐怖分子为了壮大实力，不断加强地下培训活动，特别是在少数民族聚居地区，通过灌输恐怖主义思想，对部分信教群众进行恐怖主义培训，诱使其加

〔13〕 参见马长生、贺志军：《国际恐怖主义及其防治研究——以国际反恐公约为主要视点》，254页，北京，中国政法大学出版社，2011。

〔14〕 参见王赟：《惩治恐怖主义犯罪立法研究》，33页，大连，大连海事大学出版社，2013。

入恐怖组织或实施恐怖活动。[15] 因此，恐怖活动培训能够增强恐怖活动组织的犯罪能力，是恐怖分子为实施恐怖活动进行的预备行为，而为恐怖活动培训提供资助的行为使得恐怖活动培训不断得以存续，恐怖组织不断发展壮大，因此需要刑法从源头上严厉打击。同时，为恐怖活动组织、实施恐怖活动或者恐怖活动培训招募、运送人员也是帮助恐怖组织发展壮大的行为，也需要进行预防和惩治。并且，许多国家也意识到招募行为的危害性，并运用刑罚予以打击，例如新西兰《2002 年反恐法》规定了招募恐怖组织成员罪，芬兰《刑法典》第 34a 章第 4 条规定了助长恐怖活动组织罪，后者涉及建立或者组织恐怖组织，或者为恐怖组织招募或试图招募人员。

其二，《刑法修正案（九）》也坚持对恐怖活动犯罪采取“严厉惩治”的态度，具体表现是为恐怖活动犯罪配置了财产刑。《刑法修正案（九）》对涉及恐怖活动的犯罪均设置了财产刑，包括罚金和没收财产。在这些设置财产刑的恐怖活动犯罪中，除了对参加恐怖活动组织罪的其他参加者配置的是得并制罚金刑，对其余恐怖活动犯罪规定的是必并制罚金或者没收财产。对组织、领导、参加恐怖活动组织罪配置财产刑，主要是考虑到恐怖活动犯罪属于有组织犯罪的范畴，需要巨大的人力、物力、财力等支撑，而恐怖活动的组织者和领导者通常集中掌握了恐怖组织的主要财产，积极参加者和其他参加者为了加入恐怖组织，也通常会提供大量的经济支持，而斩断他们的资金来源可以剥夺恐怖分子再犯的经济能力，从源头上有效遏制恐怖活动的滋生。“恐怖主义犯罪组织头目的重要工作就是筹措恐怖活动的资金，斩断恐怖组织的资金流动就意味着极大地减少恐怖主义犯罪的可能性。”[16]国外反恐立法也通常将财产刑与自由刑、资格刑并列作为打击恐怖活动犯罪的手段，例如印度《2001 年防止恐怖主义法》规定：“任何人，若属于参与恐怖主义活动的恐怖分子团伙或组织的成员，应判处一定刑期，直至无期徒刑；或处以罚金，直至判罚 100 万卢比。”目前，我国境内主要的恐怖威胁是“东突”恐怖组织。据有关报道，其资金来源包括：一是外国恐怖势力的资助。这是“东突”最重要的经费来源，估计占 80%以上；二是贩毒收入，“东突”各组织几乎都参与了西亚和我国境内的毒品交易，除了拉登资助外这部分金额是最大的；三是在海外开办企

---

〔15〕 参见时延安等：《〈中华人民共和国刑法修正案（九）〉解释与适用》，83 页，北京，人民法院出版社，2015。

〔16〕 梅象华：《恐怖主义犯罪及其对策研究》，载《河南财经政法大学学报》，2015(4)。

业;四是黄金交易;五是直接的暴力抢劫,如前几年在阿克苏的抢劫银行、境外的绑架人质案就是如此;六是通过直接或间接地参与内地黑社会性质集团取得的收入;七是利用其他关系接受捐助。[17] 恐怖活动组织的运作和存续主要是依靠资金的支持,切断其资金来源应当是预防恐怖活动犯罪的有效手段。为此,刑法应当充分发挥财产刑的作用,以便在对恐怖活动组织的组织、领导者、积极参加者和其他参加者判处主刑的同时,彻底摧毁恐怖活动背后强大的经济支撑,从根本上消除其再犯的可能性。

综上,通过《刑法修正案(九)》的修正,我国恐怖活动犯罪刑事立法与国际社会反恐立法逐渐走向一致,基本上实现了与国际公约的有效对接。此次恐怖活动犯罪立法具有如下几个特点:首先,刑事立法坚持“严防”“严惩”的反恐政策。坚持“严防”,即反恐刑法不仅要重视对已发犯罪进行严厉惩治,而且对处于萌芽状态的犯罪应当进行事先预防,严密恐怖活动犯罪的刑事法网,提前刑法介入的时间,扩展刑法的适用范围,充分发挥刑法预防和惩治恐怖活动犯罪的功能。坚持“严惩”,即反恐刑法应当对症下药,针对恐怖组织和恐怖活动的犯罪特征和危害后果,为其设置适当的刑种,发挥刑罚对行为人的威慑作用,消除再犯的可能性。其次,刑事立法与时俱进。随着现代网络技术的发展,传统恐怖活动的发生场所不再局限于现实空间,信息网络逐渐成为恐怖分子实施恐怖活动犯罪的新工具或攻击目标,恐怖分子往往利用网络进行网络恐怖攻击、传播恐怖活动信息、进行恐怖活动联络和资助恐怖活动、收集信息和获取技术支持等恐怖活动,这对国际社会和国内反恐立法提出了新挑战。[18] 在现实情况中,最为常见和最为严重的是恐怖活动分子利用信息网络宣扬恐怖主义、极端主义思想,借此煽动暴力恐怖活动。网络信息具有扩散快、受众广、隐蔽性较强等特点,利用网络煽动恐怖活动的潜在危害性难以预测,给公众造成的恐惧心理短时间内也难以消除。因此,《刑法修正案(九)》对宣扬恐怖主义、极端主义、煽动实施恐怖活动罪较为宽泛地规定了制作、散发资料和讲授、发布信息等几种方式,包括利用音频视频和信息网络等作为媒介的情形,这可以说是针对恐怖活动犯罪新特点做出的回应。最后,刑事立法重视对恐怖活动犯罪进行经济制裁。《刑法修正案(三)》不仅增设了资助恐怖

〔17〕 参见田毅:《东突恐怖组织资金来源独家调查》,载《21世纪经济报道》(第2版),2003。

〔18〕 参见皮勇:《网络恐怖活动犯罪及其整体法律对策》,载《环球法律评论》,2013(1)。

活动罪，为其配置了财产刑，而且通过扩大洗钱罪的上游犯罪，对实践中通过洗钱来“漂白”恐怖犯罪活动资金的行为进行打击。2011 年《决定》规定对恐怖组织和恐怖人员的资产进行冻结之后，2014 年 1 月，中国人民银行、公安部和国家安全部联合发布的《涉及恐怖活动资产冻结管理办法》进一步对涉恐资产的程序和相关内容进行了明确。《刑法修正案（九）》对涉及恐怖活动的犯罪都配置了财产刑，以此切断恐怖活动犯罪的资金来源，这说明我国刑事立法注重对恐怖活动犯罪进行经济制裁，与国外反恐立法相比也是相似的。

三、进一步完善我国反恐刑事立法的建议

虽然《刑法修正案（九）》在贯彻“严防”和“严惩”的反恐政策下，完善了恐怖活动犯罪的罪名体系，提高了对恐怖活动犯罪的打击力度，但是在对恐怖活动的罪刑设置仍然存在一定缺陷，因而有进一步完善的空间。

（一）罪名设置缺陷及建议

1.《刑法修正案（九）》对部分涉恐行为具有过度犯罪化之嫌，应予完善

就强制穿戴宣扬恐怖主义、极端主义服饰、标志罪而言，《刑法修正案（九）》第一次审议稿将其作为第 2 款置于 1997 年《刑法》第 251 条之下，并规定按照前款的规定处罚。而第 251 条第 1 款规定的是非法剥夺公民宗教信仰自由罪和侵犯少数民族风俗习惯罪，侵犯的客体是宗教信仰自由和少数民族风俗习惯受保护的权利。虽然第二次和第三次审议稿将其挪至第 120 条之下，作为恐怖活动犯罪进行处罚，但不可否认的是，恐怖主义、极端主义往往与宗教信仰和民族风俗习惯有紧密的联系。恐怖活动分子利用暴力、胁迫等手段强制他人在公共场所穿戴宣扬恐怖主义、极端主义的服饰或标志，无非是想把恐怖主义和极端主义强加给社会公众，扩大恐怖主义的社会影响力，这在一定程度上也侵害了他人的人身自由、宗教信仰自由和民族风俗习惯。然而，《刑法》和《刑法修正案（九）》均未对“恐怖主义”“极端主义”的概念进行明确的界定，司法机关对于何为“宣扬恐怖主义、极端主义的服饰、标志”也难以理解和掌握，这就导致实践中可能将单纯侵害宗教信仰自由和少数民族风俗习惯的行为当作本罪处理。就非法剥夺公民宗教信仰自由罪和侵犯少数民族风俗习惯罪而言，依据 1997 年《刑法》第 251 条第 1 款，只有在“情节严重”情况下才判处 2 年以下或者拘役，而构成强制穿戴宣扬恐怖主义、极端主义服饰、标志罪，则要处以 3 年以下有期徒刑、拘役或者管制，并处罚金，因此

后者比前者的惩罚更重。如果不能明确界定强制穿戴宣扬恐怖主义、极端主义复制、标志罪的行为范围，可能导致司法实践出现“同罪异罚”的情况。并且，就该罪本身来说，刑法并没有规定“情节严重”的要求，行为人一旦采用暴力、胁迫等方式强制他人佩戴宣扬恐怖主义、极端主义服饰、标志就构成既遂，这对于打击恐怖主义而言未免过于严厉和操之过急。因此，笔者建议，刑法首先应对“恐怖主义”和“极端主义”的概念进行界定，其次将“情节严重”作为本罪的构成要件，以综合考虑被害人人数的多少、强制佩戴时间的长度和强度、是否受过行政处罚等情节。否则，正如有的学者所言，“面对恐怖主义活动应当严格区分犯罪、一般违法、违反治安管理以及宗教自由行为，不加区分的高压严打可能把宗教人士推到对立面，于国家的反恐主义斗争无益。”〔19〕

非法持有宣扬恐怖主义、极端主义物品罪的客观方面表现为持有宣扬恐怖主义、极端主义的图书、音频视频资料或其他物品，情节严重的行为。持有型犯罪是以行为人控制和支配法律所禁止之物品的状态作为客观方面构成要件的犯罪，它源于行为人控制和支配法律所禁止之物的不法状态，在证明责任上具有特殊性。〔20〕持有型犯罪要求行为人主观上具有持有的故意，即只要持有人认知到持有物的性状而仍然故意予以持有，即使其确实不知道这些特定物品的来源或去向，或者确实无法证明其持有物的来源或去向，也应当认定其具有持有故意并符合持有型犯罪的构成要件。〔21〕具体就本罪而言，需要行为人认识到自己持有的是宣扬恐怖主义、极端主义图书、音频视频资料或其他物品，不考虑持有物品的来源如何。在现实情况中，如何界定“非法持有”将成为判断是否构成本罪的关键。如果行为人出于抵制恐怖主义、极端主义、好奇等动机而私自复印、保存相关的物品、图书或者音频视频资料，或者被强制为他人保存涉及恐怖主义、极端主义的物品、图书或者音频视频资料，在这种情况下，行为人对其持有的物品、图书或者音频视频资料的性质是认识的，那是否能够判断其具有恐怖活动动机，认定其属于“非法持有”而一律进行制裁呢？为避免刑法的过度扩张对个人权利的侵害，笔者

---

〔19〕 赵秉志等：《反恐刑事法治的理性构建——“我国惩治恐怖犯罪的立法完善学术座谈会”研讨综述》，载《法制日报》，2015-03-25。

〔20〕 参见王雨田：《持有型犯罪与反恐立法》，载赵秉志主编：《中国反恐立法专论》，182页，北京，中国人民公安大学出版社，2007。

〔21〕 参见梁根林：《责任主义刑法视野中的持有型犯罪》，载《法学评论》，2003(4)。

认为,“非法持有”不仅要求行为人对持有的图书、音频视频资料或其他物品具有清醒的认识,而且应当要求行为人主观上具有恐怖主义动机,无论这种动机是为了参加恐怖活动而主动学习,还是为恐怖活动组织服务,例如,提供恐怖活动培训、传播恐怖活动信息、招募恐怖活动人员等。基于此,为协调刑法惩治恐怖活动犯罪和保障公民人权的功能,刑事立法应当对“非法持有”进行明确界定,“非法持有”应当包含“明知而持有”和“为恐怖主义而持有”两个要素。

2.《刑法修正案(九)》对部分涉恐行为存在罪名增设的疏漏,应予完善

具体而言,应增设入境发展恐怖组织罪和包庇、纵容恐怖组织罪。目前,公安部公布的4个恐怖组织分别是:“东突厥斯坦伊斯兰运动”(“东伊运”)“东突厥斯坦解放组织”(“东突解放组织”)“世界维吾尔青年代表大会”和“东突厥斯坦新闻信息中心”(“东突信息中心”)。[22] 上述这4个恐怖组织的共同特点是在国外恐怖主义势力的支持下,在境外(阿富汗、土耳其、德国等)建立恐怖组织和培训恐怖分子,然后潜入境内发展恐怖组织。目前,我国境内发生的恐怖活动大多数都是由境外的恐怖组织策划、实施的。我国新疆地区毗邻中亚,而阿富汗、巴基斯坦等地属于世界恐怖势力活跃的中心,这就导致新疆地区极易受到境外恐怖组织的影响和渗透。以“东突”为代表的恐怖组织通过派遣骨干人员潜入境内,采取各种形式和渠道招募、训练外逃的新疆刑事犯罪分子、民族分裂分子和暴力恐怖分子,借此壮大和发展恐怖组织,不断向我国进行渗透,对我国的国家安全和社会稳定构成了严重的威胁。因此,有必要对入境发展恐怖组织的行为进行遏制。除此之外,有学者指出,“有组织犯罪一直在保护自身免受法律的干预和特权许可方面大力投资,由此对政府官员、警察、检察官、法官的贿赂成为常事。有组织犯罪的盛行和人们对其无能为力的重要原因之一是本应执法的人员堕落。”[23]恐怖活动的策划、实施主体包括恐怖组织和未参加恐怖组织的恐怖分子,实践中发生的恐怖事件多以恐怖组织主导。恐怖组织犯罪属于有组织犯罪,为了在境内寻求生存空间,往往会采取拉拢、利诱、贿赂、腐蚀国家工作人员等方式寻求包庇和纵容,这不仅造成了国家法制的破坏,还会导致公众产生对政府的质疑和不信任,社会秩序的稳定岌岌可危。而恐怖组织犯罪和黑社会性质组织犯罪同属于有组织犯罪,具

---

〔22〕《公安部公布首批“东突”名单 包括4个恐怖组织》,http://news.sina.com.cn/c/2003-12-16/01062381237.shtml.

〔23〕 高一飞:《有组织犯罪问题专论》,147页,北京,中国政法大学出版社,2000。

备有组织犯罪的基本特征，例如，结构完整、装备精良、训练有素、成员众多等，对社会造成的危害性要远远高于其他集团犯罪。我国《刑法》将黑社会性质组织罪安排在妨害社会管理秩序罪这一章，而将恐怖组织犯罪置于危害公共安全罪。就社会秩序和公共安全来看，恐怖组织犯罪的社会危害性肯定要重于黑社会性质组织罪。然而，《刑法》对黑社会性质组织犯罪从罪名设置和认定模式上却更为完善，其中涉及组织、领导、参加黑社会性质组织罪、入境发展黑社会性质组织罪和包庇、纵容黑社会性质组织罪。因此，为遏制恐怖组织向我国境内的渗透和蔓延，消除境内恐怖组织的生存土壤，笔者认为，刑事立法有必要增设入境发展恐怖组织罪和包庇、纵容恐怖组织罪，以完善惩治有组织犯罪的罪名体系。

虽然我国《刑法》第 120 条已经规定了组织、领导、参加恐怖活动组织罪，但与组织、领导、参加黑社会性质组织罪一样，其规制对象是境内恐怖组织成员，而不包括入境发展恐怖组织的恐怖分子。对入境发展恐怖组织罪的构成要件应当作如下设计：首先，本罪侵害的客体是公共安全。恐怖分子入境发展恐怖组织的目的就是壮大恐怖主义的实力，为实施恐怖活动犯罪作准备，行为本身对社会公共安全具有严重的隐患。其次，本罪的客观方面表现为境外的恐怖组织或恐怖分子到我国境内发展恐怖组织成员的行为，行为方式多种多样，"发展"是指通过采用引诱、腐蚀、强迫、威胁、暴力、贿赂等手段，在我国境内吸收组织成员的行为。[24]发展的对象包括特定或不特定的多数人。再次，本罪的犯罪主体具有特殊性，仅指"境外恐怖组织或恐怖分子"。目前，公安部已经宣布了认定恐怖组织和恐怖分子的标准，[25]这为司法实践认定恐怖组织和恐怖分子提供了操作指南。最后，行为人入境发展恐怖组织主观上具有恐怖主义动机，例如策划、实施恐怖活动，为境外恐怖组织招募、训练恐怖活动分子等。而包庇、纵容恐怖组织罪的主体应当比照包庇、纵容黑社会性质组织罪，即仅限于国家机关工作人员；其客观上包括"包庇"和"纵容"两种行为，前者是指国家机关工作人员利用职权或者影响力，隐瞒或者掩饰恐怖组织，后者则是国家机关工作人员对恐怖组织犯罪应当依法执法却知情不报，放纵、宽容恐怖组织进行违法犯罪活动；包庇、纵容的对象限于恐怖组织，既包括我国境内的恐怖组织，也包括入境实施恐怖活动的境外恐怖组织。

---

〔24〕 参见赵秉志、于志刚：《论我国新刑法典对有组织犯罪的惩治》，载《法商研究》，1999(1)。

〔25〕 《中国公安部宣布认定恐怖组织和恐怖分子的标准》，http://news.sohu.com/2003/12/15/49/news216944997.shtml。

（二）刑罚设置不合理及建议

一方面，对恐怖活动的相关犯罪均配置必并制罚金刑，具有一定的弊端。不可否认，就恐怖组织的存续和恐怖活动的实施而言，需要大量的资金支持。这样，对恐怖活动分子判处财产刑，就能够从经济角度对恐怖活动犯罪进行有效预防和打击，但采取必并制罚金刑忽视了我国恐怖活动犯罪的特殊性。恐怖主义犯罪是人类社会在政治、经济、文化、民族、宗教等发展过程中，产生矛盾和冲突而导致的产物。各国恐怖主义势力的产生有其独特的历史根源，我国恐怖活动犯罪也具有特殊性：恐怖主义主要源于宗教极端主义和民族分裂主义，并受到外国恐怖势力的强烈影响；恐怖活动分子主要是由新疆、西藏等地区的刑事犯罪分子、外逃人员、宗教极端分子、民主分裂分子等人员组成；恐怖活动组织的资金主要是依靠外国恐怖势力，例如"基地"组织的支持。由此可以看出，恐怖组织成员大部分都来自西北部较为贫穷的地区，对宗教极端主义和民族分裂主义持有极深的信念，在恐怖主义的煽动和蛊惑下发动恐怖袭击，对侵犯目标不加选择，滥杀无辜，不考虑后果，甚至有些恐怖活动分子选择"自杀式"方式，本质上具有反人类和反社会性。对该部分贫穷的恐怖活动分子判处再多的罚金，也无法对其产生足够的威慑力，因为恐怖主义思想已经深深根植于内心。由于贫穷恐怖活动分子没有可供执行的财产，判处的罚金也难以得到执行，罚金刑对预防其再次犯罪也起不到应有的作用。如果该部分贫穷恐怖活动分子因为受到刑事处罚而积极悔悟，刑满释放回归社会，却面临巨额罚金，就可能被迫继续犯罪。因此，笔者认为，刑事立法应当根据实际情况对恐怖活动分子判处罚金：恐怖活动组织的组织者和领导者手中往往掌握了恐怖组织的大量财产，并负责接受外国恐怖势力的资金扶持，其主观恶性较大，对其判处必并制罚金刑可以起到威慑作用；对富裕的恐怖活动分子应当判处必并制罚金刑，可以断绝其恐怖组织的资金来源；而对贫穷的恐怖活动分子，则可考虑不适用罚金刑。

另一方面，《刑法修正案（九）》忽视了宽严相济刑事政策在惩治恐怖活动犯罪时"宽缓"的一面。刑事政策具有指向性，其指导刑法根据犯罪和犯罪人类型划定重点打击对象；恐怖活动犯罪具有严重的社会危害性，理应"该严则严"。然而，宽严相济刑事政策还强调对待犯罪应当宽严有别，宽严相互协调，实现综合治理犯罪的目标。严厉打击恐怖主义犯罪体现了我国反恐怖主义之坚定立场，适当的宽缓处理体现了标本兼治的需要，强调“相济”则是综合治理的应有之义。[26] 因此，对待社会危害性较重、人身危险性较大、顽固抵抗的犯罪人，刑法应当对其施加较重的刑罚，发挥惩罚和预防功能；而对社会危害性较轻、人身危险性较小、积极悔悟、接受教育和评判，或因年龄较小、生活贫困、知识水平较低而受到恐怖主义的蛊惑的犯罪人，刑法应当侧重宽缓的一面，以发挥教育和矫正功能。《刑法修正案（九）》通过之前，立法对恐怖活动犯罪的刑罚适用制度已经进行了严格限制，对恐怖活动犯罪进行从重打击。例如，依据《刑法修正案（八）》的规定，恐怖活动犯罪人只要在刑罚执行完毕或者赦免以后，在任何时候再犯危害国家安全犯罪、恐怖活动犯罪、黑社会性质组织犯罪的，均要以累犯论处，从重处罚；对于有组织的暴力犯罪被判处 10 年以上有期徒刑、无期徒刑的犯罪分子不得假释；因有组织的暴力犯罪被判处死缓的犯罪分子，人民法院可以同时决定对其限制减刑；犯罪集团的首要分子不适用缓刑等。因为恐怖活动犯罪多以有组织的暴力方式进行，所以对恐怖活动犯罪人也大多适用上述刑罚制度。《刑法修正案（九）》对恐怖活动犯罪的立法仍然强调对恐怖活动犯罪从严打击，而没有依据实际情况配置相应的从轻或减轻情节，由此导致刑罚在惩治恐怖活动犯罪方面的工具性未免过于明显。就对具备犯罪中止、自首或者坦白情节的恐怖活动分子适用从轻、减轻或者免除刑事责任而言，在国外立法中已有相关规定。例如俄罗斯《联邦刑法典》在第 205 条（恐怖行为罪）中规定，“参与准备实施恐怖行为的人员，如果及时向权力机关报告或采取其他措施协助预防恐怖行动发生的，如果其行为中不含有其他的犯罪构成，则免除刑事责任。”法国《刑法典》第 422-1 条规定：“图谋进行恐怖活动的任何人，如其告知行政当局或司法当局，从而得以避免犯罪既遂，且在相应场合，得以侦破其他犯罪的，免于刑罚。”西班牙《刑法典》第 597 条第 3 项规定：“被告人自愿放弃犯罪行为并对自己已参与和合作的行为进行坦白，制止罪行实施，或者有效协助犯罪证据的认定或者其他罪犯的抓捕，或者制止其曾参与或者合作的恐怖性质派别、组织或者集团的活动或者转达的，法官或者法院可以依法减轻一级至两级处以刑罚。”我国新疆地区也曾出台相关文件，敦促各类民族分裂骨干分子、暴力恐怖分子、宗教极端势力的为首分子，组织或成立非法反动组织、集团成员，宣传圣战的极端分子，必须在 2002 年 2 月 10 日之前主动向公安机关投案自首、坦

---

〔26〕 参见杜邈、徐雨衡：《宽严相济在惩治恐怖主义犯罪中的作用》，载《政法论坛》，2008(1)。

白交代违法犯罪事实，检举揭发他人违法犯罪的活动。依据《刑法》有关规定，将依法予以从轻、减轻处罚。[27] 然而，《刑法修正案（九）》对此并未予以吸纳，这不能不说是立法的一大缺憾。为分化、瓦解恐怖组织和降低恐怖活动发生的可能性，帮助部分犯罪人重新回归社会，刑法在坚持从严打击恐怖活动犯罪的同时，还应当重视对犯罪人的教育和矫正，通过借鉴国外相关立法，结合国内的实际情况，为恐怖活动犯罪配置一定的从轻或减轻情节。

---

〔27〕《关于敦促民族分裂骨干分子、暴力恐怖分子、宗教极端势力分子限期内投案自首、坦白的通告》，http://www.xjbz.gov.cn/html/xsdt2001/2001-12/20/11_19_003915.html。

台湾地区组织犯罪之立法特色与检讨

靳宗立*

一、前言

台湾地区有关组织犯罪之刑事立法，除"刑法"仅于〈妨害秩序罪〉章第 154 条设有"参与犯罪结社罪"外，最主要系于 1996 年制定公布"组织犯罪防制条例"之专法。

"组织犯罪防制条例"之内容除以组织犯罪之要件及刑事制裁措施为主外，亦规范资助犯罪组织罪[1]、包庇犯罪组织罪[2]、泄露检举人身份秘密罪[3]等非组织犯罪，以及对于奖励检举、保护检举人、证人[4]等相关配套措施。

本文首先将针对组织犯罪之现行立法特色先予分析，进而检讨现行刑事立法之争议，并提出本文之心得。

---

* 台湾辅仁大学法律学系副教授、法律学院刑事法中心召集人。

〔1〕"组织犯罪防制条例"第 6 条："非犯罪组织之成员而资助犯罪组织者，处 6 月以上 5 年以下有期徒刑，得并科新台币 1 000 万元以下罚金。"

〔2〕"组织犯罪防制条例"第 9 条："公务员或经选举产生之公职人员明知为犯罪组织有据予以包庇者，处 5 年以上 12 年以下有期徒刑。"

〔3〕"组织犯罪防制条例"第 11 条第 3 项："公务员泄露或交付前项检举人之消息、身份数据或足资辨别检举人之物品者，处 1 年以上 7 年以下有期徒刑。"

〔4〕"组织犯罪防制条例"第 10 条至第 12 条参照。

二、组织犯罪之立法特色

(一) 普通刑法

1. 立法沿革

社会秩序之平稳与安全，将使百姓得以安居乐业，并追求人生理想，攸关全体民众之福祉与国家之繁荣发展，是之对于破坏社会平稳秩序，危害社会运作安全之行为，各国刑法莫不以之为犯罪，临之以刑罚。

民国元年(1912 年)颁行之“暂行新刑律”原于第 9 章规定〈骚扰罪〉、第 16 章规定〈妨害秩序罪〉，而为独立之两章，当时尚无“参与犯罪结社罪”之规定。

民国十七年(1928 年)施行之“旧刑法”，因认〈骚扰罪〉之性质，亦属妨害秩序，故并入第 7 章〈妨害秩序罪〉[5]。关于原本尚未立法之“参与犯罪结社罪”，“旧刑法”考虑我国秘密会社、犯罪会社，各地皆有，设无明文规定，执法时恐生困难；若牵附律文，则有违法之嫌，否则无以维持秩序，外国法律多有规定之者，故“旧刑法”于第 161 条[6]增订之。

至民国二十四年(1935 年)公布施行之现行“刑法”，除于第 154 条第 1 项维持“旧刑法”第 161 条原规定外，并于同条第 2 项[7]增订自首减免其刑之规定。兹就《刑法》有关“参与犯罪结社罪”之构成要件，解释如后。

2. 参与犯罪结社罪之构成要件

“刑法”第 154 条第 1 项所定“参与犯罪结社罪”之构成要件，为“参与以犯罪为宗旨之结社”；其在犯罪属性上，为“普通犯”“必要共犯(聚合犯)”“作为犯”“继续犯”[8]“举动犯”“故意犯”与“抽象危险犯”。

(1) 客观构成要件

① 行为主体

本罪之性质系“普通犯”，其行为主体并无任何限制，只须为具有意思能力与

---

〔5〕 再者，“暂行新刑律”“妨害秩序罪”章内，部分涉及妨害个人自由者，“旧刑法”则将妨害个人自由各条，改列〈妨害自由罪〉章内。

〔6〕 “旧刑法”第 161 条规定：“参与以犯罪为宗旨之结社者，处 3 年以下有期徒刑、拘役或 500 元以下罚金；首谋者，处 1 年以上 7 年以下有期徒刑。”

〔7〕 “刑法”第 154 条第 2 项规定：“犯前项之罪而自首者，减轻或免除其刑。”

〔8〕 惟“刑法”第 154 条第 1 项后段有关“首谋参与以犯罪为宗旨结社罪”，应属“即成犯”。

行动能力之自然人，即足当之。在行为人数上，系属“聚合犯”，原则上有共同正犯法理之适用；唯刑法已对于聚众者参与程度区分“参与”及“首谋”而异其处罚，是不同形态间即无共同正犯之适用。

② 构成要件行为

本罪之性质为“作为犯”，行为人须有参与以犯罪为宗旨之结社行为，始足当之。按人民固有结社之自由，唯以犯罪为宗旨之结社，藉多众之智与力以图破坏公共秩序，自有排除及预防之必要。但结社系一抽象组合，不可能有任何行为或动作，犯罪宗旨之实施或从事犯罪活动皆系由于成员之参与〔9〕。参与以犯罪为宗旨之结社，对于社会秩序安全即有抽象危险，是属危险犯；倘进一步参与犯罪社团之活动，自应另负其他刑责〔10〕。

所称“参与”犯罪结社，系指加入犯罪社团成为社团成员，而不问参加社团犯罪活动与否，是其性质为“继续犯”〔11〕。至其行为是否仍在继续中，则以其有无持续参加社团活动或保持联络为断，此项犯罪行为依法应由代表国家追诉犯罪之检察官负举证责任。若犯罪社团成员在其参与行为未发觉前自首，或长期未与犯罪社团保持联络，亦未参加活动等事实，足以证明其确已脱离犯罪社团者，即不能认其尚在继续参与〔12〕。

③ 行为客体

本罪之行为客体，为“以犯罪为宗旨之结社”。所称“以犯罪为宗旨之结社”，系指以妨害公共安宁秩序及其他某种类之犯罪为目的而成立特定人合团体之谓；若仅系对于特定人有所不满，纠集数人共同加害特定人，则仅得成立特定犯罪之共同正犯，非此犯罪之“结社”〔13〕。

---

〔9〕 “最高法院”2003年度台上字第473号刑事判决参照。

〔10〕 “最高法院”1998年度台上字第2747号刑事判决参照。

〔11〕 至于“首谋参与以犯罪为宗旨结社罪”，因系针对首先倡议成立以犯罪为宗旨之结社者予以加重处罚，是本罪应属“即成犯”，而非“继续犯”；实务见解亦同，例如：“刑法第154条第1项后段之首谋犯罪结社罪，其行为并无继续性，发起人因首创谋议而聚合成立犯罪组织时，其首谋犯罪结社之犯罪行为即已完成，嗣后于其未脱离该组织之前，仅系参与犯罪结社行为之继续，而非实施首谋犯罪结社行为之继续”（“最高法院”2002年度台上字第5797号刑事判决参照）。

〔12〕 “司法院”释字第556号解释、“最高法院”2001年度台非字第356号刑事判决参照。

〔13〕 1938年上字第2118号判例参照。

(2) 主观构成要件一故意

本罪为"故意犯",行为人对于客观上参与以犯罪为宗旨之结社之事实,仅须主观上有认识与意欲,不论系直接故意或间接故意,即符构成要件故意。

(3) 犯罪行为阶段

本罪为"举动犯",是以行为人着手于参与以犯罪为宗旨之结社之实行,并已完成其实行行为者,如其犯罪行为事实,已分别充足主、客观构成要件要素,即合于既遂犯之构成要件;倘仅已着手,但未至完成实行行为者,本法则未设处罚未遂之明文。

(二) 特别刑法

1. 概述

台湾地区为防制组织犯罪,以维护社会秩序,保障人民权益,1996 年 12 月 11 日制定公布"组织犯罪防制条例"(以下简称"条例")之刑事特别法。兹就"条例"中有关组织犯罪之要件及刑事制裁措施等相关规定之特色,整理如次。

2. 组织犯罪之类型

(1) 基本类型

"条例"中有关组织犯罪基本类型规定,依行为主体在犯罪组织之影响力或角色地位,可分为"领导犯罪组织之罪"〔14〕与"参与犯罪组织罪"〔15〕,"领导犯罪织组之罪"部分,则包含"发起犯罪组织罪""主持犯罪组织罪""操纵犯罪组织罪"及"指挥犯罪组织罪"4 种类型。

(2) 特别再犯

"条例"第 3 条第 2 项对于已犯组织犯罪,受刑之执行完毕或赦免后,"再犯领导犯罪组织罪"或"再犯参与犯罪组织罪"者,分别加重其法定本刑〔16〕。

(3) 加重构成要件事由

"条例"第 4 条规定,如行为人触犯"条例"第 3 条所定组织犯罪,而有下列 3

---

〔14〕"组织犯罪防制条例"第 3 条第 1 项前段规定:发起、主持、操纵或指挥犯罪组织者,处 3 年以上 10 年以下有期徒刑,得并科新台币 1 亿元以下罚金。

〔15〕依"组织犯罪防制条例"第 3 条第 1 项后段规定,参与犯罪组织者,处 6 月以上 5 年以下有期徒刑,得并科新台币 1 千万元以下罚金。

〔16〕"组织犯罪防制条例"第 3 条第 2 项规定:"犯前项之罪,受刑之执行完毕或赦免后,再犯该项之罪,其发起、主持、操纵或指挥者,处 5 年以上有期徒刑,得并科新台币 2 亿元以下罚金;参与者,处 1 年以上 7 年以下有期徒刑,得并科新台币 2 000 万元以下罚金。"

款加重构成要件事由之一者，加重其刑至二分之一：(1)主体加重：具公务员或经选举产生之公职人员之身份者。(2)结合犯加重：以强暴、胁迫或其他非法之方法，使他人加入犯罪组织或妨害其成员脱离者。(3)客体加重：教唆、帮助、吸收未满 18 岁之人加入犯罪组织者。

3. 组织犯罪之刑事制裁

"条例"关于组织犯罪之刑事制裁，除对各种组织犯罪明定法定主刑外，并另设保安处分(强制工作)、特别从刑(没收、褫夺公权)等规定，兹简述如次。

(1) 强制工作

"条例"第 3 条第 3 项对于初犯组织犯罪者，规定于刑之执行完毕或赦免后，应强制工作 3 年；如系再犯组织犯罪者，则应于刑之执行完毕或赦免后，应强制工作 5 年。

(2) 特别没收

"条例"第 7 条有关特别没收规定重点有二：①组织犯罪之犯罪组织所有财产，采义务没收。②参加犯罪组织后所取得财产，行为人不能证明合法来源者，推定为犯罪所得，亦采义务没收。

(3) 禁止登记为公职人员候选人

"褫夺公权"为刑总所定从刑之一种，其内容包含褫夺"为公务员资格"以及"为公职候选人资格"。

而"条例"第 13 条则特别规定："犯本条例之罪，经判处有期徒刑以上之刑确定者，不得登记为公职人员候选人。"

(三) 小结

普通刑法与特别刑法关于组织犯罪立法上之特色差异，在犯罪类型上，"刑法"仅设"参与犯罪结社罪"一种，而"条例"除设"领导犯罪组织之罪"及"参与犯罪组织罪"等基础犯罪类型外，亦针对"再犯"及"加重构成要件"分设规定。值得加以探讨者有二：

1. 行为类型："首谋参与犯罪结社罪"与"发起犯罪组织罪"之比较

"刑法"第 154 条第 1 项后段所定"首谋参与犯罪结社罪"，系针对首先倡议成立以犯罪为宗旨之结社者予以加重处罚；"条例"第 3 条第 1 项前段所定"发起犯罪组织罪"，亦系针对参与犯罪组织之行为态样中，谋划成立犯罪组织者予以加重处罚，因此，二罪之内涵及性质应无不同，二者均属“即成犯”而非“继续犯”〔17〕。

2. 行为客体：“以犯罪为宗旨之结社”与“犯罪组织”之比较

普通刑法与特别刑法有关组织犯罪客体要件之差异，“刑法”系规定“以犯罪为宗旨之结社”，而“条例”则规定为“犯罪组织”。

按所谓“结社”乃指多数人参与组合之会社，必须有其一定之目的，并有严密之内部组织，且系长期性之组合始足当之；若临时为某一目的而集合多数人于一处，共议犯罪之进行，则不能谓之结社〔18〕。因此，所谓“以犯罪为宗旨之结社”，系指以某种类之犯罪为目的而成立具有组织性、长期性之特定人合团体。

至所谓“犯罪组织”，依“条例”第2条规定，系指三人以上，有内部管理结构，以犯罪为宗旨或以其成员从事犯罪活动，具有集团性、常习性及胁迫性或暴力性之组织。

因此，二者间之关系，“条例”所定“犯罪组织”，虽均属“刑法”所称“以犯罪为宗旨之结社”，惟非胁迫性或暴力性之“以犯罪为宗旨之结社”，例如参与以诈骗犯罪为目的所成立之集团组织，虽得成立“刑法”第154条规定“参与犯罪结社罪”，但尚不能成立“条例”所定“参与犯罪组织罪”。

因此，“刑法”第154条“参与犯罪结社罪”与“条例”所定“参与犯罪组织罪”间，在胁迫性或暴力性之“以犯罪为宗旨之结社”此一规范事项上，系属特别法与普通法之关系，应优先适用特别法之规定〔19〕；至非胁迫性或暴力性之“以犯罪为宗旨之结社”，则仍应适用“刑法”第154条之规定。

---

〔17〕 惟实务却有见解认为“发起犯罪组织罪”系“继续犯”，例如：“参与犯罪组织之罪，系行为之继续，一经参与，固即成罪，但在未经自首或脱离、解散该犯罪组织之前，其犯罪行为仍在继续实施中，并未终了。而发起系参与行为之一种态样，当然涵盖参与行为在内，发起之后至自首或脱离、解散该犯罪组织期间，法律纵有变更，其行为既继续实施至新法施行之后，自无行为后法律变更之可言。”（“最高法院”2001年度台非字第356号刑事判决参照）

实则，“参与犯罪组织罪”固系继续犯，“发起犯罪组织罪”固系参与犯罪组织罪之一种态样，发起犯罪组织后，继续参与犯罪组织者，至其参与行为终了时，其“发起犯罪组织罪”及“参与犯罪组织罪”应成立法条竞合，仅得优先论以“发起犯罪组织罪”之特别规定。惟“发起犯罪组织罪”仍属即成犯、“参与犯罪组织罪”则属继续犯，自两罪之实行行为终了后，追诉权时效开始进行，倘因二罪时效起算不同，至“发起犯罪组织罪”之追诉权时效完成，而“参与犯罪组织罪”时效未完成时，则仅得追诉“参与犯罪组织罪”。

〔18〕 台湾地区“高等法院”1996年度上诉字第2057号刑事判决参照。

〔19〕 “最高法院”2001年度台上字第4773号刑事判决参照。

三、争议与检讨

(一) 特别累犯之规定

台湾地区"刑法"有关"累犯"制度,"暂行新刑律"[20]"旧刑法"[21]均已设相关规定,民国二十四年(1935 年)公布施行之"刑法"第 47 条修正规定为:"受有期徒刑之执行完毕,或受无期徒刑或有期徒刑一部之执行而赦免后,5 年以内再犯有期徒刑以上之罪者,为累犯,加重本刑至二分之一。"

至 2005 年"刑法"修正,大体维持原累犯规定,主要配合强制工作而免刑,增设拟制累犯概念,将第 47 条修正为:"受徒刑之执行完毕,或一部之执行而赦免后,5 年以内故意再犯有期徒刑以上之罪者,为累犯,加重本刑至二分之一。""第 98 条第 2 项关于因强制工作而免其刑之执行者,于受强制工作处分之执行完毕或一部之执行而免除后,5 年以内故意再犯有期徒刑以上之罪者,以累犯论。"

学理上对于"刑法"累犯制度有违宪法及刑法原理原则之论点主要有二:

(1) 累犯之成立以行为人前已曾犯罪并已执行完毕,而于一定期限内再犯罪,针对再犯罪予以加重刑罚。唯行为人之前犯罪既已处罚完毕,却于其后之再犯罪考虑前犯罪予以加重处罚,此种制度恐有违"禁止一事二罚原则"。

(2) 关于刑罚与保安处分之性质,学理有一元论与二元论之争,而台湾地区实务见解,则持二轨制之立场。累犯之性质,实质上系对于行为人之社会危害性格予以处遇,唯在形式上系采用刑罚加重处罚。由于累犯之成立,系以徒刑执行完毕后,再犯一定之罪为要件,惟行为人之所以再犯,或因其原先于监狱服刑时,

---

〔20〕 "暂行新刑律"对于累犯分别于第 19 条、第 20 条设有"再犯"与"三犯",而异其加重。第 19 条:"已受徒刑之执行,更犯徒刑以上之罪者,为再犯,加本刑一等。但有期徒刑执行完毕、无期徒刑或有期徒刑执行一部而免除后逾 5 年而再犯者,不在加重之限。"第 20 条:"三犯以上者,加本刑二等,仍适用前条之例。"

〔21〕 "旧刑法"分别于第 65 条、第 66 条分设普通累犯与特别累犯。其第 65 条规定:"受有期徒刑之执行完毕,或受无期徒刑或有期徒刑一部之执行而免除后,5 年内再犯有期徒刑以上之罪者,为累犯。";第 66 条第 1 项则规定:"累犯不同一之罪或左列不同款之罪一次者,加重本刑三分之一;二次以上者,加重本刑二分之一。"、同条第 2 项:"累犯同一之罪或左列同款之罪一次者,加重本刑二分之一;二次以上者,加重本刑 1 倍。(一)内乱罪、外患罪、妨害国交罪。(二)渎职罪、妨害公务罪、妨害选举罪、妨害秩序罪。(三)脱逃罪、藏匿犯人及湮灭证据罪、伪证及诬告罪。(四)公共危险罪。(五)伪造货币罪、伪造度量衡罪、伪造文书印文罪。(六)妨害风化罪、妨害婚姻及家庭罪。(七)亵渎祀典及侵害坟墓尸体罪。(八)妨害农工商罪。(九)鸦片罪、赌博罪。(十)杀人罪、伤害罪、堕胎罪、遗弃罪。(十一)妨害自由罪、妨害名誉及信用罪、妨害秘密罪。(十二)窃盗罪、抢夺强盗及海盗罪、侵占罪、诈欺及背信罪、恐吓罪、赃物罪、毁弃损坏罪。"

监狱未落实教化与矫正，使其社会危害性格未消；或因其出狱后，更生保护未予落实，而无法复归于社会，如因其再犯而一律加重处罚，不仅未公，亦有违法治国家原则。

"条例"第3条第2项对于已犯组织犯罪，受刑之执行完毕或赦免后，"再犯领导犯罪组织罪"或"再犯参与犯罪组织罪"者，分别加重其法定本刑，其对再犯加重之成立期间完全未设限制，较之"刑法"累犯须以一定期限内再犯始予加重，其法理论据缺失更为明显；此状况复因"条例"第4条第3款加重构成要件事由之配套，益形严重。

（二）加重构成要件事由

"条例"第4条第1款规定，如行为人之主体资格系具公务员或经选举产生之公职人员之身份，而触犯"条例"第3条所定组织犯罪者，加重其刑至二分之一。前开规范所造成法理上争议有二：

（1）就立法文义观之，"条例"第4条第1款之"公务员或经选举产生之公职人员"，其所称"公务员"恐应解为依"公务人员任用法"取得公务人员资格者，而非刑法上"公务员"概念。按原本刑事实体法规上所使用"公务员"概念，依"刑法"第11条规定，原则有同法第10条第2项〔22〕有关刑法上"公务员"概念之适用，惟特别刑法亦可另设特别规定；然而在未见立法上有何特别考虑，以至于要采用与刑法公务员概念不同定义之理由下，前开立法显得粗糙。

（2）依立法文义，似只要行为人"具公务员或经选举产生之公职人员之身份"，不问行为人是否有假藉其身份上之权力、机会或方法而触犯组织犯罪，均予以加重处罚。倘若如此解释，则单纯仅因行为人"具公务员或经选举产生之公职人员之身份"，惟并未利用其身份而实行组织犯罪行为，其在法理上予以加重处罚之理由为何？恐难以交代〔23〕。

（三）禁止登记为公职人员候选人

按"刑法"有关褫夺公权制度之规定，"刑法"第37条规定："宣告死刑或无期

---

〔22〕"刑法"第10条第2项规定："称公务员者，谓下列人员：一、依法令服务于国家、地方自治团体所属机关而具有法定职务权限，以及其他依法令从事于公共事务，而具有法定职务权限者。二、受国家、地方自治团体所属机关依法委托，从事与委托机关权限有关之公共事务者。"

〔23〕基于"平等原则"之要求，"等者等之""不等者不等之""身份犯"之所以可以较"普通犯"加重处罚，必须在事务本质上交代其合理差别对待之理由，否则即有违反平等原则。

徒刑者,宣告褫夺公权终身。""宣告 1 年以上有期徒刑,依犯罪之性质认为有褫夺公权之必要者,宣告 1 年以上 10 年以下褫夺公权。""褫夺公权,于裁判时并宣告之。""褫夺公权之宣告,自裁判确定时发生效力。""依第 2 项宣告褫夺公权者,其期间自主刑执行完毕或赦免之日起算。"

惟"条例"第 13 条特别规定:"犯本条例之罪,经判处有期徒刑以上之刑确定者,不得登记为公职人员候选人。"其立法上之争议有二:

(1) 本条特别褫夺公权规定,似属"无期褫夺"而非"有期褫夺",如此立法显有违宪法比例原则之虞。

(2) 法条文字系使用"犯本条例之罪",而本条例之罪,除"组织犯罪"外,包含"资助犯罪组织罪""包庇犯罪组织罪""泄露检举人身份秘密罪"等非组织犯罪,在立法上其理由何在?是否有合理理由?抑或系立法上疏漏?

(四) 竞合之特别处理规定

有关竞合之特别处理规定,"条例"第 5 条及第 17 条[24]均设有特别规定,惟"条例"第 5 条存有争议。

"条例"第 5 条规定:"犯罪组织成员犯本条例以外之罪,而依刑法第 55 条规定,与本条例所规定之罪从一重处断者,加重其刑至二分之一。"1996 年时之立法原意本考虑"组织犯罪"系危险犯,如参与犯罪组织后另犯他罪(如恐吓取财或掳人勒赎),依当时"刑法"第 55 条后段牵连犯规定,将仅从一重处断,是故特予加重其刑至二分之一;亦即对犯罪组织成员牵连犯该条例以外之罪,就其所犯数罪间,依刑法第 55 条规定从一重处断后,即应就该重罪所定之法定刑最高度及最低度同加减至二分之一之范围内定其宣告刑[25]。换言之,"条例"第 5 条之立法原系为因应"牵连犯"而设,并非针对"想象竞合犯"。

然而 2005 年"刑法"修正公布,删除第 55 条后段有关"牵连犯"规定,"刑法"第 55 条仅剩"想象竞合犯"规定,原先论以牵连犯之案件,将视情况予以数罪并罚,则"条例"第 5 条即应同时检讨套配套删除,惟 10 年来均未予以处理,造成法理上脱节现象。盖"想象竞合犯"之理论依据,在于避免对于同一不法要素予以过

[24] "组织犯罪防制条例"第 17 条规定:"本条例之规定与检肃流氓条例之规定适用上发生竞合者,优先适用本条例。"

[25] "最高法院"2004 年度台上字第 385 号刑事判决参照。

度评价，其所谓“同一行为”系指所实行者为完全或局部同一之行为而言[26]；基于禁止重复处罚原则，想象竞合犯之罪质虽属数罪，惟究属“同一行为”而触犯数罪，其处断刑仍以从重处断为宜，倘予以加重，则个案上可能出现违反罪刑均衡原则情形。

四、结语

台湾地区有关组织犯罪之刑事立法，有“刑法”第 154 条及“组织犯罪防制条例”，经本文分析，“刑法”第 154 条“参与犯罪结社罪”与“条例”所定“参与犯罪组织罪”间，在胁迫性或暴力性之“以犯罪为宗旨之结社”此一规范事项上，系属特别法与普通法之关系，应优先适用特别法之规定；至非胁迫性或暴力性之“以犯罪为宗旨之结社”，则仍应适用“刑法”第 154 条之规定。

惟“组织犯罪防制条例”自 1996 年 12 月 11 日制定公布以来，未曾修法，以至于在立法上存有重大争议，应有通盘检讨修正之必要。

---

〔26〕“最高法院”2008 年台上 3494 号刑事判决参照。

网络暴恐信息筛查标准：网络暴恐信息入罪化的必要补充

印 波*

恐怖活动造成的危害有目共睹，不容小觑；网络暴恐信息近年来已经被逐渐检验成为恐怖活动产生的主要诱因：它的传播成本低，然而技术监管却比较难，产生的社会危害具有难以衡量并具有弥散性。我国在规制网络暴恐信息时主体依赖刑事法，辅之以相关的行政规制程序和处罚。在判断何谓网络暴恐信息时，相关的类别也主要由刑事法所提供。这些标准仍然过于抽象，并且基于刑事法性质不便于各类网络筛查人员所援引。反恐怖的主要阵地不应当是事后的惩戒，而更多的是政府和社会各界齐抓共管下的密切监视和及时筛查、祛除。我国目前缺少该类《网络暴恐信息筛查标准》，它至少可以作为网络暴恐信息入罪化的必要补充：不仅有助于反恐怖法网严密化，还使得其具有"用户友好型"的特征，也便于其确定与公民的言论自由、个人隐私等概念的界限。因此，本文拟将其作为刑事法的外围研究范畴加以抛砖引玉，并将其作为作者拟定《网络暴恐信息筛查标准》的前期论证成果，当然也不影响本文的独立成文。

---

* 北京师范大学刑事法律科学研究院副教授，法学博士。

一、网络恐怖主义视野下的暴恐信息

网络恐怖主义是恐怖主义在信息领域的延伸，具备恐怖主义的特征，例如，暴力性、残酷性，目标象征性等；网络恐怖主义属于恐怖主义和网络信息的交叉范畴，但从经验意义上来看，其破坏手段、造成的损害结果远远胜于传统的恐怖主义活动。

网络恐怖主义活动的表现形式可划分为以网络为媒介实行恐怖袭击的心理战、宣传战，以及以网络为攻击目标进行的网络恐怖袭击战。[1]两者都具有极大的社会危害性，在网络恐怖主义视野下，暴恐信息既有可能作为内容、影像宣扬、煽动、教唆恐怖主义思想、恐怖活动、恐怖方法和技能，渲染恐怖气氛，引发大规模社会动荡，也可能作为工具、武器，直接造成网络系统瘫痪，从而造成网络时代的恐慌。后者情况只出现个极少数个案，其大面积爆发还处于概念之中；因此，此处主要探讨以网络为媒介的暴恐信息，辅助性地介绍以网络为目标的暴恐信息战。

（一）网络暴恐信息的内容

随着大数据时代的到来，信息交换频率提高、速度加快、传播范围广泛，这也给恐怖主义发展、爆发提供了温床。恐怖分子将网络技术作为媒介，制作不同的暴力恐怖音视频、图片、文稿来达到自己的政治目的。他们对一些有利用价值的“积极分子”制作一些宣传、煽动的音视频、图片、文稿，鼓动其加入暴力恐怖阵营，发展壮大自己的恐怖组织，或者为恐怖组织筹集资金；面对自己的对手（包括政府武装以及敌对恐怖组织），则制作一些血腥、残忍、不堪的音视频、图片、文稿来震慑人心，恐吓对方。一些识别能力差的人，尤其是青年人在观看或收听恐怖组织煽动信息后很容易受其蛊惑。例如伊斯兰国（英文简写为ISIS）将伊斯兰教教义曲解后加入自己的极端思想进行包装，使得很多青年穆斯林在接收这些错误信息后成为组织成员，最终参加暴力“圣战”。以网络为媒介的暴恐信息往往以其内容具有下列工具性职能：

1. 招募恐怖组织成员

恐怖组织将其极端思想进行包装后利用多种信息传播手段进行传播，以最大限度地吸引受众，扩大其影响的同时招募恐怖组织成员。发达的通信手段、广阔

---

〔1〕 朱永奎：《网络恐怖主义问题初探》，载《中州学刊》，2006(9)。

的网络社交工具,让恐怖组织的宣传无孔不入。美国哥伦比亚广播公司分析提出,ISIS除了利用社交网站,例如推特、脸书发布煽动内容,还自己成立了专门的"传媒公司",专门制作和发布宣传内容;虽然一些网站封杀了账号,但是内容仍然可以被找到。一些极端分子成了"圣战"名人,成为一些群体的崇拜、效法的对象。网络传媒的广告效应使得很多具有反社会倾向的人容易暴恐化,从而愿意加入恐怖组织。

除此以外,恐怖组织还利用网络散发《入伙指南》。英法美德等国家都在其境内发现了通过网络鼓动他人加入ISIS的HR,在他们的宣传中,往往都会指引如何前往ISIS。其宣传内容一般是愿意加入的可以先到达土耳其,然后通过联系人从边境进入ISIS所在地。据《纽约时报》报道,ISIS成员甚至还在青少年问答社交网络Ask.fm上回答了有关的数百个问题,其中包括了诸如"我是否应该带上鞋子和牙刷加入ISIS"等问题。对于这些问题,回答者通常会鼓励他们通过Kik[2]同自己取得联系。[3]

2. 引发社会恐慌

恐怖分子利用网络隐蔽性好,传播速度快的特点,在网络媒体上发布各种恐怖、暴力、血腥的内容。恐怖组织在互联网上发布的枪杀俘虏的画面,容易给民众心理造成阴影,进而造成社会恐慌;例如:基地组织杀害人质的画面,ISIS杀害日本记者的画面等都造成了一定程度的社会恐慌。

恐怖组织还通过传播虚假恐怖信息来达到自己的目的。我国境内的不法分子与境外敌对势力勾结,利用互联网发布虚假恐怖信息进行干扰、渗透、反动宣传等活动,给我国国家安全造成极大威胁,"7·5"事件就是境外民族分裂势力通过互联网编造、传播虚假信息,利用网络策划的一起严重暴力犯罪事件。境外世维会等东突组织将外媒报道的伊拉克女孩因违反教规被族人用石块砸死的视频说成是"维吾尔女孩在广东韶关被汉人殴打致死"。境外民族分裂势力根据包括上述事例在内的大量捏造的证据疯狂煽动民族仇恨,歪曲我国的民族宗教政策,煽动不明真相的群众闹事,最终造成197人死亡、1 803人受伤,大量财产损失的严重暴力犯罪事件。

---

〔2〕 一款智能手机的即时通信工具,可以进行私人聊天。

〔3〕 丁红军、称德俊:《ISIS网络恐怖主义活动对我国反恐形势的影响及应对措施》,载《中国公共安全·学术版》,2015(2)。

3. 募集资金以及物资装备

同许多政治组织一样,恐怖组织也通过互联网来筹集资金以及其他物资装备。逊尼派极端组织伊扎布特,从欧洲延伸到非洲,利用互联网要求支持者们捐款并且鼓动他人捐款来支持圣战。网站上还会提供银行信息,以及当下账户内捐款的数目。俄罗斯车臣分裂分子同样会利用互联网公布支持者们银行捐款数目。这些账户多位于境外,例如车臣捐款的账户其中有一个位于加州萨克拉门托。爱尔兰共和军的网页上,访客可以用信用卡捐款。

恐怖分子还会利用网络登入调查问卷的个人信息或者以其他形式来发觉那些出于特定原因对他们表示支持的用户。这些人随后就会被要求捐款,有代表性的是通过掩盖非法活动的合法组织(即一个支持恐怖分子但却与恐怖组织没有任何联系的公共合法组织)的邮件来要求这些人捐款。例如,哈马斯的救济金是通过得克萨斯慈善团体圣地援助和发展基金的网站募集的。美国政府在 2011 年 12 月因为圣地援助和发展基金会与哈马斯的联系而扣押其资产。美国政府还冻结了三个其他表面合法利用互联网筹集资金的慈善团体的资产,因为有证据显示这些慈善团体将资金流入基地组织。这三个慈善团体是仁爱国际基金会、全球基金会、哈拉曼基金会。

4. 教授暴恐方法、技能

万维网上有许多网站提供如何制作化学和爆炸性武器的信息。许多网站上的《恐怖分子手册》和《无政府主义食谱》就是著名的炸弹制作教程。其他的一些手册,如阿卜杜拉·阿齐兹 1996 年编写的《圣战者制毒手册》"出版"在哈马斯的官方网站上,书中用 23 页的篇幅来描述如何准备用于恐怖袭击的各式各样自制毒药、有毒气体和其他致命材料。基地组织起草了本几千页的《圣战者百科全书》,在互联网上广为传播;书中详细介绍了如何建立一个地下组织并且实施恐怖袭击。在阿富汗发现了一台基地组织笔记本电脑,恐怖分子用这台电脑多次访问法国一家股份有限公司运营的网站(一个自称是"关注批判性思维与艺术实践的关系"的由艺术家与理论家组成的组织),这个网站提供了两卷《破坏手册》,手册中的话题主要涉及如何计划暗杀与反侦查攻略。

以网络为目标的暴恐袭击战表现的形态为以计算机系统为直接攻击目标,利用网络的互联性和全球性,通过占用网络通道阻塞信息运行、瘫痪网络服务,或者侵入计算机网络系统散布大量的非法虚假内容,破坏并更改企业或组织财务数据、窃取资金、修改财经数据扰乱金融系统,或者通过非法侵入重要民生基础设施的网络管理系统,进入政府或军事相关的管理研发等重要网站,破译或更改、破坏或盗取目标国家的重要机密等信息数据,严重威胁国家信息安全等。[4]该类网络恐怖主义行为往往和上一类以网络为媒介的暴恐信息传播行为交替或混合使用,从而达到更大的恐怖效果。据国外媒体报道,一个自称来自"伊斯兰国"(ISIS)的黑客组织 CyberCaliphate,侵入并获得了美国中央指挥部(CENTCOM)的社交媒体账户。在一个多小时里,该组织通过 CENTCOM 的 YouTube 和 Twitter 账户发布和分享了大量"伊斯兰国"的暴恐视频及文件。

(二)网络暴恐信息的特征

暴恐事件的频增受到恐怖音视频的诱发。这些网络暴恐信息往往表现出如下特征:

1. 传播渠道便利,效果明显

在大数据时代,信息流动速度快,网络空间开放,互联网可以轻松访问的特点为恐怖信息的传播提供了土壤。在我国发生的暴力恐怖案件中,涉案人员几乎都观看、收听过"东伊运"等恐怖组织制作的宣扬、煽动暴力恐怖的音视频。数据显示,近年来"东伊运"制作的恐怖音视频数量呈明显增长态势,其中 2010 年 8 部、2011 年 13 部、2012 年 32 部、2013 年 109 部,2014 年截至 6 月已发布 72 部,数量和频度逐年攀升,并通过各种渠道流入境内,煽动性极强。他们在巴阿边境的部落地区以及叙利亚战场收集原始素材,移交给第三国"东伊运"成员,进行剪辑合成,并借助自建网站、免费网络硬盘、境外恐怖组织网站、分享网站、社交平台等途径对外传播。他们的活动简单来说,就是"网上传播,网下实施;境外煽动境内实施。"[5]

传统恐怖信息的传播方式,例如发传单、演讲、办学习班等,不仅风险大,而且成本高,传播速度与传播范围都受到限制。利用网络传播恐怖信息不仅风险较小,并且成本低、传播速度快,效果好,范围广。大数据时代,互联网、手机应用的普及给恐怖分子进行分裂活动提供了工具。在暴恐活动较为频繁的南疆地区,虽然有电脑的人并不多,但是很多人都有手机,一部二手手机价格低廉并且很容易

〔4〕 程聪慧、郭俊化:《网络恐怖主义的挑战及其防范》,载《情报杂志》,2015(3)。

〔5〕 刘炯:《网络时代暴恐音视频传播防控研究》,载《中国人民公安大学学报》,2015(1)。

买到，[6]便于境外敌对势力通过手机向境内发送恐怖音视频，煽动分裂。恐怖组织意识到，相对于此前派人潜伏入境实施恐怖活动、进行恐怖主义宣传的传统方法，通过这样的方式发布恐怖音视频进行恐怖主义宣传和煽动极其便捷，风险大幅度降低，而且达到的间接破坏效果更为明显。

诸多案例显示，手机已经成为非法传播暴恐音视频的主要工具与渠道。如卡某案中被告人受极端思想洗脑后，加入恐怖组织，同时利用手机上网在 QQ 聊天软件里浏览、散布、上传暴恐音视频。再如买某案，被告人买某在观看暴恐音视频（存储于手机多媒体卡）后，纠合他人成立恐怖主义组织，并着手准备实施恐怖袭击。而在麦某案中，麦某蓄意多次使用手机在 QQ 群中发布反动言论，煽动民族仇恨和民族歧视。[7]

2. 信息方式多样化，隐蔽性强

恐怖信息的表达方式极其丰富。恐怖分子利用各种各样的制作软件将恐怖信息制作得更精美，图文并茂，利用多媒体环境传播信息，例如能够将文本、图表、音频与视频结合，制作成电影、歌曲、书籍、海报等容量大的信息形式，供用户下载。同时，恐怖信息传播的平台也更加多样。从之前推特、脸书等社交网站到智能手机第三方应用程序（APP）。“晨礼”，作为基地组织的宣传机构，旨在为“高端客户群”服务，让他们能够及时掌握圣战的最新消息。填写完极为详尽的个人资料以后，就可以注册使用，一旦注册成功，这个 APP 就会推送 ISIS 的消息给注册者，微博的消息也会推送，并且附上文字、图片、视频、链接，方便在推特上转载或者是传送到其他的社交媒体网站上。此外，恐怖分子还会研究各国穆斯林的想法，善于运用该国穆斯林族群能听得懂的语言来宣传“圣战”。

网络最明显的特点就是虚拟性，恐怖分子利用网络虚拟性的特点隐藏自己，这使得警察和安全机构对恐怖分子的追踪难度加大，WiFi 热点增多使得追踪活动受到干扰。在虚拟空间恐怖组织还将自己隐藏的更隐蔽。网络恐怖组织通过网络能培养独立的下层实施者，各成员之间无须相互了解背景、无须面对面交流，

---

〔6〕 据报道，“南疆三地州经济虽相对落后，农村电脑用户不足 10%，装宽带的电脑用户更少，但大约 60%的年轻人都有手机，这些手机大多是几百块钱的山寨机，大部分都能上网”。参见张弛：《暴恐视频六度新疆》，载《凤凰周刊》，2014(15)。

〔7〕 《新疆高院公布三起涉暴力恐怖一视频犯罪典型案例》，http://news.sina.com.cn/c/2014-05-21/1228301 86802.shtml。

也无须在传统训练集中营集中接受培训，通过在线学习就能掌握制作炸弹、化学武器等的方法。组织头目可以通过电子邮件、YY 语音等进行情报交流与指挥。[8]

3. 恐怖袭击的主体以及目标复杂

传统恐怖分子受到地域的限制，主体比较单一，而如今恐怖分子利用互联网无界限的特征可以有效地动员世界各地的恐怖分子，利用网络召集不同国家、不同民族、不同职业、不同目的的人一起来从事恐怖活动。恐怖集团可以跨出国界进行操作，例如国外的恐怖组织利用网络煽动国内的少数群众对汉族的仇恨，从事恐怖活动达到自己的分裂中国的政治目的。

这里还需要附带叙述一种新的容易受到网络信息煽动的暴恐活动，即所谓的“独狼”行动。所谓“独狼”，是西方常用的一个反恐术语，指不属于某个恐怖组织，单独行动的恐怖分子，恐怖活动均由其一手策划和实施。尽管当前联合国出现了反对使用“独狼”一词的异议声，因为这似乎将恐怖分子美化成斗士之嫌，但是该词无疑还具有广阔的适用空间。与计划周密、集体行动的恐怖事件相比，“独狼”的危害性更大。“独狼”恐怖分子一般是通过互联网获取激进信息，找到伙伴，学习暴恐技能，自制装置（特别是自杀式炸弹）发动恐怖袭击。因为不在特定监管范围内，不易被发现，这些“独狼”事件频繁发生。“基地”组织越来越重视独狼战术，加上目前对“独狼”战术的应对能力不足，这种战术的威胁远远高于精密协调的大规模攻击，成为各国花费较多精力防范的攻击类型，从技术上甄别“独狼”是安全机关面临的一大难题。

网络突破了时空的限制，恐怖分子可以随时随地酝酿恐怖计划，选取攻击目标。网络使得恐怖分子攻击目标的选择范围也越来越广。传统恐怖主义的攻击目标可能会选取领导人、政要，标志性的建筑物等，如今一切与互联网有过接触的人都可能成为攻击目标。

4. 造成的潜在破坏更加严重

互联网成本低，渠道便利，然而由于其传播范围广泛，造成的破坏可能会更加严重。传统的恐怖主义造成的影响可能只局限于某一地区，网络恐怖信息传播范围广，局部事件可能通过网络扩大，造成一系列连锁反应，还可能会引起社会秩序

[8] 张欣欣：《信息化视阈下暴力恐怖犯罪侦查的几点思考》，载《湖北警官学院学报》，2014(11)。

混乱和社会动荡。自“9·11”事件以后，世界各国联合起来，反恐力度加大，传统的恐怖主义生存空间被压缩，开始从现实世界转向虚拟世界，互联网成了对外宣传的有效工具。基地组织作为恐怖组织的“老大”利用网络招募成员、募集资金，恐吓大众等，ISIS 更是利用网络将恐怖主义发挥得淋漓尽致。

从我国来讲，近年来国内恐怖主义猖獗，有经验性的事实表明发生的一些“恐怖事件”与暴恐音视频有对应关系。例如 2013 年“东伊运”的暴恐音视频明显增多，而这一年也是中国境内发生暴恐事件数量激增的一年。[9]从具体事例来看，2013 年 10 月 28 日，天安门金水桥爆炸事件中，该案犯罪分子多次观看暴恐音视频后共同预谋爆炸、杀人等恐怖活动并最终付诸实施。正是暴恐音视频的煽动，才导致类似惨剧接连发生。据不完全统计，东伊运从 2010 年到 2014 年共发布了恐怖音视频 282 部，恐怖音视频已经成为中国境内特别是新疆地区恐怖袭击多发的重要诱因。从警方破获的大量案件来看，恐怖分子大多都曾收听、观看过东伊运恐怖组织发布过的恐怖音视频，受到极端组织的洗脑。

二、网络暴恐信息的法律规制及入罪化

我国反恐怖立法还处于初级阶段，相关的理论支撑也比较薄弱，主要通过比较法借鉴西方主要国家的相关立法和政策，辅之以结合本土的实际情况来加以推动。在网络暴恐信息真正入罪化之前，对于该类信息的传播往往视其具体的目的，将其作为工具行为一同在目的行为中予以规制。

1997 年 10 月施行的《刑法》中有大量条文涉及恐怖活动犯罪的规制，包括第 116 条的破坏交通工具罪、第 117 条的破坏交通设施罪、第 118 条的破坏电力设备罪、破坏易燃易爆设备罪、第 119 条对上述三项的加重情节规定、第 120 条的组织、领导、参加恐怖组织罪、第 121 条的劫持航空器罪、第 122 条的劫持船只、汽车罪、第 125 条的非法制造、买卖、运输、邮寄、储存枪支、弹药、爆炸物罪、第 127 条的盗窃、抢夺枪支、弹药、爆炸物、危险物质罪、抢劫枪支、弹药、爆炸物、危险物质罪、第 128 条非法持有、私藏枪支、弹药罪、非法出租、出借枪支罪、第 130 条非法携带枪支、弹药、管制刀具、危险物品危及公共安全罪。在其中，只有第 120 条直接对恐怖分子进行刑事制裁。从网络恐怖主义的角度来看，很多煽动型的犯罪与

---

〔9〕 丁红军：《网络暴恐音频管控研究》，载《信息安全与技术》，2015(3)。

网络暴恐信息产生一定的交叉,例如第 103 条第 2 款的煽动分裂国家罪、第 249 条的煽动民族仇恨、民族歧视罪等。作为网络暴恐信息的主要规制的部门法是刑法,反恐的刑事立法要明显优位于其他方面的立法(行政法等)。由于反恐的局势尚未非常严峻,加之网络暴恐信息的蔓延也不迅速,尚没有专门规制网络暴恐信息的刑法规定。

1997 年 12 月由公安部发布的《计算机信息网络国际联网安全保护管理办法》第 5 条对单位和个人利用国际联网制作、复制、查阅和传播宣扬恐怖,教唆犯罪的行为做出了禁止性规定。第 20 条规定了相关的行政处罚责任,即由公安机关给予警告,有违法所得的,没收违法所得,对个人可以并处 5 000 元以下的罚款,对单位可以并处 15 000 元以下的罚款;情节严重的,并可以给予 6 个月以内停止联网、停机整顿的处罚,必要时可以建议原发证、审批机构吊销经营许可证或者取消联网资格,构成违反治安管理行为的,依照治安管理处罚条例的规定处罚;构成犯罪的,依法追究刑事责任。

2000 年 9 月由国务院颁布的《互联网信息服务管理办法》第 15 条再次对互联网信息服务提供者制作、复制、发布、传播含有恐怖犯罪内容信息做出了禁止性规定。第 20 条规定了如果构成犯罪,依法追究刑事责任;尚不构成犯罪的,由公安机关、国家安全机关依照《治安管理处罚条例》《计算机信息网络国际联网安全保护管理办法》等有关法律、行政法规予以处罚。

2000 年 12 月全国人民代表大会常务委员会通过的《关于维护互联网安全的规定》第 2 条第 1 项和第 3 项规定了利用互联网造谣、诽谤或者发表、传播其他有害信息,煽动颠覆国家政权、推翻社会主义制度,或者煽动分裂国家、破坏国家统一;利用互联网煽动民族仇恨、民族歧视,破坏民族团结,构成犯罪的,依照刑法有关规定追究刑事责任。尽管这些规定不是直接针对网络暴恐信息的,但是分裂国家、破坏国家统一、颠覆国家政权、破坏民族团结、煽动民族仇恨、歧视的行为无疑与网络恐怖主义行为在一定程度上竞合。

"9·11"事件以后,随着国际反恐形势的严峻,我国明显加快了反恐刑事立法进程。2001 年《刑法修正案(三)》出台,提高了"组织、领导恐怖活动组织罪"的量刑;增加"资助恐怖活动罪",把恐怖活动犯罪增列为洗钱罪的上游犯罪等。尽管有这些规定,刑法一直没有明确对于网络暴恐信息予以单设罪名应对。该修正案却在第 291 条之一增设了"编造、故意传播虚假恐怖信息罪",对那些编造恐怖信息或者明知是编造的恐怖信息而故意传播，严重扰乱社会秩序的情况予以规制。然而，此处的恐怖信息需要更为明确地界定，否则也无法判断何谓虚假恐怖信息。

在2010年以后暴恐音视频层出不穷，反恐的形势急剧恶化，需要至少从司法解释层面加以规制。在相关司法解释出台之前，2014年3月31日，在饱受恐怖主义之扰的新疆维吾尔自治区，当地高级人民法院、人民检察院、公安厅、文化厅和工商行政管理局在内的五部门联合发布了《关于严禁传播暴力恐怖音视频的通告》。该通告第1条对暴力恐怖音视频予以界定。所谓暴恐音视频就是指内容中宣扬暴力恐怖、宗教极端、民族分裂的音视频，具体来说包括以下内容：一是含有煽动“圣战”“伊吉拉特”等宗教极端思想，主张以暴力手段危害他人生命和公司财产安全，破坏法律实施等内容的；二是含有传授制造、使用炸药、爆炸装置、枪支、管制器具、危险物品实施暴力恐怖犯罪方法、技能等内容的；三是含有破坏民族团结，煽动分裂国家，破坏国家统一等内容的；四是其他涉及暴力恐怖、宗教极端、民族分裂内容的。除了明确了概念之外，该通告进一步重申了严禁利用手机、电脑、移动存储介质、播放器及其他电子产品制作、发送、播放、复制、传播、存储暴力恐怖音视频；严禁利用互联网网站、微博、语音聊天室、网盘，以及QQ、微信等浏览、下载、存储、复制、转发、发布、上传暴力恐怖音视频以及相关网址链接；严禁利用手机市场、电脑市场、音像市场等经营场所制作、储存、销售含有暴力恐怖音视频的物品；严禁利用邮政、快递、客(货)运等物流途径运输、夹带、寄送含有暴力恐怖音视频的物品。对于违反相关情况的，该通告还规定了一系列责任。对于那些持有、存储暴力恐怖音视频的，在本通告发布后，必须立即自行删除、销毁，个人无法删除、销毁的，必须在一个月内将含有暴力恐怖内容的物品上交当地公安机关或基层组织。凡是违反本通告的，依据《治安管理处罚法》《新疆维吾尔自治区文化市场管理条例》等有关法律法规，对当事人予以罚款、拘留处罚；情节严重的，依据《刑法》有关规定，追究当事人刑事责任。

该《通告》虽然比较简短，作为地方五部门联合出台的规定，确实起到和刑法、治安管理处罚法在当地的适用相衔接的作用。尤其是对于暴恐音视频的界定已经在法律的具体化、精密化层面上迈进了很大一步。这非常便利于公安司法机关以及文化、工商管理部门在处理案件时有章可循，也便于人民群众向公安机关举报涉及暴恐音视频的违法活动线索。当然，需要指出这里的暴恐音视频很难说已经规定得比较具体、全面，已经足以供相关部门参考，充其量只能是原则性的规定。在恐怖主义的研究范畴中,宗教极端思想、破坏法律实施、暴力恐怖犯罪方法、技能等词汇本身就是众说纷纭,无法达到一致见解的术语,需要相关部门进一步解释。暴恐音视频很难涵盖所有能够引起恐怖活动的信息,例如图片、文字材料等都无法包含在该类别中。另外,该法对于如何与刑法进一步衔接并没有非常清楚,由于刑法中缺少对于暴恐信息的直接规制,仍需要司法解释对于网络暴恐信息传播所涉及的犯罪加以注解。

2014年9月9日,最高人民法院、最高人民检察院和公安部联合下发了《关于办理暴力恐怖和宗教极端刑事案件适用法律若干问题的意见》。根据该规定第2条第3款第3项规定,通过建立、开办、经营、管理网站、网页、论坛、电子邮件、博客、微博、即时通信工具、群组、聊天室、网络硬盘、网络电话、手机应用软件及其他网络应用服务,或者利用手机、移动存储介质、电子阅读器等转载、张贴、复制、发送、播放、演示载有宗教极端、暴力恐怖思想内容的图书、文稿、图片、音频、视频、音像制品及相关网址,宣扬、散布、传播宗教极端、暴力恐怖思想,煽动分裂国家、破坏国家统一的,以煽动分裂国家罪定罪论处。根据第2条第7款的规定,网站、网页、论坛、电子邮件、博客、微博、即时通信工具、群组、聊天室、网络硬盘、网络电话、手机应用软件及其他网络应用服务的建立、开办、经营、管理者,明知他人散布、宣扬利用宗教极端、暴力恐怖思想煽动分裂国家、破坏国家统一或者煽动民族仇恨、民族歧视的内容,允许或者放任他人在其网站、网页、论坛、电子邮件、博客、微博、即时通信工具、群组、聊天室、网络硬盘、网络电话、手机应用软件及其他网络应用服务上发布的,以煽动分裂国家罪或者煽动民族仇恨、民族歧视罪的共同犯罪定罪处罚。根据第2条第10款的规定,对于尚不构成犯罪的,依照治安管理、宗教事务管理以及互联网、印刷、出版管理等法律、法规,予以行政处罚或者进行教育、训诫、责令停止活动。对其涉案的物品依法予以收缴。该意见明确了丰富的暴恐信息的载体以及形式,但是并没有对于有害的暴恐信息和宗教敏感信息进行富有针对性的区分,将定性问题仍然留给了实践。

刚刚出台的《刑法修正案(九)》则增设了一些关于网络暴恐信息的规定。其中第120条之三规定了宣扬恐怖主义、极端主义、煽动实施恐怖活动罪:以制作、散发宣扬恐怖主义、极端主义的图书、音频视频资料或者其他物品,或者通过讲授、发布信息等方式宣扬恐怖主义、极端主义的,或者煽动实施恐怖活动的,处5年以下有期徒刑、拘役、管制或者剥夺政治权利,并处罚金;情节严重的,处5年以上有期徒刑，并处罚金或者没收财产。第120条之六更是将持有该类信息规定为犯罪：明知是宣扬恐怖主义、极端主义的图书、音频视频资料或者其他物品而非法持有，情节严重的，处3年以下有期徒刑、拘役或者管制，并处或者单处罚金。除了这些直接对网络暴恐信息进行规制的法条之外，《刑法修正案（九）》增设了第121条第2款的“招募、运送恐怖活动人员罪”、第120条之二的“准备实施恐怖活动罪”都在一定程度上对网络暴恐信息予以规制。由此可见，目前我国已经全方位地对于网络暴恐信息予以入罪化规制，创设大量特别罪名，试图控制网络暴恐信息的滋生和传播。

三、网络暴恐信息筛查标准制定的必要性

对于网络暴恐信息的入罪化，整体上讲社会各界是比较支持的；与我国国情相呼应，关于恐怖主义、极端主义图书音像视频入罪化的相关条款符合当今反恐对刑法前置性的要求，有些为了应对新出现的犯罪现象采用重典特殊治理的意味。[10] 当然，这也不乏反对的声音。有学者认为刑法的威慑力对受到暴恐音视频影响而决议发动自杀式袭击的恐怖分子作用不大，因为他们在实施犯罪时已经决定放弃生命，基于此，法律应侧重对暴恐信息的预防。[11] 我们认为，仅仅入罪无法达到严密法网，预防恐怖活动的效果。在对网络暴恐信息规制时需要相对统一的网络暴恐信息筛查指引，作为补充，原因如下：

1. 恐怖主义的相关术语需要进一步明晰

对于恐怖活动、恐怖主义思想、极端主义等需要在刑法中援引的相关术语在法律上界定有欠明晰，过于抽象，没有实例加以进一步明确化。因此，自然需要相应的筛查标准予以规范化、具体化。这就好比在界定新型毒品犯罪时，需要依据国家食品药品监督管理局、公安部、卫生部发布的《麻醉药品品种目录》《精神药品品种目录》一般。此外，在《刑法修正案（九）》中，持有恐怖主义、极端主义图书音像视频，情节严重这一条款需要我们进一步解释，而网络暴恐信息筛查标准则可能在网络信息的范畴为其提供相对可操作的指引。

---

〔10〕 黄明儒、向夏厅：《论从严刑事政策在防治恐怖活动犯罪中的应用》，载《佛山科学技术学院学报》，2015(1)。

〔11〕 赵雪军：《治理暴恐音视频的法律对策》，载《喀什师范学院学报》，2015(3)。

2. 制定筛查标准是确保罪刑法定原则,维护公民权利的需要

如果从法理上来看,我国也需要制定网络暴恐信息筛查标准。如果对于某项犯罪刑事法的条文过于宽舒,相关的司法解释具体程度又不够,缺乏足够的分析暴恐信息的能力,则公安司法机关则很可能有违罪刑法定原则,滥用解释权,侵害公民的基本权利。因此,制定网络暴恐信息筛查标准尤其重要。一则可以防止权力的滥用,二则可以取信于民,对于该类质疑予以回应。

3. 网络暴恐信息的入罪与言论自由、个人隐私等的冲突需要厘清

利用恐怖主义、极端主义信息煽动型犯罪容易与言论自由造成冲突。[12] 互联网时代,人们既是信息的接受者同时也是信息的创造者,每个人都有发表自己意见的权利。通信自由与言论自由是每个公民的基本权利。为了厘清网络暴恐信息与言论自由、轻微的言论不当之间的界限,亟须相关部门制定一套相对统一却又可以不断更新的网络暴恐信息筛查标准。我国采取了"防火长城"(GFW)系统建立对包括恐怖活动相关非法信息进行拦截的防火墙系统,同时要求互联网服务商(ISP)协助管理经由其处理的互联网信息。虽然这些措施能阻止访问较广范围的不法信息,但也可能限制了公众对互联网的正常使用,并带来一系列隐私和人权问题。[13] 正如德国著名学者齐白所言:"任何一种处理互联网非法内容的方法都需要在安全利益和人权之间进行艰难的平衡。"[14]如何在阻止不法信息的同时,保障公众对互联网的正常使用,减少对于个人隐私的干预?这亦需要相对明确的筛查标准。

尽管很多网信单位与信息的传播者名义上为平等主体之间的关系,但是实际上是一种监管关系,也同样适用所谓的"法定原则",即没有规范不可以干预信息、言论自由。这是涉公权力时应当予以考虑,也是对于处于弱者的信息发布者的一种权利保护,使之发布的信息不会轻易遭受网络监管主体的警告、更改、删除。

4. 详细的标准便于减少犯罪黑数,加强监管

现阶段,恐怖信息的形式多样,传播平台也越来越多,已经单纯地从论坛、社

---

〔12〕 皮勇、杨森鑫:《论煽动恐怖活动的犯罪化——兼评〈刑法修正案(九)(草案)〉相关条款》,载《法律科学》,2015(3)。

〔13〕 杨丽:《新疆高校意识形态领域反分裂反渗透教育的形势与对策》,载《思想理论教育导刊》,2010(3)。

〔14〕 [德]乌尔里希·齐白:《全球风险社会与信息社会中的刑法:二十一世纪刑法模式的转换》,周遵友等译,414页,北京,中国法制出版社,2012。

交网站延伸到手机APP软件、百度硬盘等,这些更加个性化、隐蔽的信息传播方式给反恐工作带来了更大的挑战。对恐怖信息的锁定也并非易事,这造成网络恐怖主义入罪成为难题,有大量的犯罪黑数存在。恐怖组织利用网络还改变了恐怖组织的运作方式,例如,恐怖组织通过社交网站发现一些对恐怖活动感兴趣的年轻人,就会通过网络匿名与这些年轻人取得联系,之后很可能会提供一系列的培训,进行技术指导与资金支持,但是可能这个组织的人员几乎从未露面。这些都给恐怖活动的追踪造成一定的困难,同样造成了大量犯罪黑数。

在这种情况下,更需要提供相对明确的指引,适用专门工作和群众路线相结合原则,调动社会一切力量,尤其是网信、新闻出版、广播、电影、电视、文化等有关单位有针对性地对网络暴恐信息进行防范,从而最大限度预防、降低和消除网络恐怖主义危险和危害。尽管即便这样,仍然有网络犯罪的黑数,但是存有指引才能为进一步减少黑数提供依据,网络监控才有可能更加严密。

5. 全面的标准便于提高信息筛选效率,节约司法资源

对于各种涉恐机构,尤其是非公权力机构(尤其是网信企业),对于保护社会安全和维护信息自由之间如何权重经常进退两难的。既要维护机构的利益,又要避免与国法不相一致,难度之大可想而知。制定统一的暴恐信息筛查标准意义重大,一旦运行,可以提高信息甄别与利用效率,减少被强行法干预的风险,节约刑事司法资源,有效控制暴恐信息的传播,帮助相关职能主体以一种相对积极的方式抑制恐怖主义的滋生和蔓延。

6. 筛查标准有助于提高《反恐怖法》的实效性

国家很早就已经认识到,为了提高反恐立法质量,需要尽快出台一部能统领、组织、协调、衔接各方面反恐力量的反恐法。2011年出台《关于加强反恐怖工作有关问题的决定》,对恐怖活动、恐怖活动组织、恐怖活动人员做出界定。2014—2015年,全国人大审议的《反恐怖法(草案)》进一步明确了恐怖主义的定义,[15]对于反恐怖主义的基本原则、工作机构与职责、安全防范、情报信息和调查、应对处置、措施和恢复社会秩序、关于认定恐怖活动组织和人员、国际合作等做了规定。该草案仅仅有106条,对于网络暴恐信息筛查的指南性作用多还是抽象性、原则

〔15〕 本法所称恐怖主义,是指企图通过暴力、破坏、恐吓等手段,引发社会恐慌、影响国家决策、制造民族仇恨、颠覆政权、分裂国家的思想、言论和行为。

性的指导,具体筛查时还会面临着规范不够严密的挑战。与此同时,不是所有机构在行使解释权时都有充分的伦理自信。此时,如果制定出一套网络暴恐信息筛查标准则有助于提高《反恐怖法》的实效性。

7. 制定筛查标准挈合《反恐怖法》的规定

《反恐怖法(草案)》第 16 条规定:电信业务经营者、互联网服务提供者应当依照法律、行政法规规定,落实网络安全、信息内容监督制度和安全技术防范措施,防止含有恐怖主义内容的信息传播;发现含有恐怖主义内容的信息,应当立即停止传输,删除相关信息,保存相关记录,并向公安机关或者有关主管部门报告。……网信、工业和信息化、公安、国家安全等主管部门发现含有恐怖主义内容的信息,应当及时责令有关单位停止传输、删除相关信息,或者关闭相关网站、关停相关服务。有关单位应当立即执行,并保存有关记录,协助进行调查。对国际互联网上传输的含有恐怖主义内容的信息,主管部门可以采取技术措施,阻断传播。

《反恐怖法(草案)》第 45 条也明确主张:各级相关主管部门应当对恐怖活动和恐怖活动嫌疑、安全防范工作以及恐怖活动组织和人员实行信息化管理,有关计算机信息管理系统应当与国家反恐怖主义情报中心联网,实行信息分类、分级共享和"大数据"分析应用。计算机信息管理系统,应当实现对可疑情况的自动分析、报警。由此看来,制定相对统一却又动态变化的网络暴恐信息筛查标准是国家所鼓励的、未来将很可能具有法律依据的。此处我并不想去论证究竟网信、工业和信息化、公安、国家安全等主管部门何者应当出台该类指南,但是无疑参与制定的机构越多,越容易获得相对统一的现实操作。

此外,针对暴恐信息筛查的人才不足,一旦我们通过理论与实践的交汇,制定出一套完善的、可操作的指引,就可以有针对性地寻找、招募、培训人才,这无疑是一件双向共赢的事情。总体而言,新的领域的出现孕育着新的领域的研究、学习和发展。而新的人才的出现也会进一步完善该领域的标准。

四、草拟《网络暴恐信息筛查标准》的初步设想

(一)《网络暴恐信息筛查标准》的草拟计划

目前国内外均没有全面、完善的暴恐信息筛查标准,对于该部分研究也仅仅处于萌芽阶段。回顾反恐立法的历程,可以明确地发现国家在越来越关注暴恐音视频及其应对,然而,却一直无法提供相对明确的指引。在英文文献中,早在 20

年前就有大量研究暴恐音视频信息的研究,这可能是由于恐怖主义在西方有着长期的经历。目前收集到的英文文献中,联合国毒品和犯罪问题办公室(UNODC)于2012年发布的长达158页的 *The Use of the Internet for Terrorist Purposes* 系统地阐述了恐怖主义在网络时代的发展及其应对。[16] Edna Reid 在 *Analysis of Jihadi Extremist Groups' Video* 中详细地总结了各种圣战极端组织暴恐视频的类型,并且做出了科学的统计分析。[17] Gabriel Weimann 在 *How Modern Terrorism Uses the Internet* 中更进一步列举了大量暴恐信息,例如《圣战手册》等,提供了更为详细的类型。[18]

从这些文献中,可以看出,西方国家在努力通过长篇累牍的文献囊括所有类型的暴恐信息,研究日趋详尽、彻底,并且未来很可能出现相关的标准指引。反观我国当前关于网络暴恐信息的研究寥寥。[19] 从这些研究中看不出来又试图进行详细的列举、分析网络暴恐信息的迹象。当然,这至少说明了有相当一部分学者开始关注暴恐音视频以及网络恐怖主义。目前而言,对于暴恐音视频最详细的经验分析是来自中国香港《凤凰周刊》的两篇文章《暴恐视频流毒新疆》和《互联网"圣战"视频调查》。但是,很明显这些文章仅仅是一般的社评,没有上升到理论的高度,也没有尝试将标准制定出来。

笔者致力于弥补这项研究空白,草拟出一套系统的、全面的《网络恐怖信息筛查标准(建议稿)》。针对网络时代暴恐音视频传播频繁以及对于暴恐事件的诱发作用,同时缺乏足够的规范指导的问题,本标准旨在拟定具体的网络反恐信息筛查指南,为职能部门、机构和企业在审查网络信息是否是暴恐信息提供相对明确的指导,帮助其清理暴恐信息,堵塞暴恐信息传播的渠道,并且为公安司法机关妥善地提取、保全、审查、移交暴恐电子证据提供一定的依据。

该项研究最为重要的是从各种文献中将暴恐信息的类型罗列出来,根据现有

---

〔16〕 United Nations Office on Drugs and Crime, *The Use of the Internet for Terrorist Purposes*, New York, 2012.

〔17〕 Edna Reid, *Analysis of Jihadi Extremist Groups' Videos*, Clarion University, 2013.

〔18〕 Gabriel Weimann, *How Modern Terrorism Uses the Internet*, United States Institute of Peace Special Report, March 2004.

〔19〕 在中国知网上查找到的期刊论文中切入主题进行分析的有刘炯所著:《网络时代暴恐音视频传播防控研究》,载《中国人民公安大学学报》(社会科学版),2015(1);丁红军:《网络暴恐音视频管控研究》,载《信息安全与技术》,2015(3)等。

对于暴恐活动的归类将暴恐信息也以一定合理的方式进行归类。即便本标准的定位是尽可能详尽地为暴恐信息提供详尽的、具体的指引,也需要清醒地认识这是一套抽象的规范(当然,可以在每一规范之后标注一定的例子)。

制定规范时需要将收集到的一些重点法条,包括《中华人民共和国反恐怖法(草案)》《刑法修正案(九)》《关于办理暴力恐怖和宗教极端刑事案件适用法律若干问题的意见》《关于严禁传播暴力恐怖音视频的通告》《关于维护互联网安全的规定》等与本标准相关的法条抽取出来,整理集结成法条集,与寻找的网络公司企业内部文件《涉疆有害图片审核标准》《暴恐音视频的界定和认定考虑》等置于一起,编撰成合格的法典化式的指引。

众所周知,很多的暴恐信息已经被完全屏蔽掉;即便可以通过一些手段查阅外文的网站,英美等国都在作必要的网络暴恐信息筛查工作,将一些信息删除掉。在这种情况下,笔者需要一方面积极联络国外的反恐专家以及研究人员协助查找资料,获得一些相对难以获得的一手文献,另一方面积极联系我国恐怖主义高发地带,例如新疆维吾尔自治区公安部门专门负责排查暴恐信息的人员,通过共同合作科研的方式获得相关的信息。

在制定相关标准时,研究还应当根据最新的恐怖主义发展动态,将邪教恐怖主义界定清楚并融入指引中。何谓邪教恐怖主义?什么时候邪教活动可以与恐怖活动交叉?什么样的信息可以被归类为邪教恐怖主义信息或有害信息?有哪些重点的邪教恐怖组织?这些难点都需要进一步审查。不仅如此,还应当在全标准中区分有害信息和敏感信息。究竟何谓有害信息?何谓敏感信息?两者之间究竟如何区分?如何为敏感信息提供清楚、明确的指引?这些难点也都需要进一步审查。此外,有一些中间模糊区域需要进一步确定是否系有害信息或敏感信息。例如含有暴恐内容的影片、连续剧、动漫、歌曲、网络游戏、诗歌等是否应当为暴恐信息?因犯罪侦查、风险预警、警示教育、科普宣传所做的报道、评论是否应当认定为暴恐信息?对于恐怖事件报道、舆论中涉及身份偏见的信息应当如何认定与处理?另外,煽动仇恨、造成恐慌散逃事件的谣言应当如何认定和处理?这些问题都需要在进一步大量收集资料基础上深思熟虑。

(二)总则内容的初步设想

根据笔者初步设想,总则部分应当包括法律基础、基本范畴、制定背景、调整范围、适用主体等内容:

该标准的法律基础为《中华人民共和国反恐怖主义法(草案)》《中华人民共和国刑法》及《刑法修正案(三)》《刑法修正案(九)》《国家安全法》及实施细则、《反分裂国家法》、全国人大常委会《关于加强反恐工作有关问题的决定》《关于加强网络信息保护的决定》、国务院《互联网信息服务管理办法》,最高人民法院、最高人民检察院、公安部《关于办理暴力恐怖和宗教极端刑事案件适用法律若干问题的意见》,新疆维吾尔自治区的《关于严禁传播暴力恐怖音视频的通告》《关于依法严厉打击暴力恐怖活动的通告》《关于加强互联网信息安全管理的通告》、中国加入的一系列反恐怖国际公约(如联合国通过的《制止恐怖主义爆炸的公约》《制止向恐怖主义提供资助的国际公约》《联合国全球反恐战略》、上海合作组织签署《打击恐怖主义、分裂主义和极端主义上海公约》)以及联合国安理会通过的第1267号、第1373号、第1333号、第1456号等反恐决议。

该标准需要充分考虑它的制定背景,即在网络新媒体技术普遍应用的环境下,暴力恐怖音频、视频已经成为我国暴恐案件多发的重要诱因。恐怖分子利用互联网信息技术从事煽动、教唆、招募、资助恐怖活动,使得反恐工作遭受严峻挑战。我国国家互联网信息办公室召开全国视频会议,研究部署打击网络暴恐音视频工作,拟在全国开展"网络暴恐音视频专项清理行动",要求各地网信部门把网络反恐工作放在日常工作重要位置。网络是国家反恐的新战场,网络恐怖主义亟须应对。

该标准需要适用于所有在我国传播的与恐怖组织、恐怖分子、恐怖主义思想、恐怖主义活动、恐怖方法和技能、恐怖辅助行为和其他相关的网络信息,尤其是含有宣扬、煽动、教唆、帮助、实施暴力恐怖、宗教极端、民族分裂等内容的音视频、电子图书、文稿、图片(含视频截图)。对于暴力恐怖、宗教极端、民族分裂等关键性名词需要做进一步具体解释。"暴力恐怖"是指通过暗杀、爆炸、劫机、投毒、绑架、劫持人质等毁灭、暴力和威胁手段,从而实现恐怖效果的思想、言论和行为。旨在瘫痪计算机网络系统的"网络恐怖主义"和以破坏生态环境造成恐怖效果为目的的"生态恐怖主义"等也应当认定为恐怖主义。"宗教极端"是指断章取义,歪曲宗教教义,破坏国家宗教政策,或者宣扬极端意识形态,仇视社会、反对人类的思想、言论和行为。邪教不仅是极端宗教教派,近些年来往往表现为一种特殊的恐怖主义,必须从反恐的高度予以认真对待。当邪教组织面向公众和社会,采取各种暴力或破坏手段制造社会恐怖,以达到某种政治性或社会性目的时,相关活动就具备了恐怖主义的特征。“民族分裂”是指聚集部分民族势力或反动势力,接受国际势力的直接或间接支持与资助,以脱离平等、团结、互助的社会主义民族关系的整体为目的,破坏国家统一和团结,攻击我国现有的民族政策、法律法规、境内少数民族群众生活习惯,制造并加剧各民族之间以及本民族内部的隔阂的民族分离思想、言论和行为。民族分裂主义是民族主义极端化的产物,与暴力恐怖主义、宗教极端主义具有天然的联系。

所有符合上述三项特征之一的信息一律应属于本筛查标准所指的有害信息。对于是否有害尚需审核、确认的信息应属于本筛查标准所指的敏感信息。有害信息和敏感信息的载体可以是网站、网页、论坛、电子邮件、博客、微博、贴吧、唱吧、即时通信工具、群组、聊天室、网盘、微盘、网络电话、手机及其应用软件、其他网络应用服务、电子阅读器等;信息的形式可以是视频、音频、电子图书、文稿、图片等。有害信息和敏感信息的来源可以是境内的网络载体,也可以是境外的网络载体,且没有语言限制(按照风险层级排序为维吾尔语、汉语、土耳其语、哈萨克语、阿拉伯语、英语、俄语等,一般而言,即便不是维吾尔语,很多该类信息都配有维吾尔语字幕,便于在维吾尔族社会传播)。本标准遵循法律面前人人平等的原则,反对区分民族、种族、宗教信仰并刻意隔离一定的群体,并采取歧视性态度。

该标准的制定响应了国家坚决反对和禁止恐怖主义和极端主义思想,将反恐怖主义纳入国家安全战略,动员所有职能主体,依靠、动员企业事业单位开展反恐怖主义工作,严密防范恐怖主义信息的号召。该标准的适用主体为公安司法、网信、新闻出版、广播、电影、电视、文化等有关单位、网络与信息系统运营者、电信业务经营者、互联网服务提供者。

(三)分则及附录内容的初步设想

该研究并不是纯粹理论性的研究,它致力于解决当前我国国家安全中面对的实际问题,希望通过整合各种信息,提供了一个最为全面、几乎无所不包、原则与具体相结合的指南。从我国现有的文献资料来看,“东伊运”恐怖组织制作的恐怖音视频主要有四种类型:一是煽动进行圣战,例如,怂恿志愿者们身上绑着炸药,车上装着爆炸装置,摧毁异教徒;二是传授制爆方法和技术,例如,详细介绍了硝化甘油炸药等液体炸药或者黑火药等炸药的制作方式;三是宣扬宗教极端思想,例如,宣扬圣战流血就能洗刷罪过,杀死异教徒胜做十年功,可以带自己的72位亲友上天堂,相反,不服从教义就是敌人,必然下火狱;四是煽动民族仇恨,例如,宣扬维吾尔族等少数民族与汉民族之间存有敌对关系,呼吁世界穆斯林对维吾尔族分裂分子进行援助。这些类型学划分为较为便捷地识别暴恐信息提供了一定的经验参考,然而,这种类型学划分显然是不够周延,而且例子是不够详尽。为了建构暴恐信息筛查指南,必须对于境内外的暴恐信息作更广泛的调查和归类。

目前而言,分章对于恐怖组织、恐怖分子、恐怖主义思想、恐怖活动、恐怖方法、技能、预备性、辅助性活动进行探讨比较适合,更为周延,可以涵盖暴恐信息的各种类型。恐怖组织、恐怖分子处可以规定的更为简略,在附件中附上公安部等机构重点通缉和公告的恐怖组织、恐怖分子名录。对于恐怖分子的特征还应当做一些盖然性的认定,对于男士特征、妇女、儿童特征、军人特征分别做出描述,例如视频、图片中的妇女,具有下列特征之一或部分的,具有恐怖分子嫌疑的,该视频、图片应被认定为有害信息:①妇女全身上下罩地里巴甫(黑色长袍、长头巾),中青年妇女穿戴里切克(长袍、长头巾);②面蒙黑面纱或以其他方式隐蔽面部特征;③头部绑或手持圣战标语或旗帜、清真言标语或旗帜;④携带致命武器。

对于恐怖主义思想应当作更为详细的类型学划分,至少应当包括宣扬、煽动、教唆、声援"圣战"的思想;宣扬、煽动、教唆暴力恐怖思想;宣扬、煽动、教唆铲除异教,颠覆世俗政权,建立神的国度;散布宗教极端思想、破坏国家宗教政策,煽动、胁迫群众破坏国家法律确立的婚姻、司法、教育、社会管理等制度实施;宣扬、煽动、教唆民族分裂的思想等部分。

对于恐怖活动,至少应当包括实施恐怖活动前的准备活动;自杀式炸弹袭击;枪毙、斩首、焚烧、绞杀等处决活动;殴打、虐待、破坏人体组织的完整、破坏人体器官的正常机能、强迫使用毒品或致人形成瘾癖的麻醉药品、精神药品等故意伤害他人的活动;绑架、劫持、控制人质等限制人身自由,予以威胁、恐吓的活动;扰乱国家机关、扰乱公共场所秩序、交通秩序的活动;恐怖活动后的声明负责、庆祝、纪念、反思等事后行为;对恐怖活动的辩解等。

对于恐怖方法、技能,至少应当包括"圣战"方法、技能;制造、装配、使用炸药、爆炸装置等实施暴力恐怖犯罪方法、技能;制造、装配、使用火炮、火箭、枪支、火箭助推手榴弹、管制器具、自杀车辆、其他危险物品等武器;制造、配制、传播病毒、细菌等生物武器;制造、配制、使用毒药、有毒气体、其他致命化学材料等化学武器;侵入计算机网络、使用网络病毒侵袭网站造成系统瘫痪等网络恐怖主义方法;规避监视或审查、逃匿、毁灭、伪造证据的方法、技能;化学实验、武术格斗、武器介绍等科研、教学、科普信息等部分。

此外，还应当设专章介绍预备性、辅助性活动，并且对于旗帜、图标、网站标识、符号、文字等专门予以分析。对于含有暴恐内容的影片、连续剧、动漫、歌曲、网络游戏、诗歌等；因犯罪侦查、风险预警、警示教育、科普宣传所做的报道、评论；对于恐怖事件报道、舆论中涉及身份偏见的信息；煽动仇恨、造成恐慌散逃事件的谣言等事项应当在杂项中予以专门规定。

总之，根据我国当前的立法，对目前利用互联网传播恐怖活动相关的非法信息，进行了犯罪化的处理，这些法律往往仅仅提供了一个刑法调整的框架，对于具体情况没有提供进一步的指引。当前，我国反恐怖的监管方面仍然带有一定的探索性，不免有些盲目，有必要制定详尽、全面的《网络暴恐信息筛查标准》。该标准的制定将为各种职能部门提供了极大的便利，为国家提高反恐效率，维护社会稳定，提供充分的规范保障，也为民众根据标准主动举报、提供线索提供一定的依据，具有极强的实用性。笔者希望进一步研究和建议稿的拟定可以为这一网络暴恐信息入罪化的补充提供一定的参考。

组织犯罪构成要件立法与实务之比较研究

洪俊义*

一、黑帮组织型态与犯罪类型趋势

台湾地区之帮派犯罪，由原来地方帮派及“角头”“组合”型态，已逐渐以企业化、组织化之方式，将其触角渗入各行各业经营，致衍生严重的社会问题；黑帮在过去50余年的发展，亦如同国外黑道的发展模式，先由流氓个体演变成帮派(Gang)，最终发展成组织犯罪(Organized Crime)。

由于组织犯罪与政经局势发展息息相关，台湾地区历经了二次政党轮替，近年来黑道帮派的活动型态，随着社会与政经局势的快速变迁，再加上世代交替，新生代崛起，呈现多样化成长。其活动营生方式，由以往的角头聚合方式，霸占地盘、持械火并、敲诈勒索、收取保护费、经营职业赌场、色情场所、地下钱庄、讨债公司等，现已逐渐朝向公司化、组织化、企业化的经营模式；将触角伸入各行各业，有经营大型地下职业运动签赌网站、走私枪械毒品集团、介入公共工程围标、经营高利贷地下钱庄、人口贩运集团、海峡两岸及港澳地区跨境诈欺集团(含东南亚国家)、地下汇兑洗钱集团等公司化组织。此种企业化的组织犯罪行为，分工更为细

* 金门警察局刑事警察大队大队长，辅仁大学法研所法律硕士。

密,联络脉络更为神秘,不但加深追查上的难度,犯罪模式也愈趋复杂。

(一)组织犯罪的定义

组织犯罪是指一群犯罪者的结合,从事组织性的犯罪活动,犯罪动机在于追求经济获利。组织犯罪是一个连续不断存在的企业体,以不合理的方式,从公众所需的非法活动中获得利益;同时辅以胁迫的方式,保障其生存发展,并且会利用行贿的方式免于遭受制裁[1]。

跨境犯罪(Cross-border Crime)系指犯罪行为的准备、实施与结果有跨越国境、边境或地区的情形,使得至少有两个以上的国家或地区,对该行为可进行刑事侦处。

跨境有组织犯罪(Cross-border Organized Crime)是组织犯罪的一部分,兼具跨境犯罪的表现;近年来,由于台湾地区的经济发展及两岸政经交流日趋热络,台湾地区帮派大都与大陆地区帮派结合,并将触角伸入东南亚各国,也将其经验向境外复制,发展其"跨境有组织犯罪"。

(二)台湾地区的帮派类型

1. 组织型

台湾地区较具规模及影响力的三大组织型帮派,就起源先后来看,有 1953 年萌芽的四海帮(Four Seas Gang)、1955 年的竹联帮(Bamboo Union Gang)和 1985 年的天道盟(Tien Tao Meng,or Heaven League)。四海帮(Four Seas Gang)名称取自"四海之内皆兄弟";竹联帮自诩"竹叶飘飘片片生,狂沙万里皆竹联";天道盟则标榜组织在于"替天行道"。台湾地区大小的帮派中,不少属于"聚合型"或"角头型",但是四海、竹联、天道盟都被视为是"组织型"的帮派;组织型帮派是指有固定入帮仪式,定有帮规,设有帮主、掌法、堂口等组织,并有固定经济来源[2]。

2. 角头型

角头型有非常强烈的地域性,先经过纷争、调解、结盟后,地盘、势力范围划分清楚,较有秩序伦理,主要经营地方人脉势力以地方利益分配,主导地方派系势

---

[1] F. E. Hagan,"The organized crime continuum: A further specification of a new conceptual model,"*Criminal Justice Review*,Fall 1983. Vol. 8,52-57.

[2] 许春金、郑善印等:《不良帮派处理模式之泛文化比较研究》,台北,"内政部"警政署刑事警察局,1993;以及郑善印、林灿璋等:《当前台湾地区组织犯罪问题之整合型实证研究:从现象面分析》,台北,"行政院国科会",1999。

力，随社会型态改变，角头团体内分工逐渐细腻，且愈是都会区域的愈是明显；例如台湾台北地区的松联帮、北联帮，新竹地区的飞鹰帮、万华芳明馆、中坜牛埔帮等。

3. 犯罪组合型

此类组合并非常态性组织，可能因共同犯罪意识或共谋利益而临时组合成一犯罪团体；如堂口、诈骗集团、飙车族等，这类组合通常是一些鱼肉乡民的地痞流氓，或黑帮外围组织，组织规模最小，大概只有数人至十几人，没有地方角头势力团体的撑腰掩护，却以黑帮堂口名义，四处为非作歹，没有地盘，所以只会敲诈勒索善良老百姓或白吃白喝，随机犯案，欺善怕恶的地方败类〔3〕；譬如郑太吉组合、饶河街夜市组合等。

（三）台湾地区扫黑政策的变迁

扫黑工作一直是台湾地区行政当局维护社会治安的重点工作，在扫黑的侦查策略中，由于不同时期有不同的法制与政经背景，概可以“治平项目”的实施作一个区别，“治平项目”开始实施之后，代表由军管“警备总部”时代的检肃流氓黑道工作，全部移交司法警察机关，亦即由“内政部警政署”负责检肃黑道帮派工作，且在策略上秉持“擒贼先擒王、一网打尽”之重点，订定严苛的评比办法、奖惩规定，要求所属各级警察机关朝“组织犯罪”侦办，主要目标是“揪出幕后集团首恶、瓦解整个犯罪组织”。而现阶段规划执行“治平项目”“不良帮派组合项目搜索临检”等攻势作为，配合“调查监控黑道帮派活动专报及情资搜报”“防制帮派公开活动”等侦防性作为，以期全盘掌握黑道帮派组织脉络，并予彻底瓦解黑帮犯罪。

1. “治平项目”实施前

第一阶段是 1955—1984 年，在这将近 30 年期间，台湾地区黑道由暴力进入寄生时期，也是地方角头帮派的萌芽发展期。当时扫黑适用的法令规定主要为刑法第 154 条参与犯罪结社罪及台湾地区戒严时期取缔流氓办法。1973 年行政当局办理第一次不良帮派组合自首登记，当时共有 568 个犯罪帮派、3 334 个帮派成员自首；1978 年办理第二次不良帮派组合自首登记，共计有 523 个犯罪帮派、3 273 个帮派成员自首；复于 1984 年办理第三次不良帮派组合自首登记，本次计

〔3〕 参阅台湾地区黑社会，维基百科，网址：https://zh.wikipedia.org/wiki/%E5%8F%B0%E7%81%A3%E9%BB%91%E7%A4%BE%E6%9C%83。

有 242 个犯罪帮派、1 515 个帮派成员自首解散(当时仍为戒严时期,帮派及成员角色胡乱界定)。惟当年 10 月在美国发生的刘宜良(江南)遭枪杀命案,使竹联帮声名大噪,同年 11 月 12 日行政当局实施“一清项目”,全力扫荡黑道帮派组织,主要就是锁定竹联帮陈×礼,在这一年的扫黑行动中,共检肃到案流氓帮派有 3 141 人、移送矫正有 2 730 人。当时的扫黑政策就是要全面压制黑道角头的气焰,在执行的侦查策略与行动中,其实许多被锁定为黑道流氓者,有部分并没有具体犯罪事证,只因为曾经违反“违警罚法”(已因违宪废止)或犯有刑案记录者,一概提报流氓,交由地区警察机关等治安单位检肃到案。

第二阶段是 1985—1990 年,黑道帮派生态逐渐由寄生时期正要进入共生时期,由于一清项目的大扫黑行动,将全台湾地区所有的地方角头、黑道流氓移送矫正,致使黑道帮派全面重整转型。1985 年 7 月 19 日当局制定了动员戡乱时期检肃流氓条例,原台湾地区戒严时期取缔流氓办法停止适用;1988 年 1 月 13 日蒋经国先生逝世,当局颁布罪犯减刑条例,一清项目时期所逮捕的帮派分子也因减刑而提前出狱;当时在狱中的台湾地区本土黑道角头,在管训及服刑时,因为不满竹联帮及其他属于外省籍的帮派分子仗势欺人,便提议在狱中共组联盟;由台北文山帮老大罗×助出面号召,与高雄西北帮杨×魁,基隆田寮港帮吴×潭,彰化谢×运,新竹林×德……全台各角头共组“天道盟”,成立宗旨美其名强调“除暴安良、替天行道”。1990 年台湾地区当局为防制天道盟犯罪组织坐大,立即实施“迅雷项目”(俗称二清项目),并订定“检肃流氓条例迅雷作业实施要点”。然而在当局大动作实施检肃流氓扫黑行动之际,因维护人权民主法治思想高涨,赖以执法依据之“动员戡乱时期检肃流氓条例”部分条文经“大法官会议”释字第 384 号、第 523 号明白宣示部分条文“违宪”。

第三阶段是 1991—1994 年,这段期间是台湾地区走向民主社会的一重大阶段,但也是台湾地区步入为人所诟病的黑金政治发展期;在迈向民主政治的选举活动中,许多具黑道背景的候选人藉由地方势力参选,尤其是 1994 年台湾省各县市议员选举,为台湾地区“黑金政治”的滥觞。

综上,在戒严时期、警备总部时代背景下,属于军管、极权的政府、人治的社会,在前揭一清、二清项目期间,当局扫黑政策的最高指导原则,与认事用法的证据法则迥异,执法机关须听从上级指示,完成所指示之任务;亦即由“警备总部”先遴选出许多扫黑对象后,再命令地区警察机关全力搜证提报流氓,且几乎是使命必达，如此方式势必造成构陷情事。

2. “治平项目”实施后

台湾地区自1995年起，“治平项目”为扫黑的主要政策，惟近20年来，在台湾选举文化的洗礼、资通信科技的进步、政经社会的动荡后，连带黑帮犯罪组织之次文化亦产生许多质变。

第一阶段1995—1999年，该阶段之前最为诟病的是台湾黑金政治的滥觞，是以警察机关于1995年1月第一次实施的“治平项目”扫荡，总计检肃了70名治平对象到案，惟效果并不理想，未对黑道发挥实质性的吓阻成效；概于1996年发生四海帮帮主陈×和遭狙杀案、桃园县长刘×友等枪击血案、彭×如命案、1997年立委彭×瑾遭竹联帮分子杀伤案，立委廖×广被天道盟绑架之关狗笼案、“0414”白×燕被绑架撕票案；还有多起黑帮组织介入公共工程围标案，顿时社会治安风声鹤唳、人人自危；是以，于1997年6月开始实施第二次治平项目，亦即俗称“绿岛政策”〔4〕。由于绿岛政策的实施，对黑帮确实发挥了吓阻效果，许多具有政商关系影响力的黑道大哥，在项目开始实施前，纷纷走避、潜逃海外，是以，为因应扫黑执法要求，陆续订定洗钱防制法及组织犯罪防制条例。

第二阶段1999—2006年，此阶段是黑帮组织犯罪两岸化、国际化时期，由于第二次治平项目扫黑项目系由法务部主导，并由台湾高等法院检察署及各地检署指挥司法警察等情治单位共同执行，很多黑道大哥担心被逮捕纷纷潜逃海外，大部分都逃往大陆或东南亚地区；例如竹联帮陈×礼逃亡后居住柬埔寨、天道盟吴×潭逃往大陆地区；这一时期，台湾地区积极展开两岸共同打击犯罪机制，诸如詹×栏、吴×潭、陈×华等都因在两岸合作努力下，逮捕后遣返台湾地区服刑。

第三阶段自2006年迄今，由于资通科技的发达，帮派犯罪的型态产生重大变化，暴力犯罪减少，取而代之的是公共工程的围标介入、毒品枪械走私贩运、电信诈欺、网络诈欺、网络运动签赌的急遽成长；之所以犯罪类型的转移，乃因两岸交流日趋活络，偌大的市场创造两岸合作犯罪的模式，复以诈欺犯罪投资报酬率高且刑责较一般财产性、暴力性犯罪低很多，又如以网络电话、QQ网站实时通、

〔4〕 当年治平项目对象审查严格，审查会于台北市贵阳街检察总长宿舍秘密召开，由总长主持，被逮捕的治平项目对象隔日即以直升机解送绿岛监狱羁押关入独居房，透过新闻媒体传播全国民众周知，具有当局大力执行扫黑政策的宣示效果，故俗称“绿岛政策”；笔者于1997年11月26日亦搜证检肃到新北市第一位、全台湾第一位黑道漂白的民意代表治平项目对象陈×赐到案，于27日直升机解送绿岛羁押。

Line、Wechat、Facebook 之 Messager、Viber……聊天软件作为联络工具,又可规避警察的传统监听查缉。[5]

二、现行组织犯罪法制的规范与查缉侦办实务的瓶颈

(一)"犯罪组织"之立法定义与实务解释之纠葛

前已述及台湾地区何以自1995年"组织犯罪防制条例"实施以来,检察机关的起诉率(约26%)及法院的定罪率(23%)均偏低,且越趋滑落;究其原因,要从"组织犯罪防制条例"第2条所谓犯罪组织的定义讨论,依该规定所谓犯罪组织系指:"三人以上,有内部管理结构,以犯罪为宗旨或以其成员从事犯罪活动,具有集团性、常习性及胁迫性或暴力性之组织。"阐释如下:

"犯罪组织"与"组织犯罪"虽有高度的关联性,但却属性质互异的两个概念。前者是指多数人所组成,有内部控制及监督力量,以反复从事特定或不特定犯罪活动为目的之人合团体;后者是指由犯罪组织所计划或实施之犯罪活动,理论上可能涉及刑法、特别刑法或附属刑罚上之所有犯罪行为,但由于其图利性与暴力手段之行使,实务上组织犯罪之型态有其特定范围。对于"犯罪组织"的定义,于立法过程中引起极大的争执,该条例对"犯罪组织"的定义,可分为内部要件及外在特性论之。

1. 内部要件:本条例乃指:"三人以上,有内部管理结构,以犯罪为宗旨或以其成员从事犯罪活动。"

① 所谓"三人以上",包含本数计算,但不包括无责任能力之人。实务上,认为"三人以上",不含14岁以下等无责任能力等之人。

② 所谓"内部管理结构"在于显示犯罪组织内部指挥从属等层级管理之特性,以别于共犯、结伙犯之组成。因此,组织犯罪团体内部必须有"上下从属之指挥控制结构",但不论其称呼方式为何,惟必有"首领与帮众"之存在。至于一般共犯或结伙犯之犯罪型态,如三人缺钱,一时兴起,连手共同强盗者,虽在外观上多有类似团体之外貌出现,但其共犯或结伙犯内部间,要属平行关系,纵有正犯、从犯之别,仍无指挥从属之控管关系存在,因此,不属本条例之规范对象。

③ 所谓"以犯罪为宗旨或以其成员从事犯罪活动",乃指该组织以犯罪为宗

---

[5] 林宏升:《帮派与组织犯罪侦查策略变迁之研究》,台北大学2011年硕士论文,57~62页。

旨，亦即该组织之成立，以犯罪为其目的、目标之意。然而由于实务上以往查获之犯罪帮派，常以不偷不抢甚至以十戒为其帮规，造成诉讼上司法机关举证之困难，为弥补此缺陷，立法上乃增列“或以其成员从事犯罪活动者”亦有本条例之适用。惟为避免其成员从事犯罪活动之定义，成为有心人士打击工运、社运等人民运动之嫌，仍须就组织外在特性而为判断。

2. 外在特性：为“具有集团性、常习性及胁迫性或暴力性”。亦即组织犯罪团体外在特性，必需具备下列三条件之一即为本条所称之“犯罪组织”：

① 该团体须具备“集团性、常习性及胁迫性”；

② 该团体须具备“集团性、常习性及暴力性”；

③ 该团体须具备“集团性、常习性、胁迫性及暴力性”。

另所谓“集团性”“常习性”“胁迫性”或“暴力性”等特性，乃犯罪组织表彰于外之组织性质。

- “集团性”指以众暴寡，排除个别不法行为及偶发共犯。
- “常习性”指经常性、习惯性（如有机会就犯的企图、意图或不务正业等习性），以排除偶发、突然、一时间之犯罪态样。
- “暴力性”指足以危害公共安宁秩序一切对人或对物所实施之不法暴力。如持棍殴击、砸破门窗、持枪伤人均是。
- “胁迫性”指以一切足以使人造成精神上畏惧之威胁、迫害。如电话恐吓、持枪威吓、寄发恐吓信等均属之。

惟在司法实务上，认为所谓“犯罪组织”，搜证、执行过程中，需有查扣足资证明为“组织”之表征，例如帮规、帮服、帮帜、组织章程……或于笔录中坦承帮派组织及指挥从属关系，且有足资证明的资料；又现今台湾地区主管黑帮组织的单位——刑事警察局反黑科，所列管的黑帮组织的成员身份、组织架构等，系来自前述第1、2、3次自首脱离组织帮派时所建立之脉络，而该组织脉络纯系治安机关为管控组织帮派所建立之内部控管数据（证据法则上称为传闻证据），是不能亦无法提供给司法机关（含检察署、法院）作为证据资料；除前揭所述之组织型、角头型及组合型等集团不可能在任何堂口、住处留存组织架构、帮规、帮服、帮帜等相关足为警方查缉佐证之资料，有任何为警方搜索查扣之帮派分子，亦不可能在法庭上自己坦承渠为帮派组织分子或身份，自然在司法机关侦审过程中，就组织犯罪防制条例规范部分获得不起诉处分或无罪判决的概率倍增，司法机关仅能就其行为触犯刑事实体法部分(如“刑法”“特别刑法”等)裁处,自然给予民众有叠床架屋之疑。

(二)笔者侦办实例

笔者于2008年在台湾地区新北市政府警察局担任刑侦队长时经长期搜证后,同步搜索行动查获“竹联帮忠堂”一组织犯罪,除起获相关暴力讨债犯罪事证外,并起获期藉以恐吓、暴力相向之犯罪工具且经检验具杀伤力枪支4把、子弹139发,又其暴力讨债手段之残忍包括“绑架被害人、脱光衣服丢水坑,以打火机烧被害人阳具、阴毛,持枪恐吓等”,该案经台湾桃园地方法院检察署检察官(2008年度侦字第15054号、2008年度侦字第21650号)依“组织犯罪防制条例”、重利罪、伤害、剥夺他人行动自由、加重强盗未遂、枪炮弹药刀械管制条例等侦查起诉;惟“组织犯罪防制条例”部分仍为法官于2011年5月27日2008年度诉字第1200号为无罪判决,援引其判决书内容,判决主文、理由如次:

被告等因组织犯罪防制条例等案件,经检察官提起公诉(2008年度侦字第15054号、2008年度侦字第21650号),本院判决如下:

主文

杨进龙、王朝阳、廖志得、林资洋、翟永祥、袁有龙、许嘉修、许铭翔、庄邵民、徐文淼、范骏庭被诉组织犯罪防制条例部分均无罪。

理由

公诉意旨略以:被告杨进龙于2007年发起主持3人以上,担任具有内部管理结构,以涉犯重利、暴力讨债及恐吓等犯罪为宗旨,而其成员从事犯罪活动具有集团性、常习性、胁迫性及暴力性之组织,以上、下隶属指挥制度,立定奖金派发策励旗下组织成员从事经营地下钱庄,为使其组织获取更多不法暴利,乃指挥、教唆其下组织成员从事暴力讨债、恐吓、妨害自由、伤害等不法犯行胁迫不特定借贷人,以达顺利收回放款之本金及高额利息之目的。该组织系以报纸分类广告“身份证1万~12万0000-000-000”借款广告或以张贴分类广告贴纸“钞好借、立即放款新台币(下同)1万~20万免押免保0000-000-000”,吸引不特定被害人前来借贷,并以每10日为1期限、违法高利借贷月息高达45分利,并于第1次借贷扣除头款利息后再给予借贷人。其组织内部结构及上下属关系如下:被告杨进龙绰号龙哥,为该组织实际出资、操纵该组织干部成员,经营地下钱庄,每月5日,先后在桃园县平镇市××街101巷12弄14号6楼及桃园县中坜市××街6号10楼处所，以组织获得不法利益以6 ：4之比例分派予成员，并在大陆及台湾地区明确操控该组织犯罪行为之方向及策略，并唆使其下成员泼漆或以3秒胶破坏门锁，借此恐吓被害人及其家属致使心生畏惧，迫使出面偿还债务。

被告王朝阳原为被告杨进龙为扩展帮派组织势力，派遣至宜兰县、市地区，经营组织分部从事放款、暴力讨债等犯行之干部，近期受被告杨进龙指示移师桃园县地区与原组织合并后，为新任总管，负责定期向被告杨进龙报告账务及指挥旗下成员放款及暴力讨债。高清义原为该组织之总管，负责定期向杨进龙报告账务及指挥旗下成员放款及暴力讨债，嗣因王朝阳调回桃园地区后，始专责放款及收款业务。范姜春芳（另为不受理判决）、许人元（未经起诉）及被告廖志得、林资洋、翟永祥、袁有龙、许嘉修、许铭翔、庄邵民、徐文淼、范骏庭、林启宇（另行审结）则负责刊登报纸借款广告、张贴借款小广告、放款、收账及暴力讨债等工作，共同达成该组织之不法目的云云，因认被告杨进龙涉犯“组织犯罪防制条例”第3条第1项前段之发起组织罪嫌、被告王朝阳、廖志得、林资洋、翟永祥、袁有龙、许嘉修、许铭翔、庄邵民、徐文淼、范骏庭均涉犯“组织犯罪防制条例”第3条第1项后段之参与犯罪组织罪嫌。

（一）按犯罪事实应依证据认定之，无证据不得认定犯罪事实；又不能证明被告

犯罪者，应谕知无罪之判决；“刑事诉讼法”第154条第2项、第301条第1项分别定有明文。又犯罪事实之认定，应凭证据，如未能发现相当证据，或证据不足以证明，自不能以推测或拟制之方法，以为裁判基础。次按认定不利于被告之事实，须依积极证据，苟积极证据不足为不利于被告事实之认定时，即应为有利于被告之认定，更不必有何有利之证据（参照“最高法院”1941年上字第816号判例意旨）。再按刑事诉讼法上证明之数据，无论其为直接证据或间接证据，均须达于通常一般之人均不至于有所怀疑，而得确信其为真实之程度，始得据为有罪之认定，倘其证明尚未达到此一程度，而有合理之怀疑存在时，致无从形成有罪之确信，根据“罪证有疑，利于被告”之证据法则，即不得遽为不利于被告之认定（参照“最高法院”1987年台上字第4986号判例意旨）。

（二）公诉人认被告杨进龙涉犯本件发起犯罪组织罪嫌

被告王朝阳、廖志得、林资洋、翟永祥、袁有龙、许嘉修、许铭翔、庄邵民、徐文淼、范骏庭涉犯本件参与犯罪组织罪嫌，无非系以被告杨进龙、王朝阳、廖志得、林资洋、翟永祥、袁有龙、许嘉修、许铭翔、庄邵民、徐文淼、范骏庭之供述，证人李荣木、刘梅娇、陈阿台、黄柏凯、徐安兰、沈凤金、詹汉禄、刘铭镇、彭建财、黄俊德、蓝青田、邱陈初玉、洪艺华、邱传振、赵展璋、王连丰、陈赐记、林易宣、廖淑雅、张满华、叶良银、张国勋、吴秋兰、黄郑美女、王羿晴、洪美娟、林添兴、刘子瑄、罗国雄、刘剑亭、黄志文、黄崇奕、叶佩芸、罗运棋、陈聪德、叶佐雄、黄淑卿、谢聪明、刘兴中、徐嘉骏、张书瑟、何金水、许铭维、吴鑫德、林岑泽、邱淑勤、陈壬豪、谢明道、黄华闵、刘梅芬、黄丽珍遭重利、恐吓等经过之证述，及通信监察译文，扣案之自由时报之广告、本票、借据、账册、身份证复印件为其主要论据。讯据被告杨进龙、王朝阳、廖志得、林资洋、翟永祥、袁有龙、许嘉修、许铭翔、庄邵民、徐文淼、范骏庭均坚决否认有本件之发起或参与犯罪组织犯行。被告杨进龙辩称：伊无帮派背景，与其他被告间亦无上下从属关系，伊仅是提供资金当金主，以分类广告吸引他人借贷，但此均非以帮派名义为之，且地下钱庄亦无帮规等语；被告王朝阳辩称：杨进龙担任地下钱庄金主，从事放款业务，但伊等并无组织人员名册、入会仪式、帮规等，放款目的系为赚钱，并非组织去打架或犯罪等语；被告林资洋辩称：伊非竹联帮忠堂的成员，仅系负责张贴借款的广告，并未加入帮派等语；被告廖志得辩称：伊系从事放款业务，未参加犯罪组织，亦未听过竹联帮忠堂之帮派等语；被告袁有龙辩称：伊未参加暴利讨债集团，刊登广告系以自己之名义为之，伊未参加组织等语；被告庄邵民辩称：伊未参加暴利讨债集团，亦与被告杨进龙不熟，伊虽有去刊借款广告，但并未参与组织等语；被告翟永祥辩称：伊非帮派分子，仅系自己做放款等语；被告范骏庭辩称：伊当初仅系做放款，并非帮派等语；被告许铭翔辩称：伊仅系帮忙贴贴纸，并非帮派成员等语；被告许嘉修辩称：伊单纯贴广告贴纸，并非帮派分子等语；被告徐文淼辩称：伊是当工读生帮忙贴广告，但并非参与组织等语。

经查：

(一) 程序部分

(1) 按“组织犯罪防制条例”第12条第1项中段规定：“讯问证人之笔录，以在检察官或法官面前做成，并经践行刑事诉讼法所定讯问证人之程序者为限，始得采为证据”，此为刑事诉讼证据能力之特别规定，且较2003年2月6日修正公布，同年9月1日施行之“刑事诉讼法”证据章有关传闻法则之规定更为严谨，自应优先适用。依上开规定，证人于警询时之陈述，于违反“组织犯罪防制条例”案件，即绝对不具证据能力，无修正后“刑事诉讼法”第159条之二、第159条之三及第159条之五规定之适用，不得采为判决基础（“最高法院”2008年度台上字第1727号判决意旨参照）。依上开说明，相关证人于警询中所述，就公诉人起诉被告杨进龙、王朝阳、廖志得、林资洋、翟永祥、袁有龙、许嘉修、许铭翔、庄邵民、徐文淼、范骏庭犯组织犯罪防制条例犯行部分，即绝对不具证据能力。又我国刑事诉讼法基于证据裁判主义及证据能力之规定，得以作为认定犯罪事实之依据，以有证据能力之证据为限，惟于审判期日证人所为陈述与审判外之陈述相异时，可提出该证人先前所为自我矛盾之陈述，用来减低其在审判时证言之证明力，此种作为弹劾证据使用之传闻证据，因非用于认定犯罪事实之基础，不受传闻法则之拘束。因此，被告以外之人于审判外之言辞或书面陈述，虽不得以之直接作为证明犯罪事实存否之证据，但非不得以之作为弹劾证据，用来争执或减损被告、证人或鉴定人陈述之证明力（“最高法院”2008年度台上字第1093号、第1981号判决意旨参照）。是被告即证人庄邵民及相关证人于警询中所述，固无证据能力，但仍得作为弹劾证据。

(2) 按被告以外之人于侦查中向检察官所为之陈述，除显有不可信之情况者外，得为证据，刑事诉讼法第159条之一第2项定有明文。证人林惠美……上开证人于检察官侦查中之陈述，自得为证据。

（二）实体部分

(1) 按犯罪组织，系指三人以上，有内部管理结构，以犯罪为宗旨或以其成员从事犯罪活动，具有集团性、常习性及胁迫性或暴力性之组织，此为“组织犯罪防制条例”第2条定有明文。且该组织应具备其中“集团性、常习性及胁迫性”，或其中“集团性、常习性及暴力性”项，始构成该条例所称之犯罪组织。所谓“内部管理结构”者，是指一个组织之内，彼此之间有分工合作之关系，互有参与组织之认识，而具有归属性、指挥性或从属性等关系者，并在于显示犯罪组织之内部层级管理之特性，以别于一般共犯或结伙犯之组成。另所谓“集团性”“常习性”及“胁迫性”或“暴力性”等特性，乃犯罪组织表彰于外之组织性质。自集团性而言，除应要有3人以上外，该组织须有内部管理结构，主持人与成员间应有层级之分，且组织本身亦不因主持人或其他管理人或成员之更换而有所异同；自常习性而言，该组织之存续，在时间上具有永久性，且并非为某一特定犯罪，或某特定人士而组成；而自胁迫性、暴力性而言，该组织成立之目的系以不正当手段从事某种类或不特定种类之犯罪为目的。是须以3人以上,有内部层级管理之特性,而以企业化、组织化实际从事犯罪行为者,始可认为犯罪组织(最高法院2002年度台上字第3844号判决可参)。

(2) 本件公诉人起诉被告杨进龙于2007年间,成立以涉犯重利、暴力讨债及恐吓等犯罪为宗旨之组织,由被告王朝阳、廖志得、林资洋、翟永祥、袁有龙、许嘉修、许铭翔、庄邵民、徐文淼、范骏庭等人先后加入为竹联帮忠堂之成员。然被告杨进龙、王朝阳、廖志得、林资洋、翟永祥、袁有龙、许嘉修、许铭翔、徐文淼、范骏庭等人均否认成立、参与竹联帮忠堂之组织,公诉人亦未提出证据证明被告杨进龙系于何时、何地成立该犯罪组织,且对于被告王朝阳、廖志得、林资洋、翟永祥、袁有龙、许嘉修、许铭翔、庄邵民、徐文淼、范骏庭究系如何加入该组织?有何仪式、帮规?渠等于何时、何地加入该组织?均未能予以举证。

(3) 本件公诉人复未提出具体证据证明该"组织"系以犯罪为宗旨之结社、系有内部管理结构,并以犯罪为宗旨或以其成员从事犯罪活动,具有集团性、常习性及胁迫性或暴力性之犯罪组织,亦查无该犯罪组织有何"入帮仪式""仪式内容及地点""组织帮规""结构与组织成员"等具体事证,且证人B1虽为指诉被告杨进龙成立犯罪组织,然其于警询时亦证称:伊朋友加入时,并无正式的入帮会仪式等语,且本案既未扣得相关之"组织名册""组织帮规"等,则该组织之架构及管理模式为何,亦难查知,自难认被告杨进龙成立之"组织"存在且以犯罪为宗旨。

(4) 至被告庄邵民于警询时证称:范姜春芳系属于竹联帮"忠堂"人马,竹联帮忠堂的"头头"叫作"龙哥",是有组织的帮派,伊现担任竹联帮忠堂分属地下钱庄之收账员即工读生,竹联帮忠堂据伊所知分成地下钱庄、不良债权,伊属于暴力讨债部分,有支领该帮派的薪水,伊所绘制"龙哥"在地下钱庄是最上层的老板,每月5日在香堂由"龙哥"发放薪水给工读生,薪水每个月约新台币(下同)21 000元左右,平日工读生系受业务员"姜哥"指示,如其他干部要求伊支持,必须经姜哥同意,平日伊等就是发派及张贴借款的贴纸及传单,业务员系伊上级干部,对外以公司作为称号,有一本名册跟代号,伊加入的该帮派,成立目的系从事经营高利贷,如有人跑债,公司干部指挥我们或串联干部、其他成员相互支持恐吓、毁损债务人或其他亲属的屋宅等语,惟被告庄邵民于本院审理时即否认前开所述,且被告庄邵民上开警询时之证述无证据能力,业如前述,况纵其所述属实,该等成员间平日之工作为"贴贴纸及发传单",则非属以犯罪为宗旨或以其成员从事犯罪活动之组织，而如有人积欠债务时，方会有讨债之行为，则依被告庄邵民所述，其亦可能是受范姜春芳之指示，针对其所放款而未还款之部分，为讨债行为，然尚难以此概括推断该组织即系以犯罪为宗旨之组织。另被告庄邵民绘制之“组织结构”，仅概括绘制“龙哥”下辖“姜哥”“呆哥”“阿龙哥”“Pash哥”，“姜哥”下又有“厚道”“阿得”“阿祥”“志杨”“阿庆”等人，而“阿得”下又有庄邵民及“胖子”，惟并未叙明其依据，且此仅系被告庄邵民概括绘制之图表，其上下间究系如何指挥、如何管理，有何规范，均难仅凭该图即得知，尚不得以此笼统之证述为不利被告等之认定。

又被告绰号“姜哥”之范姜春芳于1999年11月10日死亡，经台湾地区桃园地方法院于2011年3月18日2008年度诉字第1200号刑事判决依“刑事诉讼法”第303条第5款、第307条谕知“不受理之判决”。

另被告林启宇部分：经台湾桃园地方法院于2011年6月8日2008年度诉字第1200号刑事判决谕知“无罪判决”；其理由如次：

(1) 公诉人未提出具体证据证明该“组织”系以犯罪为宗旨之结社、系有内部管理结构，并以犯罪为宗旨或以其成员从事犯罪活动，具有集团性、常习性及胁迫性或暴力性之犯罪组织，亦查无该犯罪组织有何“入帮仪式”“仪式内容及地点”“组织帮规”“结构与组织成员”等具体事证，且证人B1虽为指诉杨进龙成立犯罪组织，然其于警询时亦证称：伊朋友加入时，并无正式的入帮会仪式等语，且本案记未扣得相关之“组织名册”“组织帮规”等，则该组织之架构及管理模式为何，亦难查知。

(2) 被告林启宇，就其是否有涉犯参与犯罪组织、重利、伤害、剥夺他人行动自由、加重强盗未遂罪嫌，仍有合理的怀疑存在，公诉人所提出之上揭证据，不足为不利于被告之犯罪事实之认定，此外，复无其他证据足认被告有公诉人所指组织犯罪防制条例、重利、伤害、剥夺他人行动自由、加重强盗未遂之犯行，本件不能证明被告犯罪，自应谕知被告无罪之判决。

（三）立法定义与实务解释之评析

由上揭实例中显示，法条明文“内部管理结构”系指犯罪组织内部指挥从属等层级管理结构，而实务上法院认为须有“入帮仪式”“仪式内容及地点”“组织帮规”“结构与组织成员”等具体事证；否则，纵然有被害人之指述、由通信监察译文或扣案证据等已足显示其指挥从属关系，仍属推测或拟制之词，不足为不利于被告事实之认定；如此的实务见解，造成以下负向效果：

(1) 司法警察机关受理被害人报案，经长期搜证、规划查缉犯罪组织到案，透过大众传播媒体传送，展现政府打击黑帮的决心；惟因职司审判的法院认知有异、不支持，导致执行成效受挫。

(2) 扫荡黑帮、维护治安是政府的重点工作，就实务、经验法则而言，有哪一黑帮组织会将“组织帮规”“结构与组织成员”等数据留存，以为警方搜索扣案成为对自己不力之证据；或有哪些黑帮成员起诉交保后，在审理期间会在法庭或电话内容坦承或明示自己所归属黑帮组织、成员身份或不法行为？

(3) 警询笔录及录音光盘在检察官开庭侦查中复询勘验，在法官审理时，却被认定为无证据能力的传闻；法官滥用其“自由心证”的权力、漫无限制扩张解释“无罪推定”原则；不无让人引发坊间谣传“有钱(权)判生、无钱(权)判死”之遐想，对治安的影响层面，更不容置疑。

(4) 犯罪组织的型态可概分为知名帮派的组织型、角头型及组合型等，法院如此见解，则指偏狭的承认知名帮派的组织型，而否认了角头型及组合型在组织犯罪防制条例的适法性。

(5) 另该法条明文适用需有表彰于外的“胁迫性”或“暴力性”，对于传统的暴力犯罪或有适用，惟对于已逐渐朝向公司化、组织化、企业化经营模式之大型地下职业运动签赌网站、走私枪械毒品集团、介入公共工程围标、经营高利贷地下钱庄、人口贩运集团、海峡两岸及港澳地区跨境诈欺集团、地下汇兑洗钱集团等企业化的组织犯罪行为，则缺乏构成要件该当性。

三、组织犯罪的界定与修正参考

台湾地区扫黑工作的唯一专法——“组织犯罪防制条例”，由于对于犯罪组织的界定“内部管理结构”过于严苛，导致法院适法上的偏狭认知；又该条例自1996年12月11日公布施行迄今，社会、政经环境的变迁与犯罪型态的转变，已不符现阶段治安环境需要及对黑道帮派的吓阻成效。

又自2000年海峡两岸由最初探亲、旅游逐渐扩大到投资、经商、就学、就业以及教育、科学、文化、卫生、体育等交流活动；而随着海峡两岸与港澳地区经济、政治和文化的整合与交流的逐步加强的犯罪现象也发生剧烈的变化，尤其是危害严重的犯罪组织，开始借助交流频繁的便利，为了获取高额的非法利润或者逃避司法机关的追缉，开始在大陆、港、澳、台之间从事跨境有组织犯罪活动；以目前最频繁“跨境诈欺、洗钱、走私、人口贩运卖淫”或如“香港人头账户”等；又如2010年6月开放在台湾地区使用之大陆银联卡，侦办中之案件据统计从2015年3月25日至2015年6月13日，短短3个月不到的时间，诈欺集团车手使用银联卡在台提领总计84万8 945笔，大陆地区居民被害总金额高达人民币22亿9 900万元（折合新台币约115亿元）；根据相关的研究发现，港澳台犯罪组织大肆向大陆内地发展势力、经验传授，或拓展犯罪组织的势力和业务，或逃避司法机关的追捕。而台湾最大的三个犯罪集团均在大陆建立了自己的活动基地：竹联帮在广东与珠江三角洲，天道盟在福州与厦门，四海帮在上海与海口等地[6]。

（一）大陆地区

大陆把有组织犯罪称为“黑社会性质的组织的犯罪”，根据第九届全国人民代表大会常务委员会第27次会议于2002年4月28日颁布施行之刑法第294条第4项规定：“黑社会性质的组织应当同时具备以下特征：（一）形成较稳定的犯罪组织，人数较多，有明确的组织者、领导者，骨干成员基本固定；（二）有组织地通过违法犯罪活动或者其他手段获取经济利益，具有一定的经济实力，以支持该组织的活动；（三）以暴力、威胁或者其他手段，有组织地多次进行违法犯罪活动，为非作恶，欺压、残害群众；（四）通过实施违法犯罪活动，或者利用国家工作人员的包庇或者纵容，称霸一方，在一定区域或者行业内，形成非法控制或者重大影响，严重破坏经济、社会生活秩序。”亦即黑社会性质的组织是指：“以暴力、威胁或其他手段，有组织地实施进行违法活动，称霸一方，为非作恶，欺压残害群众，严重破坏经济、社会生活秩序的组织。”

（二）香港地区

根据香港“社团条例”（1992年）和“有组织及严重罪行条例”（1994年）的规定，凡任何使用三合会仪式，或采纳、使用三合会名衔或者术语的社团，均称作三合会社团。根据“有组织及严重罪行条例”（1994年）第1编第2条，有组织犯罪是指：(a)与黑社会组织（指三合会）活动相联系的；(b)与2人或2人以上的活动相关，而这2人或2人以上勾结在一起完全或部分是为了实施2个或2个以上的行为；或者(c)由2人或2人以上实施，且涉及相当程度的计划和组织，以及涉及：

[6] 陈国霖：《黑金——台湾政治与经济及实况揭秘》，308页，台北，商周出版社，2004。

①剥夺他人的生命或者有剥夺任何人生命的相当程度的危险；②给他人身心造成严重伤害或者有造成这种伤害的相当程度的危险；③严重剥夺他人的自由。可以看出，香港所规定的有组织犯罪是指与三合会类似的黑社会组织活动相关、由 2 人或 2 人以上有相当程度的策划与组织、实施多种特定种类的犯罪。在香港这一规定中，有组织犯罪的犯罪组织仅仅是指黑社会组织，并未包括那些规模较小、结构松散的犯罪组织；而对犯罪行为采用列举的方式予以明定，包括谋杀、绑架、非法禁锢、串谋、妨害司法公正 5 种普通罪和走私、伪造证件、赌博、放高利贷、威胁、爆炸、伪造货币、强奸、卖淫、盗窃、诈骗、抢劫、勒索、贩毒、非法买卖赃物、非法买卖枪支等 50 余种法定罪刑。〔7〕

（三）澳门地区

澳门地区对于制裁黑帮的相关规定，立法者基本上采用的立法模式，即以“有组织犯罪法”为主体，并补充适用其他刑事法律（如澳门惩治毒品犯罪的第 5/91/M 号法令），根据澳门“有组织犯罪法”（1997 年），黑社会组织是指为取得不法利益或好处所成立的所有组织，而其存在是以协议或其他途径表现出来，特别是从事下列一项或多项罪行者概视为黑社会：（1）杀人及侵犯他人身体完整性；（2）剥夺他人行动自由、绑架及国际性贩卖人口；（3）威胁、胁迫及以保护为名而勒索；（4）操纵卖淫、淫媒及作未成年人之淫媒；（5）犯罪性暴利；（6）盗窃、抢掠及损毁财物；（7）引诱及协助非法移民；（8）不法经营博彩、彩票或互相博彩及联群的不法赌博；（9）与动物竞跑有关的不法行为；（10）供给博彩而得的暴利；（11）违禁武器及弹药、爆炸性或燃烧性物质，或适合从事《刑法典》第 264 条及第 265 条所指罪行的任何装置或制品的入口、出口、购买、出售、制造、使用、携带及藏有；（12）选举及选民登记的不法行为；（13）炒卖运输凭证；（14）伪造货币、债权证券、信用卡、身份及旅行证件；（15）行贿；（16）勒索文件；（17）身份及旅行证件的不当扣留；（18）滥用担保卡或信用卡；（19）在许可地点以外的外贸活动；（20）不法资产或物品的转换、转移或掩饰；（21）非法拥有能收听或干扰警务或保安部队及机构通信内容的技术工具。

上述所指黑社会的存在，不需：（1）有会址或固定地点开会；（2）成员互相认识和定期开会；（3）具号令、领导或级别组织以产生完整性和推动力；（4）有书面协议

〔7〕 靳高风：《两岸四地反跨境有组织犯罪警务对策探析》，载《刑侦与法制》，2009，6 页。

规范其组成或活动或负担或利润的分配。[8] 此不仅对黑社会组织进行了规定，而且对黑社会组织的犯罪行为也进行了具体的规定。强调了有组织犯罪的目的性、组织性和实施的犯罪行为，而且对犯罪组织的结构性要求比较松散。同时澳门"有组织犯罪法"第 2 条还具体规定了对发起或创立黑社会行为、参加或者支持黑社会行为及执行黑社会任何级别的领导或指挥职务行为的处罚。

（四）台湾地区

前已述及，由于"组织犯罪防制条例"第 2 条对于犯罪组织的构成要件规定过于严苛，爰于 2013 年 10 月 30 日"行政院治安会报"提出建议修正"组织犯罪防制条例"意见，并经"行政院长"指示由"法务部"主导、"内政部警政署"协办。本文仅就影响层面最重要之"犯罪组织"构成要件提出探讨。

"行政院"初审决议第 2 条："本条例所称犯罪组织，指 3 人以上所组成，有组织结构，为实施最重本刑为 5 年以上有期徒刑以上之刑之罪（未定案）或以强暴、胁迫、恐吓为手段之罪，具有集团性、牟利性及持续性之组织。

前项组织结构，不以具有名称、规约、仪式、固定处所、成员持续参与或分工明确为必要。"

"法务部"提出说明：

（1）依照联合国打击跨国有组织犯罪公约（下称公约）第 2 条，所称有组织犯罪集团（Organized criminal group），指由三人或多人所组成、于一定期间内存续、为实施一项或多项严重犯罪或依本公约所定之犯罪，以直接或间接获得金钱或其他物质利益而一致行动之有组织结构之集团；所称"严重犯罪"，指构成最重本刑 4 年以上有期徒刑以上之刑之犯罪行为；至于"有组织结构之集团"，指并非为立即实施犯罪而随意组成之集团，但不必要求确定成员职责，也不必要求成员之连续性或完善之组织结构。

（2）现行"内部管理结构"，其意义与范围未臻明确，致实务认定及适用迭生争议，亦与公约第 2 条有关"有组织结构之集团"规定不符。就犯罪组织之性质，现行规定以具常习性为要件，易使人误解犯罪组织须有犯罪之习惯始能成立；而犯罪组织所从事犯罪活动，已不限于暴力性或胁迫性之犯罪活动，手法趋于多元，并与上开公约以实施严重犯罪之规定及犯罪组织而直接或间接获得金钱或其他

---

〔8〕《澳门政府公报》，1997(30)，876 页。

物质利益而犯罪之牟利性要求不符。

(3) 参照公约有关犯罪组织集团之定义，须以构成最重本刑 4 年以上有期徒刑以上之刑之犯罪行为为要件。惟现行台湾地区法制并无最重本刑为 4 年以上有期徒刑以上之刑之规定，为配合现行法制，爰就犯罪类型调整为最重本刑为 5 年以上有期徒刑以上之刑之罪。

(4) 犯罪组织具有众暴寡、强凌弱之特性，常对以民众施以暴力胁迫等犯罪行为，危害社会甚大，故仍有维持现行条文暴力性、胁迫性之必要。

(5) 因司法实务对于犯罪组织之组织结构是否须具有名称、规约、仪式等结构，见解不一，爰参照前开公约，增订第 2 项规定，以杜争议。[9]

从警察机关侦查犯罪及维护社会治安角度研析，修正内容不但可重新放宽定义“犯罪组织”的构成要件，亦可纳入如电信网络诈欺、贩枪运毒、人口贩运、洗钱等“集团性犯罪型态”。又该修法会议研议了近两年，争执点其中之一，乃在于第 2 条第 1 项“最重本刑为 5 年以上有期徒刑以上之刑之罪”之“犯罪组织要件”，范围是否失之过广？依笔者拙见，跨境有组织犯罪乃为现今及未来犯罪趋势，华人社会的共通习性，在犯罪型态上亦然，或可参酌港澳地区之规范，除采列举式：如电信网络诈欺类型、枪支毒品犯运类型、跨境(国)人口贩运、洗钱类型等；另辅以如通信保障及监察法第 5 条第 1 项第 1 款：“最轻本刑为 3 年以上有期徒刑之罪”之补充规范。

其次，何以组织犯罪防制条例不能发挥惩治、吓阻黑帮的猖獗，在于司法机关对于“内部管理结构”构成要件的偏狭认知，就如同台湾地区桃园地方法院 2011 年 5 月 27 日 2008 年度诉字第 1200 号刑事判决理由论述内容一般；是以，于此次修法特别增列第 2 条第 2 项“前项组织结构，不以具有名称、规约、仪式、固定处所、成员持续参与或分工明确为必要”。

四、透过海峡两岸及港澳地区警务交流、以有效打击跨境组织犯罪

随着海峡两岸及港澳地区交流的日趋频繁和一体化趋势的加强，海峡两岸及港澳地区的有组织犯罪已出现了跨区域活动的事实，这一现象加大了海峡两岸及

---

〔9〕 参阅“内政部”警政署刑事警察局反黑科协助法务部推动修正“组织犯罪防制条例”说明资料，2015 年 4 月 30 日，4～7 页。

港澳地区警方防控有组织犯罪的难度。为了防控跨境有组织犯罪，海峡两岸及港澳地区警方已经采取了情资交换、案件协查、合作侦查、联合行动等多种合作和协助措施，并取得了很大的成效。

(一) 实例列举

(1) 第三次江陈会“海峡两岸共同打击犯罪及司法互助协议”于2009年6月25日签署生效，两岸警方落实协议内容，建立合作机制，积极打击跨境诈欺犯罪，已获致具体成果，然也使得诈骗犯罪集团电信机房据点逐渐蔓延至越南、泰国、菲律宾、马来西亚、印度尼西亚等地。两岸与东南亚国家警方乃于2011年6月9日与9月28日，展开“0310”“0928”项目联合查缉行动；两岸警方首次跨第三地展开大规模查缉行动。该次项目成果总计执行搜索161处，查获嫌犯598人；为延续“0310”项目成功之经验，两岸跨境再行动，由刑事警察局引领两岸、跨境(东南亚7个国家)及台湾地区刑事警察团队共同打击跨境诈欺犯罪，锁定两岸九地诈骗据点，严密期前整备部署，一举扫除诈骗基地166处、查获嫌犯827人(中国台湾322人、中国大陆493人、寮籍4人、马籍6人、泰籍1人、其他籍1人)，展现跨境打击诈欺犯罪的决心与成效。[10]

(2) 检警透过外交部驻菲律宾代表处及两岸司法互助管道，与菲律宾警署网络犯罪侦查总队、大陆海南省海口市公安局等单位，在中国台湾地区台中市、彰化市、菲律宾 Paranaque 市、中国大陆海南省海口市跨国跨区同步执行搜索，并在台湾地区逮捕41岁嫌犯何为达、36岁干部杨升宾，经法院裁定羁押禁见。项目小组另在大陆地区逮捕诈骗机房干部黄姓嫌犯3人，由大陆司法机关羁押审讯；在菲国一处豪宅则是逮捕中国台湾诈骗机房干部何斤栊及成员等35人，其中女性5名、男性30名，5名女性均是7年级年轻女子，扮演电话客服人员角色，累积查扣诈欺赃款高达新台币1 138万元。[11]

(3) 根据2014年11月7日“内政部统计”，自2009年两岸签署协议后，在共同打击犯罪成效上，(1)共同合作侦破跨境电信网络诈欺犯罪计72件5 764人。(2)联手侦破重大毒品犯罪案计28件、161人，共查获第一级毒品海洛因247.52公斤、第二级毒品安非他命687.21公斤及摇头丸11万7 036颗、第三级毒品愷他

---

〔10〕《刑事双月刊》(第45期)，“内政部警政署”刑事警察局，2011年12月，1页。

〔11〕记者曹明正，中时电子报，2014年4月24日，http://www.chinatimes.com/realtimenews/20140424003690-260402。

命 1 519.34 公斤、第四级毒品盐酸羟亚胺 50 公斤及假麻黄碱 366.65 公斤,合计 2 870.72 公斤,成果显著。(3)共同合作侦破掳人勒赎犯罪 5 件、29 人,杀人犯罪 4 件、8 人,强盗犯罪 1 件、3 人,侵占洗钱犯罪 1 件、3 人,散布儿少色情内容犯罪 1 件、250 人,网络赌博犯罪 2 件、1 073 人。[12]

港澳台地区的犯罪组织向大陆渗透的现象日益严重,主要表现为他们或入境在内地(主要是东部和南部沿海地区)发展会员,或在内地进行违法犯罪活动,或组织成员潜逃内地逃避司法机关的制裁,并且这些犯罪组织的跨境发展的状况促进了内地有组织犯罪组织的发展和成熟。且其犯罪领域逐渐向非法金融业务及高利润行业渗透,如秘密开设地下钱庄、洗钱、利用互联网有组织地进行网上赌博、贩毒、非法从事国际电信业务等。[13]

(二) 解决有组织犯罪的界定为跨境合作基础

华人社会的组织型态、犯罪模式类型相去不远,且有复制、学习犯罪经验的趋势,由近年来,电信网络诈欺集团由台湾地区扩展到大陆内地、港澳地区可见一斑;且受害对象与涉案嫌犯也呈现交叉、合作及扩大化趋势。又司法机关在关于有组织犯罪的界定和范围方面达成共识,是双方或多方合作或协助的基础;很庆幸地,台湾地区所赖以扫黑工作的唯一专法"组织犯罪防制条例",在愈趋民主化的社会,司法实务上愈发现执行上、适法上捉襟见肘,而修正的脚步也参酌了联合国"打击跨国有组织犯罪公约"的规范,若能再参考内地、港澳地区对于有组织犯罪的界定内容,毕竟其实质上的犯罪人、犯罪模式、手法类型等,已几乎达复制、结合的现象,对于未来跨境合作维护海峡两岸及港澳地区的治安工作,应能有所帮助。

五、结语

"司法机关"都被称为正义的最后一道防线,民众言犹在耳者,莫不是"相信司法、尊重司法",又司法机关最常挂于嘴边者即为"遵守程序正义、保障人权、依法独立审判等";对于社会治安良窳,其不用承担任何责任;对于查获之黑帮一旦纵虎归山,潜逃出境、重操旧业、危害治安,亦与之无关;尤有甚者,最常被滥用的"无

---

〔12〕《两岸共同打击犯罪 积极扫荡犯罪集团》,警政署,2014 年 11 月 7 日发布新闻稿,http://www.moi.gov.tw/mobile/mobile_inforeport/inforeport_detail.aspx?type=2014A&sn=168&pages=0。

〔13〕 靳高风:《两岸四地反跨境有组织犯罪警务对策探析》,载《刑侦与法制》,3 页,2009。

罪推定"原则，赋予法院太大的"自由心证"权力，正如前揭实例"2008年度诉字第1200号"刑事无罪判决，无罪推定所拉高的证罪门栏，毋宁是向着"宁纵毋枉"的天秤倾斜，如此或也给予掌握公器的政治人物、掌握权力的社会贤达，有了影响司法调查的机会；当然，法律构成要件的概括性、不确定性，自然给予法院太多自我阐释的机会。如此的司法处遇，直接影响到警察机关搜证打击黑帮的动力，亦使惩治有组织犯罪的成效受挫。

而台湾地区狱政文化对于黑帮组织分子的矫正效果有限，知名帮派如竹联帮、天道盟等亦都是在一清、二清项目年代，在狱中发展组织，结训后互相结盟，南北奥援、相互切磋，而犯罪手法日益精进、组织愈趋庞大。

当法制的限缩，警察机关的侦查技术无法超越电信网络科技的发展，致使执法机关在犯罪侦查上遭遇许多瓶颈，例如现今智能型手机的普遍，使用网络聊天软件如LINE、WECHAT、VIBER等的覆盖率几乎高达八成以上，而这些内容都是在实施通信监察所能掌控的范围之外，自然形成犯罪侦查的特殊难题，这也是新科技及环境变迁所带来新的犯罪威胁。

更何况随着海峡两岸及与港澳地区经济、政治和文化的整合与交流的逐步加强，海峡两岸及港澳地区的犯罪现象也发生着剧烈的变化，尤其是危害严重的犯罪组织，开始借助海峡两岸及港澳地区交流频繁的便利，为了获取高额的非法利润或者逃避司法机关的追究，开始在大陆、港、澳、台之间从事跨境有组织犯罪活动。

面对上揭诸多问题，台湾地区组织犯罪法制与实务执行上的冲突，在修法通过后，或使未来在扫黑成效上能展现新的成效，亦能使有组织犯罪的区际法律冲突问题渐趋一致。而对于跨境有组织犯罪，海峡两岸在对等互惠、安全、尊严的原则下，目前虽已建立情资交换、案件协查、合作侦查、联合行动等多种合作和协助措施；惟碍于体制上的差异与政治层面上的问题，未来更须致力于密切建立稳定的警务合作和刑事司法协助模式，加强相互之间的事务管理和情报交流，以建立一个整体性的、长效性的控制和预防有组织犯罪的工作机制，共同为维护海峡两岸及港澳地区的治安工作努力，使有组织的犯罪集团无所遁形。

第三编　有组织犯罪的司法适用

组织犯罪中的犯罪支配

——以诈骗集团成员的论罪为中心

王皇玉*

一、前言

近年来，亚洲各国诈骗案件层出不穷，行骗手法多样且日益更新，其诈骗内容从家人被绑架要付赎金、办理退税、解除分期付款、网购退款、账户涉犯洗钱要受到监管等，不一而足。目前盛行的电话诈骗事件，大多是透过严密的组织分工形式来实现犯罪，诈欺行为的集团化与组织化趋势明显。由于诈骗事件已成为数量众多、发生率频繁且人人都曾接过类似诈骗电话的扰民犯罪事件，一般民众接到诈骗电话，稍不留意或半信半疑中，就造成重大财产损害。过去"刑法"上虽然有诈欺罪的处罚规定，但因为诈骗犯罪猖獗，因此台湾地区于 2014 年"刑法"修正，在原来的普通诈欺罪之外，另外增加"刑法"第 339 条之四"加重诈欺罪"的行为态样。其中针对此等集团性、组织性的诈骗手段，增订了"三人以上共同犯之"加重刑罚之规定。

然而，诈骗集团中之犯罪支配具有极为明显的高低阶级之分，被逮捕风险最高的角色，往往是出面取款的"车手"或提供账户供被害人转账的"人头账户"。此

* 台湾大学法律系教授。

等人乃层级较低且是诈骗集团边缘分子之人，彼此之间通常互不认识，更不可能与集团首脑接触。其成为诈骗集团之一分子，常是透过报纸广告前往应征，且常为经济条件较差之社会中低阶层之人，或是刚出社会的年轻人。反之，诈骗集团的首脑或核心分子，往往是躲在幕后匿名操纵之人，对这些首脑成员而言，"车手"或"人头账户"乃用过即丢的"消耗品"，只要藉由匿名支配，即可斩断垂直或横向联系，使得犯罪网络即便有低阶成员落网，首脑分子依然屹立不摇。因此在刑事政策上，如不加强查缉诈骗集团的首脑人物，仅是藉由修正刑法增定加重处罚之规定，将诈骗集团中的低阶成员与高阶成员一并以重刑伺候，是否能遏阻诈骗集团之猖獗，实令人怀疑。本文以下即聚焦于诈骗集团之不同成员间的论罪问题，进行探讨分析。

二、诈骗集团的犯罪组织型态与刑法因应

诈欺罪乃人类财产犯罪的基本型态，刑法上向来不欠缺对于诈欺行为之处罚。然而，近年来，台湾电话诈欺之猖獗，数量之多，已成为民众极为痛恨的犯罪型态，故台湾的"立法委员"也针对近年来较为常见的几类诈骗手段，增订加重处罚规定。

本来就有的普通诈欺罪是规定在"刑法"第 339 条，其条文规定如下：

意图为自己或第三人不法之所有，以诈术使人将本人或第三人之物交付者，处 5 年以下有期徒刑、拘役或科或并科五十万元以下罚金。

以前项方法得财产上不法之利益或使第三人得之者，亦同。

前二项之未遂犯罚之。

2014 年 6 月新增"刑法"第 339 条之四，其条文规定如下：

犯第 339 条诈欺罪而有下列情形之一者，处 1 年以上 7 年以下有期徒刑，得并科一百万元以下罚金：

一、冒用政府机关或公务员名义犯之。

二、三人以上共同犯之。

三、以广播电视、电子通信、因特网或其他媒体等传播工具，对公众散布而犯之。

前项之未遂犯罚之。

2014 年新增定之三款诈欺加重事由，其立法理由分别如下：

1. 冒用政府机关或公务员名义犯之

近年来，诈骗集团最常使用的诈骗手段，乃佯称其为警察、检察官或与犯罪侦查有关之政府官员，并利用人民畏惧公权力机关的心态，或担忧自己身陷违法情境的心态，来达到诈取钱财的目的。例如犯罪人以电话向被害人佯称其为"警察""检察官"或"洗钱局官员"，声称被害人之邮局或银行账户因有贩毒、洗钱或掳人勒赎资金汇入已遭冻结，其可帮忙解除，或要求提领出来接受监管云云。此等以冒用政府机关或公务员名义施以诈欺行为之手段，不仅侵害个人财产法益，更造成公众对公权力信赖之侵害。盖被害人之所以受骗，乃是误以为必须遵守公务部门公权力之要求，或避免自身遭受违法指控，出于守法态度配合，却因而遭到侵害。此外，由于冒充政府官员的诈骗行为层出不穷，连带使得人民对于政府官员的执法产生误认，影响公权力的威信。因而此次修法，特别针对此等行为态样加重处罚。

此外，根据台湾地区司法实务见解，行为人冒用政府机关或公务员名义施以诈欺行为，并不以有所冒用之政府机关或公务员为要件，只须客观上足使普通人民信其所冒用者为政府机关或公务员，有此官职，其罪即可成立。例如常见诈骗人员自称是"法院"或"检察署""监管科"官员，或自行捏造一个政府机关，事实上并没有这样的机关或公务员。但行为人所冒用之政府机关或公务员(含其所行使之职权)是否确属法制上规定之政府机关或公务员，并不影响本款之适用，"因该款规范之目的，重在行为人冒充政府机关或公务员名义，并以该冒用身份行有公权力外观之行为，是仅须行为人符合冒用政府机关或公务员并据此行公权力外观施以诈欺行为，即构成该款之犯罪"(台湾地区"高等法院"2015 年度上诉字第 574 号判决)。

2. 三人以上共同犯之

由于诈骗行为多年来已经逐渐发展成组织化、集团化的犯罪型态。由众多之人彼此分工合作，组成诈骗集团，一方面可以藉由分工合作的方式使诈骗手段更为专精，更容易达成诈骗目的；另一方面，在下游"车手"或"人头账户"被逮捕时，亦可轻易斩断犯罪网络，避免警察向上游追查到犯罪首脑。由于诈骗手段具有此等多人分工合作的特性，故立法者将此等三人以上共同犯罪之诈欺行为，加重处罚。其立法理由为："多人共同行使诈术手段，易使被害人陷于错误，其主观恶性较单一个人行使诈术为重，有加重处罚之必要，爰仿照本法第 222 条第 1 项第 1

款之立法例，将‘三人以上共同犯之’列为第二款之加重处罚事由。又本款所谓‘三人以上共同犯之’，不限于实施共同正犯，尚包含同谋共同正犯。”

三人以上犯诈欺罪，乃针对数人参与诈欺行为而规定，其实数共同正犯之间藉由“分工合作”，各自分担犯罪行为之一部，就相互利用他人行为以达成诈欺取财之目的，本来成立诈欺罪之共同正犯即可。然而本款之加重处罚，是一种对于共同正犯的刑罚加重。就行为不法性而言，共同正犯之其中一人，即使仅实施行为分担之一部分，但在犯罪支配理论之下，被认为是必须与其他成员“直接交互归责”(unmittelbare gegenseitige Zurechnung)[1]，或是“一部行为全部责任”[2]，只要其中一位参与者亲自实施不法构成要件，纵使其他参与者实施构成要件以外之行为，同样要视为亲自所为。因此所有参与者的行为分担被理解为一种“假设性的总体行为”，所有人均被视为具有正犯资格而接受正犯之处罚。[3] 本款则是将这种“假设性的总体行为”当成加重处罚之事由，且认为“同谋共同正犯”亦应算入三人共同犯之“三人”。其实诈骗集团中的成员，本身具有高低位阶之分，就犯罪支配的能力与可能性，位于犯罪首脑者，显然比位于低阶的成员具有更高的犯罪支配力，但本款立法不分犯罪支配能力之高低，一律加重处罚，就低位阶之犯罪成员的加重处罚，其正当性相形之下显然较为薄弱。后续本文将继续针对诈骗集团中之低位阶的“车手”与“人头账户”之论罪，进一步分析说明。

3. 以广播电视、电子通信、因特网或其他媒体等传播工具，对公众散布而犯之

本款加重处罚所要规定的态样，较不像前两款用以对抗诈骗集团之诈欺行为，而是因应现今网络传播方式已成为人们生活的一部分，凡举日常生活中的消费购物、买卖行为，或职业生活的营业、广告、求职活动等，因特网均是人们重度倚重的媒介工具。然而因特网之使用本身亦具有匿名化与对不特定多数人散布的特性，一旦有心人利用因特网的特性行使诈骗行为，往往受害者为数众多且金额庞大。例如台湾地区著名女艺人“江蕙”举办告别歌坛演唱会，演唱会门票一票难求，有心诈骗之人在网络上宣传可以代为取得江蕙演唱会门票，结果许多民众按照网络上之信息汇了款项，事后无法取得门票或取得伪造的门票，事后才知道遭到诈骗。

---

〔1〕 Jescheck/Weigend, Strafrecht, AT, 5. Aufl., S. 675.

〔2〕 甘添贵、谢廷晃：《快捷方式刑法总论》，270页。

〔3〕 古承宗：《论“车手”作为诈欺罪之共同正犯》，载《玄奘大学法律学报》，2014(22)，286页。

因此，此次修法，如果诈骗之手段行使，是藉用“广播电视、电子通信、因特网或其他媒体等传播工具”，其诈欺行为将加重处罚。此一加重处罚之立法理由如下：“考虑现今以电信、网络等传播方式，同时或长期对社会不特定多数之公众发送讯息施以诈术，往往造成广大民众受骗，此一不特定、多数性诈欺行为类型，其侵害社会程度及影响层面均较普通诈欺行为严重，有加重处罚之必要，爰定为第三款之加重处罚事由。”

然而，以“广播电视、电子通信、因特网或其他媒体等传播工具”行使诈骗，有一部分的犯罪并不具有“对不特定多数人散布”的特性，或并非向公众发送讯息，而是仅针对特定个人而诈欺，倘仅仅只是因为犯罪人是以因特网或电子通信传递诈欺讯息，就一律加重处罚，亦有其不当加重之疑虑。故此等仅对特定个人传送诈欺讯息的诈骗行为，应根据规范目的而进行限缩解释，仅论以普通诈欺罪，较为适当。

三、诈骗集团中的犯罪型态

目前盛行的电话诈骗事件，大多是透过严密的组织分工形式来实现犯罪，且具有跨国犯罪的特色。诈骗集团的分工，包括诈骗集团的首脑或核心成员，其策划电话诈骗行为、编写诈骗剧本、收集人头账户；另有扮演负责提领款项的“车手”，或是提供账户供被害人贿款的“人头账户”。由于“车手”与“人头账户”之招募，可能隶属不同之指挥体系或由集团中不同成员分别进行，且“车手”与“人头账户”往往是集团中最容易被查获且最具有可替代性或可抛弃性的“低阶成员”。此等低阶成员究竟如何能与首谋分子等“核心成员”达成共同正犯所谓的“犯意联络”，一直是棘手的争议问题。以下即分别就首谋、车手与人头账户之行为，从共同正犯之理论加以探讨其论罪之适当性与适法性。

（一）对诈骗首脑之论罪

对于诈骗集团的首脑，亦即隶属策划、指挥、招募成员阶层的核心诈骗分子，在刑法的论罪上，向来可以根据“共谋共同正犯”的概念来处理。所谓共谋共同正犯，亦有称“同谋共同正犯”，乃指二人以上之人，在主观上虽有共同之行为决意，共同谋议为特定犯罪行为，但其中一人或数人在客观上并未分担实行犯罪行为，亦即仅参与犯罪决策，但并未实施构成要件之人。[4] 此等仅参与筹划或谋议犯罪，但未分担一部分行为之实行，从犯罪支配理论来看，参与谋议者对于犯罪之实现仍具有犯罪支配性，且对犯罪构成要件的实现赋予原因力，故应与其他实行行为者，成立共同正犯。[5] 例如诈骗集团首脑甲，策划电话诈骗行为，并招募成员乙担任打诈骗电话之人，成员丙担任取款之车手，甲虽未亲自实行诈欺罪之一部分构成要件行为，仍应成立共谋共同正犯。刑法学说上对于共谋共同正犯之处罚的理论依据，认为乃共同行为人间接形成一个同心一体的共同意思主体，参与共谋者，其共谋行为亦属犯罪中某一阶段行为，与其他行为人已整体地形成一个犯罪共同体，各共同行为人自应就共同体各人所实行的行为一起负责。[6]

台湾地区实务见解向来也承认共谋共同正犯概念，释字第 109 号解释："以自己共同犯罪之意思，参与实施犯罪构成要件以外之行为，或以自己共同犯罪之意思，事先同谋，而由其中一部分人实施犯罪之行为者，均为共同正犯。"此号解释可以说是台湾刑法实务与学界承认共谋共同正犯之法源依据。

值得一提的是，台湾地区的"刑法"分则规定中有所谓"二人以上共同犯之"或"三人以上共同犯之"的加重处罚规定，例如台湾地区"刑法"第 321 条"结伙三人以上共同"犯盗窃罪，应加重处罚；"刑法"第 221 条"二人以上共同"犯强制性交罪，应加重处罚。此处之结伙二人或三人，在台湾地区实务见解中，向来认为指涉的是"在场共同实施"或"在场参与分担实施犯罪"之人为限，也即以犯罪时"在场"者之人数为断，不包含不在现场的共(同)谋共同正犯。至于在场者所为之行为属共同正犯或参与犯形式，均非所问，此可参见 1987 年台上第 7210 号判例，"刑法分则或刑法特别法中规定之结伙二人或三人以上之犯罪，应以在场共同实施或在场参与分担实施犯罪之人为限，不包括同谋共同正犯在内"。"司法院大法官"会议释字第 109 号解释"以自己共同犯罪之意思，事先同谋，而由其中一部分之人实施犯罪之行为者，均为共同正犯"之意旨，虽明示将"同谋共同正犯"与"实施共同正犯"并包括于"刑法"总则第 28 条之"正犯"之中，但此与规定于"刑法"分则或"刑法"特别法中之结伙犯罪，其样态并非一致。

然而此次关于加重诈欺罪之修法，就第 2 款"三人以上共同犯之"，为了因应

[4] 林东茂：《刑法综览》(8 版)，1～248 页。
[5] 王皇玉：《刑法总则》，441 页，2014。
[6] 甘添贵、谢廷晃：《快捷方式刑法总论》，278 页，2006。

诈骗集团的首脑多是以共谋共同正犯的方式参与犯罪,因此在立法理由中特别申明,“本款所谓‘三人以上共同犯之’,不限于实施共同正犯,尚包含同谋共同正犯。”

(二) 对车手之论罪

所谓“车手”,乃诈骗集团中负责提款之人。车手之行为态样各式各样,第一种情形是出面向被害人表明身份自己是“监管科”派来的代表,要求被害人将提领的现金交给其监管。此等车手所为乃是取得被害人金钱之行为,所实施者乃诈欺罪“使人交付财物”之构成要件,故应属分担诈欺行为的一部分或其中一阶段之行为,其成立诈欺罪之共同正犯,较无疑虑。

第二种“车手”之态样,是持人头账户的提款卡与密码,至自动提款机 ATM 提款,提完款后向指挥系统回报、结账、领取报酬的车手。此类车手之行为较有疑义的地方是,究竟应成立诈欺罪之共同正犯或是不罚之事后帮助犯。诈欺罪之成立,必须行为人行使诈术,使人信以为真而将钱财交付给加害人。诈欺罪犯罪构成要件之实行,固然可以分别由数人以分工合作的方式实现。然而倘若甲打诈骗电话,将乙骗到将金钱汇款到人头账户,只要被害人乙将金钱汇到人头账户里去,被害人乙之财产即已遭受损害,诈欺罪之构成要件已经完全实现,应属已达诈欺既遂之程度。至于后续是否有车手拿提款卡去人头账户提款,均无法动摇诈欺既遂罪之成立。如此一来,则车手持提款卡到 ATM 提款之行为,应属诈欺既遂后之事后帮助行为,还有可能与其他诈欺罪之同党成立共同正犯吗?

就此问题,台湾地区实务见解向来认为,车手与诈骗集团其他成员之间的犯意联络,“并不限于事前有所谋议,即仅于行为当时有共同犯意之联络者,亦属之,且其表示之方法,并不以明示通谋为必要,即相互间有默示之合致,亦无不可。至刑法上之帮助犯,系指以帮助之意思,提供构成要件以外且不具犯罪支配之帮助,而未参与实行犯罪构成要件之行为者而言;如就构成犯罪事实之一部已参与实行者,即属共同正犯”(2001 年台上第 2833 号判决)。此外,车手“虽仅负责赃款之提领,然依前述说明,可知集团为完成犯罪行为,并确保犯罪所得及不遭查缉,而于成员间有分工安排。吴××明知上情而加入,即意在藉以牟利,其利用集团其他成员之犯罪行为,以达成其犯罪目的之意图极为明确,自应负共同正犯之责”(“最高法院”2001 年度台上字第 47 号判决)。

由前开实务判可知,车手即便没有参与事前的谋议与事中的诈骗行为,仅是于诈欺既遂后担任提领款项之工作，但由于车手是出于“知情”有其他成员担任诈骗工作而加入集团，仍应认为与其他成员之间具有犯意联络，故应论以共同正犯。惟此等实务见解，学说上亦有批评之意见，认为在后加入者加入之前，其他参与者已经实现不法构成要件之情形，要使后加入者与其他成员之间成立共同正犯，必须是后加入者的行为仍需对犯罪完全实现具有一定的促进作用，如果后加入者之行为对于后续的犯罪历程已经不具有影响力的话，即便后加入者有所认识、同意或知悉，均不应再论以共同正犯。从而，如果车手之于诈骗集团，属偶然性的随机行为（例如诱之以利或并非全然掌握诈骗行为），应认为车手并不具有共同犯罪决意，应不成立诈欺罪之共同正犯。〔7〕 惟此等批评意见，目前尚无法动摇实务判决看法。

（三）对人头账户之论罪

诈骗集团取得被害人金钱之方式，除了由被害人直接提领款项交付钱财给车手外，尚有一种常见的方式，就是被害人根据电话诈骗人员的指示，将自己账户的金钱汇入所指定的账户中。此等受领被害人汇款的账户，通常又称为“人头账户”，乃诈骗集团以各种方式搜购或搜集而来。在追查诈骗集团犯罪的过程中，人头账户的提供者，通常是最容易被锁定查获的被告。此等将自己的账户提供给诈骗集团使用，通常不仅会交付存折，也会依指示提供提款卡或开启语言转账功能，以供车手后续提款之用。对于提供自己账户作为“人头账户”之人，其行为应如何论罪呢？

目前台湾地区实务见解，多将此等仅是提供人头账户者论以“帮助诈欺罪”，而非诈欺罪之“共同正犯”。其理由一方面在于，提供人头账户之人主观上并无参与诈欺行为之共同行为决意；且客观上，账户之提供亦非诈欺行为构成要件行为之一部分，且提供账户尚无法认定为分担诈欺犯罪行为之实行，故不论以诈欺罪之共同正犯。惟就成立“帮助诈欺罪”而言，提供人头账户对于诈欺罪正犯行为的实现，的确会产生实质的帮助效果。至于就行为人主观上是否具有帮助故意之审查，通常被告多会辩称，其不知将自己账户交给他人，他人会拿来做非法用途使用云云。惟目前实务见解多认为，提供账户予他人使用，被告主观上具有帮助他人实施诈欺取财犯罪之不确定故意（未必故意）。实务见解主要的论理方式为，“金

〔7〕 古承宗：《论“车手”作为诈欺罪之共同正犯》，载《玄奘大学法律学报》，2014(22)，324页。

融账户为个人经济活动之交易及信用工具，具有强烈之属人性，一般人于申设账户后均会妥善保管存折、金融卡及密码，防止遭他人冒用，纵遇有特殊事由须将账户交付、提供他人使用，亦会了解其用途，此为日常生活经验及事理所当然，加以近年不法分子利用人头账户遂行恐吓取财或诈欺取财等财产犯罪层出不穷，媒体广为报道已为众所周知，政府亦多方倡导勿将金融账户交付他人而协助他人犯罪……被告为具相当之智识及社会经验老练之成年人，对于上情自不能诿为不知，被告将上开账户之存折、印章、金融卡、密码提供予他人时，对搜集该账户之人可能以该账户供作诈欺取财之非法用途一节，应有所预见，竟不违背其本意，仍提供账户予他人使用，被告主观上具有帮助他人实施诈欺取财犯罪之不确定故意，灼然甚明。"(台湾地区"高等法院"2015 年度上易字第 1252 号)

然而，亦曾有被告主张自己并无帮助诈欺之故意，自己账户是无端遭他人滥用作为诈骗账户之用而获判无罪之案例。此等判无罪之案例，常见的是求职受骗，或申请贷款受骗之被害人。此等被害人于求职或申请贷款时，遭相对人要求应该先提供账户、印章、提款卡以供拨款之用，被害人多半会听从而提供，结果所提供之账户却被滥用成为诈骗集团的人头账户。此等情形，法院判决通常会以行为人对自己账户遭滥用为诈骗的人头账户一事，并不知悉也无预见，因而主观上欠缺帮助诈欺之故意而判决无罪。[8] 另有案例是自己的账户原先交给家人使用，不知家人再将其账户提供给诈骗集团使用，由于将自己账户提供给家人使用，法院认为此等案情与出借或价售金融账户给陌生人、不甚熟识者或不明人士间之情形，并不相同，因而认定被告并无将自己账户用为不法之用的认识或预见，从而判决被告无罪。[9]

四、结语

近年来，亚洲各国诈骗案件层出不穷，行骗手法多样且日益更新，诈欺犯罪已成为各国政府严肃以对的犯罪问题。较一般诈欺事件不同的地方是，目前盛行的电话诈骗事件，大多是透过严密的组织分工形式来实现犯罪，且具有跨国犯罪的特色，因此查缉起来特别困难。而且在犯罪侦查上，所谓破获诈骗集团，落网遭逮

---

〔8〕 例如，台湾地区"高等法院"2015 年上易字第 940 号判决。

〔9〕 例如，台湾地区"高等法院"台中分院 2015 年上易字第 3290 号判决。

捕的犯罪人，常常仅是犯罪组织中最低位阶的角色，例如扮演负责提领款项的“车手”，或是提供账户供被害人汇款的“人头账户”。至于诈骗集团的首脑或核心成员，其策划电话诈骗行为、编写诈骗剧本，且为了可以截断犯罪网络遭到追查，往往藉由化名或绰号出面搜集人头账户、招募担任取款之车手。即便车手或“人头账户”被逮捕，往往也无法供出躲在幕后的首脑，因此诈骗集团的首脑往往难以被追查逮捕，且即便车手或头账户落网，首脑仍然可以继续进行着各式各样的诈骗行为。

目前各国虽然以重刑化方式来对抗诈骗行为，然而诈骗集团的犯罪网络具有明显的阶级之分，诈骗集团的犯罪网络即便有低阶成员如“车手”或“人头账户”落网，首脑分子依然屹立不摇。因此在刑法上，仅是藉由修正“刑法”增定加重处罚之规定，不分青红皂白将诈骗集团中的低阶成员与高阶成员一并以重刑伺候，其遏阻诈骗集团猖獗之效果，实属有限。较有成效的方式，应是在刑事政策强化侦查犯罪的能力，以加强查缉诈骗集团的首脑人物为原则，始能达到打击诈欺犯罪之效果。

台湾地区的组织犯罪与证人保护措施的决定

吴俊毅*

一、前言

根据经验的研究，组织犯罪具有阶层化以及分工化的特征，对于朝他们而来的刑事追诉可以发挥如同防火墙或是船舶隔舱的阻绝功能，传统的事实调查方法只能达到特定的区块，因为不能看到组织犯罪的全貌，而难加以瓦解。所以，除了秘密的信息收集方式，比方，通信监察、卧底侦查员，“里应外合”也是另外一个突破分层隔绝的策略，需要一些接近核心区域的人提供证据或是线索。因为这样的人的“稀有性”，需要积极争取，手段上是策动他提供协助，基本上，要设身处地思考他的顾虑，然后设法消除，证人保护的思考于是被提出来。所以，文献上认为，证人保护的发展与对抗组织犯罪有密切的关系〔1〕。

本文想聚焦在台湾地区为对抗组织犯罪的证人保护机制的命令作一个体系性的介绍。首先，想提出通常调查证人的基本原则。然后，回顾证人保护机制的沿革，以及指出证人保护的法律基础体系。按照证人保护法，应该先确定照证人

---

* 高雄大学法学院教授。

〔1〕 林东茂：《证人保护法鸟瞰》，载《台湾本土法学杂志》，2000(9)，201页。

保护措施的适用阶段。接着,来到证人保护措施的命令,拟分成命令的实质要件与形式要件说明证保法[2]的相关规定以及证保法施行细则等组织上与技术上落实的规定,勾勒出命令证人保护措施过程的全貌。因为证人保护措施的性质是本文的焦点所在,考虑到文章段落安排的整体平衡感,各别保护措施的内容想另外拉出一个段落做详细地处理。综合上述的讨论,对照证人保护的目的,落差可能会出现,藉此探讨问题发生的原因,并且,对于据此提出未来修法上应有的取向。最后,也对证人保护机制的发展作一个展望。

二、审判中调查证人的基本原则

证据(Beweismittel)是指,可以用来推论特定的事实存在或是不存在的方法。以调查的方法作为标准,可以被区分为“人(的)证(据)”(“刑诉法”第 12 章第 2 节以下)以及“物(的)证(据)”[3]。也就是,对于人的证据,是透过对人的提问以及听取他对于问题的回答(陈述)。至于物的证据,则是透过人的感官知觉来观察标的的物理性质。

对证人提问并听取他的回答,可以对问题标的的事实形成存在或不存在的印象,所以,证人是“人的证据”。只有“自然人”才具有这样的能力。

(一) 证人地位的取得与作证能力

证人是一个自然人,在非针对他的刑事案件里,因为他对于所要调查的事实有“第一手”的经历,透过针对要调查的事实作为标的的问题,他接着以陈述的方式描述他所经历的要调查的事实[4]。

“刑诉法”对于取得证人地位的条件并没有规定,按照理论以及经验的观察,证人地位的取得并不单靠上述的个人与应调查事实的关系,还要加上国家的刑事

---

〔2〕 证人保护法=证保法。

〔3〕 理论上,证人和鉴定人被纳入“人的证据”(persönliche Beweismittel)或“人证”(Personalbeweis),以相对于将“证物”和“书证”被纳入到“物的证据”(sachliche Beweismittel)或“物证”(Sachbeweis),Werner Beulke,Strafprozeßrecht,8. Aufl.,2005,Rn. 179. 根据现行“刑事诉讼法”的章节安排,似乎上述的区分并不是很清楚,不过,进一步观察法条的文字,可以发现立法者也采取这样的看法,比方,在“刑诉法”第 12 章第 2 节“人证”的标题底下,与“证人”有关的问题都在这里被处理(§§175 以下“刑诉法”),而且依据“刑诉法”第 197 条和第 99 条,“鉴定人”准用关于人证的规定。就这一点,立法者将证人与鉴定人包含在人证的概念之下。对于物证,“刑事诉讼法”当中没有使用专章(例如,物证)加以处理;另外,按照“刑诉法”第 164 条第 2 项,立法者是把“文书”纳入“证物”的概念里。

〔4〕 在德国,类似的看法,Beulke,a. a.,Rn. 181.

诉追机关的意思，亦即，想将他列为证人并且进行调查。这样的条件，被总称为“作证能力”，不过，仍有一些限制，对此，在讨论上，是引进德国的经验，不是去作积极的描述，而是采取“扣除的做法”，也就是，列举几个排除的情况，如果他没有符合所列举的情形，就可以根据国家刑事追诉机关的意思而取得证人的地位。以下的情况，有特定地位的个人不能以证人的地位参与程序，共通的标准是在于有“利益冲突”的情况〔5〕：

同为法官或检察官的证人。按照“刑诉法”第 17 条第 6 款以及第 26 条第 1 项，在案件中有法官或检察官地位的证人，因为推定无法保持客观性而有偏颇，所以必须回避，此时，他会丧失本案法官或检察官的地位，之后仍然能够以证人身份接受调查。

同为辩护人的证人。辩护人是被告利益的保护者。当他在同一案件中也担任证人，实现他的陈述义务与真实义务时，可能让被告陷入不利益。

同为被告的证人。基于不自证己罪的原则，被告没有陈述义务以及真实的义务。可是，当他在同一案件中也担任证人时，他会有陈述义务与真实义务。不过，实务却是持相反的看法认为，在同一案件的程序，共同被告陈述的事实仅涉及其他被告，此时他可以取得证人的身份〔6〕。

同为自诉人的证人。在自诉程序，自诉人是在保护自己的利益。如果同时担任证人，会有偏颇的危险，并且对于刑事追诉目的的达成是有不利的影响。

(二) 担任证人的义务

“刑诉法”第 176 之第 1 条：“除法律另有规定者外，不问何人，于他人之案件，有为证人之义务。”

在个案中，具有作证能力的个人，有担任证人的义务。不配合的效果，则是以同法第 178 条“无故不依合法传唤准时到场及其效果”的情形来呈现，可拘提并处以罚锾。

(三) 陈述的义务及真实的义务

证人除具有“刑诉法”第 179 条、第 181 条、第 181 条之一、第 182 条的情形，对于法院的讯问或者审判中的诘问，有陈述的义务。无故不陈述，根据同法第

---

〔5〕 比方，Beulke，a. a. O.，Rn. 182 ff.

〔6〕 “司法院”大法官会议解释字第 582 号：“……共同被告对其他共同被告之案件而言，为被告以外之第三人，本质上属于证人，自不能因案件合并关系而影响其他共同被告原享有之上开宪法上权利……”

193条,可处以罚锾。

"刑诉法"第187条:"(Ⅰ)证人具结前,应告以具结之义务及伪证之处罚。

(Ⅱ)对于不令具结之证人,应告以当据实陈述,不得匿、饰、增、减。"

"刑法"第168条:"于执行审判职务之公署审判时或于检察官侦查时,证人、鉴定人、通译于案情有重要关系之事项,供前或供后具结,而为虚伪陈述者,处7年以下有期徒刑。"

按照"刑诉法"第187条,证人都有真实陈述的义务。只不过,有具结的证人,在侦查中对检察官的讯问,或审判中对法官的讯问或其他程序参与人的诘问,如果违反真实陈述的义务,"刑法"第168条规定了以刑罚作为违反的法律效果〔7〕。

(四)具结的义务

"刑诉法"第186条第1项:"证人应命具结。但有下列情形之一者,不得令其具结:

一、未满十六岁者。

二、因精神障碍,不解具结意义及效果者。"

证人的具结能力,台湾地区的立法者并不是作正面的描述,而是以反面的方式列举不能具结的情形(§186Ⅰ但"刑诉法")。证人不具有不能具结的情况,原则上,在陈述前他就有具结的义务,不配合实行此义务,按照"刑诉法"第193条,可处以罚锾。在实体法上,具结义务的实行也是"刑法"第168条的客观构成要件要素〔8〕。

(五)直接调查原则

"刑诉法"第163条第2项:"法院为发见真实,得依职权调查证据。但于公平正义之维护或对被告之利益有重大关系事项,法院应依职权调查之。"

"刑诉法"第159条:"被告以外之人于审判外之言辞或书面陈述,除法律有规定者外,不得作为证据。"

按照这两个规定,审判中,法院确定事实基础的证人,必须要主动调查(形式上的直接性)。不能只是阅读或者朗读先前证人陈述的替代品,像是,侦讯或警询

〔7〕 对此,详细的讨论,可参考吴俊毅:《妨害司法·亮票·假结婚与刑法》,45页以下,2015。对于证人于诘问时的义务,可参考蔡念辛:《论我国刑事诉讼法之证人诘问》,载《高雄大学法律学系硕士论文》,2011,86页以下。

〔8〕 对此的批评,吴俊毅:《妨害司法·亮票·假结婚与刑法》,63页,2015。

笔录(实质上的直接性)[9]。

也就是说,法官要传唤证人并且等他到场,然后对于到场的证人就应调查的事实进行提问并听取他对此的陈述,同时间,也可以看到他的个人特征以及反应。

(六)公开原则

“法院组织法”第86条:“诉讼之辩论及裁判之宣示,应公开法庭行之。但有妨害国家安全、公共秩序或善良风俗之虞时,法院得决定不予公开。”

“法院组织法”第87条:“法庭不公开时,审判长应将不公开之理由宣示。前项情形,审判长仍得允许无妨碍之人旁听。”

以言辞方式进行的审判程序应对外开放。所有作为判决基础的事实,其确定所根据的证人陈述,都必须让法官以及在场的参与者听过,同时也见证全程是符合法律所规定的程序。

三、证人保护的思考

在特定案件的证人,有陈述的义务也愿意陈述,在满足国家诉追利益的同时,证人的生命、身体自由、名誉财产可能会因此遭到不利益。这一点描述了证人保护的需要。

不过,对于这个保护需要的满足,在台湾地区或德国,并不是全面性的,而是挑选一些案件,应受保护证人的调查是有效刑事追诉目的达成的唯一方法,也就是,证人保护的案件。

要满足上述的证人保护需要,有一些证人保护措施被发展出来,藉此让证人的身份不会曝光。在设计上,首先是从审判中对证人的调查措施出发,像是,列为证人的表示、公开原则等的排除,而是以隔离讯问、无法辨识证人生物特征(长相、声音)等,消除任何可以当下或者切断事后能推论出证人身份的可能性。

后来又注意到,证人的最近亲属也可能是影响证人陈述意愿的原因,证人保护的范围于是被扩大。另外,保护的时间也提前或延后到审判以外的时间,根本性地切断能够推论证人身份的线索。还有,保护措施的手段也有补充,像是,一旦身份曝光,可采取人身自由的保护、使用伪造的身份、生活环境的改变等措施。

---

〔9〕 比方,Beulke,a. a. O.,Rn. 410.

四、组织犯罪案件证人保护机制的沿革

(一) 2000 年以前

1996 年 12 月 1 日生效的"组织犯罪防制条例",率先规定了一些证人保护的措施,像是,证人个人资料的封存、禁止阅卷,以及有保护需要的情形,证人禁止与被告对质、受被告或其辩护人的诘问(§12 I"组犯条例"[10])。检举人的个人资料也应封存(§11"组犯条例")。另外,以一个法律联结的设计,指出证人、被害人、检举人保护应该另外以专法规定(§12 I"组犯条例")。也出现了污点证人的规定(§8 I"组犯条例")。

(二) 2000 年以后

2000 年 2 月 9 日生效的"证人保护法"以及"证人保护法施行细则",采取专法的设计[11],让"组犯条例"有关证人保护的法律联结获得实现。除了继续强调国家对有保护需要的证人身份的保密义务。证人保护的机制有了完整的规定,像是,证人保护的必要性、保护措施、决定的程序、违反的罚则(刑罚减免的事由、放弃追诉的事由)等。除此之外,检举人、告诉人、告发人、被害人也被证人保护的机制所涵盖(§15 I"证保法"[12])。

五、组织犯罪案件证人保护的法律基础体系

在组织犯罪案件,如果涉及"组犯条例"第 2 及第 3 条的案件,国家对证人的个人资料即负有保密的义务。另外,在证人有保护需求时,可以限制被告及其辩护人对证人的诘问。

不过,"组犯条例"的证人保护需要,范围还是比"证保法"所规定的要来得窄。另外,如果想要使用其他的证人保护措施,则必须要符合"证保法"所要求的前提。所以,"组犯条例"与"证保法",就证人保护这一块,在适用上,后者是可以补充前

---

〔10〕 组织犯罪防制条例=组犯条例。

〔11〕 在立法当时,曾有在"刑事诉讼法""刑法"及"法院组织法"找适当的段落,补充证人保护规定的建议(综合立法),不过,后来是采取专法的立法建议(单独立法),沿革的介绍,可参考林锦村:《证人保护法之研究(上)》,载《军法专刊》,2000(第 46 卷第 5 期),36 页。

〔12〕 证人保护法=证保法。

者的[13]。

六、证人保护的适用阶段

“证人保护法”规定了证人保护的措施，这个措施的制度目的是为了消除证人因为陈述或者准备陈述的不利担心，如果判决的做成非根据有保护需要的证人陈述不可时，几个会导致证人不利的原因必须被限制或是打破，比方，证人身份的保密以及采取隔离方式讯问或诘问证人。

从时间上观察，证人保护的适用阶段，可以从审判阶段出发，环绕这个程序阶段的证人保护措施，陆续还有其他为巩固或防止扭曲的证人保护措施被规定，在时间带上，也会落在法庭以外或者审判以外的时间。

（一）审判阶段

如前所述，审判中，法院调查证人，公开原则与直接调查原则的适用会造成证人的身份曝光，并且因为陈述或者准备陈述而遭致不利益，所以，在审判期日的调查过程中，不会让身份曝光或者被推论出来的措施被设计出来，像是，使用代号（§11“证保法”）以及辩论过程保密（§12“证保法”）。

在审判中，不过是在审判期日以外的时间，还有一些证人保护的措施，例如，个人资料的封存以及禁止阅览及查阅（§11“证保法”）、随身保护（§12“证保法”）、短期生活安置及照料（§13“证保法”）。

（二）审判以外的阶段

审判以外的阶段是指通常刑事诉讼程序的其他组成的程序阶段，譬如，调查、侦查以及执行。理解上，如同上面提到的审判期日以外的时间证人保护措施的情形，也有相同的措施可以采用，像是，个人资料的封存以及禁止阅览及查阅（§11“证保法”）、随身保护（§12“证保法”）、短期生活安置及照料（§13“证保法”）以及证人个人资料的封存、禁止阅览及查阅（§11“证保法”）。

值得注意的是，一些在审判中审判期日的证人保护措施，在侦查中也有适用，像是，使用代号、个人资料的封存以及禁止阅览及查阅、隔离讯问与诘问（§11“证保法”）。

证人保护的适用阶段可用以下（图1）来呈现。

---

〔13〕 认为是“特别法优先于普通法”的关系，林锦村，前揭文，37页。

	审判外（调查、侦查）	审判中	执行中
审判期日		使用代号 隔离讯问与诘问 （§11“证保法”） 辩论过程保密 （§12“证保法”）	
（侦查中） 非审判期日	使用代号 隔离讯问 （§11“证保法”）		
非审判期日	个人资料的封存 禁止阅览及查阅 随身保护 （§12“证保法”） 短期生活安置及照料 （§13“证保法”）	个人资料的封存 禁止阅览及查阅 随身保护 （§12“证保法”） 短期生活安置及照料 （§13“证保法”）	使用代号 个人资料的封存 禁止阅览及查阅 随身保护 （§12“证保法”） 短期生活安置及照料 （§13“证保法”）

图 1　证人保护的适用程序

七、命令证人保护措施的要件

使用证人保护措施的决定，由符合以下的要件所形成。

（一）实质要件

命令证人保护措施的实质要件是指，在决定“‘是否’使用证人保护措施时”要考虑的条件。

1. 保护对象的范围与保护的需要

“组犯条例”第 12 条第 1 项：“关于本条例之罪，证人之姓名、性别、年龄、出生地、职业、身份证字号、住所或居所或其他足以辨别之特征等数据，应由检察官或法官另行封存，不得阅卷。讯问证人之笔录，以在检察官或法官面前做成，并经践行刑事诉讼法所定讯问证人之程序者为限，始得采为证据。但有事实足认被害人或证人有受强暴、胁迫、恐吓或其他报复行为之虞者，法院、检察机关得依被害人或证人之声请或依职权拒绝被告与之对质、诘问或其选任辩护人检阅、抄录、摄影可供指出被害人或证人真实姓名、身份之文书及诘问。法官、检察官应将作为证据之笔录或文书向被告告以要旨，讯问其有无意见陈述。”

“证保法”第 4 条第 1 项：“证人或与其有密切利害关系之人因证人到场作证，

致生命、身体、自由或财产有遭受危害之虞，而有受保护之必要者，法院于审理中或检察官于侦查中得依职权或依证人、被害人或其代理人、被告或其辩护人、被移送人或选任律师、辅佐人、司法警察官、案件移送机关、自诉案件之自诉人之声请，核发证人保护书。但时间急迫，不及核发证人保护书者，得先采取必要之保护措施。”

“证保法”第 3 条：“依本法保护之证人，以愿在检察官侦查中或法院审理中到场作证，陈述自己见闻之犯罪或流氓事证，并依法接受对质及诘问之人为限。”

(1) 遭受损害之虞的证人

顾名思义，证人当然是证人保护措施的核心。这里的证人，按照“证保法”第 3 条，必须是主动到场且自愿或拟自愿实行陈述义务者。再来，根据同“法”第 4 条第 1 项，或“组犯条例”第 12 条第 1 项，证人自愿陈述或者拟自愿陈述会导致自己的生命、身体完整性与健康、人身自由或财产等利益有遭受损害的危险，即可据此认为证人有保护的需要(保护的必要性)。上述的危险情状描述了证人的保护需要。至于是否有此需要，操作上，应该根据具体事实来确定(§5 I“证保法细则”[14])。另外，证人是否是自愿或拟自愿陈述的证明，实务上，为了举证，会要求证人应该在事前立切结书(§3“证保法细则”[15])。

证人之所以有这样的担心，在组织犯罪追诉的情形，因为使用传统的调查方式不易或者无法调查事实，在尚无法确定行为人或事实的范围时，像是，参与的行为人人数比较多，还有漏网之鱼，或者事实还未厘清，因为组织犯罪防火墙的分层区隔特性，为了避免遭到诉追，还没有被锁定的行为人[16]或者尚未被发现的事实，会有动机想阻止有意愿做证的证人，透过对证人做一些动作，对证人的利益加以不利的影响，形成对他的压力与牵制，而不配合实行陈述的义务。

(2) 与证人有密切利害关系而遭受损害之虞的人

根据“证保法”第 4 条第 1 项，证人自愿陈述或者拟自愿陈述会导致与他具有利害关系之人的生命、身体完整性与健康、人身自由或财产等利益有遭受损害的危险，即可据此认为证人有保护的需要(保护的必要性)。是否有上述的保护需

〔14〕“证人保护法施行细则”＝“证保法细则”。

〔15〕这个切结书的内容，“证保法”细则第 3 条：“依本法第 3 条规定受保护之证人，于受保护前应书立切结书，表明愿在侦查或审理中到场做证，依法接受对质及诘问，与执行证人保护计划相关人员合作，并同意采取各种方式，避免被察知参与证人保护计划等意旨。”

〔16〕林东茂，前揭书，202 页。

要，同样应该根据具体事实来确定（§5 I“证保法细则”）。

所谓利害关系，按照证保法细则第 3 条，是指与证人具有以下的身份关系或生活事实关系的人，像是证人的配偶、直系血亲、三亲等内旁系血亲、二亲等内姻亲或家长、家属、与证人订有婚约者，或其他身份上或生活上有密切利害关系之人。

证人之所以有这样的担心，在组织犯罪诉追的情形，仍然是因为使用传统的调查方式不易或者无法调查事实，在尚无法确定行为人或事实的范围时，像是，参与的行为人数比较多，还有漏网之鱼，或者事实还未厘清，因为组织犯罪防火墙的分层区隔特性，为了避免遭到诉追，还没有被锁定的行为人或者未发现的事实，会有动机想阻止有意愿作证的证人，透过对与证人有利害关系且他所关心的人做一些动作，对证人的利益加以不利的影响，形成对他的压力与牵制，而不配合实行陈述的义务。

在适用上，应保护的对象可能对证人及其有利害关系之人同时发生，也可能是择一发生。

2. 表列行为或重罪原则

证人保护案件的范围，透过表列行为或重罪原则来加以限制。为了对抗组织犯罪，要使用证人保护措施，在认定有证人保护需要后，还要属于证人保护案件，亦即，行为人是以有组织犯罪的方式实行“证保法”第 2 条第 2 款以下所列举的可罚行为构成要件或是重罪行为的构成要件（最轻本刑 3 年以上有期徒刑）〔17〕。

---

〔17〕 认为对于可罚行为严重性的判断是等同于通信保障及“监察法”第 5 条的表列行为与重罪行为，林锦村，前揭文，37 页。“证保法”第 2 条：“本‘法’所称刑事案件，以下列各款所列之罪为限：1. 最轻本刑为 3 年以上有期徒刑之罪（重罪原则）。（以下是表列行为原则）2.‘刑法’第 100 条第 2 项之预备内乱罪、第 101 条第 2 项之预备暴动内乱罪或第 106 条第 3 项、第 109 条第 1 项、第 3 项、第 4 项、第 121 条第 1 项、第 122 条第 3 项、第 131 条第 1 项、第 142 条、第 143 条第 1 项、第 144 条、第 145 条、第 256 条第 1 项、第 3 项、第 257 条第 1 项、第 4 项、第 296-1 条第 3 项、第 298 条第 2 项、第 300 条、第 339 条、339-3 条或第 346 条之罪。3.‘贪污治罪条例’第 11 条第 1 项、第 2 项之罪。4.‘惩治走私条例’第 2 条第 1 项、第 2 项或第 3 条之罪。5.‘药事法’第 82 条第 1 项、第 2 项或第 83 条第 1 项、第 3 项之罪。6.‘银行法’第 125 条之罪。7.‘证券交易法’第 171 条或第 173 条第 1 项之罪。8.‘期货交易法’第 112 条或第 113 条第 1 项、第 2 项之罪。9.‘枪炮弹药刀械管制条例’第 8 条第 3 项、第 11 条第 4 项、第 12 条第 1 项、第 2 项、第 4 项、第 5 项或第 13 条第 2 项、第 4 项、第 5 项之罪。10.‘公职人员选举罢免法’第 88 条第 1 项、第 89 条第 1 项、第 2 项、第 90-1 条第 1 项、第 91 条第 1 项第 1 款或第 91-1 条第 1 项之罪。11.‘农会法’第 47-1 条或第 47-2 条之罪。12.‘渔会法’第 50-1 条或第 50-2 条之罪。13.‘儿童及少年性交易防制条例’第 23 条第 1 项、第 3 项、第 4 项之罪。14.‘洗钱防制法’第 9 条第 1 项、第 2 项之罪。15.‘组织犯罪防制条例’第 3 条第 1 项后段、第 2 项后段、第 6 条或第 11 条第 3 项之罪。16.‘营业秘密法’第 13-2 条之罪。17.‘陆海空军刑法’第 42 条第 1 项、第 43 条第 1 项、第 44 条第 2 项前段、第 5 项、第 45 条、第 46 条之罪。”

3. 为了达成刑事诉追的利益

理论上，证人保护的必要性，除了证人个人或与他有利害关系之人的利益有遭受损害的可能，有效刑事诉追利益的实现也是要素之一，也就是，应受保护的证人调查是有效刑事诉追目的达成的唯一方法。不过，对此，“证保法”在证人保护的必要性的描述并没有把这个公益的保护也纳入。

(二) 形式要件

命令证人保护措施的形式要件是指，在形成是否使用证人保护措施的决定时，决定机关要考虑的条件。

1. 决定机关

在组织犯罪案件中，证人保护措施的决定机关，不论是“组犯条例”的可罚行为，还是其他以有组织犯罪的方式实行的可罚行为，“组犯条例”的证人保护措施以及证保法的保护措施，在侦查中，检察官是决定机关，在审判中则是由法官决定(§12 I“组犯法”+ §4 I“证保法”)。

2. 声请机关

按照“组犯条例”第12条第1项但书的证人保护措施，只有证人或被害人有权提出声请。

至于依据“证人保护法”的保护措施，证人、被害人或其代理人、被告或其辩护人、被移送人或其选任律师、辅佐人、司法警察官、案件移送机关、自诉案件之自诉人等都有权提出声请(§4 I“证保法”)。

3. 决定的流程

决定机关可依职权或根据声请权人的声请做成有关证人保护措施的决定，并且应以书面的方式，证人保护书，将决定对外公开(§§4 I+ 7“证保法”)。不过，按照“组犯条例”第12条第1项但书的证人保护措施的决定并未规定应该以书面方式对外公开，根据同法证人保护法律保留的要求(§12 II“组犯条例”)，解释上，决定机关仍然需要做成证人保护书。按照实务的看法，证人保护书的性质并不是令状，这个规定的性质只是一个“要式性”的要求，可是，却是基于这样的理由：“未要求必须‘发动与审查分离’以发挥制衡功能。”[18]

在依声请命令证人保护措施的情形，声请权人应该以书面方式提出申请(声

〔18〕“最高法院”2011年度台上字第5864号判决。

请书)(§5“证保法”)。在操作上,要同时提出相关能释明声请事由的资料(§9 I“证保法细则”)。再根据声请的情况,特别是,声请保密身份措施的情形,还要以“保密方式”处理(§9 II“证保法细则”)。收到声请之后,决定机关应该实时处理(§11 I“证保法细则”),过程中,可以对声请人讯问并听取其陈述,在依职权或依声请的情况,也可征询执行机关的意见。最后,决定机关再根据前述的调查资料,按照“证保法”第6条,针对个案的情况,“至少”就以下的点进行观察分析并且按照所得出的结果形成决定:

- 证人或与其有密切利害关系之人受危害之程度及迫切性;
- 组织犯罪行为之情节;
- 组织犯罪行为人之危险性;
- 证言之重要性;
- 证人或与其有密切利害关系之人之个人状态;
- 证人与组织犯罪活动之关联性;
- 组织犯罪案件进行之程度;
- 被告或被移送人权益受限制之程度;
- 公共利益之维护。

侦查中与审判中证人保护措施决定的流程如底下(图二)、(图三)所示。

4. 例外的情形

在侦查中或审判中,检察官或法官因为时间急迫不及核发证人保护书,可在无证人保护书的情况下先实行证人保护措施(§4 I但“证保法”)。也就是,按照通常的流程取得证人保护书再实行证人保护措施,因为声请或是依职权决定所造成的时间耗损,会导致达成证人保护需求的目的无法达成。技术上,检察官或法官可以先以言辞、书面、电信传真或其他科技设备,通知执行机关主管或承办人先予执行,并于三日内补发证人保护书(§7 I但“证保法细则”)。性质上,这仍然是决定机关的决定,只是决定公开方式书面要求的例外。前述的流程可以底下(图四)呈现。

在司法警察所主导的对组织犯罪的调查程序,按照“证保法”第4条第2项,认为证人有保护必要,可直接采取证人保护措施,然后,七天之内应该就此陈报检察官,这是检察官“事后的”决定。不过,有疑问的是,是否也要有情况急迫的情形,还有,既然是在调查中,为何能陈报“法院”。当检察官认为警察实行的措施不当时，措施应该立即停止或变更（§4 II“证保法”），所谓不当，解释上，应该是指缺乏命令的实质要件的情况。另外，是否也要以书面对外公开决定的内容，并没有明文。

上述的流程可用底下的（图 2 至图 5）来呈现。

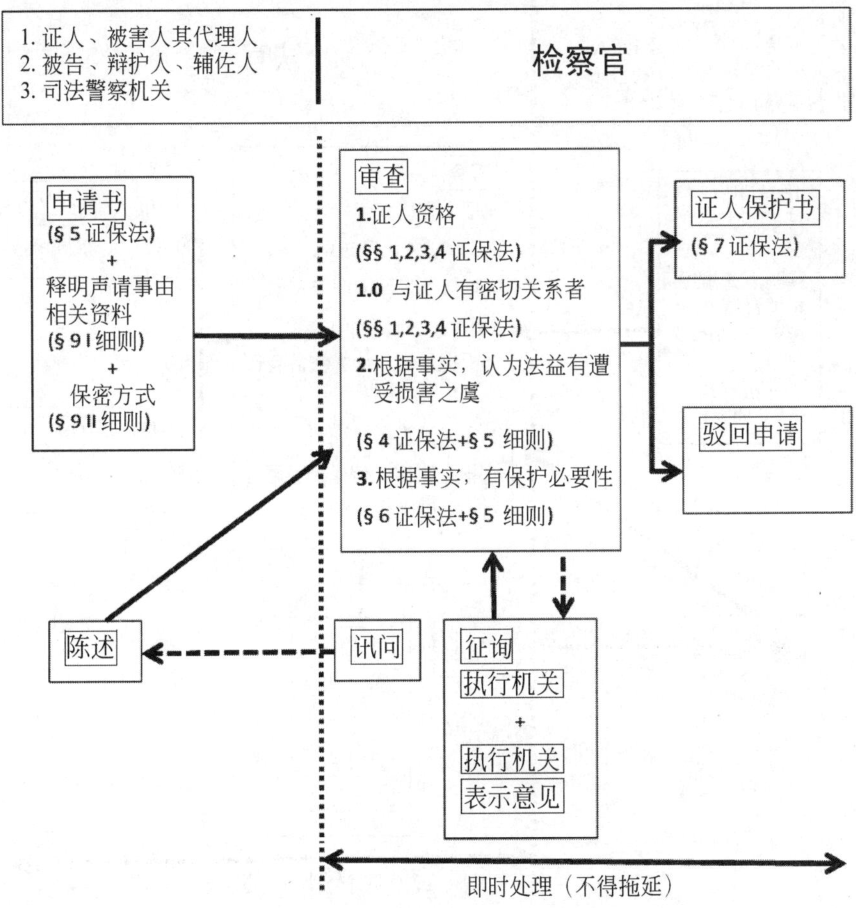

图 2　侦查中证人保护措施的决定

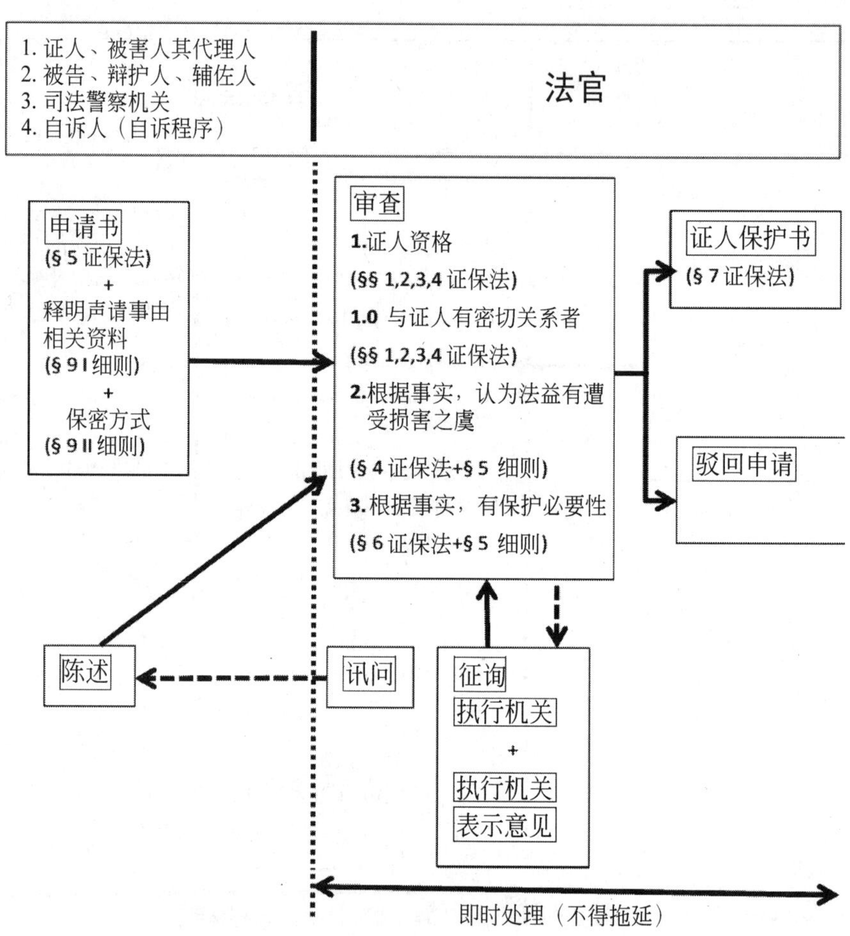

图 3　审判中证人保护措施的决定

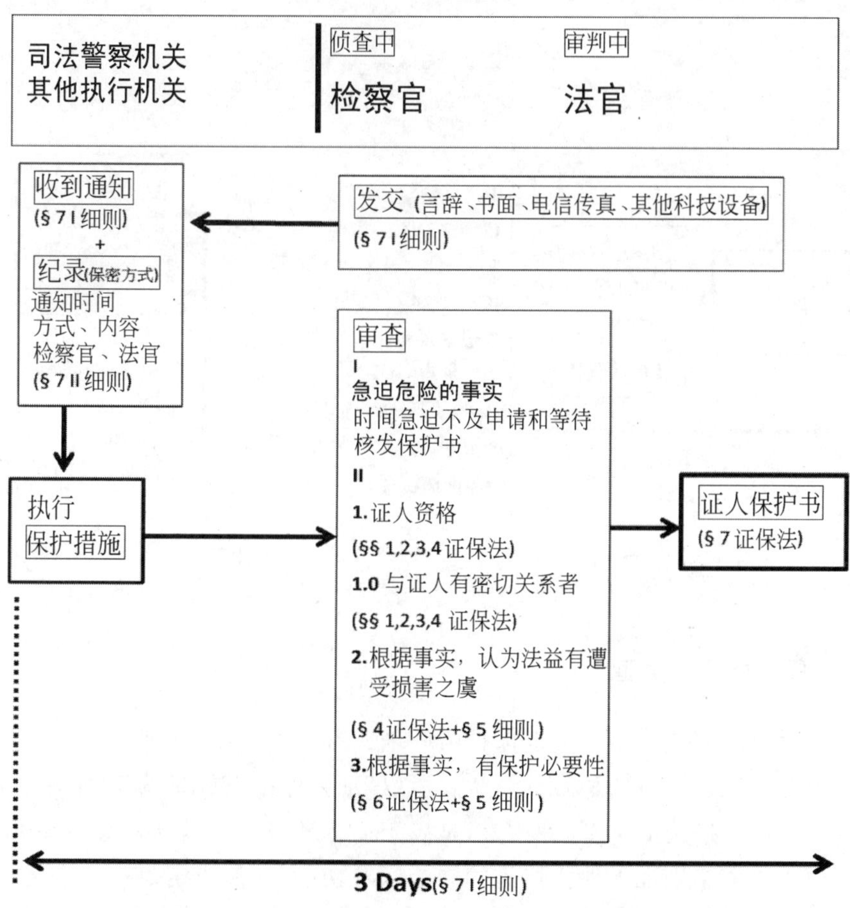

图 4　时间紧迫不及核发证人保护书与事后补发

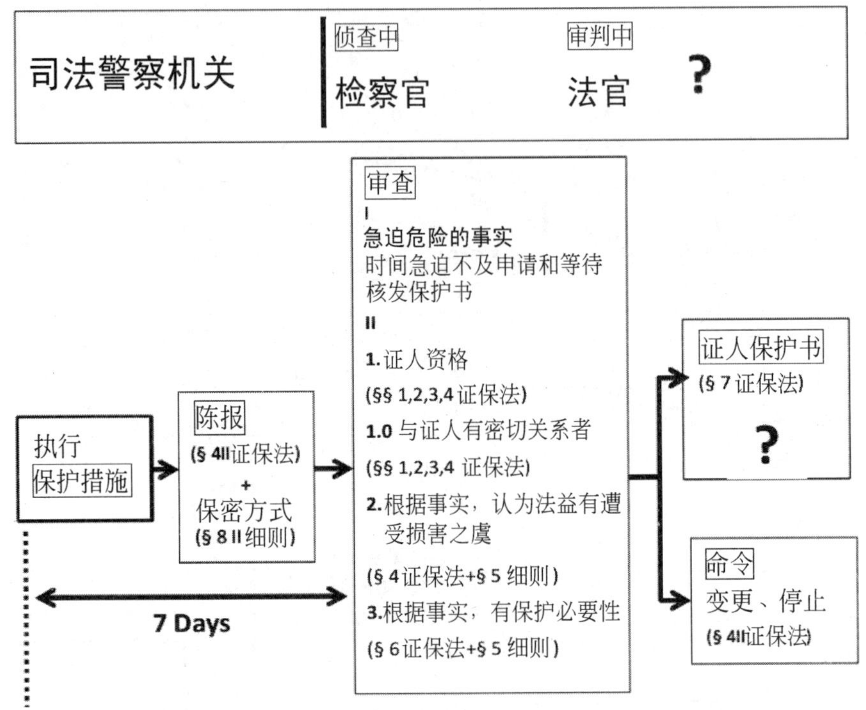

图 5　司法警察无证人保护书之下先实行证人保护处分措施

八、证人保护措施的类型

证人保护的需要应透过证人保护措施来实现。在内容上，证人保护的需要描述了一个对于证人利益的危险的情状。所以，证人保护措施是具有“危险预防”的特征。证人保护措施的类型，性质上，是属于命令证人保护措施的实质要件，决定机关必须要了解个别证人保护措施的影响以及功能，才能决定是否在个案的情况要使用特定的证人保护措施。为了较清楚地呈现证人保护措施与保护需要实现的关系，想特别开一个段落来介绍证人保护措施的类型。

证人保护法规定了以下的证人保护措施类型。

（一）身份保密

“证保法”第 11 条：“（Ⅰ）有保密身份必要之证人，除法律另有规定者外，其真实姓名及身份资料，公务员于制作笔录或文书时，应以代号为之，不得记载证人之年籍、住所、身份证统一编号或护照号码及其他足资识别其身份之数据。该证人之签名以按指印代之。

(Ⅱ)载有保密证人真实身份资料之笔录或文书原本,应另行制作卷面封存之。其他文书足以显示应保密证人之身份者,亦同。

(Ⅲ)前项封存之笔录、文书,除法律另有规定者外,不得供阅览或提供侦查、审判机关以外之其他机关、团体或个人。

(Ⅳ)对依本法有保密身份必要之证人,于侦查或审理中为讯问时,应以蒙面、变声、变像、视讯传送或其他适当隔离方式为之。于其依法接受对质或诘问时,亦同。"

在组织犯罪案件,对有保护需要的证人,个人的真实姓名以及其他可体推论其身份的数据必须保密,而使用"代号"称呼。前述的证人个人身份数据,以及载有这些数据的文件,像是,笔录或者文件,根据"证保法"第11条,应该制作卷面封存。实务上的作法,对受身份保密之证人制作笔录、文书或其他足资识别其身份之数据时,会以代号称呼,并制作"代号及真实姓名对照表",最后以"密封套"密封然后附卷(§17 I"证保法细则")。

在依法调查事实而有需要开启前述的密封套时,则应由启封者及传阅者在卷面骑缝处签名,载明启封及传阅日期,并由启封者并前手封存卷面,重新制作卷面封存之(§17 II"证保法细则")。

另外,在需要证人签章的文件,像是笔录,则证人的签名或盖章,改以按证人指印的方式实行(§11 I"证保法")。

(二)封存证人身份数据与载有此数据的文件禁止提供

"证保法"第11条第3项规定,除了该管的刑事诉追机关公务员,其他的机关、团体或者个人,一律禁止开启以及阅览,或者应请求提供,已封存的、有保护需要的证人身份数据以及载有此数据的文件(笔录、文书)。

(三)人身安全保护

"证保法"第12条第1项:"证人或与其有密切利害关系之人之生命、身体或自由有遭受立即危害之虞时,法院或检察官得命司法警察机关派员于一定期间内随身保护证人或与其有密切利害关系之人之人身安全。"

"证保法"第12条第1项的立即危害之虞,是指按照证保法,证人有保护的需要,且他的生命、身体或自由的利益损害的发生已经迫在眉睫。之所以会这样,或者是因为证人的身份已经公开，身份保密的手段已经丧失契机，也可能是因为故意或过失造成应保密的身份曝光。在此情形下，国家应投入人力或物力，以证人或与他有密切利害关系之人为中心，建构防线，防范不特定的危险源。

"证保法"第 12 条第 2 项："前项情形于必要时，并得禁止或限制特定之人接近证人或与其有密切利害关系之人之身体、住所、工作之场所或为一定行为。"

另外，当危险源可以锁定是来自特定的人时，国家可以主动针对他并禁止或限制他对证人或与其有密切利害关系之人作一定的行为，像是，禁止或限制特定人的行动自由而不得接近证人或与其有密切利害关系之人或他们生活工作的场所，程度上，特定的、人的危险源的出现可能只是让证人等有不愉快的感觉，并不要求要达到对人的生命、身体、自由有损害发生的危险。

（四）短期生活安置

"证保法"第 13 条"（Ⅰ）证人或与其有密切利害关系之人之生命、身体、自由或财产有遭受危害之虞，且短期内有变更生活、工作地点及方式之确实必要者，法院或检察官得命付短期生活安置，指定安置机关，在一定期间内将受保护人安置于适当环境或协助转业，并给予生活照料。

（Ⅱ）前项期间最长不得逾一年。但必要时，经检察官或法院之同意，得延长一年。所需安置相关经费，由内政部编列预算支应。"

按照证保法，证人有保护的需要，可以将他交付短期生活安置，所谓短期，根据"证保法"第 13 条第 2 项，是指不超过一年，可延长一年，亦即，最高不得超过两年。生活安置措施由两个部分所组成：变换生活、工作场所，以及提供转业、就业协助，生活照料。

性质上，短期生活安置也是人身保护措施，不过，方式不一样，应保护的证人离开现在的生活、工作环境，然后到新的场所生活、工作，在保护的密度上，可以是机构式的（安置机关），也可以是非机构式的（适当的环境）。

在执行时，由于司法警察机关对安置机关有提供必要协助的义务（§20 I"证保法细则"）。所以，相关的费用由所隶属的内政部预算编列支应（§13 II"证保法"）。

九、证人保护措施在适用上的关系

"证保法"所规定的证人保护措施，在使用时，在符合个别的前提时固然可以使用特定的保护措施。不过，有没有同时使用的可能，亦即，证人保护措施的竞合。对此，要比较各个措施使用的前提，原则上，人身保护措施与身份保密措施并没有竞合的问题，因为证人的身份已经曝光时，后者的使用就没有实益了。另外，短期机构安置与身份保密措施也没有竞合的问题，因为这个举动会导致证人身份的曝光。最后，人身保护措施与短期生活安置可以同时使用，使危险源被有效地防范。

十、受保护证人的调查

在调查有保护需要的证人，刑事诉讼法的基本原则还是有适用，比方，法官的直接原则、调查原则、职权原则以及公开审判原则……绝对贯彻这些原则会造成与证人保护目的的冲突。

通常在讯问证人时，是由以下的(图 6)的环节所组成，证人有一些义务需要逐一实行，像是，到场义务、具结义务、陈述义务。另外，刑事诉追机关有制作笔录的义务以及公开审判过程的义务。另外，“司法院大法官”会议释字第 582 号解释也认为，被告能够直能接诘问证人并据此作为判决的事实基础，是“宪法”第 16 条人民诉讼权的实践应该予以保障且符合“宪法”第 8 条正当法律程序的要求[19]。不过，上述原则贯彻之下，证人的身份却会毫无障碍地被知悉。所以，需要一些相对化并发展出以下调查应保护证人时的原则。下面(图 7)的讯问证人的流程是这个想法的具体实践，当然，做法上会是有所调整的，接下来，想对这些调整的内容做细部的介绍。

(一) 传唤与报到的方式

根据“刑诉法”第 175 条，传唤证人要对他发出传票，通知讯问的时间、地点。按照同条第 1 项第 1 款，传票上面会记载证人的身份数据。在制作以及送达的过程，证人的身份会曝光。对此，证人保护法并没有明文。实务上的做法，按照程序阶段，法官或检察官会制作“代号传票”，亦即，将证人的身份用代号称之。然后，

---

〔19〕“司法院大法官”会议释字第 582 号：“宪法第 16 条保障人民之诉讼权，就刑事被告而言，包含其在诉讼上应享有充分之防御权。刑事被告诘问证人之权利，即属该等权利之一，且属宪法第 8 条第 1 项规定‘非由法院依法定程序不得审问处罚’之正当法律程序所保障之权利。为确保被告对证人之诘问权，证人于审判中，应依法定程序，到场具结陈述，并接受被告之诘问，其陈述始得作为认定被告犯罪事实之判断依据。”

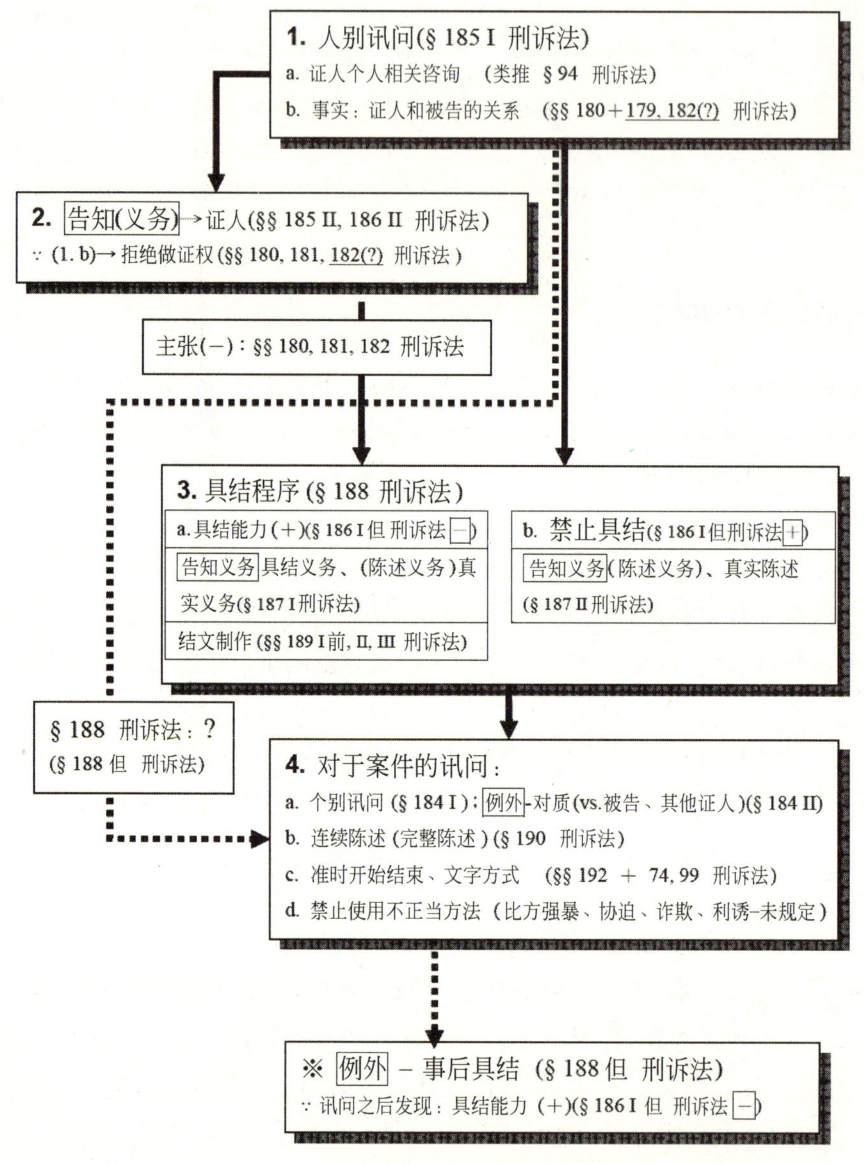

图 6 证人讯问流程图

找来送达的警察并开启封存的资料，让他们知悉代号的证人身份与通信地址，使其知悉送达的收件人与目的地。完成送达之后，必须将送达的证明（回证）连同证人的真实身份一起封存。

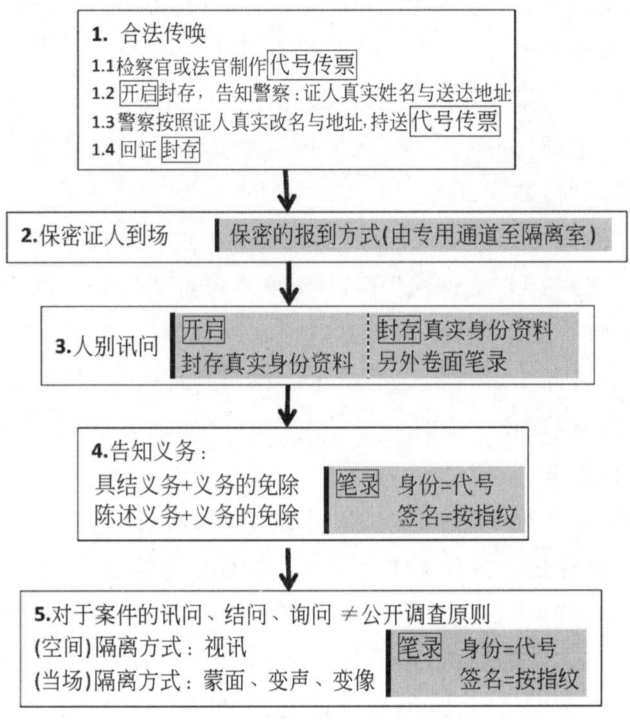

图 7　应保护证人讯问的流程

应保护的证人在讯问日报到方式，是由专用通道进入法院或检察署，然后进入“隔离室”。

(二) 人别讯问的限制

根据“刑诉法”第 185 条，讯问证人前，要先确认其身份，方法上，是类推同“法”第 94 条，试透过人别讯问的方式。不过，这样一一核对身份数据会让证人的身份曝光，所以，实务上，会当着证人的面开启封存的真实数据与他进行身份确认，然后再封存。

(三) 告知义务的实行方式

根据“刑诉法”第 185 条以及第 186 条第 2 项，紧接在人别讯问之后，会确认证人与被告的关系以及具结能力。这会涉及证人的陈述义务与具结义务，还有这些义务的免除。在操作上，也如同前段的人别讯问。

(四) 具结义务的实行

具结的实行方式，比较特别的是，同“法”第 189 条第 3 项的结文签名，按照

“证保法”第 11 条第 1 项，则是以“代号”取代，盖章是按“证人指纹”。

（五）隔离讯问

“证保法”第 11 条第 4 项：“对依本法有保密身分必要之证人，于侦查或审理中为讯问时，应以蒙面、变声、变像、视讯传送或其他适当隔离方式为之。于其依法接受对质或诘问时，亦同。”

有保护必要而保密身份证人的调查，还是必须进行直接讯问或者诘问，不过，为了避免身份曝光，按照“证保法”第 11 条第 4 项可使用隔离的方式，方法上，可以将证人的生物性特征予以伪装，比方，长相、声音，或者让证人待在法庭以外的空间（隔离室），透过同步影音传送的技术。在调查证人时，任何得以导致推论证人身份的尝试都必须禁止[20]。

（六）笔录的制作

“证保法”第 11 条第 2 项：“载有保密证人真实身份资料之笔录或文书原本，应另行制作卷面封存之。其他文书足以显示应保密证人之身份者，亦同。”

身份保密证人的讯问，讯问笔录或者有关的文件，会制作两个版本，亦即，有真实身份的笔录与文件的原本，以及以代号标示的讯问笔录与文件。实务上，对受身份保密之证人制作笔录、文书或其他足资识别其身份之数据时，应该要以代号为之，并制作“代号及真实姓名对照表”，然后使用密封套密封附卷。密封代号及真实姓名对照表的卷宗，一旦有开启时，启封者及传阅者都应该在卷面骑缝处签名，载明启封及传阅的日期，然后连同启封者与前手签名封存的卷面一起封存，同时制作新的卷面（§17“证保法细则”）。因此，所有曾阅览过封存数据的人都必须保密，藉以发挥广泛保护的效果，防范间接对其探询而形成封存资料的公开管道。

（七）禁止调阅

“证保法”第 11 条：“（Ⅱ）载有保密证人真实身份资料之笔录或文书原本，应另行制作卷面封存之。其他文书足以显示应保密证人之身份者，亦同。

---

〔20〕 例如，在检察官询问保密身份的证人的情形，检察机关办理刑事诉讼案件应行注意事项第 127 条（证人诘问、询问之禁止）：“于行证人之诘问程序时，除本法第 176-7 规定外，检察官应注意特别法，如性侵害犯罪防治法第 14 条、证人保护法第 11 条、‘组织犯罪防制条例’第 12 条及国家机密保护法第 25 条第 2 项对证人禁止诘问事项或应予保密事项之规定。如辩护人或其他行询问或诘问之人对证人有违反规定之诘问或询问时，应实时提出异议。”

(Ⅲ) 前项封存之笔录、文书,除法律另有规定者外,不得供阅览或提供侦查、审判机关以外之其他机关、团体或个人。"

根据"证保法"第 11 条第 2 段封存的证人身份资料、载有他的真实身份的笔录与文件原本,以及相关的对应真实身份资料(代号及真实姓名对照表),根据"证保法"第 11 条第 3 项,原则上,非该管刑事诉追机关不得调阅。因此,"证保法"第 11 条第 3 项与"刑诉法"第 33 条第 1 项辩护人阅卷权的规定[21],在适用上,前者享有优先性。所以,辩护人调取阅览所有封存中的、能显现应保护证人真实身份的数据时,应该先检查并确认真实身份的相关数据是否都已经掩盖。

(八) 不得使用虚伪身份

证人保护措施的内容涉及生活环境的变更,因为担心证人的下落被掌握而遭受不利的影响,需要把相关的身份线索给消除,方法上,需要让证人取得一个新的身份以及根据这个身份制作的文件,比方,学历、经历……对此,"证保法"并没有规定。所以,不能阻却"刑法"第 15 章的伪造文书罪的违法性。目前,新的身份可能透过改姓或改姓名,可是,证人保护的需要是否实现"姓名条例"第 9 条、第 10 条的要件[22],可能有疑问。另外,民众都有身份证统一编号(英文字母+阿拉伯数字),需要获得"内政部"的同意才能更改。对此,根据"内政部"函释,原则上不许变更,目前只有基于"交易安全"才允许更改,但是,似乎是忌讳的原因,比方,连三个"4"或尾数为"4"[23]。未来,或许可以在姓名条例加入,根据证人保护法而允许变更姓名,同时,在"证保法"补充规定变更身份证统一编号。

十一、检讨与建议

在有组织犯罪的案件,透过证人保护措施来有效刑事诉追,经由前面的讨论,

---

〔21〕"刑诉法"第 33 条第 1 项:"辩护人于审判中得检阅卷宗及证物并得抄录或摄影。"

〔22〕"(改姓)姓名条例"第 9 条:"(I)有下列情事之一者,得申请改姓:一、被认领、撤销认领。二、被收养、撤销收养或终止收养。三、台湾地区原住民或其他少数民族因改汉姓造成家族姓氏误植。四、音译过长。五、其他依法改姓。(II)夫妻之一方得申请以其本姓冠以配偶之姓或回复其本姓;其回复本姓者,于同一婚姻关系存续中,以一次为限。""(改姓名)姓名条例"第 10 条:"有下列情事之一者,得申请改名:一、同时在一公民营事业机构、机关(构)、团体或学校服务或肄业,姓名完全相同。二、与三亲等以内直系尊亲属名字完全相同。三、同时在一直辖市、县(市)设立户籍六个月以上,姓名完全相同。四、与经通缉有案之人犯姓名完全相同。五、被认领、撤销认领、被收养、撤销收养或终止收养。六、字义粗俗不雅、音译过长或有特殊原因。(II)依前项第 6 款申请改名,以三次为限。但未成年人第二次改名,应于成年后始得为之。"

〔23〕"内政部"函台内户字第 1010291653 号(13.09.2012)。

对照证人保护的目的,会发现理论与立法之间的落差,以下想提出几个比较重要的点,建议未来修法时可以列入考虑并且进行调整。

(一) 证人保护的需要也应该顾及公益保护

"证保法"第 1 条第 1 项:"为保护刑事案件及检肃流氓案件之证人,使其勇于出面作证,以利犯罪之侦查、审判,或流氓之认定、审理,并维护被告或被移送人之权益,特制定本法。"

"证保法"第 4 条第 1 项:"证人或与其有密切利害关系之人因证人到场做证,致生命、身体、自由或财产有遭受危害之虞,而有受保护之必要者,法院于审理中或检察官于侦查中得依职权或依证人、被害人或其代理人、被告或其辩护人、被移送人或其选任律师、辅佐人、司法警察官、案件移送机关、自诉案件之自诉人之声请,核发证人保护书。但时间急迫,不及核发证人保护书者,得先采取必要之保护措施。"

如前所述[24],证人之所以有保护的必要,除了因为准备陈述或者陈述而导致自己的不利,还有,他的陈述是事实确定的唯一方法。也就是说,一旦证人因为害怕而隐匿、失能或失去意愿不能在审判中取得他的陈述,事实就不能确定,这是对刑事诉追利益受不利影响。不过,这样的考虑,却没有显现在"证保法"第 1 条及第 4 条。缺乏这样的考虑,证人保护措施恐有滥用的担忧。

(二) 证人保护措施的决定机关

"证保法"第 4 条规定,侦查中,检察官,审判中,法官,依职权或依声请命令证人保护措施。首先,证人是否有保护的必要,对程序的主导机关是很重要的。对照强制处分措施的命令,通常,主导程序机关同时也是特定措施的命令机关时,因为程序目的的成败自己负责,只有主导机关会在意,设计上就只放依职权命令,并不会同时放上依声请命令。可是,"证保法"第 4 条却没有采用这样的思考,主导程序的机关不但可以依职权,而且可以依声请命令证人保护措施。应该是基于这样的担心:"国家只顾真实的调查而不管证人自己因为陈述所陷入的危险。"顺着这个思考的脉络下来,既然是可以依声请且等待命令做成,就会有"等不及"的问题,所以会有同"法"第 4 条第 1 项的但书。

---

〔24〕 参考,贰。

因为实务上对于证人保护措施的书面命令的性质(证人保护书),认为并不是令状。也考虑到实务对于执行效率的需求。或许德国的做法可以提供思考上的启发,因为证人保护措施的"预防性"特征,这个通常也是警察法措施的特征,证人保护措施被认为是警察法的危险预防措施〔25〕。按照德国证人保护法第2条,是由警察或依联邦法或邦法设立的专责机关(证人保护局)直接根据证人保护法的标准命令证人保护措施〔26〕。他们可以有效迅速地保护好他们认为应该要保护的证人,让这个证人的陈述最后可以拿到法院的面前而用来确定事实。所以,在分工上,证人保护措施的使用,并不需要让法院去费心。

(三)讯问过程全程录音录像

证人的陈述是事实调查的唯一证据,且到了审判中已经不能或难以调查。目前,笔录是唯一的可以作为证据的替代品。为了强化证人陈述替代品的证明力〔27〕,德国刑事诉讼法第58条e〔28〕的证人讯问全程录音录像也颇值得参考。

(四)证人接受律师协助的权利

有一些证人的权利,一旦主张,可能会让调查遭到阻碍,像是,拒绝陈述权,因此,刑事诉追公务员可能因故意或过失而未通知他可以主张,也会造成证人的利益受到损害或危险。由于刑事诉追公务员多关注在刑事诉追利益否达成,相形之下,难以期待会照顾到证人的利益,所以,"自己的利益,要自己顾。"证人需要有一个站在自己这一边的自己人,就只为他着想,指导他正确地实行他的权利。德国刑诉法第68条b提供我们一个解决问题的方向,在重罪或者以组织方式实行的轻罪,证人明显在讯问的期间不能独自实行权利,且他值得保护的利益无法被特别地顾及,在检察官同意下,可在讯问时为证人聘请律师〔29〕。在功能上,律师以

---

〔25〕 Ulrich Eisenberg, Zeugenschutzprogramme und Wahrheitsermittlung im Strafprozess, FS. für Fezer, S. 193.

〔26〕 德证保法(ZSHG)第2条第1项:"警察或依联邦法或邦法的专责机关(证人保护局)(Zeugenschutzdienststellen)依本法的标准保护个人。"

〔27〕 认为德国证人讯问的录音录像也是另外一种有证据能力的记录类型,王皇玉:《德国刑事诉讼上关于"证人保护"之立法动向》,载《月旦法学杂志》,1999(53),194页。

〔28〕 德刑诉法第58条e:"(Ⅰ)讯问证人可全程录音录像。以下情形应全程录音录像:1.讯问未满16岁的可罚行为被害人。2.担心证人不能在审判中讯问且录音录像对于真实的调查是必须的。(Ⅱ)录音录像只许用于刑事诉追的目的且对于调查真实是必须的。"

〔29〕 中文的介绍,可参考王皇玉:前揭文,195页。

实行在场权的方式提公证人协助（§68 b I 第 2 句 德刑诉法），指导证人行使权利，不过，律师并没有独立的声请权，他只能在辩护人提出声请或主张时提供咨询[30]。

（五）隔离讯问的方式

隔离讯问，应该用来防止审判中法官或侦查中检察官以外的人知悉证人的身份，先把应保护的证人与在场权人隔离，然后才开始调查这个证人，直接原则还是必须坚持。德国刑诉法第 168 条 e 提供一个可以参考的思考方向。方法上，生物性特征的伪装（变声、变像）不应该一网打尽地也针对法官或检察官，另外，这样的做法恐侵害被告或检察官的诘问权[31]。正确的做法，可以将被告隔离，然后法官或检察官透过影音直播方式讯问被告，在诘问时，则让当事人透过声音直播方式进行[32]。

（六）对于证人保护措施与保护书性质的理解

实务上，将证人保护书理解为非令状，是基于"未要求必须'发动与审查分离'以发挥制衡功能"这个理由。不过，这样的理由并没有正面回答问题，因为在刑诉法中，有一些措施，比方，拘提（§§77 ＋ 71 IV"刑诉法"），侦查中的检察官，审判中的法官可依职权命令。

正确的做法，应该要观察证人保护措施的性质，如果涉及刑事诉追目的的达成，也可违反证人的意思而对证人基本权造成限制，像是，无故不依传唤到场的证人的拘提（§178 I，IV ＋ §77"刑诉法"），就这一点，这个拘提的性质还是无碍于被理解成强制处分措施。所以，不论是否违反证人的意思，只要是限制证人基本权的证人保护措施，也应该被理解成一种针对证人的强制处分措施。只是决定都要求必须以"书面方式"（要式性的要求）对外公开。所以，证人保护书究竟是不是令状，就不是那么重要了。

十二、展望

在组织犯罪案件，当事实调查陷入僵局时，证人保护措施对打破此困境无疑是透露出一道曙光。证人的义务、直接调查原则、与证人因为陈述或准备陈述导

---

〔30〕 Lutz Meyer-Goßner，StPO，53. Aufl.，2010，§68b，Rn. 4.

〔31〕 实务上，反对的看法，"最高法院"1995 年度台上字第 5943 号判决。

〔32〕 Meyer-Goßner，StPO，§168e，Rn. 7.

致自己或所在意的人的利益受不利影响，呈现出一个冲突的关系。证人保护措施应该可以标出这三个利益冲突的平衡点，也就是，有无达到平衡的检测仪。在台湾地区，未来，就完整实现证人保护的需要和及时有效使用证人保护措施的角度，证人保护措施的类型以及决定机关仍有很大的改进与调整的空间。此外，证人保护措施与“刑事诉讼法”相关规定的适用关系也需要厘清。

海峡两岸剥夺犯罪组织所有财产之研究

李杰清*

一、问题提起

组织犯罪(organized crime,Organisierte Kriminalität,mafia,暴力团,帮派)泛指藉由各式各样组织活动所进行的犯罪行为,通常被认为具有组织性、常习性、利益性及暴力(胁迫)性等主要特征,其中,组织性乃涉及组织体的运作及管理,极易扩大被其所侵害的法益;常习性除是区别偶发一次性的犯行外,着眼于其多次犯行所累积形成之危害性或影响力;暴力(胁迫)性则常与常习性、组织性密切结合而发展成恶势力或保护伞,而此正是其与一般经济犯罪最大的差异,而利益性则是其与经济犯罪共同的核心目的,也是一般组织犯罪者形成犯罪动机之所在。因此,如何合法、有效地剥夺组织犯罪的一切所得,往往是刑事政策或犯罪对策上被认为是打击组织犯罪者的利益动机及减损其组织违法运作效能的最佳抉择。

30余年来在两岸及国际,各国法制已不断改善包括组织犯罪在内的刑事法制,除采取扩大传统没收、追征的适用外,也采取了剥夺法人或组织所有财产之实体及程序法制。惟由于科技的进步、社会的发展、商业经营模式的多元化及金融

* 台北科技大学知识产权研究所教授。

资产转换的便捷化等，已使近年来各国没收、追征等法制变革再次面临极大的挑战。特别是，组织犯罪所得的内涵，理论上应可包括归属于组织犯罪者个人及其组织所有之财产，针对前者，扩大没收等相关法制已能发挥一定的作用，而对于后者，虽有相关的法制，但似乎无法发挥预期成效，而少有成功的具体案例，故本文将从两岸比较法制的观点，聚焦于如何有效剥夺犯罪组织所有之财产，以抛砖引玉，期待能促进对此重要课题的研究，进而在立法及实务面能阻绝组织犯罪者藉由犯罪组织保有不法所得（借尸还魂）之漏洞，以强化打击组织犯罪对策的妥适性及有效性。

二、犯罪组织的定义及其所有财产的界定

（一）犯罪组织的定义

1. 台湾地区

我国第一部现代刑法典大清刑律制定于 1911 年 1 月，其内容并无“犯罪组织”的用语。其后，于 1934 年 10 月制定的中华民国刑法第 154 条[1]，始出现“参与以犯罪为宗旨之结社者”，而所谓“结社”为“组织团体”之意[2]，泛指多数人的结合体，具有持久的性质[3]。亦即，该组织团体须以从事犯罪活动为目的，且从其区分对参与者及首谋者之不法内涵而异其刑度观之，该组织团体内部应具有上命下服或不同地位（阶层）的特性。最后，台湾地区“法务部”于 1996 年 9 月鉴于：(1)“刑法”参与犯罪结社罪的规定过于简略；(2)当时“检肃流氓条例”的部分条文业经“司法院大法官”释字 384 解释为违宪，将于 1996 年 12 月底失效，故为有效发挥扫黑及除暴的功能，特提案制定“组织犯罪防制条例”草案，并经“立法院”于 1996 年 12 月三读通过[4]。该“条例”第 2 条明定犯罪组织的定义为“三人以上，有内部管理结构，以犯罪为宗旨或以其成员从事犯罪活动，具有集团性、常习性及胁迫性或暴力性之组织”。其中，在组织体的内部，须具“管理结构”的阶层特性，

---

〔1〕“刑法”第 154 条第 1 项规定：“参与以犯罪为宗旨之结社者，处 3 年以下有期徒刑、拘役或 500 元以下罚金；首谋者，处 1 年以上 7 年以下有期徒刑。”

〔2〕“结社”一语最早似出现在唐朝许浑《送太昱禅师》诗：“结社多高客，登坛尽小诗。”泛指人们围绕共同宗旨和目标所结成的团体。参阅台湾 WiKi 网，http://www.twwiki.com/wiki/%E7%B5%90%E7%A4%BE，最后访问日期：2015-10-09。

〔3〕王振兴：《刑法分则实用》（自版，2 版），487 页，1994。

〔4〕汇编者：《“立法院”公报（上）》，1996（85 卷 55 期），47 页。

以区别一般共犯或结伙犯之组成，而该组织体显现于外的犯行，通常多具有“集团性”“常习性”“胁迫性”或“暴力性”等特性。

又本条所谓“内部管理结构”者，在于显示犯罪组织本身须具最低度的固定性，且对所属成员保有达成犯罪目标或犯罪活动之内部层级管理的特性。另所谓“集团性”“常习性”“胁迫性”或“暴力性”等特性，乃犯罪组织表彰于外之组织性质，无须兼具，只要足以表征犯罪组织所具有“以众暴寡”“不务正业”“施加胁迫”或“加诸暴力”等特性[5]，即可成罪。另该法在性质上为“刑事特别法”，除优先于“刑法”第154条犯罪结社罪的适用外，在适用时若与同为“特别刑法”的“检肃流氓条例”发生竞合时，亦明定应优先适用之[6]，故无论是传统或新型的犯罪结社或地区流氓、帮派组织，只要符合该法犯罪组织的定义，均可援引“组织犯罪防制条例”之规定予以处罚。惟相关实证研究显示，自1999年至2005年台湾地区地方法院对组织犯罪的定罪率低于两成，其中尤以不符“内部管理结构”之要件，而无法认定成罪的判决最多[7]，足见司法审查的实质认定将会较立法解释或检、警的初步认定更为严谨。

2. 中国大陆

中国大陆通称组织犯罪为“有组织犯罪”，1997年制定《刑法》第294条之初，因认为中国境内并无黑社会组织犯罪的存在，故区分境内黑社会性质组织犯罪（第1、3款）与境外黑社会组织犯罪（第2款），而对前者（组织、领导和积极参加黑社会性质组织犯罪者）与后者（境外的黑社会组织的人员到中华人民共和国境内发展组织成员者）的法定刑均为“3年以上10年以下有期徒刑”并无任何差异[8]，且未有任何有关黑社会性质组织之特征的明文规定。

---

〔5〕 汇编者：《“立法院”公报（上）》，1996（85卷55期），47页。

〔6〕 “组织犯罪防制条例”第17条规定：“本条例之规定与检肃流氓条例之规定适用上发生竞合者，优先适用本条例。”

〔7〕 许福生：《两岸共同打击有组织犯罪问题与对策之探讨》，载《刑事法杂志》，2010（54卷2期），108、109页。

〔8〕 中国大陆1997年《刑法》第294条第1款规定：“组织、领导和积极参加以暴力、威胁或者其他手段，有组织地进行违法犯罪活动，称霸一方，为非作恶，欺压、残害群众，严重破坏经济、社会生活秩序的黑社会性质的组织的，处3年以上10年以下有期徒刑；其他参加的，处3年以下有期徒刑、拘役、管制或者剥夺政治权利”；第2款规定：“境外的黑社会组织的人员到中华人民共和国境内发展组织成员的，处3年以上10年以下有期徒刑。”唯须特别留意中国大陆法条用语的条、款、项、目与台湾地区“法规标准法”第8条规定之条、项、款、目相对应。本文从之，未变更之。

之后，最高人民法院于2000年12月10日通过了《关于审理黑社会性质组织犯罪的案件具体应用法律若干问题的解释》，该解释第1条规定，刑法第294条规定的黑社会性质组织，一般应具备以下特征：(1)组织结构比较紧密，人数较多，有比较明确的组织者、领导者，骨干成员基本固定，有较为严格的组织纪律；(2)通过违法犯罪活动或者其他手段获取经济利益，具有一定的经济实力；(3)通过贿赂、威胁等手段，引诱、逼迫国家工作人员参加黑社会性质组织活动，或者为其提供非法保护；(4)在一定区域或者行业范围内，以暴力、威胁、滋扰等手段，大肆进行敲诈勒索、欺行霸市、聚众斗殴、寻衅滋事、故意伤害等违法犯罪活动，严重破坏经济、社会生活秩序。嗣后，全国人大常委会于2002年4月28日通过了关于1997年《刑法》第294条第1款的立法解释，明确说明该条款黑社会性质的组织应当同时具备以下特征：(1)形成较稳定的犯罪组织，人数较多，有明确的组织者、领导者，骨干成员基本固定；(2)有组织地通过违法犯罪活动或者其他手段获取经济利益，具有一定的经济实力，以支持该组织的活动；(3)以暴力、威胁或者其他手段，有组织地多次进行违法犯罪活动，为非作恶，欺压、残害群众；(4)通过实施违法犯罪活动，或者利用国家工作人员的包庇或者纵容，称霸一方，在一定区域或者行业内，形成非法控制或者重大影响，严重破坏经济、社会生活秩序。

上述2000年的司法解释及2002年的立法解释均为对《刑法》第294条黑社会性质组织之特征的解释，其中主要差异如下：(1)前者因其之司法属性，除要件(1)是以较严格的组织纪律为认定标准外，似采宽松的(4)要件说，隐含即使非完全符合(4)要件，亦可成立黑社会性质组织犯罪的包容性；且要件(3)所谓“通过贿赂、威胁等手段，引诱、逼迫国家工作人员参加黑社会性质组织活动，或者为其提供非法保护”与后者立法解释的特征(3)显然有别，也未重视其之行为应排除偶发的一次性行为的特性。(2)后者则采严格的(4)要件说，并将司法解释要件(4)的各类型违法犯罪活动与司法解释要件(3)的“非法保护”修改为“非法控制”后并列为立法解释要件(4)的择一选项〔9〕，能避免因其认定标准过高，致无法贯彻打早打小、防止蔓延之刑事政策的现实需要〔10〕。基于此，中国大陆于2011年2月通过了《刑法修正案(八)》第43条，除对“组织、领导和积极参加黑社会性质组织犯

〔9〕 宋洋：《刑法修正案(八)》中黑社会性质组织犯罪立法解读，载《晋中学院学报》，2011(28卷2期)，69页。

〔10〕 王志祥：《论黑社会性质组织的界定》，载《法治研究》，2010(2)，14页。

罪者”与“境外的黑社会组织的人员到中华人民共和国境内发展组织成员者”的法定刑有所差异外，亦将 2002 年立法解释有关黑社会性质组织所具的特征，正式增修至《刑法》第 294 条第 5 款。

上述对黑社会性质组织所具组织结构、经济利益、行为方式及非法控制之特征的描述，并不明确、严谨，以致在黑社会(性质)犯罪组织的认定及法律适用上存在模糊的空间，故在区分黑社会性质组织犯罪与黑社会组织犯罪之际，论者有认为：(1)黑社会性质组织并非典型的黑社会组织，而是在一般犯罪集团与典型黑社会组织间，带有黑社会性质的特殊犯罪集团，属于进入黑社会组织前的过渡形态，其与黑社会组织的区别主要在发展程度〔11〕。(2)两者的关键差异在对于黑社会组织的“社会化”程度要求较高，须具有社会的结构、功能、运转管理方式及人数众多的特征〔12〕，故前者(黑社会性质组织犯罪)因只具有后者(黑社会组织犯罪)的部分特征，应是后者的初级形态(雏形)。因此，中国大陆的法制及学说基本上是否认中国境内确有黑社会组织犯罪的存在，而对未达其之发展或社会化程度的类黑社会组织犯罪，当前是以必须完全具备黑社会性质组织犯罪的(4)特征方能予以论罪科刑。

(二) 犯罪组织所有财产的界定

1. 台湾地区

台湾地区最早惩治犯罪结社罪的“刑法”第 154 条，仅对于参与犯罪结社者有科处低额的罚金刑；对于恶性较重的首谋者则只能科处自由刑，并无任何可剥夺其个人或犯罪组织之犯罪所得的规定。直至 1996 年年底通过“组织犯罪防制条例”之后，针对发起、主持、操纵或指挥犯罪组织者，处 3 年以上 10 年以下有期徒刑，得并科新台币 1 亿元以下罚金；参与者，处 6 月以上 5 年以下有期徒刑，得并科新台币 1 千万元以下罚金(第 3 条第 1 项)。且该“条例”第 2 项，对再犯第 3 条第 1 项者，除可科处更重的有期徒刑外，尚可对其科处至多加倍的罚金额〔13〕，应

---

〔11〕 参阅王鹏祥：《论刑法修正案(八)对黑社会性质组织犯罪的修正》，载《周口师范学院学报》，2012(29 卷 4 期)，98 页。

〔12〕 王志祥，同注 10，17 页。

〔13〕 “组织犯罪防制条例”第 3 条第 2 项规定：“犯前项之罪，受刑之执行完毕或赦免后，再犯该项之罪，其发起、主持、操纵或指挥者，处 5 年以上有期徒刑，得并科新台币 2 亿元以下罚金；参与者，处 1 年以上 7 年以下有期徒刑，得并科新台币 2 千万元以下罚金。”

可在相当程度上利于剥夺组织犯罪者个人之犯罪所得。

另在剥夺犯罪组织所有财产方面,"组织犯罪防制条例"第 7 条则规定如下:1. 实体法方面:对组织犯罪者(犯第 3 条之罪者)其参加之组织所有之财产,除应发还被害人者外,应予追缴、没收。如全部或一部分不能没收者,追征其价额。2. 程序法方面:(1) 对于"参加组织后取得之财产"之认定采用转换举证责任的立法方式[14];(2) 明定检察官于必要时得扣押其财产,以保全对个人及组织所有财产之追缴、没收或追征。惟组织犯罪者的个人财产与犯罪组织所有的财产如何区分?未具法人格的犯罪组织(人合团体)是否能成为犯罪所得的归属者?转换举证责任的立法是否有正当性?为确保追缴、没收或追征执行之暂时扣押是否妥适?容有深入探讨的余地[15]。

2. 中国大陆

1997 年制定的《刑法》第 294 条并无任何剥夺组织、领导、参加黑社会性质组织罪者(个人、共犯)或其所属犯罪组织之财产的规定。直至 2011 年 2 月《刑法修正案(八)》第 43 条所增修刑法第 294 条第 1 款内始有剥夺个人或该犯罪组织所有财产的相关规定,但对"入境发展黑社会组织罪"(第 2 款)"包庇、纵容黑社会性质组织罪"(第 3 款)仍无任何新增剥夺犯罪所得的规定,在刑事政策上及法律适用财产刑上已显得紊乱、分歧,将严重影响打击黑社会性质组织犯罪者的成效。其次,《刑法修正案(八)》所增修刑法第 294 条的法定刑是区分对象,而异其刑罚。即针对(1)组织、领导黑社会性质的组织的,处 7 年以上有期徒刑,并处没收财产[16];(2)积极参加的,处 3 年以上 7 年以下有期徒刑,可以并处罚金或者没收财产;(3)其他参加的,处 3 年以下有期徒刑、拘役、管制或者剥夺政治权利,可以并处罚金。其中,(1)针对恶性或侵害法益最重之黑社会性质组织之组织、领导者,并无罚金刑的规定,取而代之的是义务规定之没收财产刑;(2)对危害性次重之黑社会性质组织之积极参加者,除法定自由刑较轻外,得采任意且择一规定之罚金

---

〔14〕 "组织犯罪防制条例"第 7 条第 2 项规定"犯第 3 条之罪者,对于参加组织后取得之财产,未能证明合法来源者,除应发还被害人者外,应予追缴、没收。如全部或一部不能没收者,追征其价额"。

〔15〕 参阅邓湘全:《防制组织犯罪所采取扩大没收制度之检讨》,载《刑事法杂志》,1998(42 卷 4 期),52~54 页。

〔16〕 依中国大陆刑法第 34 条规定,附加刑有 3 种,即罚金、剥夺政治权利及没收财产。且附加刑亦可独立适用。

或者没收财产刑;(3)对危害性最轻之黑社会性质组织的一般参加者,除法定自由刑最轻外,仅得采任意规定之罚金刑,并无没收财产刑之规定。最后,有关没收财产的范围,依《刑法》第59条,没收财产系指"没收犯罪分子个人所有财产的一部或者全部"。另对没收全部财产时,应对犯罪分子个人及其扶养的家属保留必需的生活费用;且不论没收全部或一部分财产时,亦不得没收属于犯罪分子家属所有或者应有的财产。因此,针对组织、领导或积极参加黑社会性质组织者之没收财产刑的执行仅限于其个人所有财产之范围,并未扩及该组织本身所有的财产。

(三)比较、分析

1. 犯罪组织的定义

台湾地区"组织犯罪防制条例"第2条明定犯罪组织的人数须三人以上,且该组织应具内部管理结构,目的在以犯罪为宗旨或以其成员从事犯罪活动,通常具有集团性、常习性、胁迫性或暴力性等组织犯罪行为的特征。该犯罪组织的定义相对于大陆法系之日本、德国犯罪组织的定义而言,可谓具有较高的相似性[17]。然与犯罪组织相对应之中国大陆《刑法》第294条的规定,《刑法修正案(八)》仍依人大常委会的立法解释,坚持区分境外黑社会犯罪组织与境内黑社会性质犯罪组织之特色。惟两者在本质上并无差异,至多只是在黑社会组织危害性的"发展"或"社会化"的程度有所差别而已。亦即,在立法政策上对组织犯罪采取较宽松的认定方式,以加强能对其及时打击的犯罪对策;中国大陆则或有认为,境外黑社会组织犯罪的危害性或社会性的程度并非其现有具黑社会性质组织所能比拟,故仅对黑社会性质组织之行为特征加以规范,即可符合中国大陆的现实需要。然对日后可能发生于其境内之自发性黑社会组织犯罪行为之处罚;或对境外犯罪组织在中国境内实施黑社会组织犯罪行为时,恐因罪刑法定原则之故,易造成处罚黑社会组织犯罪之漏洞,或进而影响其对黑社会性质组织之行为特征的解释及《联合国打击跨国有组织犯罪公约》(*United Nations Convention against Transnational Organized Crime*)之执法合作。

2. 犯罪组织所有财产之界定

上述两岸对犯罪组织不同的定义,已然影响该犯罪组织所有财产之界定。更

[17] 参阅李杰清:《剥夺组织犯罪所得之研究——台湾及日本组织犯罪现象与对策之比较》,79~81、232~237页,台北,元照,2001。

有甚者，两岸对各自定义犯罪组织所有财产亦存在着诸多的差异如下。

(1) 就实体法观之

台湾地区对组织犯罪者参加之组织所有的财产，除应发还被害人者外，应予追缴、没收。如全部或一部不能没收者，追征其价额。惟组织犯罪者所参加之犯罪组织未必具有法人格，如何认定属其所有之财产而予追缴、没收或追征，恐有适用上的疑虑。反之，中国大陆《刑法》第 294 条仅针对重要之黑社会性质组织犯罪者设有义务或任意的没收财产刑，对于非属于该犯罪者个人，而归属于组织所有的财产，并无任何可以剥夺其财产的明文规定，究竟是不认为犯罪组织可为财产之归属者，抑或立法不备而造成法制之疏漏，实有厘清的必要。

(2) 就程序法论之

台湾地区适用“组织犯罪防制条例”第 7 条第 2 项转换举证责任规定的财产，仅限于“参加组织后取得之财产”，对于隐藏在首谋者或主要干部所有财产之剥夺有所帮助，但对于直接归属犯罪组织的财产，个人浅见以为，因乏明文规定，应无适用举证责任转换的余地。对此，中国大陆《刑法》第 294 条则未具体区分属于黑社会性质组织本身或该组织领导者等之财产，且没收财产之附加刑仅是针对个人所有的财产，亦未有转换举证责任的相关规定，故可能在宣告或执行没收财产时较易涉及个人所有合法的财产，此就保障合法财产权之观点，显易产生重大瑕疵。

3. 小结

海峡两岸虽对犯罪组织的定义或其行为特征的描述有所差异，特别是中国大陆尽管仍无明确证据显现其境内已有典型黑社会犯罪组织的存在，但在当前工商发达、金融交易便捷的自由经济社会里，无论是针对其所谓境外黑社会犯罪组织(包括台湾地区之犯罪组织)或境内黑社会性质犯罪组织可能所有的非法财产究应如何区别组织犯罪者(个人)之非法财产而予剥夺之，对于组织犯罪的防制尤其显得格外重要。因此，在没收组织犯罪者非法财产的同时，加强追查犯罪组织所有的非法财产，避免犯罪组织本身成为组织犯罪者的藏金库，进而削弱其组织营运所需的基本财源，方能裨益打击以追求经济利益为导向的组织犯罪。

三、剥夺犯罪组织所有财产之现况及检讨

(一) 台湾地区

1. 现况

“组织犯罪防制条例”第 7 条,对于发起、主持、操纵、指挥或参与犯罪组织者除可科处不同期间的有期徒刑及得并科不同金额的高额罚金刑外,尚可追缴、没收或追征该组织犯罪者(1)参加之组织所有之财产;(2)参加组织后取得之财产。且两者均须以发还被害人为优先,并明定必要时得扣押保全;后者(参加组织后取得之财产)则有转换举证责任的规定,以利被害人损害回复或剥夺组织犯罪所得。然该“法”自 1996 年制定迄今适用的案例并不多,且多为针对帮派分子之掳人勒赎、暴力讨债、恐吓取财等案件[18]。其中,又以组织犯罪者参加组织后其所取得财产,在被没收前优先发还被害人的案件尚有一些,但似仍未有没收或发还犯罪组织所有财产予被害人的案件[19]。因此,“组织犯罪防制条例”第 7 条第 1 项有关追缴、没收或追征“组织所有财产”之规定似形同具文,难以达到剥夺犯罪组织所有财产以防制组织犯罪之立法目的。

2. 检讨

(1)立法理由及存在意义

“组织犯罪防制条例”第 2 条所定义之犯罪组织,在司法实务上多指帮派组织,惟帮派组织当然不会以帮派名称登记为社团或财团法人,但其本身即是人合团体,且当前也习于以合法(公司)掩护非法(犯行)之方式,藉由操纵或指挥外观合法的企业组织,以达其攫取最大经济利益之目的。因此,立法者认为同条例第 7 条第 1 项“不止针对组织所登记的财产,而是认为实为该组织所有,却登记在个人或其成员名下之财产亦为组织之财产[20]”仍应予以追缴、没收或发还被害人。此外,“刑法”并不承认法人组织有犯罪能力,在法无明文规定时,基于罪刑法定原

---

〔18〕“最高法院”2005 年度台上字第 6745 号刑事判决、台湾地区“高等法院”2003 年度上诉字第 4096 号刑事判决、台湾地区“高等法院”2005 年度上更(一)字第 118 号刑事判决。

〔19〕经笔者初步查阅司法院法学数据检索系统,似仅有台湾高等法院台中分院 2006 年上诉字第 2476 号刑事判决,曾援引“组织犯罪防制条例”第 7 条第 1 项的规定,认定特定公司为犯罪组织而谕知连带没收其所有之财产。

〔20〕“立法院”审查组织犯罪防制条例时,立委陈琼赞的发言。汇编者:《立法院公报》,1996(85 卷 57 期),90 页。

则即无法对其科处刑罚。若犯罪组织以他名义登记财产时，亦可能发生组织成员将其个人犯罪所得的全部或部分长期或暂时并入他名义之组织的财产，以规避日后可能对其个人犯罪所得之剥夺，此类法制缺失，应尽速改善。

(2)实务上的困难

由于犯罪组织须以犯罪为宗旨或以其成员从事犯罪活动，其之存在可分为自始存在或中途转换两模式；其之所有财产亦可区分为有、无法人组织登记两类型。然由于犯罪组织的财产来源并不绝对仅限于非法财产，且其真正归属事实上亦极难判明，故在“组织所有财产”的认定上，除有难以明确区分财产归属外，亦有无法厘清合法或非法财产之疑虑。例如：台湾地区“高等法院”台中分院 2006 年上诉字第 2476 号刑事判决，曾就“犯罪组织尚辰公司所有之财产谕知连带没收，如全部或一部分不能没收者，追征其价额。”惟嗣后“最高法院”2008 年度台上字第 2545 号刑事判决指摘原审“未就并谕知没收之物，于上开主文内详为宣示，而其事实栏既未记载尚辰公司究竟有何财产，于理由内复未说明认定尚辰公司拥有财产所凭之证据及理由，致其没收宣示及事后之执行，均失其事实根据，自属于法有违”，而发回更审。〔21〕

3. 宣告没收或发还之程序

“组织犯罪防制条例”第 7 条之规定乃立法者对组织本身及其成员财产所预设之特别规范，仅要求法院应确认归属及数额以优先发还被害人，并未要求法院于判决宣告发还被害人〔22〕。另“组织犯罪防制条例”第 7 条第 2 项所谓“除应发还被害人者外，应予追缴、没收”，此乃对于追缴、没收之限制，亦即有被害人者，不能谕知没收，并非谓应于主文谕知“发还被害人”，故被害人交付予被告等人之款项、票据或相关数据，本应发还被害人，不应并予宣告没收，亦不另于主文宣告发还〔23〕。

---

〔21〕 该案最终并未以组织犯罪条例认定为犯罪组织所有的财产。台湾地区“高等法院”台中分院 2008 年上更(一)字第 195 号刑事判决、“最高法院”2009 年台上字第 6844 号刑事判决。

〔22〕 “立法在对组织本身及其成员财产，预作特别规范，并未要求法院于判决宣告发还被害人，因被告系分得近 2 000 万元，数目不明确，无从宣告发还，并此叙明。”台湾地区“高等法院”2005 年度上更(一)字第 118 号刑事判决。

〔23〕 参阅“最高法院”2005 年度台上字第 6745 号刑事判决、台湾高等法院台中分院 2011 年度上诉字第 2550 号刑事判决。

(二)中国大陆

1. 现况

中国大陆于2011年《刑法修正案(八)》对《刑法》第294条所增修的财产刑，主要是没收财产刑及罚金刑，两者虽均是针对个人行为责任所科处之财产刑(附加刑)，较值得特别注意之处有两点：(1)依中国大陆《刑法》第59条第1款前段，所科处"没收财产"的范围，是指"没收犯罪分子个人所有财产的一部或者全部"，并不仅限于个人的违法财产，尚扩及个人的合法财产；(2)针对法人(中国大陆用语为单位)犯罪，大陆《刑法》第30条、第31条虽明定单位应负刑事责任外，尚可对单位判处罚金，并对其直接负责的主管人员和其他直接责任人员判处包括罚金刑在内之刑罚〔24〕。因此，黑社会性质组织若被视为公司等法人时，理论上应可对该组织(法人)科处罚金刑。惟依最高人民法院《关于审理单位犯罪案件具体应用法律有关问题的解释》第2条〔25〕规定："个人为进行违法犯罪活动而设立的公司、企业、事业单位实施犯罪的，或者公司、企业、事业单位设立后，以实施犯罪为主要活动的，不以单位犯罪论处"；第3条规定："盗用单位名义实施犯罪，违法所得由实施犯罪的个人私分的，依照刑法有关自然人犯罪的规定定罪处罚。"故黑社会性质组织本身或其成员个人自始创设的公司；或盗用他公司名义而实施组织犯罪行为时，因其徒具公司、企业的空壳，实质上是以法人之名行自然人犯罪之实〔26〕，故不应对其科处法人罚金刑。又对原合法公司中途日渐转换成黑社会性质组织间之兼营合法、非法业务活动之公司，则以其被认定为黑社会性质组织的时(间)点〔27〕为界，该时点之前已非合法经营的公司可对其适用法人罚金刑，时点之后的公司已为黑社会性质组织，其之所有财产应予追缴或没收。另黑社会性质组织所有的财产亦可能是其组织成员的犯罪所得或犯罪工具等，依大陆《刑法》第64条

---

〔24〕 中国大陆《刑法》第30条规定："公司、企业、事业单位、机关、团体实施的危害社会的行为，法律规定为单位犯罪的，应当负刑事责任"；第31条规定："单位犯罪的，对单位判处罚金，并对其直接负责的主管人员和其他直接责任人员判处刑罚。本法分则和其他法律另有规定的，依照规定"。

〔25〕 最高人民法院《关于审理单位犯罪案件具体应用法律有关问题的解释》，法释，14号，1999年6月18日。

〔26〕 张志钢：《黑社会性质组织财产刑的适用》，载《电子科技大学学报》，2015(17卷2期)，95页。

〔27〕 同上，95页。

第1款[28]，应予追缴或者责令退赔；对被害人的合法财产，应及时返还。又依最高人民法院《关于审理黑社会性质组织犯罪的案件具体应用法律若干问题的解释》第7条[29]，则明文对于“黑社会性质组织”和组织、领导、参加黑社会性质组织的犯罪分子所聚敛的财物及其收益，以及用于犯罪的工具等，应依法追缴、没收。

2. 检讨

(1) 没收财产刑与没收、追缴的关联

没收财产是中国大陆《刑法》第34条明定的三种附加刑之一，其没收的客体除不限于个人具违法性的财物或财产上利益外，尚扩及个人非法财产以外的合法财产，其与中国传统抄家式刑罚的差异在于，仅限于行为人本身的财产，但须排除其个人及其扶养家属所需的生活费用。亦即，该被没收的财产，除不应包括个人及家属基本生活所需外，亦不得属于犯罪行为人家属所有或应有的财产。然此将没收财产明定为附加刑的立法例，虽重在对犯罪行为人实质利益的剥夺，但与大陆《刑法》第64条之“没收”或“追缴”“责令退赔”之间的关系如何？仍有进一步厘清之必要。个人浅见以为：A. 没收财产以外的“没收”似以违禁品和供犯罪所用的本人财物为限，并不扩及个人合法财产或他人一切的财产；B. “追缴”或“责令退赔”的客体则是以违法所得的一切财物为限，包括赃款、赃物，其若存在，则应追缴之；已被用掉、毁坏或挥霍的，方须责令退赔[30]。综上，没收财产刑因扩及对组织成员（个人）合法财产之剥夺，自易被认为可能间接对犯罪组织财产之剥夺有所帮助。至于，基于个人责任所科处财物等之没收、追缴或责令退赔等，除非其为犯罪组织所掩饰、隐匿之财产，否则应与剥夺犯罪组织所有财产较无关联。

(2) 法人犯罪的罚金刑与黑社会性质犯罪组织所有财产的关系

中国大陆《刑法》第294条第1款乃为针对个人责任所科处的刑罚，即针对组织者、领导者必须科处没收财产、对于积极参加者可并处没收财产或罚金刑；对于一般参加者可并处罚金刑。其中，没收财产及罚金刑的共同点，均不拘泥于该财

---

[28] 大陆《刑法》第64条规定：“犯罪分子违法所得的一切财物，应当予以追缴或者责令退赔；对被害人的合法财产，应当及时返还；违禁品和供犯罪所用的本人财物，应当予以没收。没收的财物和罚金，一律上缴国库，不得挪用和自行处理。”

[29] 最高人民法院《关于审理黑社会性质组织犯罪的案件具体应用法律若干问题的解释》，法释，42号，2000年12月5日。

[30] 最高人民法院1999年10月27日《全国法院维护农村稳定刑事审判工作座谈会纪要》之内容。

产或金钱之违法性(或污染性),只要该利益能被剥夺,即能在实质上达到打击其犯罪的动机,进而削弱组织活力及财力的目的。其次,上述最高人民法院《关于审理单位犯罪案件具体应用法律有关问题的解释》事实上排除了黑社会性质组织转变成法人组织后不适用对其科处法人罚金刑的三种类型,即 A. 犯罪组织成员的个人自始为规避法律制裁,特以诈骗等非法手段登记成立公司后,即实施以犯罪为主的企业活动;B. 法人组织成立后的同时或之后,实施以犯罪为主的企业活动;C. 盗用法人名义实施犯罪,且违法所得由实施犯罪的个人所支配。亦即,仅有在黑社会性质犯罪组织中途转变为法人机构(单位)或盗用法人名义后取得归属法人所有之财产,方可适用中国大陆《刑法》第 31 条第 1 款"对单位判处罚金,并对其直接负责的主管人员和其他直接责任人员判处刑罚"。有利于直接剥夺犯罪组织之财产。另值得特别关注之处有二:A. 中国大陆 2001 年《刑法修正案(三)》所增修《刑法》第 120 条之一第 2 款已明定,对资助恐怖活动组织或者实施恐怖活动罪之单位应判处罚金,并对其直接负责的主管人员和其他直接责任人员,依照前款的规定处罚。该仅适用于资助或实施恐怖活动组织之罚金刑,日后是否有因应黑社会性质犯罪组织之危害性的扩大,而可能变更 1999 年最高人民法院发布《关于审理单位犯罪案件具体应用法律有关问题的解释》之见解;B. 中国大陆的罚金刑是定性为附加刑,不但可单独适用;且采非相对定额的无限额罚金刑(又称为抽象罚金刑[31]),而系依据犯罪情节决定罚金额[32],深具剥夺犯罪组织所有财产的作用。

(三) 比较、分析

1. 法制面

台湾地区刑法因不承认法人犯罪,故理论上亦无法直接剥夺具法人格之犯罪组织所有的财产,但由于犯罪组织未必具有法人格,通常只是具有组织形式或结构之人合团体等,故"组织犯罪防制条例"第 7 条乃藉由对组织犯罪者个人的处

---

〔31〕 论者有主张,应"增设抽象罚金制,并合理确定数额标准"。莫晓宇、刘畅:《黑社会性质组织犯罪增设财产刑之研究》,《中国人民公安大学学报》,146 期,2010 年 4 月,70 页。

〔32〕 中国大陆《刑法》第 52 条规定:"判处罚金,应当根据犯罪情节决定罚金数额。"另依最高人民法院《关于适用财产刑若干问题的规定》第 2 条明文"人民法院应当根据犯罪情节,如违法所得数额、造成损失的大小等,并综合考虑犯罪分子缴纳罚金的能力,依法判处罚金。刑法没有明确规定罚金数额标准的,罚金的最低数额不能少于 1 000 元"。最高人民法院《关于适用财产刑若干问题的规定》,法释,45 号,2000 年 12 月 19 日。

罚，进而以其参加组织活动的时间点，除剥夺加入组织后取得之个人财产（第2项）外，尚规定须剥夺组织所有的财产（第1项）。惟该组织所有的财产在多数的情况，并无法归属于法人所有，而可能分属组织犯罪者、（非组织成员的）资助者[33]或第三人所有，仍须在确认所有及数额明确的前提下，经由对犯罪行为人的处罚予以剥夺或善意第三人的确认后予以发还。其次，对具有法人格犯罪组织所有的财产，理论上应予全部没收，但若有组织成员或善意第三人对该组织所有的财产亦主张所有权时，因无可适用转换举证责任的明文规定，恐有因不易确认或无法区分等，而难以贯彻执行。最后，“组织犯罪防制条例”第3条对再犯发起、主持、操纵或指挥犯罪组织者等，可处有期徒刑外，亦得并处至多新台币2亿元的高额罚金刑；且该条例第7条第2项对个人加入犯罪组织后取得之财产，若无法证明其合法来源时亦得剥夺之，具有实质上可能减损犯罪组织所有财产的作用；或当犯罪组织所有财产并不归属于法人时，则更能直接达到削减犯罪组织所有财产的目的。对此，中国大陆《刑法》第294条第1款并无任何直接剥夺黑社会性质组织所有财产的明文规定，仅对于组织、领导及积极参加黑社会性质组织者，除科处不同期间的有期徒刑外，尚可分别对其并处没收财产；或择处没收财产或罚金。而此针对个人责任所科处的没收财产刑或罚金，因可扩及黑社会性质犯罪组织之组织、领导者个人的合法财产，且无明确数额的上限，故只要能确认其之存在及归属，均可剥夺之，而对间接削减或弱化犯罪组织之财产有所帮助。其次，若黑社会性质犯罪组织所有财产之归属，于不能认定为法人犯罪之上述三类型时，虽无法适用法人罚金刑，但仍得因追究个人责任而可科处《刑法》第294条的没收财产刑或罚金刑，免除相关财产为合法、非法或归属于法人或个人之认定等，亦在相当程度上有助于犯罪组织所有的财产之剥夺。最后，就中国大陆没收财产刑的客体因涉及犯罪行为人违法所得外的合法财产，显然有违刑法罪责原则及宪法对财产权

〔33〕 依“组织犯罪防制条例”第6条规定“非犯罪组织之成员而资助犯罪组织者，处6月以上5年以下有期徒刑，得并科新台币1千万元以下罚金”。对资助者仅能科处罚金刑。

的保障[34]，但中国大陆既明定其为附加刑之一且可单独使用，因符合罪刑法定原则。又基于组织成员违法责任，对其所科处的罚金刑及没收财产刑事实上均可能为个人合法财产，且均明定为可单独使用之附加刑，应可发挥直接剥夺非属于法人（单位）之黑社会性质组织所有财产的作用。

2. 适用面

“组织犯罪防制条例”的法律性质为刑事特别法，不仅优先于刑法之适用，其与“检肃流氓条例”相竞合时，亦优先适用之。该“条例”在剥夺组织犯罪所得方面，原则上是藉由对组织犯罪者之行为责任，先以罚金刑剥夺个人之财产；次以追缴、没收或追征欲进一步剥夺（1）参加之组织所有之财产；（2）参加组织后取得之（个人）财产。针对前者，由于个人行为责任是否可导出对组织所有财产之剥夺？有无违反比例原则等，已有可议之处。况且，犯罪组织通常不会进行公司或团体登记；且我国刑法也不承认法人犯罪，如何确认“组织所有之财产”之归属及范围，予以追缴、没收等确有困难。又对自始即有公司登记之犯罪组织或日后从合法公司转变成犯罪组织时，对其源自组织成员或资助者合法来源所购得之组织所有之财产，能否彻底剥夺之，亦存在诸多疑虑。对于后者，参加组织后取得之（个人）财产，因其可能隐藏、寄存或转移至名义或形式上之犯罪组织的财产时，经由转换举证责任的规定，应有益于犯罪组织所有财产的剥夺。然此原本应由检察官所应负的举证责任转换至被告的规定，即属法律上的推定规定，亦即，若前提事实能被证明，被推定的事实即无须证明，且被告所负举证责任之证明的程度通常仅须达到优势证据的程度为已足[35]。惟“组织犯罪防制条例”之推定规定，因（1）前提事实“参加组织后取得之财产”与推定事实“不法利益”间合理性论证的基础不在于取得财产的有无，而在于该财产的总额是否与被告合法来源之利益显不相当，对此检察官仍须负积极举证责任后，方有将举证责任转换至被告的合理性；（2）若该推

[34] 此若从德国于1992年为对抗组织犯罪所增修§43a的财产刑（Vermögensstrafe）而论，该条文授权法院能将无期徒刑或2年以上有期徒刑转换为罚金刑，且罚金刑的金额得由其行为人的财产价值估算之。又若该财产刑无法执行时，得转换成最高2年、最低1个月的代替自由刑（Ersatzfreiheitsstrafe）。惟该规定立法之初即有诸多背离宪法及刑法理论的疑虑，最后终因违反德国宪法第103条第2项罪刑法定原则（nulla poena sine lege）而被宣告违宪后失效。参阅 https://de. wikipedia. org/wiki/Verm%C3%B6gensstrafe，最后访问日期：2015-10-09。

[35] 松元时夫、土本武司、池田修、酒卷匡编：《条解刑事诉讼法》（4版），813、814页，东京，弘文堂，2009。

定事实有误，因被告有时仅是犯罪财产名义上的所有人或其可能源自其他未被发觉之犯罪等，故未必有转换举证责任后提出反证的容易性；另被告在自己恐受刑事追诉时，有不自证己罪之缄默权或拒绝证言权，但依“组织犯罪防制条例”保护秘密证人的规定（第 12 条），“法院、检察机关得依被害人或证人之声请或依职权拒绝被告与之对质、诘问或其选任辩护人检阅、抄录、摄影可供指出被害人或证人真实姓名、身份之文书及诘问”。此就宪法比例原则及刑事诉讼武器平等之观点，亦难谓有妥当性，故该转换举证责任之推定规定应不具有容许性[36]。

又对组织犯罪者所科处的高额罚金刑，在多数个人财产与组织所有财产混合时，不须严格确认特定财产之归属或价额等，径以罚金刑剥夺之，除可填补我国刑法无法剥夺法人犯罪所得之缺失外，亦在实质上具有剥夺犯罪组织所有财产之替代作用。对此，中国大陆在剥夺黑社会性质犯罪组织方面，对多数存在非具法人格之犯罪组织，若该组织财产的归属并不明确时，则可藉由《刑法》第 294 条之没收财产刑或罚金刑剥夺之。其次，针对少数已具法人格之三类型的犯罪组织，虽无法适用《刑法》第 30 条、第 31 条，对犯罪组织本身、负责主管及直接执行人员科处法人罚金刑，但依《刑法》第 294 条所科处之没收财产刑或罚金刑，亦能直接或间接剥夺归属该犯罪组织所有的财产。最后，从比较法制观点，较具争议之处有二：(1)从《刑法》第 294 条追究个人责任所导出之没收财产刑，如何能扩及对个人或非法人犯罪组织之合法财产的剥夺？(2)《刑法》第 294 条及第 31 条规定之无限额罚金刑甚具剥夺个人或组织之不法所得的机能，惟在量刑阶段如何尽量兼顾刑法第 64 条第 1 款之追缴、责令退赔[37]或及时返还被害人的前提下，酌定适切

---

〔36〕 参阅李杰清：《组织犯罪防制条例剥夺不法利益规定之检讨》，载《刑事法杂志》，1998(42 卷 4 期)，73～76 页。

〔37〕《最高人民法院关于适用〈中华人民共和国刑事诉讼法〉的解释》第 139 条进一步明确指出“被告人非法占有、处置被害人财产的，应当依法予以追缴或者责令退赔。被害人提起附带民事诉讼的，人民法院不予受理。追缴、退赔的情况，可以作为量刑情节考虑”。因此，追缴或者责令退赔应由公安、司法机关在刑事诉讼中一并予以解决，且须在刑事判决主文中清楚写明追缴或者责令退赔的具体内容，正是审判实践中的一贯认识和做法。参阅最高人民法院《关于适用刑法第六十四条有关问题的批复》，229 号，2013 年 10 月 21 日。

的罚金额，在学理及实务上仍有诸多困难[38]亟待克服。

3. 对策面

传统中国的现代刑法对于帮会等秘密结社或黑社会组织的犯罪对策是以对（行为）人严厉处罚的对策为主，并不重视对其犯罪所得的剥夺。然近年来犯罪组织在工商社会里随着科技进步及商业经营模式的推陈出新再促使其加速集团化、组织（分工）化及外部（结合合法及非法）行为的巧妙化，并以攫取经济利益为主要目标。况且，归属于犯罪组织的财产也未必一定都是集团、组织的犯行，也可能是由组织策划、安排后由个人所执行[39]。因此，近年来，在对抗组织犯罪的犯罪对策上，如何剥夺组织犯罪者及其所属犯罪组织之经济利益的，使其在积极面能打击组织犯罪者之利益动机及其组织营运、发展最为重要的经济来源；在消极面能致力于组织犯罪被害人的损害回复，无疑已被两岸或全球公认为最佳的犯罪对策。

值此之际，首先，由于现代刑法是以处罚个人行为责任为主，其所导出之剥夺不法利益的范围须与其行为责任相对应，且不能扩及犯罪行为人之合法财产。其次，两岸剥夺组织犯罪者不法利益的规定应以没收、追缴或追征（责令退赔）为主，方能将已剥夺之不法利益优先发还予被害人。至于罚金刑所剥夺之犯罪所得，应属优先次序较后之劣后债权，能否如实缴交，已有疑虑，且又直接归属于国库，不利于返还犯罪被害人，仅能视为剥夺组织犯罪所得之次要手段。再次，我国刑法并不处罚法人犯罪，故组织犯罪者将其个人合法资产或犯罪所得，用以自行创设或巧取豪夺一般公司等营利社团法人或基金会等财团法人，使其成为组织犯罪者合法、非法所得之庇护所的问题，应明文制定剥夺由犯罪组织掌控或转变成法人组织所有非法财产的规定。最后，组织犯罪者与其所创设或利用之（法人或非法人）犯罪组织间之（合法、非法）财产的转移极具隐秘性及便捷性，如何减轻财产归

---

〔38〕 学理及司法实务上，被害人无法以责令退赔的刑事判决作为申请强制执行的理由主要有：1. 法院未对退赔内容作实质性的裁判；2. 责令退赔不属于刑事判决的内容；3. 责令退赔的判决对被害人没有拘束力；4. 责令退赔的判决内容不确定；5. 法律未规定责令退赔内容的刑事判决可以作为执行根据。刘堃、文劲：《论刑事判决中的责令退赔》，载《公民与法》，2014(5)，59、60页。另论者统计L市两级法院2009—2011年责令退赔判决的执行情况，虽总量巨大，但3年仅36件（占4.6%）立案成功，仅10件（占1.3%）执行成功，98%以上的被害人无法实际获赔，已沦为空判。袁辉：《责令退赔空判现象实证研究——以L市两级法院刑事判决为中心的考察》，载《法律适用》，2015(1)，88页。

〔39〕 参阅佐久間修：《組織犯罪・テロ犯罪と刑事立法》，载《犯罪と非行》，2009(160号)，170页。

属之举证责任的负担或改善现行转换举证责任之规定的缺失,方能利于犯罪组织所有财产之剥夺。

四、改善剥夺犯罪组织所有财产之刍议——代结语

首先,各国虽因组织犯罪情势的差异,有关对抗组织犯罪的法制及犯罪对策有所不同,但近年来因受到联合国打击跨国有组织犯罪公约的影响,如何更适切地剥夺组织犯罪的所得,无疑已是对抗组织犯罪最为重要的课题之一。特别是,当前现代刑法多是藉由对个人行为之违法责任的追究,进而对行为人(自然人)的自由或财产等加以处罚。基此,"组织犯罪防制条例"在扩大没收、追征客体的同时亦有增修举证责任转换的规定,且后者在学理论证上即使不具前提与推定事实之合理性与举证责任转换之容易性及妥当性,而不具有推定规定的容许性之际,亦依然存在迄今,仅是少有适用该规定的情况,而使其之成效备受质疑。此无法积极适用转换举证责任规定,以剥夺组织犯罪者(个人)违法所得之缺失,当务之急实应:①促请检察官负积极举证责任,先行证明被告若无该犯罪似不可能累积如此高额财产存在为前提事实;②修订"组织犯罪防制条例"第 12 条保护秘密证人的规定等,使推定事实如有错误,被告对可能合法来源之财产有举证的容易性及合于武器平等维持审判程序正义的妥当性[40],使该转换举证责任的规定具有容许性。

其次,"组织犯罪防制条例"第 3 条针对不同阶层的组织犯罪者设有高额罚金刑,其不必一定源自违法所得,理论上虽具有剥夺组织犯罪者不法所得的作用,但实务上仅能视其为次于追缴、没收之最后制裁手段的理由如下:①组织犯罪者名下仍须有足够资产,否则无法缴交时,仅能易服劳役,难以有效剥夺其之犯罪所得;②当前剥夺组织犯罪者违法所得的犯罪对策,是以发还被害人为优先,而罚金缴交国库的结果不利于其对犯罪被害人的损害回复。

最后,"刑法"并无处罚法人的规定,"洗钱防制法"等特别刑法虽有可对法人并处罚金刑之二罚规定(第 11 条第 4 项),但从无对法人组织制定没收(财产)刑的规定。基此观点,"组织犯罪防制条例"第 7 条第 1 款,追缴、没收或追征组织犯

〔40〕 李杰清:《组织犯罪防制条例剥夺不法利益规定之检讨》,载《刑事法杂志》,1998(42 卷 4 期),78 页。

罪者参加组织所有财产的规定，可谓是法制上难得的变革及创新，惟此所谓组织犯罪者参加“组织”所有财产，依我国审判实务的现况多指流氓、帮派组织，其本身至多只是人合团体，未必具有法人格，但其可能另行创设或并购他名义之公司等营利社团或财团法人，以持续扩大操纵组织犯罪行为。此时的“组织”究竟是指非法人的人合团体或具法人格的社团、财团已有疑虑，如何区分归属？如何举证？显然已深刻影响剥夺犯罪组织所有财产的成效。综上，个人提出改革刍议如下：

（1）“组织”所有财产应包括法人组织及非法人组织，针对前者，应以追缴、没收或追征为主，并辅以对法人与行为人可科处不同倍数之高额罚金刑〔41〕。对于后者，仍应基于个人责任，对其财产科处追缴、没收或追征，再辅以适用增修后之举证转换规定或高额罚金刑，以适切剥夺组织犯罪所得。

（2）法院宣告追缴、没收或追征之执行，是以该违法财产的归属明确、价额确定或已保全扣押等为前提，并以发还被害人为优先，应有利于打击组织犯罪及被害人之损害回复。

（3）由于犯罪组织所有财产的内涵，是包含非法及合法的财产，基于宪法保障财产权及刑法罪责原则，追缴、没收或追征均应以非法财产为限。然由于犯罪组织本身规模的结构性、阶层分工的多元性及所得分配、管理的秘密性等，使组织财产在名义及实质上之归属；合法、非法的区分；特定财物的确定或其价额的认定等颇为复杂，易导致难以追缴、没收或追征。此时，针对组织成员个人财产，转换举证责任之推定规定应优先完善之。又检察官如能在起诉前善用扣押保全的相关规定，并立法设置支付组织犯罪被害人的专户基金〔42〕，当能在剥夺犯罪组织所得的同时，加强组织犯罪被害人的损害回复，达到组织犯罪防制条例欲以防制组织犯罪，达到维护社会秩序，保障人民权益的立法目的。

---

〔41〕 例如：“食品安全卫生管理法”第 49 条第 5 项规定“法人之代表人、法人或自然人之代理人、受雇人或其他从业人员，因执行业务犯第 1 项至第 3 项之罪者，除处罚其行为人外，对该法人或自然人科以各该项 10 倍以下之罚金”。即可对法人最高科处行为人罚金额的 10 倍。

〔42〕 有关犯罪被害财产的没收程序，可参阅日本《处罚组织犯罪及没收犯罪所得法》第 18 条之 2 的规定；以专户支付被害人损害回复金的立法例，请参阅日本《犯罪被害财产支付损害回复金法》（2006 年 6 月 21 日法律第 87 号）。

传闻法则于组织犯罪案件审判之适用

张明伟*

一、前言

"刑事诉讼法"于2003年2月修正时始增订传闻法则，不过，于1996年12月施行之"组织犯罪防制条例"，却早于"刑事诉讼法"明文实行传闻法则前，以其第12条第1项中段："讯问证人之笔录，以在检察官或法官面前做成，并经践行刑事诉讼法所定讯问证人之程序者为限，始得采为证据"之规定，全面性地限制与排除警讯笔录于组织犯罪事件审判中之证据能力。然而，在制定传闻法则后，是否仍有必要维持该条全面性限制警讯笔录证据能力之规定，规范上却不无检讨之必要，盖法制上既基于保障被告对质诘问权之考虑而制定传闻法则，如果在实际个案中并不存在侵害对质诘问权之情形，一概地排除非于检察官或法官面前做成笔录之证据能力，是否属法理之必然，并非无疑。因此，究竟在"刑事诉讼法"已增订传闻法则之情形中，应该如何适用前述"组织犯罪条例"第12条第1项中段之规定，即有予以厘清之必要。

为能明确前述"组织犯罪条例"第12条第1项中段规定之适用，本文除将自

* 辅仁大学法律学院教授。

其立法规范沿革与司法实务的角度予以检讨说明外，亦将基于“传闻法则”之基础理论，分析探讨审判外陈述之证据能力要件，以进一步检讨前述“组织犯罪条例”第12条第1项规定中段之妥当性，并于结论中提出本文之见解。

二、“组织犯罪防制条例”排除警讯笔录证据能力之检视

（一）直接审理原则与言词审理原则空洞化之立法背景

虽依1967年1月28日修正公布之“刑事诉讼法”第159条：“证人于审判外之陈述，除法律有规定者外，不得作为证据。”其立法理由：“为发挥职权进行主义之效能，对于证据能力殊少限制，而诉讼程序采直接审理主义及言词审理主义，在使法官凭其直接审理及言词审理中有关人员之陈述，所获得之态度证据，形成正确心证，是以证人以书面代替到庭之陈述要与直接审理主义、言词审理主义有违，不得采为证据等语。”说明，制定旧“刑事诉讼法”第159条之立法目的，乃在贯彻直接审理主义与言词审理主义[1]。不过，即便在1967年“刑事诉讼法”修正后，参照“最高法院”1983年台上字第1203号刑事判例[2]：“‘刑事诉讼法’系采自由心证主义，对于证据之种类并未设有限制，被害人在警局之陈述，也得采为认定犯罪事实之证据资料，并非‘刑事诉讼法’第159条所谓不得作为证据之情形。至其证明力如何，则由法院自由判断。原判决系以被害人案发之初在警局讯问中之陈述，为认定上诉人犯罪证据之一，且该项陈述之笔录，既经显之于公判庭，提示予上诉人辩论，依‘刑事诉讼法’第165条之规定，已不能谓原审就此未有调查，况其复以林某之证言及省立台南医院之诊断证明书，增强其证据能力，则其证据调查方法与采证之运用，显均与证据法则无违。”之说明，由于旧实务认为证人警讯笔录并非旧“刑事诉讼法”第159条所指之审判外陈述[3]，故只要法院曾依旧“刑事诉讼法”第165条之规定践行书证调查程序，系争依法于审判外制作之笔录即具

---

〔1〕 详细说明，参阅2003年2月修正公布之“刑事诉讼法”第159条立法理由，《“立法院”公报》，2003（第92卷第8期），院会纪录，1903～1906页。

〔2〕 应注意的是，本则判例于2003年3月25日经“最高法院”2003年度第五次刑事庭会议决议不再援用，于2003年4月25日由“最高法院”依据“最高法院”判例选编及变更实施要点第九点规定以（九一）台资字第〇〇二一六号公告之，并自新修正“刑事诉讼法”施行之日（2003年9月1日）起生效。

〔3〕 参阅王兆鹏：《搜索扣押与刑事被告的宪法权利》（初版），302页，台北，翰芦图书，2000。

有证据能力[4]。

细究"刑事诉讼法"于1967年修正后仍未落实直接审理主义与言词审理主义之所以，其原因应在于因袭源自1928年与1935年所制定之旧"刑事诉讼法"宽认审判外笔录证据能力之判例见解，观诸"最高法院"24年上字第1658号刑事判例："被告之自白，依'刑事诉讼法'第270条第1项之规定，得为证据，此项自白并非专以审判笔录所记载者为限，即在有侦查犯罪职权之司法警察官讯问所得，如未施用强暴、胁迫、利诱、诈欺或其他不正之方法，且与事实相符者，仍不失有证据能力。"27年上字第2937号刑事判例[5]："第一审虽未取具被害人生前供述做成笔录，但区长据联保主任所呈详情转呈第一审文内附具讯问笔录，已载明被害人生前之详供，此项笔录固非法院做成，仍不失为书证之一，要难以未经法院直接讯问，即认为不得采用。""最高法院"31年上字第1167号刑事判例[6]："'刑事诉讼法'关于证据之种类并未设有若何之限制，乡公所之讯问笔录，仍不失为证据之一种，虽其证明力如何，属于事实审法院之自由判断，究非根本不能采用。"与31年上字第478号刑事判例："未经讯问人或制作人签名之笔录，不过证明力较为薄弱，并非绝无证据能力，该笔录记载之内容是否可采，仍应由事实审法院自由判断，不能以其采用为违法。"等1967年前之司法实务见解，不难发现1967年"刑事诉讼法"修正后之司法实务，实质上与修法前并无太大的差异。从而，即使在1967年"刑事诉讼法"已明文第159条之后，司法实务在相当程度上仍呈现出以书证调查程序取代人证调查程序，此种几近于架空直接审理原则与言词审理原则之书面审理(笔录审判)外观。

---

〔4〕 惟应注意者，如该书面系证人自行提出，而非依法制作之笔录，参照最高法院70年台上字第3864号刑事判例："证人并未亲身到庭，仅提出书面以代陈述者，显与刑事诉讼法系采直接审理主义及言词审理主义之本旨有违，依该法第159条规定，自不得采为认定事实之证据。原判决采为认定上诉人对外贩卖洋烟酒事实之重要证据，乃系买受人李某所出具代替到庭陈述之书面文件一纸，依首开说明，该证人此项代替到庭陈述之书面文件，显无证据能力，是其采证自属违法。"之说明，该审判外陈述即不具证据能力。同此见解，参阅王兆鹏：《刑事被告的宪法权利》(初版)，318页，台北，翰芦图书，1999。

〔5〕 应注意的是，本则判例于2003年3月25日经"最高法院"2003年度第五次刑事庭会议决议不再援用，于2003年4月25日由"最高法院"依据最高法院判例选编及变更实施要点第九点规定以(九一)台资字第〇〇二一六号公告之，并自新修正刑事诉讼法施行之日(2003年9月1日)起生效。

〔6〕 应注意的是，本则判例于2003年3月25日经"最高法院"2003年度第五次刑事庭会议决议不再援用，于2003年4月25日由"最高法院"依据"最高法院"判例选编及变更实施要点第九点规定以(九一)台资字第〇〇二一六号公告之，并自新修正刑事诉讼法施行之日(2003年9月1日)起生效。

(二)释字第384号解释之冲击

"司法院大法官"于1996年所作成之释字第384号解释:"'检肃流氓条例'第6条及第7条授权警察机关得径行强制人民到案。无须践行必要之司法程序;第12条关于秘密证人制度,剥夺被移送裁定人与证人对质诘问之权利,并妨碍法院发现真实;第21条规定使受刑之宣告及执行者,无论有无特别预防之必要,有再受感训处分而丧失身体自由之虞,均逾越必要程度,欠缺实质正当,与首开宪法意旨不符。"业已肯认刑事被告于"宪法"上享有对质诘问权之保障,因此,前述宽认审判外作成之笔录具有证据能力之司法实务,其正当性便开始受到挑战与质疑[7]。由于径认审判外笔录具证据能力将产生限制被告对质诘问权之效果,且法理上并不存在践行书证的调查程序必然属于合宪地限制对质诘问权之说法,从而,长久以来有关警讯笔录原则上具证据能力之实务见解,在释字第384号解释作成后,虽于制定传闻法则前仍有继续沿用先前采肯定见解判例之案例[8],唯因释字第384号解释业已肯认对质诘问权为刑事被告受宪法保障之基本人权,因此,虽"行政院"所提出与"立法院"联席审查会所通过之"组织犯罪防制条例"草案第13条第1项:"法院、检察机关、司法警察机关为保护本'条例'之被害人或证人,于必要时,得个别不公开传讯之,并以代号代替其真实姓名、身份,制作笔录及文书。其有事实足认被害人或证人有受强暴、胁迫、恐吓或其他报复行为之虞者,

---

〔7〕 参阅王兆鹏:《刑事被告的宪法权利》(初版),325页,台北,翰芦图书,1999。

〔8〕 参照"最高法院"1997年度台上字第5320号刑事判决:"卷宗内之笔录及其他文书可为证据者,应向被告宣读或告以要旨,'刑事诉讼法'第165条第1项规定甚明,原审于审判期日未将卷宗内郑维诚之自白书向上诉人等提示或告以要旨以及未将曾信献之警讯笔录向徐福宏提示,即系应于审判期日调查之证据未予调查,遽采断罪资料,自属违法。"、1996年度台上字第1388号刑事判决:"'刑事诉讼法'采自由心证主义,对证据之种类未予限制,警讯笔录为司法机关所为证据调查之资料,法院依直接审理之方法加以调查,即将该警讯笔录提示被告,令就其内容为适当之辩论,经法院就其是否可信为直接之调查者,仍具有证据能力,得采为判决之基础。证人陈成真已遣返大陆,无从传讯,其于警讯中之供述,原审已提示其笔录,令上诉人等为适当之辩论,上诉人等亦表示无意见,上诉人等指摘原审未传讯陈成真而径采其警讯供述为证据,为违背证据法则云云,自属误会。"与2003年度台上字第6110号刑事判决:"2003年2月6日修正之'刑事诉讼法'第159条、第159条之三规定,系于2003年9月1日施行,在此之前,有关证人警局供述笔录之证据能力,仍应适用修正前'刑事诉讼法'相关规定。此观诸'刑事诉讼法'施行法第7条之二、第7条之三之规定自明。卷查原审系于2003年7月29日践行审判程序,同年月30日宣示判决,其时间均在'刑事诉讼法'第159条、第159条之三规定施行之前,原审于审判期日,既以提示并告以要旨之方式,将证人蔡×铭之警讯笔录、上诉人在侦查中供认贩卖安非他命予蔡×铭二次之自白、扣案之安非他命二包(上诉人拟出售予蔡×铭部分)及'法务部'调查局第八八〇七八八七八号检验通知书等证据,提示予上诉人辩论,依当时施行之'刑事诉讼法'第165条规定,即不能谓原审就此未加调查。"

法院、检察机关得依被害人或证人之申请，职权拒绝被告与之对质、诘问或其选任辩护人检阅、抄录、摄影可供指出被害人或证人真实姓名、身份之文书及诘问。法官、检察官应将作为证据之笔录或文书向被告告以要旨，讯问其有无意见陈述。”之规定，并未明确排除证人警讯笔录之证据能力以落实并强化对质诘问权之保障，然而，为避免法官仅凭秘密证人片面之词即将被告予以定罪，并避免秘密证人在未经具结不负伪证刑责的情况下诬攀被告〔9〕，在释字第 384 号解释保障对质诘问权之基础上，“立法院”在“组织犯罪防制条例”二读会逐条审查之程序中，通过了由刘进兴委员等十九名委员所提出之修正案(即现行条文第 12 条第 1 项中段)，明文于法官或检察官面前作成之笔录，须于践行刑事诉讼法第 166 条、第 184 条等所定诘问程序后，才可以作为证据〔10〕。

(三) 全面排除警讯笔录证据能力之疑义

自从“组织犯罪防制条例”施行后，司法实务均严守“组织犯罪防制条例”第 12 条第 1 项中段规定之文义，全面性地排除警讯笔录于组织犯罪案件中之证据能力，以保障被告之对质诘问权，此种观点不仅存在制定传闻法则之前〔11〕，即便

〔9〕 参照“最高法院”2005 年度台上字第 349 号刑事判决：“刑事被告之对质、诘问权，系属‘宪法’第 8 条第 1 项规定‘非由法院依法定程序不得审问处罚’之正当法律程序所保障之基本人权及第 16 条所保障之基本诉讼权，为确保刑事被告此二项权利，2003 年 2 月 6 日修正公布之‘刑事诉讼法’，除保留被告此二项权利外，另设立交互诘问制度，并采用传闻法则，于第 159 条第 1 项规定：被告以外之人于审判外之言词或书面陈述，除法律有规定者外，不得作为证据。故证人在刑事诉讼，原则上，应于审判中依法定程序到场具结陈述，并与被告同时在场彼此面对面互为质问及接受被告之诘问，其陈述始得作为认定被告犯罪事实之判断依据；如证人以闻自他人(即原始证人)在审判外之陈述作为内容之陈述，因非陈述其亲自闻见或经历之事实，而属传闻之词，即无从藉由被告与其对质及对其诘问，以担保其陈述内容之真实性，又因该他人(即原始证人)非亲自到庭作证，法院无从命其具结而为诚实之陈述，亦无从藉由被告对质诘问权之行使，以确认该传闻陈述之真伪，以之作为不利被告之证据，即侵害被告‘宪法’上之对质诘问权，除法律另有规定外，应认不具证据能力。”

〔10〕 参阅《“立法院”公报》，1996(第 85 卷第 58 期)(上)，院会纪录，36～38 页。

〔11〕 参照“最高法院”于 2003 年 1 月 8 日(“立法院”于 2003 年 1 月 14 日三读通过制定传闻法则前)所作成之 2003 年度台上字第 70 号刑事判决：“原判决认定上诉人有参与以陈福铭为首之犯罪组织行为，系采用证人 A1 至 A4 等人之证言资为不利上诉人之证据之一，惟依本案卷内资料，并未见讯问上开秘密证人之笔录，则其供述之内容为何，已属不明；况该讯问证人之笔录，是否在检察官或法官面前作成，并经践行刑事诉讼法所定讯问证人之程序，更攸关其证据能力之有无，原判决未予说明，即径以前揭秘密证人之证言，采为有罪判决之基础，自有未合。”

在制定传闻法则后，亦未改变[12]。然而，在传闻法则制定后，前开主张“组织犯罪防制条例”第 12 条第 1 项中段规定优先于刑事诉讼法传闻法则适用之见解，是否妥适，却不无疑义。按虽依“最高法院”2013 年度台上字第 3990 号刑事判决：又“组织犯罪防制条例”第 12 条第 1 项“讯问证人之笔录，以在检察官或法官面前作成，并经践行刑事诉讼法所定讯问证人之程序者为限，始得采为证据”之规定，系以立法排除被告以外之人于警询或检察事务官调查中所为之陈述，得适用“刑事诉讼法”第 159 条之二、第 159 条之三之规定’之说明，前开警讯笔录于组织犯罪案件中绝对不具证据能力之实务见解，乃立法者有意之安排，然而，虽此种主张为传闻法则之立法说明所提出[13]，却未曾见诸英、美传闻法理；另就立法者绝不可能在 1996 年制定“组织犯罪防制条例”时，即预知“传闻法则”将于 2003 年 2 月制定而论，此种主张除存在时空错置之混淆外，亦将衍生为何于一人犯数罪之相牵连案件中，会出现同一法院审理同一被告须适用不同证据法则、裁判上一罪单一案件(牵连犯)之数犯罪须适用不同证据法则[14]，甚至是组织犯罪案件被告之程序保障必须优于其他非组织犯罪等重大案件(如杀人案件)等疑虑。

事实上，依前述立法说明，“组织犯罪防制条例”第 12 条第 1 项中段排除警讯笔录证据能力之规定，原本只在于落实直接审理原则与言词审理原则，并避免并排除法官在真实性担保不足之情况下，仅凭秘密证人片面之词即将被告予以定罪之传统刑事司法实务，而未就传闻法则有所置喙。由于立法者在全面(非仅局限于组织犯罪案件)保障被告对质诘问权之基础上，已于“刑事诉讼法”中制定传闻法则，从而，倘如制定“组织犯罪防制条例”当时所欲避免并防止的司法不正义，已

---

〔12〕 参照“最高法院”2012 年度台上字第 515 号刑事判决：“(二)虽 92 年 2 月 6 日修正公布，同年 9 月 1 日施行之‘刑事诉讼法’就证据章有关传闻法则为规定，惟‘组织犯罪防制条例’第 12 条第 1 项中段规定，讯问证人之笔录，以在检察官或法官面前作成，并经践行刑事诉讼法所定讯问证人之程序者为限，始得采为证据，系‘刑事诉讼’证据能力之特别规定且较更为严谨，自应优先适用。准此，证人于警询时之陈述，于违反‘组织犯罪防制条例’案件，即绝对不具证据能力，不适用‘刑事诉讼法’第 159 条之 2 及第 159 条之 3 规定，不得采为判决基础。”

〔13〕 按依“刑事诉讼法”第 159 条立法说明，所谓“法律有规定者”，系指“刑事诉讼法”第 159 条之 1 至之 5 及第 206 条等规定，此外，尚包括性侵害“犯罪防制法”第 15 条第 2 项、“儿童及少年性交易防制条例”第 10 条第 2 项、“家庭暴力防治法”第 28 条第 2 项、“组织犯罪防制条例”第 12 条有关秘密证人笔录等多种刑事诉讼特别规定之情形。参阅《立法院公报》，2003(第 92 卷第 8 期)，院会纪录，1911 页。

〔14〕 相关法律适用矛盾，参阅王兆鹏：《搜索扣押与刑事被告的宪法权利》(初版)，305 页，台北，翰芦图书，2000。

能藉由传闻法则之制定而达成其目的，现实上有无必要再如“最高法院”2008 年度台上字第 1727 号刑事判决：“组织犯罪防制条例”第 12 条第 1 项中段规定：“讯问证人之笔录，以在检察官或法官面前作成，并经践行‘刑事诉讼法’所定讯问证人之程序者为限，始得采为证据”，此为刑事诉讼证据能力之特别规定，且较 2003 年 2 月 6 日修正公布，同年 9 月 1 日施行之“刑事诉讼法”证据章有关传闻法则之规定更为严谨，自应优先适用。依上开规定，证人于警询时之陈述，于违反“组织犯罪防制条例”案件，即绝对不具证据能力，无修正后“刑事诉讼法”第 159 条之二、第 159 条之三及第 159 条之五规定之适用，不得采为判决基础。’所云[15]，在传闻法则之外，更再叠床架屋地依“组织犯罪防制条例”第 12 条第 1 项中段规定，排除非于检察官或法官面前制作之笔录之证据能力，法理上恐有待厘清；再者，“组织犯罪防制条例”第 12 条第 1 项中段排除警讯笔录证据能力之规定，是否真较传闻法则之规定更为严谨，恐亦有待进一步的推敲。

鉴于传闻法则发源于英、美法制，而美国联邦最高法院对于传闻法则与对质诘问权保障间之发展与关联，已有相当精辟之论证与阐述[16]，故以下乃以现行刑事诉讼法就传闻例外之分类与前述“最高法院”2008 年度台上字第 1727 号刑事判决说理为依据，针对美国传闻法则之相关发展予以说明，以为后续检讨“组织犯罪防制条例”第 12 条第 1 项中段规定之基础。

三、美国法制下之传闻法则

(一) 对质诘问权之保障与限制

按于制定美国宪法增修条文第 6 修正案之对质条款时，并未明确指出其与普通法上传闻法则之关联，惟因一般认为对质条款之制定乃为防止在美国出现类如英国瓦特瑞雷将军(Sir Walter Raleigh)被控叛国之冤案[17]，故自 1807 年美国联邦最高法院首次肯认对质条款之主要作用在限制适用传闻证言[18]开始，各州亦

---

〔15〕 惟关于“刑事诉讼法”第 159 条之 4 所指之文书，其证据能力是否亦为“组织犯罪防制条例”第 12 条第 1 项规定所排除，并未为此判决所涵盖。

〔16〕 关于美国传闻法则与对质诘问权相关发展之详细说明，参阅张明伟：《英美传闻法则与对质条款的历史考察》，载《月旦法学》，2006(131)，93～118 页。

〔17〕 See Kenneth J. Graham, The Right to Confrontation and the Hearsay Rule: Sir Walter Raleigh Loses Another One, 8 Crim. L. Bull. 99, 100(1972).

〔18〕 See United States v. Burr, 25 F. Cas. 187, 193(1807).

开始援用对质条款以保障刑事被告交互诘问证人之权利，交互诘问甚至被视为宪法上对质条款保障之核心权利〔19〕。而在1975年国会制定联邦证据规则之前，美国联邦最高法院甚至认为对质条款与传闻法则二者系出同源〔20〕，其目的均在保护类似的程序公平价值〔21〕：证人必须在被指控者面前证述，并接受其对质诘问〔22〕。

而在制定联邦证据规则之后，美国联邦最高法院旋即于1980年在证人审判外陈述是否具证据能力之争议上，做出具有指标性的罗伯特斯案（Ohio v. Roberts）〔23〕判决，依其所见，如检察官欲于审判中使用证人先前证词，必须符合两个要件：(1)证人在先前的诉讼程序必须宣誓作证，且被告有机会诘问该证人；(2)该证人必须具有法定不能作证的情形；惟如该审判外陈述属于根深蒂固之传闻例外，或是具有真实性的标记，纵其不符合前述两要件，亦具有证据能力〔24〕。换言之，罗伯特斯案认为，除了先前诘问机会加上不能到庭作证得以限制宪法上之对质诘问权外，其真实性在普通法上具有根深蒂固特征之审判外陈述以及具真实性标记之审判外陈述，均足以合宪地限制刑事被告之对质诘问权。然而，或因罗伯特斯案作成后之司法实务，出现过于宽认证人审判外陈述证据能力之倾向，因此，即使美国联邦最高法院曾在韦德案（United States v. Wade）中，肯认证人到庭之陈述亦未必具有高度可信性〔25〕，然而，在2004年作成之克劳佛案（Crawford v. Washington）中，美国联邦最高法院却一反罗伯特斯案之立场，明确表示在审判外陈述属于将证明性传闻（testimonial hearsay）的情形中，仅仅具有真实性的标记，并不足以排除对质诘问权的保障，其证据能力仍须以践行宪法增修条文第6修正案所明定之对质诘问程序（程序性保障）为前提〔26〕；惟于该审

---

〔19〕 See Randolph N. Jonakait, The Origins of the Confrontation Clause: An Alternative History, 21 Rutgers L. J. 77, 122(1995).

〔20〕 See Dutton v. Evans, 400 U.S. 74, 86(1970).

〔21〕 See California v. Green, 399 U.S. 149, 155(1970).

〔22〕 See Richard D. Friedman, The Mold That Shapes Hearsay Law, 66 Fla. L. Rev. 433, 458 (2014).

〔23〕 See Ohio v. Roberts, 448 U.S. 56, 65-73(1980).

〔24〕 参阅王兆鹏、陈运财、林俊益、宋耀明、丁中原、张熙怀、叶建廷等合著：《传闻法则理论与实践》，21、26页，元照出版公司，2003年9月初版。

〔25〕 See United States v. Wade, 388 U.S. 218, 229(1968).

〔26〕 See Crawford v. Washington, 541 U.S. 36, 54, 59 (2004).

判外陈述不属于证明性传闻之情形中，对质条款并非否定其证据能力之判断基础[27]。故于克劳佛案作成后，罗伯特斯案之适用范围即明显地受到限缩。

虽然对质诘问权的保障，在克劳佛案作成之后，已较过去实务更为严谨，但由于过度僵化地保障被告对质诘问权可能会导致狡黠的被告藉由阻止证人出庭之方式，获得无罪或是轻刑的判决，故为避免审判实务出现此种因被告玩弄法律所造成的司法不正义，美国联邦最高法院亦明确在 2008 年作成之贾尔斯案(Giles v. California)中表示，鉴于在美国建国时，普通法已肯认联邦证据规则 804(b)(6)所定“不当行为妨碍对质诘问权行使之传闻例外(a hearsay exception for forfeiture by wrongdoing; the forfeiture-by-wrongdoing exception)[28]”，故基于克劳佛案对于根深蒂固传闻例外之要求，如被告意图藉由不当行为致使证人无法出庭作证，便丧失对质诘问该证人之权利，该证人之审判外陈述即可能因不受对质条款之限制而具证据能力[29]；惟依衡平法则之要求，如未证明被告有防止证人出庭之意图，不得仅基于对“被告不当行为十分可能获判有罪”之审前判断，作为限制被告对质诘问权之基础[30]。

(二) 证明性传闻之判断

虽然克劳佛案提出以审判外陈述是否属于证明性传闻，作为刑事被告之对质诘问权有无遭侵害之判断标准，不过，关于证明性传闻之具体内涵为何，亦即何为证明性传闻，克劳佛案仅指出其具有陈述者相信其将于事后供审判使用之特征(例如于警讯中或其他司法程序中之陈述)[31]，却未提出明确之说明[32]。为能厘清克劳佛案所留下之疑义，联邦最高法院其后除于戴维斯案(Davis v.

---

〔27〕 See Whorton v. Bockting, 549 U.S. 406, 420(2007).

〔28〕 See Federal Rules of Evidence 804:“(b) THE EXCEPTIONS. The following are not excluded by the rule against hearsay if the declarant is unavailable as a witness: (6) Statement Offered Against a Party That Wrongfully Caused the Declarant's Unavailability. A statement offered against a party that wrongfully caused — or acquiesced in wrongfully causing — the declarant's unavailability as a witness, and did so intending that result.”

〔29〕 See Giles v. California, 554 U.S. 353, 358, 368 (2008).

〔30〕 Id., at 379.

〔31〕 See 541 U.S., at 52. (statements that were made under circumstances which would lead an objective witness reasonably to believe that the statement would be available for use at a later trial.)

〔32〕 Id., at 68. (We leave for another day any effort to spell out a comprehensive definition of “testimonial.”)

Washington)中，肯认拨打“911”求救电话陈述，因本质上系对进行中之紧急情况予以描述，而非属对过去犯罪事实之证述，故不该当证明性传闻而具证据能力[33]外，亦于布莱恩案(Michigan v. Bryant)中，以审判外陈述之主要目的(primary purpose)是否在于为检警提供诉追所须之事证，或是仅在对进行中的紧急事件予以描述，作为审判外陈述是否为证明性传闻之判断基准[34]。依此标准，倘如综合证人审判外陈述之情状，得肯认该陈述之主要目的，在于为其事后到庭作证提供代替品，则该陈述即属证明性传闻[35]。而如前述克劳佛案所述，一旦将该审判外陈述评价为证明性传闻，除非检察官能证明证人依法无法到庭且被告在其先前陈述时已有机会对陈述者诘问，或是该审判外陈述可归类为权利法案制定时(1791年)普通法已承认之根深蒂固传闻例外[36]，否则该证明性传闻之证据能力，只能透过对质诘问程序之践行予以肯认[37]。

关于证人审判外陈述之证据能力判断，因只有在其内容属于证明性传闻时，始受宪法上对质条款之限制，而须践行宪法所要求之对质诘问程序；故如该审判外陈述属于非证明性传闻，其证据能力之判断，因与宪法上之对质条款无涉，即可完全委由立法者决定[38]。至于审判外陈述是否属于证明性传闻，则系以陈述者于陈述时之主要目的是否在于对他人提出刑事追诉，或是欲藉由先前陈述替代出庭作证、逃避被告交互诘问[39]，作为判断之依据，而与其陈述之对象究系为警察或法官(甚至是总统)，没有直接的关联，盖如普通法肯认濒死陈述或受惊吓当时陈述均不至存心欺骗而具有较高的真实性担保般[40]，陈述目的乃判断陈述者有无故意虚伪陈述与其内容是否高度可信之重要凭据。此外，就戴维斯案与布莱恩案而言，该审判外陈述之对象均为警察，且其陈述之内容事后都被作为认定被告有罪之依据，类此均足证只要该审判外陈述不被归类为证明性传闻，其证据能力

〔33〕 See Davis v. Washington, 547 U.S. 813, 829-830 (2006).

〔34〕 See Michigan v. Bryant, 562 U.S. 344, 369 (2011).

〔35〕 Id., at 358.

〔36〕 See 541 U.S., at 58, n8.

〔37〕 然而，亦有质疑制宪者所认知之质问(confront)一词之意义，是否与今日相同，see Ben Trachtenberg, Confrontation Coventures: Conspirator Hearsay, Sir Walter Raleigh, and the Sixth Amendment Confrontation Clause, 64 Fla. L. Rev. 1669, 1678(2012).

〔38〕 See 541 U.S., at 68.

〔39〕 See 547 U.S., at 830.

〔40〕 Id., at 820.

与是否践行对质程序无关。

(三) 传闻法则于组织犯罪案件审判中亦有适用

美国国会于 1970 年以制定“非法取财组织防制法”(Racketeer Influenced and Corrupt Organization Act,以下简称 RICO)之方式,修正了“组织犯罪控制法”(Organized Crime Control Act),以为联邦政府对抗组织犯罪之法律利器〔41〕。惟当国会为了改变传统打击组织犯罪之手法而新制定 RICO 犯罪之际,与其相对应的程序法与证据法,实际上也会有所改变,盖如法院于审理 RICO 所创设之新型共谋(一)使用或投资恐吓诈财活动模式所得之财产于企业;(二)利用恐吓诈财活动模式取得企业利益或控制企业;(三)受雇于一组织或与该组织合作,藉恐吓诈财活动模式参与或主持该组织业务等〔42〕犯罪时,没有扩张适用联邦证据规则第 801(d)(2)(E)条 1 之规定,将某些传统上可能被评价为传闻之审判外陈述“转化为非传闻之共谋中陈述”,恐将无法证明企业涵之范围及被告在该组织中扮演之角色〔43〕,并导致 RICO 新创设之犯罪类型形同具文〔44〕。

而为有效追诉组织犯罪,避免陪审员因缺乏对涉案犯罪组织必要认识而无法作成正确评决,司法实务上检察官常常依联邦证据规则第 702 条之规定,以组织犯罪信息超越一般平均人之知识范围为由,指定有经验之执法探员(law enforcement agent)作为专家证人,期藉由其特殊的知识或技能所提出的专家意见,协助陪审团认识系争组织犯罪之相关背景信息(例如该组织之沿革发展、构造、分工、帮规、专门术语、所涉及之犯罪型态或是特定行为模式〔45〕),并了解该犯罪组织之发展过程〔46〕。举例而言,在卡尔森案(United States v. Carson)中,美国联邦第 2 巡回上诉法院即曾基于毒品贩卖管道与方式并非一般人通常可知悉

---

〔41〕 See Michael Goldsmith,RICO and Enterprise Criminality: A Response to Gerard E. Lynch,88 Colum. L. Rev. 774,774(1988).

〔42〕 参阅王兆鹏:《美国刑事诉讼法》,804 页,元照出版公司,2007 年 9 月 2 版。

〔43〕 See United States v. Persico,832 F. 2d 705,716(2d Cir. 1987).

〔44〕 See U. S. Dept. of Justice,Criminal Div. ,Organized Crime and Racketeering Section,Racketeer Influenced and Corrupt Organizations: A Manual for Federal Prosecutors,139-141(4th ed. 2000).

〔45〕 See Jay M. Zitter,Annotation,Admissibility of Drug Courier Profile Testimony in Criminal Prosecution,69 A. L. R. 5th 425,425(1999).

〔46〕 See e. g. United States v. Skowronski,968 F. 2d 242,246(2d Cir. 1992); United States v. Tutino,883 F. 2d 1125,1134(2d Cir. 1989); United States v. Daly,842 F. 2d 1380,1388(2d Cir. 1988); United States v. Ardito,782 F. 2d 358,363(2d Cir. 1986).

之情事为由，肯认执法探员所提出其秘密跟监被告时之观察结论与描述，因符合联邦证据规则第702条之专家证言规定而具证据能力[47]，盖因此种观察系针对外观上与表面上之无罪行为而进行，只有受过特殊训练或是具有特殊经验的人，才有可能察觉其为某种犯罪之症候[48]，故其有助于陪审团认识系争犯罪之过程与方法[49]。

虽然专家证人之意见（证言）得依联邦证据规则第702条具证据能力，不过，如其内容可归类为证明性传闻，仍无法豁免对质条款之程序要求。美国联邦最高法院在麦伦戴兹迪亚兹（Melendez-Diaz v. Massachusetts）乙案中即曾指出：由于检察官所提出之毒品分析实验室分析报告内容，与当庭作证之证言具有相同功能，本质上属于典型的证明性传闻，盖凡可合理推论其制作者于作成该报告时，已理解该报告将于事后审判时被提出使用者，被告均有权利对质诘问该实验室报告之制作者[50]。本案否定了应将对质诘问权限缩适用于传统目击证人之主张，并认为报告制作者并未亲眼目击相关人类行为之特征，与审判中应否进行对质程序无关，盖其之所以制作该报告，主要亦在响应警方有关过去发生何事之询问[51]；纵然提出科学实验之结果与证人回想过去发生事件有所不同，惟鉴于其过程亦可能存在人为错误之风险，而对质诘问程序又能筛选出错误与虚伪的报告，实无理由将其豁免于对质程序之外[52]。故在由执法探员担任专家证人的情形中，法院也禁止其将无证据能力之传闻陈述转换为专家证言，以避免陪审团受到该无证据能力之传闻影响。

四、排除非于法官或检察官面前陈述证据能力之规范检讨

（一）概说

在对美国传闻法则发展及其于组织犯罪案件中适用情形有所认识后，接下来就要针对“组织犯罪防制条例”第12条第1项中段排除非于法官或检察官面前陈

[47] See United States v. Carson, 702 F. 2d 351, 369(2d Cir. 1983).

[48] See United States v. Fleishman, 684 F. 2d 1329, 1335-1336(9th Cir. 1982).

[49] See United States v. Maher, 645 F. 2d 780, 783-784(9th Cir. 1981).

[50] See Melendez-Diaz v. Massachusetts, 557 U. S. 305, 311(2009).

[51] Id., at 316-317.

[52] Id., at 319-321.

述证据能力之规定予以检讨。按依前述美国司法实务之沿革发展说明，当前美国法制对于证人审判外陈述是否受对质条款保障之事，系以其是否属于证明性传闻为主要的区分标准。一旦该审判外陈述被归类为证明性传闻，除非其属于普通法沿革上长期存在的根深蒂固例外，否则该传闻陈述唯有透过对质诘问程序之践行，始未违反对质条款而具证据能力（不论是当庭的对质诘问或是先前的对质诘问）；而如该审判外陈述属于非证明性传闻，原则上只要符合联邦证据法之传闻例外规定或是其他法律规定，就可以认定其具证据能力。换言之，证人审判外陈述究系于何人面前作成，原则上与其是否具证据能力无涉。鉴于美国传闻法制之发展已有较为清晰之脉络可循，故为求说理之一贯与明确，以下乃分别自证人审判外陈述是否属于证明性传闻，亦即有无于审判上保障被告对质诘问权之必要，检讨“组织犯罪条例”第 12 条第 1 项中段全面排除非于法官或检察官面前陈述之证据能力规定与相关司法实务裁判之妥当性。

（二）有保障对质诘问权必要之情形

依前述美国传闻法制之说明，在证人审判外陈述属于证明性传闻的情形中，除非该审判外陈述属于长久以来所承认之根深蒂固传闻，否则只有在证人无法到庭接受对质诘问，以及被告已于先前证人陈述时、有行使对质诘问权之机会时，该审判外之陈述始具证据能力。然而，“组织犯罪防制条例”第 12 条第 1 项中段之规定，并未深究该陈述之类型与性质，亦未区分被告是否在证人审判外陈述时有机会行使对质诘问权，即毫无例外地一概排除非于法官或检察官面前陈述证据能力。固然此种立法之规范目的在于避免秘密证人诬攀他人，并藉由对被告提供对质诘问权的保障，以矫正过去流于书面（笔录）审判之司法实务，不过，相较于嗣后所采传闻法则，究竟本条立法有无提供更完善的对质诘问保障？却有待进一步厘清。

观诸“组织犯罪防制条例”第 12 条第 1 项中段“讯问证人之笔录，以在检察官或法官面前作成，并经践行‘刑事诉讼法’所定讯问证人之程序者为限，始得采为证据”之规定，其内容与嗣后制定之刑事诉讼法第 159 条之 1：“（第 1 项）被告以外之人于审判外向法官所为之陈述，得为证据。（第 2 项）被告以外之人于侦查中向检察官所为之陈述，除显有不可信之情况者外，得为证据。”规定，并无本质上之不同。惟或因“组织犯罪防制条例”并未容认类似“刑事诉讼法”第 159 之 2 至之 5 等传闻例外之证据能力，故虽“最高法院”2013 年度第 13 次刑事庭会议曾基于

“刑事诉讼法”第159条之2与之3之法理，决议限缩“刑事诉讼法”第159条之1之适用[53]，“最高法院”2013年度第3990号刑事判决仍坚持向来的观点，认为“组织犯罪防制条例”第12条第1项中段之规定，排除“刑事诉讼法”第159之2与之3等规定之适用。综合前述实务说明，组织犯罪案件之共犯被告，限于在检察官或法官前作成之陈述，始得于其他共犯之审理中具证据能力；而其他非组织犯罪类型案件之共犯被告，不论是否在检察官或法官前作成陈述，其陈述均有可能于其他共犯之审理中具证据能力；而此种证据法则适用之区分，乃立法者有意的安排。

惟就对质诘问权保障之角度而言，虽然“组织犯罪防制条例”第12条第1项中段已明文对于证人在法官或检察官面前之陈述，须践行“刑事诉讼法”第166条

---

〔53〕 参照“最高法院”第2013年度第13次刑事庭会议决议：(一)参酌“刑事诉讼法”第159条、第159条之一之立法理由，无论共同被告、共犯、被害人、证人等，均属被告以外之人，并无区分。本此前提，凡与待证事实有重要关系之事项，如欲以被告以外之人本于亲身实际体验之事实所为之陈述，作为被告论罪之依据时，本质上均属于证人。而被告之对质诘问权，系“宪法”所保障之基本人权及基本诉讼权，被告以外之人于审判中，已依法定程序，到场具结陈述，并接受被告之诘问者，因其信用性已获得保障，即得作为认定被告犯罪事实之判断依据。然被告以外之人于检察事务官、司法警察官、司法警察调查中(以下简称警询等)或检察官侦查中所为之陈述，或因被告未在场，或虽在场而未能行使反对诘问，无从担保其陈述之信用性，即不能与审判中之陈述同视。惟若贯彻仅审判中之陈述始得作为证据，有事实上之困难，且实务上为求发现真实及本于诉讼数据越丰富越有助于事实认定之需要，该审判外之陈述，往往攸关证明犯罪存否之关键，如一概否定其证据能力，亦非所宜。而检验该陈述之真实性，除反对诘问外，如有足以取代审判中经反对诘问之信用性保障者，亦容许其得为证据，即可弥补前揭不足，于是乃有传闻法则例外之规定。侦查中，检察官通常能遵守法律程序规范，无不正取供之虞，且接受侦讯之该被告以外之人，已依法具结，以担保其系据实陈述，如有伪证，应负刑事责任，有足以担保笔录制作过程可信之外在环境与条件，乃于“刑事诉讼法”第159条之一第二项规定“被告以外之人于侦查中向检察官所为之陈述，除显有不可信之情况者外，得为证据。”另在警询等所为之陈述，则以“具有较可信之特别情况”(第159条之二之相对可信性)或“经证明具有可信之特别情况”(第159条之三之绝对可信性)，且为证明犯罪事实存否所“必要”者，得为证据。系以具有“特信性”与“必要性”，已足以取代审判中经反对诘问之信用性保障，而例外赋予证据能力。至于被告以外之人于侦查中未经具结所为之陈述，因欠缺“具结”，难认检察官已恪遵法律程序规范，而与“刑事诉讼法”第159条之一第二项之规定有间。细绎之，被告以外之人于侦查中，经检察官非以证人身份传唤，于取证时，除在法律上有不得令其具结之情形者外，亦应依人证之程序命其具结，方得作为证据，此于本院2014年台上字第六五七八号判例已就“被害人”部分，为原则性阐释；惟是类被害人、共同被告、共同正犯等被告以外之人，在侦查中未经具结之陈述，依通常情形，其信用性仍远高于在警询等所为之陈述，衡诸其等于警询等所为之陈述，均无须具结，却于具有“特信性”“必要性”时，即得为证据，则若谓该侦查中未经具结之陈述，一概无证据能力，无异反而不如警询等之陈述，显然失衡。因此，被告以外之人于侦查中未经具结所为之陈述，如与警询等陈述同具有“特信性”“必要性”时，依“举轻以明重”原则，本于“刑事诉讼法”第159条之二、第159条之三之同一法理，例外认为有证据能力，以弥补法律规定之不足，俾应实务需要，方符立法本旨。本院2014年台上字第六五七八号判例，应予补充。

以下之人证的证据调查程序，惟因依其但书："但有事实足认被害人或证人有受强暴、胁迫、恐吓或其他报复行为之虞者，法院、检察机关得依被害人或证人之申请或依职权拒绝被告与之对质、诘问或其选任辩护人检阅、抄录、摄影可供指出被害人或证人真实姓名、身份之文书及诘问。"之规定，只要"有事实足认被害人或证人有受强暴、胁迫、恐吓或其他报复行为之虞者"，即可限制与排除被告之对质诘问权。又如相较于(一)美国联邦最高法院贾尔斯案以被告阻碍证人到庭之意图与实际上之不正当行为，作为限制对质诘问权行使之传闻法理，以及(二)以刑事诉讼法第 159 条之 2 与之 3 之法理，限缩刑事诉讼法第 159 条之 1 规定适用之最高法院 2013 年度第 13 次刑事庭会议决议，未提供前述限制之"组织犯罪防制条例"第 12 条第 1 项中段但书，果真提供较"刑事诉讼法"所定传闻法则更严谨之对质诘问权保障？并非无疑。

按如"最高法院"已于前述决议中肯认刑事诉讼法第 159 条之 1 直接赋予证据能力于"未经具结或交互诘问程序担保陈述可信性[54]之审判外陈述"为不当，而有限缩其适用范围之必要，则存在同样不当事由之"组织犯罪防制条例"第 12 条第 1 项中段所指之审判外陈述，为何得仅以与审判外陈述可信性无关、且未必可归责于被告之证人危险与恐惧，即不分青红皂白地全盘肯认"本质上等同于'刑事诉讼法'第 159 条之 1 规定所指之审判外陈述"，得不经对质诘问程序即具证据能力？盖"组织犯罪防制条例"第 12 条第 1 项中段但书所称"受强暴、胁迫、恐吓或其他报复行为之虞"，不仅会发生在真正被害人与据实陈述证人等身上，倘如该审判外陈述者为虚假的被害人或是其陈述内容为虚伪，主客观上自当更有可能受被告"强暴、胁迫、恐吓或其他报复行为之虞"，虽于前者情形有保护证人与被害人之必要，惟于后者之情形中，特别在被告并未做出任何不正当行为时，如仍以伪证者之利益为优先考虑之因素，而未以其陈述内容是否具有高度可信性标记为利益衡量依据，实无视于刑事被告因此所可能遭遇的不白之冤并与司法正义有违。此外，倘如证人或被害人"受强暴、胁迫、恐吓或其他报复行为之虞"系源自非被告或未受被告指使之人，则依"组织犯罪防制条例"第 12 条第 1 项中段但书之规定，被告之对质诘问权亦将受到完全之剥夺，相较于美国仅于"被告本身行为导致证人

〔54〕 参阅王兆鹏、陈运财、林俊益、宋耀明、丁中原、张熙怀、叶建廷等：《传闻法则理论与实践》(初版)，165 页，台北，元照出版公司，2003。

无法出庭作证"或"对证人无法到庭作证一事,与被告有合意者造成证人无法出庭作证"时,始完全限制被告之对质诘问权之传闻法制[55],此种以非可归责于被告之事由限制其对质诘问权之立法,似有过度限制对质诘问权之嫌而有违比例原则。

而相较于"刑事诉讼法"第159条之2以延缓对质诘问[56]与可信性标志以及同条之3"以事实上无法到庭与可信性标志限制对质诘问权"之立法,"组织犯罪防制条例"第12条第1项中段但书,无视于自普通法发展早期即已存在之"不当行为妨碍对质诘问权行使"之传闻法理,仅以与审判外陈述可信性无关,且不一定可归责于被告之证人危险与恐惧限制对质诘问权,不但非如"最高法院"2008年度台上字第1727号刑事判决所言,属较传闻法则为严谨之对质诘问限制,其所提供予被告者,恐怕还是较劣等的对质诘问权保障。因此,既然适用传闻法则能较"组织犯罪防制条例"第12条第1项中段更有效地保障并更合理地限制被告之对质诘问权,参照释字第636号解释:"本'条例'第12条第1项规定,未依个案情形考量采取其他限制较轻微之手段,是否仍然不足以保护证人之安全或担保证人出于自由意志陈述意见,即得限制被移送人对证人之对质、诘问权与阅卷权之规定,显已对于被移送人诉讼上之防御权,造成过度之限制,与'宪法'第23条比例原则之意旨不符,有违'宪法'第8条正当法律程序原则及'宪法'第16条诉讼权之保障"之说明,在解释上似乎反而应该认为"组织犯罪防制条例"第12条第1项中段规定,因其并未采取对于对质诘问权较小侵害之可行方法(例如布幔、变声器、面具或将证人置于另一处所,以视讯方式诘问证人),即完全剥夺被告之对质诘问权[57],亦将因不符宪法上之比例原则而违宪。

综合以上之分析与检讨,鉴于释字第636号解释已于其理由书中表示,已废止适用之"检肃流氓条例"第12条第1项"仅泛称'有事实足认检举人、被害人或证人有受强暴、胁迫、恐吓或其他报复行为之虞',而未依个案情形,考量采取其他限制较轻微之手段,例如蒙面、变声、变像、视讯传送或其他适当隔离方式为对质、

---

〔55〕 See United States v. Cherry, 217 F. 3d 811, 820 (10th Cir. 2000); United States v. Thompson, 286 F. 3d 950, 963-64 (7th Cir. 2002); United States v. Dinkins, 691 F. 3d 358, 385 (4th Cir. 2012).

〔56〕 参阅王兆鹏:《刑事被告的宪法权利》(初版),159～162页,台北,翰芦图书,1999。

〔57〕 关于本条之违宪疑虑,相关说明除参考释字第636号解释外,另可参阅王兆鹏:《刑事被告的宪法权利》(初版),324页,台北,翰芦图书,1999。

诘问（‘证人保护法’第 11 条第 4 项参照），是否仍然不足以保护证人之安全或担保证人出于自由意志陈述意见，即骤然剥夺被移送人对证人之对质、诘问权以及对于卷证之阅览权，显已对于被移送人诉讼上之防御权，造成过度之限制，而与‘宪法’第 23 条比例原则之意旨不符，有违‘宪法’第 8 条正当法律程序原则及‘宪法’第 16 条诉讼权之保障。”因此，与之有异曲同工之妙的“组织犯罪防制条例”第 12 条第 1 项中段但书之规定，在有保障被告对质诘问权之情形中，仅以证人之危险与恐惧作为限制被告对质诘问权之依据，不但不符应以该陈述之高度真实性限制对质诘问权之传闻法理，亦同存在过度限制对质诘问权之违宪争议。从而，本文并不赞同“刑事诉讼法”第 159 条立法理由与前述司法实务所称：“‘组织犯罪防制条例’第 12 条第 1 项中段乃传闻法则特别规定”之观点；尤有进者，本文赞同释字第 636 号解释之观点，主张其于过度限制对质诘问权之部分，因与宪法上之比例原则相抵触，而不应再予适用。

（三）无保障对质诘问权必要之情形

另在证人于审判外陈述非属证明性传闻之情形中，虽因此种审判外陈述旨在证明其供述内容为真实，于本质上属传闻证据，而与非传闻证据有所不同[58]，故克劳佛案并不认为制宪者原有意将对质诘问条款适用于此类审判外陈述，盖或因此种传闻陈述之主要目的并不在于藉此将被告定罪，其虚伪指控的可能性明显较其主要提出目的为指控他人犯罪之证明性传闻要来得小，相对而论，其内容被证明为真实的可能性（probative value），以及被告“不可能”透过对质诘问程序排除

〔58〕 关于传闻证据与非传闻证据之内涵与区分，参照“最高法院”2010 年度台上字第 408 号刑事判决：证据究属传闻证据或非传闻证据，必须以该证据所欲证明之待证事实为何（即证明旨趣），作为判断之基础。换言之，以供述内容之真实性作为待证事实之证据，应属传闻证据；惟若属于“代替供述之书面”或“间接之供述”时，书面本身之存在或供述本身之存在即为待证事实时，此证据并不属于传闻证据。此外，以证明该项供述本身存在，作为推认其他事实存在之间接事实或情况证据者，该项证据虽具有供述之形式，但因并非直接以其供述内容之真实性作为待证事实之证据，仍非属传闻证据。卷附甲女以计算机“YAHOO”实时通之对话记录及电子邮件或移动电话简讯内容，虽系甲女透过计算机网络或移动电话向上诉人所传达之意思（即通信陈述），但原判决并非直接以该等通信陈述内容之真伪，作为上诉人有无对甲女为性交行为之证据，而系以该等通信陈述内容本身，作为证明其他事实（指双方有男女间亲昵之通话事实）存在之间接事实或情况证据，并根据此项间接事实或情况证据用以强化甲女指证（即供述证据）之凭信性。从而，原判决认上述计算机实时通对话记录或电子邮件及简讯内容，均非属供述证据，而无传闻法则之适用，于法并无不合。

该审判外陈述之机会，也远远高于证明性传闻[59]，从而，基于非证明性传闻较低程度之诬攀可能性，其陈述内容之真实证明性，即未必须藉由对质诘问程序之践行予以确认，而有由立法者依其裁量决定之空间。换言之，纵然提出非证明性传闻之目的，亦在证明其供述内容之真实性以证明待证事实，由于在克劳佛案中，美国联邦最高法院已肯认制宪者原即许可联邦与各州之立法者弹性处理（不论系采罗伯特斯案法则或是免除对质诘问程序之要求）非证明性传闻之证据能力[60]，因此，只要有关非证明性传闻之证据能力规定，并未违反宪法上之正当程序条款或是其他权利保障，该联邦或州之立法即不致因其与权利法案相抵触而违宪无效[61]。

基于以上之分析与说明，如果肯认非证明性传闻并非对质条款应该适用的对象，那么“刑事诉讼法”第 159 条之 1 至之 5 所规定的传闻例外，不论系在传闻法理的比较探讨上（“刑事诉讼法”第 159 条之 1 至之 4），或是在放弃对质诘问权之基础上（“刑事诉讼法”第 159 条之 5），其以立法之方式限制被告对质诘问非证明性传闻陈述之陈述者，并不存在任何的违宪疑虑。惟与此相对，“组织犯罪防制条例”第 12 条第 1 项中段仅承认在法官或检察官面前之审判外陈述，始得以证人有遭受危险或恐惧之虞为由，限制被告对质诘问非证明性传闻陈述者之规定，固然提供了较诸“刑事诉讼法”所定传闻例外更严格的对质诘问保障，然在没有保障对质诘问权必要的情形中，提供被告此种高规格的对质诘问程序保障，其背后之立法政策为何？其必要性为何？似乎无法从前述立法理由或司法实务中窥知一二。而如此种非证明性传闻陈述所涉及之内容，为证明犯罪成立所必须，前述“组织犯罪防制条例”第 12 条第 1 项中段之规定，不论是否涉及裁判上一罪之审判，恐将衍生出为何此类审判外陈述（讯问证人之笔录）得援用“刑事诉讼法”之传闻例外规定，作为判决被告涉犯杀人、贩毒等非组织型重大犯罪之基础，却不能作为被告涉犯组织犯罪依据之制证据法则适用混乱疑义。鉴于在证人审判陈述属于非证明性传闻的情形中，法理上并无特别保障被告对质诘问权之必要，因此，本文认

---

〔59〕 See Richard D. Friedman, The Mold That Shapes Hearsay Law, 66 Fla. L. Rev. 433, 449 (2014).

〔60〕 See 541 U.S., at 68.

〔61〕 See Richard D. Friedman, Toward a Practical Economic, Game-Theoretic Analysis of Hearsay, 76 Minn. L. Rev. 723, 726 n.10(1992).

为，解释上除应肯认“组织犯罪防制条例”第12条第1项中段规定并不存在类似前述证人审判外陈述属证明性传闻时，过度限制被告对质诘问权之违宪疑虑外，似可参照美国RICO并未排斥证人非于法官或检察官面前做成审判外非证明性传闻陈述证据能力，且未排除传闻法则适用之法制，并基于“宪法”上之对质条款并未适用于非证明性传闻之传闻法理等考虑，否定此时“组织犯罪防制条例”第12条第1项中段应优先于传闻例外适用(“最高法院”2008年度台上字第1727号刑事判决)之观点，以赋予其他讯问证人笔录(例如警讯笔录)在组织犯罪案件审判中之证据能力。

五、结论

关于“组织犯罪防制条例”第12条第1项中段规定之适用，本文除自立法背景之角度，探讨本条项规范之目的在于强化直接与言词审理、避免内容真实性存有疑虑之警讯笔录证据能力未受限制之传统实务出现在组织犯罪案件审判[62]外，更基于比较法之方法，辅以美国相关法制发展之经验，主张以证人或被害人危险或恐惧之虞限制被告对质诘问审判外证明性传闻之权利，并不符比例原则之要求；而虽以之限制被告对质诘问审判外非证明性传闻之权利，尚不致衍生出前述过度侵害对质诘问权之争议，然而此种不区分审判外陈述之性质(证明性传闻或非证明性传闻)，一概排除非于法官或检察官面前制作之讯问笔录证据能力，其过度限制证人审判外陈述证据能力之立法，并不符合传闻法理之发展经验，是否符合并有助于达成“组织犯罪防制条例”第1条第1项：“为防制组织犯罪，以维护社会秩序，保障人民权益，特制定本条例。”之规范目的，恐有待进一步商榷。

故为避免组织犯罪案件与其他犯罪合并审理，或是在组织犯罪案件与其他犯罪形成裁判上一罪关系之审理上，出现证据法则适用混乱之情形，并考虑对质条款并不必然适用于非证明性传闻陈述之比较法观察以及“组织犯罪防制条例”第12条第1项中段规定之规范目的(直接审理与言词审理)，已得透过正确适用2003年9月施行之传闻法则予以落实，本文主张在刑事诉讼所定之传闻法则施

〔62〕 按如释字第384号解释张×昌申请书所指，本件流氓案件肇因于警察与被害人之间有利益输送，申请人层陈称欲揭发弊案，故被害人可能编造事实，诬陷申请人，以遂渠等报复之目的。果因其得罪管区警员而致衍生此案，警讯笔录之内容真实性与证据能力，即有可议之处。

行后，于 1996 年 12 月施行之“组织犯罪防制条例”第 12 条第 1 项中段规定，即不应与传闻法则有所抵触，以免因法理混淆而出现如“最高法院”2013 年度台上字第 3990 号刑事判决与 2008 年度台上字第 1727 号刑事判决等所持之观点，存在过度限制对质诘问权，或是过度限制使用非证明性传闻陈述之不当。正本清源之道，本文建议删除“组织犯罪防制条例”第 12 条第 1 项中段之规定；而为避免狡黠被告反因可归责于自身之事由阻止证人到庭陈述而得于刑事司法审判上享有不当利益，本文亦建议参照美国联邦最高法院贾尔斯案之说明，于“刑事诉讼法”传闻证据部分，增订被告本身不当行为妨碍其对质诘问权之规定(例如，将“刑事诉讼法”第 159 条第 2 项前段修订为：“前项规定，于第 161 条第 2 项之情形，因可归责于被告之事由致前项审判外陈述者不能到庭时及法院以简式审判程序或简易判决处刑者，不适用之。”)，以实现立法者所欲达成的司法正义。

台湾地区组织犯罪行为的论处与检讨

——以太阳会案为例

王纪轩[*]

一、前言

在台湾地区，所谓组织犯罪，依据“组织犯罪防制条例”(以下略称“组织犯罪条例”)，有广狭之分。狭义的组织犯罪，系指“组织犯罪条例”第3条的发起、主持、操纵、指挥或参与犯罪组织的行为；广义的组织犯罪，是前开规定外，同“组织犯罪条例”第6条资助犯罪组织罪、第9条公务员包庇犯罪组织罪。在此之中，关于狭义的组织犯罪，是人民对组织犯罪最直接的感受，也就是体现在民间惯称的帮派、黑社会，亦是本文重心；至于广义的组织犯罪行为，姑且不予讨论。

更具体言，狭义的组织犯罪，属于具有内部管理结构的集团性犯罪，有别于共同正犯或结伙犯，系独立的处罚型态(“最高法院”2013年度台上字第3990号、2012年度台上字2585号判决)。既然犯罪组织具有内部管理结构的特色[1]，组织成员便可区分为管理与被管理阶层，树立上命下从关系，同时提高组织效能，为

---

* 台湾地区中国文化大学助理教授。

〔1〕 论者谓是一种类似企业组合的犯罪组织。可以参见林山田:《论组织犯罪及其预防性之刑法条款》,载《军法专刊》,1979(第25卷第4期),17页;林东茂:《危险犯与经济刑法》,175页,台北,五南,2002;许福生:《组织犯罪概念与成因分析》,载《月旦法学》,2012(122),39页。

组织牟取更多利益。反观共同正犯、结伙犯，乃至于教唆犯或帮助犯等，并没有内部管理结构，这也是组织犯罪作为独立处罚型态的原因[2]。

然“组织犯罪条例”自1996年12月公布施行以来，迄今从未修正，其中的内容可能已有不合时宜，而有改进空间；尤其组织犯罪的立法与适用问题，涉及“组织犯罪条例”的核心，更有检讨的必要。以下，先以2010年台湾地区天道盟太阳会案（以下略称太阳会案）为例，说明司法实务的运用情形及其问题。天道盟是台湾地区的大型犯罪组织，由诸多在地帮会组成的联盟型黑道集团；其中的太阳会，成立于1980年的北台湾地区，是天道盟的最初组成帮派之一，其成员众多，气势浩大。在台湾地区的抗制组织犯罪上，太阳会案颇有指标意义。尔后，讨论组织犯罪、再犯组织犯罪的内涵，并配合太阳会案，指出有检讨必要之处，并提出相关建议。

二、太阳会案的始末与问题意识

台湾地区的黑社会里，太阳会为天道盟主要堂口之一，是颇具影响力的帮派。太阳会为彰显组织威风，凡与之为敌，皆以组织力量威吓示警；为维护组织安全，采取严格管理方式，禁止成员任意退出组织或泄露犯罪事证，违者严惩不贷；又为牟取组织财源，经营广泛，除了以暴力行为代人寻仇、催讨债务，藉此收取佣金外，事业版图更扩及海运、仓储、珠宝、信息顾问公司等。于21世纪初，台湾地区当局为维护社会治安，曾大力扫荡黑帮，其中包括太阳会；但不久之后，“太阳”烈焰再起，依旧活跃于黑社会。

台湾地区检警于2008年发现，太阳会会长甲与商界友人合伙经营银楼，以副会长乙为登记名义负责人，透过银楼掩饰太阳会基地；甲等非法持有枪弹，作为帮会武力后盾，并将枪弹出借徒众，以便利任务执行，壮大组织声势；甲多次介入与其他帮派之间的利益纠葛；甲指派乙等索讨商家保护费，如有不从则滋事；又甲欲率众参加江湖大佬公祭，先请丙申请支票，再持支票购买太阳会成员出席丧礼的服饰，并令乙聚集五百人至公祭现场，尽显组织霸气。经过检警相当期间的侦查，2010年板桥地检署检察官（今新北地检署）起诉太阳会会长甲、副会长乙，以及成员丙等多人[3]。

---

〔2〕 蔡墩铭：《组织犯罪之研究》，载《法学丛刊》，1977(86)，17页。

〔3〕 碍于篇幅，本文不逐一讨论本案的所有被告及其犯行，仅针对该案中较具代表性的组织犯罪行为，即甲乙丙三人的行为，进行整理与检讨。

甲曾于2000—2003年间，操纵、指挥太阳会犯罪组织，经有罪科刑判决确定（基隆地方法院2003年度诉字第500号判决），于2007年出狱；惟此后，并未脱离太阳会，依然故我。太阳会案的一、二审法院判决（新北地方法院2010年度重诉字第58号、台湾地区高等法院2011年度上诉字第3619号判决）均认为，甲成立“组织犯罪条例”第3条第2项的再犯操纵、指挥犯罪组织罪。然而，甲辩称，银楼并非太阳会堂口，否认操纵、指挥太阳会；虽有出面协调黑道纠纷，但系以个人身份，而非太阳会会长；至于持有及出借枪弹，“仅为特定单一之犯罪，纵有共犯，亦仅为临时性组合”，与组织犯罪无关。不过，法院本于证人、秘密证人的证称，以及监听译文等证据，认为甲持枪自重，确实有差遣他人从事与银楼商务无关的犯罪组织活动，应该当于操纵、指挥犯罪组织的行为，且确实系再犯。

乙的部分，其辩称，虽有与甲共同出借枪弹，且知悉太阳会为犯罪组织，但并未参与该会，只是应甲的邀约至银楼工作，且基于双方情谊，协助甲处理如找人参加公祭等情事。对此，一审法院不采信乙的说辞，因为除了出借枪弹之外，乙听从甲的指挥，有经营赌场、滋事勒索、协调帮派内外事项等行为，基于相关事证，认为其参与太阳会，构成“组织犯罪条例”第3条第1项后段的参与犯罪组织罪。二审法院同样认为乙的行为该当参与犯罪组织，但依想象竞合，认为出借枪弹与参与犯罪组织，系一行为触犯数罪名，从重论处共同出借枪弹罪。案经上诉最高法院，认为“乙参与上开犯罪组织在先，其后始因××之借用，而与甲共同基于犯意联络，出借上开枪、弹，二罪显然犯意各别”，指出二审法院看法不妥当之处，并发回更审（“最高法院”2013年度台上字第346号判决）。尔后，台湾地区高等法院撤销原判，改判乙成立参与犯罪组织罪、出借枪弹罪，数罪并罚（台湾地区高等法院2013年度上更(一)字第21号判决）。乙不服上诉，最高法院予以驳回（“最高法院”2013年度台上字第4645号判决）。

丙则表示，知悉太阳会为犯罪组织，但未曾参加组织活动；虽有为甲申请支票，或代为传话等事，惟系基于朋友情谊，且甲不曾告知这些事情的目的，自不知与犯罪组织行为有关。对于丙的辩解，一审法院不采信，认为丙任由甲使唤差遣，已是参与犯罪组织。不过，二审法院的见解迥异，认为甲丙是同乡，又是邻居，两人友谊自年少便已建立，后来因景气不好，为谋生计，丙至台北投靠甲，既然彼此相熟，甲交付丙事务性工作，且这些工作“属可独立于参与太阳会以外的行为”，不应因甲身居太阳会会长，即谓与甲熟识的丙有参与犯罪组织；又丙虽有申请支票，让甲购买出席江湖大佬公祭的帮众服饰，但丙并未参加公祭，应作对丙有利考虑。检方对二审法院判决不服而上诉最高法院，但被驳回。

检讨太阳会案，我们可能发现几个重点。就甲而言，其曾因领导太阳会而入监服刑，但刑满出狱后并未重新做人，反而重操旧业，故成立再犯组织犯罪；但台湾地区刑法第 47 条已有累犯规定，同样是针对故意再犯行为的加重处罚，再犯组织犯罪，是有刑事政策的特殊目的，抑或是叠床架屋的规定，应有厘清必要。此外，领导犯罪组织的行为，是发起、主持、操纵或指挥犯罪组织，但规范上可能有更妥当的方法，不然法院认定甲有操纵、指挥太阳会的行为，却难说明操纵与指挥是否不同。另就乙丙而言，二人皆参与太阳会，但如何判断有无参与犯罪组织，向来是实务难题，实则欠缺稳妥的标准，如丙究竟有无参与太阳会，法院前后看法不一；虽然乙的行为构成参与犯罪组织罪，并无疑问，但乙参与太阳会的行为，与出借枪弹等行为，是否属于想象竞合等，同样存有法院适用的出入。对于前开问题，以“组织犯罪条例”第 3 条的组织犯罪规定为中轴，进行开展。

三、组织犯罪的规范类型及其反思

“组织犯罪条例”第 3 条第 1 项规定，“发起、主持、操纵或指挥犯罪组织者，处 3 年以上 10 年以下有期徒刑，得并科新台币一亿元以下罚金；参与者，处六月以上 5 年以下有期徒刑，得并科新台币一千万元以下罚金。”大抵上可分为发起、主持、操纵及指挥犯罪组织的领导行为，以及参与犯罪组织的参与行为。

惟应注意的是，“组织犯罪条例”第 3 条第 1 项，是台湾地区“刑法”第 154 条第 1 项犯罪结社罪的特别规定。“刑法”的犯罪结社罪，“参与以犯罪为宗旨之结社者，处 3 年以下有期徒刑、拘役或 500 元以下罚金；首谋者，处 1 年以上、7 年以下有期徒刑。”构成要件上，二者均有规范领导或参与犯罪组织行为；刑度上，“组织犯罪防制条例”的刑度远较重；适用上，依特别法优于普通法的法理，成立“组织犯罪条例”之罪。

（一）领导犯罪组织规定的检视

犯罪组织的领导行为，是犯罪组织的管理阶层领导犯罪组织进行运作、犯罪活动或执行特定任务；参与行为则是犯罪组织中，听命于管理阶层，负责执行计划的参与者。司法实务亦说明，“‘指挥’与‘参与’间之分际，乃在‘指挥’，须为某特定任务之实现，而下达行动指令，并具有可以实际决定该行动之进退行止者，始足以当之;而'参与',则指一般之听取号令,实际参与行动之一般成员"("最高法院"2013 年度台上字第 3449 号判决)。事实上,"组织犯罪条例"第 3 条第 1 项的规定,便已表现犯罪组织的内部管理性质。

1. 现制内涵

领导犯罪组织的行为人,是犯罪组织的首脑,在具有内部管理结构特色的组织犯罪上尤其重要,因犯罪组织有上下属从关系,即首领与帮众层级的区分,下属服从首领阶级的领导,所以领导犯罪组织者的决策,将牵引整个犯罪组织的动向,也引导着犯罪组织帮众的行为("最高法院"2008 年度台上字第 279 号判决、台湾地区高等法院 2014 年上诉字第 2391 号判决参照)。是故,法律对于领导犯罪组织的行为处罚重于参与行为,有其道理。

犯罪组织的领导行为,通常较易判断,因为发起、主持、操纵或指挥等,都存有明确的外显作为表征,以确保管理阶层的指令得以传达至组织走卒。太阳会案的甲,作为太阳会的主持、指挥者,应无疑义。然而,在概念上,组织犯罪的领导行为可以进一步区分,犯罪组织成立前,有倡议、创办的发起者,领导他人共同建立犯罪组织;犯罪组织成立后,主持、操纵、指挥犯罪组织的管理阶层,领导组织成员从事犯罪活动。

然而,在立法上,值得思量的是,发起犯罪组织的行为,是否需要以"组织犯罪条例"处罚;又实务对于区分主持、操纵、指挥行为,似乎难见明确的标准,当前罗列主持、操纵及指挥行为的立法有无必要,诚有讨论空间。

2. 修法建议

两岸均肯定民众结社的自由。结社自由是,多数人为了实现共同目的,所组成的持续性团体[4]。由于民众结社具有长久经营的性质,非一时片刻的短暂集合,为确保民众结社的永续合法发展,无论是结社导向如何,都有法令加以规范。在台湾地区,民众结社大抵上以是否为纯营利导向为区隔,纯营利导向的民众结社,如依公司法设立登记的公司;非纯营利导向的民众结社,如民众团体法的职业、社会及政治团体。法律禁止违背社会秩序与公共利益的民众结社,所以犯罪

〔4〕 学者特别强调,民众结社的重点在于:结合他人、长时间经营。可以参见陈新民:《宪法学释论》(自版),299 页,2005;法治斌、董保城:《宪法新论》(自版),250~251 页,2010。另有学者将"集会"与"结社"的"会""社"区分,前者是暂时的集合,后者则是长久的团体。见王世杰、钱端升:《比较宪法》,110 页,北京,中国政法大学,2004。

组织的发起人，不可能明目张胆地申请设立以犯罪为宗旨的结社，故发起犯罪组织的活动，势必转往地下；纵然依法设立登记，也不可能在章程中明言以组织犯罪为结社宗旨，而是以其他面目进行包装[5]。现实上，极难在民众结社之初，就探悉该组织团体是否属于犯罪组织。

发起犯罪组织时，犯罪组织尚未成立，其后也未必能够成立，如以犯罪行为阶段的角度观之，发起行为应当只是组织犯罪的阴谋或预备阶段，若将之入罪，难谓无讨论空间。刑法原则上不处罚预备犯，除非为了保护极重大的法益，方才将处罚的时点提前，比如预备杀人、预备强盗等；至于阴谋犯，更是将处罚时点再前置于预备之前，于行为人密谋策划特定犯罪时，就动之以刑，比如阴谋暴动内乱、阴谋外患[6]。发起犯罪组织的行为，可能是阴谋阶段，如发起人规划帮派蓝图；也可能是预备阶段，如发起人购置房产作为帮派基地。无论阴谋犯或预备犯，均无实行行为的外观，处罚的论据乃在于行为人刑法思想，立法上自当谨慎为之[7]。事实上，在发起阶段，犯罪组织尚未成立，可能对于社会治安未有危害，实可考虑废止发起行为的处罚。然而，若认为应趁犯罪组织成立前，便出手压制其发展可能，而认为应保留发起行为的处罚，则应顾及罪刑均衡，可能不宜将发起，与主持、操纵或指挥犯罪组织行为等同视之，宜有差别对待。

发起犯罪组织的行为，实可考虑废止。理由在于，处罚组织犯罪，是因为犯罪组织本于其内部管理结构，成为具有集团性、常习性及胁迫性或暴力性，从事犯罪活动的长久性组织，对于社会治安存有危害，而有以刑罚制裁犯罪组织领导者及参与者的必要性，同时吓阻犯罪组织的生成。是故，处罚组织犯罪行为，以先有犯罪组织存在为要，若犯罪组织不在，何来领导或参与犯罪组织者。发起犯罪组织，表示犯罪组织尚未成形，对社会的危害恐怕不适合以其他领导或参与犯罪组织行

---

〔5〕 不过，也有国家允许犯罪组织依法登记，如日本。日本的防止暴力团员不当行为法（暴力団員による不当な行為の防止等に関する法律）以列举方式，将犯罪组织的不法行为进行规范，而非领道或参与犯罪组织的行为；同时利用指定程序，佐以公告，使民众知悉有哪些犯罪组织。然而，日本之所以不处罚参与犯罪组织的行为，可能是涉及宪法对于人民结社权的保障争议，毕竟该国有许多实质的犯罪集团，会以政治或宗教组织的外衣集结；此外，当然也有该国在现实或文化风俗上的其他考量。这些讨论可以参见加藤久雄：《组织犯罪の研究》，193 页，东京，成文堂，1992；陈慈幸：《组织犯罪与被害者学》，30 页以下，台北，涛石，2005。

〔6〕 王皇玉：《刑法总则》（初版），352～353 页，台北，新学林，2014；林钰雄：《新刑法总则》（4 版）（自版），360 页，2014。

〔7〕 靳宗立：《刑法总论 I——刑法基础理论暨犯罪论》（自版），353 页，2010。

为比拟。

再者，属于预备或阴谋阶段的发起犯罪组织行为，似乎无提前处罚的必要。一方面，虽经有心人士发起，但犯罪组织未必能顺利成立，此时的刑罚制裁，甚至有处罚思想犯的意味；另一方面，就算帮众集结，可能仅是不良组织，而非犯罪组织，毕竟犯罪组织必须要有常习性，即“经常性、习惯性，例如具有机会就犯罪的企图、意图，或不务正业等习性，亦即以长期存续为目的，而有多次犯罪之发生为特征，与实际存续时间之长短无关”（“最高法院”2008 年度台上字第 5040 号、2013 年度台上字第 3449 号；台湾地区高等法院 2014 年度上诉字第 2821 号判决参照），我们恐怕无法在该组织成立之初，便立刻知晓是否为犯罪组织，如尚是不良组织，依台湾地区的社会秩序维护法第 64 条第 5 款，“主持、操纵或参加不良组织有危害社会秩序者”，处 3 日以下拘留或新台币一万八千元以下罚锾，便足矣。另就实际的犯罪追诉而言，要举证有人正在发起犯罪组织，实属不易，处罚发起行为的规定，极易流于具文。

除了发起行为之外，余下的领导行为，即主持、操纵及指挥行为，或许可以考虑简化为主持及指挥行为便足。通常来说，台湾地区的小型犯罪组织多半是垂直管理，由单一决策者领导，管理结构较为松散，如地区角头、组合型（如牛埔帮、郑太吉组合等）；大型犯罪组织，则多采取联盟制，且管理阶层明显，由数个堂口组成，设有总堂主、总会长之类的头衔，下面则有分堂主、分会长等，彼此独立又合作（如竹联帮、天道盟等）[8]。无论是哪种型态，基本上都是由领导者主持犯罪组织会议，或由领导者指挥部属活动。然而，操纵在语境上，似较偏向行为人对于某客体的控制或利用，如操纵机器，概念上似近间接正犯的行为；而犯罪组织之中，无论是领导者或参与者，均是犯罪主体，服从犯罪组织管理阶层的领导，是有自我意识的行为，并非受领导者任意操纵摆布，故恐怕毋庸此词汇规范，将之删除亦不会损害领导犯罪组织行为概念的完整性。

（二）参与犯罪组织认定的探讨

台湾地区的司法实务向来认为，行为人是否参与犯罪组织，非以有无列名于组织名单为佐证；成员所属的组织有无专门名称，或有无举办加入组织的仪式等，也不是判断参与犯罪组织的标准。如“以企业化、组织化实际从事犯罪行为者，即

---

〔8〕 何秉松、张平吾：《台湾地区黑社会犯罪》，128～146 页，台北，台湾地区警察学术研究学会，2014。

足认为‘犯罪组织’，并不以有无列名于帮派名册内为断”（“最高法院”2002 年度台上字第 3844 号判决、2004 年度台上字第 83 号判决）；“有无组织名称、入帮仪式及明文帮规等，及成员间有无职务分配情形，应非所问”（“最高法院”2008 年度台上字第 279 号判决）。简单来说，判断行为人有无参与犯罪组织，非以形式为断，而是以实质为度；但如何清楚判断，恐怕并非易事。

有必要先行说明的是，行为人参与犯罪组织，与其所为的犯罪行为，系属二事。司法实务有谓，“纵然成员之各别行为，未构成其他罪名，或各成员就某一个别活动并未全程参与，或虽有参加某特定活动，却非全部活动每役必与，然依整体观察，既已参与即构成违反组织犯罪防制条例罪”（“最高法院”2008 年度台上字第 5040 号、2013 年度台上字第 3449 号判决；台湾地区“高等法院”2014 年度上诉字第 2821 号判决）。太阳会案的二审法院，将乙参与太阳会行为，与其他犯罪行为，视为一行为，而以想象竞合论断，实有误谬；三审判决指出，乙参与太阳会的行为与其他犯行，犯意各别，行为互殊，应数罪并罚〔9〕，方是的论。

1. 实务认定的方式

关于司法实务审酌行为人是否参与犯罪组织，台湾地区的“司法院大法官”释字第 556 号是重要指标。该号释字指出：“参与犯罪组织，指加入犯罪组织成为组织之成员，而不问参加组织活动与否，犯罪即属成立，至其行为是否仍在继续中，则以其有无持续参加组织活动或保持联络为断，此项犯罪行为依法应由代表国家追诉犯罪之检察官负举证责任。”也就是说，有无参与犯罪组织，端视行为人是否“加入”犯罪组织，至于有无参加活动则不是关键。至于行为人的主观上，则是观察行为人是否明知该组织以犯罪为设立宗旨，或组织成员有从事犯罪活动〔10〕。简言之，判断被告有无参与犯罪组织，司法实务通常是以，行为人是否明知系犯罪组织而加入，作为判断准据。

在太阳会案中，乙、丙作为参与犯罪组织嫌犯，坦言知悉太阳会为犯罪组织，

---

〔9〕 唐大森：《刍议黑社会性质组织犯罪——从有组织犯罪集团切入》，载《全球化时代有组织犯罪与对策》，14 页，北京，中国民主法制出版社，2010。惟有学者采取不同看法，认为组织犯罪与组织成员的其他犯罪行为之间，有明显的包容关系，应是特殊的竞合现象，应从重处断。见陈建清、胡学相：《我国黑社会性质组织犯罪立法之检讨》，载《法商研究》，2013(总 158 期第 6 期)，135～137 页。

〔10〕 可以参考：台湾地区的“司法院”院解字 3347 号谓，某人开山立堂，“正集合数十人夜间举行仪式时被警侦捕，如系参与以犯罪为宗旨之结社，应构成‘刑法’第 154 条第 1 项之罪，倘别无犯罪之意图而合于‘违警罚法’第 55 条第 1 项第 6 款之情形者，自可依该款处罚。”

但均否认加入。如以前开标准判断,是否参与犯罪组织,不以有无参加犯罪组织活动为必要,而是以有无加入为判断标准。可是法院认为,乙有参加太阳会的枪弹出借及江湖公祭等诸多活动,故乙有加入,构成参与犯罪组织罪;另就丙言,一审法院认为丙受甲差遣,即属加入;二审法院则认为,甲交代丙的事务工作,是独立于太阳会以外的行为,且其未参加公祭等组织活动,而认为没有加入。我们可以发现,采取释字第556号的角度,以被告有无加入犯罪组织,作为是否构成参与犯罪组织的构成要件;但在实际判断上,有无参加组织活动,却仍是被当作判断被告有无"加入"的重要辅助标准,所以乙参加组织活动,便被认定构成犯罪,而丙只有听从甲的吩咐,无参加组织的活动,"最高法院"亦支持二审法院不成立参与犯罪组织罪的看法。在此实务脉络下,值得反省的是,被告有无参加组织活动,恐怕才是真正区分有无犯罪组织的判准。

附带一提的是,如果行为人参与犯罪组织后,几经风雨成为犯罪组织要员,担任主持、操纵或指挥组织的工作,此时仅论该人的领导犯罪组织罪便可;判决亦表示,"参与犯罪组织后,主持犯罪组织,其参与犯罪组织之低度行为,应为其主持之高度行为所吸收,不另论罪。"(台湾地区高等法院2012年度上更(一)字第51号判决)另外,若犯罪组织干部无实权决定犯罪组织的活动,亦仅是参与者而已;法院有谓,"犯罪组织之结合,虽有类似层级节制之结构,具有上下之分工,然其间分工,并不十分明显,且经常因时、因地、因事而有变动,是虽然习惯上某些成员中,或因年纪较长、参与组织时间较久,而较有机会接触到较高之层级,甚或代表上级对较'资浅'之成员转达指令,从而具有某种类似'基层干部'之特性,然伊等既不能决定于何时、何地进行某种活动,亦无权决定行动之进退行止,仍应只论以'参与'已足,毋庸径论以'指挥'犯罪组织,否则不免失之过苛"("最高法院"2013年度台上字第3449号判决参照)。是故,乙虽然名为太阳会副会长,但无权主导太阳会的走向,凡事仍必须听令于甲,并非操纵或指挥犯罪组织者,只是参与者。

2. 认定标准的建议

基本上,在犯罪组织里,只要不是领导者,就是参与者。不过,与领导犯罪组织的行为相较,参与行为欠缺鲜明外观,所以司法实务在认定有无参与时,常陷入灰色的胶着地带;惟台湾地区学者或司法实务鲜少探究组织犯罪的参与。在概念梳理上,参与犯罪组织罪作为台湾地区"刑法"参与犯罪结社罪的特别规定,实可参酌参与犯罪结社罪的判断。

在概念上，参与犯罪结社罪，是行为犯、继续犯、抽象危险犯〔11〕；参与犯罪组织罪，应当亦是。行为犯，又称举动犯，只要行为人着手实行构成要件的特定行为，犯罪就已成立；当有行为人参与犯罪组织，虽未另外实施任何犯行，仍构成组织犯罪。继续犯是，行为人对于行为违法情状的久暂，能够有所掌控，构成要件的实现并不代表犯罪结束；当有行为人参与犯罪组织，在其脱离前，参与犯罪组织的行为始终存在，并持续威胁社会治安〔12〕。抽象危险犯是，行为人的行为符合立法者预定的高度危险情形时，便构成犯罪，司法者不用审酌个案的具体案情；犯罪组织的存在，对于民众安全感造成危害，所以立法者认为，参与犯罪组织的行为本身，便具有相当社会危险性，所以当有行为人参与犯罪结社，就构成参与犯罪组织罪。

其次，对“刑法”参与犯罪结社罪的判断，就客观不法要素而言，学者之间存有不同看法，有认为参与就是加入〔13〕；有认为除了加入之外，尚应参加活动〔14〕。无论是采取加入，或加入并参加活动的观点，都认为不以行为人参加社团的犯罪活动为必要〔15〕。至于主观上，则无争议，均认为行为人应知悉所参与的社团系以犯罪为宗旨〔16〕。参与犯罪组织行为与“刑法”的参与犯罪结社行为，二者意义相通，认定标准应无分歧，所以参与犯罪组织罪的主客观不法要件，与“刑法”参与犯罪结社罪，会碰到相同的问题，即客观上的参与行为，究竟是加入，或者加入后，应有参加犯罪组织的活动。

对于参与的判断，本文以为，采取行为人加入犯罪组织并参与活动，似较符合立法目的。以加入与否判断有无参与犯罪组织，是隐晦浮动的，因为加入犯罪组织并无任何标准，或是某种仪式，或是口头、书面承诺，又或彼此默契而已，如此不

---

〔11〕 甘添贵：《刑法各论（下）》，470 页，台北，三民书局，2010；林山田，注 1 文，17 页；靳宗立：《刑法各论 I——国家・社会法益之保护与规制》，325、326 页，台北，集义阁，2011。

〔12〕 参与犯罪组织究竟是否属于继续犯，学者有不同看法，深入的讨论可以参见王兆鹏：《参与犯罪组织未必为继续犯》，载《全国律师》，1998（第 2 卷第 12 期），33 页以下；吴景钦：《防制组织犯罪法律规范之研究》，载《天主教辅仁大学博士论文》，107 页，2006。

〔13〕 甘添贵，注 11 书，469 页；陈焕生、刘秉钧：《刑法分则实用》，100 页，台北，一品，2013。

〔14〕 “加入以犯罪为宗旨之结社并参加其活动而言”，可以参见林山田，注 1 文，页 18；亦可见林山田：《刑法各罪论（下）》（自版），196 页，2006。

〔15〕 甘添贵，注 11 书，470 页；林山田，注 14 书，196 页；靳宗立，注 11 书，326 页。

〔16〕 甘添贵，注 11 书，页 470；林山田，注 14 书，页 197；卢映洁：《刑法分则新论》，138 页，台北，新学林，2015。

仅检察官的举证困难,对被告而言也欠缺防御的着力点。再者,加入犯罪组织后,若未真正参与任何活动,此等参与行为,对犯罪组织无任何贡献可言,又无危险性,亦没有侵害社会秩序等法益,是否需要以刑罚论处,恐有讨论空间;反之,加入犯罪组织后,又参与活动,纵然不是犯罪活动,仍有襄助、鼓舞犯罪组织运作的效果,只要犯罪组织运作正常,就有可能埋下日后犯罪的种子,对社会安全的危险性便会续存。基此,参与犯罪组织行为的判断重心,不在于加入,而是实际上有无参加组织活动;就犯罪组织的立场来说,行为人参加活动,亦表示其他的犯罪组织成员,对参加活动者有相当程度的认同,认同其为犯罪组织的组成分子。

更重要的是,强调"参与"必须是以行为人加入犯罪组织,并配合参加犯罪组织活动,是合乎刑法谦抑的解释。对于参与犯罪组织的刑罚制裁,台湾地区并未如同大陆第 294 条第 1 款,区分参与行为的程度:积极参加(处 3 年以上 7 年以下有期徒刑,可以并处罚金或者没收财产)、单纯参加(处 3 年以下有期徒刑、拘役、管制或者剥夺政治权利,可以并处罚金)。积极参加是,加入并参与实施犯罪行为;单纯参加则是,仅是犯罪组织成员,而无实施犯罪[17]。如由台湾地区参与犯罪组织罪的抽象危险犯性质,以及该罪刑度,"处 6 月以上 5 年以下有期徒刑,得并科新台币一千万元以下罚金"的角度观察,在现行法下,纯粹加入便构成犯罪似乎过苛。持平论断,行为人加入犯罪组织,且与组织成员共同活动,方才被认定参与,似较妥当。更直白地说,判断参与犯罪组织的重心,就是行为人有无参加犯罪组织的活动。如此也能与 2000 年联合国打击跨国有组织犯罪公约第 5 条的想法契合,即行为人明知犯罪组织,而积极参加犯罪组织的犯罪活动,或知自身的参加将有助于实现犯罪组织的犯罪目标[18]。

---

〔17〕 学者强调"积极参加、其他参加"二者明辨的重要性(张明楷,刑法学,法律,2010 年 1 月,771 页),因为刑度相差颇大;又配合《最高人民法院关于审理黑社会性质组织犯罪的案件具体应用法律若干问题的解释》第 3 条第 2 款,"对于参加黑社会性质的组织,没有实施其他违法犯罪活动的,或者受蒙蔽、胁迫参加黑社会性质的组织,情节轻微的,可以不作为犯罪处理。"更可发现区分二者的重要性。比较清楚的说明,可以参考黎宏:《刑法学》,载《法律》,2012(4),803 页。惟对于其他参加的行为认定,也有学者认为,参与情节轻微的犯罪活动,亦属之。见李晓明主编:《中国刑法罪刑适用》,载《法律》,2007(8),369 页。至于台湾地区学者对于大陆刑法第 294 条的探究,可以参考吴景钦:《中国大陆组织犯罪问题研析——兼论两岸组织犯罪刑事司法合作》,载《展望与探索》,2010(第 8 卷第 8 期),87 页以下。

〔18〕 关于 2000 年联合国打击跨国有组织犯罪公约,之于参与犯罪组织的介绍,可以参见马长生、彭颖、伍志坚:《我国的黑社会(性质)组织犯罪及其行法规制——以〈联合国打击跨国有组织犯罪公约〉为视角》,载《全球化时代有组织犯罪与对策》(初版),50、51 页,北京,中国民主法制出版社,2010。

既然如此,可以参考的判断指标:其一,有无反复与犯罪组织成员联络;其二,联络内容与犯罪组织活动有无关联;其三,因联络而生的行为是否附属于犯罪组织活动。行为人与犯罪组织成员之间有无保持联络,是重要的判断材料。毕竟犯罪组织的活动,其过程通常也会有事前商议、事中沟通与执行、事后检讨等阶段,活动若要运作进行,犯罪组织成员之间始终保持联络,是理所当然。这种联络绝非偶一为之,而是有频率地反复来回。比如领导犯罪组织者下达命令于有管理权限的参与者,再由该参与者传令与负责执行的参与者;当执行完毕后,再层层回报,以确认犯罪组织的活动进展。必须强调的是,犯罪组织的活动,未必是犯罪行为,也未必出席于活动现场;凡与犯罪组织活动有关的行为便属之,因为犯罪组织的活动,让犯罪组织成员保持联系,也就是让犯罪组织存在不灭,如此一来,犯罪组织造成社会治安的抽象危险便持续存在。

然而,判断过程中的最大难题是,行为人与犯罪组织成员保持联络,究竟是因私人情谊,或因参与组织活动。若被告辩称是基于私交而与犯罪组织成员保持联络,且检察官无法更进一步举证时,法院只能否定构成参与犯罪组织罪。行为人与犯罪组织成员的联络,究竟是私交或参与犯罪组织,则视联络内容与犯罪组织活动之间的关系,以及因联络而生的行为,是否附属于犯罪组织活动。若联络内容仅是友人之间的嘘寒问暖,与犯罪组织活动无任何关联,自可排除该人参与犯罪组织;但联络内容涉及犯罪组织活动,应观察因联络而生的行为,是否从属于犯罪组织的活动,不能独立于犯罪组织活动之外,这类行为通常是,非犯罪组织成员不可为,或是由犯罪组织成员处理,才具有犯罪组织活动的意义。

回到太阳会案。乙的部分,其与太阳会成员保有联系,且联络内容与太阳会的活动有关,且因联络后而生的行为,除了与甲偕同出租枪支子弹外,亦听从甲的指挥,经营赌场、于店家滋事并索取分红或保护费,与帮派友人协调事情,联系帮派友人投案,在太阳会的名义下出席江湖大佬公祭等犯罪组织活动。故乙成立参与犯罪组织罪,自无疑问。比较之下,丙的部分,显得比较疑虑,也因而造成法院先后看法分歧。对此,二审法院应较有理,亦获得最高法院的支持。详言之,丙确实与太阳会首脑甲时常联络,但除了因为二人故交之外,丙为谋生而投靠甲,平时为甲处理事务工作;由此观之,甲丙属于朋友兼劳雇关系。再者,丙的行为多属打杂、跑腿,与犯罪组织活动无直接关系,如江湖大佬公祭之事,其仅负责为甲申请支票,但后续的购买丧礼服制或出席丧礼等,均与丙无关,所以法院认为,丙的行为“属可独立于参与太阳会以外的行为”，而不成立参与犯罪组织罪。

另外，若有某人加入犯罪组织后，实际上未与犯罪组织有任何互动，却在外以帮派之名鱼肉乡里；此举可能构成恐吓危安罪或恐吓取财罪等，也不成立参与犯罪组织罪。因为犯罪组织讲求内部管理结构，行为人仅以组织名声在外活动，而不参与任何活动，难见该行为是因组织而生，不存在组织犯罪的特性，只是个人行为而已；况且，就算不加入帮派，也可能假帮派之名在外行苟且之事，故此些举动，实与犯罪组织无关。参与犯罪组织罪，之所以是抽象危险犯，仍应在于实质参与组织活动，促使犯罪组织活络而造成社会危害。如果立法者认为，单纯加入犯罪组织的行为亦有处罚必要，并非不可，但宜将参与行为精致区分，以不同刑度加以规范。

四、再犯组织犯罪加重处罚的省察

“组织犯罪条例”，对于再犯组织犯罪，设有加重处罚规定，即同“条例”第 3 条第 2 项，犯领导或参与犯罪组织罪者，“受刑之执行完毕或赦免后”，若再犯该罪，则“发起、主持、操纵或指挥者，处 5 年以上有期徒刑，得并科新台币两亿元以下罚金；参与者，处 1 年以上 7 年以下有期徒刑，得并科新台币两千万元以下罚金。”加重处罚再犯组织犯罪，乃系因为罪犯曾犯组织犯罪恶行，服刑期满或经赦免后，却不知悔改，依然故我，对之加重处罚，毋庸多论。不过，若有罪犯故意再次犯罪之情，通常适用刑法的累犯规定，鲜少有刑事法律针对再犯某种特定犯罪进行加重刑罚的特别规定。“组织犯罪条例”第 3 条第 2 项的规定，便有讨论空间。

（一）现制下与累犯的竞合

太阳会案的甲，曾在 2000 年至 2003 年间，因身为太阳会的会长，而触犯领导犯罪组织罪，并且入监服刑；但 2007 年出狱后，未与太阳会保持距离，依旧主持、指挥太阳会。在再犯组织犯罪的论断上，所谓受刑之执行完毕，指行为人因犯参与犯罪组织罪，而受有罪科刑判决定谳后，刑罚执行完毕；所谓赦免后，指赦免法的大赦、特赦及减刑等，无论何种型态的赦免，均曾受有刑罚制裁，其他未经赦免权作用的不起诉处分、缓刑等，则不纳入赦免后之列。依法而论，甲成立再犯领导犯罪组织罪，自不待言。

然而，纵无再犯组织犯罪的明文规定，甲的再度领导犯罪组织行为，亦可依据台湾地区刑法的累犯规定，加重处罚。台湾地区“刑法”第 47 条规定，“受徒刑之执行完毕，或一部分之执行而赦免后”或“因强制工作而免其刑之执行者，于受强制工作处分之执行完毕或一部分之执行而免除后”“5 年以内故意再犯有期徒刑以上之罪者”是累犯，加重本刑至二分之一。司法实务认为，再犯组织犯罪的“受刑之执行完毕或赦免后”，与“刑法”累犯规定相同，以追求刑事法解释与适用一贯（如基隆地方法院 2003 年度矚重诉第 1 号判决）。

简而言之，若行为人 5 年内曾因组织犯罪而受刑之执行完毕或赦免后，再度组织犯罪，构成再犯组织犯罪、组织犯罪的累犯，法院通常是以特别法优于普通法的法理[19]，成立再犯组织犯罪；但甚少针对此等法律适用多为论述，但有类似情形的判决，例如“最高法院”1999 年度台非字第 253 号判决谓[20]，“本件裁判时之戡乱时期肃清烟毒条例第 9 条第 1 项、第 5 项之烟毒犯勒戒断瘾后再犯之加重处罚规定，是否为累犯之特别规定，无再适用一般刑法累犯规定加重，本院先后见解不同，有认上开条项（其后第 5 项修正为第 7 项）之规定为‘刑法’累犯之特别规定者（如本院 1984 年度台非字第 199 号、1991 年度台非字第 213 号判决）；有认上开条项之规定与‘刑法’第 47 条规定之累犯，二者构成要件不同，亦无必然之依存关系，不生法条竞合及特别法优于普通法适用之问题者（如本院 1993 年度台非字第 404 号判决）；嗣于 1995 年 10 月 3 日经本院 1995 年度第七次刑事庭会议决议，始统一法律见解，认上开条项之规定，乃刑法累犯之特别规定，依特别法优于普通法之原则，应适用该条例之特别规定，而无再适用一般刑法累犯规定之余地。”

值得思考的是，既然刑法累犯或再犯组织犯罪，都是对再犯组织犯罪者的加重处罚，二者加重原因相同，立法上恐怕叠床架屋。此外，换个情境思考，假设甲数十年前曾是太阳会成员，但出狱后与犯罪组织便无任何接触，直到数十年后再度犯组织犯罪，此时累犯已经无法成立，但因有再犯组织犯罪的规定，却仍得加重处罚。对此，或有论者言，组织犯罪危害社会治安甚深，再犯的加重处罚，毋庸设计再犯期限限制并无不妥；但其他侵害法益更加重大的犯罪，如杀人、强盗等，再

〔19〕 王兆鹏：《“组织犯罪防制条例”评析》，载《台大法学论丛》，1998（第 28 卷第 1 期），8 页以下；张学昌：《“组织犯罪防制条例”修正之检讨与建议（上）》，载《军法专刊》，2005（第 51 卷第 11 期），54、55 页。

〔20〕 此外，亦可参见：最高法院 1996 年度台非字第 333 号判决，“本院按肃清烟毒条例第 9 条第 7 项规定：……，乃刑法累犯之特别规定，依特别法优于普通法之原则，应适用该条例之特别规定，而无再适用一般刑法累犯规定之余地。又肃清烟毒条例第 9 条第 7 项所规定之加重刑罚事由，与刑法累犯规定之加重事由，形式上固有所不同，惟二者均系因行为人于先前因犯罪接受国家刑事之处遇措施矫正后，仍再犯罪，足见其反应力薄弱，恶性深重，爰认有加重刑罚之必要，以达特别预防政策之目的。”

犯者均受刑罚执行或赦免后，“5年以内故意再犯”方才构成累犯的期间限制。为适度评价不法行为，以追求罪刑均衡，再犯组织犯罪的规定，自有讨论必要。

（二）宜删除再犯处罚规定

“组织犯罪条例”第3条第2项规定，是再犯领导犯罪组织罪、再犯参与犯罪组织罪的明文规范。简单来说，行为人仍曾经领导或参与犯罪组织，于“受刑之执行完毕或赦免后”，再度领导或参与犯罪组织，则构成该罪。不过，再犯组织犯罪与刑法的累犯制度，在规范上有重复之处，虽如前文，实务以特别法优于普通法的法理，排除刑法累犯的适用；但现制之下，本文以为理想的解决方法应该是，删除“组织犯罪条例”第3条第2项，使再犯组织犯罪回归“刑法”累犯论断[21]。

累犯制度是刑法典扩张刑罚的规定。在立法例上，除台湾地区之外，大陆《刑法》第65条以下、日本刑法第56条以下、韩国刑法第35条以下均有累犯制度。保有累犯的国家或地区，多认为累犯已经受过刑罚，却又再度犯罪，理应受更严厉的制裁[22]；或者累犯之所以再次犯罪，是因为人格危险性较高，自可作为加重刑罚的事由[23]。对累犯加重处罚，是基于预防思想的考虑[24]，而非报应。因为刑罚的应报应立足于罪责原则之上，是考虑行为人所犯之罪的行为罪责[25]，而不是行为人过去的恶行或未来的危险性。在预防思想之下，一般预防重视威吓，希望藉由累犯规定处罚加重，让曾经犯罪的人能够有所警悟，避免再次身陷牢笼；特别预防则着眼于罪犯的再社会化，一旦判定罪犯的危险性格深重，便加重处罚。

台湾地区民众对于累犯的态度，多数应该也是居于加重处罚的立场。这样的

---

〔21〕 这是建立于现行普通刑法存有累犯制度为前提的建议。至于累犯制度本身，亦是可以思考存废的议题，然此属于另外的问题，本文不加讨论，以免离题。相关讨论可以参考林东茂：《累犯与三振出局》，载《本土法学》，2003(46)，108页以下。此外，2005年刑法修正时，曾有废止累犯制度的讨论。当时立法情形及立法沿革数据，可以参见余振华：《刑法总论》，518页，台北，三民书局，2013；靳宗立：《刑法总论Ⅱ——刑事法律效果暨适用论》(自版)，51～56页，2011。

〔22〕 陈子平：《刑法总论》，702页，台北，元照出版公司，2008；川端博：《刑法総论讲义》，677页，台北，成文堂，2006。

〔23〕 大冢仁：《刑法概说(総论)》，517页，东京都，有斐阁，1997。又德国废止累犯、日本维持累犯的争论，可以参见郑善印：《累犯暨假释》，载《二〇〇五年刑法总则修正之介绍与评析》，318页以下，台北，元照，2005。

〔24〕 林东茂，注21文，109页。

〔25〕 林山田：《刑法通论(上)》(自版)，377、378页，2008。

想法或许与民间文化信仰有关，比如传统道教的《太上感应篇》有言，“知过不改”是诸恶之一，会自招祸端、恶报相随。至于立法上，可能着眼于一般预防，立法者藉此提醒潜在的可能累犯，如果再犯将会换来更重的处罚；同时，亦有特别预防的考虑，因累犯的加重处罚，是针对曾犯罪且已经历刑罚教化之人，但其依然不知悔悟而又再度犯罪，考虑该名罪犯的主观危险性格深重，故加罚之。

无论累犯制度是采取一般预防或特别预防的观点，都应能完全评价曾经参与犯罪组织，且已受刑罚执行完毕或赦免之人，再度参与犯罪组织的行为，似无必要另在“组织犯罪防制条例”内规定。具体言，从一般预防的角度观察，藉由累犯规定的加重处罚规定，吓阻曾犯组织犯罪者，避免其一错再错，实已足够，毋庸又以“组织犯罪防制条例”加重；另由特别预防的角度观察，曾犯组织犯罪者，经监所教化仍冥顽不灵，服刑期满后，却重回犯罪组织怀抱，可见其危险性格较高，恐须加强教化，同时保护社会治安，亦赖累犯规定已经足够。

此外，在加重处罚的幅度上，累犯系加重二分之一，再犯组织犯罪则是明文规定刑罚范围。以领导犯罪组织罪为例，刑度是“3 年以上 10 年以下有期徒刑，得并科新台币一亿元以下罚金”；若以累犯加重，是 4 年 6 月以上 15 年以下有期徒刑，得并科新台币一亿五千万元；再犯领导犯罪组织罪是处“处 5 年以上有期徒刑，得并科新台币二亿元以下罚金”。如是参与犯罪组织罪，刑度是“处 6 月以上 5 年以下有期徒刑，得并科新台币一千万元以下罚金”；若以累犯加重，是 9 月以上 7 年 6 月以下有期徒刑，得并科新台币一千五百万元以下罚金；再犯参与犯罪组织罪是“处 1 年以上 7 年以下有期徒刑，得并科新台币二千万元以下罚金”。由此可知，二者刑度相去不远，单论再犯的刑罚效果，似乎不是维持特别累犯规定的充分理由，反而连篇累牍。

相互比较之下，虽然刑度相仿，但“组织犯罪条例”的处罚再犯规定，较“刑法”累犯更为严酷。“刑法”累犯的成立，必须是于受刑之执行完毕或赦免后，“5 年以内故意再犯有期徒刑以上之罪”；但“组织犯罪防制条例”却无时间设计，只要行为人曾经组织犯罪，经有罪科刑判决定谳，且受刑之执行完毕或赦免后，余生光阴只要再次涉足犯罪组织，便构成此罪。累犯制度的设计初衷，是针对甫受刑罚制裁却又故意犯罪，易与社会为敌，且再社会化困难的罪犯。立法者对此，以 5 年为度，作为是否因其故意再犯加重处罚的基准，毕竟一定年岁以后，陵谷变迁，后来的犯罪与前次犯罪已无瓜葛，所以超出5年的再犯，应毋庸再以特别规定加重处罚[26]。反观“组织犯罪防制条例”的规定，将刑罚极大化，恐怕对于刑罚功能过度乐观，忽略整体社会因素，有违反罪刑均衡的疑虑。

或有论者会认为，仍得保留“组织犯罪条例”第3条第2项的规定，以此作为特别累犯的规范，优先适用于“刑法”普通累犯的规定。这样的看法，可能是为了贯彻杜绝犯罪组织的立法目的，藉此特别累犯的加重处罚打击犯罪组织[27]；也有认为，在现制之上进行修正，即参酌刑法累犯的规定，于该条项增列先后二次谋策或参与犯罪组织行为的间隔时间[28]。学理上，有学者指出前犯与后犯是相同罪质的场合，属于特别累犯；至于前后犯罪的罪质不同，则属普通累犯[29]。惟立法上，创设特别规范必有其人事时地上的特殊性与必要性；是否有必要针对再犯组织犯罪者的累犯进行特别规定，值得思量。

事实上，我们似乎没有针对特别累犯进行特别规定的必要，因为“组织犯罪条例”的特别规定，与“刑法”累犯之间并无区分实益，且忽略社会万象，非但不利行为人，更无助抗制组织犯罪。以太阳会案的甲为例，今其2007年出狱后，翌年又回太阳会掌权，显然先前的恶性未能根除，以再犯组织犯罪处罚，无感觉怪异；但假设甲出狱后，经十数年后，又返回太阳会或前进其他帮派，此与先前的组织犯罪之间，已无干系，但在现行法下，仍论再犯组织犯罪，反而罪刑不均。是故，删除“组织犯罪条例”第3条第2项，使此再犯行为以刑法累犯论断，非但不会减损法律威信，更能避免立法冗赘，合乎罪刑均衡。

五、结语

抗制组织犯罪，诚属不易，太阳会案只不过是台湾地区抗制组织犯罪的一个片段而已；而且若不能彻底根除，经过几度春秋，犯罪组织又会死灰复燃，太阳会亦是如此，几次打击都无法使之消失。提升抗制组织犯罪的成效，是两岸乃至于

---

〔26〕 蔡墩铭：《刑法总则争议问题研究》，380页，台北，五南，1990；张丽卿：《新刑法探索》，428页，台北，元照出版公司，2014。

〔27〕 张学昌：《“组织犯罪防制条例”修正之检讨与建议（上）》，载《军法专刊》，2005（第51卷第11期），注19文，55页。

〔28〕 许皆清：《台湾地区有组织犯罪与对策研究》，载《中国政法大学博士论文》，72页，2005。

〔29〕 大塚仁、河上和雄、佐藤文哉、古田佑纪编：《大コンメンタール刑法》（第4卷）（第43条～第59条），373页，东京，青林书院，1999。

世界各国都正在努力的课题。然而，若要周全抗制组织犯罪的工作，除了人民法治教育普及，矫治工作精进，检警侦办能力提升，跨国(区)合作等面向，法律制度面的完善，同样相当重要事情。台湾地区的“组织犯罪条例”，自公布施行后就未曾修正，至今将近廿年，“组织犯罪条例”的立法或运用，特别是组织犯罪上，已经产生值得检讨之处。

在组织犯罪上，就台湾地区现行的“组织犯罪条例”而言，发起犯罪组织行为应无处罚必要，社会治安法益的保护恐毋庸提前至发起阶段；再者，犯罪组织具有常习性，发起中的犯罪组织宛如妇女腹中胎儿，出世后为善或恶，尚难知悉，就算走向歹路，是否达到犯罪组织的程度，也需要相当时间判断，且若组织非良善，但未达犯罪组织的程度，台湾地区有以行政罚处罚不良组织。又着眼于现代犯罪组织的领导态样，不外乎强人领导或大佬集体领导，所以处罚指挥与主持犯罪组织的行为，应已足以反映领导犯罪组织的态样。

在参与犯罪组织上，台湾地区“司法院”的释字第556号认为，所谓参与犯罪组织，是指加入犯罪组织成为该成员，不问有无参加该组织活动；但此见解恐不妥当，因为以加入作为判断基准，似过于模糊，且参与犯罪组织之所以有处罚必要，乃因行为人参加组织活动，是真正使犯罪组织存续的力量。换言之，加入并参加犯罪组织的活动，作为参与犯罪组织的认定标准，应该比较适宜；同时，辅以犯罪组织成员之间的联络状况，以及因联络而生的行为是否属于犯罪组织活动等判，使参与犯罪组织罪有无成立更为明确。

另外，“组织犯罪条例”的再犯组织犯罪规定，是标志政府严打犯罪组织，不容许曾因组织犯罪受刑罚制裁者再度堕落的决心；惟此等故意再犯的处罚，事实上刑法已有累犯规定，实无必要重复规定，且“组织犯罪条例”的再犯组织犯罪处罚，没有时间范围内再犯加重处罚的设限，纵然组织犯罪行为先后距离一甲子，仍被论以再犯组织犯罪而受重罚。此等规定已过度强调威吓，不仅违反罪刑均衡，亦无助于犯罪组织成员的再社会化，实是应当废止之法。

“组织犯罪防制条例”转换没收犯罪所得举证责任规定之检讨

吴天云

一、前言

没收犯罪所得的刑事政策系源于正义理念，一方面即无人能因犯罪而受益(crime should not pay)；另一方面，是基于犯罪行为人谨慎的衡量利害得失(the pros and cons)之理性选择理论，刑事政策之目标即为明确告知，如果实行犯罪将无法从中获得利益[1]。对于经常反复进行且可以获取巨额利益之犯罪类型，侦查、审判机关经常面对如何剥夺被告异常增加不明财产的问题。具体案例(下称案例一)如台湾地区高等法院台中分院2007年度重上更(三)字第145号判决事实为：A购入第一级毒品海洛因一批藏放台中县某处，嗣因法务部调查局台中县调查站人员依据通信监察结果，于2005年4月分析A甫完成贩卖，乃当场逮捕A并扣押海洛因37包(净重1072.65公克)。关于没收部分，判决理由则谓：“公诉意旨认为A于2004年10月受戒治释放后，贩卖海洛因给不详之人，藉以获取不法利益达一千四百余万元。讯据被告坚决否认犯此部分罪行，公诉意旨无非以被

[1] Guy Stessens, Money Laundering: a new international law enforcement model 51-52 (Cambridge 2000).

告戒治期满出所前，账户内多仅为小额存提款，但是被告于出所后，却有多次大笔存提款情事，无法合理交代款项之来源及流向，因认该账户存款，应系被告交易毒品之不法所得，并据以推认被告有上开贩卖毒品之情事。惟依卷附之申报营业税数据显示，其中2003年及2004年该被告配偶服饰店申报之销售总额均达三百余万元，复佐以国人报税时多有节税之情形观之，平均每月获利达二三十万元等情，尚属可信。”

然而，纵使A辩称每月服饰店纯利二三十万元，也无法合理说明A如何能在六个月内存入一千四百余万元。此时应该如何证明是被告的犯罪所得？即为各国立法与实务面对的课题。此时或许可以利用一般没收（即没收受刑人之一般财产，例如大陆《刑法》第59条第1项〔2〕；相对于者没收特定之物的特定没收），或者以财产刑等方式剥夺犯罪行为人的全部财产〔3〕。惟一般而言，为了贯彻没收犯罪所得制度之目的，国际公约与多数立法例系试图利用转换举证责任（被告负担事实真伪不明的不名利益，即客观的举证责任）或者推定（被告负担推定事实不存在的举证责任，等于实质的转换举证责任）犯罪所得的方式，藉以剥夺被告异常增加的不明财产。例如源于英国1986年毒品交易犯罪法（Drug Trafficking Offences Act 1986）之香港贩毒（追讨得益）条例第4条即有推定没收犯罪所得的立法〔4〕。又如美国法典（U. S. Code）第21编第853条第（d）项的刑事没收（criminal forfeiture）规定：“依本章第1节及第2节之重罪（毒品犯罪）判处有罪之被告财产，美国政府若能以优越的证据（preponderance of the evidence）证明下

---

〔2〕 大陆《刑法》第59条第1项：“没收财产是没收犯罪分子个人所有财产的一部或者全部。没收全部财产的，应当对犯罪分子个人及其扶养的家属保留必需的生活费用。”

〔3〕 德国1992年于“抗制组织犯罪之非法麻醉药品交易与其他活动型态之法案”（orgKG）之中，于刑法增订第43条a“财产刑”（Vermögensstrafe）：“法律有明文适用本条之规定者，法院得于终身监禁或2年以上自由刑之外，另为金钱定额支付（Zahlung eines Geldbetrages）之宣告。其额度应以行为人之财产价值为限（财产刑）。在评定财产之价值时，其被谕知没收（Verfall，德国刑法第73条至第73条e）之财产利益不在计算之列。财产之价值得估算之。”（第1项）“第42条之规定准用之。”（第2项）“在无力完纳之情形，法院应以自由刑替代财产刑之宣告（易服自由刑，Ersatzfreiheitsstrafe）。易服自由刑之刑期最高为2年，最低为1个月。”（第3项）不过，德国联邦宪法法院于2002年3月20日，以违反责任原则与明确性原则而宣告违宪（BVerfG，Urt. V. 20.3.20022-2 BvR 794/95，in：NJW 2002，1779；StV 2002，247.）。参阅冈上雅美：《ドイツ连邦宪法裁判所による资产刑违宪决定——组织犯罪对策の失败あるいは后退?》，载《捜查研究》，2002（51卷8号），2002，71页。

〔4〕 西村秀二：《香港のマネー.ロンダリング罪と没収について》，载《现代社会における没収.追征》（町野朔、林干人编），320～321页，东京都，信山社，1996。

列情形时,亦得没收:一、取得财产系犯本章第1节及第2节之罪之期间,或其后的合理期间;二、除系犯本章第1节及第2节之罪外,该财产并无其他可能的来源。"例如 United States v. Valadez 案中,法院认为被告最低之合法收入已经反映于其纳税申报书,故结合第853条(d)之推定(rebuttable presumption)规定,足以证明可以没收被告以现金购买之车辆[5]。日本于1991年立法之"国际合作防止助长毒品有关不正行为之麻药及精神药物取缔法等法律的特别法"(国際的な協力の下に規制薬物に係る不正行為を助長する行為等の防止を図るための麻薬及び向精神薬取締法特例の等に関する法律,下称麻药特例法)第14条,亦有推定没收犯罪所得的立法[6]。

台湾地区除了"贪污治罪条例"之外[7],"组织犯罪防制条例"亦有转换没收犯罪所得举证责任的规定。然而,该项规定自从立法之后,台湾地区实务完全没有运用的案例。另由刑事诉讼的一般原理观察,可以想见此种立法必然将受到违反罪疑唯轻原则的质疑,因而此种立法是否妥当?有无不当侵害犯罪行为人财产权之虞?则为必须检讨的课题。基此,本文先行叙述国际公约与日本、中国台湾地区之立法与学说,再综合检讨于后。

二、国际公约与立法

(一)国际公约

联合国1988年"禁止非法贩运麻醉药品和精神药物公约"(United Nations Convention against Illicit Traffic in Narcotic Drugs and Psychotropic Substances,下称维也纳公约)第5条第7项:"各缔约国可考虑确保关于指称的收益或应予没收的其他财产的合法来源的举证责任可予转换,但这种行动应符合其国内法的原则和

---

〔5〕 United States v. Valadez, 2005 WL 818391 (N.D. Ill. 2005).

〔6〕 该法的介绍,请参阅吴天云:《日本麻药特别法——控制下交付、洗钱罪及没收追征制度》,载《刑事法杂志》,2004(48卷2期),71~104页。

〔7〕 "贪污治罪条例"第10条:"犯第4条至第6条之罪者,其所得财物,应予追缴,并依其情节分别没收或发还被害人。"(第1项)"犯第4条至第6条之罪者,本人及其配偶、未成年子女自犯罪时及其后3年内取得之来源可疑财物,经检察官或法院于侦查、审判程序中命本人证明来源合法而未能证明者,视为其所得财物。"(第2项)

司法及其他程序的性质[8]。”其后，联合国 2000 年“打击跨国有组织犯罪公约”(United Nations Convention against Transnational Organized Crime，下称 2000 年巴勒摩公约)第 12 条第 7 项[9]，以及 2003 年“反腐败公约”(United Nations Convention against Corruption)第 31 条第 8 项[10]，亦仿效维也纳公约规定。依据维也纳公约的说明，本项规定并无强制性，固然某些缔约国已经采用此种制度，但是某些缔约国认为此种制度削弱被告的保护而持否定立场，因而强调必须符合其国内法的原则。依据本项规定，如果没有相反证据，推定被指控为非法贩运毒品之财产属于非法所得，而由被指控者证明财产的合法来源。立法者必须确定举证标准，但是被告应有充分机会反证此种推定[11]。

又如欧洲理事会 2005 年“关于洗钱、搜索、扣押、没收犯罪收益和资助恐怖主义公约”(Council of Europe Convention on Laundering, Search, Seizure and Confiscation of the Proceeds from Crime and on the Financing of Terrorism，下称华沙公约)第 3 条第 4 项：“各缔约国应采取必要的立法或其他措施，依据国家法律定义的重大犯罪，在符合国内法律原则情形下，就得予没收之财产，要求犯罪行为人证明收益或财产之来源[12]。”依据华沙公约的说明，本项亦系转换没收财产合法来源举证责任可能性之规定，惟此种可能性不得违背国内法律原则，亦不得解释为将刑事诉讼的举证责任转换给被告[13]。具体案例如于 2001 年欧洲人权法院之 Phillips v. the United Kingdom 案，原告系被定罪的贩毒者，因而适用英国 1994 年毒品交易法(Drug Trafficking Act 1994)之没收程序。原告主张该法没收程序适用民事诉讼的标准，即衡量可能性(第 2 条第 8 项)，而且推定被告定罪前 6 年之收入属于毒品交易所得，除非证明推定不正确或如果将有不公平的严重风险始得停止适用(第 4 条第 3 项、第 4 项)，故主张前述规定违反欧洲人权

---

〔8〕 http://www.un.org/chinese/documents/convents/docs/illicit_drugs.pdf，最后访问日期：2015-08-23。

〔9〕 http://daccess-dds-ny.un.org/doc/UNDOC/GEN/N00/560/88/PDF/N0056088.pdf?OpenElement，最后访问日期：2015-08-23。

〔10〕 http://daccess-dds-ny.un.org/doc/UNDOC/GEN/N03/453/14/PDF/N0345314.pdf?OpenElement，最后访问日期：2015-08-23。

〔11〕 United Nations, Commentary on United Nations Convention against Illicit Traffic in Narcotic Drugs and Psychotropic Substances 1988 at 136, U.N. Sales No. E.98.XI.5 (1998).

〔12〕 http://conventions.coe.int/Treaty/EN/Treaties/Html/198.htm，最后访问日期：2015-08-23。

〔13〕 http://conventions.coe.int/Treaty/EN/Reports/Html/198.htm，最后访问日期：2015-08-23。

公约第 6 条第 2 项的无罪推定原则。对此,欧洲人权法院认为量刑程序(sentencing procedure)并未适用无罪推定原则,英国法律并未利用前述程序确认毒品交易被告是否有罪,而是被告定罪之后利用此种程序确认没收财产的价额,亦即类似量刑程序。在任何的法律体系之中,均允许在适当的保护措施之下而适用推定规定。虽然英国法律的推定规定具有强制性,但是法院必须以公开听证或者提供调查证据机会等方式保护被告;其次,如果推定引起不公平的严重风险,法官有拒绝适用之裁量权。因而,该法并未违反欧洲人权公约的无罪推定原则〔14〕。

(二)台湾地区——"组织犯罪防制条例"

台湾地区"刑法"之中亦有转换举证责任的规定,例如第 310 条第 3 项:"对于所诽谤之事,能证明其为真实者,不罚。但涉于私德而与公共利益无关者,不在此限。"事实真实性的举证责任转换由被告即诽谤者负担,亦即法院对于系争事实的真实性仍然存疑时,其不可证明的风险归于被告承担〔15〕。台湾地区"刑法"将没收列为从刑之一(第 34 条第 2 款),"刑法"总则的没收规定类似日本刑法〔16〕。1996 年立法之"组织犯罪防制条例"第 7 条:"犯第 3 条之罪者〔17〕,其参加之组织所有之财产,除应发还被害人者外,应予追缴、没收〔18〕。如全部或一部不能没收者,追征其价额。"(第 1 项)"犯第 3 条之罪者,对于参加组织后取得之财产,未能证明合法来源者,除应发还被害人者外,应予追缴、没收。如全部或一部不能没收者,追征其价额。"(第 2 项)第 2 项即为转换没收犯罪所得举证责任之立法。论者

〔14〕 ECHR,Phillips v. the United Kingdom,Judgment of 5/07/2001,Application no. 41087/98.

〔15〕 甘添贵:《刑法各论(上)》,166 页,台北,三民书局,2009;林钰雄:《诽谤罪之实体要件与诉讼证明——兼评大法官释字第 509 号解释》,载《国立台湾地区大学法学论丛》(32 卷 2 号),99 页。

〔16〕 台湾地区"刑法"第 38 条:"下列之物没收之:一、违禁物。二、供犯罪所用或犯罪预备之物。三、因犯罪所生或所得之物。"(第 1 项)"前项第 1 款之物,不问属于犯罪行为人与否,没收之。"(第 2 项)"第 1 项第 2 款、第 3 款之物,以属于犯罪行为人者为限,得没收之。但有特别规定者,依其规定。"(第 3 项)

〔17〕 "组织犯罪防制条例"第 3 条第 1 项:"发起、主持、操纵或指挥犯罪组织者,处 3 年以上 10 年以下有期徒刑,得并科新台币一亿元以下罚金;参与者,处 6 月以上 5 年以下有期徒刑,得并科新台币一千万元以下罚金。"

〔18〕 台湾地区"刑法"亦将追缴列为从刑(第 34 条第 3 款),该法于"立法院"审议之际,"法务部长"曾说明:"犯罪者将其财产信托于他人名下,藉以达到脱产目的,若没有追缴制度而完全按照'刑法'的规定,根本无法没收其财产。'刑法'的没收物,以属于犯人者,才可以没收,不过有特别规定者,从其规定。此为'刑法'第 38 条第 3 项但书所谓的特别规定。"因而,该"法"之追缴系没收属于第三人(不属于犯罪行为人)财产之规定。参阅"立法院"司法委员会编:《"组织犯罪防制条例"案(上)》,378 页,台北,"立法院"秘书处,1997。

指出第 2 项应追缴、没收之财产，乃犯第 3 条之罪者的个人财产，不同于第 1 项是针对犯罪组织财产；而且第 1 项之财产须一律没收，第 2 项则采举证倒置原则，赋与被告举证证明财产合法来源[19]。

原本“行政院”提出之草案并无该项规定，而是“立法委员”依据律师公会联合会、台北律师公会及民间司法改革基金会之建议而提出草案（下称民间版草案）。其立法说明谓：“‘行政院’版本规定犯第 3 条第 1 项、第 2 项之罪者，皆没收其‘因犯罪所得’之财产，本修正条文将个人财产之没收限于犯第 3 条第 1 项前段之发起、主持、操纵或指挥犯罪组织者，盖因参与者情节轻重有别，不宜列入；但没收之财产不限于‘因犯罪所得’，而扩及于‘加入组织后取得之财产’，只要‘未能证明其合法来源’，皆将之没收，以避免因证明该财产为‘犯罪所得’不易之困难[20]。”要言之，民间版草案主张转换举证责任的理由系举证困难，至于适用的对象限于“发起、主持、操纵或指挥”犯罪组织者，不包括“参与”者。

（三）日本——麻药特例法

日本刑法的没收亦为从刑（第 9 条）[21]，追征是没收不能执行的代替措施，具有类似从刑的没收之易刑处分性质[22]。在麻药特例法立法之前，日本没收毒品犯罪所得，系适用刑法总则之规定，惟得没收之犯罪所得限于有体物，若为无体财产权时即不得没收、追征；其次，对于犯罪所得变得之财产或因犯罪所得产生之收入或其他利益亦乏没收、追征制度[23]。为确实履行维也纳公约之义务，麻药特例法大幅变革日本的没收犯罪所得制度，其中第 14 条：“犯本法第 5 条所列各款之罪（常业从事非法贩运等罪）之行为人，于其为常业之期间内取得之财产对照该期

---

〔19〕 苏南桓：《“组织犯罪防制条例”之实用权益》，193 页，台北，永然文化，1997。

〔20〕 “立法院”司法委员会编：《“组织犯罪防制条例”案（上）》，20～21、30 页，台北，立法院秘书处，1997。

〔21〕 日本刑法第 19 条：“下列之物，得没收之：一、构成犯罪行为之物。二、供犯罪所用或犯罪预备之物。三、因犯罪所生、所得之物或作为犯罪行为报酬取得之物。四、作为前款所列之物对价取得之物。”（第 1 项）“没收，以物不属于犯人以外者为限。但犯罪后，犯人以外之人知情而取得时，亦得没收。”（第 2 项）第 19 条之 2：“前条第 1 项第 3 款、第 4 款所列之物全部或一部不能没收时，得追征其价额。”

〔22〕 铃木左斗志：《§19の2（追征）》，载《注釈刑法 第 1 卷 総论》（西田典之、山口 厚、佐伯仁志编），141 页，东京都，有斐阁，2010；出田孝一：《§19の2（追征）》，载《大コンメンタール刑法》（第 1 卷第二版）（大冢仁、河上和雄、佐藤文哉、古田佑纪编），446 页，东京都，青林书院，2004。

〔23〕 古田佑纪：《麻薬等特例法》，载《大コンメンタール I 薬物五法》（古田佑纪、斋藤勋编），71 页，东京都，青林书院，1994。

间内犯罪者之劳动或基于法令所受给付状况,足认为有明显不相当的差额时,推定该差额为有关该罪之药物犯罪收益。"依据立法说明,在一定期间内从事毒品犯罪之犯罪行为人会取得相当明显的不法收益,在案件之性质上,通常隐匿其收入、支出,证明困难之案例甚多,故有设置法律上推定之强烈必要性,维也纳公约第5条第7项亦有转换举证责任之规定。该条所谓"劳动状况",即犯罪者于实行犯罪期间中从事正当职业之情况;而"基于法令所受给付状况",系指社会保险等依法令所受之政府给付状况。至于"明显不相当的差额",则系依经验法则,犯罪者无从取得如此高额之财产。关于推定的方法,原则上是针对个别取得之财产,但是将贩毒所得逐次存入银行账户时,也可能将全部的连续收入作为推定的对象〔24〕。

麻药特例法第14条首次适用之案例如下(下称案例二):被告B以营利为目的,自1995年8月至1998年2月之间,连续贩卖安非他命及大麻,另B于1996年10月借用他人名义开设银行账户,至1998年2月连续二十九次存入贩卖毒品所得收益,被告被逮捕时,该账户尚有一亿四〇四九万余日元,掩饰其取得药物犯罪收益之事实(洗钱行为)。法院于1998年9月25日核发没收保全命令〔25〕,禁止处分该银行存款债权。申请之释明书有关没收保全之理由系犯罪嫌疑人于自1995年8月上旬至1998年元月中旬贩卖毒品期间全无工作或其他收入,推定前述财产为药物犯罪收益〔26〕。其他案例(下称案例三)如被告C反复实行贩卖安非他命的行为,搜索C住宅时除了发现大量毒品之外,另发现六千四百万余日元的现金。案件起诉后,C虽然自白贩卖毒品事实,但是辩称贩毒所得仅有一千五百万余日元,其余现金系他人寄存,并非犯罪所得。因此检察官进行下列举证:(一)C贩毒的规模与型态:详查C移动电话之通联记录,了解C的贩毒对象多达八百人。而且C系自行贩毒,犯罪所得之利益不会转交上位领导者。虽然没有发现贩毒所用账册,但是C自白某件扣押物记载之数百万日元金额系某个月的贩毒所得,成为证明贩毒规模的有力证据;(二)C的生活状况:访查C先前工作处所、

〔24〕 古田佑纪:《麻薬等特例法》,载《大コンメンタールⅠ薬物五法》(古田佑纪、斎藤勋编),71～72页,东京都,青林书院,1994。

〔25〕 麻药特例法第19条第1项:"药物犯罪案件,法院对于依本法、麻醉及精神药物取缔法或其他法令规定得没收之财产,有相当理由足认该财产有没收之必要时,得依检察官之请求或依职权核发没收保全命令禁止处分该财产。"

〔26〕 北村道夫、吉松悟:《マネー・ローンダリング捜査と没収保全——麻薬特例法第18条の适用范囲について》,载《警察学论集》(52卷4号),36～41页,1999。

邻居与友人，证明C于贩毒期间并无工作事实，特别是金融机构的交易明细显示B开始贩毒之后即未利用金融机构交易；(三)贩毒金额与纯利益的推计：查明C之房屋租金、水电与移动电话等费用，并利用C的自白了解购入毒品的成本，计算贩毒所需之经费，进而推计C贩毒期间所得之纯利益略低于七千万日元，成为证明C住宅扣押现金属于贩毒所得的有力证明[27]。

三、检讨

(一)转换举证责任或推定的容许范围

1. 台湾地区

台湾地区"刑事诉讼法"揭示无罪推定、自由心证、检察官负担举证责任等原则[28]，已经证明被告犯罪即应谕知科刑之判决(第299条第1项)。有罪判决之前提乃"有罪判决之确信程度"，亦即证据经过审判期日之严格证明程序，足以证明被告犯罪事实已经达到没有合理怀疑的"确信"程度者，始能为有罪判决。即使利用间接证据亦不例外[29]。另台湾地区"刑事诉讼法"第155条第2项："无证据能力、未经合法调查之证据，不得作为判断之依据。"因此，台湾地区学说依据证明程度而区分为严格的证明与自由的证明。严格证明之严格性，表现于法定证据方法与法定调查程序之限制。待证事实包括实体事实与程序事项，被告之犯罪事实属于前者，适用严格证明程序。程序事项例如有无管辖权等，适用自由证明程序。法院对于依照自由证明程序的证据之判断，其心证无须到达确信程度，只要法院

〔27〕 松村香:《犯罪収益である现金や预金债権を没収することができた事例について,捜查研究》(58卷2号),47～50页,2009。

〔28〕 台湾地区"刑事诉讼法"第154条第1项:"被告未经审判证明有罪确定前,推定其为无罪。"第155条第1项:"证据之证明力,由法院本于确信自由判断。但不得违背经验法则及论理法则。"第161条第1项:"检察官就被告犯罪事实,应负举证责任,并指出证明之方法。"

〔29〕 "最高法院"1987台上字第4986号判例:"无论直接或间接证据,其为诉讼上之证明,须于通常一般之人均不致有所怀疑,而得确信其为真实之程度者,始得据为有罪之认定。倘其证明尚未达到此一程度,而有合理之怀疑存在时,事实审法院复已就其心证上理由予以阐述,叙明其如何无从为有罪之确信,因而为无罪之判决,尚不得任意指为违法。"

在心证上认为"很有可能"或"大致相信"为已足[30]。台湾地区实务见解亦同[31]。至于实体事项的范围,有认为包括犯罪事实、刑罚事实(例如刑罚加重事由)与客观处罚条件等[32]。至于没收犯罪所得究应严格抑或自由的证明?是否容许转换举证责任或者推定?论者指出有关刑法罪责问题与直接界定刑罚权范围之事实,皆为严格证明之对象事实;其次,欲使被告负担举证责任时,必须存有合理性,否则不被容许[33]。

关于"组织犯罪防制条例"转换举证责任规定,台湾地区学说质疑前提事实与推定事实之间欠缺合理的关联性,例如应由检察官证明之财产与其犯罪行为之关联[34]。详言之,检察官应该证明被告参加组织后,除犯该罪外似乎不可能有其他合法来源累积呈不相当高额利益之存在为前提。若推定事实错误的话,则被告应具能够提出举证之容易性及合乎武器平等维持审判程序正义之妥当性[35]。又有认为相较于行政院版与民间版草案,后者主体部分限于"发起、主持、操纵或指挥犯罪组织者",客体部分则扩张至"加入犯罪组织后取得之财产,未能证明其为合法来源者",皆应没收。前者系因为参与者情节轻重有别,不应为相同之处理;后者系为藉由举证责任之倒置,避免证明犯罪组织成员个人之财产为"因犯罪所得"之困难。立法通过条文并未将参与者与首谋者区别处理,一律采用民间版本条文将"未能证明合法来源"取得之财产皆予没收,并不妥当[36]。

2. 日本

日本通说认为无罪推定原则系犯罪事实应由检察官负担举证责任,不能证明

---

〔30〕 林钰雄:《刑事诉讼法(上册)》(自刊六版),492~493页,台北,2010。

〔31〕 "最高法院"2006年度台上字第6096号判决:"严格证明法则系限制法院于审判期日践行调查证据程序时,只能使用法定之证据方法,此法定之证据方法,一般分为人的证据方法与物的证据方法。前者包括被告、证人及鉴定人;后者则包括文书及勘验,而此法定之证据方法须经法定调查程序,始得据以认定犯罪事实并采为裁判之基础。是严格证明法则既具有严格之形式性要求,对于法院调查证据之程序形成相当之限制,自仅局限于本案犯罪事实及其法律效果等问题,更仅适用于法院审判程序中,至于并非确认犯罪事实之侦查程序则不与焉。"

〔32〕 林俊益:《刑事诉讼法概论(上册)》(八版),366页,台北,新学林,2007。

〔33〕 黄朝义:《刑事诉讼法》(二版),466、477页,台北,新学林,2009。

〔34〕 邓湘全:《防制组织犯罪所采取扩大没收制度之检讨》,载《刑事法杂志》(42卷4期),53页,1998。

〔35〕 李杰清:《"组织犯罪防制条例"剥夺不法利益规定之检讨》,载《刑事法杂志》(42卷4期),75~76页,1998。

〔36〕 顾立雄、范晓玲:《"组织犯罪防制条例"立法评论》,载《律师杂志》(209期),57页,1997。

没有合理怀疑的犯罪事实时，法院应返回罪疑唯轻原则而谕知被告无罪[37]。日本刑事诉讼法第317条："认定事实应依证据。"明示证据裁判主义，亦依据证明程度而区分为严格的证明与自由的证明。第318条："证据之证明力委由法官自由判断。"即为自由心证主义，但是自由心证主义并非毫无限制，自由心证形成之结果，证明超越合理的怀疑时，始得认定犯罪事实。从而，判断证明是否超越合理的怀疑，属于自由心证的核心课题[38]。

没收犯罪所得究应严格抑或自由的证明？是否容许转换举证责任或者推定？日本学说认为量刑情况（例如，日本刑事诉讼法第248条之犯罪者性格、境遇、犯罪之轻重及情状，以及犯罪后之情况）欠缺类型性，不宜作为严格证明的对象，故除了犯罪事实以外的量刑事由，仅须自由的证明即为已足[39]，但是另有认为证明加重被告刑罚[40]，或者影响刑罚权范围的法定加重减免刑罚事由[41]，仍应严格地证明。例如，日本实务认为判断是否缓刑无须调查证据[42]，但是作为累犯加重事由之前科实质上类似犯罪构成要件事实即需严格的证明[43]。

关于没收，有认为没收要件事实并非犯罪事实，自由的证明即为已足。不过，是否属于日本刑法第19条第1项第1款至第3款可以没收之构成犯罪行为之物、供犯罪所用或犯罪预备之物（例如凶器）或者因犯罪所生之物（例如伪造之印章），属于犯罪事实内容而应严格地证明[44]。此外，日本刑法规定没收属于从刑，因而有学说主张没收要件的事实是有关刑罚权的重要事实或者判决基础的事实，但是在多数情况中，没收要件事实在证明犯罪事实过程已经自然而然地证明，故以自由证明的程度即为已足[45]。此外，日本实务见解亲近自由的证明说，例如没

---

〔37〕 安广文夫：《第317条～第328条　前注》，载《大コンメンタール刑事诉讼法》（第5卷I）（藤永幸治、河上和雄、中山善房编），23页，东京都，青林书院，1998。

〔38〕 田口守一：《刑事诉讼法》（六版），349页，东京都，弘文堂，2012。

〔39〕 松尾浩也监修：《条解刑事诉讼法》（四版），808页，东京都，弘文堂，2009；福井厚：《刑事诉讼法》（三版），303页，东京都，法律文化社，2007。

〔40〕 田口守一：《刑事诉讼法》（六版），345页，东京都，弘文堂，2012。

〔41〕 上口裕：《刑事诉讼法》（二版），357页，东京都，成文堂，2011。

〔42〕 最判昭和24.2.22刑集3.2.221页。

〔43〕 最判昭和33.2.26刑集12.2.316页。

〔44〕 出田孝一：《§19（没収）》，载注22书，441页。

〔45〕 安广文夫：《§317（証拠裁判主義）》，收录于注37书，73～74页。

收已经扣押的供犯罪所用之物无须调查证据[46]、证明追征价额要件的"不能没收"事实无须适用自白的补强法则(日本刑事诉讼法第 319 条第 2 项)[47],或者没收违反关税法的走私船舶仅须自由的证明[48]。

日本学说认为转换举证责任,系指有利被告事实不存在应由检察官负担客观之举证责任(事实真伪不明而受到不利益法律判断的当事人),但是例外的转换予被告,例如诽谤罪事实真实性的证明(日本刑法第 230 条之 2 第 1 项)。除了转换举证责任的高度必要性与检察官举证的困难性之外,一般认为转换举证责任的要件:(1)待证事实中,由检察官证明的部分可以推认被告负担举证责任的合理性;(2)除去被告负担举证责任的部分,可以认定犯罪具有相当的可罚性[49]。

至于推定,系一定事实(X)被证明时,即得认定推定事实(Y)。推定复得分法律上推定与事实上推定。所谓法律上推定,系指依据法律规定,证明前提事实时,限于没有反证,即得证明推定事实之制度。如果检察官已经证明前提事实,并无证明推定事实之必要,被告为了避免被认定犯罪事实,则应证明不存在推定事实。法律上推定限于有特别合理之理由。相对的,事实上推定系指证明 X 事实之后,依照经验法则、论理法则认为合理时,推定存在 Y 事实。事实上推定为自由心证作用之一,例如该当构成要件事实存在时,通常推定不存在阻却违法或责任事由。又如在盗窃行为发生不久之后而于被窃地点不远之处持有赃物,持有者辩称是第三人请托与处分赃物之情形,日本实务认为限于第三人不明显存在的情况,推定赃物持有人为窃盗罪之行为人[50]。至于推定之必要性如同转换举证责任,系基于推定事实证明困难或基于减轻检察官之诉讼经济负担,而推定要件:(1)前提事实与推定事实之间存有合理的关联性;(2)被告方面容易反证[51]。

其次,前提事实被证明时,法律上推定事实不存在之举证责任转换给被告。

---

〔46〕 最判昭和 23.7.29 刑集 2.9.1105 页。

〔47〕 最判昭和 26.3.5 刑集 2.9.1105 页。

〔48〕 福冈高判昭和 29.2.12 高刑集 7.2,116 页。

〔49〕 安富洁:《证拠法》,16 页,东京都,东京法令,2001;松尾浩也:《刑事诉讼法(下)》(新版补正第二版),24～25 页,东京都,弘文堂,1999;三井 诚:《举证责任と推定(3)》,载《法学教室》(218 号),128 页,1998;福井 厚,注 39 书,309 页;上口 裕,注 41 书,372 页;安廣文夫,注 45 文,116 页。

〔50〕 札幌高等裁判所函馆支判昭和 32 年 5 月 14 日判决,裁判特报 4 卷 10 号 253 页。

〔51〕 川出敏裕:《举证责任と推定》,载《刑事诉讼法の争点》(三版)(松尾浩也、井上正仁编),160 页,东京都,有斐阁,2002;三井 诚:《举证责任と推定(2)》,载《法学教室》(217 号),106 页,1998;田口守一,注 38 书,355 页;安富 洁,注 49 书,17～20 页。

对于法院而言,推定之效果有下列两种学说:(1)义务的推定说,即法院负有依据推定认定事实的义务,如果检察官证明前提事实即可强制认定推定事实,被告无法反证推翻法律上推定,导致推定事实真伪不明时,即应依据前提事实认定推定事实[52]。但是此种见解不但与无罪推定原则有所矛盾,亦有违背自由心证主义的疑义;(2)容许的推定说,即前提事实被证明时,法院并无直接认定推定事实之义务,只是被告未提出反证时,可以考虑允许依据前提事实认定推定事实而已。此际法院应与一般的事实认定作相同处理,依据罪疑唯轻原则,达到没有合理怀疑的证明程度[53]。依据容许的推定说,推定事实欠缺合理性时,法院即应为无罪判决,无须转换推定事实的举证责任,因此被告反证推定事实的程度,仅须提出对于推定事实产生合理怀疑的证据[54]。相较之下,转换举证责任与法律上推定的要件大致相同,但是后者效果仅系容许的推定,而且被告提出动摇推定事实存在的证据即足以反证。从而,转换举证责任相较于法律上推定,要求更为严格[55]。例如类似台湾地区刑法第 310 条第 3 项的日本刑法第 230 条之 2 第 1 项,日本实务认为转换举证责任的被告应该严格地证明[56],而且必须达到足以排除合理怀疑的证明程度[57]。

对于麻药特例法的推定规定,有从犯罪的一般预防或特别预防观点而采肯定见解[58],但是此种推定是否具有合理性?论者指出将常业贩运毒品者在犯罪期间取得之收入推认为犯罪所得具有合理性,而且被告举证自己的合法收入并没有

---

〔52〕 石井一正:《刑事実务证拠法》(五版),538 页,东京都,判例タイムズ社,2011。

〔53〕 田口守一,注 38 书,355 页;三井诚,注 51 文,106 页;川出敏裕,注 51 文,160 页。

〔54〕 田口守一,注 38 书,345 页;上口裕,注 41 书,373-374 页;安广文夫,注 45 文,73-74 页;安冨 洁,注 49 书,16 页。

〔55〕 三井诚,注 49 文,128 页。

〔56〕 大阪高判昭和 41.10.7 下刑集 8.10,1290 页。

〔57〕 东京高判昭和 59.7.18 高刑集 37.2.360 页,相同见解如山中敬一:《刑法各论》(二版),194～195页,东京都,成文堂,2009;大冢 仁:《刑法概说(各论)》(三版增补版),141 页,东京都,有斐阁,2005。但是日本近期多数学说认为考虑被告收集证据能力与保障公益目的之言论自由,优越证据的证明即为已足。参阅大谷 实:《刑法讲义各论》(新版第四版),172 页,东京都,成文堂,2013;西田典之:《刑法各论》(六版),116 页,东京都,弘文堂,2012;高桥则夫:《刑法各论》,167 页,东京都,成文堂,2011;山口 厚:《刑法各论》(二版),143 页,东京都,有斐阁,2010。类似见解如中国台湾地区"司法院"释字第 509 号解释:"行为人虽不能证明言论内容为真实,但依其所提证据资料,认为行为人有相当理由确信其为真实者,即不能以诽谤罪之刑责相绳。"

〔58〕 林干人:《犯罪行为の特定と没収の范囲》,收录注 4 书,41 页。

任何困难[59]。详言之,在适用麻药特例法第 14 条之际,检察官如已证明:(1)被告犯常业贩运毒品等罪;(2)被告常业犯罪期间内取得特定财产;(3)该财产对照该期间内犯罪者之劳动或基于法令所受给付状况,足认为有显不相当的差额时,即推定该财产系药物犯罪收益。此时因前提事实与推定事实之间具有合理的关联性,故此种推定具有合理性;(4)被告基于其他原因而取得该财产时,亦容易提出反证,尚不违背罪疑唯轻原则。有问题者,犯麻药特例法第 5 条之罪者同时实行走私枪炮、赌博或卖春等犯罪行为而收入相当之财产时,亦该当本条"该财产对照该期间内犯罪行为人之劳动或基于法令所受给付状况足认为有显不相当的差额"之要件,此时被告如证明该收入系因其他犯罪行为所得的话,被告即会负担刑事责任,即难期待被告会提出反证,如强迫被告供述其犯罪行为,又有害被告之缄默权。不过因犯罪行为所得之财产须负担刑事责任或逃漏税捐之刑事、行政责任,不得特别加以保护,因此检察官证明被告之"劳动状况",只需证明其从事正当职业之状况即为已足[60]。另有认为关于刑事诉讼,刑罚权之存否、范围与是否该当所定要件之事实,系由检察官负担举证责任,法律上之推定系极为例外之规定,而设置法律上推定规定之要件为:(1)有设置之高度必要性;(2)检察官方面举证推定事实有所困难;(3)由前提事实推认推定事实系属合理;(4)被告方面为免于推认容易提出证据;(5)除了推定事实外亦得肯定实质的可罚性。而日本麻药特例法第 14 条规定满足(1)至(4)之要件,可以认为具有合理性[61]。

(二)"组织犯罪防制条例"规定的妥当性

关于麻药特例法的推定规定,除了维也纳公约第 5 条第 7 项并无强制性的质疑之外[62],日本学说大致均采肯定见解,该国实务亦有适用的案例。相对的,"组织犯罪防制条例"转换举证责任的规定,台湾地区学说殆采否定见解,实务亦完全视而不见。如前所述,"台湾地区刑事诉讼法"基于罪疑唯轻等法理,若乏合理的说明,情感上恐难认同转换没收犯罪所得举证责任之立法,实际运作上当然会采取消极的态度。当然,一定有论者基于检察官举证的困难性、根除犯罪者的利益诱因或者预防组织犯罪利用犯罪所得再次投入犯罪之必要性等理由,强调推定或

---

〔59〕 三井诚,注 51 文,107～108 页。

〔60〕 安冨洁:《マネーロンダリング罪と刑事手続》,载《刑法杂志》,1995(34 卷 2 号),250～251 页。

〔61〕 安广文夫,注 45 文,105～106 页、108 页。

〔62〕 村井敏邦:《暴力团・麻薬立法の问题》,载《法律时报》,1991(63 卷 7 号),5 页。

者转换举证责任的立法必要性。不过,如果实际理由是检察官"举证困难"无法作为正当化的依据,此种恣意的立法系违反正当法律程序原则而无效[63]。为了解决难以证明犯罪事实的问题,侦查机关对于特定问题容易主张转换举证责任或者法律上的推定,但是理论上极难正当化,特别是大陆法系对于此种立法抱持强烈的抵抗态度[64]。因此,除了极为少数的例外,中国台湾地区、日本刑事法中罕见推定或者转换举证责任的立法。因此,本文分就是否符合台湾地区法律的一般原则、"立法"的合理性检讨"组织犯罪防制条例"的妥当性。

1. *是否符合台湾地区法律的一般原则*

不问是维也纳公约还是华沙公约,都强调推定或者转换举证责任没收犯罪所得的"立法"必须从国内法的基本原则。对于"组织犯罪防制条例"转换举证责任规定的质疑,从实体法的观点而论,暂且不论台湾地区学界对于没收犯罪所得性质的争论[65],至少在目前台湾地区刑法的制裁体系中,没收犯罪所得的性质属于刑罚。基于量刑的责任原则,刑罚应依犯罪行为人的责任加以量定,此为构成犯罪后的量刑标准问题,所以如同德国刑法与日本刑法改正草案[66],台湾地区"刑法"第 57 条明示"科刑时应以行为人之责任为基础"。目前台湾地区与日本的刑罚理论对于应报刑论(与责任相对应之刑罚)和一般预防论、特别预防论何者优先的问题,认为从应报刑论的观点,刑罚应反映犯罪行为人的责任;从目的刑论的观点,刑罚应有助于实现一般预防与特别预防之目的。因此,追求预防目的应以社会存在之应报为限度。刑罚仅有在罪刑均衡的限度内,对于一般预防和特别预防系属必要时,才能认为妥当的"综合说"[67],此亦系德国之通说[68]。基于应报刑论,刑罚的基础系反映恶害的应报,其后依据分配的正义,要求刑罚反映责任,不

---

〔63〕 松尾浩也,注 49 书,243 页。

〔64〕 川出敏裕,注 51 文,161 页。

〔65〕 反映德国学说见解,台湾地区学说有认为没收犯罪所得并非刑罚而是"类似不当得利的平衡措施"或者"独立法律效果"。参阅林钰雄:《利得没收之法律性质与体系审查》,载《月旦法学》,2015(238),56 页;柯耀程:《没收、追征、追缴与抵偿制度之运用与检讨》,载《法令月刊》,2008(59 卷 6 期),25～26 页。

〔66〕 德国刑法第 46 条第 1 项:"犯罪行为人之责任为量刑之基础。"日本刑法改正草案第 48 条第 1 项:"刑罚应反映犯罪行为人之责任而量定。"

〔67〕 张丽卿:《刑法总则理论与运用》(第四版),506 页,台北市,五南,2012;大谷实:《刑法讲义総论》(第四版),44 页,东京都,成文堂,2012。

〔68〕 城下裕二:《量刑基准の研究》,东京都,成文堂,1995 年 3 月,40 页。

得科处超越犯罪实害的刑罚[69];其次,从程序法的观点而论,依据正当法律程序原则,非经正当法律程序不得剥夺生命、自由、财产(日本宪法第31条),刑事审判上证明被告"超越合理怀疑",本为国民对抗国家追诉行为行使适当防御能力、负担之界限;反面言之,罪疑唯轻原则系保障被告防御权而对有关追诉、审判的国家权力所加之的外在制约,故应为宪法上的权利[70],台湾地区实务见解亦不例外[71]。换言之,如果依据"组织犯罪防制条例"转换举证责任的结果,没收财产逾越真正的犯罪所得时,不但因为刑罚超过责任的范围而违反量刑的责任原则,侵害被告合法财产,更违背罪疑唯轻原则,无法认为符合台湾地区法律的基本原则。

既然台湾地区刑罚的基本原理是在责任范围内实现预防犯罪之目的,为了防止过度地追求预防犯罪,行为责任应为刑罚之前提条件与界限。而且刑事诉讼法一方面便利当局完成其追诉处罚的功能,另一方面提供个人有效的权利保护,唯有充分证明被告犯罪与责任,始有可能达到犯罪预防之最大效果;反之,如果证据不明确而认定被告有罪,或者科处逾越被告责任的刑罚,预防犯罪的效果实属可疑甚至根本没有。因而相较于民事诉讼程序,刑事诉讼程序对于证据证明之要求更为严格,被告犯罪与责任尚未完全确定之前,不宜介入预防犯罪为目的之措施。

进一步的问题则为欧洲人权法院于 Phillips v. the United Kingdom 案中认为量刑程序并未适用无罪推定原则,若系如此,则"组织犯罪防制条例"转换举证责任的规定即无不妥;另一方面,台湾地区实务一向认为量刑无须严格的证明[72],日本学说与实务也认为没收的量刑程序仅须自由的证明。如果检察官只要证明"很有可能"或"大致相信"是犯罪所得即可剥夺被告财产,则与被告收入不

---

〔69〕 丸山治:《刑法の目的と机能》,载《刑法基本讲座 》(第1卷)(阿部纯二、板仓宏、内田文昭、香川达夫、川端博、曾根威彦编),6页,东京都,法学书院,1992。

〔70〕 渡边修,"§318(自由心证主义)",载注37书,187页。

〔71〕 "司法院"释字第582号解释:"刑事审判基于'宪法'正当法律程序原则,对于犯罪事实之认定,采证据裁判及自白任意性等原则。刑事诉讼法据以规定严格证明法则,必须具证据能力之证据,经合法调查,使法院形成该等证据足以证明被告犯罪之确信心证,始能判决被告有罪。"

〔72〕 "最高法院"2015年度台上字第2617号判决:"据为量刑审酌事项所凭科刑数据,以自由证明为已足,不必如同认定犯罪事实必须经严格证明始可。"又如"最高法院"2014年度台上字第1268号判决:"缓刑宣告之裁量,法院应就被告有无再犯之虞,能否由于刑罚之宣告而策其自新及有无可认为暂不执行刑罚为适当之情形等因素而为判断。然行为人是否有改善之可能性或执行之必要性,乃法院经综合审酌考虑所得而为预测性之判断,此一判断因非犯罪事实之认定,仅须自由证明为已足,不以严格证明为必要。"

符的巨额财产，或许大致上都可以认定是可以没收的犯罪所得，无须证明被告财产与犯罪行为之间的关联性，从而“组织犯罪防制条例”的转换举证责任规定即有妥当性。但是如前所述，日本学说认为没收程序仅须自由证明的理由系因没收要件事实在犯罪事实证明过程中已经证明，固然对于凶器或者伪造印章等没收物而言可以如此认定，日本实务的案例大致相同。不过，对于因犯罪所得之物（例如贩毒所得）而言，却未必如此，有时检察官固然可以证明被告有贩毒行为，但是未必能确认贩毒所得多寡，此时法院可否依据“很有可能”而认定犯罪所得？既然量刑的责任原则要求责任范围内依据一般与特别预防目的而量刑，进而实现预防犯罪之目的。但是犯罪所得的多寡会影响刑罚权的范围，也就是加重刑罚事由，也涉及是否违反量刑责任原则的问题，与不会涉及责任范围的量刑情况并不相同，不能仅凭自由的证明加以判断。

2. 立法的合理性

不问转换举证责任或者法律上推定都要求前提事实与推定事实之间存有合理的关联性，台湾地区实务见解亦不例外〔73〕。所谓“犯罪所得”系指犯罪行为人藉由犯罪行为而取得之财产〔74〕。因此没收犯罪所得的范围，检察官必须证明被告：(1)实行犯罪；(2)财产是因为犯罪行为而取得。综上所述，推定或者转换没收犯罪所得举证责任之立法，依据维也纳公约与华沙公约的说明，必须符合国内法的基本原则，立法者必须确定举证标准而且被告应有充分机会反证。对于台湾地区法律原则而言，没收犯罪所得在实体法上必须符合量刑的责任原则；在程序法上则须遵守罪疑唯轻原则，由检察官负担严格证明的举证责任。观察日本麻药特例法的推定规定，检察官必须证明被告：(1)特定期间；(2)实行可以取得犯罪所得之犯罪；(3)扣除被告合法收入，之后始能将剩余财产视为可以没收的犯罪所得。

---

〔73〕“最高法院”2003年度台上字第1664号判决：“著作权法为便利著作人或著作财产权人之举证，特于第13条明定，在著作之原件或其已发行之重制物上，或将著作公开发表时，以通常之方法表示著作人、著作财产权人之本名或众所周知之别名，或著作之发行日期及地点者，推定为该著作之著作人或著作权人。……因此，著作权人之举证责任，在诉讼上至少必须证明下列事项：（一）证明著作人身份，藉以证明该著作确系主张权利人所创作，此涉及著作人是否有创作能力、是否有充裕或合理而足以完成该著作之时间及支持人力、是否能提出创作过程文件等。（二）证明著作完成时间：以著作之起始点，决定法律适用准据，确定是否受著作权法保护。（三）证明系独立创作，非抄袭，藉以审认著作人为创作时，未接触参考他人先前之著作。”

〔74〕出田孝一，“§19（没収）”，载注22书，420页。

由于前提事实(特定期间实行犯罪)与推定事实(增加的不明财产是犯罪所得)之间具有合理的关联性,而且检察官必须证明应该扣除的被告合法收入,所以推定的犯罪所得具有合理性,不易侵害被告的合法财产。美国的推定毒品犯罪所得规定,亦原则要求检察官证明被告实行犯罪期间没有其他合法收入。从实体法的观点,因为必须证明被告实行犯罪期间与该期间内的合法收入,所以没收措施不会侵害被告的合法财产;从程序法观点,检察官也负担严格证明的举证责任,唯一无法证明的事实仅是哪一笔犯罪所得源自哪一件犯罪行为的关联性而已,但是既然已经证明是"因犯罪所得"之财产,要求此种证明属于"与待证事实无重要关系"而欠缺证明的必要性(台湾地区"刑事诉讼法"第 163 条之 2 第 2 项第 2 款)。另外,对于反证容易性的质疑,被告只需提出优势证据即为已足,无须达到超越合理怀疑的程度。因此,观察案例二与案例三,检察官均举证被告在特定期间内实行可以取得犯罪所得之犯罪,同时证明被告除了贩毒之外没有合法收入,故日本实务也肯定犯罪所得的推定合理性。至于台湾地区的案例一,因为检察官无法举证 A 自戒治释放迄被捕六个月之间有实行贩毒行为,从而无法推论 A 存入一千四百余万元是贩毒所得,反而是利用 A 的存款行为推论之前有贩毒行为,加以 A 反证尚有其他合法收入,从而台湾地区实务认为不能没收之见解并无违误。

进而观察"组织犯罪防制条例",该法第 2 条:"本条例所称之犯罪组织,系指三人以上,有内部管理结构,以犯罪为宗旨或以其成员从事犯罪活动,具有集团性、常习性及胁迫性或暴力性之组织。"进而言之,成立组织犯罪未必会获取犯罪所得。此外,只要发起、主持、操纵、指挥或者参与组织犯罪(第 3 条第 1 项),对于参加组织后取得之财产,未能证明合法来源即应没收。但是纵使证明被告实行发起组织犯罪等行为,也不能认定被告已经实行可以取得犯罪所得之犯罪,更不能认为参加组织后取得之财产全部属于犯罪所得。又如台湾地区"最高法院"2008 年度台上字第 1950 号判决:"'组织犯罪防制条例'第 3 条第 1 项所称之参与犯罪组织,指加入犯罪组织成为组织之成员,而不问参加组织活动与否,犯罪即属成立。"因此,如果贯彻"组织犯罪防制条例"第 7 条第 2 项的转换举证责任规定,即使被告参与犯罪组织后从未实行其他犯罪,仍有没收全部参加组织后取得财产的可能性。换言之,"发起、主持、操纵、指挥或者参与"与"犯罪所得"之间,并没有合理的关联性,所以论者指摘将参与组织犯罪适用转换举证责任欠缺妥当性,同时没收结果极有可能侵害被告合法财产。要言之,"组织犯罪防制条例"的转换举证责任的规定，一方面检察官证明的部分欠缺推认被告负担举证责任的合理性；另一方面可能侵害被告合法财产，此种立法当然与台湾地区的基本法律原则有所扞格。加以“组织犯罪防制条例”属于举证责任转换，并非法律上推定，只是被告未提出反证时，法院可以考虑允许认定推定事实[75]，而且被告提出动摇推定事实存在的证据即足以反证。故就反证的容易性而言，“组织犯罪防制条例”对于被告可能更为不利。

（三）可能的解决方法

如前所述，既然事实上推定是自由心证的运作方法之一，只要没有违背经验法则与论理法则即无不可，纵使法律上推定也不能违背经验法则与论理法则。由于麻药特例法的法律上推定具有合理性，因此该法的立法理由亦谓实际上具有强烈的事实认定法则性质[76]。如果麻药特例法的推定规定具有合理性，即使没有立法明文推定规定，也可以基于相同的原则，利用间接事实推认没收犯罪所得的范围。日本于 1999 年立法通过“有关处罚组织的犯罪与规范犯罪收益的法律”（组织的な犯罪の处罚及び犯罪収益の规制等に关する法律，下称组织的犯罪处罚法）[77]。依其立法理由指出暴力团之犯罪行为容易产生巨额收益，而用于维持犯罪组织、投资事业活动或再次用于实行犯罪。但是藉由没收、追征防止组织犯罪利用犯罪收益的刑事措施尚有未足之处[78]。该法的没收、追征规定，立法技术上与麻药特例法大致相同，特征之一系扩大没收、追征的适用范围，特别是该法附表所列之犯罪行为所生、所得或作为报酬之财产，均得适用组织的犯罪处罚法之没收、追征规定，计有二百余项罪名。就其适用范围而论，在相当范围内实际上已经取代日本刑法的没收规定，但是并没有推定犯罪所得之立法。

如此一来，是否无法有效地剥夺组织犯罪所得之利益？例如（下称案例四）被告 D 系提供风俗浴场（ソープランド，soap land）从事性工作之经营者，于特定期

---

〔75〕“最高法院”1997 年度台上字第 5199 号判决：“主张著作权被侵害者，除合于上开推定规定外，仍须举证证明其为著作人或著作权人，或由法院依职权予以调查认定。”

〔76〕古田佑纪，注 23 文，71 页。

〔77〕该法的介绍，请参阅曾淑瑜：《犯罪收益之没收与保全——从日本法之观点探论》，载《月旦法学》，2007(144)，67～78 页；吴天云：《日本“有关处罚组织的犯罪与规范犯罪收益的法律”》，载《93 年洗钱防制工作年报》，88～120 页，台北县，2005。

〔78〕三浦 守、松并孝二、八泽健三郎、加藤俊治：《组织的犯罪对策关连三法の解说》，71 页，东京都，法曹会，2001。

间内前后四次将三百三十万余日元存入他人银行账户，藉以掩饰取得犯罪收益之事实(洗钱行为)。尽管D自白前述犯罪事实，但是因为D每日毁弃账簿，无法直接依据D的自白而认定犯罪事实(日本刑事诉讼法第319条第2项之补强法则，故案例四系用严格的证明)。因此检察官进行下列举证：(1)犯罪所得流向：依据该风俗浴场工作者的陈述与存款时的监视录像数据，了解工作者扣除报酬后，每日以杂费、小费或税金等名义对D交付犯罪所得。D每日均将犯罪所得存入信封，累积数日后存入他人银行账户；(2)犯罪所得之推计：因为尚存性工作者交付予D金钱的单据，从而算出犯罪所得〔79〕。因此，即使没有推定犯罪所得的立法，如果检察官证明被告：(1)特定期间；(2)实行可以取得犯罪所得之犯罪；(3)扣除被告合法收入，得将剩余财产视为可以没收的犯罪所得。由于前提事实与推定事实之间具有合理的关联性，而且必须证明应该扣除的被告合法收入，所以此种事实上的推定犯罪所得具有合理性。

其实此种利用间接证据证明犯罪所得的方法，在其他犯罪领域亦不罕见。例如在租税法领域，如果纳税义务人未具备账簿书类、书类内容不正确欠乏信赖性或者对于税务调查不协力等情形时，稽征机关可以使用各种的间接资料认定所得，例如推计课税〔80〕。日本实务认为关于诈术逃漏税捐罪逃漏税额之认定，除依据记载收入、支出金额之账簿书类以及与收入、支出有关之证言、陈述而直接认定之外，所谓推计之方法亦即以财产、负债之增减，收入、支出之状况，事业的规模，使用量及对比其他同业之业绩等间接资料“推认”所得金额，亦得作为认定之方法，且该等方法依照经验法则于合理限度内当然可以容许。要言之，解释上达到没有合理怀疑余地之证明程度即为已足〔81〕。论者指出依据租税法，于满足一定条件之情形下容许推计课税。相对于此，刑事诉讼程序对于事实之认定系属法官权限，在不违反经验法则而没有合理怀疑之限度内，可以藉由推定事实作为处罚的基础。租税法的推计课税，仅须推计数值近似真实数额的可能性程度即具有合理性，但是在刑事诉讼程序推计逃漏税捐的金额时，必须证明逃漏税额超越合理

〔79〕 松村香，注27文，52～54页。

〔80〕 例如“台湾地区所得税法”第83条第1项：“稽征机关进行调查或复查时，纳税义务人应提示有关各种证明所得额之账簿、文据；其未提示者，稽征机关得依查得之数据或同业利润标准，核定其所得额。”日本所得税法第156条、法人税法第131条类同。

〔81〕 最判昭和54.11.8刑集33.7，695页。

的怀疑,始符合罪疑唯轻原则[82]。因此,日本鸟取地方裁判所平成六年 3 月 23 日判决,对于检察官以推计方法计算的逃漏税额,法院认为检察官的推计并未充分地考虑被告个别特殊情形(如商品自然耗损、被告自行使用本身商品等),推计之方法呈现不合理性,故为被告无罪之判决[83]。该判决并非否认推计之方法得为刑事裁判的证据,但是必须确保依经验法则认定之逃漏税金额可以作为裁判的依据,若推计之结果有可能超过逃漏税额时,推计之合理性即应受到质疑[84]。

综上所述,其实计算犯罪所得的困难性,不仅是毒品犯罪、组织犯罪,即使贪污犯罪乃至于经济犯罪亦不例外,但是只要台湾地区刑事实体法维持量刑的责任原则,程序法上坚守罪疑唯轻原则,不问是转换举证责任还是事实上、法律上的推定,都不能逾越前开原则。日本麻药特例法的推定规定,前提事实与推定事实之间具有合理的关联性,而且必须证明应该扣除的被告合法收入,所以推定的犯罪所得具有合理性。因为具有合理性,所以即使没有法律上推定的规定,也是可以利用事实上推定计算被告之犯罪所得。因此如同日本麻药特例法立法理由所言,该法的推定规定仅是事实认定的法则,并没有特别之处。相对地,“组织犯罪防制条例”的转换举证责任规定,检察官证明的部分欠缺推认被告负担举证责任的合理性,可能侵害被告合法财产,当然受到学说质疑与实务忽视。因此,“组织犯罪防制条例”的转换举证责任规定难免违反量刑的责任原则与正当法律程序原则的疑虑,在尚未完成修法之前,未来若有实际案例,不如仍旧运用事实上的推定方法,由检察官证明前提事实与推定事实之间具有合理的关联性,而且必须证明应该扣除的被告合法收入,从而没收的犯罪所得才可能具有合理性。

四、结语

李杰清指出,如要坚持彻底剥夺犯罪所得之立法政策,则应对增设转换举证责任的规定是否具有容许性等深入探讨。首先,应限缩于极少数的特定犯罪;其次,再依各犯罪之对象、手段及犯罪所得之特性等情况制定合宜之构成要件;最后,再针对实体法上是否因该犯罪所得之没收等,而影响到其他重大刑事犯罪之

---

〔82〕 原田保:《租税逋脱罪の认定における金额推计》,载《判例経済刑法大系》(第 2 卷)(佐々木史朗编),320 页,东京都,日本评论社,2001;松沢智:《租税处罚法》,100 页,东京都,有斐阁,1999。

〔83〕 判例时报 1520 号 155 页。

〔84〕 经营刑事法研究会编:《企业活动と経済犯罪》,294~295 页,东京都,民事法研究会,1998。

追诉及具体量刑等问题。程序法上则须从前提与推定事实之合理性、举证责任转换(提出反证)之容易性与妥当性深入检讨[85]。

在台湾地区“刑事诉讼法”当事人进行主义之架构下，检察官对于犯罪事实负有实质的举证责任，没收犯罪所得的证明亦不例外。为了有效打击组织犯罪并预防其利用犯罪所得再次投入犯罪、减轻检察官的举证责任，国际公约倡议利用转换举证责任或推定的立法方式，有效地剥夺犯罪所得。不过，国际公约也强调利用此种立法方式，必须符合其国内法的基本原则。如果此种立法方式容易不当侵害被告合法财产时，不仅在实体法上违反量刑的责任原则，在程序上也有违反罪疑唯轻原则的疑虑。转换举证责任或推定本为不得已做法，因此于利用此种方法没收犯罪所得之际，应限于必要之情形始得为之，而且计算之结果应有合理性。观察台湾地区“组织犯罪防制条例”的转换举证责任规定，不仅检察官证明的部分欠缺推认被告负担举证责任的合理性，更可能轻易侵害被告合法财产，被告反证也较为困难，此种立法当然与台湾地区的基本法律原则有所扞格，自然受到学说质疑与实务忽视。

事实上推定是自由心证的运作方法之一，只要没有违背经验法则与论理法则即无不可。进而言之，法律上推定也必须具有符合经验法则与论理法则的合理性，所以日本麻药特例法的推定方法，即使在利用于事实上推定也可以获得合理的结果，因此日本实务于其他没收犯罪所得的案例，乃至于计算逃漏税额，均可发现利用间接事实推论犯罪所得的做法，只要依照经验法则于合理之限度内即无不妥之处。所以只要符合量刑责任原则或者罪疑唯轻的转换举证责任或推定没收犯罪所得立法，其实都不外是自由心证的合理适用，并没有特别不同之处。因此，“组织犯罪防制条例”的转换举证责任规定既有违反正当法律程序原则的疑虑，未来若有实际案例，仍应采用具有合理性的计算没收犯罪所得方法，检察官仍应证明前提事实(特定期间实行犯罪)与推定事实(增加的不明财产是犯罪所得)之间具有合理的关联性，如此始不致侵害被告的合法财产而符合台湾地区“法律”的基本原则。

---

〔85〕 李杰清:《洗钱防制的课题与展望》，90页，台北，法务部调查局，2006。

论澳门有组织犯罪的特殊侦查方法

赵琳琳 *

根据《澳门基本法》第 138 条的有关规定,《联合国打击跨国有组织犯罪公约》适用于澳门。其实,早在回归之前,为了更有效地惩治有组织犯罪,澳门专门制定了第 6/97/M 号法律《有组织犯罪法》。该部法律规范了黑社会的定义、黑社会的罪、以保护为名的勒索、自称属于黑社会、特别制度、不当扣留证件、国际性贩卖人口、操纵卖淫、在公共地方的可处罚行为、不法资产或物品的转换、转移或掩饰及联群的不法赌博、易燃或腐蚀性物质或物料、违反司法保密、法人的刑事责任、不受处罚的行为、假释、暂缓执行刑罚、附加刑、依法成立的社团或公司由法院解散、累犯、刑罚之延长、未成年者的收容以及相关刑事程序。其中,该法第 15 条"不受处罚的行为"涉及有组织犯罪侦查的特殊规定,与刑事诉讼法中的常规侦查方法不同。这一特殊规定考虑到了有组织犯罪侦查的特点,有利于侦查机关调查取证,对有效打击有组织犯罪十分重要。不过,此类侦查方法极易侵犯人权,需要严格规范,并能与时俱进,适应社会发展的需要。

---

* 澳门科技大学副教授。

一、适用范围

《有组织犯罪法》第15条关于“不予处罚的行为”的规定如下:“一、刑事调查人员或第三人,为着预防或遏止罪行的目的,将身份或身份资料隐藏,在刑事警察当局监督下从事活动,渗透到黑社会内。取得黑社会成员的身份,并在从事黑社会犯罪活动的人的要求下,接受、持有、藏有、运输或交出武器、弹药或犯罪工具,庇护其黑社会成员,筹款或提供集会地点等行为,不受处罚。二、上款所指行为,取决于有权限司法当局的预先核准,该核准须于5日内发出,且批准期限是确定的。三、在关于证据取得的紧急情况下,第一款所指行为,得于取得有权限司法当局核准前进行,但须于随后第一个工作日获有关司法当局赋予效力。否则无效。四、刑事警察当局于行动结束后最多48小时内,向有权限司法当局报告有关公务员或第三人的行动。”该条指的是“渗透者”侦查手段,“渗透者”属于“可靠之人”的范畴。

(一) 可靠之人的内涵

“可靠之人”(葡语为:Homens de Confiança)是一个广义的概念,在葡萄牙刑事侦查中扮演着各种不同的角色,他们混入犯罪分子之中并获取其信任,藉此为警方搜集通过一般侦查手段无法获取的犯罪信息。其具体包括诱发者、渗透者和单纯隐藏身份的人员(即便装警员,葡语为:Agentes *à* Paisana),而他们往往需要按调查结果的受益实体的安排执行所设定的任务。根据葡萄牙最高法院于2000年7月12日所作的裁判,“诱发者(葡语为:o Agente Provocador)旨在诱发他人落实其犯罪的决意;渗透者(葡语为:o Agente Infiltrado)是透过取得犯罪分子信任的方式,藉此接近他们并与其一起行动,在有需要时,亦参与实施相关的犯罪计划,但不得担任教唆犯的角色;而隐藏身份的人员(葡语为:o Agente Encoberto)则置身于犯罪活动及犯罪分子以外,换言之,他们既不会诱发犯罪的发生,亦不会与被调查人发生任何信任关系”[1]。

(二) 葡萄牙法中的相关规定

澳门法与葡萄牙法存在很深的渊源。在渗透侦查方面,葡萄牙第101/2001

---

〔1〕 参见Manuel Leal-Henriques:《澳门刑事诉讼法教程》(第二版),卢映霞、梁凤明译,187、190页,澳门,澳门法律及司法培训中心,2011。

号法律《秘密行动》第7条明确废除了第15/93号法令第59条和第36/94号法律第6条关于渗透者的规定；该法对隐藏身份侦查进行了统一规范："指由刑事侦查人员或受其监督的第三人通过隐藏身份的方式实施，旨在预防或遏制本法所规定的犯罪行为。"根据第101/2001号法律第2条的规定，秘密行动可用于以下犯罪的预防及遏制："a)故意杀人罪；b) 可能判处5年以上徒刑或被害人为16岁以下无行为能力人的侵犯性自由和性自决罪；c)关于贩卖和改装被盗抢的车辆；d)奴役、绑架和诱拐或劫持人质；e)贩卖人口；f)恐怖分子和恐怖组织；g)妨碍国家空运、水路、铁路或公路的安全运输，可能判处8年以上徒刑的；h)使用炸弹、手榴弹或易爆物，枪支和炸药装置，核武器，化学或放射性物质；i)盗窃银行、财政部和邮局办事处；j)犯罪组织；l)有关贩运麻醉药品和精神药物；m)清洗黑钱、其他利益或所得；n)贪污、挪用及权钱交易；o)欺诈获取或滥用补贴或补助金；p)通过有组织方式或计算机技术资源从事的经济或金融违规行为；q)国际或跨国的经济或金融违规行为；r)伪造货币、信贷证券、印花票证、印章和其他类似证券或相关工具；s)有关证券市场。"

(三) 澳门有组织犯罪法的相关规定

《有组织犯罪法》所调整的有组织犯罪包括：杀人及侵犯他人身体完整性，剥夺他人行动自由、绑架及国际性贩卖人口，伪造货币、债权证券、信用卡、身份及旅行证件等重大犯罪。该法中的渗透侦查具有以下特点：(1)渗透的主体可以是刑事调查人员或第三人；(2)渗透的目的是预防或遏止犯罪，而不是诱发犯罪或者为犯罪提供便利、创造条件；(3)渗透的方式是隐藏身份或身份资料，在黑社会内部活动；(4)渗透的前提是取得司法当局的核准，紧急情况下可在事后获得授权；(5)渗透活动受到刑事警察当局的监督。

二、适用原则

葡萄牙第101/2001号法律第3条规定了采取此类侦查手段应遵循的程序要求："1.秘密行动，旨在预防和遏制犯罪，取证手段与侦查目标或者正在侦查犯罪的严重程度之间应相称；2.任何人不得被强迫从事秘密行动；3.秘密行动需要获得主管检察官的事先授权，且必须通知预审法官，以便其在72小时内确认有效；4.如果在预防犯罪领域，上述行动应获取预审法官和检察官的建议；5.在前款所规定的情况下，启动建议权和批准决定权分别属于中央刑事侦查厅的检察官以及中央刑事法院的法官；6.司法警察当局须最迟在行动结束后48小时内，向有权司法当局提交有关行动报告。”可见，葡萄牙对于秘密行动的特殊侦查手段坚持比例原则和司法审查原则，以保障相关程序的公正性。澳门的法律修改相较于葡萄牙是滞后的，回归以后并没有如葡萄牙一般对涉及“可靠之人”侦查的立法进行整合，而是分散在三部单行法中，但其立法精神和制度设计与葡萄牙相差不大。

（一）恪守必要性原则和适当及适度原则

必要性原则是指在常规侦查手段难以完成调查取证任务的情况下不得已而采取。适当及适度原则主要体现在《澳门刑事诉讼法典》第178条的规定。这一原则其实源自行政程序法，澳门终审法院曾在一起判决中指出：“当审议决定者在享有一定选择余地情况下做出行为时，才可适用适度原则。法学理论把该原则分为三个原则：适当性、必要性和狭义上的适度性或平衡。对一项措施适当性的评估是纯以经验为依据的，可用下列问题概括：所采取的措施足以达致预期的目的吗？该措施属适当后，就去看该措施是否必要。狭义上的适度性，在于把限制性或限定性行为所要达到之福祉、利益或价值与由于该行为而要牺牲之福祉、利益或价值加以比较，以知道根据实质或价值参数，所牺牲之利益是否可接受、可容忍。”[2]延伸至刑事诉讼时，其亦旨在禁止权力机关采用过度的手段。如，《澳门禁毒法》第31条第1款明确要求：刑事调查人员或受刑事警察当局监控行动的第三人做出违法行为的预备行为或实行违法行为，应有别于教唆或有别于间接正犯的其他共同犯罪方式，并与此行为目的保持应有的适度性。也就是说，只能在运用其他侦查措施无法取证或收集极其困难时才可使用，其应作为最后侦查手段；并且应在若干种可达目的之行为中选择适用对个人基本权利影响最轻微的行为，具体实施方法应与案件的严重程度、社会危害性、侦查工作进展状况、证据掌握情况等相适应，不应超越预防和遏制犯罪的必要限度。

（二）遵守法官保留原则

法官作为中立第三方，一般来说比侦查机关自身决定要客观得多。《澳门刑事诉讼法典》第321条规定，法院依职权或应声请，命令调查所有其认为为发现事实真相及为使案件能有良好裁判而必须审查之证据；如果所声请的证据属不重要或不必要，或者证据方法属不适当、不可能获得或非常怀疑其能否获得，法官则驳

---

〔2〕 参见澳门特别行政区终审法院第13/2012号判决。

回证据申请。《有组织犯罪法》对于紧急情况下的证据取得也要求在随后首个工作日获有关司法当局赋予效力,否则无效。

三、证据运用

特殊侦查手段的依法适用直接关系相关证据的可采性,这也是司法实践中争议最大的问题之一。从欧洲人权法院到葡萄牙法院,再到澳门特区法院,在这一问题上有一定共识,如,禁止使用诱发犯意的侦查手段,一般认可使用渗透者、单纯隐藏身份的手段;但在具体个案上也存在一定分歧。

(一) 欧洲人权法院针对卡斯特罗诉葡萄牙案的判决

欧洲人权法院曾于1998年6月做出一份重要判决,该案即卡斯特罗诉葡萄牙案(Texixeria de Castro v. Portugal)[3],该案起因是葡萄牙法院主要根据两名警察的证言对贩毒者做出了有罪判决。其基本案情为:两名葡萄牙PSP便衣警察曾与一名吸毒者V.S.多次接触,并怀疑其涉嫌参与小额贩毒。为了查出V.S.的上游供应者,1992年12月30日半夜前,两名警察向V.S.表示欲购买海洛因,V.S.提到卡斯特罗可能帮助其获得。V.S.从另一人F.O.处获知卡斯特罗的住址,于是四人一起前往卡斯特罗的住处。两名警察向卡斯特罗表示愿以200 000葡币(PTE)价格购买20克海洛因,且拿出一沓钞票。卡斯特罗同意,并和F.O.一起去另一人J.P.O.的住处取得海洛因,并且交付了超过100 000葡币(PTE)的金额。他们带毒品回到V.S.家时,两名警察早已在门外等候。大约在凌晨两点以前,当卡斯特罗从皮包中取出一包海洛因时,卡斯特罗、V.S.以及F.O.三人当场被捕。葡萄牙法院在听取F.O.,两名警察以及其他证词后,判处卡斯特罗有罪,并处以6年有期徒刑;判处V.S.相当于20天监禁的罚金。法院解释道:假如社会所坚持的价值观证明牺牲被追诉者个人自由是正当的,那么,"卧底"并未被国内立法所禁止。由于卡斯特罗先前已接洽F.O.,PSP两名警察的行为在这起罪行中并不是"决定性"的。1993年12月4日,卡斯特罗向葡萄牙最高法院提出上诉,但被驳回。

1994年10月24日,卡斯特罗又通过欧洲人权法院对葡萄牙提起诉讼,认为

---

[3] 本案经过参见 http://www.idhc.org/esp/documents/CursDH_2011/11_MOSKALENKA_Karinna_06.pdf,最后访问时间:2015年9月15日。

其违反了《欧洲人权公约》第 6 条公正审判的规定。欧洲人权法院在判决书中指出:即使是在打击贩毒案件中,使用卧底也应受到限制,警察通过诱惑获得的证据不能使用。两名警察的行为已经超越了卧底的界限,其挑唆犯罪,且并无迹象显示,如果没有其介入犯罪仍会发生。从一开始,申请人(卡斯特罗)已被剥夺公平审判的权利。因此,9 名法官经过评议,最终以 8 比 1 的绝对优势做出裁判,认为葡萄牙法院的判决违反《欧洲人权公约》第 6 条第 1 款,并判处葡萄牙政府总额 10 000 000 葡币(PTE)的赔偿金。不过,需要指出的是,唯一持不同意见的是巴特科维茨法官,他认为:"所谓卧底警探充当诱发者的争辩在本案的情形中是不能令人信服的。在任何一个社会中,人们没有适当或必要的授权却贩卖毒品都应该知道会损害第三方的合法权益。而且,在这类案件中,立法允许使用卧底侦查手段。"就欧洲人权法院判决的效力而言,如判决违反《欧洲人权公约》的规定,则此判决产生相当效力。因此,该判决实际上对葡萄牙相关立法和司法实践造成了较大的冲击。

(二)葡萄牙法院的判决

《葡萄牙刑事诉讼法典》第 125 条就"证据之合法性"规定:"凡非为法律所禁止之证据,均为可采纳者。"接着,第 126 条规定了禁止使用的证据方法,其第 2 款规定:"利用下列手段获得之证据,即使获有关人的同意,亦属侵犯人之身体或精神之完整性。"其中,a 项指的是:"以虐待、伤害身体、使用任何性质之手段、催眠又或施以残忍或欺骗之手段,扰乱意思之自由或做出决定之自由"。诱发者显然属于这里所说的"欺骗之手段"。从葡萄牙法院的相关司法见解来看,其完全不接纳"诱发者"的侦查手段。但葡萄牙最高法院于 2002 年 1 月 30 日所作裁判中对于渗透者和单纯隐藏身份人员的侦查手段则持不同观点:"隐藏身份的人员为公共当局的人员,其在实施犯罪的过程中只处于被动的位置,并以监视的方式查探犯罪活动的发生,因此,他们只是单纯的'便装警员';至于渗透者,可以是警务人员或受命于警方的第三人,他们渗入犯罪分子之中,透过取得犯罪者或嫌疑人的信任,藉此取得可将之定罪的证据,然而,即使没有渗透者,犯罪决意仍会产生"[4]。可见,葡萄牙承认渗透者和单纯隐藏身份这两种侦查手段的合法性和正

〔4〕 Manuel Leal-Henriques:《澳门刑事诉讼法教程》(第二版),卢映霞、梁凤明译,190 页,澳门,澳门法律及司法培训中心,2011。

当性，藉此所获得的证据可被采纳。

（三）澳门法院的判决

澳门的陆地面积约30平方千米，实乃弹丸之地，人口却近60万，可见密度之大，基本上是一个熟人社会，人与人之间的关系比较紧密，隐藏身份相对不易，且目前尚无证人保护法，因而实务中很少直接通过第三人取得与案件有关的证据。由于澳门秉承葡萄牙法的传统，无论在立法上还是实务上与葡萄牙的态度基本一致：即对于"犯意引诱"的手段明确禁止，所获证据属于不可补正的无效证据；至于渗透者和单纯隐藏身份人员依法获取的证据，可在法定条件下慎重采用。

1. 证据禁用原则

《澳门刑事诉讼法典》通过非法证据排除的规定禁止采用扰乱意思自由或决定自由的侦查手段，该法第113条第2款（基本照搬《葡萄牙刑事诉讼法典》第126条第2款）规定了在证据上禁用之方法："利用下列手段获得之证据，即使获有关之人同意，亦属侵犯人之身体或精神之完整性"；该款a)项规定："以虐待、伤害身体、使用任何性质之手段、催眠又或施以残忍或欺骗之手段，扰乱意思之自由或做出决定之自由。"可见，和葡萄牙一样，澳门也禁止诱发犯意的侦查方法及其所获取的证据，"诱发者"以违反"诉讼忠诚原则"的方式搜集证据，法庭不会采纳，因此，侦查机关也就丧失了引诱犯罪的动力。至于渗透者或单纯隐藏身份的人员，其侦查活动通常需要司法审查，所获的证据一般是合法的。

2002年澳门终审法院对一起贩毒案做出的第6/2002号判决可以反映审判机关的基本态度，其对于渗透者和单纯隐藏身份侦查是认可的。该案的大致经过如下：被告乙被警方拘留后表示愿意与警方合作，在警方指示下，乙与上诉人甲取得联系，佯装再次购买大麻。后来，在双方约定的地点，上诉人甲被捕并在甲身上发现一袋净重9.958克的大麻和一支含有净重0.203克大麻的卷烟。上诉人的上诉理由之一就是：本案存在禁用的取证方法。对此，法院在判决书中写道："要严格区分提供机会以发现已经存在的犯罪和诱发一个还不存在的犯罪意图这两种情况。……运用渗透者进行刑事调查本身不一定就属于被禁止的取证方法。在本案中，上诉人一直进行贩毒活动的意图是完全自主形成的，警方部署的假装毒品买卖没有促成这个一直在进行中的犯罪活动或上诉人的犯罪意图，而只是把它们显现出来，这并不构成刑事诉讼法典第113条第2款a项所指的以欺骗手段进行的取证，也没有超出第5/91/M号法令第36条第1款允许的范围，所取得的证据亦并非无效。”[5]因此，法院认为上诉人的上诉理据明显不成立，最终裁定拒绝本上诉。

在另一起案件中，终审法院重申了上述意见：卧底者与引诱者之间在侦查活动中存在区别。前一种情况中，是当局人员或者与当局合作的公民个人进行调查。而诱使者是说服尚未下决心犯罪的其他人实施犯罪。在前一种情况中，活动是合法的；在第二种情况中，根据《刑事诉讼法典》第 113 条的规定，则是非法的。该案的基本事实如下：2000 年 4 月 29 日零时 40 分左右，司警人员带同嫌犯乙前往该犯位于[地址(3)]单位的住所进行搜查，在该单位内将壬(当时处于非法在本澳逗留状态)抓获。警方在嫌犯乙之上述住所内搜获三个怀疑装有毒品之塑料袋。经化验证实，上述塑料袋中之物质含有第 5/91/M 号法令附表-C 中所列之大麻，净重 1.088 克。上述毒品是嫌犯乙从嫌犯丁处取得，目的是自己食用。为缉拿嫌犯丁，嫌犯乙按司警人员安排，致电嫌犯丁，并约定在[酒店(1)]门口进行毒品交易。2000 年 4 月 29 日 3 时 30 分，在[酒店(1)]大堂，警方人员将嫌犯辛抓获，并在其身上搜获一片药片。经化验证实，上述药片含有第 5/91/M 号法令附表-A 中所列之“二甲”(甲烯二氧)苯乙胺成分。上述毒品是嫌犯丁让嫌犯辛交给嫌犯乙的。上诉人丁争辩说，该一审合议庭裁判因使用了在证据上禁用方法而无效，因为只是由于警员们做出的安排，上诉人丁才把药片让予嫌犯乙。对此上诉理由，法院认为：由于司法警察的安排，上诉人丁才应嫌犯乙的要求贩卖了一个药片，这一安排是在从乙处查获了净重 1.088 克大麻之后才付诸实施的，而上述大麻是该嫌犯从丁手中购得以供本人吸食的。这就是说，警方此时已经掌握了贩卖者的证据，上述安排只是为了将其当场抓获。正如在上述 2002 年 6 月 27 日的合议庭裁判中所说，警方安排的交易仅仅为了让上诉人丁实施犯罪的资料得以暴露，而不是为了诱使上诉人丁实施其无意进行的犯罪行为。另外，上述药片的交易进行后不久，就从上诉人丁处查获了用于出售的 29 个药片。综上，上诉人丁所提出的瑕疵理由不成立。[6]

2. 辩论原则

澳门受大陆法系的深刻影响，在诉讼活动中坚持直接言词审理原则。一般说

---

[5] 参见澳门特别行政区终审法院第 6/2002 号判决。

[6] 参见澳门特别行政区终审法院第 10/2002 号判决。

来,所有证据均应当在法庭上出示,经过控辩双方当庭质证,才能被法官所采纳。辩论原则也是《澳门刑事诉讼法典》的基本原则之一,该法典第 283 条第 3 款规定:"法官须确保就所调查之证据进行辩论,并确保嫌犯或其辩护人可在最后就证据表明立场。"该法典第 308 条还规定:"就听证过程中出现之附随问题,由法院在听取就该等问题有利害关系之诉讼主体陈述后做出裁判。在听证过程中提出证据必须遵从辩论原则。"终审法院认为:"辩论原则旨在让有关利害关系人可以陈述其意见,并把请求人没有提出的事实或其遗漏的法律依据告诉法院知悉,旨在让法院对有关情况有更多更完整的了解,使其做出更加公正的判决"〔7〕。据此,即便是由特殊侦查手段获取的证据,也不允许在法庭外进行调查。在澳门,侦查人员出庭作证亦是一种常态。当然,由于"可靠之人"侦查的特殊性,为了保护相关人士的安全,立法上亦有特别的设计,主要包括:制作供未来备忘用之声明、采取特殊保护、嫌犯离场、不公开审理等。

首先,根据《澳门刑事诉讼法典》第 253 条、第 276 条及《有组织犯罪法》第 26 条的规定,被害人、证人、辅助人、民事当事人或鉴定人因恐怕报复而可能离境,或以任何方式表示不能在审判中作供,可依法进行供未来备忘用之声明的记录。但是,此声明仍需要遵守《澳门刑事诉讼法典》第 308 条第 2 款所规定的辩论原则。根据中级法院的解释:此声明是旨在提前举证的诉讼行为,以便证人在开庭前提供的证词可以在庭审中使用。为保证有关辩论原则的实行,《澳门刑事诉讼法典》第 53 条第 1 款 f)项规定,在证人提供按照第 253 条及第 276 条所规定的供未来备忘用之声明时,必须有辩护人之援助,以保障嫌犯的辩护权利。在没有辩护人援助下录取的声明笔录不能在审判听证中宣读,相关声明属于禁用证据。〔8〕其次,《有组织犯罪法》第 28 条第 4 款规定:"法官为防止泄露有关公务员或第三者身份采取适当措施,有关身份受司法保密的保障。"据此,法官可以采取适当措施,如使用化名等。再次,法官还可根据《澳门刑事诉讼法典》第 333 条的规定,在做出声明过程中命令嫌犯离开听证室;最后,《澳门刑事诉讼法典》第 77 条第 5 款还规定了不公开的方式:"在不公开之行为进行时,仅必须参与该行为之人,以及基于应予考虑之理由,尤其是职业或科学上之理由而经法官容许之其他人,方得

---

〔7〕 参见澳门特别行政区终审法院第 31/2007 号判决。

〔8〕 参见澳门特别行政区中级法院第 623/2010-II 号判决。

旁听。”

四、澳门“渗透者”侦查手段之完善

澳门特区秉承大陆法系传统，恪守程序法定原则，在侦查措施上也不例外。就“可靠之人”相关侦查手段而言，为了保障人权，立法进行了严格的限制，只是在严重犯罪中，必要的时候才可以采取，并且一般应获得司法当局的授权，嫌犯也可获得相应的救济。总的来看，相关制度比较完善，基本满足了人权保障的需要，也兼顾了打击犯罪的社会需求。但是，在个别制度的设计上，尚存在若干不足之处。

（一）持续监督机制缺位

《澳门刑事诉讼法典》只是对羁押措施设置了持续监督机制，该法典第 197 条第 1 款规定：“在执行羁押期间，法官依职权每 3 个月 1 次复查羁押前提是否仍存在，并决定羁押须维持或应予代替或废止。”甚至该法典第 172 条至第 175 条所规定的电话监听措施，也无类似的规定。《有组织犯罪法》也没有对特殊侦查手段做出定期复查或监察的规定。这样，即使相关手段的前提已经消失或者改变，法官也难以及时发现，不利于保障人权和防止权力滥用。

（二）人身保障乏力

根据《澳门刑事诉讼法典》第 77 条、第 353 条及《司法组织纲要法》第 9 条的相关规定，审判听证必须公开，除非法院为保障人格尊严、公共道德或诉讼行为的正常进行而另作限制。但在任何情况下，判决和处分必须公开宣读。然而，澳门现在没有证人保护法，“可靠之人”出庭作证可能面临着人身危险。关于证人保护机构，澳门警方和廉政公署可以考虑建立专门的证人保护小组，配备专门设备和专业人员。证人保护工作耗费较大，政府应通过特别拨款提供财政支持。法官可以根据证人的请求或依职权，在权衡各方利益后，做出不公开证人信息的决定，可利用科技设施，实施变声、变像，掩饰其真实身份。某些案件可以不公开审理，以减少证人因出庭作证而遭受危险的可能性。

（三）相关法律责任缺失

目前的几部特别法均未规定违法或不当使用“可靠之人”手段的法律责任，而是规定了免责条款。如《有组织犯罪法》第 15 条、《廉署组织法》第 7 条、《禁毒法》第 31 条的规定。然而，一概免责有失公平，应该区别对待。如葡萄牙学者所言：“以此方式（诱发者）搜集犯罪消息，虽然对于侦查而言有重要意义，但从道德上，毕竟是以不忠诚的方式进行搜证,在刑事程序的角度上,亦是一种受谴责的行为,因为促成犯罪的人员往往会落入教唆或间接正犯的陷阱中。"[9]即使不追究刑事责任,也不应免除因损害导致的赔偿责任。澳门刑事赔偿制度主要体现在《澳门刑事诉讼法典》第四卷第二编第五章"因违法或不合理之剥夺自由之损害赔偿"第209条的规定:"一、曾受明显违法之拘留或羁押之人,就被剥夺自由而受之损害,得向有管辖权之法院申请赔偿。二、受羁押之人所受之羁押虽非违法,但因在审查羁押所取决之事实上之前提时存有明显错误而使羁押显得不合理,且受羁押之人因被剥夺自由而遭受不正常及特别严重之损害时,上款之规定,亦适用之。三、如该错误是同时因受羁押之人之故意或过失而促成者,则上款之规定,不适用之。"该法典第443条规定:"一、如被再审之裁判原为有罪裁判,而再审后之裁判为无罪裁判者,须撤销首个做出之裁判及删除有关记录,并恢复嫌犯被判罪前在法律上之状况。二、再审后判嫌犯无罪之判决之证明,须张贴于曾宣示判罪之法院入口处,并在本地报章连续刊登三次。"可见,澳门刑事赔偿实际上包括如下情形:明显违法拘留或羁押;羁押的前提事实存有明显错误而使羁押显得不合理,且受羁押之人因被剥夺自由而遭受不正常及特别严重之损害时;再审改判无罪者,等等。由于缺乏法律的明确规定,在"可靠之人"侦查过程中受到损害的利害关系人要想获得赔偿是非常困难的,建议补充完善。

---

〔9〕 Manuel Leal-Henriques:《澳门刑事诉讼法教程》(第二版),卢映霞、梁凤明译,187页,澳门,澳门法律及司法培训中心,2011。

论共同犯罪、犯罪集团、有组织犯罪三个概念在澳门立法与适用情况

邱庭彪*

随着社会经济文化的不断发展，社会的复杂性也日益增强，以集体作案的情况也越来越多，造成了恶劣的影响。在澳门的特殊社会背景下，这两者更是尤为凸显。

本文将从共同犯罪、犯罪集团、有组织犯罪这三个关键的概念出发，探讨三者在实际社会中的适用情况，并试图提出一些保障法益的相关建议。

一、三个概念在理论上及在澳门立法的区分意义

(一) 共同犯罪

共同犯罪与单人犯罪同属于故意犯罪。但是与单人犯罪不同的是，共同犯罪是一种特殊的犯罪形态，具有更为严重的社会危害，越来越引起世界各国的重视。

关于共同犯罪的定义，各国各地的规定有所不同。中国大陆《刑法》第 25 条对此也有明确的规定，“共同犯罪是指二人以上共同故意犯罪。二人以上共同果实犯罪，不以共同犯罪论处；应当负刑事责任，按照他们所犯的罪分别处罚。”按照

* 澳门刑事法研究会会长、澳门大学法学院副教授、法学博士。

共同犯罪人的作用为主要标准，以共同犯罪人的分工为次要标准划分，在接下来的第26条，第27条，第28条分别对各类共同犯罪人也做出了定义和惩罚的规定。

而澳门的《刑法典》对于该概念并没有规定一个明确的定义，但是在第二章"犯罪之形式"中的第25条和第26条对正犯和从犯进行的规定与中国大陆的《刑法》的规定，是非常相近的，所以理解可以得到一个结论：澳门也是有共同犯罪的规定的，而且定义基本与中国大陆一致，即二人或以上共同故意实施犯罪活动的行为，包括主体要件、主观要件和客观要件三大要素。

(1) 主体要件，即刑事责任年龄问题。与中国大陆不同，澳门采取两分法，即直接把行为人的刑事责任年龄分为完全负责人年龄和完全不负刑事责任年龄两个阶段，不存在相对刑事责任年龄一说。一般而言，澳门《刑法典》采取刑事责任个人化的原则，即仅自然人承担刑事责任，法人只在法定的情况下才需要承担刑事责任。但是1995年11月14日第58/95/M号法令第3条规定："特别性质之法例所载之刑事规范优于《刑法典》之规范，即使《刑法典》之规范属后法亦然，但立法者另有明确意图者除外。"鉴于洗黑钱等严重犯罪活动都是由作为经营人的企业、经济党团甚至集团进行的，有必要例外地适用法人刑事责任，以有效地打击此类犯罪活动。因此，澳门的某些单行刑法亦规定法人可以成为某些犯罪的主体。当然，法人责任只可于"极例外情况且有充分理由相信某些社会重大利益会由于维持个人责任原则而陷入险境时"适用。[1] 同时，就澳门目前的立法情况来看，第6/96/M号法律《核准妨害公共卫生及经济之违法行为之法律制度》和1997年7月30日第6/97/M号法律《澳门有组织犯罪法》等都规定法人犯罪，可见澳门刑法对于法人犯罪的立法模式于中国内地刑法典修改前是比较相像的。

(2) 主观方面，即共同犯罪的主观罪过形式。在这个问题上，不同的学者有不同的观点。有的学者认为，"澳门刑法虽无明文规定构成共同犯罪必须具备共同故意，但从其立法精神看是肯定的，……对共同正犯必须以共同犯罪的故意为条件。"[2]也有学者认为，"至于共同犯罪的成立，是否要求各共同犯罪人在主观罪过上具备共同的故意内容，则未有明确规定。"[3]笔者认为，根据前述，澳门刑

〔1〕 高嘉绫：《有组织犯罪法》，载《法律纵横》，澳门，1998(4).

〔2〕 吕继贵、宁青：《中国大陆与港澳台刑法比较研究》，109页，澳门，澳门基金会，1997。

〔3〕 赵秉志、高德志：《澳门法律问题》，214页，北京，中国人民公安大学出版社，1997。

法典的第 25 条和第 26 条分别对共同犯罪中的正犯和从犯做出规定，通过法条中的用语，如“透过协议”“故意使他人产生做出事实之决意者”“对他人故意做出之事实，故意以任何方式提供物质上或精神上之帮助者”等，我们不难得知，澳门刑法典对于共同犯罪的主观方面是限于故意的。

(3) 客观方面，即对犯罪行为的要求。共同犯罪要求各个犯罪人的行为必须是一致的，行为指向一个犯罪目标，并且是相互联系和相互配合。共同犯罪行为在客观上表现为三种形式：一是共同作为，即各共同犯罪人都积极实施了共同犯罪行为；二是共同的作为和不作为，即基于共同犯罪故意，由一部分人作为和另一部分人不作为，在紧密配合下，完成共同犯罪；三是共同不作为，即在各共同犯罪人都有履行某种特定法律义务且有能力履行的情况下，都消极地不履行自己应尽的义务而构成的共同犯罪。每个共同犯罪人的行为也有各种表现形式，主要有以下四种：一是实行行为；二是组织行为，即组织、策划、指挥犯罪活动的行为；三是帮助行为；四是教唆行为。在一个具体共同犯罪中上述四种行为可以有各种不同的组合未必一定同时存在。上述诸点，是共同犯罪客观方面的必备特征，两地区刑法理论界和实务界对此皆存共识，未有异议。[4]

（二）犯罪集团

1. 澳门对于“犯罪集团”的法律规定

澳门对于“犯罪集团”的相关法律规定主要表现在澳门《刑法典》第 288 条（犯罪集团）：“一、发起或创立以实施犯罪为目的，或活动系为着实施犯罪之团体、组织或集团者，处 3 年至 10 年徒刑。二、参加该等团体、组织或集团者，或对其给予支持，尤其系提供武器、弹药、犯罪工具、保卫或集会地方者，又或对招募新成员提供任何帮助者，处相同刑罚。三、领导或指挥以上两款所指之团体、组织或集团者，处 5 年至 12 年徒刑。四、如行为人阻止该等团体、组织或集团存续，或对此认真做出努力，又或为使当局能避免犯罪之实施，而通知当局该等团体、组织或集团之存在者，得特别减轻以上各款所指之刑罚，或得不处罚该事实。”

通过分析，我们得知构成犯罪集团必须满足三个要素，包括：一是组织性要素，即为了犯罪而合力及合意，所有人均明示或默示加入，明智全部犯罪目的并同

---

〔4〕 宣炳昭、叶良芳：《中国大陆刑法和澳门刑法中共同犯罪比较研究》，载《法律科学》，2000(1)（总第 101 期）。

意此目的，即使参与人从未会面及互不相识亦然；二是稳定性要素，即在实践上持续维持稳定的犯罪活动为目的，即使在具体情形中，这种稳定性未出现亦然；三是犯罪目的要素，即共同合意从事一种或多种犯罪活动。[5] 总而言之，如果有个一个合意(即使没有任何组织或事先正式协议)，目的在于稳定地，或多或少地从事犯罪活动，则犯罪集团就告存在。[6]

2. 中国内地对于“犯罪集团”和“犯罪团伙”的法律规定

《刑法》第26条第2款明确规定“三人以上为共同实施犯罪而组成的较为固定的犯罪组织，是犯罪集团”。并且通常认为，构成犯罪集团须具备下列条件：(1)必须是三人以上，重要成员固定或基本固定，并有明显的首要分子；(2)有共同的目的、计划、分工和较固定的组织联系；(3)犯罪集团组成的目的，一般是为了进行一种或几种需要较多的人或较长的时间才能完成的重大犯罪活动。

这时候，我们需要引入另外一个概念——犯罪团伙。在中国内地，犯罪团伙是我国司法实践中的一种新提法。它不是一个法定概念，因此在学术界没有一个定义。有的人认为这是一种介于一般犯罪与犯罪集团之间的组织形式；有的人认为这是犯罪结伙，不是一种独立的组织形式；也有人认为这只是公安机关对成帮结伙共同实施犯罪的案件的统称，包含犯罪集团和一般犯罪两种情形。笔者认为，无论何种观点，对于犯罪团伙的定义可以概括为两个以上成员基于共同的犯罪意图和目标，以相同的价值观、兴趣、需要等心理因素为精神纽带结合在一次，多次共同进行违法犯罪活动，比较松散的非正式群体。

在中国内地，与犯罪集团相比较，犯罪团伙的主要特征包括四个：一是组织结构较为松散；二是没有明确的组织者，具有自发性；三是团伙成员没有明确分工或者分工较为简单，不固定；四是团伙成员具有相对稳定性，但不固定。

通过比较，我们可以发现澳门刑法典对于犯罪集团的定义与中国内地的并不完全一致。两者在组织性、稳定性和犯罪目的规定基本一致，但是在成员构成方面，内地法律规定得更为具体，如上所述的要求必须有三个人以上，重要成员固定或基本固定，并有明显的首要分子。同时，我们也会发现澳门对于犯罪集团的定义与中国内地的团伙犯罪更为接近。

---

[5] 陈海帆、崔新建:《澳门刑法典分则罪名释义》，澳门基金会，2000。

[6] 参见《澳门高等法院司法见解》(第一卷)，52页，澳门，澳门政府印刷署，1997。

(三)有组织犯罪

众所周知,近年来有组织犯罪已经成为世界各国政府普遍关注的问题,尤其对于公安机关,立法部门和刑法学来说,更是焦点问题和新的研究范畴。

追溯历史,该法罪主要始于1282年意大利西西里岛首府巴勒莫市产生的家族式的犯罪集团,意大利被称作“Mafia”(中文称其为“玛啡亚”),即黑手党之义,后来随着世界经济的发展,有组织犯罪渐渐在世界范围内获得发展,并渐成蔓延之势,并且犯罪集团在美国得到空前的发展和壮大。在中国社会之中,帮会组织早在中国历史的清朝前期就存在,如天地会、青帮、哥老会、袍哥等。在十年内战期间上海的帮会组织成为中国历史上真正的黑社会,也是中国历史上黑社会组织发展的一个顶峰。这些广泛流传着的“拜把子”“拉帮结伙”等风俗,以及中国传统的帮会组织的存在,都为有组织犯罪打下了良好的组织基础。

针对有组织犯罪,《联合国打击跨国有组织犯罪公约》[7]中,美国犯罪学家斯坦利·艾兹恩和杜格·A.蒂默认为:“在一般意义上讲,我们将有组织犯罪规定为旨在通过非法活动获得经济利益而组织起来的商业企业。此概念将有组织犯罪仅仅界定为商业企业,不能涵盖有组织犯罪的所有类型,其外延有失之过窄之嫌。”但是由于有关的资料文件提出各种的定义不同,各国的刑事立法不同,到现在也没有一项定义能够获得人们的普遍接受。这也导致了有组织犯罪分子常常利用这一点来逃避法律制裁。

就目前而言,如前所述,澳门对于有组织犯罪的规定主要体现在第6/97/M号法律7月30日的有组织法。如果要追溯历史,澳门最早的有组织犯罪立法始于1978年,当时中译为“歹徒组织”,便是源于葡文Associação de Malfeitores,本意是“坏人的会”。[8] 其实《葡萄牙刑法典》早有类似的规定。就澳门现行法律而言,“有组织犯罪”作为法律概念最早出现于1997年4月1日生效的《澳门刑事诉讼法典》。该法典第1条第2款规定:为着本法典之规定之效力,仅下列行为方视为恐怖主义、暴力犯罪或有高度组织之犯罪。根据以上规定,可以认为,该法典规

---

〔7〕 第55届联大2000年11月15日通过了《联合国打击跨国有组织犯罪公约》(U. N. Convention against Transnational Organized Crime)。该公约是1998年在联合国的主持下开始起草的。公约须在得到40个国家的批准后生效。2000年12月12日至15日,该公约高级别政治签署会议在罗马举行,118个国家和地区签署了该公约。中国外交部副部长王光亚代表中国签署了该公约。

〔8〕 郭少萍:《有组织犯罪的构成要件》,载《澳门刑事法研究(实体法篇)》,澳门基金会,2005。

定的有组织犯罪应是指犯罪集团罪、恐怖组织罪、恐怖主义罪和贩毒集团罪。[9]第6/97/M号法律中，即《有组织犯罪法》。该法的第一章刑法规定中的第一条是对于黑社会的定义，“一、为着本法律规定的效力，为取得不法利益或好处所成立的所有组织而其存在是以协议或协议或其他途径表现出来，特别是从事下列一项或多项罪行者，概视为黑社会：a)杀人及侵犯他人身体完整性；b)剥夺他人行动自由、绑架及国际性贩卖人口；c)威胁、胁迫及以保护为名而勒索；d)操纵卖淫、淫媒及作未成年人之淫媒；e)犯罪性暴利；f)盗窃、抢掠及损毁财物；g)引诱及协助非法移民；h)不法经营博彩、彩票或互相博彩及联群的不法赌博；i)与动物竞跑有关的不法行为；j)供给博彩而得的暴利；k)违禁武器及弹药、爆炸性或燃烧性物质，或适合从事《刑法典》第264条及第265条所指罪行的任何装置或制品的入口、出口、购买、出售、制造、使用、携带及藏有；l)选举及选民登记的不法行为；m)炒卖运输凭证；n)伪造货币、债权证券、信用卡、身份及旅行证件；o)行贿；p)勒索文件；q)身份及旅行证件的不当扣留；r)滥用担保卡或信用卡；s)在许可地点以外的外贸活动；t)清洗黑钱；u)非法拥有能收听或干扰警务或保安部队及机构通信内容的技术工具。”由此可见，澳门对于“犯罪集团”并没有给出明确的概念性的定性，而只对黑社会犯罪进行比较详细的阐述。

在我国台湾地区，1996年12月11日公布的“组织犯罪防制条例”的第2条则明确规定，“本条例所称犯罪集团，系指三人以上，有内部管理结构，以犯罪为宗旨或以其成员从事犯罪活动，具有集团性、常习性及胁迫性或暴力性之组织。”我们可以发现，尽管措辞不同，但是这条法律里面的规定与中国内地对于“犯罪集团”的规定基本一致。《刑法》第26条第2款明确规定“三人以上为共同实施犯罪而组成的较为固定的犯罪集团，是犯罪集团。”并且通常认为，构成犯罪集团须具备下列条件：①必须是三人以上，重要成员固定或基本固定，并有明显的首要分子；②有共同的目的、计划、分工和较固定的组织联系；③犯罪集团组成的目的，一般是为了进行一种或几种需要较多的人或较长的时间才能完成的重大犯罪活动。而对于澳门《刑法典》里面提到的“黑社会组织”，中国内地1997年《刑法》第294条第1款中规定了“组织、领导、参加黑社会性质组织罪”。根据该款的规定，黑社

---

[9] 徐京辉：《澳门惩治有组织犯罪的法律与实务探析》，载《澳门刑事法研究(实体法篇)》，澳门基金会，2005。

会性质组织是指"以暴力、威胁或者其他手段,有组织地进行违法犯罪活动,称霸一方、为非作恶,欺压、残害百姓,严重破坏经济、社会生活秩序的组织"。根据2011年5月1日施行的《中华人民共和国刑法修正案八》对294条的修改,黑社会性质的组织应该具备以下特征:(一)形成较稳定的犯罪集团,人数较多,有明确的组织者、领导者,骨干成员基本固定;(二)有组织地通过违法犯罪活动或者其他手段获取经济利益,具有一定的经济实力,以支持该组织的活动;(三)以暴力、威胁或者其他手段,有组织地多次进行违法犯罪活动,为非作恶,欺压、残害群众;(四)通过实施违法犯罪活动,或者利用国家工作人员的包庇或者纵容,称霸一方,在一定区域或者行业内,形成非法控制或者重大影响,严重破坏经济、社会生活秩序。也就是说,中国内地没有明确地对"犯罪集团"进行规定,并且对于犯罪集团和黑社会性质组织罪是区别开来的。

因此,我们可以总结认为澳门对于"犯罪集团"与中国内地和台湾地区的概念在犯罪的目的和形式基本一致,但是并没有对人员的构成进行明确规定,并且澳门对于犯罪集团的概念又非常接近黑社会组织,这点又与内地"黑社会性质组织罪"的规定一致。

在中国内地,《刑法》将其规定为:"组织、领导和积极参加以暴力、威胁或者其他手段,有组织地进行违法犯罪活动,称霸一方,为非作歹,欺压、残害群众,严重破坏经济、社会生活秩序"。黑社会组织犯罪作为最高形态的有组织犯罪,即狭义的有组织犯罪。按照组合形式所进行的分类亦体现了有组织犯罪的多层次性。

澳门的有组织犯罪并没有规定以什么手段进行产生的危害结果。于是,中国内地和澳门两地对有组织犯罪的定义的主要区别是:内地侧重于组织的危害程度。而澳门的侧重于其组织特征。〔10〕

(四) 小结

综上所述,我们可以根据中国内地《刑法》较好地理解和区分三者的不同,共同犯罪,犯罪集团,黑社会性质组织是按照组织程度不同由低到高来排序的。三个概念分别规定在中国内地的刑法的第25条、第26条和第294条,具体如下:"共同犯罪是指两人以上共同故意犯罪。""三人以上为共同实施犯罪而组成的较

〔10〕 黎裕豪:《澳门有组织犯罪的成因、发展和有关法律规定》,详见法务局网站,http://www.dsaj.gov.mo/MacaoLaw/cn/Data/prespectiva/issued4/pg10c.pdf。

为固定的犯罪集团,是犯罪集团。”“组织、领导和积极参加以暴力、威胁或者其他手段,有组织地进行违法犯罪活动,称霸一方,为非作恶,欺压、残害群众,严重破坏经济、社会生活秩序的黑社会性质的组织的,处 3 年以上 10 年以下有期徒刑;其他参加的,处 3 年以下有期徒刑、拘役、管制或者剥夺政治权利。”

黑社会罪是最为典型的有组织犯罪。而按照刑法理论的通说,黑社会是有组织犯罪或者共同犯罪的最高表现形式,既不同于一般的犯罪集团或组织,也不同于一般的共同犯罪。笔者认为,有组织犯罪的概念可以分为广义和狭义两种,广义的有组织犯罪,是指三人以上故意实施的一切有组织的集团犯罪活动。它不仅包括有一定组织形式和组织关系的黑社会组织或黑社会性质组织所犯罪活动,也包括有一定组织机构和组织形态的犯罪集团所实施的犯罪活动。狭义的有组织犯罪,是指三人以上有一定组织形式、主要犯罪成员基本固定、社会危害性大、反侦查能力强的集团性犯罪集团所实施的犯罪活动。它包括黑社会性质的组织实施的犯罪活动和普通犯罪集团所实施的犯罪活动两种情况。

针对澳门的立法情况,尽管前文多次提到的《有组织犯罪法》是一部专门规定有组织犯罪的单行刑事法律,然而“有组织犯罪”该法律中仅仅出现了两次,分别是法律的标题和第 24 条的标题中。也就是说,我们可以得出的结论大致与(二)的一致,尽管该法除了黑社会罪以外还规定了其他一些边缘犯罪,但是“有组织犯罪”的概念实际上已经被“黑社会”所替代。

二、三个概念在刑事警察机关、司法机关的适用情况

(一) 刑事警察机关

根据《澳门刑事诉讼法典》的规定,检察院与刑事警察机关两者间是领导与被领导的关系,前者属于司法体系,后者属于治安行政体系。正因为如此,刑事警察机关在进行侦查活动时,按法律规定不受到自身部门的上级领导,但必须受到司法当局(侦查阶段为检察院,在法院调查阶段)的指导和监督。

在刑事诉讼程序中的侦查阶段,即检举及接收到犯罪消息后,无论是任何人都要按照法律,以最短的时期知会检察院,紧急时甚至于使用电话通知检察院,而按照刑事诉讼法典规定检察院在任何的刑事案件中领导侦查刑事案件,而刑事警察只是协助、辅助检察院做出侦查行为。

(二) 司法机关

根据《刑事诉讼法典》,对于刑事警察机关知悉的犯罪消息和他人检举的犯罪消息,只有送交检察院后才会产生刑事诉讼的法律效果。因此,检察院在刑事诉讼过程中具有重要的地位,同样贯穿立案侦查、控诉整个过程。

我们知道,与内地的规定不同,在澳门,根据《澳门刑事诉讼法典》第 245 条第 2 款的规定,侦查只要"有犯罪消息"就可以开始立案侦查的工作;根据《澳门刑事诉讼法典》第 186 条第 1 款 a)项,采取羁押措施则需要"有强烈迹象",而根据《澳门刑事诉讼法典》第 265 条第 1 款的规定,控诉则需要更高的证明标准(简称控诉标准),即需要在侦查期间收集到"充分迹象"。关于"充分迹象"一词,该条的第 2 款做出了明确的规定:"充分迹象,系指从该等迹象能合理显示出嫌犯可能最终在审判中被科处刑罚或保安处分者。"

为什么要提到"控诉标准"这个问题呢?因为澳门法院曾经对于该问题在审判实践中提出了一些司法见解对司法机关检察在进行控诉时产生重要的影响。较为典型和影响深远的主要是两个裁判:第一裁判是,1998 年 9 月 3 日原高等法院的第 905 号上诉案的合议庭裁判中提到"起诉和控诉一样,法律并不要求具有证明犯罪确实存在的证据,相反,只要存在发生犯罪的迹象,而从中可以形成这样的确信,即存在合理的可能性认为发生了犯罪,且该犯罪是由嫌犯所实施,已经足够。"这说明前述提到的控诉与审判具有不同的证明标准;第二个裁判是 1999 年 9 月 29 日原高等法院在 1212 号上诉案中做出之合议庭裁判中提到"与《刑法典》第 288 条规定的犯罪集团罪不同,第 6/97M 号法律规定的黑社会犯罪只要体现出迹象事实即足以构成"。而针对"迹象事实",该裁判中也做出了说明,即"多个人纠集在一起,意图在不同的时候实施多项与博彩有关的犯罪,可以认定为是黑社会之迹象。"由此可见,对于黑社会的控诉标准与前述《有组织犯罪法》第 1 条第 2 款的规定基本一致。因此,检察机关在对有组织犯罪提出控诉同样应该以法律规定的"充分迹象"作为标准。

1. 中级法院

在中级法院在审理第 145/2002 号案件中,合议庭裁判同样提到判断黑社会的判断标准和证据的证明标准。

(1) 关于黑社会的判断标准,该合议庭裁判中裁定:

"黑社会的形态是由三种基本和实质的要素相结合构成的:

——组织要素，即所有成员清楚犯罪目的，赞同共同的宗旨，明示或默示地参与犯罪，为了实施犯罪而付诸共同的行为和愿望，尽管该等成员并未在一起开会或不相互认识。

——组织稳定性要素，即在时间上保持稳定的犯罪活动的目标，尽管在具体活动中未能维持这种稳定。

——犯罪目的要素——无论这种意思的结合是针对一类犯罪或是不同类别的犯罪(高等法院 1997 年 1 月 22 日合议庭裁判，《司法见解》，第 61 页和续后数页)。所以，当面对一种带有稳定且在时间上或多或少持续地实施不法犯罪活动意图的意思结合时，即使没有任何组织和事先的正式协议，谈及黑社会也是适当的。

据此，澳门的立法者首先透过 2 月 4 日第 1/78/M 号法律，后又透过 7 月 30 日第 6/97/M 号法律，将所有为获得不法利益或好处而设立的组织定义为黑社会，其存在表现为协议或协议或其他方式，尤其是一并实施或单独实施下列罪状”。

在裁判中的“法律”部分，提到这句话“面对上述事实事宜，并考虑了上文所载的见解，应当得出结论认为，在本案中黑社会罪的全部罪状要素均已清楚地具备，不应当认为只面临着一项简单的‘共同犯罪’(正如在此上诉人的见解)。”这说明中级法院同样把黑社会罪作为高级的共同犯罪的一种，这点与内地法律按照组织程度区分这两个概念的规定一致。

同时，在中级法院在 2000 年 7 月 28 日合议庭裁判中所确认：“为了对黑社会或其分支某个成员，以触犯不同于黑社会罪的特定犯罪而入罪，必须证实此人构成有关法定罪状的独立事实：一个人因系黑社会的头目、成员或支持者，可以不自动地成为任何具体的罪行，即使以黑社会名义，所犯之罪的触犯者，正如一个触犯 7 月 30 日第 6/97/M 号法律第 1 条第 1 款(《有组织犯罪法》)列举的、提示黑社会存在之任何一项犯罪的人，可以不是黑社会成员、头目或支持者。”

(2) 关于证据的证明标准，法院如何形成其心证，并将这些事实视为获证实，这是关乎自由心证的问题，是富有主观色彩的问题。

在中级法院在审理第 145/2002 号案件的裁判在摘要部分明确提出，“不充足”的瑕疵凭视为获证实的事实不能支持法律上的裁判，换言之，法律文本中因为欠缺查明事宜而没有载明纳入法律条文之全部相关事实而确定。

同样在第 156/2004 号案件的合议庭裁判中，中级法院审理时提出的一致的司法见解认为，事实事宜不足以支持法律上裁判的瑕疵，只有在以下情况才存在："裁判中因未查明事宜而没有载明纳入归罪刑事条文的全部有关事实"（参阅本中级法院第 24/2001 号案件的 2001 年 2 月 8 日合议庭裁判）；正如终审法院所裁定，"因为在做出适当的法律决定时必不可少的查明事实方面出现漏洞，从而使已认定的事实显得不充分、不完整、不足以支持做出的裁决"（参阅第 16/2001 号案件的 2001 年 3 月 16 日合议庭裁判）。

2. 终审法院

对于有组织犯罪，终审法院经过多年的司法实践，通过多个判决已经形成一些较为一致的司法见解。

（1）关于组织结构，除了上述提到的中级法院明确给出的定义外，终审法院在 1997 年 22 日第 592 号上诉案中做出的合议庭裁判中，提到："构成有组织犯罪的基本要件是：a. 组织要件；b. 组织稳定性要件；c. 犯罪目的要件。"在 1998 年 9 月 3 日第 905 号上诉案件中合议庭裁判则指明："尽管事先并无任何正式的组织或协议，但是如果存在一种合力的意图，而这种合力的意图的内容是在相当一段稳定时期内从事犯罪活动，那么，认定存在犯罪集团就是恰当的。"

同样在该高等法院的 1998 年 11 月 4 日的合议庭裁判中指出：澳门《刑法典》第 288 条为黑社会设定了基础罪状，其轮廓基于现行和传统的学说。第 6/97/M 号法律规定和处罚黑社会的不法行为，旨在针对当地典型的犯罪情况，从而在组织架构方面的要求较松；（在相同含义上参阅，高等法院的 1995 年 10 月 31 日及 1999 年 9 月 29 日合议庭裁判以及澳门立法会行政、教育暨保安委员会 1997 年 7 月 4 日制作的第 5/97 号意见书）。[11] 并且在 1998 年 11 月 4 日第 934 号上诉案中，终审法院的合议庭裁判认为第 6/97/M 号法律规定及处罚黑社会犯罪的目的是响应本澳黑社会犯罪的特殊情况，因而法律对于黑社会组织结构的要求并不严格。

细致到组织内部，终审法院同样在裁判中表明观点。我们可以看到，最高法院的 1992 年 5 月 13 日合议庭裁判（《葡萄牙司法公报》，第 417 期，第 308 页）的裁决，为稳定地和持续地实施不法犯罪，共同做出行为的意图往往源自不法行为

〔11〕 内容主要源于澳门中级法院审理第 145/2002 号案件的合议庭裁判。

的行为人做出的口头的或甚至是默示的协议，并且并不要求该意图在民事的或商业的模式上表现为存在一个“领导层”；为此，其存在特别表现在整体上不法行为的分工、每个行为人行为的不断重复的同构型和存在将个人的或集体的手段置于为共同利益服务，以便在每个人的责任或大或小的情况下为所有人之利益实施犯罪。[12]

(三) 小结

综上所述，我们从中可以得出两个结论，一是关于有组织犯罪的认定标准；二是法院的自由心证问题。

1. 澳门法院对有组织犯罪的认定标准通常主要包括以下三个基本要件：

(1) 组织构成要件。在此方面澳门法院着重审查各成员是否具有共同的犯罪的主观条件。至于行为人如何加入组织，以及组织各成员之间是彼此相识、有无等级关系等都不是认定有组织犯罪的必备要素。

(2) 稳定性要件。对于组织稳定性问题，澳门法院认为只要证明各行为人具有在一定时间内维持长久稳定的犯罪活动的目的，而不论行为人的上述目的是否实现，同样可以认定存在稳定的犯罪集团。这就与共同犯罪区分开来。

(3) 犯罪目的要件。共同的犯罪意图是有组织犯罪必备的主观要件。

也就是说，澳门法院在认定有组织犯罪的问题上可以总结为，只要行为人达成一致的犯罪意识，并意图稳定地合力从事犯罪活动即构成黑社会犯罪。

2. 通过上面的论述，我们可以发现在认定有组织犯罪的司法实践中的自由裁量权往往掌握在法官手中，而主导自由裁量权的核心在于自由心证。这种理论来源于法国《刑事诉讼法》第353条的规定。该法条对裁判者的要求是：“法律并不考虑法官通过何种途径达成内心确信；法律并不要求他们必须追求充分和足够的证据；法律只要求他们心平气和、精神集中，凭自己的诚实和良心，依靠自己的理智，根据有罪证据和辩护理由，形成印象，做出判断。”

澳门延续了这种精神，并在《澳门刑事诉讼法典》第114条(证据之自由评价)中规定：“评价证据系按经验法则及有权限实体之自由心证为之，但法律另有规定者除外。”因此，在认定有组织犯罪时，除了需要实体要求，还需要考虑司法者的主观因素。

---

[12] 内容主要源于澳门中级法院审理第145/2002号案件的合议庭裁判。

三、如何有效保障法益

(一) 提高诉讼效率,特别是针对跨境犯罪

通过第一部分和第二部分的论述,我们得知,对于有组织犯罪的问题,主要在于认定问题,而认定又往往涉及证据、情报和侦查阶段。因此,为了有效地保障权益,我们必须从以下这几个方面入手,提出相关建议,从而更加有利于案件的审查。

首先,我们必须清楚地认识到,跨境有组织犯罪的倾向越来越明显,并且港澳台地区的犯罪集团与中国内地相互渗透的现象也日益严重,主要表现为他们或入境在内地(主要是东部和南部沿海地区)发展会员,或在内地进入违法犯罪活动,或组织成员潜逃到内地逃避司法机关的制裁,并且这些犯罪集团的跨境发展的状况促进了内地有组织犯罪集团的发展和成熟。根据内地公安机关掌握的情况,目前广东有 40 多个港澳台黑社会组织,主要包括香港的新义安、14k、水房帮和和义堂等;向福建渗透的黑社会组织主要是台湾四海帮、竹联帮、天道盟等。[13]

为了有效控制和预防跨境有组织犯罪,港澳和内地必须建立良好的警务合作,从而促进协助关系,提高诉讼效率。

1. 犯罪情报的交换

在港澳和内地三方警方建立的年度粤港、粤澳警务工作会晤和粤港澳三地的刑侦主管会晤工作机制中,三地警方能够从决策层面对有组织犯罪问题进行深入的研究和交流,并对合作进行部署,这些实务经验对于各地警方打击跨境的有组织犯罪起着非常重要的作用。在此过程中,三地警方还建立了多层次的情报通报制度,通过设立的对口业务联络员制度、电邮专线等及时通报内地、港、澳各地有组织犯罪的动态,使各地都能整体把握有组织犯罪的情况,实现情报共享。[14]

跨境有组织犯罪中的情报交流管道不够畅通又使打击力度受到阻碍,间接地促进了其发展,相信这也是跨境的有组织犯罪活动日益严重的原因之一。因此,国际刑警组织已经建立的法罪情报中心,不仅为各会员国地区反跨境有组织犯罪提供了有效和及时的情报信息,还加强了各地警方的警务合作。

---

〔13〕 刘伟、赵东辉、苏杰:《警惕境外黑社会渗入大陆》,载《环球杂志》,2006(1)。

〔14〕 同上。

但是随着跨境的有组织犯罪的情况更加复杂,更加隐蔽,而区域性和司法制度的差异导致目前的情报交换制度并不能紧跟时代步伐很好地解决现有的情况。因此,笔者认为可以借鉴国际刑警组织的经验,海峡两岸及港澳地区可以建立以收集和交流有组织犯罪情报为基础的反有组织犯罪情报中心。情报中心可以把海峡两岸及港澳地区有组织犯罪及其成员各种情报信息和动态收入情报信息库,并针对性为海峡两岸及港澳地区或各地反有组织犯罪提供针对性的情报信息交流。[15]

2. 侦查等警务合作

2009 年,海峡两岸关系协会会长陈云林与台湾海峡交流基金会董事长江丙坤在南京签署了《海峡两岸共同打击犯罪及司法互助协议》。该协议规定双方在共同打击双方均认可的涉嫌重大社会危害犯罪等方面相互提供民事、刑事领域的协助,并原则性地规定了双方协会组侦查[16]、人员遣返、罪赃移交以及罪犯移管(接返)的方式。

侦查的内容规定在该协议的第 5 条:"双方同意交换涉及犯罪有关情资,协助缉捕、遣返刑事犯与刑事嫌疑犯,并于必要时合作协查、侦办。"根据第二部分的阐述,澳门的刑事警察机关和检察院在对跨境的有组织犯罪的案件侦查的过程中往往遇到各种问题。因此在侦查过程中,各地警方相互协助,通力配合必定会使案件的侦破更加通畅和顺利。

3. 证据的互认

由于各地的法律制度不同,对证据的认定也不同。这就导致了在处理跨境有组织犯罪的过程中产生了互认的问题。

在 1978 年 2 月 4 日澳门政府曾以 1/78M 号法律公布了第一部《有组织犯罪法》。在这一部也是第一部打击有组织犯罪的法律中,立法者考虑到有组织犯罪在取得直接证据较为困难的情况,规定了间接证据可以作为"推定"犯罪者作案的依据。但是,当时澳门法院的法官认为在立法上进行这种类似"推定"的立法是违反葡萄牙法律"无罪推定"的原则的。澳门法律对于执法部门调查和检控有关案件时也出现了各种问题,如法院不接纳执法人员以"污点证人"(参与犯罪者对其

---

〔15〕 靳高峰:《两岸四地反跨境有组织犯罪警务对策探析》,载《刑侦与法制》,司法警察学校。

〔16〕 同上。

他人犯的指证)、"卧底"及窃听等手段得到的证据,罪名表证成立的要求也比较高,使澳门司法机关对有组织犯罪的侦控比较困难。

因此,为了适应澳门地区打击有组织犯罪的需要,澳门政府制定了新的《有组织犯罪法》,加大了刑罚力度,并制定了新的条文以保障对有组织犯罪行为的打击力度,如有组织犯罪侦控的特别规定有"污点证人"及侦查人员的"卧底"制度;为确保对有组织犯罪的侦控、打击,防止有组织犯罪者取得非法利益所设立的罪名有:不法资产或物品的转移、转换或掩饰罪、违反司法保密罪等。

还值得一提的是,测谎技术的采用问题。众所周知,测谎技术应用于刑事侦查是始于 20 世纪 20 年代的美国。在中国内地,该技术也已经为公安部门所普遍接受和使用,并且在一些重大案件中起着非常重要的作用。随着测谎技术的不断改良和完善,以及测谎人员素质的提高,测谎的准确率越来越高,人们对测谎技术的信任程度也与日俱增。以中国内地为例,目前公安机关使用由公安部监制生产的 PG 系列心理测试仪(俗称测谎仪)进行刑事侦查,测谎准确率已在 98%以上(美国使用测谎仪器的准确率为 92%)。[17]

而在澳门,该项技术依然是一个备受争议的问题。《澳门刑事诉讼法典》第 113 条(在证据上禁用的方法)第 1 款规定:透过酷刑或胁迫,又或一般侵犯人之身体或精神之完整性而获得之证据,均为无效,且不得使用。测谎技术是透过被测试人的生理和心理的反应来判断的,应该与澳门的现行法律规定并不抵触,理应承认其证据能力。但是在美国仍有十九个州和哥伦比亚特区命令宣布禁止使用测谎技术,多数州规定只有诉讼双方同意,测谎结果才可以作为法庭证据使用。因此对于这类问题,各地的具体规定并不一致,需要各地的有关机关进行探讨,建立一套完善的互认制度才能更好促进案件审理的进行。

4. 刑事警察机关、检察院、法院之间请求协助,判决执行

国际罪犯可以跨境行事,来去自如。对于贩毒、清洗黑钱、计算机犯罪、人蛇贩运、恐怖活动等,情况亦然。但警务人员往往需要实现达成协议才能从一个城市到另一个城市执行任务。执法者不能随意越境,也不能强迫某地的证人到另一处地方作证。侦查机关只交换本身愿意交换的情报。举证规则往往不能使来自其他地方的有关资料在审讯中接纳为证据。因此,那些负责法律制度运作的人,

---

[17] 杨道金、张泽民:《中国刑侦测谎大揭秘》,5 页,北京,中国文联出版社,2000。

必须研究如何加以改善，使我们的刑事司法制度更完善，更有效率。[18]

毋庸置疑的是，我们的区域工作必须置于国际层面上。这种层面不能紧紧靠地区层面，而更应该是多层面的深入的协助。一方面，意大利巴勒莫《联合国打击跨国有组织犯罪公约》的宗旨是“促进合作，以便更有效地预防和打击跨国有组织犯罪”，其中包含了相互司法协助的规定，载述了不同地区可彼此合同的实际指引。地区与地区之间以电子传送请求也被允许，这就提高效率，避免了现行的各种规定要求提出请求后经过一段的时间内让犯罪嫌疑人有充足时间逃往其他地方，转移资金的情况出现。另一方面，国际检察官联合会的主要宗旨是促进国际合作，打击跨国罪行。中国内地签署了前者，港澳和中国内地则都加入该联合会，这是令人鼓舞的消息，对于三地具有非常重要的意义。

近年来的打击跨境司法管辖区罪行的经验告诉我们，成功有效打击有组织罪行网络的实力必须靠其他地区采取行动配合。只有互相配合，通力合作，把打击有组织犯罪作为共同的目标，各区域才能把犯罪行为一网打尽。因此，建立刑事警察机关、检察院、法院之间请求协助，判决执行的制度非常重要。

（二）如何保障公民权利

被害人的权益与被告人的人权保护两者之间始终存在的矛盾，一直是理论上的难题，在对付有组织犯罪方面表现得更为突出。

1. 关于被害人的权益

一方面，近年来，一些极具社会使命感的学者为倡导程序正义不惜劳顿之苦，不断地向社会传输以主导思想为赋予当事者主体性地位的理念。在诉讼中获得公正的待遇，享有对等的权利，也即“平等武装”，无论他是“达官贵人”还是“平民百姓”。这样，往往要对“装备强大”的侦控机关采取诸多约束措施，或赋予弱势的被告人以特权，以求诉讼的平衡与公正。客观地说，成效逐渐明显。[19]

而针对有组织犯罪，由于其构成人员往往具有反侦能力极强的特殊性，如果还一味强调以程序正义理论去限制侦查部门的权利，往往会变相地造成不公平的情况出现，也会导致被害人的不满。因此，在处理有组织犯罪案件的过程中，除了

---

〔18〕 江乐士：《区域合作打击跨境及跨国有组织罪行》，载《区际刑事司法协助研究》，澳门特别行政区检察院、澳门检察律政学会，2002。

〔19〕 马明亮：《犯罪的思考：成因与司法控制》，中评网，http://www.china-review.com/lafi.asp?id=13000。

一般的诉讼程序,也可以赋予监控机关一些"特殊的权利"以更有效地控制和治理有组织犯罪。这种权利通常指的是在侦查等过程中允许运用一些特殊措施。只有突破对于理性、公正的程序的单一和僵硬化的现状,具体案情具体分析,才能更好地做到公平公正。

2. 关于被告人的人权

另一方面,我们也要兼顾犯罪嫌疑人的人身权利。较为经典的是嫌犯的沉默权。目前世界上多数国家均承认并规定犯罪嫌疑人享有沉默权。例如法国《刑事诉讼法》第 136 条规定,被指控制人"有就指控进行陈述或者对案件不予陈述的权利"。根据《澳门刑事诉讼法典》第 50 条(诉讼上之权利及义务)第一款 c)规定,嫌犯在诉讼程序中任何阶段内特别享有下列权利:"不回答由任何实体就对其归责之事实所提出之问题,以及就其所作、与该等事实有关之声明之内容所提出之问题"。根据《澳门刑事诉讼法典》第 47 条(成为嫌犯)的规定,司法当局和刑事警察机关在某人成为嫌犯时,有义务告知嫌犯享有前述不回答之权利,否则嫌犯所作之声明不得作为针对其证据。根据《澳门刑事诉讼法典》第 324 条(嫌犯之声明)第 1 款规定,"一、主持审判之法官须告知嫌犯有权在听证中任何时刻做出声明,只要该等声明涉及诉讼目标,并告知嫌犯无义务做出该等声明,且不会因沉默而受不利之后果。"这些都体现了对被告人人权的保护。

四、结论及建议

随着世界经济活动的逐渐活跃,澳门赌场业的急速发展,各种犯罪活动如雨后春笋般地涌现,产生并存在于复杂的社会环境和经济背景的有组织犯罪更是现阶段各国打击的重点。自 20 世纪 70 年代以来,澳门的有组织犯罪日趋增多,其势力也逐渐增强。到了 90 年代,有组织犯罪已经成了严重的社会问题。

通过上述对共同犯罪、犯罪集团和有组织犯罪概念的论述,分析三者在澳门的适用情况,以及在实践中遇到的困境,笔者在第三部分提出有效提高效率和兼顾保障人权的建议,相信这些能够更加有利于对该罪行的打击,更好地体现刑事制度的优越性,促进社会的不断进步和和谐发展。

论有组织犯罪中的黑社会性

——评澳门中级法院第 65/2001 号案件

俞雄武[*]

《澳门刑法典》是第一部由本地立法机关制定的具有中葡两种文本的刑法典。由澳门总督核准行使第 11/95/M 号法律第一条所赋予的立法许可及根据《澳门组织章程》第 13 条第 3 款的规定，经 1995 年 11 月 8 日第 58/95/M 号法令公布，刊登于 1995 年 11 月 14 日《政府公报》上，1996 年 1 月 1 日开始生效。本法律分两卷，共 350 条。第一卷总则，共 7 编；第二卷分则，共 5 编，分别规定了侵犯人身罪、侵犯财产罪、危害和平及违反人道罪、妨害社会生活罪和妨害本地区罪。

回归前，澳葡政府于 1978 年制定并颁布了第 1/78/M 号法律《核准管制黑社会的刑事制度》。随着回归临近，澳门黑社会犯罪抬头，对澳门治安及平稳过渡造成较严重的威胁。为此，澳门立法会于 1997 年制定并通过了第 6/97/M 号法律《有组织犯罪法律制度》，作为打击有组织犯罪，尤其是黑社会犯罪的法律依据，以维护公共安全，保护个人人身及财产法益。实际上，除法律名称外，本法并未采用"有组织犯罪集团"一词以及对"有组织犯罪"给出定义，而是仅给出"黑社会"的法律定义。

---

* 澳门科技大学刑法学专业博士生。

2003 年，联合国制定的《联合国打击跨国有组织犯罪公约》(巴勒莫公约)生效，其第 2 条规定，“有组织犯罪集团”系指由三人或多人所组成，在一定时期内存在的，为了实施一项或多项严重犯罪或根据公约确定的犯罪以直接或间接获得金钱或其他物质利益而一致行动的有组织结构的集团。这个公约强调了有组织犯罪的两个重要特征：人员的多数性(3 人以上)及行为的严重性。

基于有组织犯罪是一种特殊的共同犯罪或犯罪集团的认识观念，在刑法理论乃至司法实践中，人们普遍将有组织犯罪界定为广义、狭义或最狭义三个不同层次或不同范围的犯罪形态。其中，最狭义的有组织犯罪形态是指最典型的黑社会组织犯罪；狭义的有组织犯罪形态是指集团性组织犯罪，包括黑社会性质的组织犯罪和普通犯罪集团的犯罪；广义的有组织犯罪形态是指一切有组织的集团犯罪，包括黑社会组织犯罪、黑社会性质组织犯罪以及犯罪集团犯罪。[1]

一、问题的提出

澳门初级法院一审审理疑犯甲与另一疑犯乙涉嫌操纵卖淫罪案件，经合议庭审判，初级法院第 PCC-088-00-4 号普通刑事案以 7 月 30 日第 6/97/M 号法律第 8 条第 1 款规定和处罚的一项操纵卖淫罪判处嫌犯甲 1 年零 4 个月徒刑。与另一合议庭普通刑事案中判处的徒刑并罚，共判处其 2 年零 6 个月徒刑。本案中，疑犯甲出于营利的目的租用他人房屋，并将其分隔为四个独立的房间，以日租形式转租顾客牟利。某日涉嫌为卖淫者招揽顾客及提供卖淫场所，方便其进行卖淫活动，事后为警方所逮捕。嫌犯甲对这一裁判不服，向中级法院提起上诉。经审判，中级法院做出了第 65/2001 号案件裁判：裁定上诉理由不成立，维持原判。

根据澳门的相关法律，从事色情行业的妇女不算犯法，既不能送入监狱，也不能驱逐出境。但是卖淫活动如果涉及有组织性，就有可能触犯《澳门刑法典》第 163 条淫媒罪、第 164 条加重淫媒罪和第 170 条作未成年人之淫媒罪或第6/97/M 号法律《有组织犯罪法律制度》第 8 条规定的一项操纵卖淫罪。前三种淫媒罪均要求行为人实施乘人之危的行为，卖淫者大都处于被迫或无奈而卖淫；后罪的行为人只是采用诱使、引诱、诱导、操纵、助长或方便他人卖淫的行为，整个过程中没有乘人之危或者胁迫的行为。通过特别刑法立法，澳门特区立法机关增加了大量

---

〔1〕 陈明华：《有组织犯罪问题对策研究》，14～15 页，北京，中国政法大学出版社，2004。

的犯罪罪名，设置了各种新的附加刑。故《澳门刑法典》在其第8条明确地规定了特别刑法与刑法典之间的关系，即“本法典之规定，补充适用于可为特别性质之法例所处罚之事实，但另有规定者除外”。

分析疑犯甲的行为，法律上存在多种的选择：有无乘人之危就涉及一般法与特别法的选择，有无黑社会性就存在操纵卖淫罪还是无罪的选择。不同的选择体现了法律效力的高低，也表明了刑法的罪刑法定主义。这既关涉犯罪嫌疑人人身自由和民众的犯罪观问题，也影响着刑法的法典化走向。

二、处理冲突中的几个衔接关系

如果犯罪是一种恶害，那么刑法就应该明确通过何种惩罚而制裁报应它，如果犯罪是一种正常社会现象，那么刑法就应该是通过抑制而约束它。而随着民众或学者犯罪观的进一步改变，那么，刑法对犯罪又应该怎样？

（一）法律的模糊性与罪刑法定地衔接

语言世界是个十分模糊的世界，特别是作为中文的汉语，其语义可谓千变万化。相同的词语在不同的语境中会产生不同的含义，不进入其中的语境，你就不能理解它的真正含义。从相对论的角度看，语义的模糊性是绝对的，而明确性是相对的。所谓明确性，是指规定犯罪的法律条文必须清楚明确，使人们能够了解违法行为的内容，准确地确定犯罪行为与非犯罪行为的范围，以保障该规范没有明文规定的行为就不会成为该规范适用的对象。[2] 刑法规范追求明确具体，但由于规范的抽象性和有限性，又需要语言的模糊性和不确定性，这必然导致理解上的差异。所以不幸者最凶狠的刽子手是法律的捉摸不定。[3]

澳门立法会于1997年制定并通过了第6/97/M号法律《有组织犯罪法律制度》，虽然条文没有规定何谓“有组织犯罪”，但是规定了何为“黑社会”的概念，并通过列举的方式概括说明了“黑社会罪”的行为方式。其中第1条第1款d)项规定了操纵卖淫、淫媒及作未成年人之淫媒行为属于黑社会罪的一类行为方式。不管是立法者还是文本的阅读者，潜意识里都喜欢有那么一个概念：文本必须在开始之处说明立法的目的、基础或者对关键词的定义，即开门见山，开宗明义，通过

---

〔2〕 高铭暄：《刑法专论》（上编），82页，北京，高等教育出版社，2002。

〔3〕 [意]贝卡利亚：《论犯罪与刑罚》，黄风译，27页，北京，中国大百科全书出版社，1993。

立法者的文字说明文本的立法基础和立法意义，方便文本的阅读者了解该部法律的框架和范围。如《澳门刑法典》第一编“刑法之一般原则”；《澳门刑事诉讼法》在引则及一般规定部分中，也即条文第1条：“为着本法典之规定之效力，对各词定义为……”；《澳门民法典》第一章“法之渊源”里的法律渊源和衡平原则之价值支撑了整部民法典的基础。虽然《有组织犯罪法律制度》没有明确“有组织犯罪”的概念，那是因为至今还没有哪一个概念能够包含“有组织犯罪”的内涵，所以本法第1条关于“黑社会犯罪”的概念实际上开门见山地说明了整部法律的立法基础，这就是围绕着“黑社会”这个中心概念展开的。

法律概念的模糊性通过语义上的解释有了行为上的明确性，行为是否构成犯罪，是否符合罪刑法定原则就有了一个标尺。但是成文法的滞后性在所难免，社会的需要和社会的意见常常或多或少地走在法律的前面，我们可能非常接近地达到它们之间缺口的接合处，但永远存在的趋向是要把这缺口重新打开。因为法律是稳定的，而我们谈到的法律是前进的。[4]但是在前进的过程中，我们不能为了社会民众一时之需要而摆脱罪刑法定原则的限制，随意扩大打击的犯罪圈，降低入罪的标准。犯罪概念及犯罪构成除了揭示犯罪的内涵及特征外，更重要的价值是为司法实践中认定犯罪提供规格和标准，因此犯罪的构成特征（要件）应当是相对明确的，否则就失去了规范的意义，并令司法实践无所依从。

本法以“有组织犯罪”来命名，那么，本法规制的行为对象就应该是有组织的犯罪或者是有组织地犯罪行为。前者说明行为的性质，即有组织性，后者说明行为的方式是有组织的，不管何种理解，都是说明了一个问题，即本法的规制对象是有组织地，行为时是有组织的。这样即可以从“行为的组织性”来理解有组织犯罪的观点（即只要复数行为人有组织地实施了犯罪，就应当认为是有组织犯罪，而不论这些行为人是否形成了一定的组织）[5]；也可以从“成员的组织性”来理解有组织犯罪。

基于传统的共犯理论，有组织犯罪与共同犯罪之间是特殊与一般的关系，有组织犯罪是共同犯罪的一种特殊形式。[6] 共同犯罪的立法是为了解决多个人实施同一犯罪时犯罪人刑事责任的认定、分配及其根据问题的。从价值观念上讲，

---

〔4〕［英］梅因：《古代法》，沈景一译，15页，北京，商务印书馆，1995。

〔5〕康树华：《有组织犯罪的特征与分类》，载《南通师范学院学报》，2004(6)。

〔6〕卢建平主编：《有组织犯罪比较研究》，65页，北京，法律出版社，2004。

一般的共同犯罪只不过是孤立的个人行为的一种犯罪合意，[7]其与单个人犯罪并无本质不同。“有组织犯罪所显示的却是一种群体性的社会恶势力，在这种犯罪组织中，组织成员不再是孤立无援的个人，而是强大的组织力量、组织纪律、组织措施提供支持”。[8]有组织犯罪与普通集团犯罪、一般共同犯罪区别的关键不仅在于犯罪参与人的数量及实施具体犯罪行为的差异，而更在于前者对既存的经济、社会生活秩序形成或意欲形成非法控制或者重大影响。[9]

一部法律的内涵涵括在以其名义命名的法律名称上，标题是一篇文章的中心，是一份报告的主旨，更是一部法律的立法基础和原则所在。全部的法律条文都是围绕着标题而展开。按照轻重缓急、语句的逻辑有条不紊地展开排列，解决其所提出的相关的问题。对标题的分析有助于理解该部法律的思想内涵、厘清条文思路。所以标题决定了一部法律的适用范围，也给公民查找和理解法律提供一个检索上的方便。第 6/97/M 号法律《有组织犯罪法律制度》从有组织这个词的解释上行为人必须是三人或三人以上，单独或者两人构不成有组织，也即人数不满三人的不符合《有组织犯罪法律制度》的有组织性，从犯罪的主体上就排除了个人犯罪和主体为两人的共同犯罪，这是其一。其二，以“有组织犯罪”命名的法律，按照立法的技术和要求，整部法律都是围绕着“有组织犯罪”这个中心词展开的，每一个条文里都能发现这个中心词的影子。法的明确性是法现代性话语的一个重要内容。寻求一种安全、稳定、有秩序的生活是人类社会的内在需求与理想，也是人类内心深处的心态和习性，人类日益为寻求行为的一致性、连贯性、稳定性而努力。要保证社会生活中的人的行为具有这些属性，形成一种秩序，离不开对行为的成功预见作指导。[10] 所以，澳门初级法院和中级法院的判决明显地违反了法的明确性和刑法的罪刑法定原则。法律概念的理解是立法时的标准，还是司法适用时的标准；立法者的权力是无限扩张，还是给予法官一定程度的自由裁量权，这将影响到民众的自由和安全。如果没有明确性要求，可能在不知不觉中禁锢了人们内心深处的自由，更有可能成为一种全社会中的刑法暴力。

---

〔7〕 储槐植、梁根林：《论刑法典分则修订的价值取向》，载《中国法学》，1997(2)。

〔8〕 谢勇、王燕飞主编：《有组织犯罪研究》，37 页，北京，中国检察出版社，2004。

〔9〕 唐大森：《刍议黑社会性质组织犯罪——从有组织犯罪集团切入》，载《首届全球化时代犯罪与刑法国际论坛论文集》，2009。

〔10〕 [英]哈耶克：《自由秩序原理(上)》，邓正来译，400 页，北京，生活·读书·新知三联书店，1997。

(二) 法益保护与道德的衔接

早期社会人们认为,“法律是一系列的规范,国家权威依此来实现正义。”[11]刑法作为对犯罪人施加国家暴力的法律依据,其内在的正义性是其存在的根基,正义性的体现就是法益的保护,法益保护是刑法运作的目标驱动,也是刑法介入的判断标准。但是,法益的过度抽象化可能会使法益概念丧失应有机能,可能导致基于政治的、伦理的考虑来界定法益,也可能导致刑法成为国家保护法。[12] 法律与道德之间的关系源远流长,在现实生活中两者相互兼容,难以区分。违法的确是符合道德规范的要求,合法的确是非道德的,民众和法学家的看法往往走在两条永不交叉的平行线上。两者的区分是相对的,只有在具体的时间、空间和事件上,法律与道德才有可能绝对的分离。

法律的做出和适用必然要经过立法者的立法和法官的司法活动。立法者的立法活动正如有学者所言:“通常一个象征立法背后所代表的,有可能只是立法者基于特定政治目的,所形成的价值偏好,或者只是单纯反映出某个时空背景点下社会的集体心理情绪。”[13]立法者为了在最短时间内最大限度地迎合公众的期待,很有可能在规范的制定上迁就民众对于某些犯罪行为的愤怒情绪,导致规范所保护的法益远远超出正义的范畴,难以区分法律与道德的界限。

迪尔凯姆认为,由于犯罪可以降低社会紧张感,国家完全可能会利用犯罪来为社会减压,从而减少来自社会公众的过激甚至犯罪行为。国家可以将一些社会问题归咎于犯罪人的犯罪行为,将人们对社会政治的不满和愤懑引向少数犯罪人身上,把犯罪人作为社会政治问题的“替罪羊”,通过惩治犯罪人而缓解和消除由于社会问题引起的紧张情绪、压力和其他的社会情绪。事实上,在历史上,犯罪人也往往被当作降低社会紧张情绪的“替罪羊”而受到严厉惩罚,[14]

法官的功能在于确定是否在个案中遵守立法规定,或与特定犯罪人相关的特定情节能否造成该案中适用的立法规范的减轻或加重后果。但是,在进入 20 世纪下半叶,制定法在欧洲大陆占绝对优势的时代已然过去,而法律由法官加以发

---

〔11〕 [美]罗斯科·庞德:《法理学》,余履雪译,297 页,北京,法律出版社,2007。

〔12〕 韩瑞丽:《刑法法益的精神化倾向及其限定原则》,载《郑州大学学报》(哲学社会科学版),2011(6)。

〔13〕 古承宗:《风险社会与现代刑法的象征性》,载《科技法学评论》,第 10 卷,第 1 期。

〔14〕 吴宗宪:《西方犯罪学》(第二版),86 页,北京,法律出版社,2006。

展的归纳法、解决问题导向的思想方式日益传播开来。[15] 法益保护的范围随着社会风险意识的增加，加剧了公众的焦虑感和危机感，如何为个人的存在提供制度上的安全保障开始支配公共政策的走向，使法官对法益的内涵投向更为抽象化和精神化的领域。

由于澳门的法律规定卖淫行为不违法，其实指的是卖淫者独自一人的性交易是不受法律制裁的。受到刑事制裁的卖淫行为只是《澳门刑法典》第 163 条的淫媒罪、第 164 条的加重淫媒罪、第 170 条的作未成年之淫媒罪和第 6/97/M 号法律《有组织犯罪法律制度》中的操纵淫媒罪。第 163 条、第 164 条和第 170 条所处的章节是处在《澳门刑法典》第一编（侵犯人身罪中）第五章侵犯性自由及性自决罪中，法律保护的法益是妇女的性的自主权，如果此时的妇女没有违背自己的性的自主权，而是积极地行使自己的权利，决无违法之嫌，只能在道德上受到谴责，我们不能用法律代替道德上的谴责。《有组织犯罪法律制度》中的操纵淫媒罪主要是从犯罪的组织性上来论述，此时，妇女没有违背自己的性的自主权，而是希望通过自己的性的自主权，依靠组织的力量来赚取更多的非法利益，其所侵害的法益是社会的秩序，而此时需要保护的社会秩序已经超出了道德的限度，必须用刑事制裁手段来维护，虽然它本身也是有道德风险的。但是，在决定哪些不道德行为应予以犯罪化时，一些其他因素（主要是可执行性）也应加以考虑。[16]

因此，只有立足于法治国的基本立场，才能防止惯用刑法的立法者将消除现代风险的其他控制手段弃之不用，而将维系社会安全感问题的社会解决对策完全强加给刑法。日本宪法学者大沢秀介的告诫或许值得我们认真思量与反复揣摩："为了取得微不足道的安心和安全利益，没有合理的依据而过度强调危险的恐惧和不安，莽撞地构建安全、安心体系，可能会导致牺牲迄今为止所取得人权保障的成果。"[17]

（三）实体法中的程序性规定与特别法地衔接

任何违法行为的制裁都需要运用实体法和程序法，实体法解决罪名和量刑，程序法解决如何实现实体法所规定的罪名和量刑。实体法和程序法各具独立的

---

〔15〕［德］K. 茨威格特、H. 克茨：《比较法总论》，潘汉典等译，394 页，北京，法律出版社，2003。

〔16〕［美］哈伯特・L. 帕克：《刑事制裁的界限》，梁根林等译，281 页，北京，法律出版社，2008。

〔17〕［日］石冢迅：《安全、安心与人权：日本的情况》，额尔敦毕力格译，周永坤主编：《东吴法学》（总第 26 卷），52 页，北京，中国法制出版社，2013。

地位和功能、目的，二者的分离使庞大的实体法规范和复杂的程序法规范得到了不断的发展，它们在不同的轨道上前行，形成了自己的统一性，不再是对方的附属物。虽说实体法的内容不能由程序法来确定，但程序法是寻求实体法的必然道路。形式上的独立不能割断二者的联系，自成体系不能阻碍二者内在精神上的一致，它们共同构筑了诉讼进行中法的框架。所以在相当多的法律规范中，实体法含有的程序法内容，程序法中也出现实体法的影子，两者相辅相成，缺一不可，是独立但却不是孤立的。

《澳门刑法典》第 197 条盗窃罪规定非经告诉不得进行刑事程序，即属于私罪。按照《澳门刑事诉讼法》第 267 条的规定(非经自诉不得进行之刑事程序)规定：第 1 款如非经自诉不得进行刑事程序，则侦查完结后，检察院需通知辅助人，以便其于 10 日内提出自诉。第 2 款如属上款所指之情况，而检举人仍未成为辅助人，则检察院需通知检举人，以便其于 10 日内成为辅助人并提出自诉。结合《澳门刑法典》《澳门刑事诉讼法典》的规定，如果检举人没有成为辅助人，或者辅助人在规定的时间内没有提起自诉，那么相应的刑事案件就不会进入审判程序，相关当事人不用接受法律的制裁。

第 6/97/M 号法律《有组织犯罪法律制度》在第 37 条规定了五种违法行为以公罪论处，其中一条就是机动车的盗窃和破坏。第 6/97/M 号法律第 37 条提及的盗窃机动车辆罪，在与《有组织犯罪法》本身有关联之情况下才具有公罪性质。相比本罪的盗窃行为与《澳门刑法典》所规定的盗窃罪的行为，两者在行为方式、主观故意上均相同，行为对象是作为种类物的机动车。为何侵害相同客体的同一行为在刑事诉讼程序上要区分公罪与私罪，究其源头，只能从犯罪构成要件的犯罪主体上来分析。

大陆法系(德日法系)的构成要件由构成要件该当性(符合性)、违法性和有责性组成。其优越性主要体现在两方面：一方面，体现在其将事实与价值、主观与客观、形式与实质在体系中明确加以区分，在逻辑区分上更为纯粹、彻底，具有体系上的优势；另一方面，德日的阶层式体系将正当化事由等内容放在犯罪论体系内阐述。而且，该体系明确将对犯罪的实质评价区分为违法性和责任，这使正当化(具备违法性阻却事由)和免责(具备责任阻却事由)的二元区分成为可能。[18]本

---

〔18〕 付立庆：《犯罪构成理论：比较研究与路径选择》，311～312 页，北京，法律出版社，2010。

案中，疑犯实施相同的行为得到不同的诉讼程序待遇，由《澳门刑法典》第197条作为私罪程序处理的盗窃罪转为第6/97/M号法律《有组织犯罪法》第37条作为公罪处理的盗窃机动车辆罪，应该不是立法者的心血来潮，也不是民众的集体呼声，肯定有深层次的原因。究其原因仅仅是因为《有组织犯罪法》把它作为公罪处理？还是在于本法所要制裁的犯罪主体的身份问题？

在大陆法系国家或地区，刑法的渊源通常主要是刑法典和特别刑法，特别刑法包括单行刑事法律和附属刑法两种表现形式。特别刑法属于专项性刑事实体法。所谓专项性刑事实体法，包括两层含义：其一，特别刑法是对某一类或某一方面的犯罪，根据实践需要对刑法进行的修改、补充，使某一类或某一方面的犯罪在定罪量刑方面系统化。因而，这一特点决定了特别刑法的效力只及于特定的范围，即只针对特定人、特定事、特定时和在特定地区才适用。其二，特别刑法在适用原则上，效力优于普通刑法，即在普通刑法和特别刑法都可对某种犯罪适用的情况下，应适用特别刑法定罪判刑。〔19〕从特别刑法罪刑条款的立法特点上看，并不是以犯罪侵犯的客体为主要依据进行创制的，而主要是以犯罪主体和客观方面某些相同的要件，如对象、行为等进行归纳后对刑法进行补充或修改的。澳门立法会制定并颁布的第6/97/M号法律《有组织犯罪法》，从刑法的渊源上看其是特别刑法范围内的单行刑事法律，具有特别法的性质，相同的情况下应该优先适用，但前提是犯罪主体、犯罪客观方面存在相同的要件。在此理论上，我们可以清晰地看到盗窃机动车的行为如果涉及黑社会性质，诉讼程序就由私罪转为公罪。

澳门中级法院2000年7月13日合议庭做出的第89/2000号案件的当事人由于身份的特殊性没有采用《澳门刑法典》第197条作为私罪的盗窃罪，而是适用第6/97/M号法律《有组织犯罪法》第37条规定的作为公罪处理的盗窃机动车辆罪，判决理由即是：第6/97/M号法律第37条提及的盗窃机动车辆罪，在与《有组织犯罪法》本身有关联之情况下才具有公罪性质。此案例很好地说明了《有组织犯罪法》这部单行刑法的立法基础和理由：基于行为的黑社会性。这些被视为具有黑社会性的有组织犯罪的行为，对其刑罚的严厉，通过适用特别的诉讼程序（私罪变公罪）体现出来。

---

〔19〕 林亚刚、贾宇：《论特别刑法的立法特点及在分则修改中的吸收》，载《中外法学》，1997(1)，79页。

(四)犯罪观和刑罚轻刑化、行为非罪化的衔接

犯罪是一种反社会行为,是对主流社会秩序的反抗。从历史的角度考察,犯罪的认定从古至今经历了从"重实质"到"重形式",再到"形式与实质统一"这样一个发展过程。犯罪观,是人们对犯罪这一社会现象整体的看法,是人们从社会、文化、规范以及心理等不同角度对犯罪现象产生的认知及做出的评价。[20] 在关于犯罪本质、犯罪的产生、发展、变化以及对待犯罪的态度与倾向等方面,不同历史时期和不同社会背景下会产生不同的看法,也即犯罪观将会表现出时间与空间上的差异性,导致人们的犯罪观处于不断变化之中,从中显示了犯罪观的主观能动性。

刑事社会学派从社会学的角度出发,运用实证分析方法,认为犯罪并非简单是一种恶害,一种社会的病态表现,而恰恰是一种社会正常现象,是社会自身状况的一种展示方式。不存在没有犯罪的社会。[21] 这一结论性归结的作用是革命性的,因为它导致了犯罪根源观和犯罪对策的根本转变。其一,它表明了一种社会现象的存在,不管哪一种类、那一时期的社会都存在一定的犯罪,无非是犯罪的表现形式和社会的危害性存在程度上的不同。其二,不同的法律制度下,刑法的制裁效果是有限的,不可能完全消灭犯罪。要彻底消除犯罪,除非是天才地设想去消除那些造成犯罪的自然、社会原因,像马克思主义经典理论家所推测的那样,要消灭犯罪,就不应当只"惩罚个别人的犯罪行为,而应当消灭犯罪行为的反社会的根源"[22]。其三,任何社会犯罪的产生都有社会的原因,犯罪总会维持在它的饱和数之内,总是在波浪形的前进中不断地推陈出新。所以要根除犯罪,依靠的不仅是规范的刑事法律制度,更重要的是适当的社会政策,也即是"最好的社会政策就是最好的刑事政策"。[23]

后现代社会的刑事政策由政治体制所支配,目标在于始终代表大众情感,随时为每一个人提供充足的保护和安全感(即自由)。从认识论的角度考察众多的犯罪本质观,规范违反说是最符合社会科学的价值特质的一种观点。每当恶性案

[20] 李卫红:《当代中国犯罪观的转变》,载《法学研究》,2006(2)。

[21] [法]E. 迪尔凯姆:《社会学方法的准则》,狄玉明译,83页,北京,商务印书馆,1995。

[22] 《马克思恩格斯全集》第2卷,第167页。

[23] [德]拉德布鲁赫:《法学导论》,米健译,88页,北京,法律出版社,2012。

件发生后的应急立法、报复性立法就是这种原因的结果。[24] 控制犯罪是国家权力运作的基本目的之一，所以，只要能达到控制犯罪、达到使犯罪与社会发展状况相适应的基本目的，国家权力可以惩罚性地控制犯罪，可以抑制性地约束犯罪，也可以利用性地控制犯罪。

犯罪既然不能消灭，也不能让其随意发展，保持严厉打击的态势就成为首要之选。但是打击犯罪的身后隐藏着一系列的社会问题。如长期的监禁刑导致的行刑的成本的上升，短期的监禁刑可能带来犯罪的交叉感染，重新触发新的犯罪。为了减少监狱的压力和犯罪的交叉感染，势必要调整打击犯罪的刑事政策。大量的轻微非暴力犯罪应该排除在犯罪圈之外，通过行政处罚或非刑罚化方式达到非罪化的目的；对于未成年人犯罪和轻微暴力犯罪采用社区矫正等方式以实现刑罚的轻刑化。所谓的"从宽处理"或者"从宽处罚"的术语，严格来说，主要是一种政策术语，一般在理解上从宽处罚很显然既包含了"从轻""减轻""免除"这样一个很宽泛幅度的刑法量刑情节的问题，又包括"非罪化"犯罪反映问题，还可能包括适用缓刑或者判处管制、单处罚金等"非监禁刑"处遇问题。刑法对大量轻微的侵害法益的行为轻刑化、非罪化，从刑法谦抑、诉讼效益、改造罪犯的角度看，犯罪构成的定量要求为轻微违法行为非罪化提供了出口。[25]

本案当中的疑犯甲是否构成犯罪？如果符合犯罪，那么构成何罪？对于此罪应该采用何种制裁方式？这些看似简单但是复杂的问题往往受到一定时间限制范围内社会成员犯罪观的影响，包括公众的犯罪观，法律工作者的犯罪观，以及周边国家关于犯罪的理念的影响。刑罚的轻刑化和行为的非罪化都属于刑事政策的问题。不同的刑事政策会影响到犯罪观的改变，一定时期的犯罪观对于刑事政策的形成具有一定的反作用力，甚至在一定的程度上会出现冲突。一边是我们所熟悉的由法律语言塑造出的法律专业人员的犯罪观，另一边是在日常语言的习成与培育过程中发展起来的普通民众的犯罪观。学者几乎不介入普通民众的犯罪观念形象，甚或不理解民众的关于犯罪的定义，其实，后者才具有真实的"法"的意义。因为经验来自于民众对于生活的点点滴滴所抱持的直接或间接的感受与体验，而非立法者人为创制的符号公式的移植与灌输。

---

〔24〕 齐文远：《应对中国社会风险的刑事政策选择——走出刑法应对风险的误区》，载《法学论坛》，2011(4)。

〔25〕 王志祥：《犯罪构成的定量因素论纲》，载《河北法学》，2007(4)。

三、合理解决冲突的途径

刑法作为维护社会正义，防治与惩罚犯罪的最有效及最后的手段，历来得到相当的重视与普遍的关注，但刑法与其他法律一样是由人制定的，不可避免地带有人为的色彩，立法者的立法观、犯罪观是一个很重要的因素。由于澳门的立法跟随葡萄牙的立法，所以在《刑法典》之外存在较多的单行刑法和附属刑法，以此来补充和修正《刑法典》的不足。但此种立法模式造成了法律之间理解上的差错和衔接上的困顿，使得法律的规定不具有明确性。一方面使民众无法准确理解法律的制裁范围，容易落入法不责众的妄想；另一方面导致法律在司法适用上产生歧义，容易引起学者关于法律稳定性和延续性的争议。在刑法的统一化和法典化模式有助于刑法内部的系统化和科学化的情况下，树立刑法统一化、法典化的立法观念，清理和整合各种既有的刑法规范并消除彼此间的冲突与矛盾，制定颁布完备、系统的刑法典，并通过刑法修正案来修改补充刑法典，避免立法随意性，减少乃至避免对刑法典规范的冲击乃至扭曲，防止法条关系的紊乱，协调罪刑关系，至少从形式上要比刑法规范杂乱无章的状态更能实现对人权的保障和对社会秩序的保护。〔26〕

美国学者博登海默指出，由于法律概念是人类语言的产物而非自然客体的产物，然而我们语言的丰富程度和精妙程度还不足以反映自然现象在种类上的无限性、自然要素的组合与变化，以及一个事物向另一个事物的逐渐演变过程，而这些演变则始终具有我们所理解的客观现实的特性。就是说，无论我们的词汇是多么详尽完善、多么具有识别力，现实中始终有一些严格和明确的语言所无能为力的细微差异与不规则情形。〔27〕

在这个充满挑战和诱惑的社会，我们要按照逻辑的经验，运用抽象的思维，对事物的发展进行不断地分析，从科学和法哲学的角度审视法律规范，严格遵守语言学的规律，采用吸收兼并的形式，对单行刑事法律的内容进行整理和重置，促进刑法典的统一化运作，解决刑事立法的模式和司法的统一性。

---

〔26〕 赵秉志：《当代中国刑法法典化研究》，载《法学研究》，2014(6)。

〔27〕 [美]博登海默：《法理学、法律哲学与法律方法》，邓正来译，486页，北京，中国政法大学出版社，1999。